제 3 판

한글 SPSSWIN 18.0
통계분석 및 해설

김호정 · 허 전 공저

三 英 社

제3판 서　문

이제 SPSS는 통계를 처음 접하는 초급자부터 통계를 많이 접하는 전문가까지, 전 세계적으로 이용하는 표준 분석 도구로 자리잡았다. 설문조사 데이터를 비롯한 여러 가지 데이터를 보다 간단하고, 좀 더 심도있는 분석을 하기 위한 도구로서 손색이 없다. 한글 SPSSWIN 10.0(제1판)과 한글 SPSSWIN 14.0(제2판)에 보내주신 성원과 사랑에 대하여 깊은 감사의 말씀을 드리며 이제 제3판인 '한글 SPSSWIN 18.0 통계분석 및 해설'을 출간하게 된 데 대하여 다시 한번 감사드린다.

처음 제1판을 출간할 때인 한글 SPSSWIN 10.0은 여러 가지 미비점이 많아 그 동안 꾸준히 업그레이드가 이루어졌고, 지금도 상당히 보완되어 이제 한글 SPSSWIN 18.0은 사회과학 논문 작성이나 경영분석 등에 있어서 많은 활용을 할 수 있을 것으로 기대한다.

제3판에서는 제2판에서 사용한 사례와 실례를 일부 수정하였으나 분석에 이용되는 데이터는 그대로 이용하였다. 하지만 분석을 위한 도구들의 각종 기능이 대폭 수정된 관계로 14.0에서 설명한 내용을 그대로 18.0에서 설명할 수 없어 이번 개정판에서 대폭적으로 수정되고 보완되었다.

제2판의 내용이 제3판에서 개정된 점을 다음과 같이 요약할 수 있다.

첫째, 메뉴의 기능이 대폭적으로 추가되었다. 파일에서 데이터베이스로 내보내기와 데이터 파일 이름 변경 등의 기능이 추가되었고, 편집에서는 변수로 이동 기능이 추가되었으며, 보기에서는 메뉴편집기 기능이 추가되었다. 또한 출력결과에서도 표 형식의 결과 생성, 표에서 도표 그리기 옵션, XML, HTML, PDF 형식으로 내보내기 기능이 추가되었다. 그 외 syntax 편집기 기능은 자동생성 기능과 기능별 색상을 표시할 수 있게 되었고, 도표 기능이 많이 추가되고 강화되었으며 도움말에서도 색인 및 검색, 통계코치 등의 기능이 추가되었다.

둘째, 자주 사용되는 기능에 대한 절차가 간소화 되었다. 메뉴의 변환에서 14.0의 경우 코딩변경을 할 때 같은 변수로 코딩변경을 하거나 다른 변수로 코딩변경을 할 경우 코딩변경을 선택한 후 다시 같은 변수나 다른 변수로 코딩변경을 선택해야 하는 번거로움이 있었으나 자주 이용되는 기능에 대해서는 번거로운 절차를 줄이는 데 노력하였다는 점이

눈에 띄는 변화이다.

셋째, SPSSWIN 14.0에서는 변수 이름의 길이가 제한적(8byte, 한글 4자, 영문 8자)이었으나 SPSS 18.0에서는 긴 변수 이름, 긴 값 설명, 긴 텍스트 문자를 지원하므로 긴 변수이름이나 긴 값 등을 설명하는 데 있어서 길이의 제한에 따른 어려움이 해소되었다.

넷째, 메뉴 기능의 세분화와 용어의 변경 등이다. χ^2검증과 비모수검증에서는 그 기능을 세분화하여 '레거시 대화상자'를 선택한 후 다시 세부적으로 분석방법을 선택하도록 분류하였다. 또한 14.0에서는 요인분석을 위해 '데이터 축소'를 선택한 후 요인분석을 하였으나, 18.0에서는 '차원 감소'를 선택한 후 요인분석을 하도록 하는 등 일부 분석 용어가 변경되었다.

다섯째, 빈도분석, 교차분석, 기술통계와 같은 분석에서 프로시저의 속도 개선을 들 수 있다. 통계분석에 있어서 대용량의 데이터를 처리하는 데는 처리속도가 중요한 문제라 할 수 있는데 18.0에서 이를 대폭 개선하였다.

이러한 많은 변화를 이번 제3판에서 충분히 반영하였다고 할 수는 없지만, 한글 SPSSWIN 18.0을 운용하는 데는 별다른 어려움이 없도록 상당한 노력을 기울였다는 점을 말씀드리고자 한다.

제1판, 제2판에 이어 제3판의 출간에도 변함없는 배려와 지원을 해 주신 삼영사 고덕환 사장님과 고성익 부사장님께 감사드리며, 유래 없는 폭염의 날씨에도 불구하고 편집과 출판에 열정을 다해 주신 편집부 여러분께도 깊은 감사의 말씀을 드린다.

2010년 8월 5일

금정산 아래에서

김호정, 허 전

제2판 서 문

이미 SPSSWIN의 활용에 관한 지침서가 여러 권 발간되었지만, 기존 지침서들보다 쉽고 간편하게 설명함으로써 통계학 지식이 거의 없는 초보자라도 SPSSWIN의 활용이 용이하도록 하기 위해 2004년 제1판을 출간하였으며, 제1판에 대한 그 동안의 관심과 평가에 감사드리면서 4년 만에 다시 '한글 SPSSWIN 14.0'을 이용한 제2판을 출간하게 되었다.

'한글 SPSSWIN 10.0'이 소개된 이후 몇 차례 업그레이드가 되었고 최근에는 '한글 SPSSWIN 14.0'이 나왔다. 14.0은 10.0의 미비점들을 상당히 보완하였으며 다수의 대학과 연구기관에서 14.0을 도입하였거나 도입할 준비를 하는 것 같다. 이제 14.0은 한글 SPSSWIN의 보편적인 버전이 되는 것 같다. 14.0의 상용화에 부응하여 제1판과 같이 최대한 쉽고 간편하게 설명하고자 '한글 SPSSWIN 14.0'의 활용서로 제2판을 발간하게 되었다. 제2판은 제1판에서 사용한 사례와 실례를 그대로 이용하여 '한글 SPSSWIN 14.0'을 적용한 것이다. 통계분석이 필요한 각종 논문이나 연구보고서 작성을 위해 '한글 SPSSWIN 14.0'를 활용하고자 하는 사람들에게 많은 도움이 될 것으로 기대한다.

'한글 SPSSWIN 14.0'의 내용이 '한글 SPSSWIN 10.0'에 비해 수정이나 보완된 점들을 요약하면 다음과 같다.

첫째, 기능의 보완을 들 수 있다. 즉, 메뉴에 나오는 각종 기능들이 추가되었다. '파일', '데이터', '분석', '그래프', '유틸리티', '창', '도움말'에서 모두 몇 가지씩의 기능이 추가되었으며, 특히 분석 가운데는 기술통계량, 빈도분석, 신뢰도분석, 회귀분석, 분류분석의 기능들이 조금씩 첨가되었다. 또한 변수삽입, 케이스삽입, 케이스로 이동의 기능이 종래에는 '데이터'에 속해 있었으나 이번에는 '편집'의 하위 기능으로 옮겨졌다.

둘째, 구체적 기법의 분석을 실행하는 과정에서 나타나는 각종 '대화상자'에서도 변화가 생겼다. 종래에는 변수이름 앞에 표식이 모두 동일했으나, 14.0에서는 변수의 유형에 따라 표식의 모양이 달라지므로 표식을 보고 변수의 유형을 판단할 수 있게 되었다. 또한 10.0에는 '대화상자' 안에 '명령문'이라는 버턴이 있었으나 14.0에서는 이것이 모두 '붙여넣기'로 바뀌었다. 그 밖에 내용상 의미가 달라진 것은 아니지만 '대화상자' 내 버턴들의 위치나 모양이 일부 달라짐으로써 실행이 보다 간편해졌다.

셋째, 각종 분석기법들의 분석결과에도 변화가 생겼다. 먼저 '신뢰도분석'에서 큰 차이를 보이고 있는데, 10.0에서는 분석결과의 주요 용어들이 영문으로 나타나서 '한글' SPSSWIN의 이름에 걸맞지 않았으나, 14.0에서는 이들 용어들이 모두 한글로 교체되었고 결과표도 명확하게 정돈되었다. 이러한 변화는 '다중응답분석'에서도 유사하게 나타났다. 또한 두드러진 변화는 소수점 이하의 표시가 이해하기 쉽게 바뀐 점이다. 예컨대 '5.57E-02'가 '0.0557'로 바뀌어 이해하기 어려웠던 종래의 불편이 다소 해소되었다.

'한글 SPSSWIN 14.0'의 이러한 변화들 가운데 사회과학 분야의 석·박사 논문이나 연구보고서 작성을 위해 가장 유익한 것은 분석결과의 변화라고 보여진다. 특히 10.0을 사용하면서 신뢰도분석의 결과와 소수점 이하의 표시방법에 대해 그 동안 초보자들은 많은 어려움을 겪어 왔다.

제1판에 이어 제2판의 출간에도 변함없는 배려와 지원을 해 주신 삼영사의 조양희, 고덕환 두 사장님과 편집과 출판에 도움을 주신 이신정 주간님과 김광식 부장님께도 감사드린다.

2008년 2월 22일
금정산 아래에서
김호정, 허 전

서　문

이 책은 '한글 SPSSWIN10.0'을 이용하여 통계분석을 실행하는 방법과 실행결과 나타난 분석결과 및 기타 이와 관련된 문제들을 설명하기 위한 것이다. 이미 Windows용 SPSS 지침서들이 다수 발간되었으나, 대부분 몇 가지 문제점들을 안고 있어서 이들을 수정, 보완하여 독자들이 이용하기에 보다 편리하고 이해하기에 용이하도록 하기 위해 이 책을 발간하게 되었다.

기존의 책들에서는 부분적으로 다음과 같은 문제점들이 발견되었다.

첫째, SPSSWIN을 이용한 통계분석의 실행방법에 대한 설명이 서술적으로 이루어지고 있어서, SPSSWIN에서 나타나는 실제상황을 그림으로 생생하게 전달하지 못한다. 그 결과 초보자들은 실행방법의 설명을 이해하기 힘든 경우가 있었다.

둘째, SPSSWIN의 통계분석결과를 간략히 소개함으로써, 통계학에 관한 사전지식이 충분하지 않은 독자들은 이해하기 힘들었을 것이다.

셋째, SPSSWIN에서 담고 있는 각 통계기법들은 어디에 활용되는지, 원리나 절차는 어떠한지, 다른 유사 통계기법들과는 어떠한 차이가 있는지 등에 관한 설명에 인색한 책들도 있었다.

넷째, 통계분석에 이용될 자료의 유형에 따라 통계분석기법은 어떻게 다른지에 대한 설명이 부족하였다. 더구나 자료의 수집에 관해서는 언급하지 않았다.

다섯째, 실제자료가 아닌 가상적 자료들을 이용함으로써, 현실감이 떨어지고 실제자료를 사용할 때 발생되는 문제들의 지적과 해결방법 제시가 간과되었다.

여섯째, SPSSWIN을 이용한 통계분석의 실행방법과 결과해석에 치중한 나머지, 통계분석결과를 실제 논문이나 보고서에서 표나 그림으로 어떻게 정리·요약하고 설명해야 하는가에 대한 관심은 갖지 못하였다.

이러한 여섯 가지 미비점들에 대해 이 책에서는 각각 다음과 같이 수정, 보완하였다.

첫째, 각 통계분석의 실행방법(절차)을 사각형으로 묶어서 간략히 요약하였을 뿐만 아니라, SPSSWIN에서 실제로 거치는 단계별 절차를 있는 그대로 그림으로 제시하면서 순서를 매겨 화살표로 설명하였다.

둘째, 분석결과에 대해 유의수준을 이용하여 가설의 채택여부를 판단하였으며, 그 밖에 통계학지식이 부족한 독자들의 이해를 돕기 위해 분석결과에 대한 부가적 설명을 보완하였고, 통상적으로 사용되고 있는 판단기준도 제시하였다(예컨대, 신뢰계수, 요인점수, 다공선성 등에서).

셋째, 제7장 요인분석부터 마지막 장까지는 각 통계기법의 목적이나 활용, 원리나 절차 등 필요하다고 판단되는 기초지식들을 각 장의 제1절에서 요약하여 설명하였다.

넷째, 제3장 제2절에서 척도(자료)의 유형을 설명한 다음 유형에 따라 분석기법이 달라짐을 설명하였고, 제9장 t 검증부터는 각 통계기법이 활용될 수 있는 자료의 유형을 각 장의 제1절에서 설명하였다. 또한 제3장에서는 자주 이용되는 표본추출방법과 적정한 표본크기를 소개하고, 설문지의 실제 예를 제시하면서 설문지 작성방법도 설명하였다.

다섯째, 이 책에서는 불가피한 경우를 제외하고는 가능한 한 실제자료를 활용하였으며, 실제자료를 분석하는 과정에서 나타나는 문제들도 설명하였다. 그러나 실행과정에서 앞에서 설명된 내용이 중복되는 경우도 있었다. 가령 변수계산, 코딩변경, 변수값 설명 등은 설문지를 통해 수집된 자료를 이용할 경우 자주 이용되는 명령어들이다. 여기서는 중복설명을 가외성(redundancy)의 장점으로 볼 수 있다. 한편 자료의 수가 많은 경우 SPSSWIN에서 직접 자료를 입력하는 방법보다 흔글이나 Excel에서 입력한 다음 SPSSWIN으로 전환시키는 방법이 편하므로 제4장에서는 이러한 방법들에 대해서도 구체적으로 설명하였다.

여섯째, 제9장부터 제18장까지는 각 장의 마지막 절에서 해당 통계기법을 활용하여 표로 요약정리하고 설명한 논문의 실제 예들을 발췌하여 소개함으로써, 실증분석한 논문을 이해하는 데 도움을 줄 뿐만 아니라, 자신이 수행한 통계분석 결과를 논문이나 보고서로 요약·정리하는 방법을 알려주고자 하였다.

이처럼 이 책은 자료수집에서 통계분석을 거쳐 분석결과를 요약 정리하는 일련의 과정들을 다루었으며, 한글 SPSSWIN 10.0의 매뉴얼 역할은 물론 조사방법론과 통계학의 영역도 일부 포함하고 있다. 또한 필자들의 풍부한 통계분석 경험들을 충분히 반영하였으므로 실제 통계분석을 하고자 하는 사람들에게 이 책은 많은 도움이 될 것으로 믿는다.

끝으로 '사회과학 통계분석', '행정통계학'과 함께 이 책의 출판을 위해서도 아낌없는 지원과 수고를 해 주신 삼영사의 조양희, 고덕환 두 사장님과 이신정 편집주간님, 김광식 부장님께도 감사드린다.

2004년 1월 19일
금정산 아래에서
김호정, 허 전

차　　례

제 1 장　SPSSWIN 프로그램의 실행 및 주요 메뉴

제 2 장　SPSSWIN 18.0 기본 운용

제 3 장　통계분석의 절차

제 4 장 SPSS 데이터의 입력과 전환

제 5 장 빈도분석

제 6 장 기술통계분석

제 7 장 요인분석

제 8 장 신뢰도분석

제 9 장 t검증

제 10 장 분산분석 : F검증

제 11 장 다변량 분산분석

제 12 장 χ^2 검증

제13장 비모수통계

제 14 장 상관관계분석

제 15 장 회귀분석

제 16 장 군집분석

제 17 장 판별분석

제 18 장 로지스틱 회귀분석

제 19 장 다중응답분석

제 1 장

SPSSWIN 프로그램의 실행 및 주요 메뉴

본 장에서는 SPSS(Statistical Package for the Social Sciences)WIN 18.0 한글판 프로그램의 실행방법 및 주요 메뉴를 그림을 통해서 상세히 설명한다.

제1절 SPSSWIN 18.0의 실행

1. 바로가기 아이콘 만들기

그림 1.1 SPSSWIN 바로가기 아이콘 만들기(Ⅰ)

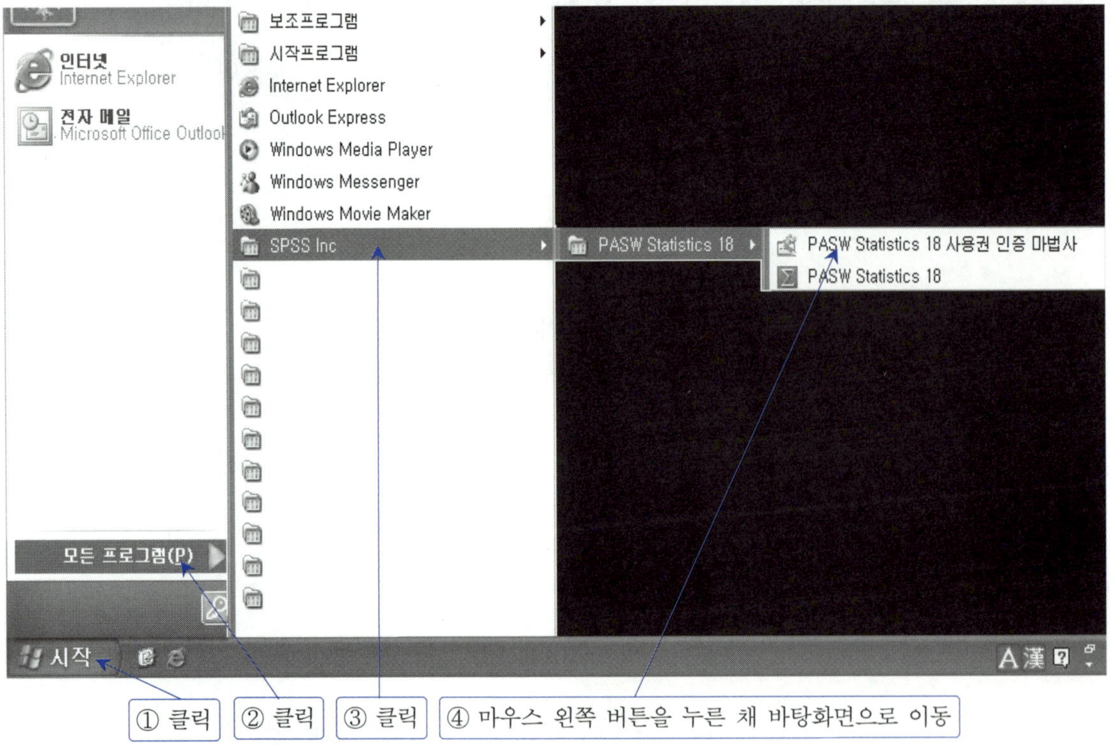

SPSSWIN 바로가기 아이콘을 만들기 위해서는 [그림 1-1]과 같이 바탕화면 왼쪽 아래에 있는 시작 → 모든 프로그램(P) → SPSS Inc 를 클릭하면 PASW Statistics 18 이 나타난다. 여기서 PASW Statistics 18 을 마우스의 왼쪽 버튼을 누른 채로 바탕화면으로 끌어내면 [그림 1-2]와 같이 바탕화면에 SPSSWIN 18.0 바로가기 아이콘이 생성된다.

그림 1.2 SPSSWIN 바로가기 아이콘 만들기(Ⅱ)

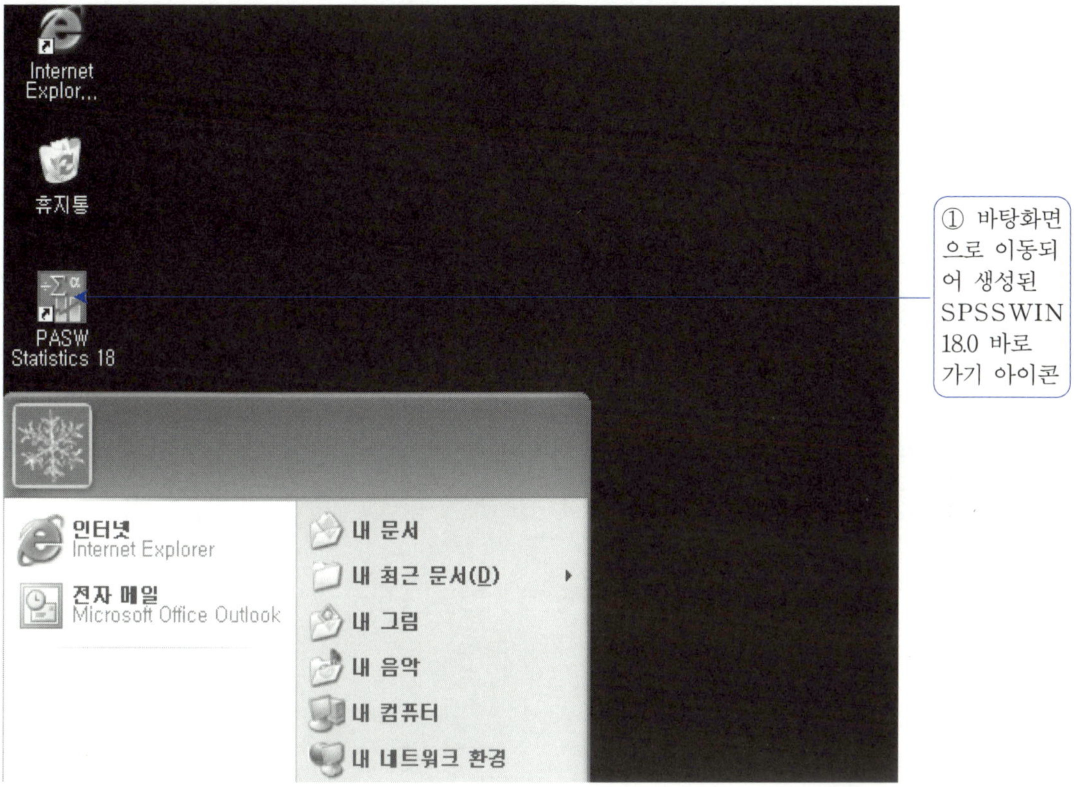

제 2 절 SPSSWIN 18.0의 주요 메뉴

1. 주요 메뉴

SPSSWIN 18.0(한글판) 프로그램은 메뉴방식이다. 메뉴방식에서는 분석하고자 하는 기법을 메뉴에서 선택하여 실행하면 된다. 다음은 해당 메뉴를 선택했을 때 나타나는 주요 기능들을 설명한 것이다.

그림 1.3 파일

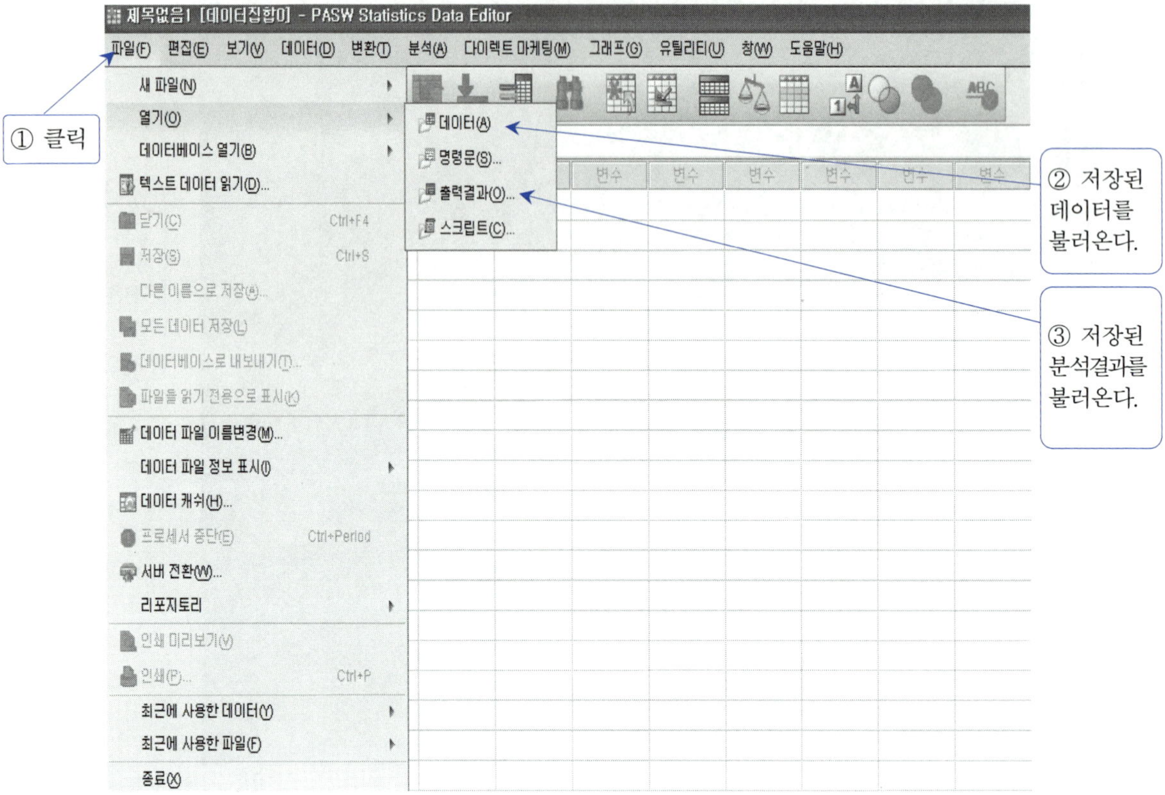

가. 파일

주요 메뉴에서 파일(F)을 클릭하면 새로만들기(N), 열기(O), 데이터베이스 열기(B), 텍스트데이터 읽기(D), 저장(S), 다른 이름으로 저장(A), 종료(X) 등의 기능이 있다.

여기서는 새로운 자료를 입력하여 데이터 파일을 만들거나, 저장된 파일을 불러올 경우, 혼글이나 MS word, Excel 등의 파일을 불러와 작업을 할 수 있다. 또한 작업된 파일을 저장하거나 새로운 이름으로 저장하기, 분석결과의 출력 등을 할 수 있으며, 모든 분석작업을 끝내고 SPSSWIN프로그램에서 빠져나갈 경우에도 여기서 종료(X)를 클릭하면 된다.

나. 편집

편집(E)에서는 각종 데이터를 복사(C)하거나, 잘라내기(T), 붙여넣기(P), 지우기(E) 등 편집에 관한 작업과 찾기(F)를 할 수 있다.

그림 1.4 편집

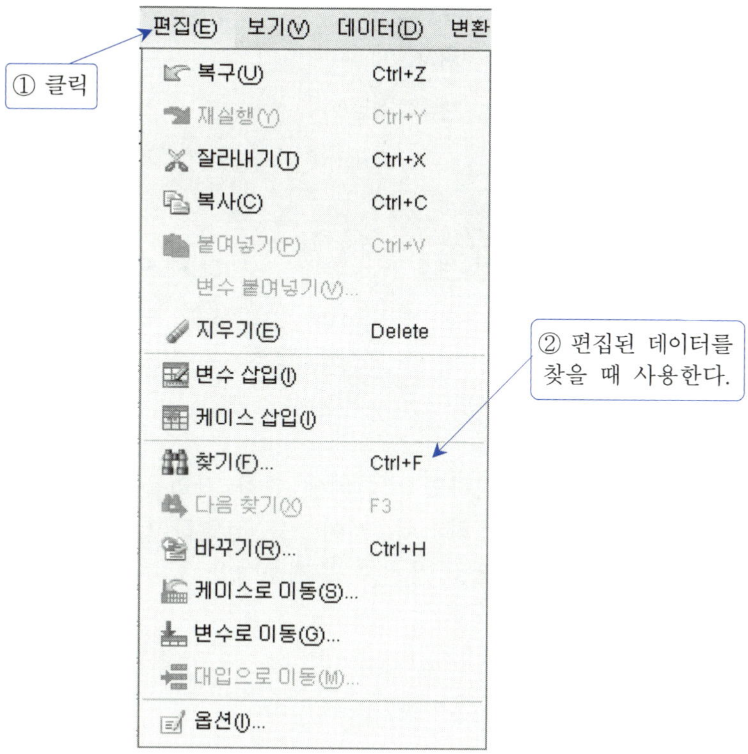

다. 보기

보기(V)를 클릭하면 상태표시줄(S), 도구모음(T), 글꼴(F)의 기능과 격자선을 제거하거나 나타내는 등의 기능을 하는 격자선(L)과 변수값을 설명하는 기능인 변수값 설명(V)이 있다. 그리고 변수(Ctrl+T)를 클릭하면 데이터 보기에서 변수보기로 바뀐다.

그림 1.5 보기

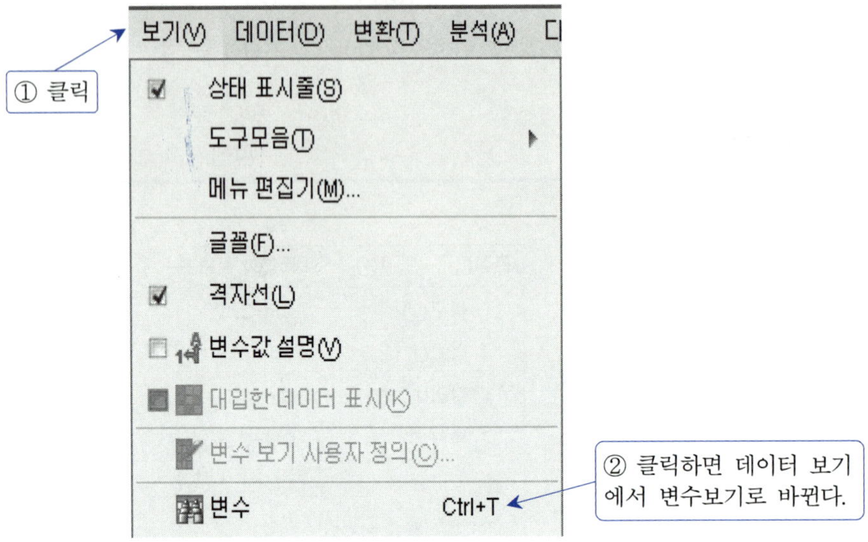

라. 데이터

데이터(D)를 클릭하면 데이터에 관한 작업을 할 수 있는 창이 나타난다. 변수나 케이스를 삽입하거나, 케이스를 정렬하고, 파일을 합치거나 파일을 분할하고 일부 데이터만을 가지고 통계분석을 할 수도 있다.

그림 1.6 데이터

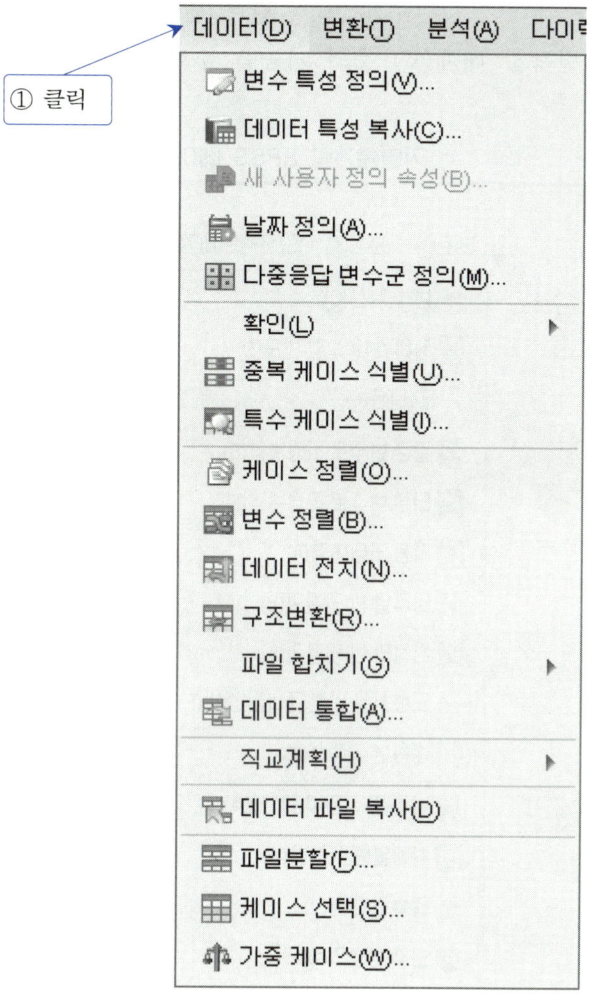
① 클릭
데이터(D) 변환(T) 분석(A) 다이력
변수 특성 정의(V)...
데이터 특성 복사(C)...
새 사용자 정의 속성(B)...
날짜 정의(A)...
다중응답 변수군 정의(M)...
확인(L)
중복 케이스 식별(U)...
특수 케이스 식별(I)...
케이스 정렬(O)...
변수 정렬(B)...
데이터 전치(N)...
구조변환(R)...
파일 합치기(G)
데이터 통합(A)...
직교계획(H)
데이터 파일 복사(D)
파일분할(F)...
케이스 선택(S)...
가중 케이스(W)...

마. 변환

변환(T)을 클릭하면 변수계산(C), 같은 변수로 코딩변경(S), 다른 변수로 코딩변경(R), 결측값 대체(V) 등의 기능을 수행할 수 있다.

그림 1.7 기술통계량 SPSS 데이터 편집기

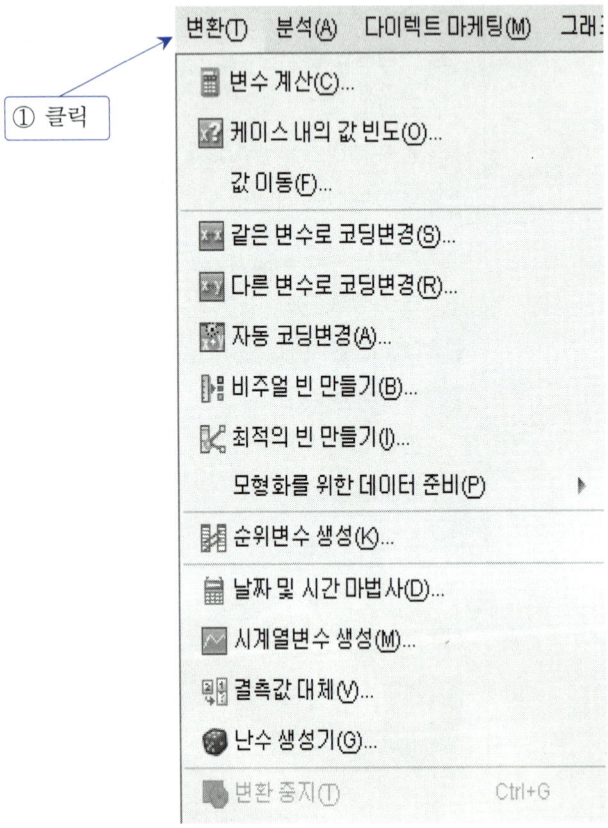

바. 분석

SPSSWIN 프로그램의 핵심적인 부분으로서, 연구목적에 맞는 분석방법을 선택할 수 있다. 실제 사용할 분석방법은 화살표를 클릭하여 나타나는 창에서 선택한다.

그림 1.8 분석

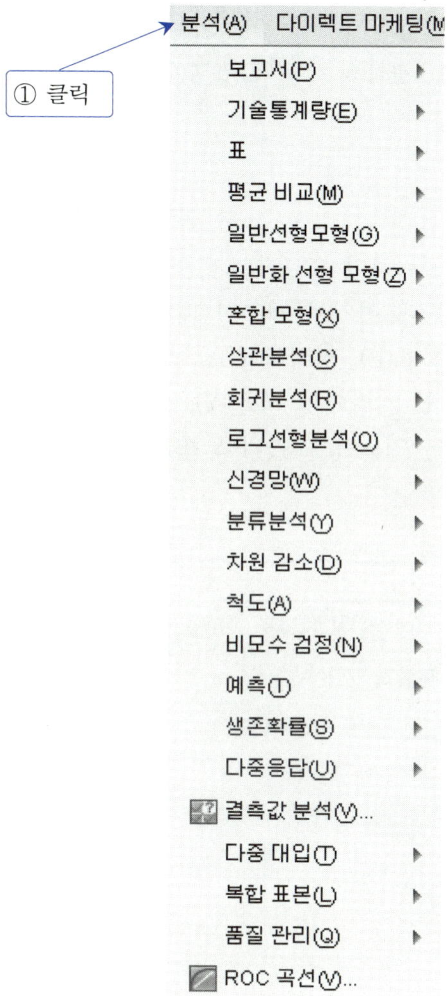

사. 다이렉트 마케팅

다이렉트 마케팅(M)을 클릭하면 기법선택(C)이 나타나는데 여기서는 인구통계학, 구매, 다양한 고객 집단을 정의하는 기타 특성을 식별하고 특정 집단을 대상으로 지정하여 긍정적인 응답비율을 최대화하여 다이렉트 마케팅 캠페인 결과를 향상시키기 위한 일련의 도구를 제공한다.

그림 1.9 다이렉트 마케팅

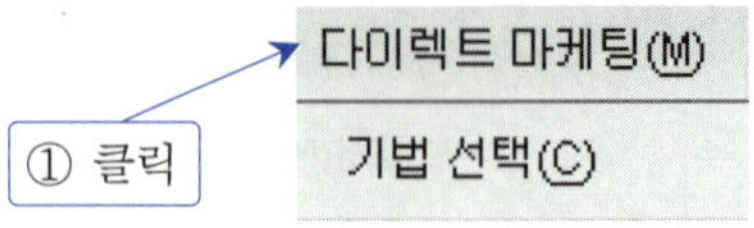

아. 그래프

그래프(G)를 클릭하면 도표작성기, 그래프보드 양식 선택기(G), 레거시 대화 상자(L)가 나타나는데 여기서 레거시 대화 상자(L)를 클릭하면 막대도표(B), 3차원 막대도표(3), 선도표(L), 영역도표(A), 원(P), 상한-하한 도표(H), 상자도표(X), 오차막대(O), 모집단 피라미드 도표(Y), 산점도/점도표(S), 히스토그램(I) 등 다양한 도표를 선택할 수 있으며, 기존의 도표를 새로운 형태의 도표로 편집할 수도 있다.

그림 1.10 그래프

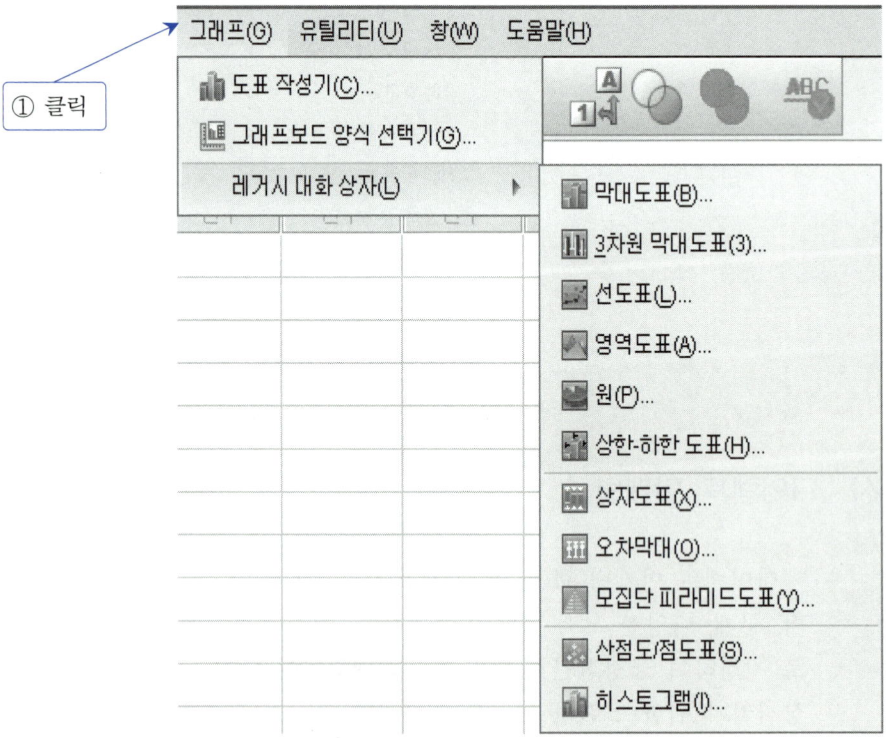

자. 유틸리티

유틸리티(U)를 클릭하면 변수(V), 변수군 정의(E), 변수군 사용(U), 맞춤법(S) 기능을 수행할 수 있다.

그림 1.11 유틸리티

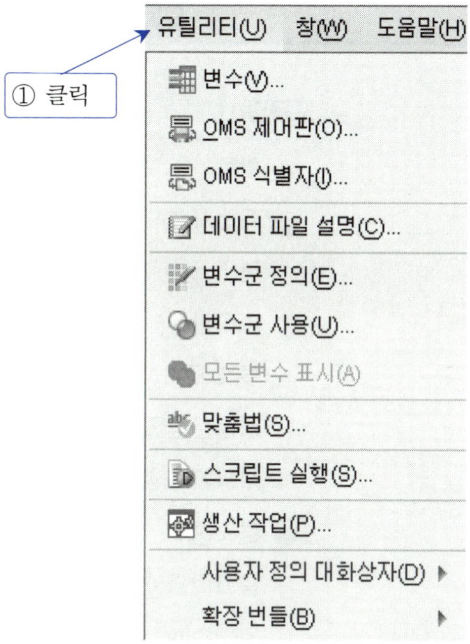

차. 창

창(W)을 클릭하면, 창을 분할(S)하는 기능과 모든 창을 최소화(M)하는 기능이 있다.

그림 1.12 창

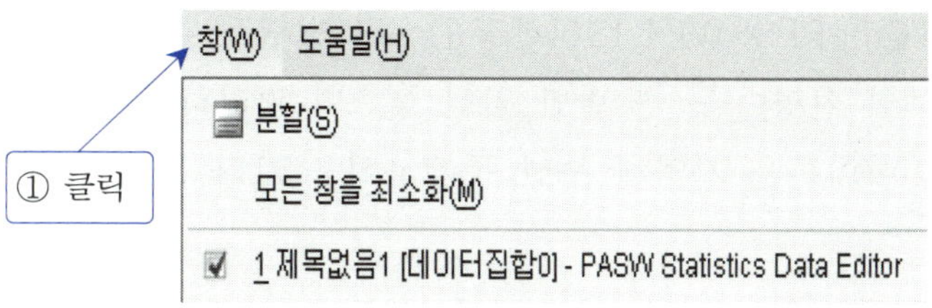

카. 도움말

도움말(H)을 클릭하면 SPSSWIN 18.0에 대한 분석방법 및 기능에 대한 설명을 나타내는 자습서(T)와 통계코치(C), 명령문 참조(S), 정보(A), 제품 등록(E) 등이 나타난다.

그림 1.13 도움말

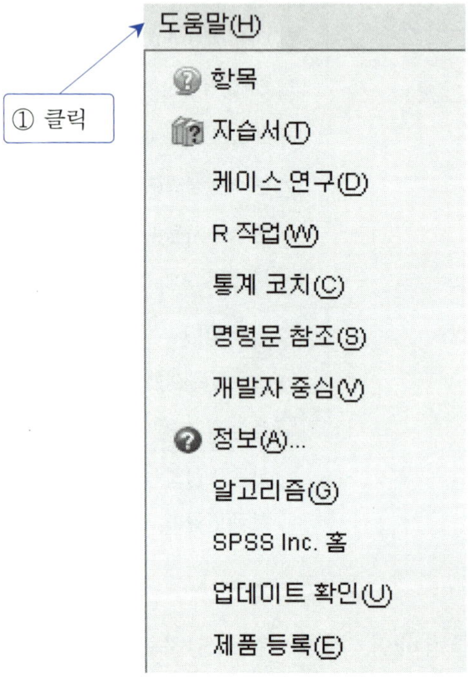

2. 18.0 도구모음

다음은 SPSSWIN 18.0(한글판) 프로그램을 편리하게 사용할 수 있는 아이콘에 대한 설명이다. 한 번만 익혀 놓으면 편리하게 사용할 수 있으므로 자주 쓰이는 아이콘을 기억해 두면 통계분석을 보다 신속하고 편리하게 할 수 있다.

그림 1.14 도구모음

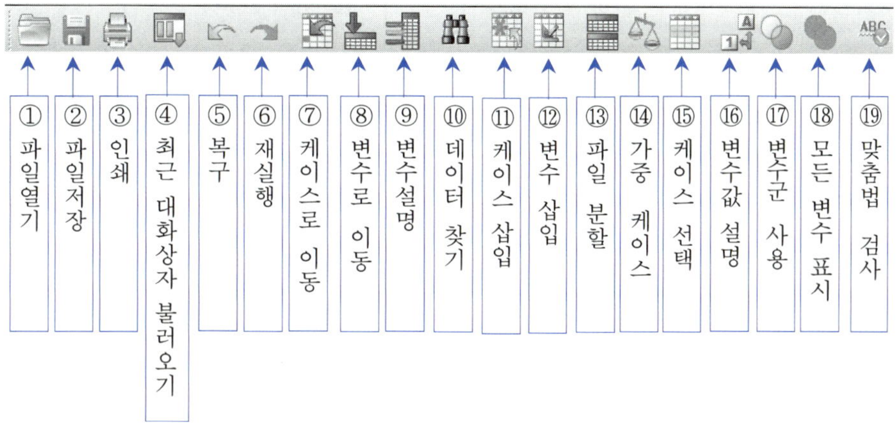

3. 데이터 편집기 및 변수 보기, 진행상태 표시줄

다음 [그림 1-15]는 SPSSWIN 18.0 데이터 편집기 화면이다. 여기서 실제 분석할 데이터를 입력하고, 편집하는 작업 등을 수행한다. 데이터 편집기 화면 아래에는 ‘데이터 보기(D)’와 ‘변수 보기(V)’가 있는데 데이터 편집기에서 데이터를 입력할 때에는 ‘데이터 보기(D)’ 화면에서 작업을 해야 하지만 작업한 데이터에 대한 설명이나 변수정의를 할 경우에는 ‘변수 보기(V)’ 화면에서 작업을 해야하므로 ‘변수 보기(V)’를 클릭한다.

또한 ‘데이터 보기(D)’와 ‘변수 보기(V)’ 밑에는 작업의 진행상태를 나타내는 표시가 있다. SPSS 프로그램을 실행하지 않는 단계에서는 ‘PASW statistics 프로세스 준비완료’라는 메시지가 나타나 있으나, 작업을 실행하면 진행상태를 나타내는 메시지가 뜨게 된다.

그림 1.15 SPSS 데이터 편집기

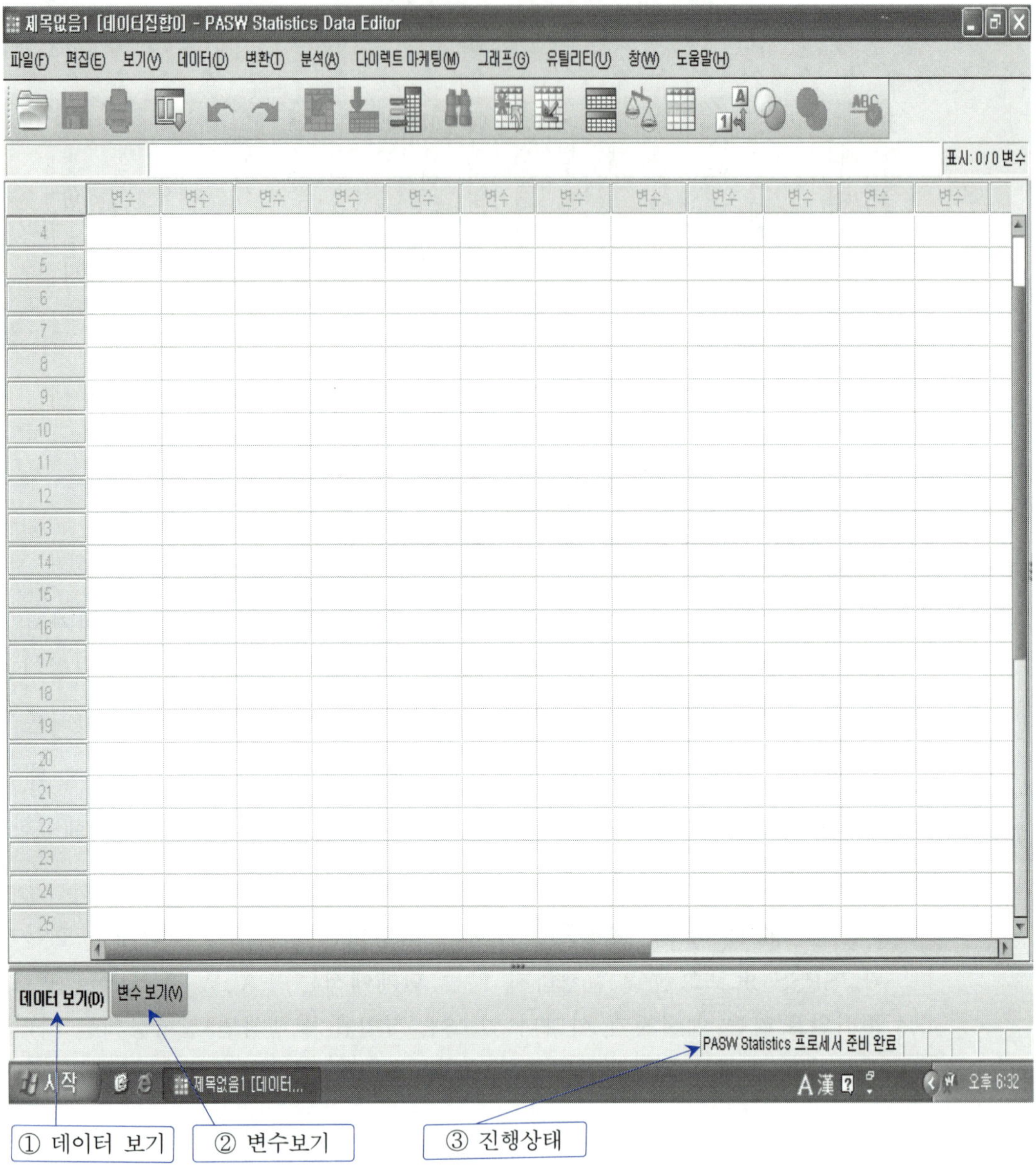

제 2 장
SPSSWIN 18.0 기본 운용

본 장에서는 SPSSWIN 18.0 한글판 프로그램을 운용하기 위한 기본적인 사항을 정리한 것이다. 분석할 데이터에 대한 운용사항과 데이터의 변환을 중심으로 통계분석을 위한 기본적인 데이터 정리방법을 설명한다. 데이터를 나누거나 통합하고 일부 데이터를 선택하는 방법, 변수를 묶어 새로운 변수를 생성하는 등 기본적인 분석자료를 만드는 과정을 설명한다.

제1절 데이터 운용

데이터를 보다 효과적으로 운용하기 위해서는 데이터 운용에 대한 제반 사항을 이해하는 것이 필요하다. 여기서는 변수와 케이스에 대한 운용을 중심으로 살펴본다.

1. 변수 삽입

변수 삽입을 위해서는 우선 [그림 2-1]과 같이 SPSS 데이터 편집기의 데이터 보기에서 삽입하고자 하는 변수가 위치할 다음의 변수를 클릭하면 해당 변수 전체가 블록 설정이 된다. 이 상태에서 다음의 절차에 따라 실행하면 새로운 변수(공란)가 생성된다. 삽입된 변수에 대해서는 변수보기에서 변수명을 입력한다(변수정의 참조).

여기서는 'a5'와 'a6' 사이에 변수를 삽입하는 방법을 설명한다.

편집(E) → 변수삽입(I)

그림 2.1 변수 삽입

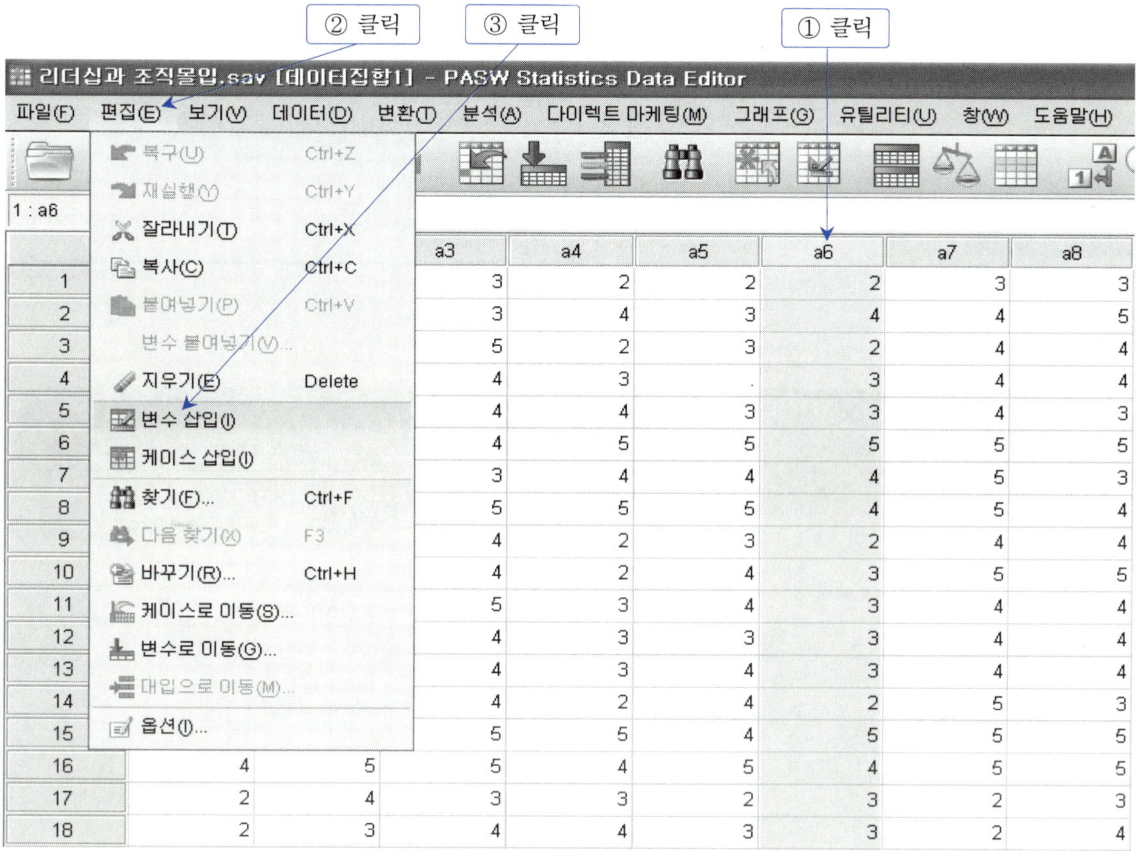

변수 삭제 방법: ① 삭제하고자 하는 변수명을 클릭하여 블록을 설정한다.
② 편집(E)→잘라내기(T) 또는 지우기(E)를 누르거나 자판에서 바로 Del키를 누른다.

2. 케이스 삽입

변수를 삽입하는 것이 열(column)을 삽입하는 것이라면 케이스를 삽입하는 것은 행(row)을 삽입하는 것이라 할 수 있다. 케이스를 삽입하는 방법도 변수를 삽입하는 방법과 마찬가지로 다음의 절차에 따라 실행하면 새로운 케이스(공란)가 생성된다.

여기서는 5와 6번 케이스 사이에 새로운 케이스를 삽입하는 방법을 설명한다. 우선 케이스 6을 블록설정하기 위하여 케이스 6을 클릭한 후, 다음의 과정대로 실행한다.

편집(E) → 케이스 삽입(I)

그림 2.2 케이스 삽입

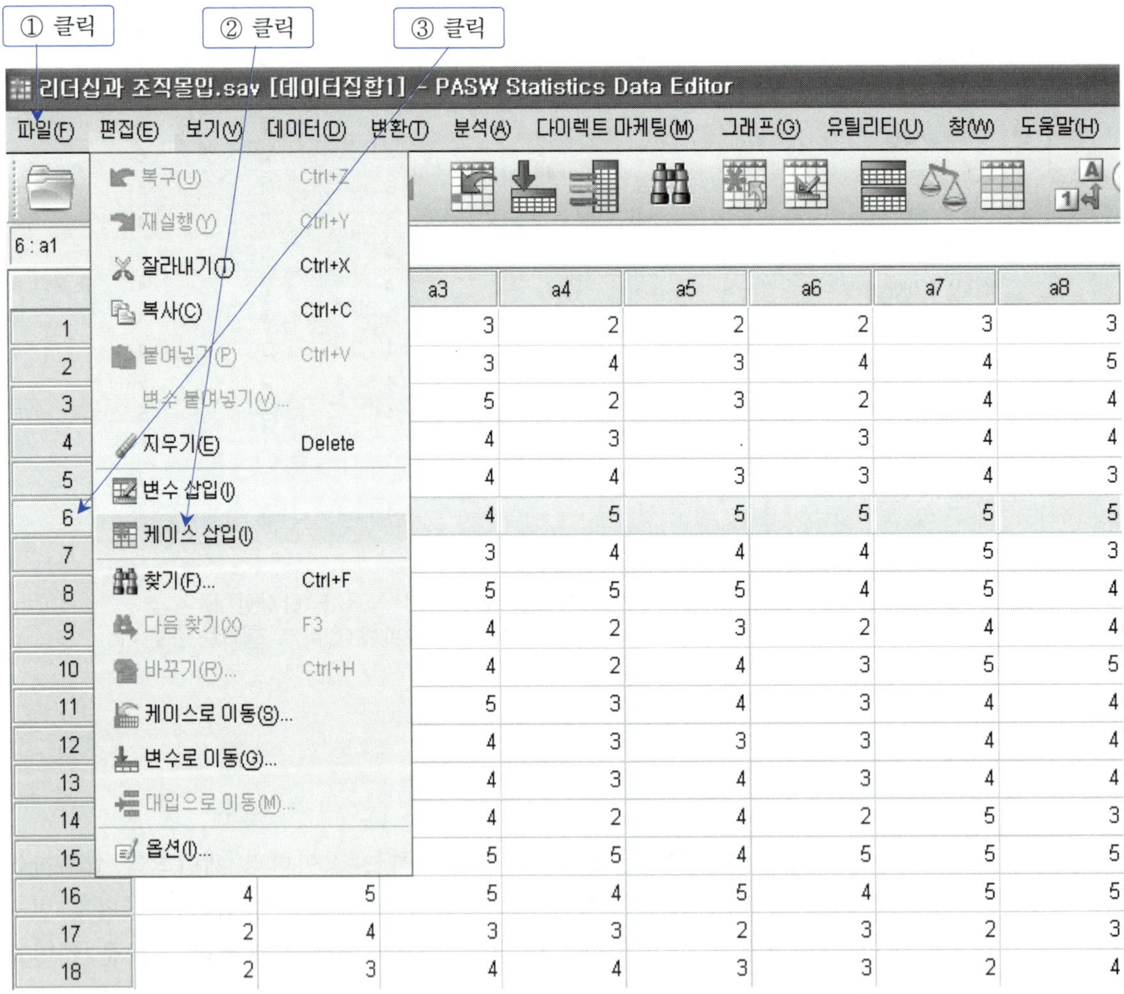

[그림 2-2]에서와 같이 5번, 6번 케이스 사이에 새로운 케이스가 생성되고 그 결과 기존의 6번 케이스는 7번 케이스로 바뀌어 지며, 이후의 케이스도 케이스 번호가 1씩 더해져 변경되는 것을 알 수 있다.

케이스 삭제 방법: ① 삭제하고자 하는 케이스 번호를 클릭하여 블록을 설정한다. ② 편집(E)→잘라내기(T) 또는 지우기(E)를 누르거나 자판에서 바로 Del키를 누른다.

3. 케이스로 이동

입력된 케이스를 쉽게 찾기 위해서는 방향키(←,→,↑,↓)와 페이지 이동키(PgUp,PgDn) 외에 데이터 편집기의 메뉴에서 찾는 방법이 있다. 이것을 다음과 같은 절차에 따라 실행하면 [그림 2-3]과 같이 이동(G) 대화상자가 나타나고, '케이스 번호로 이동(C)' 칸 안에 찾고자 하는 케이스를 입력한 후 이동을 클릭하면 해당 케이스로 이동한다.

편집(E) → 케이스로 이동(S)...

그림 2.3 케이스로 이동

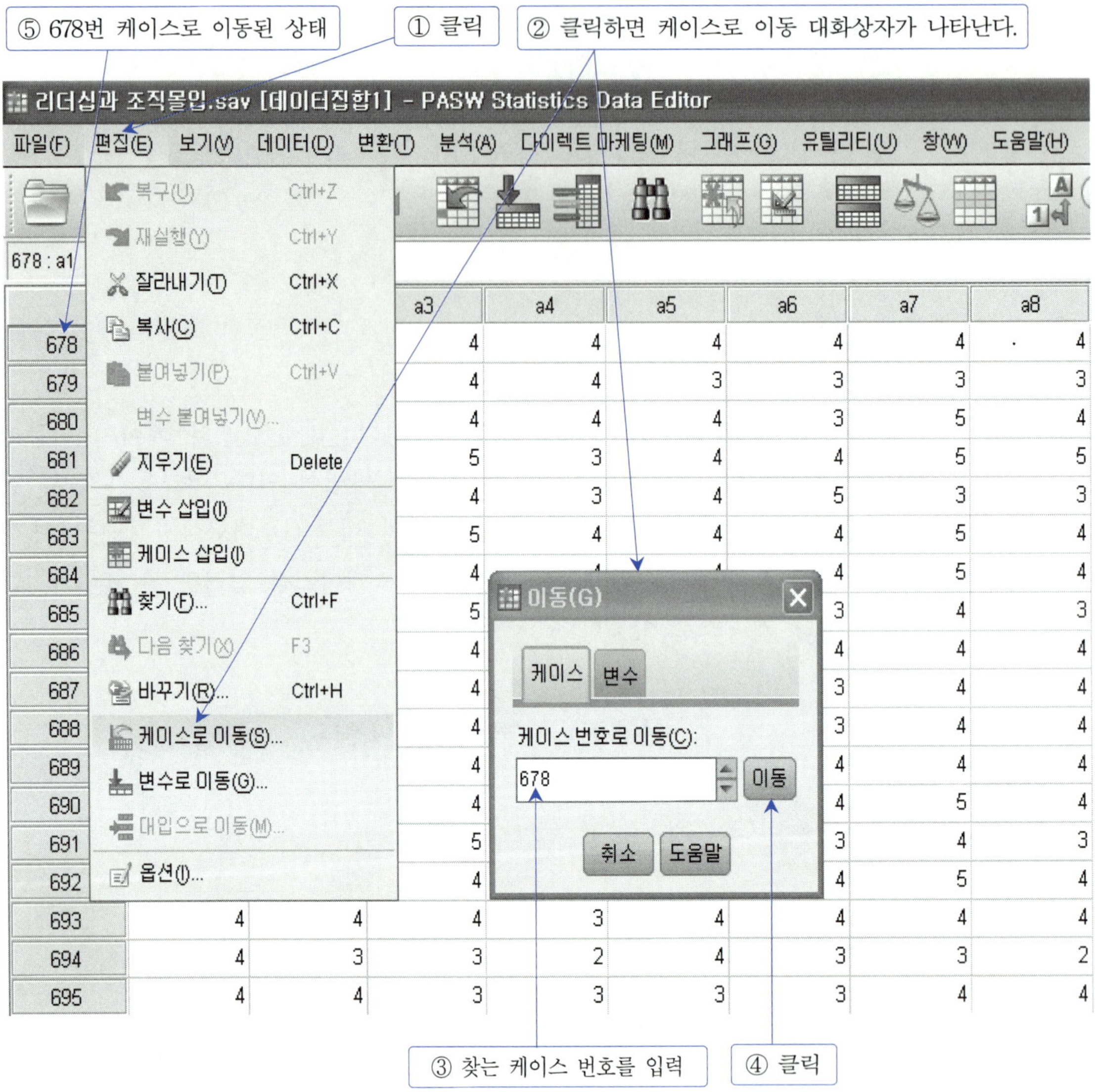

4. 케이스 정렬

케이스 정렬은 입력순서대로 정렬된 자료의 특성을 쉽게 파악할 수 있도록 특정 변수를 기준으로 재정렬하는 것을 말한다. 즉, 데이터를 성별이나 연령

등을 기준으로 오름차순이나 내림차순으로 정렬하는 것을 말한다. 이를 실행하는 절차는 다음과 같으며, [그림 2-4]와 같이 실행하면 된다.

데이터(D) → 케이스 정렬(O)...

그림 2.4 케이스 정렬

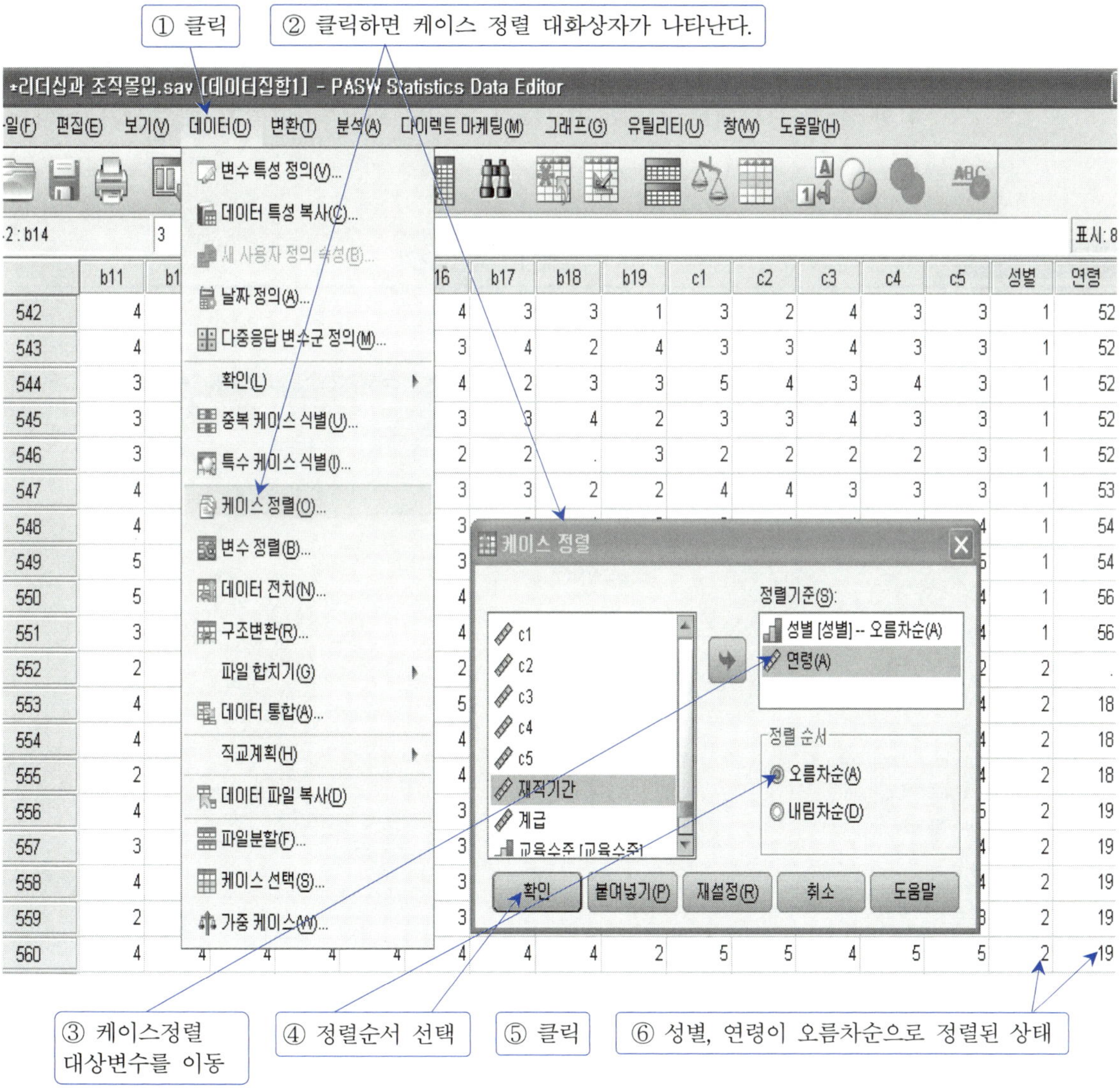

5. 데이터 전치

데이터 전치란 변수의 열(column)과 행(row)의 위치를 바꾸는 것을 말한다.

여기서는 4개의 변수와 5개의 케이스로 구성된 데이터 파일(data01)을 예로 들어 데이터 전치에 대하여 설명한다.

[그림 2-5]와 같이 메뉴에서 다음과 같이 실행하여 데이터를 불러온다.

파일(F) → 열기(O) → 데이터(A)...

위와 같은 순서대로 실행하면 [그림 2-6]과 같은 파일열기 대화상자가 나타난다.

그림 2.5 데이터 불러오기

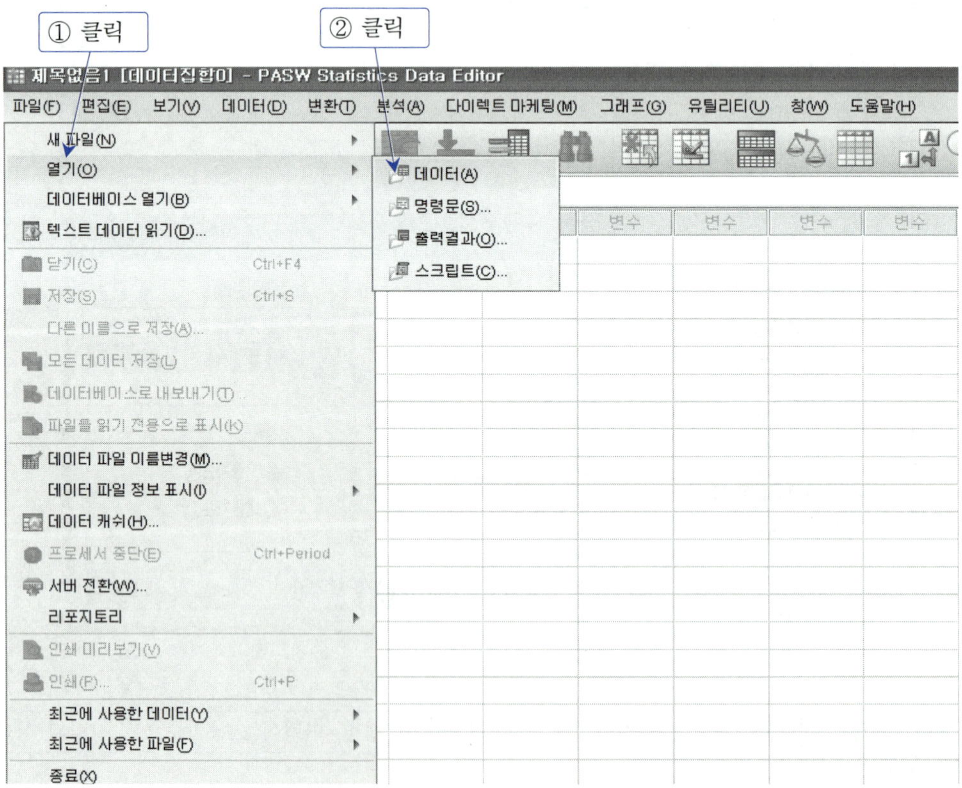

그림 2.6 데이터 열기

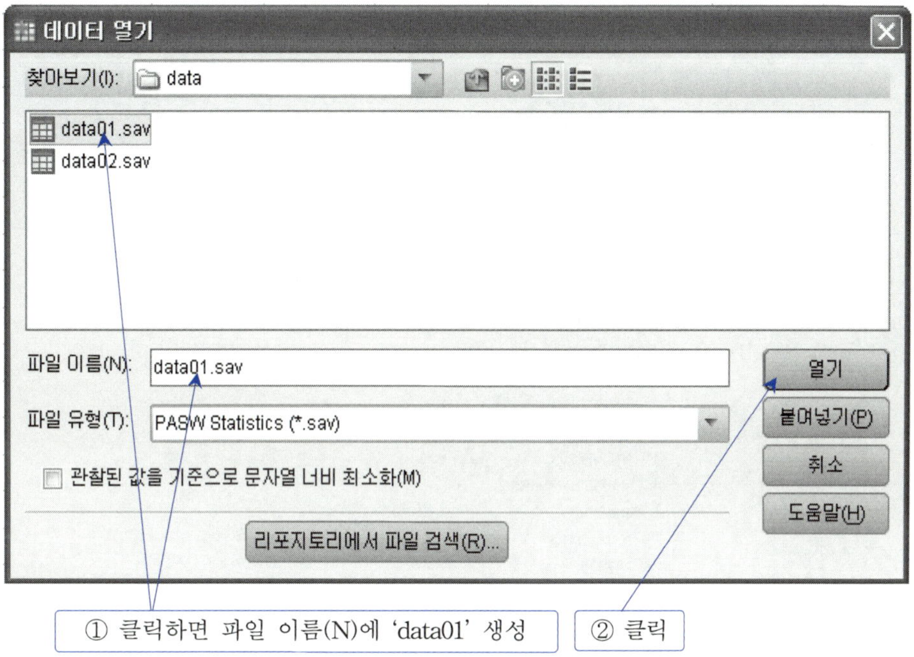

여기서 'data01'을 클릭한 후 [열기]를 클릭하면 [그림 2-7]과 같이 'data01'을 불러올 수 있다. [그림 2-7]은 'data01'을 불러온 상태에서 데이터 전치를 실행하는 단계를 그림으로 나타낸 것이며, 이를 실행하는 과정은 다음과 같다.

데이터(D) → 데이터 전치(N)...

[그림 2-8]은 데이터 전치를 클릭했을 때 나타나는 대화상자이다. 이 대화상자에서 왼쪽 칸의 항목들을 변수(V)로 이동시킨 후, [확인]을 클릭하면 [그림 2-9]와 같은 출력결과가 나타난다. 이 결과에는 데이터의 열과 행이 서로 바뀌어 있음을 알 수 있다.

그림 2.7 데이터 전치

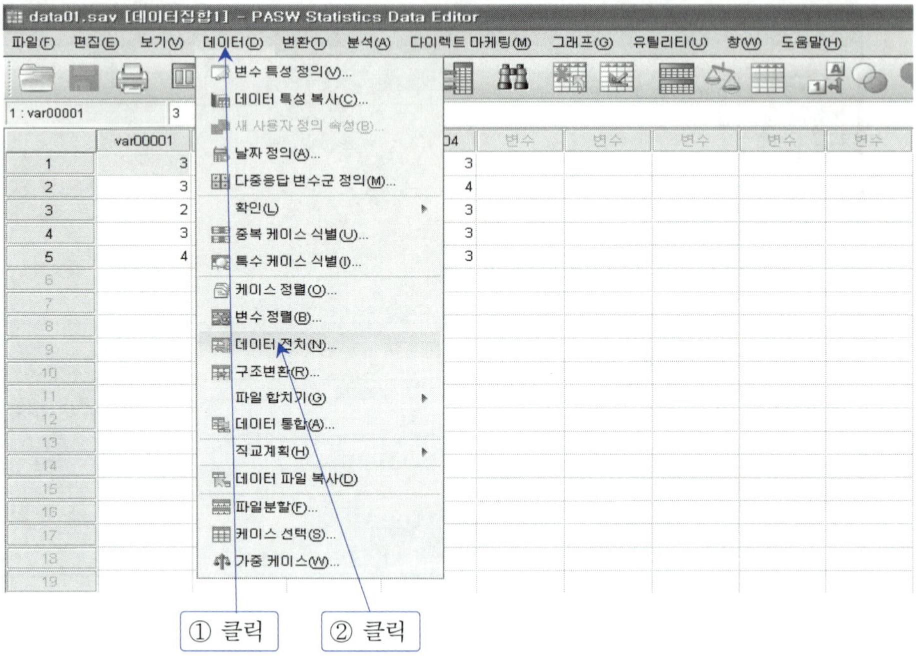

그림 2.8 데이터 전치-대화상자

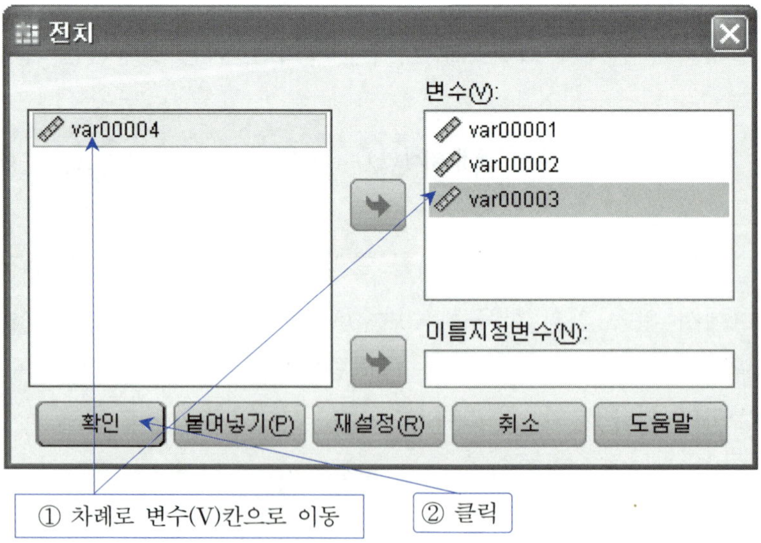

그림 2.9 데이터 전치 완료 및 출력결과

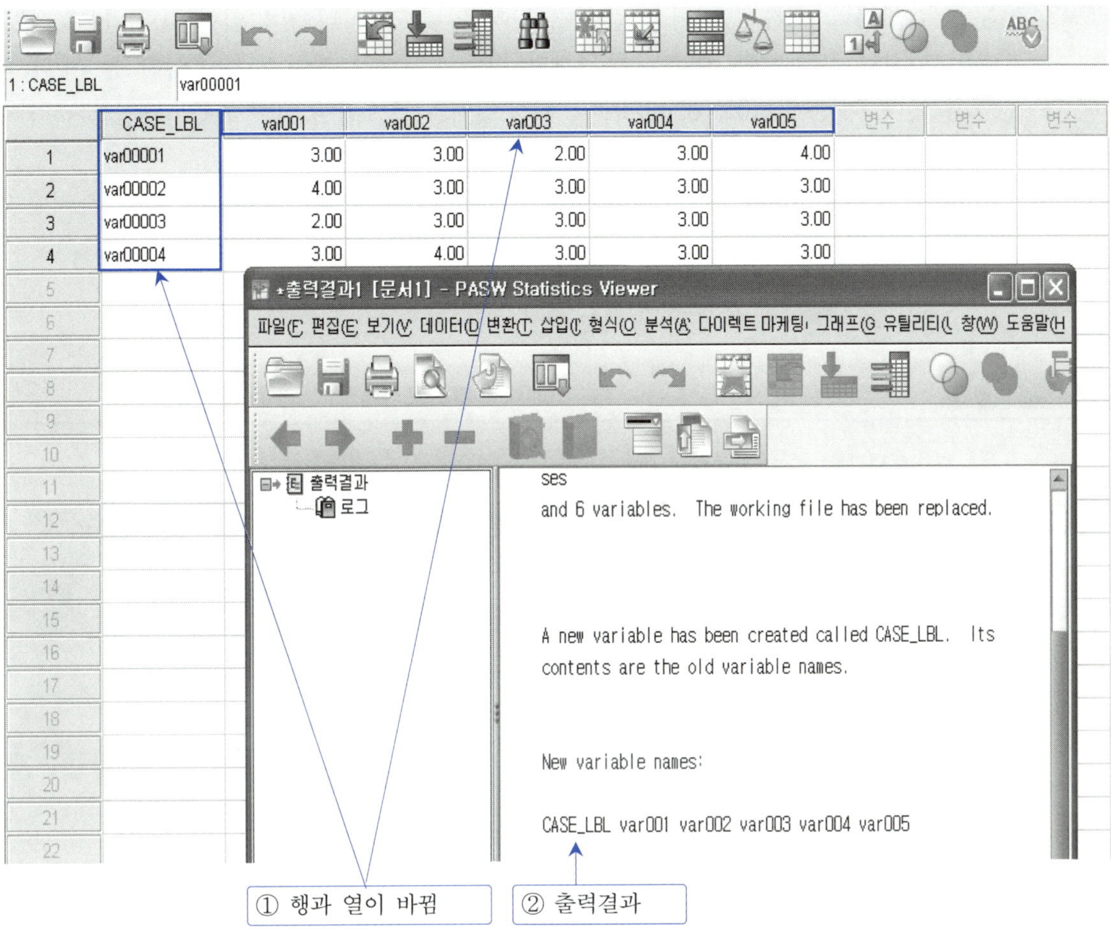

6. 파일 합치기

통계분석을 위해서는 우선 분석할 데이터 파일을 만들어야 한다. 데이터 입력은 일정한 기준을 마련하여 여러 사람이 나누어서 입력(코딩)작업을 한 후, 파일을 합쳐서 하나의 파일을 만드는 경우가 있다. 이럴 때 주로 훈글이나 Excel에서 합치기를 하는 경우가 많으나, 여기서는 SPSSWIN 18.0에서 데이터 파일을 합치는 방법을 설명한다.

가. 케이스 추가

케이스 추가는 여러 사람이 설문지를 몇 장씩 나누어 입력(코딩)한 후, 이를 합치는 방법이다. 여기서는 4개의 변수와 5개의 케이스로 구성된 두 개의 데이터 파일(data01, data02)을 예로 들어 파일 합치기(여기서는 케이스 추가)를 설명한다.

[그림 2-10]과 같이, 즉 메뉴에서 다음과 같이 실행하여 데이터를 불러온다.

파일(F) → 열기(O) → 데이터(A)...

그림 2.10 데이터 불러오기

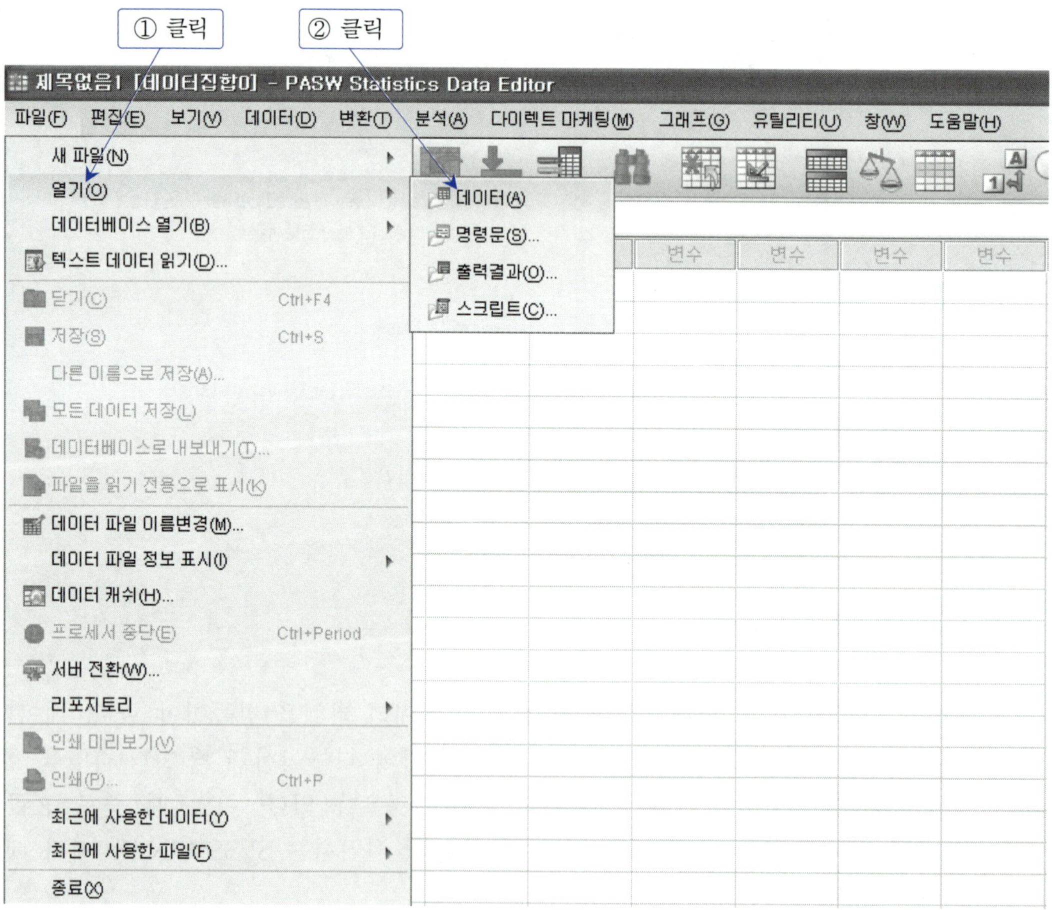

앞과 같은 순서대로 실행하면 [그림 2-11]에서와 같이 파일 열기 대화상자가 나타난다. 여기서 첫 번째 데이터 파일(data01)을 클릭한 후 [열기]를 클릭한다.

그림 2.11 파일 열기

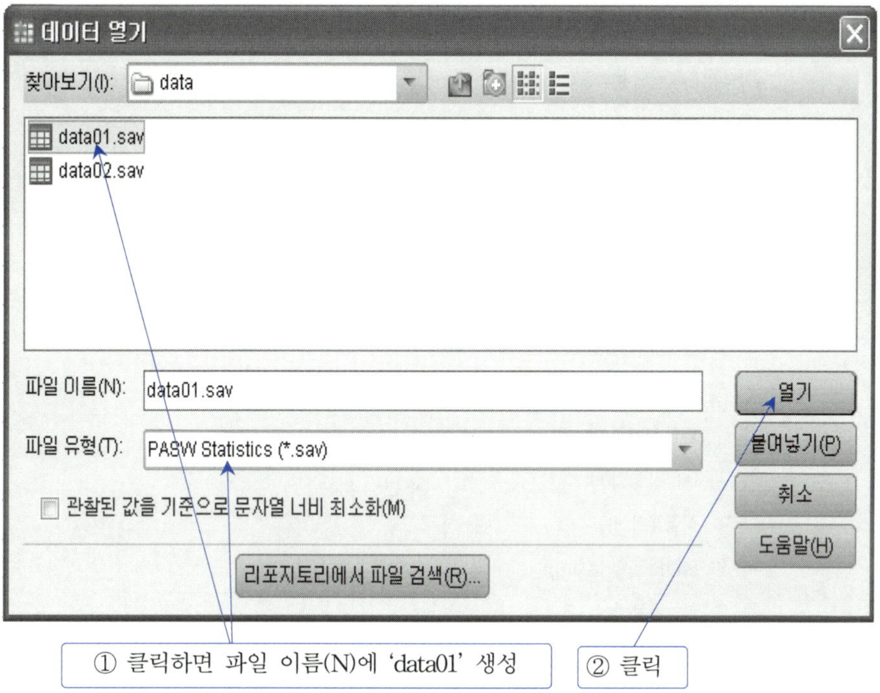

그림 2.12 파일 합치기 - 케이스 추가

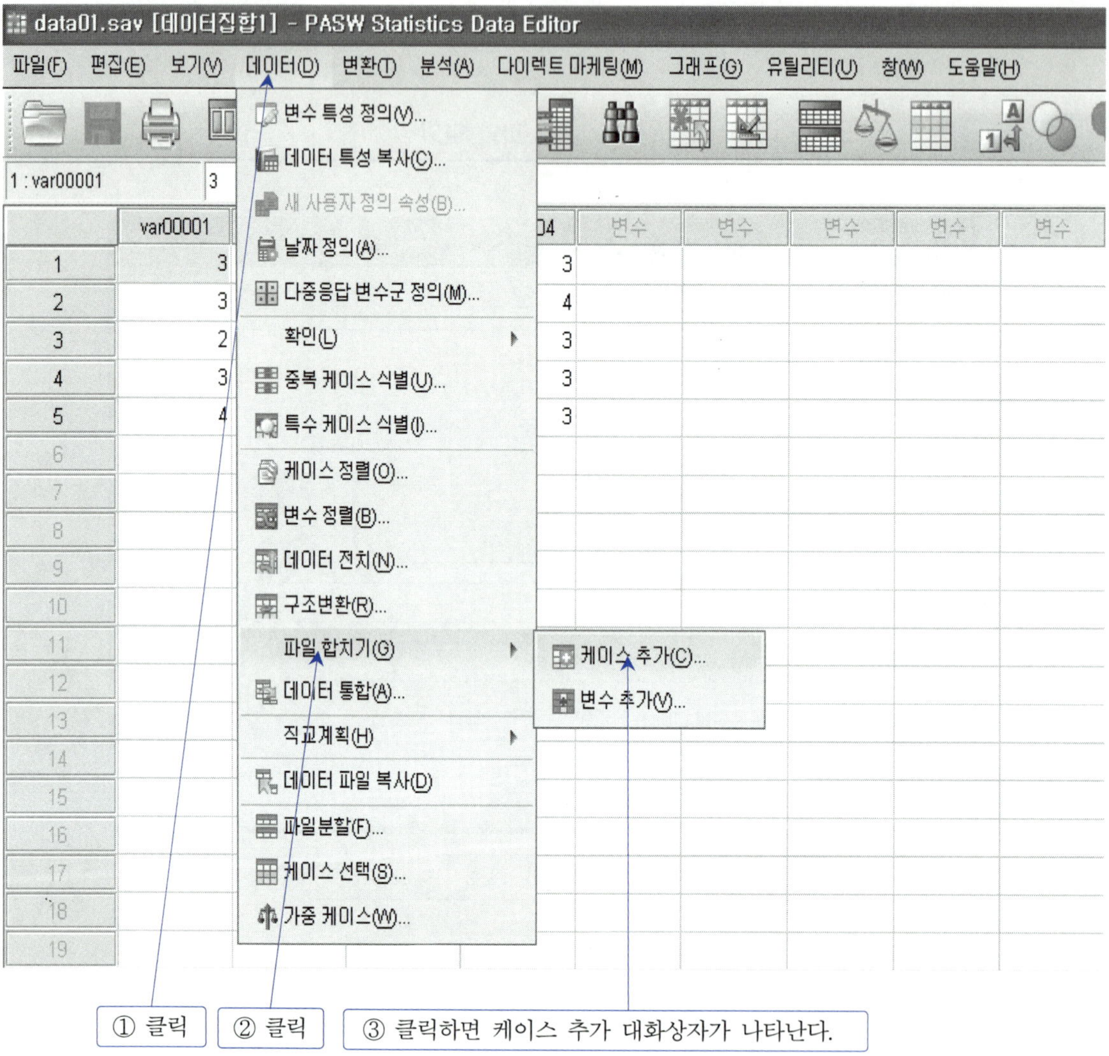

이렇게 첫 번째 데이터 파일을 불러온 후 두 번째 데이터 파일(data02)을 합치기(케이스 추가)하는 과정은 [그림 2-12]와 같다. 즉, 다음과 같은 절차에 따른다.

데이터(D) → 파일 합치기(G) → 케이스 추가(C)…

이를 실행하면 [그림 2-13]과 같이 케이스 추가 대화상자가 나타나고 외부 PASW statistics 데이터 파일(A)을 선택하고 찾아보기(B)... 를 선택하면 [그림 2-14]와 같이 케이스 추가: 파일 읽기 대화상자가 나타난다. 여기서 두 번째 데이터 파일(data02)을 클릭한 후, 열기 를 클릭하면 [그림 2-15]케이스 추가 대화상자의 외부SPSS 데이터파일(A) 아래의 빈칸에 파일의 위치와 파일명(C:\data\data02.sav)이 나타난다. 그리고 계속 을 클릭하면 [그림 2-16] 데이터 파일로부터 케이스 추가 대화상자가 나타난다.

그림 2.13 케이스 추가 대화상자

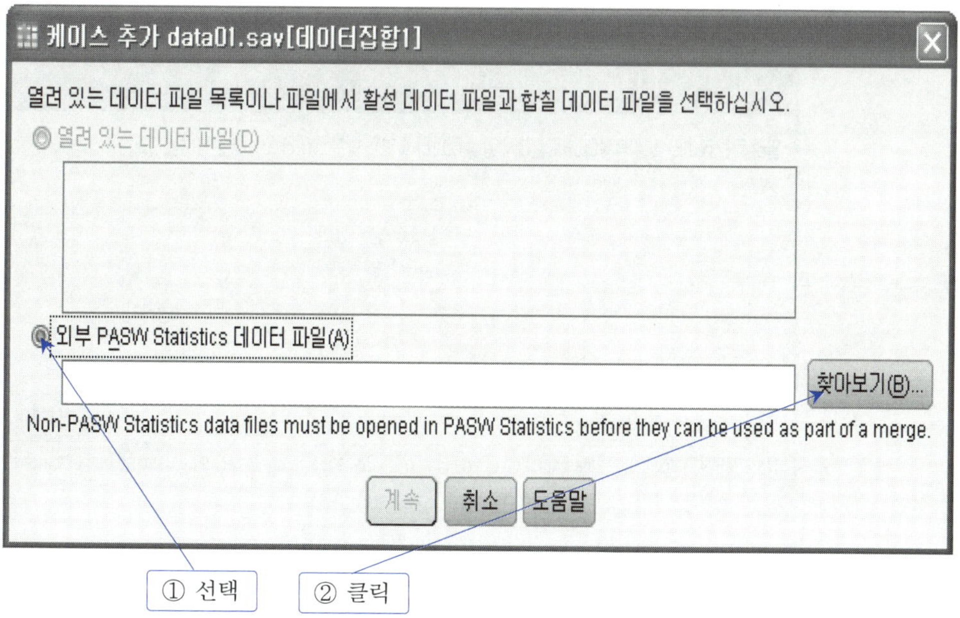

그림 2.14 케이스 추가: 파일 읽기

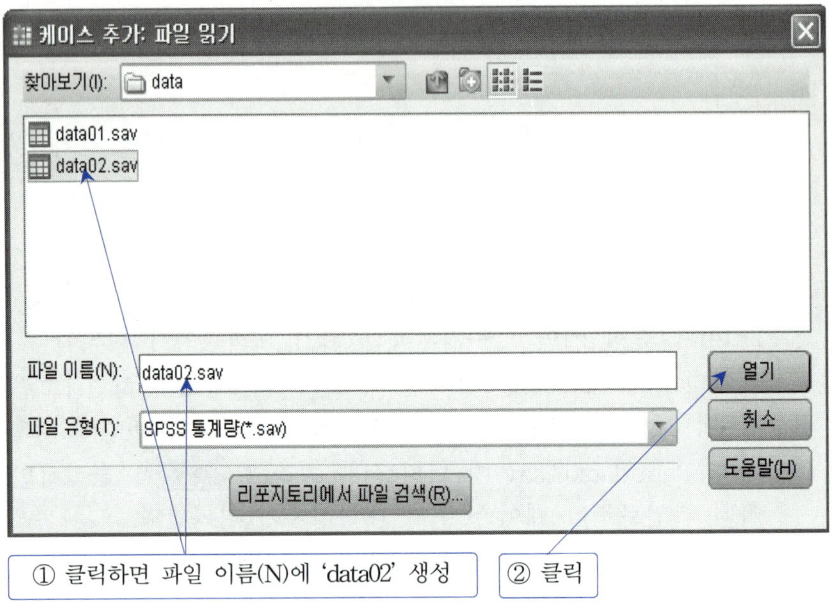

그림 2.15 케이스 추가 대화상자의 외부 PASW statistics 데이터 파일

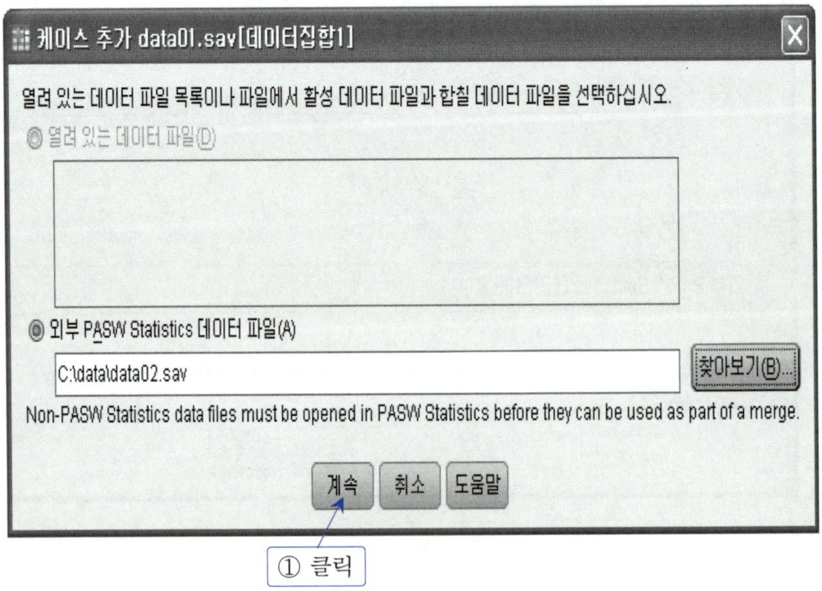

[그림 2-16]에서 왼쪽 칸의 대응되지 않은 변수(U)는 data01 변수 4개와 data02 변수 4개가 있다. 처음에 실행되었던 변수인 data01 파일에는 '*'가 붙어 있고, 추가할 변수인 data02 파일에는 '+'가 붙어 있는 것을 알 수 있다. 변수명이 동일한 경우에는 대응되지 않은 변수(U)에는 변수가 없고, 처음에 실행되었던 변수와 추가할 변수가 새 활성 데이터 파일의 변수(V) 칸에 나타난다.

그림 2.16 데이터 파일로부터 케이스 추가(I)

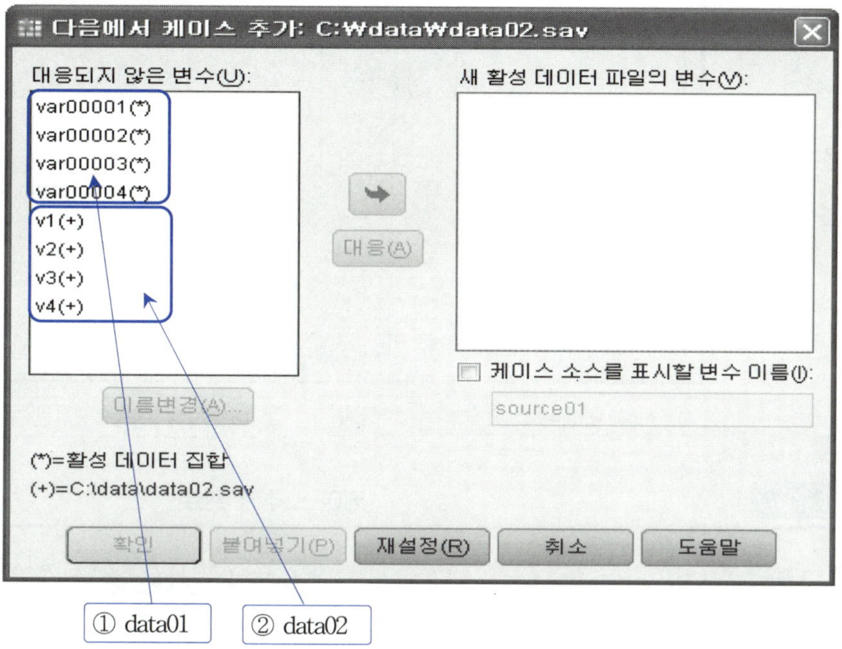

여기서는 변수명이 다르게 지정되어 입력작업이 되었으므로 이를 대응시켜 주어야 하는 것이다. 실제로는 var00001과 v1, var00002와 v2, var00003과 v3, var00004와 v4는 같은 변수이다.

이를 대응시키는 방법은 [그림 2-17]과 같다.

var00001을 클릭하여 블록으로 지정한 후, Ctrl 키를 누른 상태에서 v1을 클릭한다.

그러면 var00001과 v1이 블록으로 설정되면서 대응(A) 버튼이 활성화된다. 이를 클릭하면 var00001과 v1은 새로운 작업 데이터 파일의 변수(v)로 이동된다. 같은 방법으로 var00002와 v2, var00003과 v3, var00004와 v4를 이동시킨 후 확인 을 클릭하면 [그림 2-18]과 같이 파일 합치기(케이스 추가)가 완료된다. 이러한 방법으로 계속 제3, 제4의 데이터 파일을 합치기 하여, 분석을 위한 데이터 파일을 완성하게 된다.

그림 2.17 데이터 파일로부터 케이스 추가(Ⅱ)

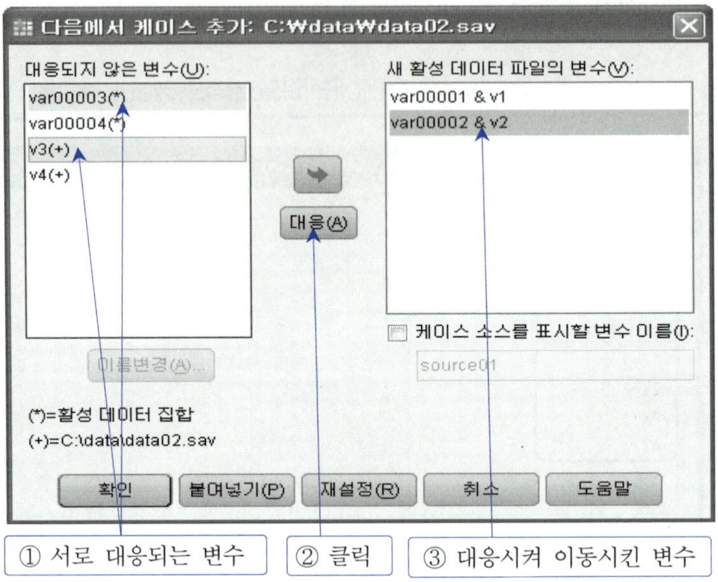

그림 2.18 케이스 추가 완료

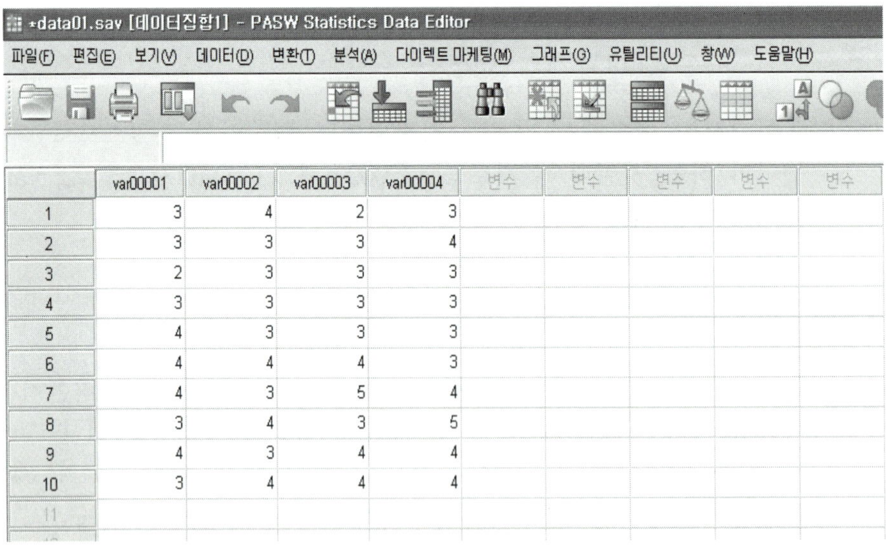

	var00001	var00002	var00003	var00004	변수	변수	변수	변수	변수
1	3	4	2	3					
2	3	3	3	4					
3	2	3	3	3					
4	3	3	3	3					
5	4	3	3	3					
6	4	4	4	3					
7	4	3	5	4					
8	3	4	3	5					
9	4	3	4	4					
10	3	4	4	4					
11									

나. 변수 추가

변수 추가는 설문지 전체의 응답을 입력(코딩)하지 않고, 문항별로 나누어 입력한 경우 이를 합치기하는 방법이다. 즉, 한 장의 설문지 중 1번에서 10번은 A라는 사람이, 11번에서 20번은 B라는 사람이, 21번에서 30번까지는 C라는 사람이 입력했을 경우 이를 합치는 방법이다.

우선 변수 추가를 위해 처음의 데이터(data001)를 불러온다. 그리고 다음 항목이 입력된 데이터(data002)를 불러오기 위해서 다음의 절차와 같이 실행하는 것이 [그림 2-19]이다.

데이터(D) → 파일 합치기(G) → 변수 추가(V)...

[그림 2-19]에서 변수 추가(V)를 클릭하면 [그림 2-20]과 같이 변수 추가 대화상자가 나타난다. 여기서 외부 PASW statistics 데이터파일(A)을 선택하고 찾아보기(B)... 를 클릭하면 [그림 2-21]과 같은 변수 추가: 파일읽기 대화상자가 나타난다. 여기서 처음 데이터에 합칠 데이터 파일인 'data002'를 클릭한 후, 열기 를 클릭하면 [그림 2-22] 변수 추가 대화상자의 외부 PASW statistics 데이터파일(A) 아래의 빈칸에 파일의 위치와 파일명(C:\data\data002.sav)이 나타난다. 그리고 계속 을 클릭한다.

그림 2.19 파일 합치기 - 변수 추가

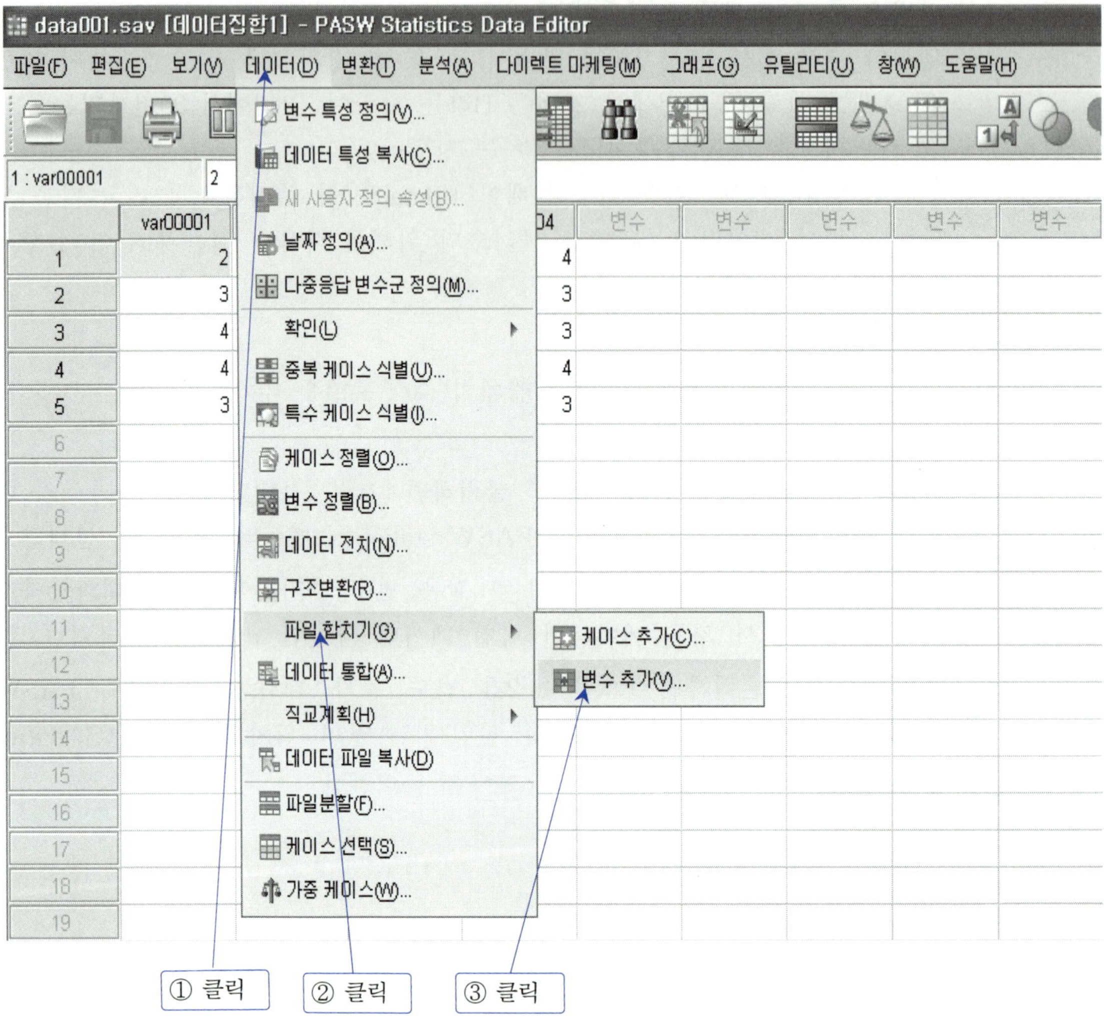

그림 2.20 변수 추가 대화상자

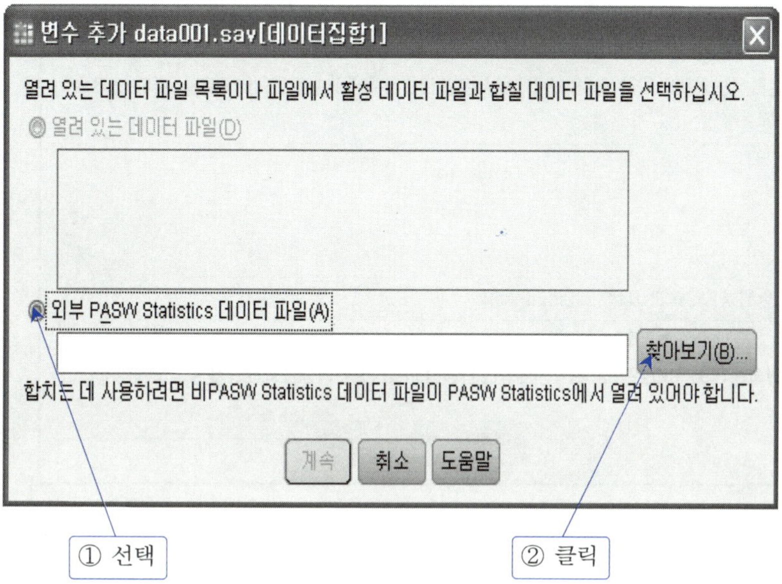

그림 2.21 변수 추가: 파일 읽기

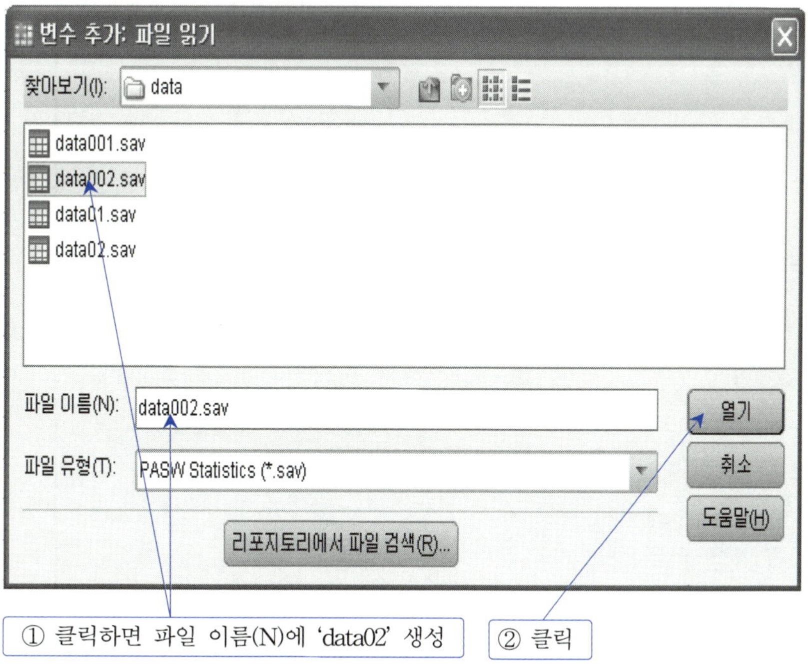

그림 2.22 변수 추가 대화상자의 외부 SPSS 데이터 파일

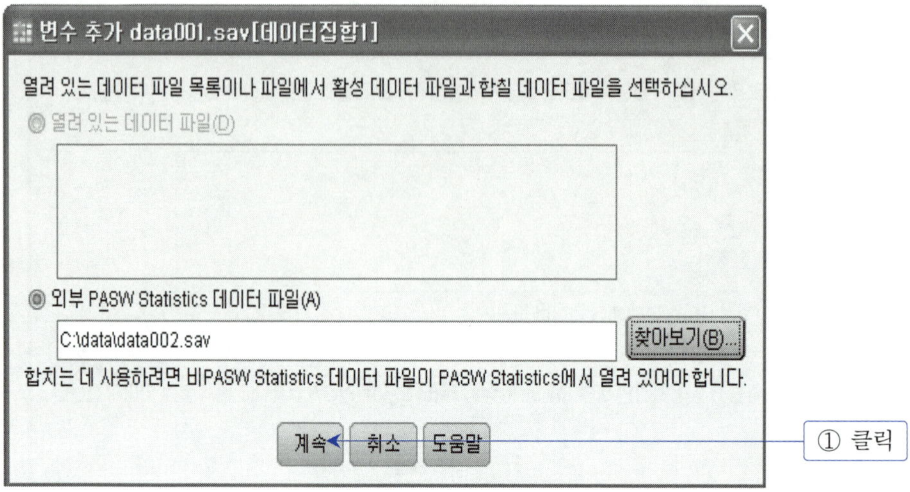

그림 2.23 데이터 파일로부터 변수 추가(I)

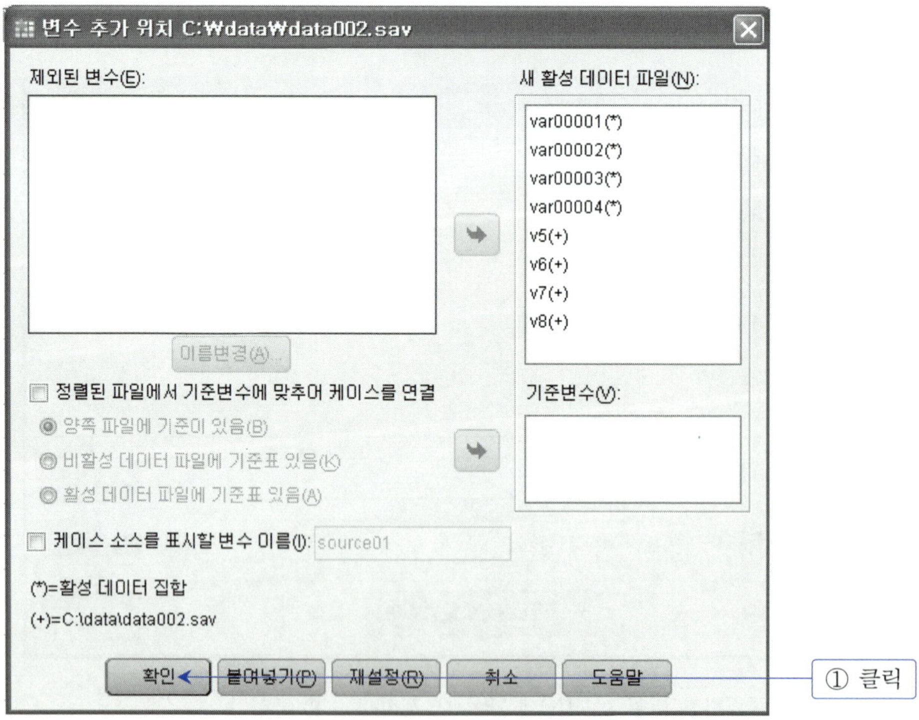

그림 2.24 데이터 파일로부터 변수 추가(Ⅱ)

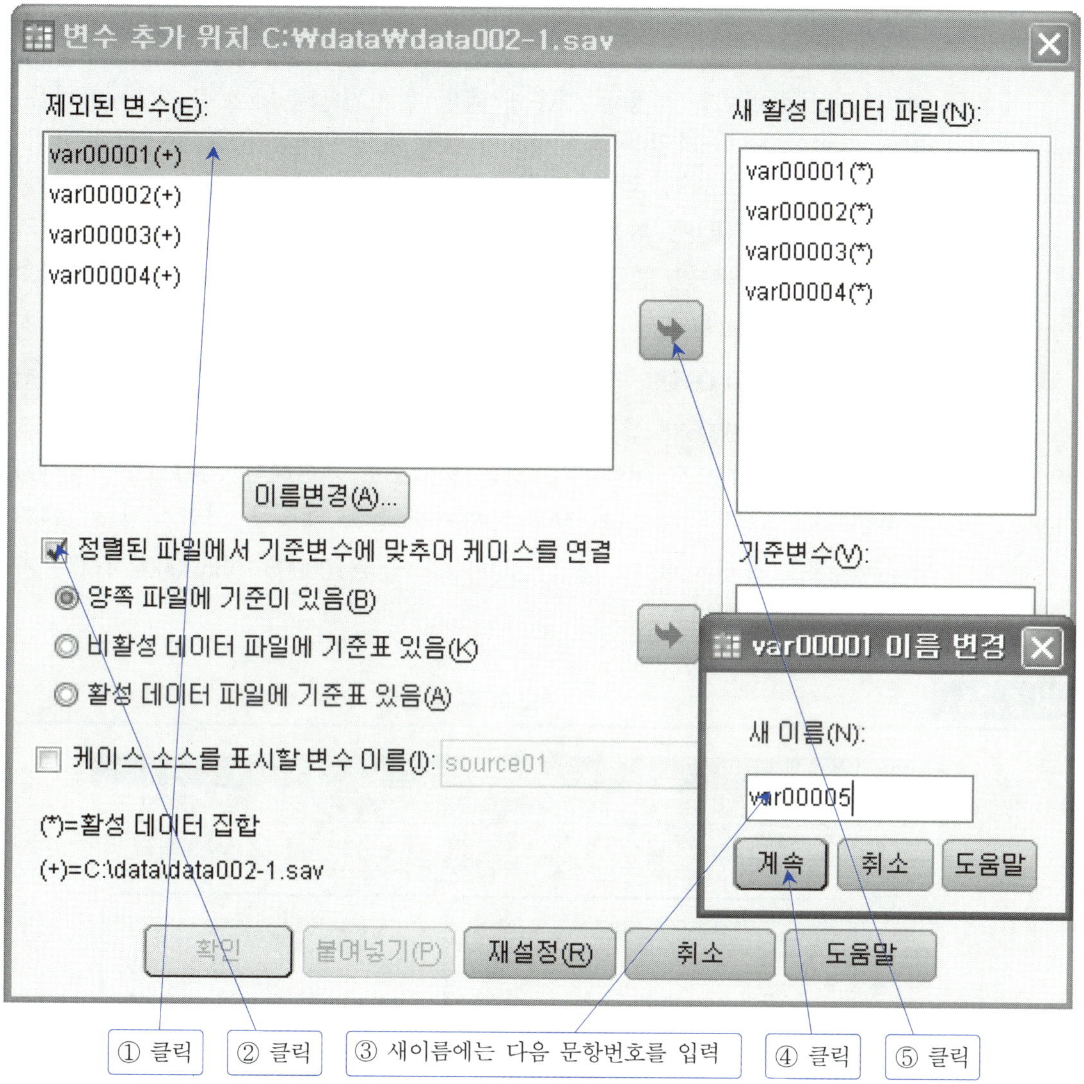

[그림 2-23], [그림 2-24]와 같은 데이터 파일로부터 변수 추가 대화상자가 나타난다. [그림 2-23]에서 확인 을 클릭하면 [그림 2-25]와 같이 변수 추가가 완료된다.

한편 [그림 2-24]는 실제로는 문항번호가 5, 6, 7, 8인데 1, 2, 3, 4로 data001과 같은 문항번호를 사용한 경우에 파일 합치기(변수 추가)를 하는 방법을 설명한 그림이다. 두 파일의 문항번호가 동일한 경우에는 [그림 2-21]과 같이 추가할 파일을 열어도 [그림 2-23]과 같이 나타나지 않고 대신 [그림 2-24]와 같이 제외된 변수(E)에 합칠 대상변수(var00001~var00004)가 나타난다. 여기서 var00001을 클릭하면 블록설정이 되고, 이름변경(A)... 이 활성화 된다. 활성화된 이름변경(A)... 을 클릭하면 var00001 이름변경 대화상자가 나타난다. 여기서 실제 문항번호인 var00005를 입력한 후, 계속 을 클릭하면 제외된 변수(E) 칸에 var00001→var00005가 생성된다. 이때 ➔ 를 클릭하면 var00005는 새로운 작업 데이터 파일(N)칸으로 이동한다. 같은 방법으로 계속해서 var00002→var00006, var00003→var00007, var00004→var00008을 차례로 이동시킨다. 그리고 확인 을 클릭하면 [그림 2-25]와 같이 var00005~var00008이라는 새로운 변수가 추가된다.

그림 2.25 변수 추가 완료

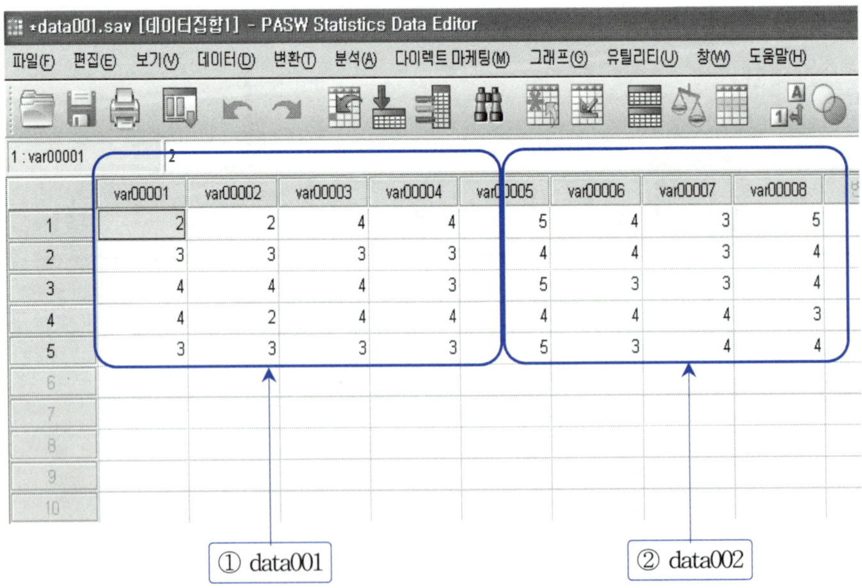

[그림 2-26]은 변수 추가 후, 변수명을 통일시키기 위해서 변수명을 변경하는 과정이다. SPSSWIN의 데이터 편집기 화면에서 변수 보기를 클릭한 후, 변수명(이름)에 변경하고자 하는 변수명을 입력하면 변수명을 변경할 수 있다. [그림 2-27]은 파일 합치기에서 변수명을 변경한 후의 그림이다.

그림 2.26 변수 보기에서의 변수명 변경

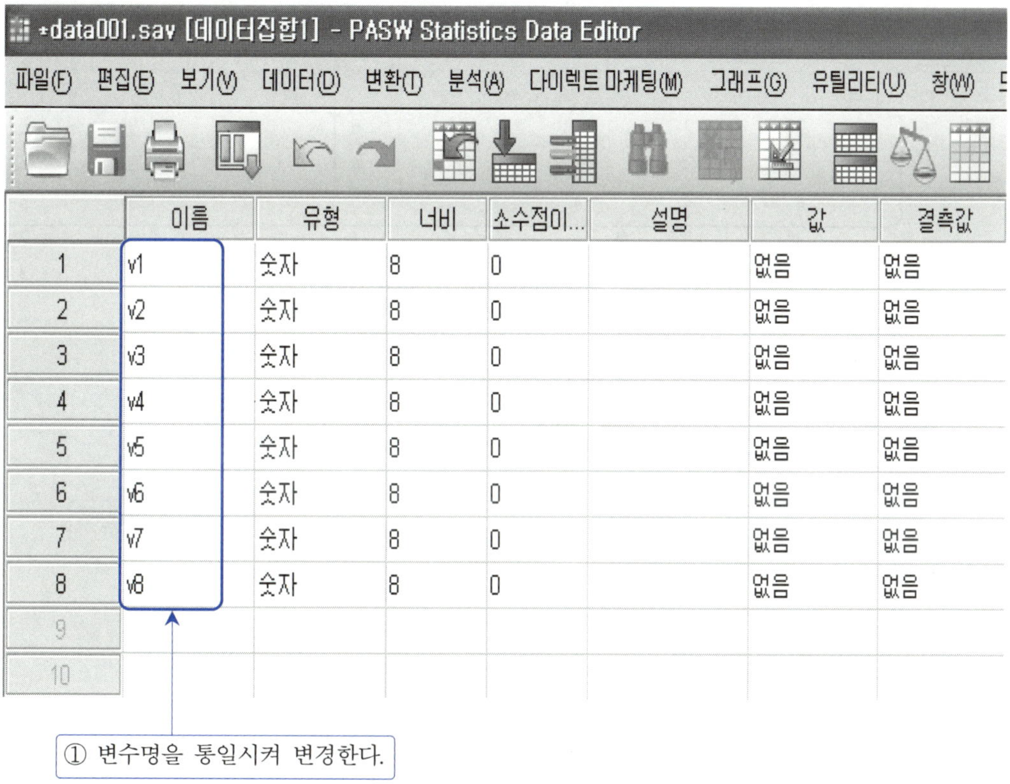

그림 2.27 파일 합치기(변수 추가) 완료

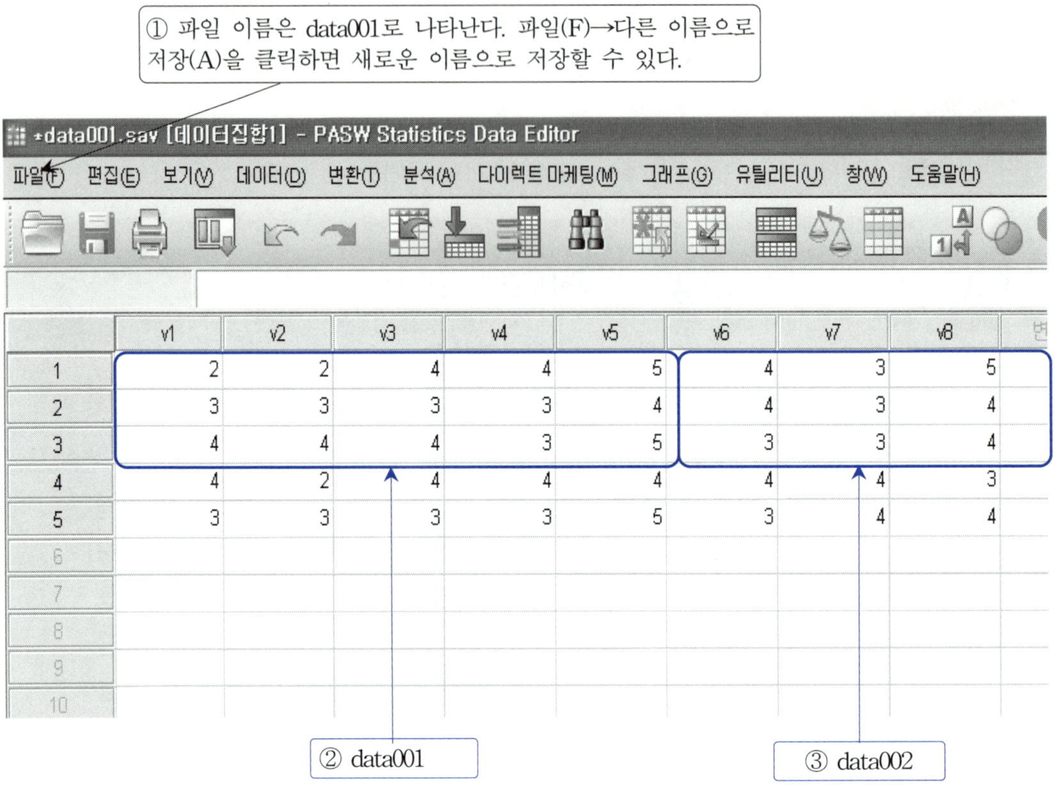

7. 데이터 통합

데이터 통합(A)은 구분변수(B) 집단에 대하여 통합변수(A)의 평균, 표준편차, 최소값, 최대값 등 통계량을 구하여 이를 새로운 파일로 저장해 두고, 필요한 경우 통계분석에 사용한다. 예컨대 행정조직과 기업조직(구분변수)별로 각각 구성된 부문(통합변수)의 평균, 표준편차 등을 구하여 파일로 보관하고자 할 때 데이터 통합은 이용된다. 이를 실행하는 과정은 다음과 같으며, 실행과정을 그림으로 나타낸 것이 [그림 2-28]이다.

데이터(D) → 데이터 통합(A)...

그림 2.28 데이터 통합

그림 2.29 데이터 통합: 변수이름 및 설명

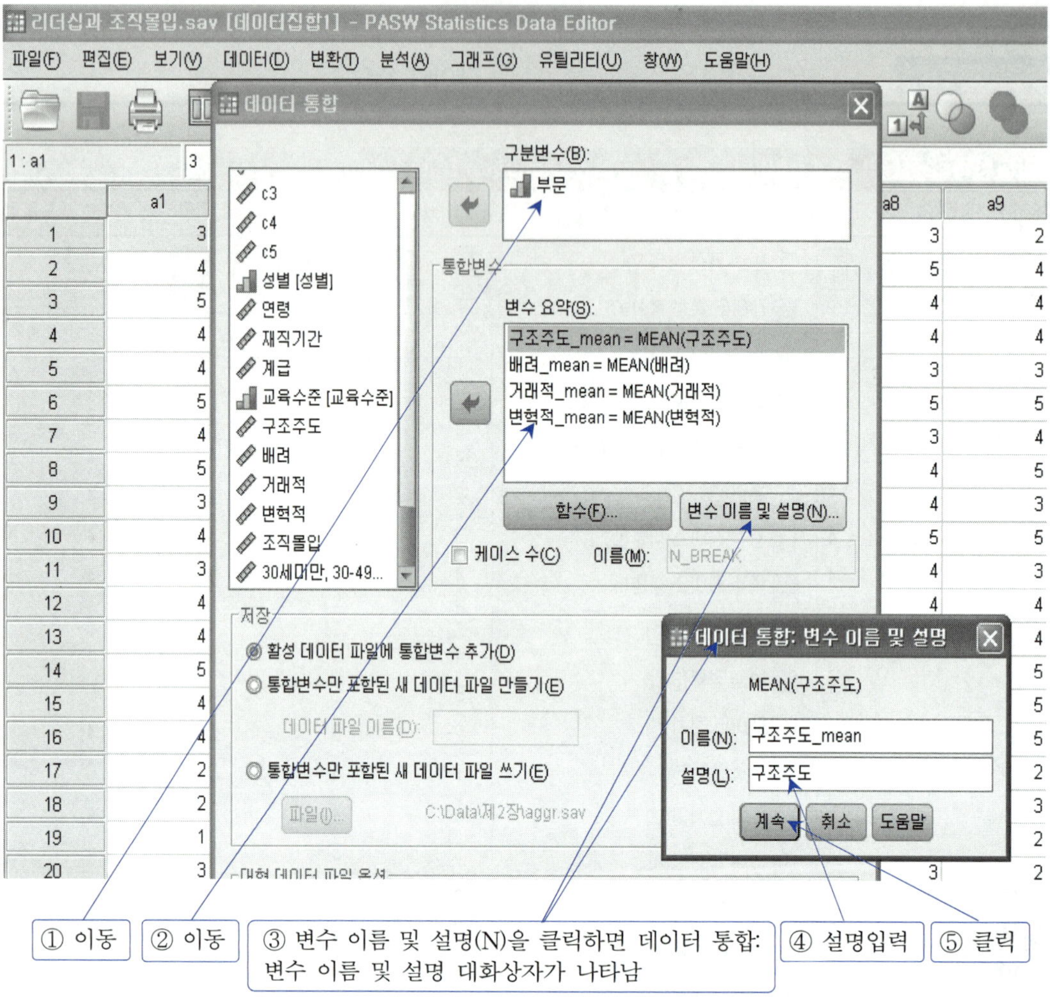

[그림 2-28]과 같이 실행하면 [그림 2-29]와 같은 데이터 통합 대화상자가 나타난다. 이 대화상자의 구분변수에는 구분하고자 하는 변수를 이동(여기서는 부문: 행정조직과 기업조직)하고, 통합변수에는 통계량을 구하고자 하는 변수를 이동(여기서는 구조주도, 배려, 거래적, 변혁적)시킨다. 변수 설명을 붙이기 위해서는 통합변수(A) 란의 변수들을 한 개씩 클릭하여 블록 설정한 후 변수 이름 및 설명(N) 을 클릭하면, 데이터 통합: 변수 이름 및 설명 대화상자가 나타난다. 여기서 설

명 란에 변수를 설명한 후 [계속]을 클릭한다. 그러면 분석결과 출력시 변수에 대한 설명이 나타난다. 이 같은 방법으로 '구조주도_mean'을 '구조주도'로, '배려_mean'을 '배려'로, '거래적_mean'을 '거래적'으로, '변혁적_mean'을 '변혁적'으로 설명을 붙일 수 있다.

[그림 2-30]은 [그림 2-29]에서 [함수(F)...]를 클릭한 경우에 나타나는 데이터 통합: 통합함수 대화상자이다.

그림 2.30 데이터 통합: 통합함수 대화상자

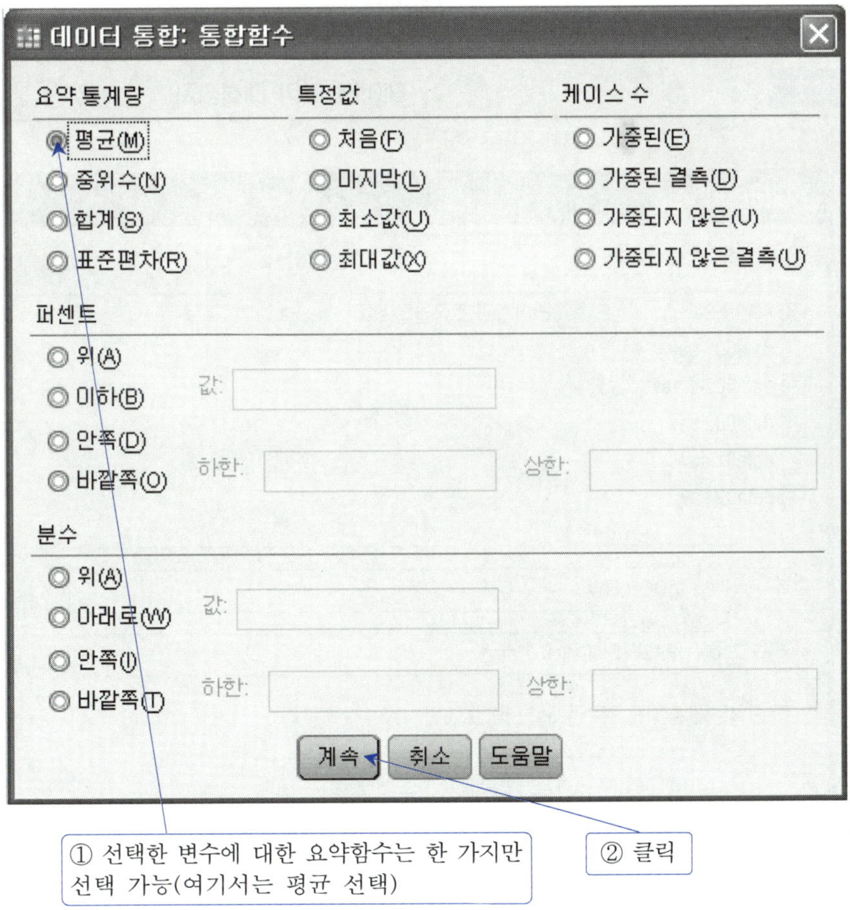

여기서는 선택한 변수에 대한 요약함수 란에서 한 가지 통계량만 선택한 후, 계속 을 클릭한다. 그리고 나면 [그림 2-29]의 데이터 통합 대화상자로 돌아가고 거기서 확인 을 클릭하면 'Aggr' 데이터 파일이 생성된다. 이 데이터 파일은 기존의 데이터 파일이 보관된 폴더에 함께 보관된다.

[그림 2-31]은 'Aggr' 파일을 불러오기 위해서 파일(F)→열기(O)→데이터(A)를 클릭했을 때 나타나는 데이터 열기 대화상자이다. 여기서 'Aggr'을 클릭한 후 열기 를 클릭하면 [그림 2-32]가 나타난다. [그림 2-32]에는 앞에서 선택한 통계량인 부문별 구조주도, 배려, 거래적, 변혁적 리더십 변수의 평균값들이 나타나 있다.

그림 2.31 데이터 열기 대화상자

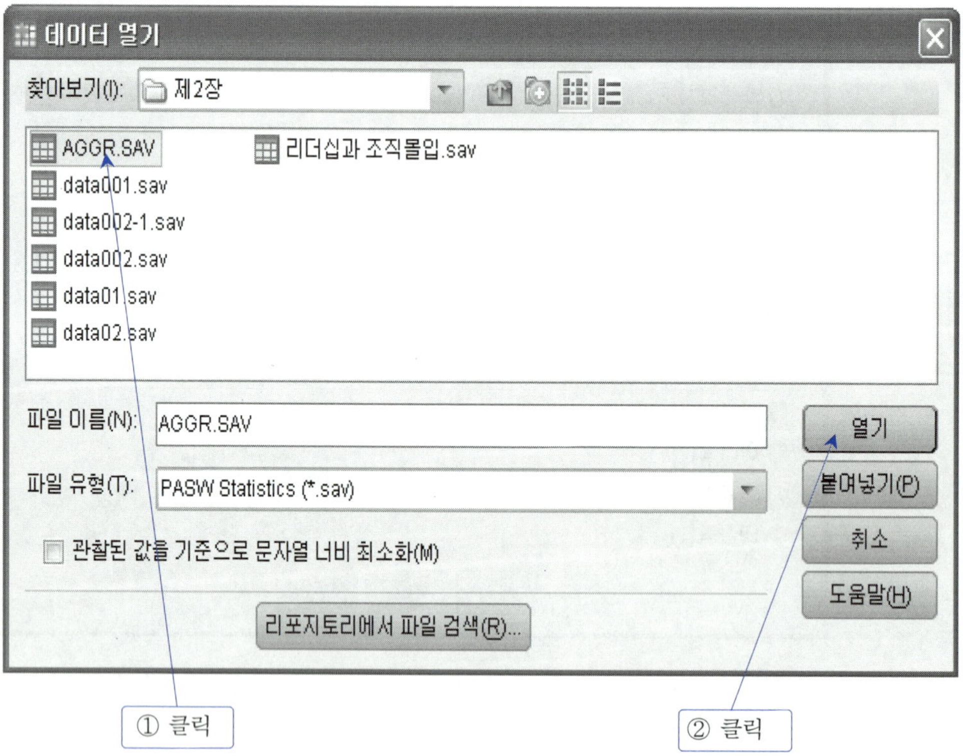

그림 2.32 Aggr 데이터 파일

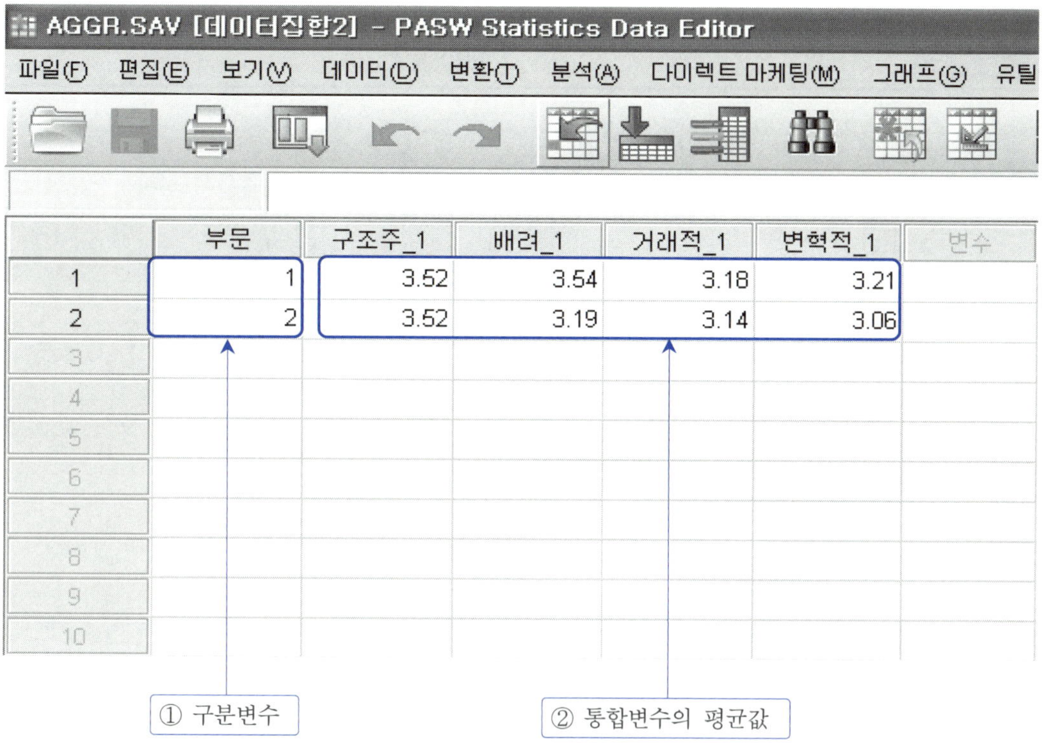

8. 파일 분할

파일 분할은 어떤 변수를 기준으로 몇 개의 집단으로 파일을 분할하여 각각 분석하고자 하는 경우에 사용되는 방법이다. 예컨대 행정조직과 기업조직을 대상으로 설문조사를 한 데이터 파일에서 행정조직과 기업조직의 두 파일로 나누어 각 파일을 이용하여 빈도분석, 차이분석, 상관관계분석, 회귀분석 등 각종 통계분석을 할 경우에 편리하게 사용될 수 있는 분석방법이다.

여기서는 파일을 분할하는 방법에 대해서만 설명하고, t검증에서 파일 분할 후 t검증하는 방법을 다시 설명하고자 한다.

파일 분할을 하기 위해서는 다음의 절차에 의해 실행하며 이를 그림으로 나타낸 것이 [그림 2-33]이다.

데이터(D) → 파일 분할(F)...

그림 2.33 파일 분할

그림 2.34 파일 분할 대화상자

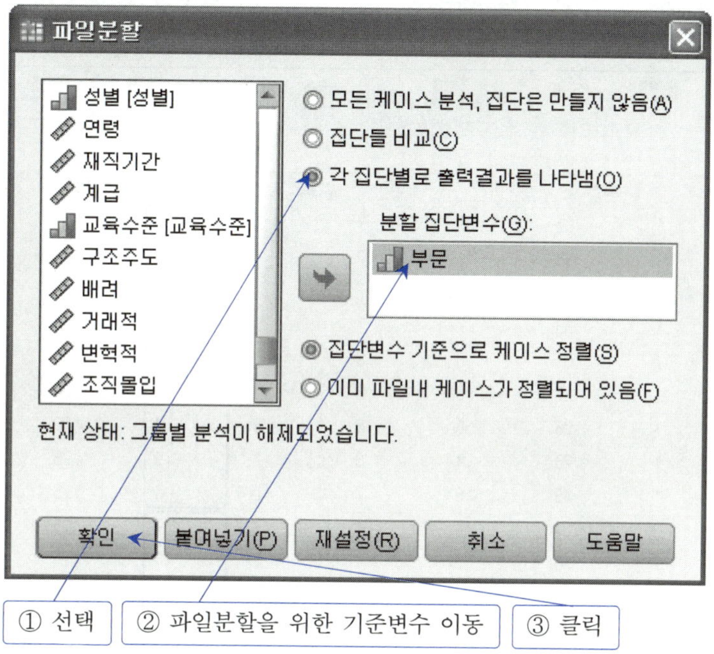

[그림 2-34]는 [그림 2-33]과 같이 실행했을 때 나타나는 대화상자이다. 여기서 '각 집단별로 출력결과를 나타냄(O)'을 선택한 후 확인 을 클릭한다.

[그림 2-35]는 파일 분할 후의 SPSS 데이터 편집기 화면이다. 여기서 부문을 보면 부문 1(행정조직)은 378번째 케이스까지이고, 부문 2는 379 이하의 케이스로 구분되어 있음을 알 수 있다. 참고로 이 데이터 파일은 행정조직 378명, 기업조직 377명으로 구성된 데이터 파일이다.

[그림 2-35]에 나타난 데이터 편집기 화면은 기준변수(여기서는 부문)를 중심으로 임시로 구분된 것이며, 이를 저장하지 않으면 파일 분할을 하기 전의 데이터 편집기 상태로 되지만 이를 저장하면 파일을 분할한 상태로 저장되게 된다. 파일 분할 상태는 처음 입력한 순서가 아닌 파일 분할을 위해서 일정한 변수를 기준으로 정렬된 것이므로 데이터의 특성 자체가 변하는 것은 아니다.

그림 2.35 파일 분할 후의 SPSS 데이터 편집기

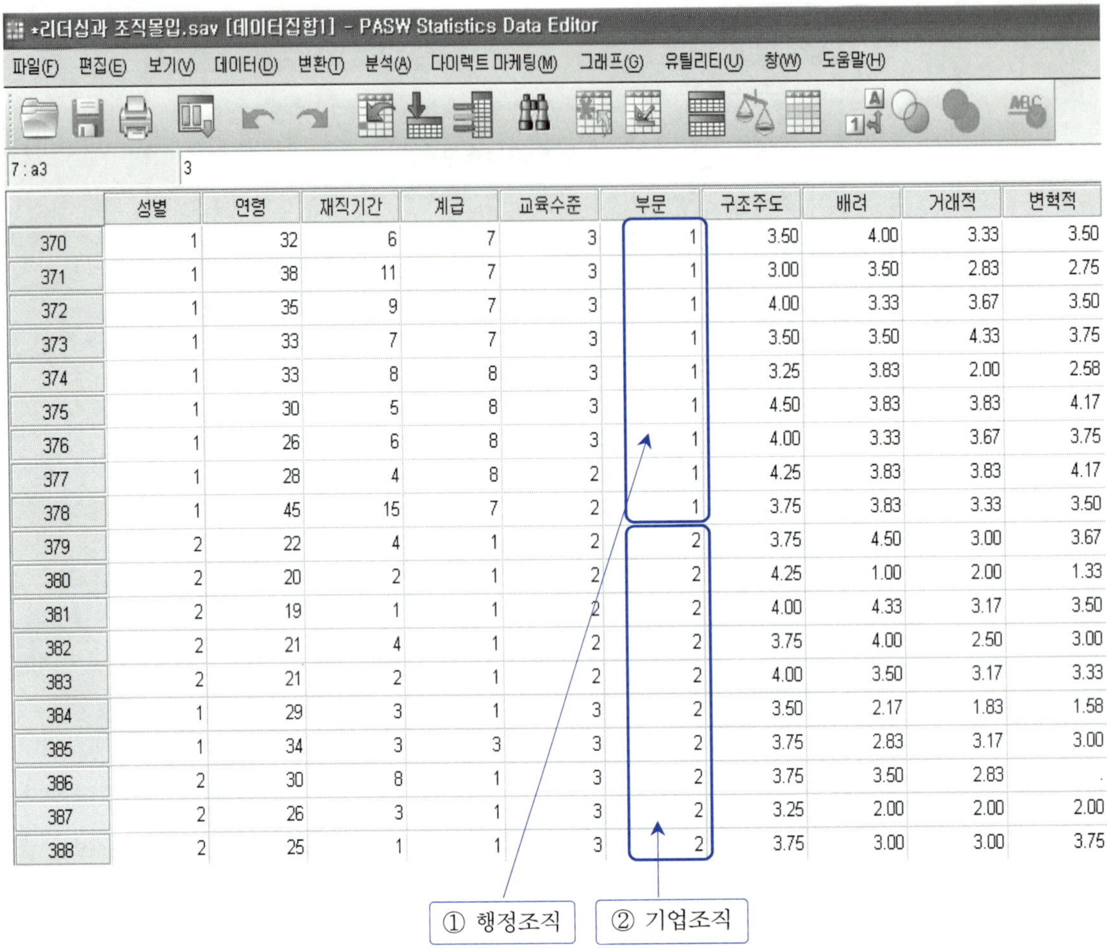

	성별	연령	재직기간	계급	교육수준	부문	구조주도	배려	거래적	변혁적
370	1	32	6	7	3	1	3.50	4.00	3.33	3.50
371	1	38	11	7	3	1	3.00	3.50	2.83	2.75
372	1	35	9	7	3	1	4.00	3.33	3.67	3.50
373	1	33	7	7	3	1	3.50	3.50	4.33	3.75
374	1	33	8	8	3	1	3.25	3.83	2.00	2.58
375	1	30	5	8	3	1	4.50	3.83	3.83	4.17
376	1	26	6	8	3	1	4.00	3.33	3.67	3.75
377	1	28	4	8	2	1	4.25	3.83	3.83	4.17
378	1	45	15	7	2	1	3.75	3.83	3.33	3.50
379	2	22	4	1	2	2	3.75	4.50	3.00	3.67
380	2	20	2	1	2	2	4.25	1.00	2.00	1.33
381	2	19	1	1	2	2	4.00	4.33	3.17	3.50
382	2	21	4	1	2	2	3.75	4.00	2.50	3.00
383	2	21	2	1	2	2	4.00	3.50	3.17	3.33
384	1	29	3	1	3	2	3.50	2.17	1.83	1.58
385	1	34	3	3	3	2	3.75	2.83	3.17	3.00
386	2	30	8	1	3	2	3.75	3.50	2.83	.
387	2	26	3	1	3	2	3.25	2.00	2.00	2.00
388	2	25	1	1	3	2	3.75	3.00	3.00	3.75

9. 케이스 선택

케이스 선택은 분석목적에 맞추어 특정 케이스만을 선택해야 할 경우에 사용하는 방법이다. 여기서는 전체의 데이터 파일(행정조직과 기업조직) 중에서 행정조직만을 선택하여 사용하는 방법을 알아보고자 한다.

케이스 선택을 위해서는 다음의 절차에 의해 실행하며 이를 그림으로 나타낸 것이 [그림 2-36]이다.

데이터(D) → 케이스 선택(S)...

그림 2.36 케이스 선택

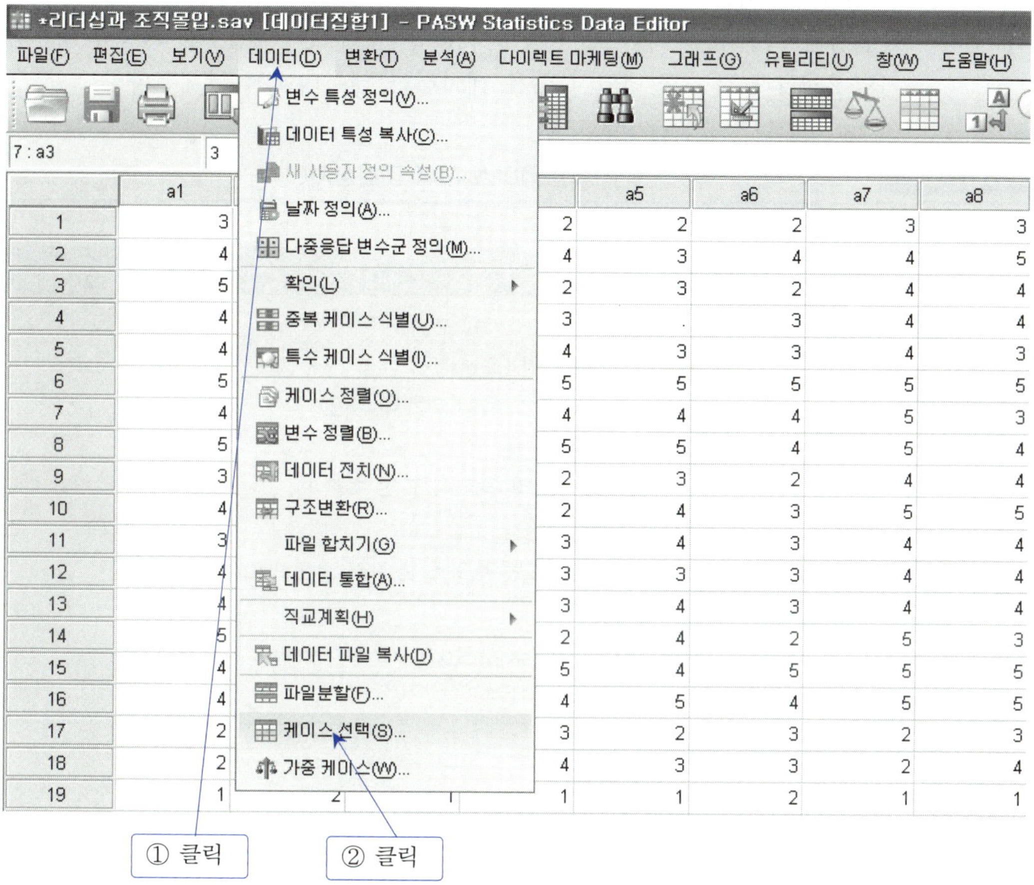

[그림 2-37]은 [그림 2-36]과 같이 실행했을 때 나타나는 케이스 선택 대화상자이다. 여기서 '조건을 만족하는 케이스(C)'를 선택한 후 조건(I)... 을 클릭하면 [그림 2-38]과 같이 케이스 선택: 조건 대화상자가 나타난다. 여기서 행정조직과 기업조직을 나타내는 변수인 '부문'을 클릭하여 오른쪽 칸으로 이동한 후, '부문=1'이라고 입력하면 행정조직에 대한 케이스가 선택되고, '부문=2'라고 입력하면 기업조직에 대한 케이스만 선택된다. 여기서는 행정조직을 선택하기

로 하므로 '부문=1'이라고 입력한 후, 계속 을 클릭하면 [그림 2-39]와 같이 조건(I)... 옆에 '부문=1'이 나타난다. 여기서 확인 을 클릭하면 [그림 2-40]과 같이 행정조직의 케이스는 선택되고 선택되지 않은 케이스(기업조직)는 모두 사선으로 그어져 나타난다. [그림 2-39]의 아래 부분에 있는 선택하지 않은 케이스 필터(F)를 선택했을 때에는 [그림 2-40]과 같이 사선으로 그어진 SPSS 데이터 편집기 화면이 나타나고, 선택하지 않은 케이스 삭제(L)를 선택한 경우에는 [그림 2-41]과 같이 선택되지 않은 데이터는 데이터에서 삭제된다.

그림 2.37 케이스 선택 대화상자(1)

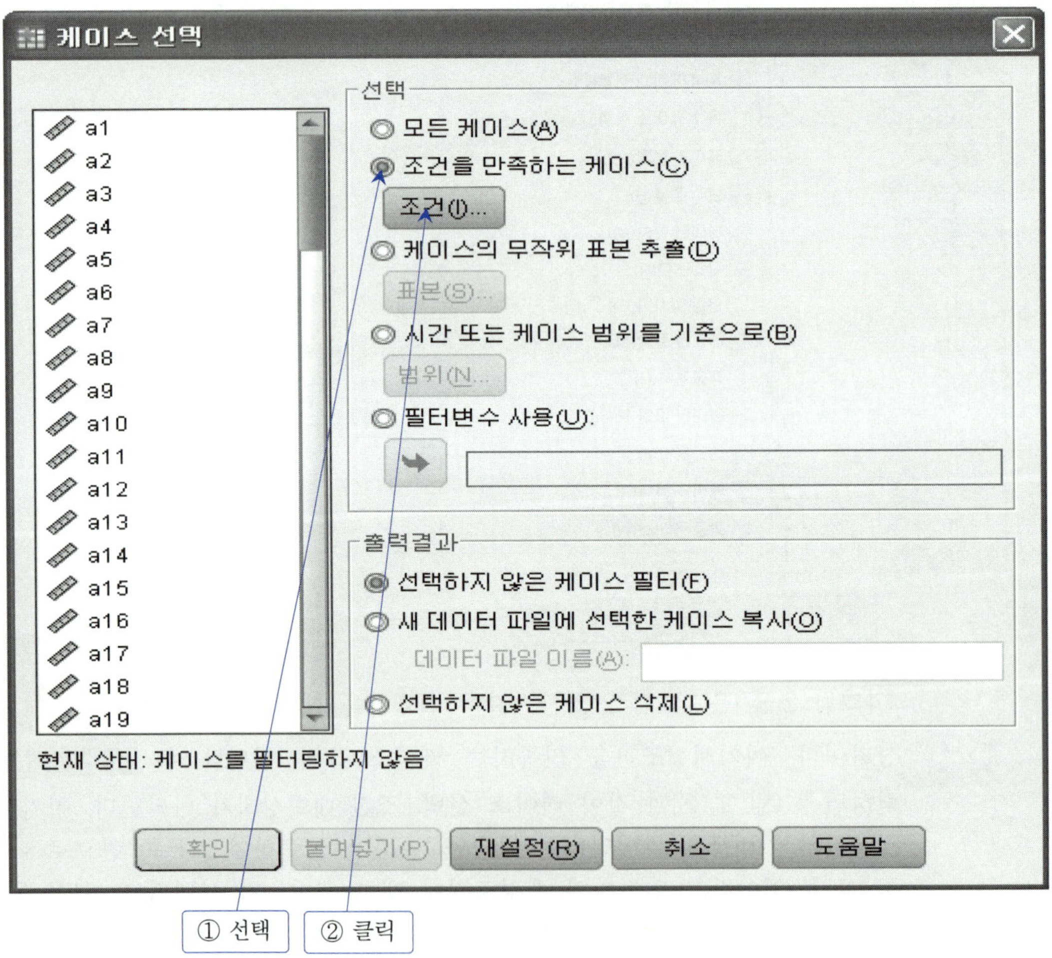

그림 2.38 케이스 선택: 조건 대화상자

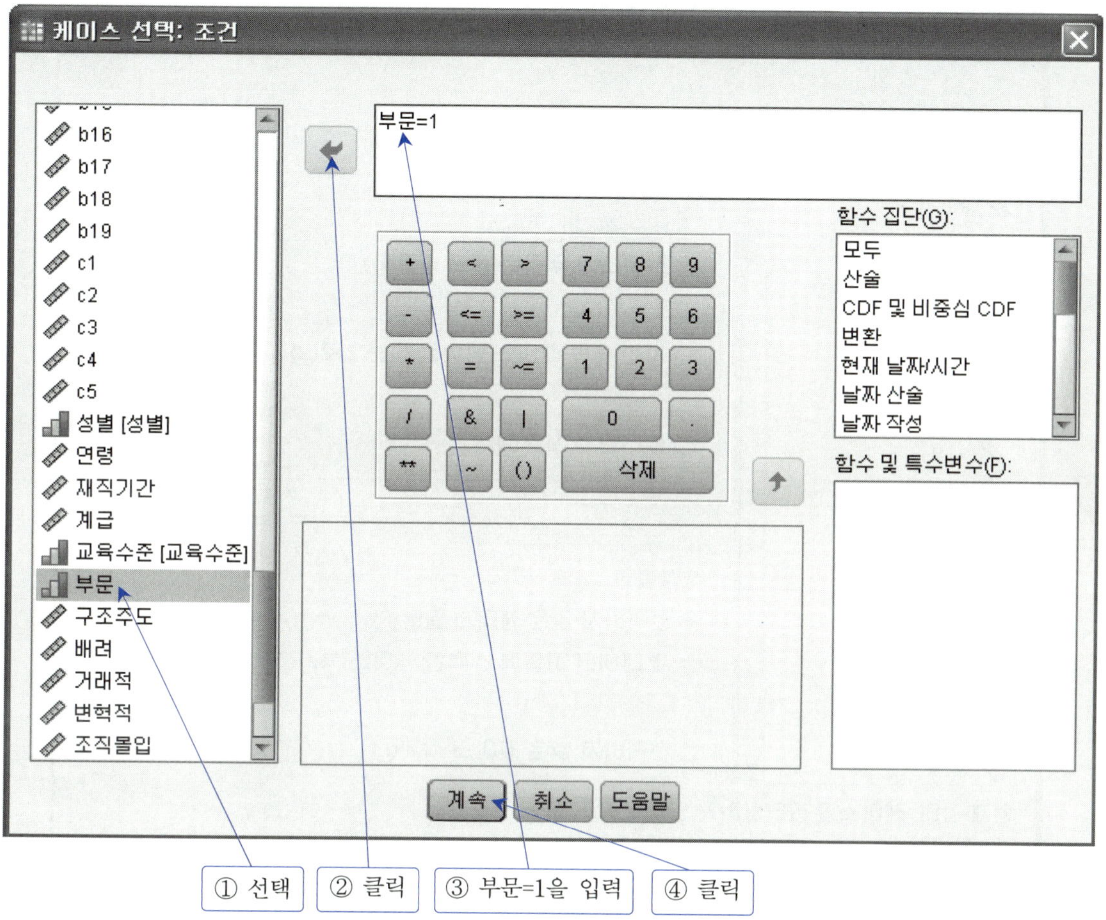

그림 2.39 케이스 선택 대화상자(2)

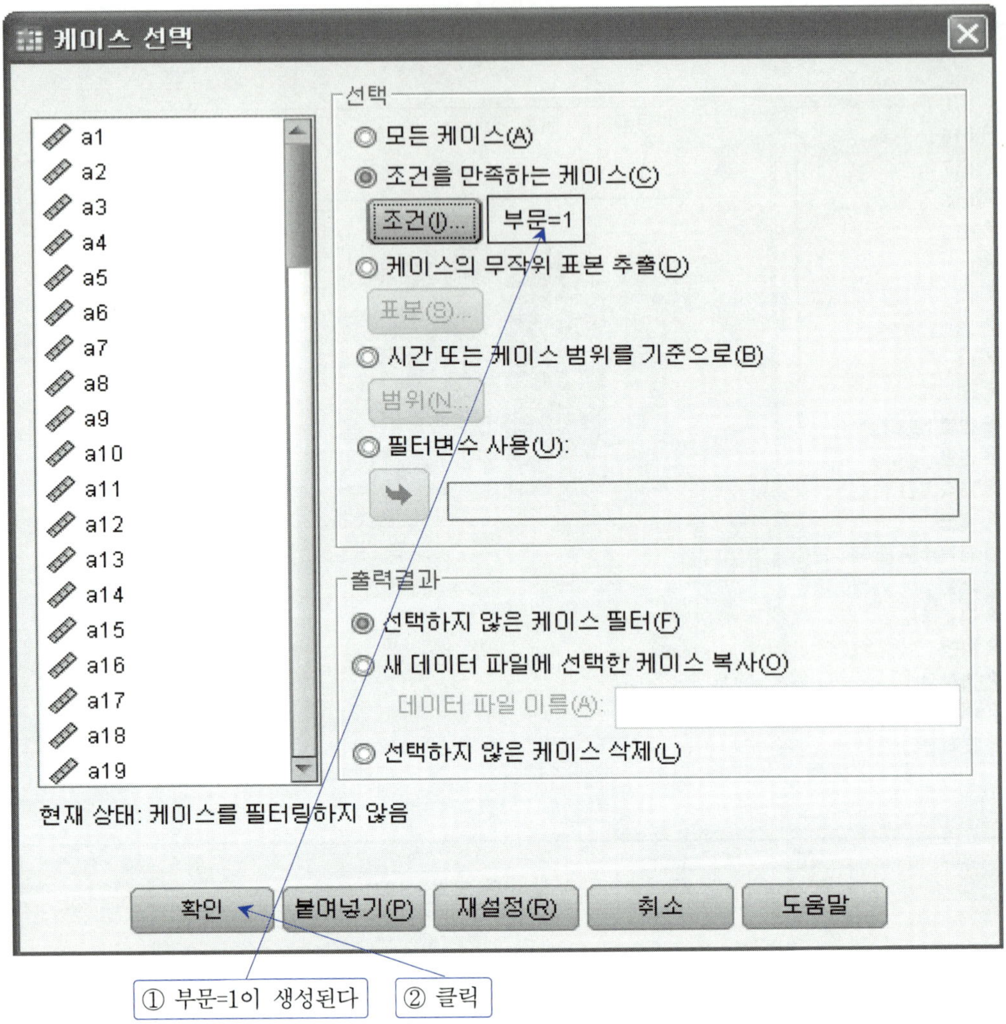

그림 2.40 필터사용 SPSS 데이터 편집기

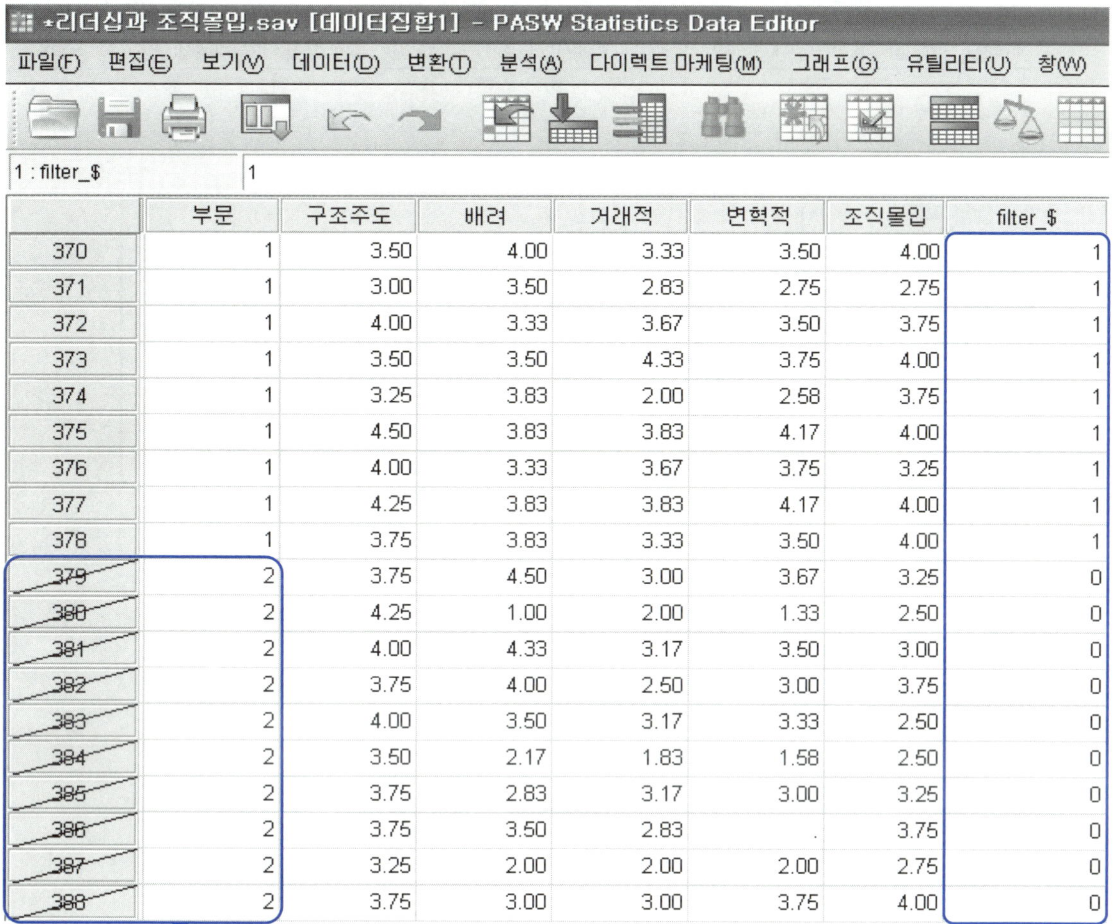

	부문	구조주도	배려	거래적	변혁적	조직몰입	filter_$
370	1	3.50	4.00	3.33	3.50	4.00	1
371	1	3.00	3.50	2.83	2.75	2.75	1
372	1	4.00	3.33	3.67	3.50	3.75	1
373	1	3.50	3.50	4.33	3.75	4.00	1
374	1	3.25	3.83	2.00	2.58	3.75	1
375	1	4.50	3.83	3.83	4.17	4.00	1
376	1	4.00	3.33	3.67	3.75	3.25	1
377	1	4.25	3.83	3.83	4.17	4.00	1
378	1	3.75	3.83	3.33	3.50	4.00	1
379	2	3.75	4.50	3.00	3.67	3.25	0
380	2	4.25	1.00	2.00	1.33	2.50	0
381	2	4.00	4.33	3.17	3.50	3.00	0
382	2	3.75	4.00	2.50	3.00	3.75	0
383	2	4.00	3.50	3.17	3.33	2.50	0
384	2	3.50	2.17	1.83	1.58	2.50	0
385	2	3.75	2.83	3.17	3.00	3.25	0
386	2	3.75	3.50	2.83	.	3.75	0
387	2	3.25	2.00	2.00	2.00	2.75	0
388	2	3.75	3.00	3.00	3.75	4.00	0

① 필터사용에서는 행정조직(1)만 선택되었으므로, 기업조직(2)은 사선으로 나타난다.

② filter_$가 나타난다.

그림 2.41 지우기 SPSS 데이터 편집기

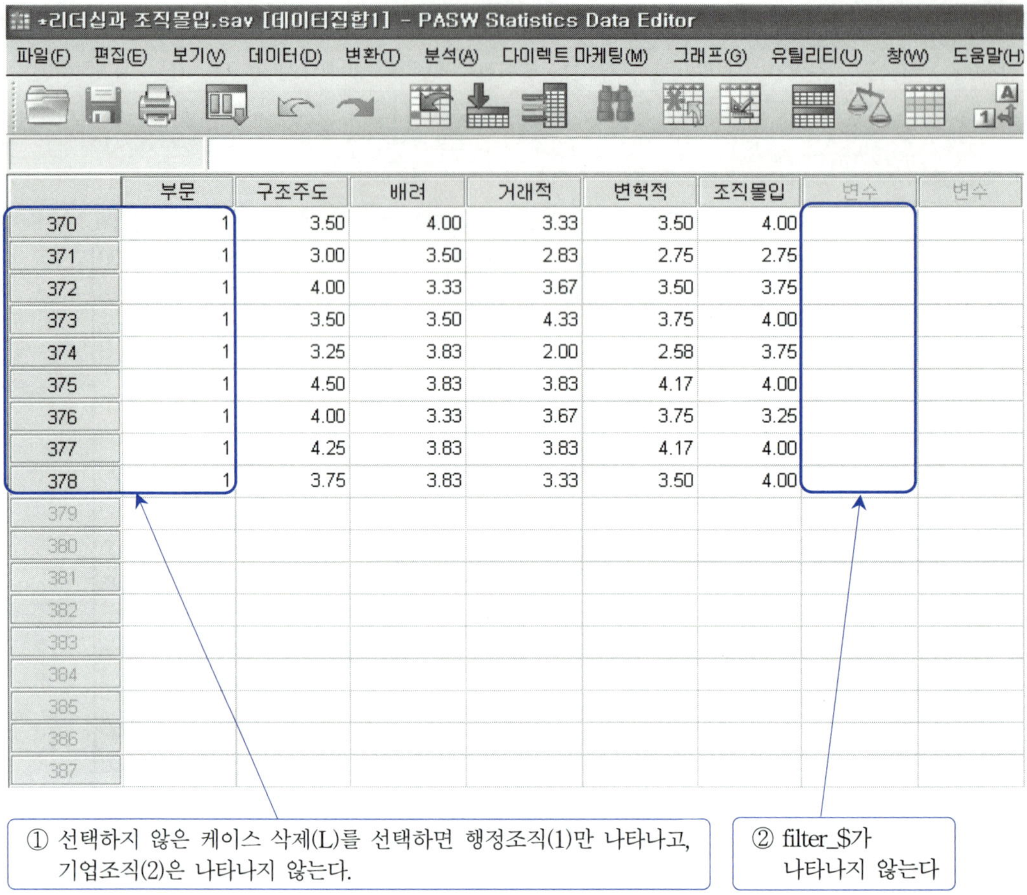

10. 가중 케이스

가중 케이스는 특정 변수의 변수값으로 가중값을 줄 때 사용되는 방법이다. 가중케이스는 교차표에 나타난 도수를 이용하여 카이자승 검증을 할 때 유익하게 쓰일 수 있다. 구체적 활용방법에 대해서는 뒤에 나오는 카이자승 검증에서 설명될 것이며, 여기서는 가중 케이스 선택방법에 대해서만 소개하고자 한다.

가중 케이스 명령은 다음의 절차에 의해 실행하며 이를 그림으로 나타낸 것이 [그림 2-42]이다.

데이터(D) → 가중 케이스(W)...

그림 2.42 케이스 선택 대화상자

[그림 2-43]은 가중 케이스 대화상자이다. 여기서 가중 케이스 지정(W)을 선택한 후, 가중값을 주려는 변수를 오른쪽의 빈도변수(F) 창으로 옮긴 후, 확인 을 클릭하면 [그림 2-44]와 같이 가중값이 부여되어 나타난다. 해제할 경우에는 [그림 2-43]에서 가중 케이스 사용않음(D)을 선택한 후 확인 을 클릭하면 가중값 설정이 해제된다.

그림 2.43 가중 케이스 대화상자

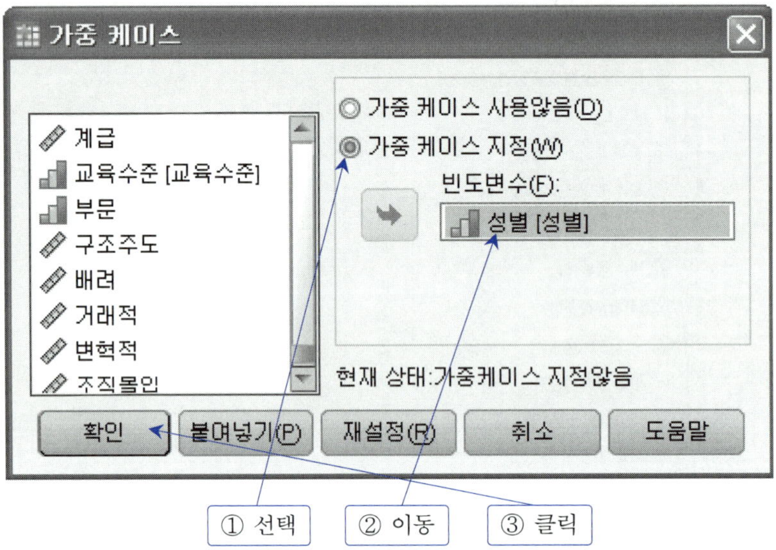

그림 2.44 가중 케이스 대화상자

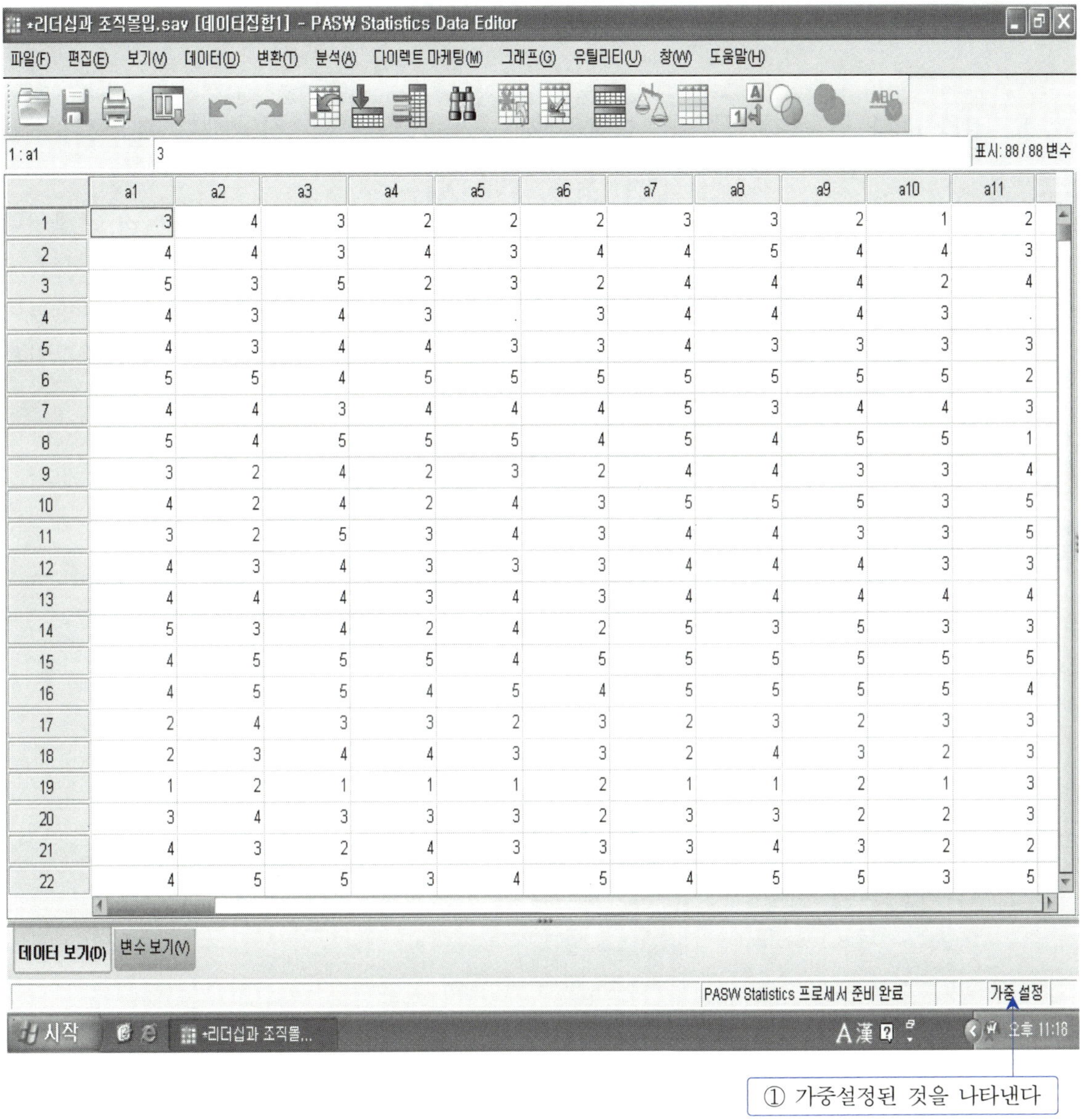

제 2 절 데이터 변환

1. 변수계산

통계분석에 이용될 하나의 변수를 만들기 위해서는 관련된 여러 문항이나 변수를 더하거나 곱하거나 평균하는 계산과정이 필요할 때가 있다. 이처럼 기존의 여러 문항이나 변수의 값을 이용하여 새로운 변수값을 계산하는 방법이 변수 계산이다. 변수 계산을 위한 방법은 다음의 절차와 같으며, 이를 그림으로 나타낸 것이 [그림 2-45]이다.

변환(T) → 변수 계산(C)...

그림 2.45 변수계산

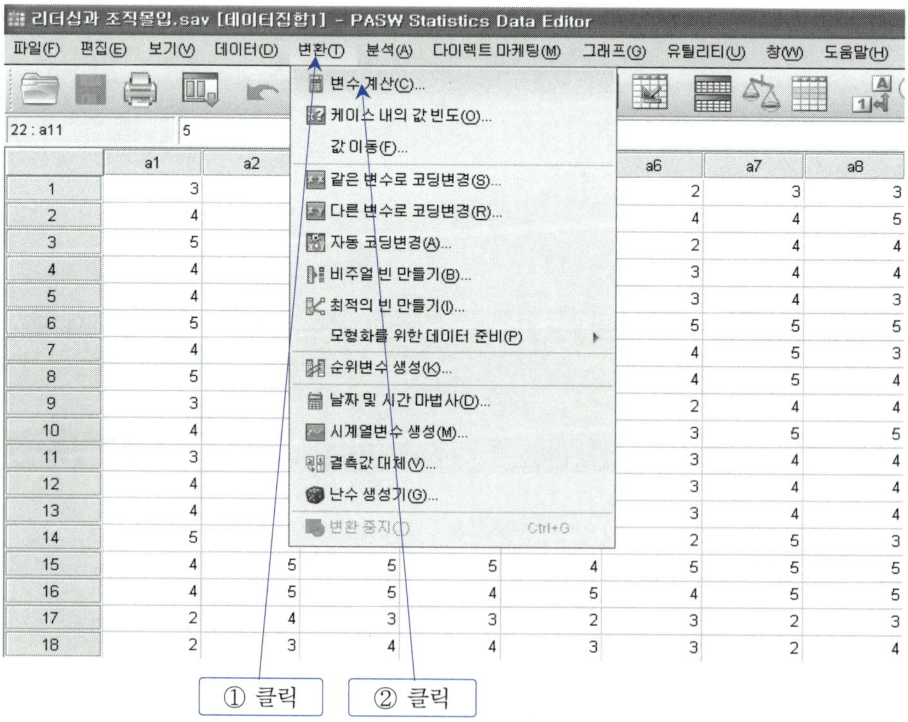

[그림 2-46]은 앞의 절차대로 실행했을 때 나타나는 변수 계산 대화상자이다.

여기서는 [부록 2]의 변수별 문항번호를 참조하여 리더십 유형 중 구조주도적 리더십 변수를 예로 들어 변수 계산하고자 한다. 구조주도를 측정한 문항은 a1, a3, a5, a11의 4개 문항이고, 이를 평균한 값이 구조주도 변수의 값이라고 할 수 있다.

구조주도에 대한 변수값을 계산하기 위해서 [그림 2-46]의 왼쪽 칸에 있는 구조주도에 관한 문항 4개를 평균하는 작업이 필요하다. 이를 위해서는 다음의 순서대로 클릭한다.

그림 2.46 변수 계산 대화상자(1)

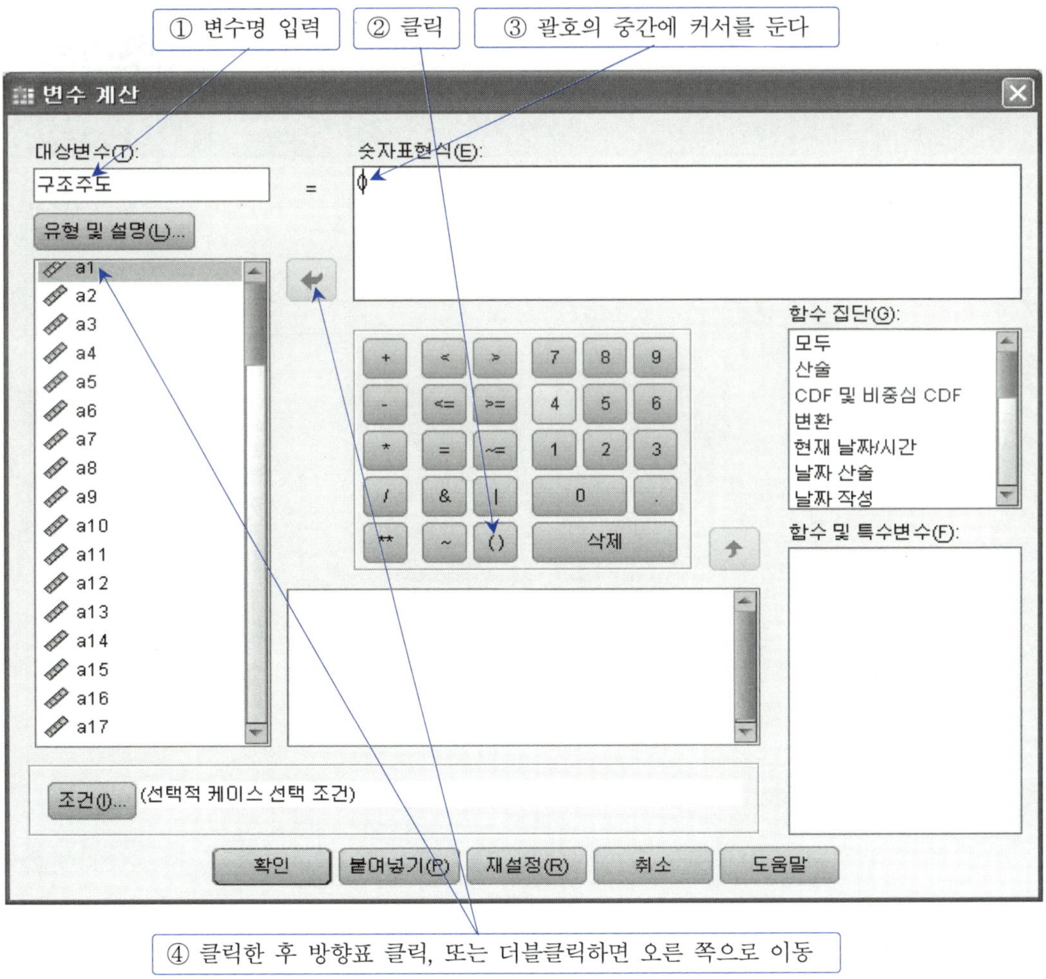

① 왼쪽 칸의 대상변수(T)에 새로운 변수명인 '구조주도'를 입력한다. ② [()]를 클릭한 후 괄호의 중간에 커서를 둔다. ③ a1을 클릭하여 오른쪽으로 이동시키거나 a1을 입력한다. ④ [+]기호를 클릭한다. ⑤ 같은 방법으로 a11까지 오른쪽으로 이동시키거나 입력한다. ⑥ 괄호 뒤에 [/]기호를 이동시킨다. ⑦ 4개의 문항이므로 산술평균을 위해 '4'를 클릭하거나 입력한다. ⑧ [확인]을 클릭한다.

이상의 순서대로 실행하는 방법을 그림으로 나타낸 대화상자가 [그림 2-46]과 [그림 2-47]이다.

그림 2.47 변수 계산 대화상자(2)

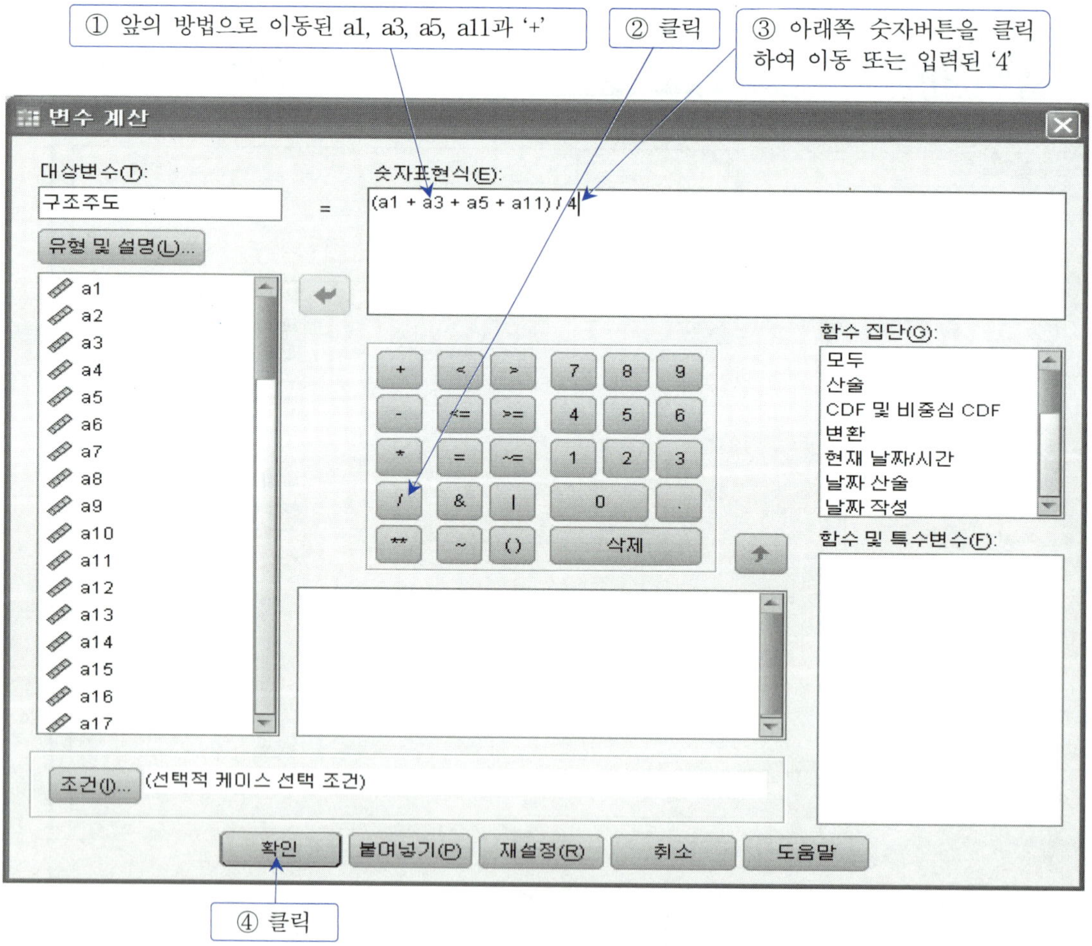

[그림 2-48]은 위의 변수 계산 대화상자와 같이 순차적으로 실행했을 때, 구조주도 변수가 새로 생성된 SPSS데이터 편집기 화면이다.

배려적 리더십과 카리스마, 지적자극, 개별적 배려 등 변혁적 리더십 변수, 상황적 보상, 예외관리 등 거래적 리더십 변수도 같은 방법으로 변수 계산에 의해 만들어질 수 있다.

그림 2.48 변수 계산 완료

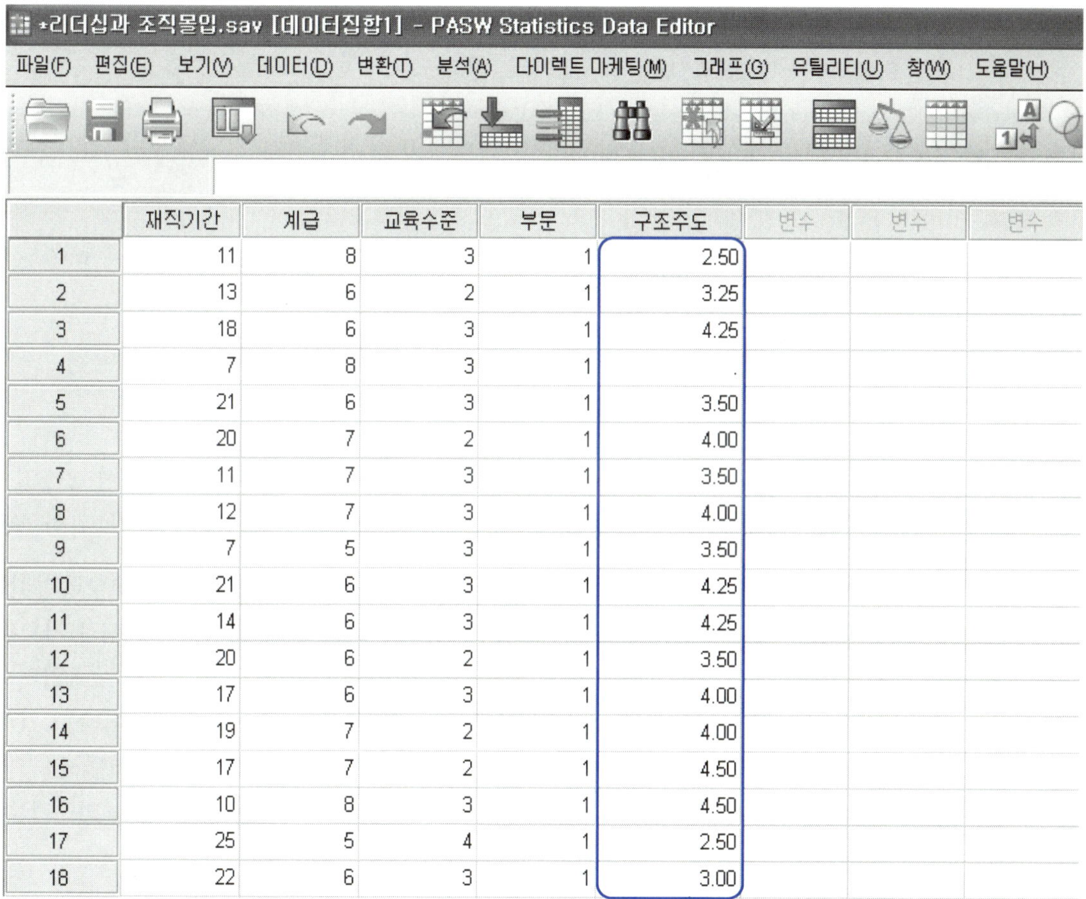

*리더십과 조직몰입.sav [데이터집합1] - PASW Statistics Data Editor

파일(F) 편집(E) 보기(V) 데이터(D) 변환(T) 분석(A) 다이렉트 마케팅(M) 그래프(G) 유틸리티(U) 창(W) 도움말(H)

	재직기간	계급	교육수준	부문	구조주도	변수	변수	변수
1	11	8	3	1	2.50			
2	13	6	2	1	3.25			
3	18	6	3	1	4.25			
4	7	8	3	1	.			
5	21	6	3	1	3.50			
6	20	7	2	1	4.00			
7	11	7	3	1	3.50			
8	12	7	3	1	4.00			
9	7	5	3	1	3.50			
10	21	6	3	1	4.25			
11	14	6	3	1	4.25			
12	20	6	2	1	3.50			
13	17	6	3	1	4.00			
14	19	7	2	1	4.00			
15	17	7	2	1	4.50			
16	10	8	3	1	4.50			
17	25	5	4	1	2.50			
18	22	6	3	1	3.00			

① 새로 생성된 '구조주도' 변수와 변수값

2. 코딩 변경

코딩 변경은 기존변수의 변수값을 변환시키거나, 변수의 범주를 분류하고 결합할 때 사용되는 방법이다. 이러한 코딩 변경은 같은 변수로 변경하는 방법과 새로운 변수로 변경하는 방법이 있는데, 대체로 새로운 변수로 전환시키는 것이 유리하다. 왜냐하면 같은 변수로 변경할 경우 기존 변수값이 지워져서 알 수 없기 때문이다. 여기서는 같은 변수와 새로운 변수로 코딩 변경하는 방법을 각각 설명한다.

예를 들어 연령을 30세 미만, 30세 이상에서 50세 미만, 50세 이상의 세 집단으로 나누어 코딩 변경해 보기로 한다.

가. 같은 변수로 코딩 변경

같은 변수로 코딩 변경하기 위한 방법은 다음과 같으며, 이를 그림으로 나타낸 것이 [그림 2-49]이다.

변환(T) → 같은 변수로 코딩 변경(S)...

[그림 2-49]와 같이 '같은 변수로 코딩 변경(S)'을 선택하면 [그림 2-50] 같은 변수로 코딩 변경 대화상자가 나타나는데, 여기서 코딩변경하기 위한 변수인 '연령'을 선택하여 숫자 변수(V)로 옮긴 후, [기존값 및 새로운 값(O)...]을 클릭하면, [그림 2-51] 같은 변수로 코딩 변경: 기존값 및 새로운 값 대화상자(I)가 나타난다. [그림 2-51]과 같이 '30세 미만'을 '1'이라고 변경하고 [그림 2-52]와 같이 '30~49=2'를 입력하고, [그림 2-53]과 같이 '50 이상=3'을 입력하면 된다. 마지막으로 무응답은 시스템 결측값이므로 분석대상에서 제외시킨다는 명령은 [그림 2-54]처럼 하면 된다. 연령을 같은 변수로 코딩 변경한 결과는 [그림 2-55]에 나타나 있다.

그림 2.49 같은 변수로 코딩 변경

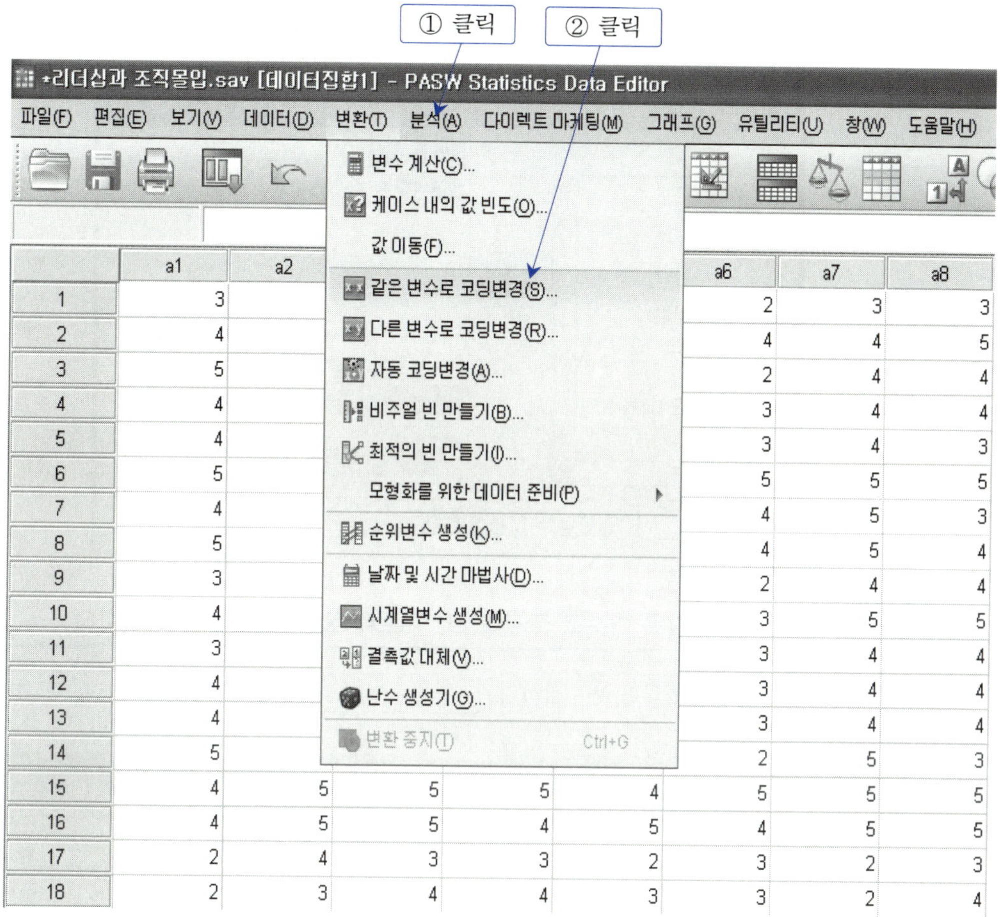

그림 2.50 같은 변수로 코딩 변경 대화상자

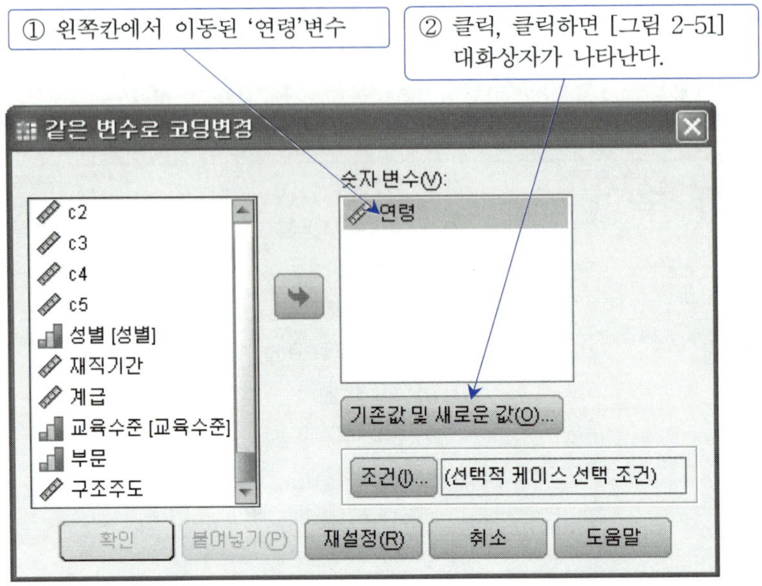

그림 2.51 같은 변수로 코딩 변경: 기존값 및 새로운 값 대화상자(1)

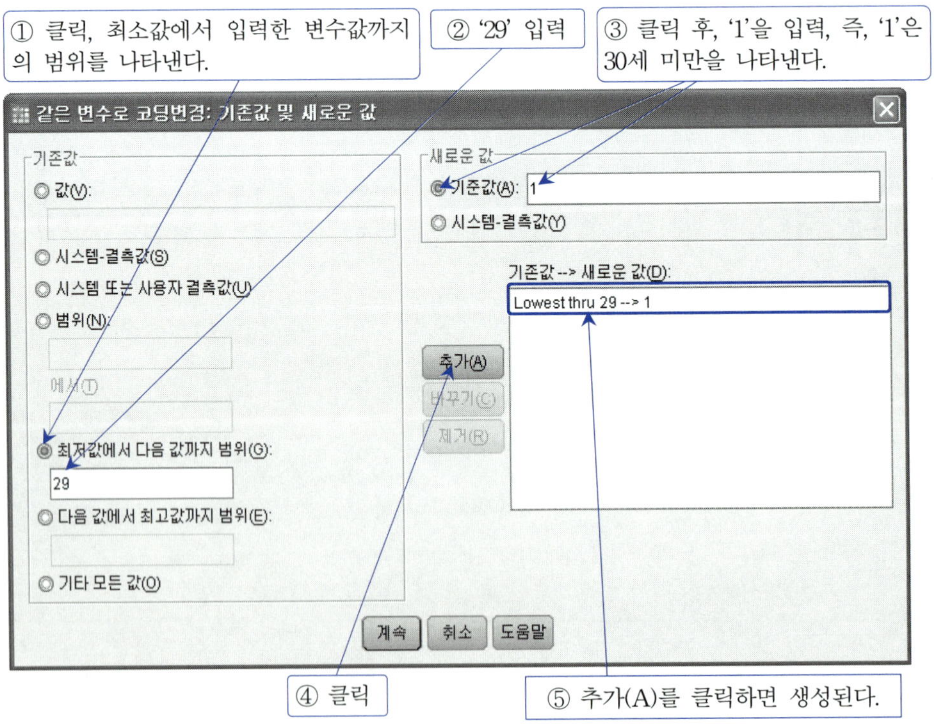

그림 2.52 같은 변수로 코딩 변경: 기존값 및 새로운 값 대화상자(2)

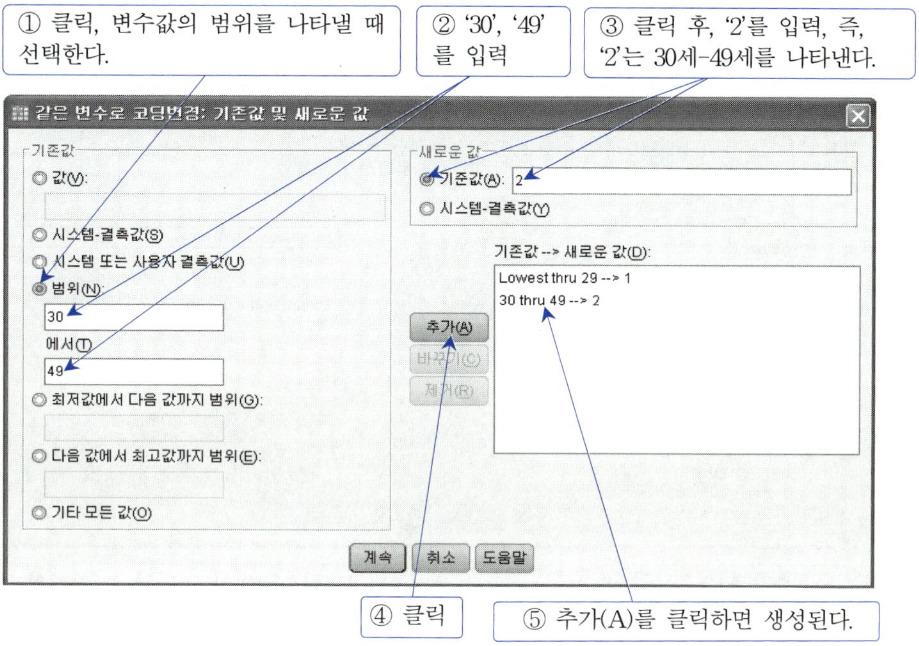

그림 2.53 같은 변수로 코딩 변경: 기존값 및 새로운 값 대화상자(3)

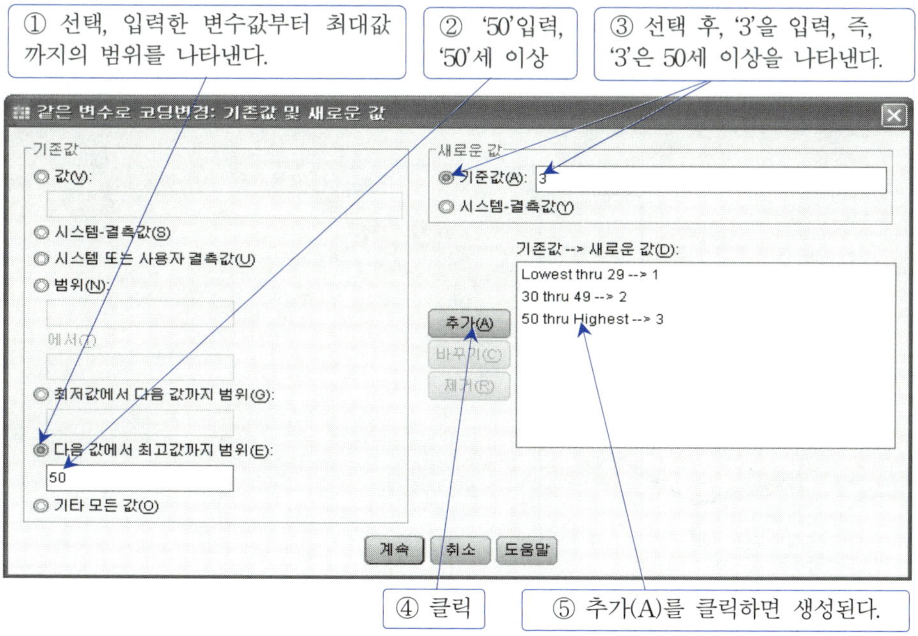

그림 2.54 같은 변수로 코딩 변경: 기존값 및 새로운 값 대화상자(4)

① 클릭 ② 클릭 ③ 클릭

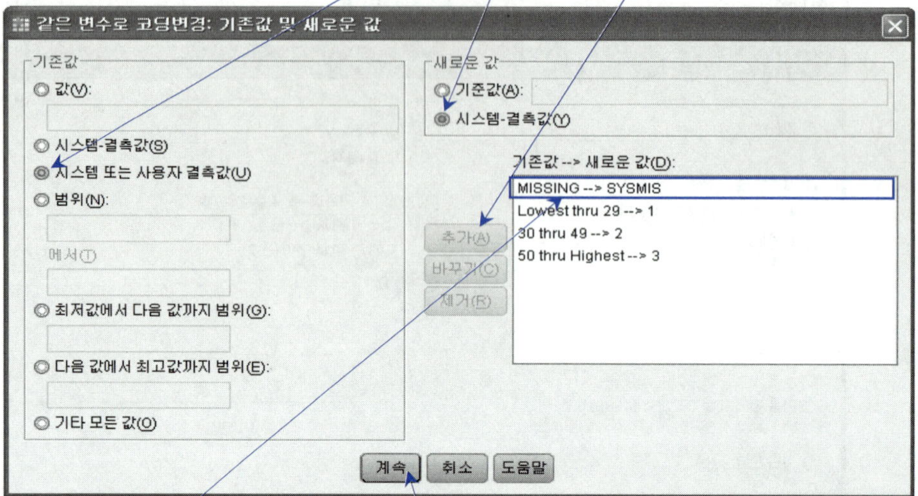

④ 추가(A)를 클릭하면 생성

⑤ 클릭하면 [그림 2-50]이 나타난다. 여기서 '확인' 버튼을 클릭하면 [그림 2-55]와 같이 '연령'의 값이 바뀌어 나타난다.

그림 2.55 같은 변수로 코딩 변경 완성

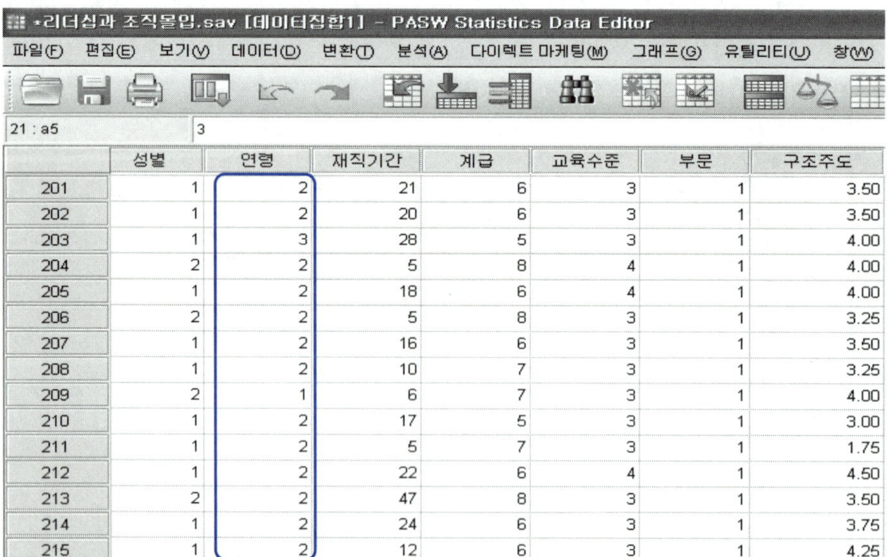

	성별	연령	재직기간	계급	교육수준	부문	구조주도
201	1	2	21	6	3	1	3.50
202	1	2	20	6	3	1	3.50
203	1	3	28	5	3	1	4.00
204	2	2	5	8	4	1	4.00
205	1	2	18	6	4	1	4.00
206	2	2	5	8	3	1	3.25
207	1	2	16	6	3	1	3.50
208	1	2	10	7	3	1	3.25
209	2	1	6	7	3	1	4.00
210	1	2	17	5	3	1	3.00
211	1	2	5	7	3	1	1.75
212	1	2	22	6	4	1	4.50
213	2	2	47	8	3	1	3.50
214	1	2	24	6	3	1	3.75
215	1	2	12	6	3	1	4.25

① 기존의 '연령'변수가 코딩 변경되었다. [그림 2-49]의 화면과 비교해 보면 코딩 변경 후 기존의 변수값이 어떻게 달라졌는지 알 수 있다. 여기서 '1'은 30세 미만, '2'는 30~49세, '3'은 50세 이상을 나타낸다.

나. 다른 변수로 코딩 변경

다른 변수로 코딩 변경하기 위한 방법은 다음과 같으며, 이를 그림으로 나타낸 것이 [그림 2-56]이다.

다른 변수로 코딩 변경 방법은 기존의 변수를 그대로 둔 채 다른 변수를 한 가지 더 생성하는 방법이므로 나중에 다른 방법으로 분석할 경우에도 기존 데이터의 손상없이 얼마든지 다른 새로운 변수를 생성할 수 있다. 이러한 이점 때문에 이 방법은 앞에서 설명한 같은 변수로 코딩 변경 방법보다 더 유용하게 사용될 수 있다.

변환(T) → 다른 변수로 코딩 변경(R)

그림 2.56 다른 변수로 코딩 변경

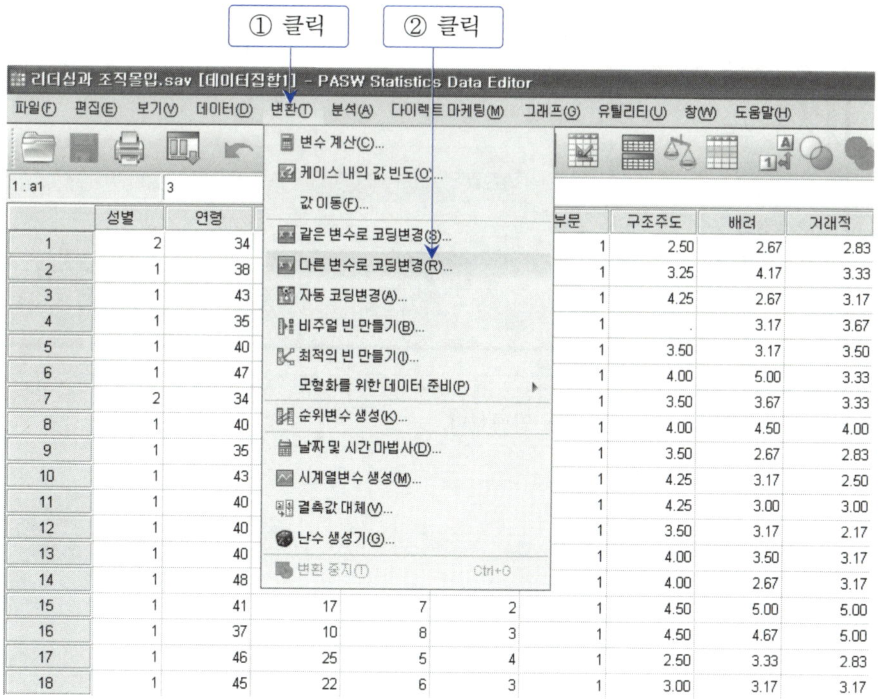

[그림 2-56]과 같이 '다른 변수로 코딩변경(R)'을 선택하면, [그림 2-57]의 대화상자가 열리는데, 여기서 [그림 2-57], [그림 2-58]과 같이 실행하고 [그림 2-59]와 같이 코딩변경을 하면, [그림 2-60]처럼 연령 외에 나이라는 다른 변수가 생성된다. 여기서 왼쪽 하단의 '변수보기'를 클릭하면 [그림 2-61]과 같이 다른 변수값에 대한 설명을 보여준다. 만일 [그림 2-57]의 설명(L) 란에 설명을 하지 않은 경우에는 여기서 설명을 해줄 수도 있다.

그림 2.57 다른 변수로 코딩 변경 대화상자(1)

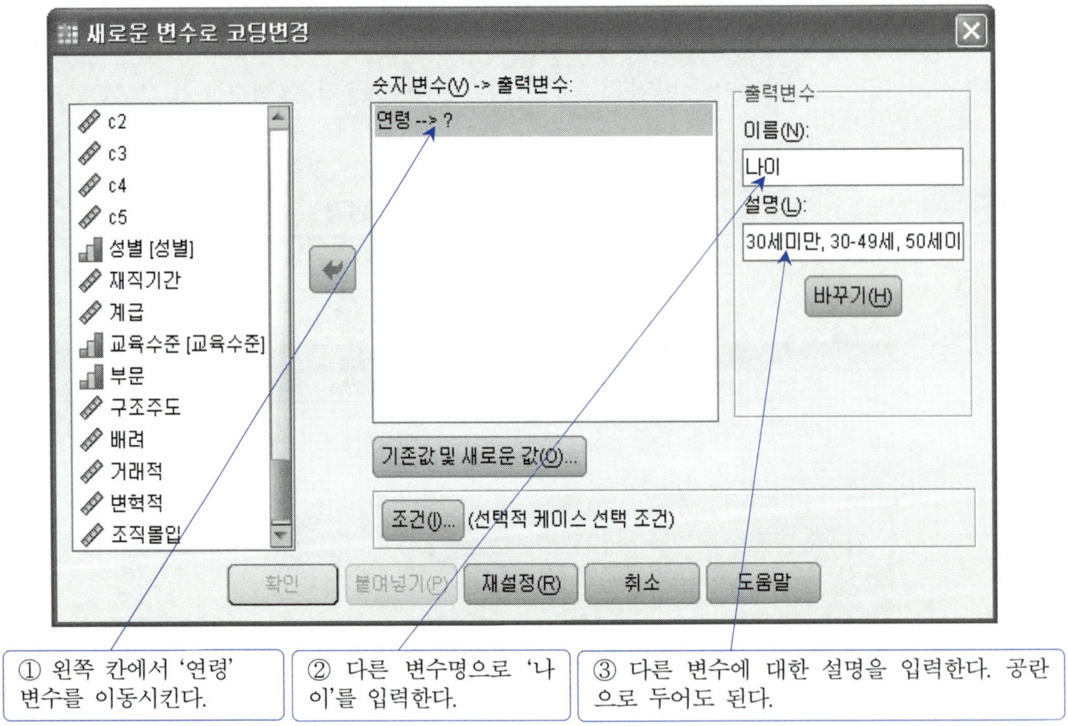

그림 2.58 다른 변수로 코딩 변경 대화상자(2)

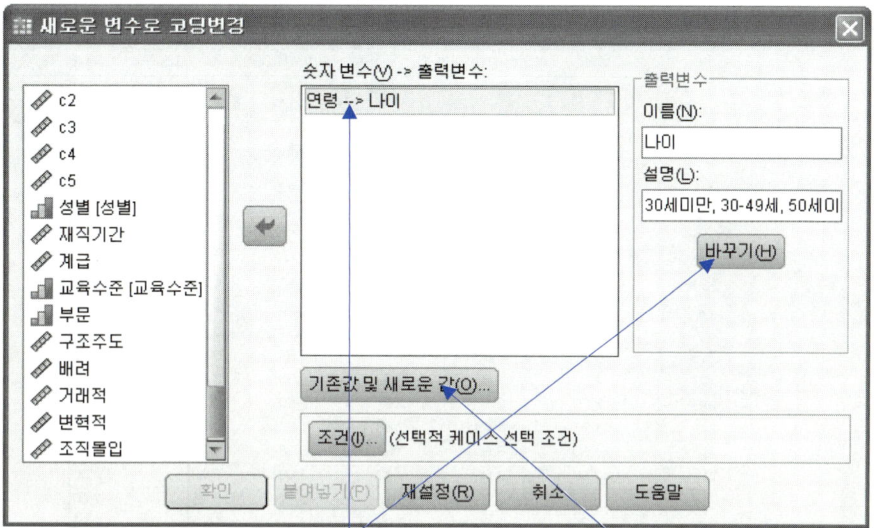

① [그림 2-57]에서 바꾸기(C)를 클릭하면 '연령→?'에서 '연령→나이'로 바뀐다.

② 클릭하면 [그림 2-59]의 대화상자가 나타난다.

그림 2.59 다른 변수로 코딩 변경 대화상자(3)

① 같은 변수로 코딩 변경에서의 방법과 동일하게 실행한 것.

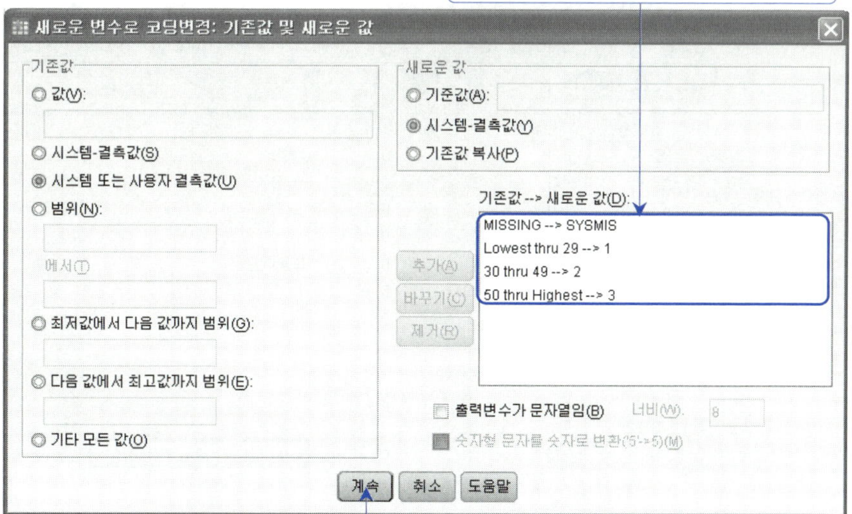

② 클릭하면 [그림 2-58]이 나타나고, 여기서 '확인' 버튼을 클릭하면, [그림 2-60]과 같이 '나이'라는 다른 변수가 생성된다.

그림 2.60 다른 변수로 코딩 변경 완성

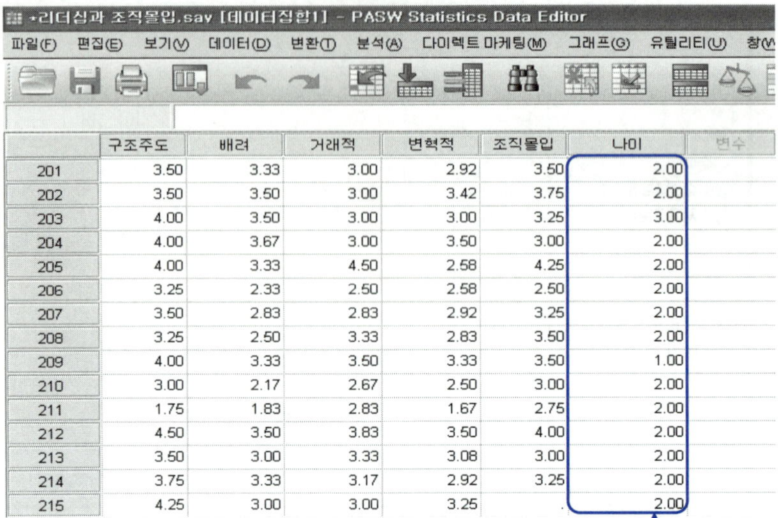

	구조주도	배려	거래적	변혁적	조직몰입	나이	변수
201	3.50	3.33	3.00	2.92	3.50	2.00	
202	3.50	3.50	3.00	3.42	3.75	2.00	
203	4.00	3.50	3.00	3.00	3.25	3.00	
204	4.00	3.67	3.00	3.50	3.00	2.00	
205	4.00	3.33	4.50	2.58	4.25	2.00	
206	3.25	2.33	2.50	2.58	2.50	2.00	
207	3.50	2.83	2.83	2.92	3.25	2.00	
208	3.25	2.50	3.33	2.83	3.50	2.00	
209	4.00	3.33	3.50	3.33	3.50	1.00	
210	3.00	2.17	2.67	2.50	3.00	2.00	
211	1.75	1.83	2.83	1.67	2.75	2.00	
212	4.50	3.50	3.83	3.50	4.00	2.00	
213	3.50	3.00	3.33	3.08	3.00	2.00	
214	3.75	3.33	3.17	2.92	3.25	2.00	
215	4.25	3.00	3.00	3.25	.	2.00	

① 새로 생성된 '나이'변수, 여기서 '1'은 30세 미만, '2'는 30-49세, '3'은 50세 이상을 나타낸다.

그림 2.61 다른 변수로 코딩 변경 후 변수보기 화면

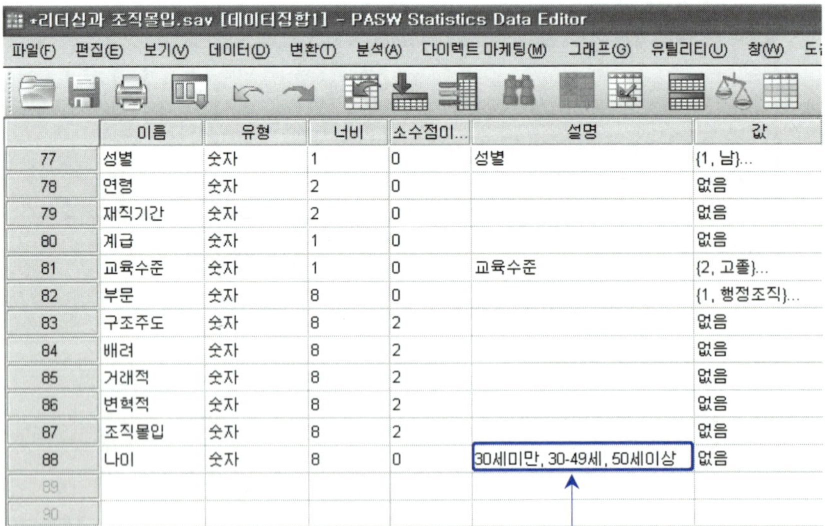

	이름	유형	너비	소수점이...	설명	값
77	성별	숫자	1	0	성별	{1, 남}...
78	연령	숫자	2	0		없음
79	재직기간	숫자	2	0		없음
80	계급	숫자	1	0		없음
81	교육수준	숫자	1	0	교육수준	{2, 고졸}...
82	부문	숫자	8	0		{1, 행정조직}...
83	구조주도	숫자	8	2		없음
84	배려	숫자	8	2		없음
85	거래적	숫자	8	2		없음
86	변혁적	숫자	8	2		없음
87	조직몰입	숫자	8	2		없음
88	나이	숫자	8	0	30세미만, 30-49세, 50세이상	없음
89						
90						

① '나이' 변수에 대한 설명

제 3 장

통계분석의 절차

본 장에서는 통계분석의 일반적 과정인 문제정립, 가설설정, 연구설계, 자료수집, 자료정리, 모집단의 추리와 해석에 대해 간략히 설명하고, 제2절에서는 연구설계와 자료수집에 대해 구체적으로 설명한다. 즉, 조사계획서 작성, 표본추출방법, 척도유형, 설문지 작성시 유의사항, 자료의 정리 방법 등에 대해 알아보기로 한다.

제1절 통계분석의 과정

1. 문제정립과 가설설정

우리 주위의 무수한 문제 가운데 연구할 주제를 선정하는 일이 조사분석의 첫 단계이다. 주제가 결정되면 조사분석을 통해서 해결하고자 하는 구체적인 가설(假說)을 설정해야 한다. 여론조사의 경우에는 주제선정과 가설설정에 어려움이 덜하지만, 학문적 연구의 경우에는 충분한 문헌연구를 거친 다음 적절한 주제와 가설을 채택해야 한다. 예컨대, '리더십 유형과 직무만족의 관계'라는 문제가 선정되었다면, 가설로는 다음과 같은 것들이 가능하다.

"상사의 리더십 유형에 따라 부하직원의 직무만족은 상이할 것이다."

"권위적 리더십보다 민주적 리더십이 직무만족을 더 높게 할 것이다."

"직무중심 리더십보다는 인간관계중심 리더십이 직무만족을 더 향상시킬 것이다."

"변혁적 리더십은 거래적 리더십보다 직무만족에 더 큰 영향을 미칠 것이다."

2. 연구설계

건물을 짓기 전에 건축설계를 하고 그 설계도에 따라 건축을 하듯이, 조사분석에서도 가설이 설정되면 가설검증을 위한 제반 구비요건을 구체적으로 결정하게 되는데, 이러한 단계를 연구설계라고 한다. 연구설계가 끝나면 그 설계에 따라 자료수집과 자료의 정리, 분석을 통한 가설검증을 하게 된다.

연구설계에서 결정되는 사항은 자료수집의 방법, 조사시기와 기간, 분석기법과 분석단위 등이며, 표본조사의 경우에는 조사대상의 선정, 표본의 크기와 표본추출방법도 이 단계에서 결정되어야 한다. 특히 설문조사를 할 경우에는 자료수집 전에 설문지를 작성해 놓아야 하는데, 이때는 설문작성방법을 충분히 숙지하고 가설과 분석기법도 고려하여 설문지를 구성하여야 한다. 왜냐하면 연구목적에 따라 가설이 달라지고, 가설의 유형에 따라 분석기법이 변하며, 사용될 분석기법이 달라지면 설문지의 문항도 분석기법에 맞게 바뀌어야 하기 때문이다.

3. 자료수집

분석에 이용될 자료는 주로 두 가지 방법으로 수집된다.

첫째, 정부나 신뢰할 만한 단체에서 발행하는 각종 통계자료집에서 필요한 통계자료들을 수집하는 방법이 있다. 이러한 방법으로 획득될 수 있는 자료의 예를 들면, 각종 예산액, 국민총생산액, 물가지수, 근로자의 평균임금, 인구증가율, 주택보급률 등이 있다. 이 자료들은 정책분석이나 행정이론을 검증하기 위하여 자주 이용된다. 그 밖에 지역별 각종 통계자료들도 ≪한국도시연감≫이나 ≪지역통계연보≫를 통하여 얻을 수 있는데, 대표적인 것으로는 예산, 재정자립도, 조세부담액, 인구수, 도로율, 도로포장률, 상 · 하수도 보급률 등이 있다. 이 자료들은 지역을 분석단위로 한 연구에서 자주 활용되고 있다(<조사계획서 2> 참조).

둘째, 조사자가 직접 자료를 수집하는 방법이다. 여론조사의 경우는 면접조사나 전화조사를 통하여 자료를 직접 수집하는 사례가 많이 있으며, 사회과학 분야의 학술적 조사연구에서는 통계자료를 이용하기도 하지만, '간단하고 명료하고 쉬운 문항'들로 구성된 설문지를 배포하여 응답자가 직접 작성하거나 조사자가 면접을 통하여 작성된 결과를 자료로 삼는 경우도 많은 편이다(<조사계획서 1> 참조).

4. 자료정리

자료를 수집하고 나면, 자료를 간단히 요약하여 알기 쉽게 정리하고, 자료의 특성도 몇 가지 수치로 간단 명료하게 표현해야 한다. 이러한 단계를 '자료의 정리'라고 할 수 있다. 예를 들면, 수집된 자료를 도수분포표나 도표로 요약하거나, 변수들 간의 관계를 교차표를 이용하여 비교하거나, 자료들의 평균과 표준편차 등을 산출하는 것이 이 단계에서 필요하다.

5. 모집단의 추리

대부분의 여론조사들은 표본을 대상으로 조사했다 하더라도 수집된 자료들을 정리하고 그 결과를 해석하는 것으로 만족하며, 간혹 통계량과 모수의 차이인 오차(誤差)의 범위(範圍)를 제시하기도 한다. 이런 의미에서 여론조사는 주로 기술적 통계학을 활용하여 소기의 목적을 달성할 수 있으며, 부분적으로 추리통계학이 이용되기도 한다.

한편 '리더십 유형과 직무만족의 관계'와 같이 학술적 이론이나 모형을 검증하기 위한 조사연구에서는 정리된 표본자료를 토대로 앞에서 설정했던 가설을 검증하는 단계도 거치게 된다. 가설검증은 자료의 정리단계에서 구한 표본의 특성을 이용하여 모집단의 특성을 추리함으로써, 이론이나 모형에 관한 가설의 옳고 그름을 판단하는 과정을 의미하는데, 이때 활용되는 것은 다소 복잡한 추리통계학이다.

6. 결과의 해석 및 요약

여론조사는 수집된 자료의 특성을 정리하고, 원인을 간단히 규명하며, 결과를 요약하는 정도에서 보고서 작성이 완료될 수 있다. 그렇지만 가설검증까지 한 조사연구는 검증결과를 해석하는 단계도 거쳐야 한다. 즉, 가설과 관련하여 검증결과에 대한 타당성있는 해석을 내리고 분석결과의 원인도 규명하여야 한다.

특히, 문헌연구도 병행하였다면 문헌연구에서 도출된 쟁점들을 중심으로 이론적 고찰과 검증결과를 비교해 보고, 나아가 앞으로의 연구방향도 제시하며, 마지막으로 이러한 내용들을 요약하는 과정을 거침으로써 연구가 종료된다.

제 2 절 연구설계 및 자료수집

1. 조사계획서 작성

조사계획서는 건축공사의 설계도와 같은 역할을 하는 것으로서 전체적인 구상을 한 눈에 볼 수 있게 한다. 조사계획서의 작성은 조사의 목적을 충분히 달성할 수 있게 해 줄 뿐만 아니라 조사의 신뢰도를 높일 수 있다. 다음은 이러한 조사계획서의 예시이다.

〈 조사계획서 1 〉

가. 조사제목: 변혁적 · 거래적 리더십이 조직몰입에 미치는 영향

나. 조사연구의 목적: 변혁적 · 거래적 리더십 이론이 한국(특히 한국행정조직)에서도 적절한 것인지를 검토하기 위해 공 · 사조직 내 중간관리층(행정조직의 과장, 기업조직의 부장)의 변혁적 · 거래적 리더십과 조직몰입의 관계를 비교분석

다. 조사대상: 공무원과 회사원

라. 조사기간: 2003년 5월 1일~20일

마. 조사방법: 면접조사원에 의한 방문면접조사

바. 조사표본수: 900명

사. 표본추출방법: 판단추출(조직의 선정), 다단계층화 집락추출법(개인의 선정)

아. 자료분석: SPSSWIN 18.0

자. 분석기법: 빈도분석, 요인분석, 신뢰도분석, 상관관계분석, 회귀분석

차. 설문조사표: <표 3-1> 참조

카. 변수별 문항번호: <표 3-2> 참조

타. 설문지 배포계획: <표 3-3> 참조

〈표 3-1〉 설문조사표

설 문 지

안녕하십니까? 바쁘신 가운데 어려운 부탁을 드려 대단히 죄송합니다. 본 설문지는 조직 내 중간관리층의 리더십을 조사하여 한국사회의 발전적 관리방안을 모색해 보려는 순수한 학술조사입니다. 잠깐 시간을 내셔서 솔직히 응답해 주시면 본 조사연구에 많은 도움이 되겠습니다. 선생님께서 응답해 주신 내용은 완전히 익명으로 처리되어 비밀이 보장될 것이며, 연구목적에만 이용될 것입니다. 선생님의 적극적인 협조를 부탁드립니다. 2003년 5월 부산대학교 행정학과 교수 김 호 정 * 본 조사나 설문지에 대해 의문이 있으시면 (051)510-****으로 연락 주십시오.

Ⅰ. 귀하의 과장님의 행동과 특성에 관해 가장 가깝게 표현한 곳에 ○표해 주십시오.

	우리 과장님은,	정말 그렇다	그런 편이다	반반 이다	그렇지 않은 편이다	전혀 그렇지 않다
1	나는 과장님을 전적으로 신뢰한다.		○			
2	나는 과장님을 성공과 성취의 상징으로 생각한다.	○				
3	나의 아이디어와 의견을 표현하도록 장려한다.		○			
4	해묵은 문제들을 새로운 방식으로 생각하게 한다.		○			
5	우리 조직은 나의 능력을 발휘하게 해 준다.			○		
6	내가 원하는 것을 얻을 수 있는 방법을 알려준다.		○			

<중략> 부록에 전문 제시

*지금까지 의견을 정리하는데 필요합니다. 아래 물음에도 응답해 주시면 고맙겠습니다.

1. 성별 남(○) 여( )
2. 연령 만(36)세
3. 재직기간 (8)년
4. 현재의 과장님과 같은 과에서 함께 근무하신 기간 (16)개월
5. 직급(계급) (7)급
6. 최종학력 ① 중졸( ) ② 고졸( ) ③ 대졸(○) ④ 대학원졸( )
7. 근무처 ① 부산시청(○) ② 부산의 구(군)청( ) ③ 울산시청( )
   ④ 울산의 구(군)청( ) ⑤ 기타( )

--------- **대단히 감사합니다** ---------

※기업조직 설문지

4. 현재의 부장님과 같은 과에서 함께 근무하신 기간 ( )개월
5. 직급(직위) ① 사원( ) ② 대리( ) ③ 과장( )
7. 근무처 ① 대기업( ) ② 중소기업( ) ③ 금융기관( )

〈표 3-2〉 변수별 문항번호

변 수		출 처	문항번호	비 고
리더십 유형	구조주도	LBDQXII[1]	A-1, 3, 5, 7, 9, 11	
	배려	〃	A-2, 4, 6, 8, 10, 12	
	카리스마	MLQ[2]	A-15, 16, 19, 24, 31, 34, 37, 51	
	개별적 배려	〃	A-14, 20, 22, 25, 26, 28, 33, 35	
	지적 자극	〃	A-18, 23, 27	
	성과에 따른 보상	〃	A-38, 40, 42, 44, 46, 48	
	예외적 관리	〃	A-39, 41, 43, 45, 47	
조직 효과성	조직몰입	김호정	B-1, 6, 11, 16	
상황변수 (리더십 대체물)	공식화	Podsakoff 외[3]	B-4, 14, 17	
	비융통성	〃	B-3, 8, 9, 13(R)[4]	
	보상에 무관심	〃	B-2(R), 7(R), 12(R)[4]	
	통제밖 보상	〃	A-49, 50(R), 52(R)[4]	
	집권화	김호정, 김병섭	B-5, 10, 15, 18	

1) Stogdill의 척도임
2) Bass의 척도임
3) 출처: Kerr & Jemier(1978)의 척도를 수정한 Podsakoff, Mackenzie & Fetter(1993)
4) (R)은 역산(逆算)하는 문항임

〈표 3-3〉 설문지 배포계획

공무원				회사원			
근무처	번호	조사원	배부수	근무처	번호	조사원	배부수
행정자치부	01	김 * *	50	**화학	21	이 * *	50
**시청	11	이 * *	50	**항공	22	박 * *	50
**구청	12	박 * *	30	**정밀	31	최 * *	30
**시청	13	최 * *	30	**산업	32	허 * *	30
**구청	14	문 * *	30	**증권	41	신 * *	30
**군청	15	조 * *	30	**보험	42	김 * *	30
.	.	.	.	.	.	.	.

* '번호'는 중앙행정조직은 01-10, 지방행정조직, 기타행정조직은 11-20, 대기업은 21-30, 중소기업은 31-40, 금융기관은 41-50 등으로 부여한다.
* 설문지 배포시 근무처별 조사원을 정한 후 성별, 연령별, 직급별로 조사목적에 맞도록 배분한다.

예) 성별은 남 70-80%, 여 20-30%
직급은 과장 20%, 대리 30%, 사원 50%
연령은 20~30대 50%, 40대 30%, 50대 20% 등으로 부여한다.

〈조사계획서 2〉

가. 조사제목: 한국의 주요 도시 비교

나. 조사연구의 목적: 한국의 주요 도시들의 주민수, 상수도보급률, 도로포장률, 주택보급률, 재정자립도를 비교해 보고 이들의 상관관계를 알아보고자 한다.

다. 조사대상: 한국도시의 주요 통계 중 연구목적에 맞는 주민수, 상수도보급률, 도로포장률, 주택보급률, 재정자립도

라. 조사기간: 2003년 5월 1일~20일

마. 조사방법: 행정관청의 자료실 방문, 직접 자료수집

바. 조사표본수: 79개 도시

사. 자료분석: SPSSWIN 18.0

아. 분석기법: 빈도분석, 상관관계분석

자. 한국도시의 주요 통계: <표 3-4> 참조

〈표 3-4〉 한국도시의 주요통계

구분	도 시	주민수	상수도 보급률	도로 포장률	주택 보급률	재정 자립도
1	서울시	10,373	99.99	89.61	72.00	95.30
2	부산시	3,812	98.36	97.80	82.17	64.31
3	대구시	2,538	99.16	97.97	82.21	78.60
4	인천시	2,562	96.24	91.31	83.11	82.21
5	광주시	1,375	95.33	63.36	89.39	65.80
6	대전시	1,390	95.97	70.52	96.48	76.09
7	울산시	1,044	89.26	54.57	88.07	123.60
8	수원시	951	98.50	69.27	73.41	89.00
9	성남시	928	99.70	100.00	66.71	83.90
10	부천시	780	99.70	91.23	70.31	78.30
11	안양시	583	99.50	82.56	76.37	87.10
12	안산시	575	95.56	90.00	56.92	85.30
13	용인시	395	79.96	73.98	89.87	83.80
14	평택시	359	79.60	91.32	91.59	56.60
15	광명시	338	99.00	100.00	80.24	68.80
16	시흥시	322	93.44	79.91	89.44	79.00
17	군포시	271	99.49	80.13	82.60	77.50
18	이천시	184	54.43	61.76	93.80	54.90
19	김포시	165	63.48	63.47	94.87	65.20
20	안성시	137	55.41	86.36	95.84	33.10
21	하남시	123	83.45	100.00	55.83	57.00
22	의왕시	121	93.00	96.70	83.71	59.90
23	오산시	106	93.81	95.39	93.05	49.30
24	과천시	71	97.00	100.00	77.67	95.20
25	고양시	800	95.20	97.61	85.72	81.60
26	의정부시	362	94.20	87.65	76.91	65.80
27	남양주시	359	79.46	88.01	95.94	62.40
28	파주시	193	60.69	76.14	95.32	51.00
29	구리시	170	98.66	100.00	72.27	61.30
30	동두천시	76	91.00	100.00	86.44	46.50
31	춘천시	251	85.86	81.72	87.16	39.03
32	원주시	270	82.12	86.20	88.71	47.99
33	강릉시	233	86.70	65.58	95.23	39.90
34	동해시	104	95.40	36.30	98.25	33.26
35	태백시	57	98.00	68.32	78.66	25.78
36	속초시	90	98.00	50.93	93.87	34.79
37	삼척시	82	77.73	63.61	102.06	23.95
38	청주시	582	94.72	61.21	78.95	67.02
39	충주시	218	74.17	66.76	90.02	54.77
40	제천시	148	74.09	65.30	93.86	19.68

구분	도 시	주민수	상수도 보급률	도로 포장률	주택 보급률	재정 자립도
41	천안시	425	75.76	54.36	96.70	57.04
42	공주시	135	58.16	69.08	93.45	44.78
43	보령시	118	54.76	91.10	98.50	25.27
44	아산시	185	49.36	61.65	99.79	38.52
45	서산시	150	48.89	73.92	99.00	51.12
46	논산시	170	59.62	78.55	88.77	26.55
47	전주시	622	93.08	91.11	88.71	57.40
48	군산시	278	83.20	81.58	94.30	34.90
49	익산시	336	25.00	74.23	90.88	51.48
50	정읍시	152	69.93	71.79	96.30	17.20
51	남원시	103	53.67	76.70	97.66	16.93
52	김제시	116	58.36	73.98	99.23	16.98
53	목포시	245	99.28	94.26	89.70	39.28
54	여수시	324	79.86	77.81	98.14	37.57
55	순천시	270	81.04	69.81	96.49	31.63
56	나주시	108	43.51	49.42	101.59	21.87
57	광양시	138	81.72	55.51	99.94	44.03
58	포항시	517	86.33	66.72	85.31	60.84
59	경주시	291	67.21	62.81	94.80	39.33
60	김천시	150	62.26	72.82	97.40	27.52
61	안동시	184	70.79	66.13	97.23	22.92
62	구미시	341	90.01	78.54	92.31	67.18
63	영주시	131	74.69	73.38	101.00	23.23
64	영천시	120	64.34	81.41	105.33	23.14
65	상주시	124	53.73	79.16	100.56	16.95
66	문경시	90	79.31	69.31	95.97	15.34
67	경산시	216	85.29	68.21	82.78	48.85
68	창원시	523	85.36	94.66	84.42	69.24
69	마산시	434	91.80	70.85	83.23	66.68
70	진주시	342	87.55	72.23	89.60	48.97
71	진해시	134	93.52	55.32	98.39	25.34
72	통영시	137	79.69	49.00	97.90	25.65
73	사천시	119	79.85	64.82	91.32	26.74
74	김해시	347	80.52	67.07	94.00	46.29
75	밀양시	124	49.37	59.98	102.56	22.55
76	거제시	176	77.90	79.75	102.16	35.15
77	양산시	194	70.42	55.20	94.93	75.49
78	제주시	279	100.0	99.51	89.37	52.74
79	서귀포시	85	100.0	92.23	96.37	26.85

2. 표본추출

모집단 전체를 대상으로 조사를 하면 표본조사를 하는 것보다 정확할 것인데 표본조사는 왜 하는가? 그리고 표본조사는 어디에 활용할 수 있는가? 즉, 어떤 경우에 표본조사가 쓸모있는 작업인가? 전국의 성인남녀가 3,000만명 이상인데 그 중에서 고작 1,500명 정도 뽑아서 하는 표본조사의 결과를 가지고 3,000만명 이상에 대해 내리는 해석을 믿을 수 있는가? 표본조사를 직접 한다면 모집단의 특성을 정확하게 추리하기 위하여 어떻게 해야 하는가? 이때 표본의 크기는 어느 정도가 좋을까?

여기서는 이러한 실질적인 문제들에 대한 해답이 될 수 있도록 내용을 구성하고자 한다.

가. 표본조사의 필요성

필요한 정보나 자료를 얻기 위해서는 모집단 전체를 조사하는 것이 바람직하겠지만, 모집단조사는 조사자에게 무리한 부담을 주는 경우가 많다. 이런 경우에 모집단조사보다 조사의 정확성은 떨어지지만, 허용가능한 정도의 오차라면 부담을 훨씬 덜어주는 표본조사를 권할 만하다.

실제 우리 주위의 많은 조사연구들은 모집단조사보다 표본조사를 더 선호하는 경향을 띠고 있다. 표본조사는 상대적으로 다음과 같은 이점들이 있기 때문이다.

첫째, 표본조사는 전수조사의 가장 큰 부담이라고 할 수 있는 비용을 절약할 수 있다. 특히 모집단의 각 항목을 조사하는 데 비용이 많이 소요되거나, 모집단의 크기가 매우 클 때는 더욱 그러하다.

둘째, 표본조사는 전수조사보다 시간도 절약할 수 있다. 전국민을 대상으로 하는 여론조사나 인구조사와 같이 조사에 소모되는 시간이 너무 길다든지, 혹은 대통령선거 전 각 후보자에 대한 지지율 조사와 같이 일정한 시기를 넘기면 아무리 정확한 조사결과라도 쓸모없는 것이 될 경우에는 표본조사의 필요성이 더욱 절실하다.

셋째, 동일한 시간과 비용을 투자한다면, 많은 분량을 조사하는 것보다는 적은 분량을 조사하는 것이 조사의 정확성을 높일 수 있듯이, 전수조사보다는 표본조사가 각 항목에 대한 정밀한 조사를 할 수 있을 것이다.

넷째, 전수조사가 현실적으로 불가능하다고 판단될 때에는 표본조사에 의존할 수밖에 없다. 물가조사를 위해 모든 상품을 대상으로 할 수는 없고 그 중 일부분을 뽑아서 조사를 한다거나, 환경오염도를 측정하기 위해서 대기(大氣)나 강(江)의 일부분을 조사하는 일도 이러한 이유 때문이다.

다섯째, 조사과정에서 조사대상물질이 파괴되는 경우에는 부득이 표본조사를 할 수밖에 없다. 새로 개발된 자동차의 안전도를 검사하기 위하여 시행하는 표본조사는 이러한 경우에 해당한다.

나. 표본추출방법

표본추출방법은 확률표본추출방법과 비확률표본추출방법으로 양분될 수 있는데, 각 방법에는 어떠한 것들이 있는지 구체적으로 살펴보기로 한다.

(1) 확률표본추출방법

확률표본추출방법(probability sampling)은 모집단의 각 요소들이 표본으로 선택될 확률을 미리 알 수 있는 방법을 말하는데, 이 방법을 이용하면 선택될 확률뿐만 아니라 표본추출시 발생하는 오차까지도 객관적으로 추정할 수 있으므로, 객관적 표본추출방법이라고도 한다. 확률표본추출방법에는 다음과 같은 것들이 있다.

① 단순무작위추출

이 방법은 특정 모집단에서 발생가능한 모든 표본들의 발생확률이 동일하도록 표본을 추출하는 방법을 말한다. 예를 들어, 부산시 국회의원 16명 가운데 무작위로 5명을 추출하여 부산시 발전계획추진을 위한 임시위원회를 구성할 경우, 가능한 표본들의 가지 수는 총 4,368개이므로 각 표본이 선택될 확률은 1/4,368이고, 16명의 국회의원 중 각 개인이 임시위원회에 뽑힐 확률은 5/16로서 16명 모두 동일하다.

② 층화추출

층화추출방법(層化抽出方法, stratified sampling)은 조사하고자 하는 사항에 영향을 미칠 수 있는 특성(변수)을 여러 개의 하위집단이나 층으로 분류한 다음, 분류된 각 하위집단이나 층들의 모집단으로부터 일정크기의 표본을 무작위로 추출하는 방법이다.

일반직 공무원을 대상으로 표본을 추출하여 의식조사를 할 경우, 공무원의 의식에 영향을 줄 수 있는 중요한 요인은 계급이 될 수 있으므로, 전체공무원을 잘 대표할 수 있는 표본이 되기 위해서는 각 계급에서 골고루 추출해야 할 것이다. 이때 각 계급을 '층'이라고 할 수 있다. 실제조사에서는 성별, 연령, 학력 등 여러 종류의 층(변수)이 동시에 고려되는 층화추출이 많다.

③ 계통적 추출

계통적 추출방법(系統的 抽出方法, systematic sampling)은 일정한 체계를 기준으로 표본을 추출하는 방법을 말한다. 예를 들어, 가구를 대상으로 표본조사를 할 경우, 일정한 행정단위 —— 통(統), 반(班), 리(里) 등 —— 내에서 주민등록표에 의해 첫 번째 가구, 열 번째 가구, 스무 번째 가구,…… 들을 표본으로 추출하는 것은 계통적 추출방법에 해당한다. 이러한 방법은 전국적인 가구별 조사에서 종종 이용되고 있다.

④ 집락추출

모집단에서 무작위로 몇 개의 집락을 추출하고 추출된 각 집락에서 무작위로 개별요소들을 추출하는 방법을 집락추출법(cluster sampling)이라고 한다. 이 방법은 시간과 비용을 절약할 수 있는 능률적인 것으로서, 모집단의 요소들이 지리적으로 널리 분산되어 있는 상황에서는 능률성의 효과가 더욱 두드러진다.

보통 집락추출은 여러 단계를 거쳐서 집락들을 추출하는 다단계추출법을 사용하고 있으며, 층화추출과 무작위추출과 같은 다른 방법과 병행하여 이용되는 사례도 많다. 예를 들어, 부산시민 1,500명을 추출하기 위하여 부산시 산하 5개의 구(區)를 먼저 선정하고(1단계), 선정된 각 구에서 다시 5개씩의 동(洞)

을 추출하고(2단계), 각 동에서 5개씩의 통(統)을 추출한 다음(3단계), 추출된 125개의 각 통에서 12명씩의 주민을 연령 · 성 · 학력별로 고른 분포가 되게 추출한다면, 이러한 방법은 다단계(3단계)집락 층화추출법이 된다.

(2) 비확률표본추출방법

표본추출시 조사자의 가치판단이 개입되고, 표본오차도 미리 파악할 수 없는 방법을 비확률표본추출방법(非確率標本抽出方法, nonprobability sampling)이라고 한다.

이 방법은 가치판단이 자의적으로 개입될 수 있는 여지가 있으므로, 단독으로 이용되기 보다는 확률표본추출방법과 병행하여 쓰이는 것이 일반적인 경향이다.

비확률추출방법으로는 편의추출법, 판단추출법, 할당추출법 등이 있다.

① 편의추출

편의추출법(便宜抽出法, convenience sampling)은 접근이 가장 용이하고 쉽게 응답을 얻어낼 수 있는 대상들을 위주로 표본을 추출하는 방법으로서, 일명 임의추출법(任意抽出法)이라고도 한다. 예를 들면, 길거리에 지나가는 사람들 중에서 응답을 쉽게 해줄 수 있는 사람들을 상대로 필요한 만큼 면접조사를 하거나, 역대합실이나 공원 등 한꺼번에 많은 사람을 쉽게 접할 수 있는 장소에서 닥치는 대로 설문조사를 하는 경우, 또는 공무원교육원에서 교육받고 있는 공무원들을 대상으로 집단적으로 조사를 하는 방법들은 모두 편의추출법에 속한다.

편의추출법은 연구목적이나 자료성격을 감안한다 하더라도 객관성 · 정확성 · 신뢰성을 모두 상실한 방법이므로, 본조사에서는 가능한 한 단독으로 사용하지 않는 것이 좋을 것이다.

② 판단추출

판단추출법(判斷抽出法, judgement sampling)은 관련분야에 관한 전문지식이나 풍부한 경험을 가진 사람의 주관적 판단에 의하여, 모집단의 특성을 잘 반영해 줄 수 있다고 —— 대표성이 높다고 —— 생각되는 표본을 추출하는 방법이다. 예를 들어, 새롭게 개발된 항암제의 효능을 실험하기 위하여 실험대상 환자를 선정하는 행위는 이 분야의 전문의사만이 판단하여 할 수 있는 판단추출이다. 또한 통계청에서 물가를 조사하기 위하여 물가에 가장 큰 영향을 미친다고 판단되는 수백 개의 품목을 선정하는 것도 경제전문가들의 판단에 의한 판단추출에 속한다. 판단추출을 유의추출법(有意抽出法, purposive sampling)이라 부르기도 한다.

③ 할당추출

할당추출법(割當抽出法, quota sampling)은 모집단을 몇 개의 범주로 구분하고 각 범주에 대해 모집단과 같은 비율로 표본수를 할당한 다음, 각 범주별로 조사자의 판단에 따라 할당된 표본수를 추출하는 방법을 말한다. 예를 들어, 전국민을 대상으로 하는 여론조사의 경우, 시(市)나 도(道)와 같은 지역이 각 범주로 될 수 있으며, 각 범주내에서 표본수를 추출할 판단기준은 성 · 연령 · 학력 등이 될 수 있다. 만약 공무원을 대상으로 하는 조사라면, 지역이나 근무부처가 범주로 될 수 있고, 연령 · 직급 등이 판단의 기준이 될 수 있다.

여기서 범주는 층화추출의 층과 같은 개념이지만, 층화추출은 각 층에서 무작위로 표본을 추출하는데 반해, 할당추출은 조사자의 주관적인 판단에 의해 표본추출을 한다는 점이 차이점이다.

다. 표본추출방법의 실례

여론조사나 사회과학분야의 조사연구에서는 표본추출방법들 가운데 한 가지를 선택하여 사용하기 보다는 두 가지 이상의 방법들을 병행하여 사용하는 경우가 일반적인 경향이다.

그러면 실제 표본조사에서는 어떠한 방법들이 활용되고 있는지 살펴보기로 하자.

(1) 전국적 조사

서울대학교 사회과학연구소에서는 전국민을 모집단으로 표본을 추출하여 '사회발전과 국민의식에 관한 조사연구'를 실시하였는데, 이 연구에서 사용한 표본추출방법은 '다단계층화 집락추출법'이었다. 즉, 전국을 '대도시', '중소도시', '군(郡)'이라는 3개의 '층'으로 나눈 다음, 각 층에서 다단계집락추출을 하였다. 다단계집락추출은, 4단계를 거쳐서 —— 시 · 군(1단계), 구 · 읍 · 면(2단계), 동 · 리(3단계), 통 · 반(4단계) —— 통 · 반이라는 집락들이 무작위로 추출되고 각 통 · 반에서 10명씩을 무작위로 선정하는 과정을 거쳐서 이루어졌다(김경동 · 이온죽, 1986: 639-652).

(2) 지역주민의 여론조사

특정시의 시민을 대상으로 시정(市政)에 대한 여론조사를 실시한 한 조사에서는 표본추출을 위하여 유의추출법, 다단계추출법, 무작위추출법의 세 가지 방법을 동시에 사용하였다. 즉, 이 시(市)의 총 19개 동(洞) 가운데 10개 동을 추출하고, 각 동에서 2개씩의 통(統)을 추출하였으므로 다단계추출법에 해당하고, 동과 통의 추출은 지역특성을 고려하여 이루어졌으므로 유의추출법이 되며, 추출된 20개 통에서 700세대의 추출은 무작위추출법을 이용하였다(김광웅, 1986: 177-178).

(3) 의식조사

저자는 2002년 3월 부산광역시내 구청의 조직문화를 조사하기 위하여 15개 전 구청을 대상으로 각 구청의 3개 국(총무국, 사회산업국, 도시국)에서 조직 내 근무경력이 5년 이상인 직원들을 10명씩 할당추출했으며, 조직문화는 직급에 따라 인식이 상이하므로 직급별 고른 분포가 되도록 층화추출도 병행하였다(김호정, 2002).

또한 2000년 9월 공무원과 회사원의 리더십을 비교하기 위해, 부산과 경남에 근무하는 공무원 378명과 회사원 377명을 대상으로 설문조사를 하였는데, 이 조사에서 표본추출방법은 판단추출과 층화추출을 사용하였다. 즉, 판단추출에 의해 19개의 행정조직과 21개의 기업조직을 선정하였으며, 선정된 조직내에서 개인(부하직원)의 추출은 공무원과 회사원의 분포가 성 · 연령 · 학력 · 직급별로 고르고 유사한 것이 되도록 층화추출하였다(김호정, 2001).

(4) 종 합

이상의 표본추출방법의 실례에서 알 수 있듯이, 사회과학분야의 조사연구에서는 여러 가지 추출법이 동시에 사용되는 것이 일반적인 경향이라고 할 수 있다. 구체적으로 말하면, 표본추출이 편파적으로 되지 않기 위해서 대부분의 조사에서는 층화추출을 빼놓지 않고 있으며, 전국적 여론조사와 같이 모집단이 방대할 뿐만 아니라 지리적으로 널리 확산되어 있을 경우에는 다단계집락추출법도 공통적으로 이용되고 있음을 알 수 있다.

또한 모집단이 특수한 집단일 경우, 전문가의 판단에 의존하는 판단추출(유의추출)법도 추가되고 있으나, 판단추출은 편의추출을 미화시키거나 정당화시키기 위한 방편으로 이용하지 말아야 할 것이다.

층화추출을 할 때는 조사할 항목에 중대한 영향을 미치는 변수들이 '층'으로 분류될 기준에서 제외되지 않도록 특히 조심해야 할 것이다.

〈표본추출의 예 – 다단계집락층화 추출법〉

S그룹의 조직문화를 알아보기 위하여 S그룹내 직원 450명을 추출하고자 한다면, 우선 계열사 5개를 선정하고(1단계), 선정된 계열사 5개 사에서 3개 부서를 추출하고(2단계), 3개 부서에서 다시 3개 과를 추출한 다음(3단계), 추출된 45개의 각 과에서 10명 씩의 직원을 성별, 직위별로 고른 분포가 되도록 추출한다면 이는 다단계(3단계) 집락(45개과) 층화(성별, 직위별)추출법이 된다.

라. 표본오차

(1) 표본오차의 개념

간혹 여론조사결과를 요약한 기사를 접할 때가 있다. 이때 함께 제시되는 것 중의 하나가 "이번 조사결과의 오차한계는 95% 신뢰수준에서 ±3.5%이다." 혹은 "이번 조사의 허용오차는 신뢰도 95% 범위에서 ±2.4%였다."는 문구들이다. 여기서 '오차'란 표본오차(標本誤差), 즉 표집오차(標集誤差)를 의미한다.

현실적으로 표본추출을 아무리 잘 한다고 하더라도, 표본조사에서는 표본의 특성치와 모집단의 특성치간에 차이가 발생하기 마련인데 이러한 차이를 표본오차라고 하며, 표본오차를 줄이는 것이 표본조사의 성패를 가름하는 핵심이기도 하다. 표본추출방법을 잘 선택하는 것도 표본오차를 줄이기 위한 한 가지 방법이 된다.

한편 표본추출은 하자 없이 잘 되었다 하더라도 표본추출과는 관계없이 오차가 발생하는 경우도 있는데, 이러한 오차를 비표본오차(nonsampling error)라고 한다. 비표본오차는 주로 측정방법이 정확하지 못하여 발생하는 수가 많은데, 이러한 오차를 측정오차(measurement error)라고 한다. 측정오차는 질문지의 작성이 잘못 되었거나, 측정방법의 선택이 잘못되어 —— 전화조사나 우편조사의 경우에 자주 발생함 —— 응답자로부터 정확한 대답을 얻지 못함으로써 발생하는 오차를 말한다.

(2) 표본오차의 크기

모집단의 평균에 대한 표본오차와 비율에 대한 표본오차는 정의방식이 상이하므로, 표본오차의 크기도 분리하여 설명하고자 한다. 우선 표본오차를 d라고 하면, 평균의 표본오차는 <식 3-1>과 같이 구할 수 있고, 비율의 표본오차는 <식 3-2>와 같다.

$$d = Z \cdot S_{\overline{X}} = Z \cdot \frac{S}{\sqrt{n}} \qquad \text{<식 3-1>}$$

$$d = Z \cdot \sqrt{\frac{p(1-p)}{n}} \qquad \text{<식 3-2>}$$

<식 3-1>에서 $S_{\overline{X}}$를 표준오차(標準誤差, standard error)라 부르는데, 모집단의 표준 편차를 알 수 있을 때는 S대신에 σ를 쓸 수 있지만, 대개의 경우는 모집단의 특성을 알 수 없으므로 S를 이용하는 것이 일반적이다. 이 식에서 Z는 신뢰수준에 따른 값으로서, 95% 신뢰수준에서는 Z=1.96이 되고 99% 신뢰수준에서는 2.58이 된다. n은 표본크기를 가리킨다.

<식 3-2>에서도 Z와 n은 <식 3-1>과 같은 의미이며, p는 모집단의 성공비율을 가리키는데, $p(1-p)$의 최대값은 항상 0.25이고, 이때 p=0.5가 된다. 위 두

식의 표본오차는 이론적인 오차인데, 실제 표본조사에서 나타나는 오차는 이보다 큰 것이 보통이다(박무익, 1989: 91).

2001년 도시근로자 가구 중에서 2,837가구를 추출하여 조사한 결과 가구당 월평균 소득은 2,625,100원, 표준오차는 25,018원이었다(도시가계연보, 2001: 66, 242). 이 자료의 표본오차를 95% 신뢰수준에서 구해 보자.

95% 신뢰수준에서 Z=1.96이므로,[1] 표본오차 d=1.96×25,018=49,035(원)이 된다. 그러므로 "우리나라 전체 근로자 가구의 월평균 소득은 2,625,100-49,035=2,576,065(원) 이상, 2,625,100+49,035=2,674,135(원) 이하가 된다."는 추리가 맞을 확률은 95% 수준이라고 할 수 있다.

중앙일보는 제16대 대통령선거 직전인 2002년 11월 27일 전국의 유권자 1,044명을 대상으로 지지후보를 묻는 전화여론조사를 한 결과를 발표하면서 "이번 조사의 오차한계는 95% 신뢰수준에서 ±3.0%이다."라고 했다. 오차한계는 정확한가?

비율의 표본오차를 구하는 <식 3-2>를 이용하면, Z=1.96, n=1,044이고, $p(1-p)$의 최대값은 0.25가 된다. 표본오차의 최대값을 d라고 하면, d는 다음과 같이 구해진다.

$$d = 1.96 \times \sqrt{\frac{0.25}{1044}} = 0.0303$$

그러므로 95% 신뢰수준에서 (표본)오차의 한계가 ±3.0%라는 주장은 옳다고 하겠다.

마. 적정표본의 크기

표본크기를 증대하면 자료의 대표성이 높아져서 표본오차를 줄일 수 있다는 이점이 있는 반면에, 조사 시간과 비용이 많이 소요된다는 단점도 있으므로 대표성과 경제성을 감안하여 적정수준을 모색하는 것이 좋다.

표본크기를 결정함에 있어서 고려해야 할 사항은 '모집단의 성격'과 '연구목적'이라고 할 수 있다. 모집단의 성격은 '모집단의 크기'와 '모집단의 이질성정

---

1) $2 \times P(0 \leq Z \leq 1.96) = 2 \times 0.4750 = 0.95$

도'로 구분할 수 있으며, 연구목적에 관한 고려사항은 분석기법, 신뢰수준, 표본오차로 나눌 수 있다. 그러면 우리가 실제 표본조사를 할 때 표본크기를 얼마로 하면 좋을까?

보통 전국적 여론조사일 경우 1,500명 정도면 무난하지만, 모집단의 이질성 정도가 심하거나 모집단에 대한 정확한 추리가 특히 강조될 때는 좀 더 큰 표본을 대상으로 하는 것이 좋다. 예를 들어, 2001년 '도시가계조사'에서는 표본크기를 2,837가구로 했으며, 2001년 '사회통계조사'에서는 전국의 28,354가구를 대상으로 했다. 또한 대통령선거 전, 수 차례 실시된 후보자별 지지율 예측조사에서 표본크기는 주로 2,500명 정도였으나 투표직전인 12월 15, 16일의 조사에서는 보다 정확한 예측을 위해 표본크기를 4,046명으로 확대하였다(한국갤럽, 1998: 161-162).

그러나 일반직공무원, 경찰, 군인, 교사, 대학생, 가정주부 등과 같이 각 집단내의 동질성이 비교적 강한 집단을 대상으로 조사할 경우에는, 신뢰수준 95%에서 표본오차가 4.0%를 넘지 않는 600명 정도의 표본크기이면 부족하지는 않을 것이다. 그러나 적절한 표본크기를 확보하였다고 하더라도, 표본추출방법이 잘못되어 대표성과 타당성을 상실하면 표본오차는 예상보다 훨씬 커질 수 있다는 것을 명심해야 할 것이다.

3. 측정척도의 선정

가. 측정과 척도

측정(測定)이란 일정한 규칙에 따라 변수에 숫자를 부여하는 것을 말하고, 척도(尺度)란 측정 —— 변수의 특성을 숫자로 표시하기 —— 을 위하여 사용되는 도구를 가리키며, 척도를 가지고 변수를 측정하여 얻은 값(수치)을 자료라고 한다.

예를 들어, "귀하의 성별은? 1) 남자( ), 2) 여자( )"라는 문항과 응답범주를 함께 가리켜 척도라고 하고, 이에 대해 어떤 조사대상자가 남자이므로 '1'이란 수치를 부여한다면 이러한 행위를 측정이라고 한다. 이렇게 하여 얻은 '1'이란 숫자는 자료가 되고, '성별'은 변수가 된다.

나. 척도의 유형

Stevens의 척도유형은 가장 보편화된 것으로서, 측정수준의 정도에 따라 척도를 구분한 것인데, 가장 낮은 수준의 것이 명목척도(nominal scale)이고, 그 다음이 서열척도(ordinal scale), 등간척도(interval scale), 비율척도(ratio scale)의 순으로 되어 있다.

(1) 명목척도

앞에서 예시한 성별에 관한 척도나 "귀하는 어느 정당을 지지합니까? ① 한나라당, ② 민주당, ③ 자유선진당, ④ 민주노동당, ⑤ 기타 정당, ⑥ 없음"이라는 척도와 같이, 변수의 특성을 단지 숫자로써 식별하기 위하여 사용되는 도구를 명목척도(名目尺度)라고 한다.

명목척도에 의해 측정되는 변수를 명목변수라고 하고, 명목변수를 측정하여 얻은 수치를 명목자료라고 한다. 명목변수로는 성별과 지지정당 외에도 근무부서, 직종(행정직, 기술직), 지역(농촌, 도시), 종교 등이 자주 쓰이고 있다.

(2) 서열척도

서열척도(序列尺度)란 변수가 지닌 속성의 크기나 정도에 따라 그 속성를 순서대로 배열하고, 배열된 순서에 맞추어 1, 2, 3,…… 등의 숫자를 부여하는 척도를 가리킨다. 가령 중앙부서의 국장급 이하 공무원을 대상으로 설문조사를 할 경우, "귀하의 직급은? ① 3급( ), ② 4급( ), ③ 5급( ), ④ 6급( ), ⑤ 7급( ), ⑥ 8급( ), ⑦ 9급( )"라는 척도는 직급이라는 서열변수를 그 정도에 따라 순서대로 나열하고 순서대로 숫자를 부여하였으므로 서열척도라고 할 수 있다. 또한 "교육수준 ① 국졸 이하, ② 중졸, ③ 고졸, ④ 대졸 이상"이나, "생활정도 ① 상, ② 중, ③ 하" 등의 변수도 서열척도로써 측정되는 경우가 많다.

이 밖에 사회과학에서 각종 태도를 측정하기 위해서 주로 서열척도를 이용한다. "귀하는 직무에 어느 정도 만족하고 있습니까? ① 매우 만족, ② 만족, ③ 보통, ④ 불만, ⑤ 매우 불만"과 같은 직무만족의 척도를 비롯하여, 직무몰입, 리더십, 사기 등에 관한 태도의 측정을 위해 서열척도가 유익하게 활용된다.

(3) 등간척도

서열척도에서 각 서열 간의 거리(차이)가 동일한 척도를 등간척도(等間尺度)라고 한다. 예를 들면, "2003년 3월 중 부산의 평균온도는? 섭씨 ( )도"라는 척도는 등간척도라고 할 수 있다. 또한 서열척도에서 예시한 직무만족의 척도를 다음과 같이 수정하여 사용하면 등간척도가 된다.

■ 귀하의 직무에 어느 정도 만족하고 있습니까?

매우만족				보통				매우불만
9	8	7	6	5	4	3	2	1
( )	( )	( )	( )	( )	( )	( )	( )	( )

이 직무만족의 척도는 서열척도보다 정확한 응답과 정보를 얻을 수 있으므로 다양하고 고급스러운 분석기법도 활용할 수 있다는 장점이 있으나, 일반적으로 태도척도에서는 등간척도보다 서열척도가 많이 이용되고 있는 실정이다. 더구나 사회과학의 주요 연구대상인 인간과 사회현상에 관한 등간변수의 발견이 결코 용이한 일은 아니다.

(4) 비율척도

비율척도(比率尺度)란 변수가 지닌 속성의 크기와 정도를 등간으로 측정할 수 있을 뿐만 아니라, 절대적 '0'의 값도 지니고 있으므로 덧셈과 뺄셈은 물론 곱셈과 나눗셈도 가능한 척도를 말한다. 가령 인구증가율이 4.0%라는 것은 2.0%보다 2배 높다는 의미이고 0.0%라는 것은 인구증감의 변동이 없다는 뜻이므로 인구증가율은 비율변수가 될 수 있다. 이러한 비율변수를 정확히 측정할 수 있는 척도를 비율척도라고 한다. 인구증가율 외에도 가구당 소득, 주민수, 교통사고 건수, 재정자립도 등의 변수는 비율변수가 될 수 있다.

비율척도는 자료를 정리하는 방법이나 활용되는 분석기법에 있어서 등간척도와 구별되지 않고 동일하게 취급되는 것이 보통이므로, 등간척도와 비율척도를 구분할 실익도 찾기 어려울 것이다.

다. 척도선정의 기준

변수의 측정을 위해서 척도가 구성되지만, 특정 변수의 측정을 위해서 반드시 한 가지의 척도만이 이용되는 것은 아니다. 앞에서 설명하였듯이 직무만족이란 변수는 서열척도뿐만 아니라, 등간척도로도 측정이 가능하다. 또한 인구증가율에 관한 비율척도는 응답범주를 "① -20%~-11%, ② -10%~-1%, ③ 0%~9%, ④ 10%~19%, ⑤ 20%~29%"와 같이 수정한다면 등간척도가 되고, 위 응답범주를 다시 묶어서 "① 상(10% 이상), ② 중(1~9%), ③ 하(0% 이하)"로 한다면(여기서의 구분은 편의상 구분에 불과함) 서열척도가 된다.

그러면 이와 같이 하나의 변수에 관한 척도를 여러 가지로 구성할 수 있을 경우 적절한 척도의 유형을 선택하는 기준은 무엇인가? 중요한 기준으로 연구목적과 분석기법을 들 수 있다. 연구목적에 따라 가설이 설정되고, 가설을 검증하기 위해 적절한 분석기법이 이용되며, 분석기법에 맞는 척도가 구성되어야 하기 때문이다. 간단한 분석기법이 필요한 경우는 낮은 수준의 척도로도 분석이 가능하지만, 고급의 분석기법이 동원되어야 가설의 검증이 가능할 경우는 척도의 수준도 분석기법에 걸맞는 높은 것이어야 한다. 흔히 높은 수준의 척도라 함은 등간척도 이상을 의미하는데, 등간척도나 비율척도로써 수집된 자료는 비교적 풍부한 정보를 제공해 줄 뿐만 아니라, 정교한 분석기법을 활용할 수 있다는 이점도 있다.

4. 설문지 작성

설문지 작성에 앞서 우선적으로 자신이 연구할 분야에 대한 이론적 검토가 선행되어야 한다. 이론적 검토 없이 설문을 만들 경우 지나치게 많은 설문으로 인하여 응답자를 혼란스럽고 짜증스럽게 할 수 있다.

설문지의 내용을 작성할 때 주의해야 할 점은 다음과 같다.

첫째, 포괄적인 단어가 아닌 구체적인 단어를 사용해야 하며, 최상급의 수식어는 사용하지 않는다.

둘째, 같은 내용을 묻는 항목은 나란히 배치하지 않고 조금 떨어지게 하여 문항을 배열한다. 예컨대 변혁적 리더십의 카리스마에 대한 질문에서 "나는 과장님을 전적으로 신뢰한다"라는 문항과 "나는 과장님을 성공과 성취의 상징으로 생각한다"라는 문항을 나란히 붙이지 않도록 한다.

셋째, 설문지의 앞 문항은 가능한 한 응답자가 쉽게 접근할 수 있는 질문부터 하는 것이 좋다. 설문지의 처음부터 배경적 변수인 성, 연령, 직급, 학력 등 개인신상에 관한 질문부터 배치하면 응답자에게 불쾌감을 줄 뿐만 아니라 성실한 응답을 기대할 수 없다. 이러한 질문은 설문지의 끝에 배치하되 가능한 한 기재방식이 아닌 체크방식으로 할 것이며, 연구의 목적에 꼭 필요한 것만을 구성해야 한다.

넷째, 설문항목은 가능한 한 많지 않도록 하고, 읽고 바로 답할 수 있도록 쉽고 간결한 문장을 사용한다. 대체적으로 긴 문장의 설문은 의미를 이해하는데 시간이 많이 걸리게 되고, 시간이 많이 걸리는 항목은 대체로 중간을 선택할 확률이 높다.

다섯째, 자신이 연구할 주제가 선행연구에서 사용한 설문문항이 있는 경우 이를 사용하는 것이 좋다. 선행연구에서 많이 사용된 설문문항은 대체로 요인분석과 신뢰도분석을 거친 것이 대부분이므로 기존의 연구에서 사용한 척도를 충분히 검토한 후 자신의 연구에 맞게 설문을 변형시켜 사용하면 설문에 대한 신뢰도를 충분히 높일 수 있다.

여섯째, 선행연구에서 사용한 설문이라도 문화적, 시간적 차이에 의하여 신뢰도가 떨어질 수 있으므로 충분히 예비조사를 거친 후 본조사에 임하는 것이 좋다. 특히 외국문헌에서 사용한 설문을 가져올 경우 변역상 오류가 없는지 문화적 차이에 의한 해석상의 의미가 다르게 나타나지 않았는지 충분히 검토한 후 조사를 하여야 할 것이다.

5. 자료의 정리

가. 도수분포표

(1) 도수분포의 개념

수집된 자료를 정리하기 위한 방법으로, 성질이나 크기가 유사한 자료들을 함께 묶어서 분류하게 되는데 이렇게 정리된 자료의 분포를 도수분포(度數分布, frequency distribution)라고 하고, 도수분포를 표로 나타낸 것을 도수분포표(度數分布表, frequency distribution table)라고 한다.

<표 3-4>의 '한국도시의 주요 통계' 가운데 도로포장률의 도수분포표는 <표 3-5>와 같다.

〈표 3-5〉 도로포장률의 도수분포표 (n=79)

도로포장률(%)	도 수	백분율(%)	누적백분율(%)
30.0~39.99	1	1.3	1.3
40.0~49.99	2	2.5	3.8
50.0~59.99	7	8.9	12.7
60.0~69.99	20	25.3	38.0
70.0~79.99	18	22.8	60.8
80.0~89.99	10	12.6	73.4
90.0~99.99	21	26.6	100.0

자료: 한국도시연감(2001).

<표 3-5>에서 도로포장률의 크기별 각 묶음인 '30.0~39.99', '40.0~49.99', '50.0~59.99'…… 등을 계급(階級, class)이라 하고 보통 X로 표시된다. 계급의 최저값인 30.0, 40.0, 50.0,…… 등을 계급의 하한계(下限界, lower class limit), 39.99, 49.99, 59.99,…… 등을 상한계(上限界, upper class limit)라고 부르며, 각 계급내 최고값과 최저값의 차이를 계급구간(階級區間, class interval)이라고 한다. 이 자료에서는 계급구간이 10이 된다.

각 계급에 속하는 자료의 개수 —— 여기서는 '도시의 수'를 가리킴 —— 를 도수(度數, frequency)라고 부르고, 수집된 전체자료 중에서 각 계급의 도수가 차지하는 비율(%)을 백분율(百分率)이라고 한다. 특정계급의 백분율을 포함하여 그 이상이나 그 이하의 백분율을 모두 합한 것을 누적백분율(累積百分率)이라고 한다. 이 자료에서는 도로포장률이 70.0%에 못미치는 도시의 비율이 전체의 38%임을 알 수 있다.

(2) 명목자료와 서열자료의 도수분포표

앞에서 척도의 유형을 명목척도, 서열척도, 등간척도, 비율척도로 구분하였는데, 이러한 척도를 이용하여 얻은 자료(수치)를 각각 명목자료, 서열자료, 등간자료, 비율자료라고 한다.

그 중에서 명목자료와 서열자료의 도수분포표는 비교적 작성이 간편하고 쉬운 편이다. 도수분포표 작성에서 까다로운 분야는 계급을 결정하는 일인데, 명목자료에서는 자료의 각 명칭이 하나의 계급이 되고 서열자료에서는 각 서열이 계급의 역할을 하므로, 계급의 결정이 간명하여 도수분포표의 작성도 간단하다. 간혹 서열자료에서 서열의 개수가 지나치게 많을 때는 몇 개 씩의 서열을 묶어서 각 계급으로 삼기도 한다.

<표 3-6>은 제18대 국회의 교섭단체별 의석수를 도수분포표로 정리한 것으로 이는 명목자료를 이용한 도수분포표가 된다.

〈표 3-6〉 교섭단체별 의석수 현황 (2009. 9. 25. 현재)

교섭단체		도수	백분율(%)
한나라당		167	57.59
민주당		83	28.62
비교섭단체	자유선진당	17	5.86
	민주노동당	5	1.72
	친박연대	5	1.72
	창조한국당	3	1.03
	진보신당	1	0.34
	무소속	9	3.10
계		290	100

자료: 대한민국 국회 홈페이지(www.assembly.go.kr)

이 표에서 각 교섭단체는 계급이 되고, 교섭단체별 의석수는 도수가 되며, 교섭단체별 의석수를 전체 의석수로 나눈 것이 상대적 비율을 나타내는 백분율이다. 반면에 특정 교섭단체 이상이나 이하의 백분율은 아무런 의미가 없으므로, 명목자료의 도수분포표에서는 누적백분율을 구할 필요가 없다.

한편 서열자료의 도수분포표 예로 2007년 12월 28일 전국 성인남녀 1,000명을 대상으로 실시한 '2008 신년특별기획 여론조사' 결과를 소개하기로 한다.

이 조사에서는 '이명박 대통령 당선인의 취임 후 국정운영에 대해 어떻게 전망하는가'를 질문하였는데, 그 응답결과를 정리한 것이 <표 3-7>의 도수분포표이다.

〈표 3-7〉 이명박 당선인 국정운영 전망

응답범주	도수	백분율(%)
매우 잘 할 것	280	28.0
어느 정도 잘 할 것	615	61.5
별로 잘 못할 것	80	8.0
매우 잘 못할 것	12	1.2
모름/무응답	13	1.3
계	1000	100.0

* 도수는 조사대상자수와 백분율을 이용하여 산정하였음.
자료: 문화일보, 2008. 1. 2., 1면.

이 표에서는 조사결과를 가능한 한 사실대로 전달하기 위하여 '모름·무응답'을 계급에 포함시켰다. 연구목적상 서열 간 비교에만 관심이 있다면, '모름'이나 '무응답' 등의 응답범주는 계급에서 제외시킬 수도 있다.

(3) 등간자료와 비율자료의 도수분포표

등간자료와 비율자료는 도수분포표의 작성과정이 같다고 볼 수 있다. 앞에서 설명한 <표 3-5> 도로포장률의 도수분포표는 비율자료를 이용한 예가 될 수 있으며, 등간자료의 경우도 같은 방법으로 작성될 수 있다.

2001년 현재 우리나라 인구수를 조사하여 연령별로 정리한 <표 3-8>도 비율자료를 이용한 도수분포표의 예가 될 수 있다.

〈표 3-8〉 연령별 인구수의 도수분포표 (단위: 천명)

연령(세)	도 수	백분율(%)	누적백분율(%)
0~9	6,781	14.5	14.5
10~19	6,792	14.5	29.0
20~29	8,297	17.5	46.5
30~39	8,521	18.2	64.7
40~49	6,942	14.8	79.5
50~59	4,372	9.3	88.8
60~69	3,198	6.8	95.6
70 이상	2,014	4.3	100.0
계	46,827	100.0	

자료: 한국통계연감(2001: 74-75)

나. 도 표

도수분포표는 자료를 알기 쉽게 정리하고 요약한 것이지만, 도수분포표를 보다 간명하게 표현하는 것이 도표(圖表)이다. 도표의 유형에는 막대그래프, 원형도표, 꺾은선그래프 등이 있는데, 여기서는 자료의 유형에 따른 적절한 도표의 형태를 살펴보기로 한다.

(1) 명목자료와 서열자료의 도표

명목자료나 서열자료를 그림으로 나타낼 때는 막대그래프(bar chart)나 원형도표(pie chart)를 이용하는 것이 적합하다. 막대그래프는 각 계급들의 도수나 상대적 비율(백분율)을 막대의 길이로 묘사한 것으로서, 가로축에는 계급을 표시하고 세로축에는 도수나 상대적 비율을 표시한다. 원형도표는 원의 전체면적을 1 혹은 100%로 보고 각 계급이 차지하는 상대적 비율(백분율)만큼 원의 일부분씩을 할당하여 그린 것이다. 특히 계급별 상대적 비율을 강조하고자 할 때는 원형도표가 많이 쓰이고 있다.

명목자료인 <표 3-6>과 서열자료인 <표 3-7>의 도수분포표를 막대그래프나 원형도표 중 어느 것으로 표현해도 좋겠지만, 여기서는 <표 3-6>은 막대그래프로, <표 3-7>은 원형도표로 각각 그려보고자 한다.

그림 3.1 교섭단체별 의석수의 막대그래프

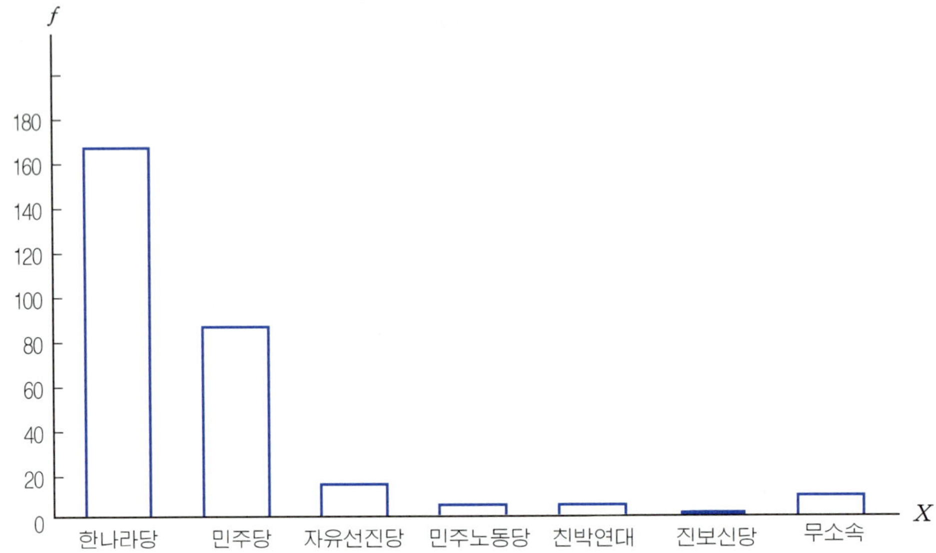

그림 3.2 이명박 당선인 국정운영 전망 원형도표

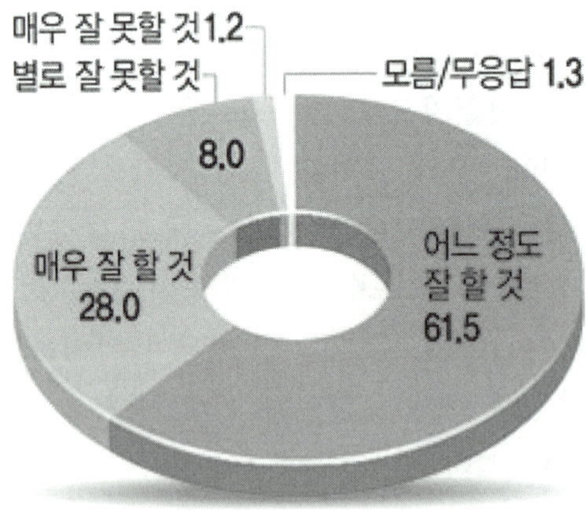

자료: 문화일보, 2008. 1. 2., 1면.

(2) 등간자료와 비율자료의 도표

등간자료와 비율자료를 도표로 표현할 때는 히스토그램(histogram)과 꺾은선그래프(polygon)가 주로 이용된다. 히스토그램도 일종의 막대그래프이지만, 막대들이 서로 연결되어 있다는 점이 막대그래프와 구별된다. 꺾은선그래프는 원래 시간의 경과에 따른 자료의 변화를 파악하기 위하여 이용되어 왔으나, 등간자료와 비율자료의 계급별 도수나 상대적 비율을 그림으로 나타내고자 할 경우에도 쓰일 수 있다. 이때 꺾은선은 각 계급의 중간점을 연결한 것이다. 그러나 개방구간이 있을 때는 계급의 중간점 결정이 곤란하므로, 히스토그램이나 꺾은선그래프는 적합하지 않다.

비율자료인 <표 3-5>와 <표 3-8>을 이용한 히스토그램과 꺾은선그래프는 각각 [그림 3-3], [그림 3-4]이다.

그림 3.3 도로포장률의 히스토그램

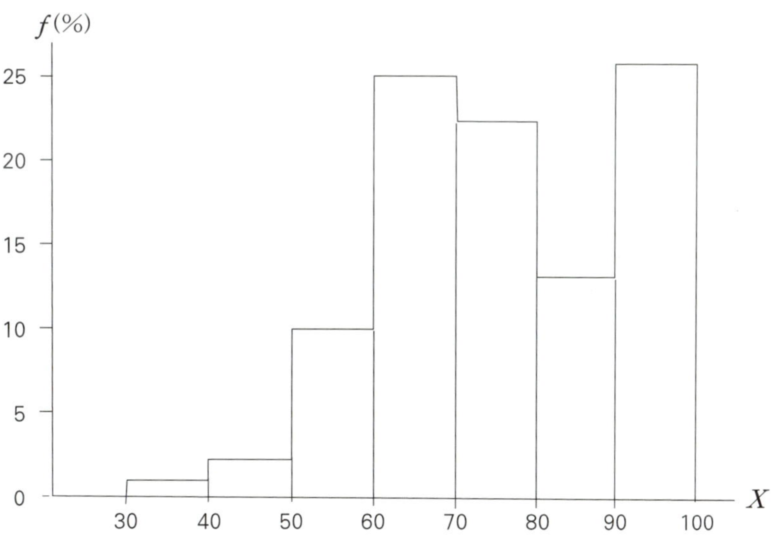

그림 3.4 연령별 인구수의 꺾은선그래프

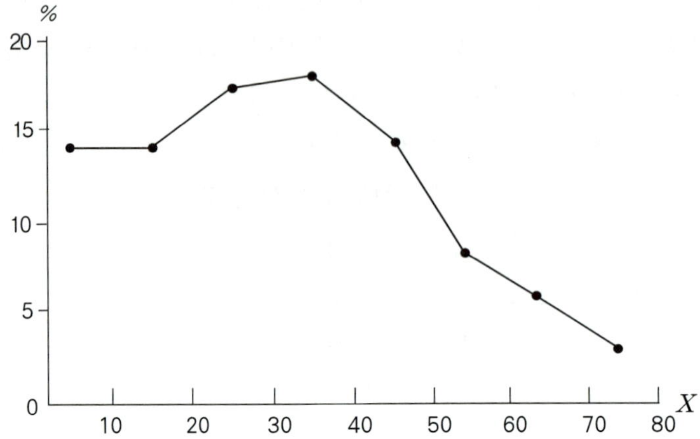

제 4 장

SPSS 데이터의 입력과 전환

여기서는 SPSS분석에 앞서 데이터를 입력하는 방법에 대해 설명하기로 한다. SPSSWIN 18.0(한글판)에서 활용 가능한 데이터는 세 가지 방법으로 획득가능하다. 첫째, SPSSWIN 18.0에서 직접 데이터를 입력하는 방법이 있는데, 이 방법은 데이터의 양이 적은 경우에는 편리하나 대표본일 경우에는 불편하다. 둘째, 훈글에서 데이터를 입력하여 SPSSWIN 데이터로 전환하는 방법이 있다. 이 방법이 한국에서는 가장 용이하고 대표본일 경우에 아주 편리하다. 셋째, Excel로 데이터를 입력한 다음 SPSSWIN 데이터로 전환하는 방법이 있다.

본 장에서는 이러한 세 가지 방법에 대해 구체적으로 설명한다.

제1절 SPSSWIN 데이터의 입력

SPSSWIN에서 바로 데이터를 입력하는 방법은 <표 3-4> 한국도시의 주요 통계자료를 가지고 설명한다.

SPSSWIN을 실행시키면 [그림 4-1]과 같이 SPSS 데이터 편집기 화면, 즉 초기화면이 나타난다.

그림 4.1 SPSS 데이터 편집기

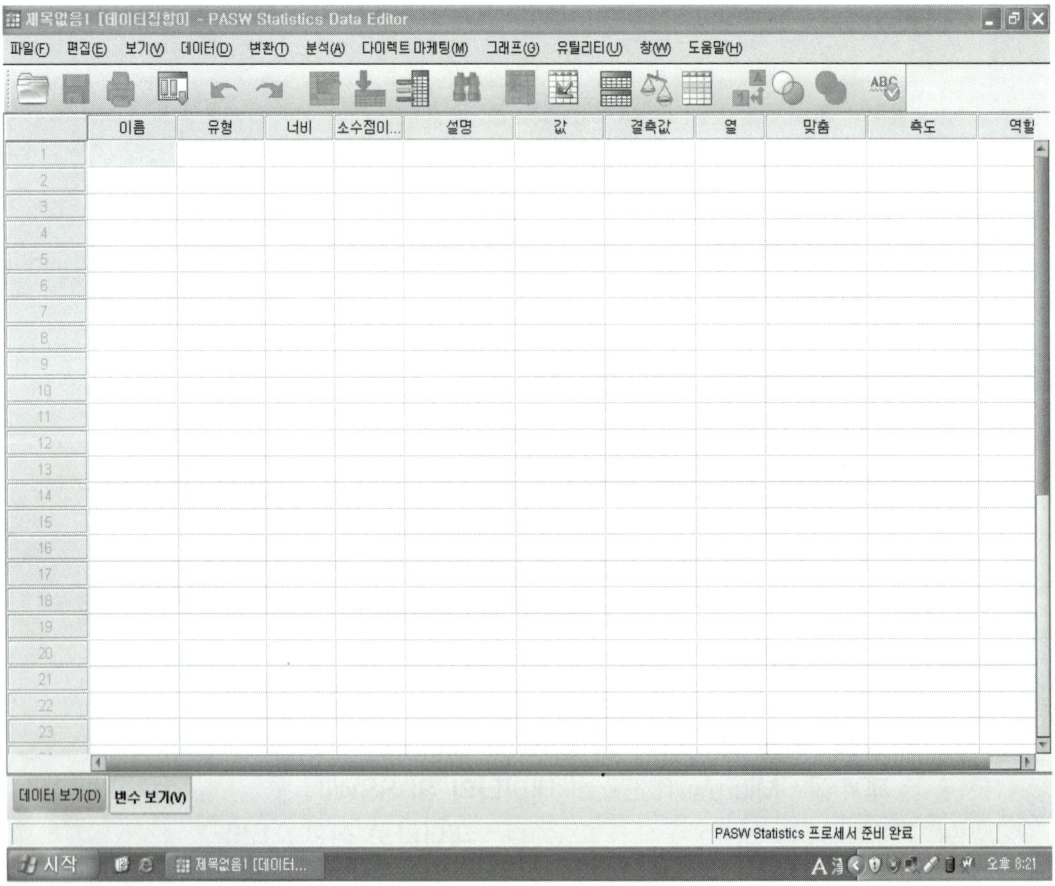

그 다음에는 [그림 4-1]의 하단에 위치한 '변수 보기'를 클릭하면 [그림 4-2] SPSS 데이터의 '변수 보기' 화면이 나타난다.

그림 4.2 SPSS 데이터의 변수 보기

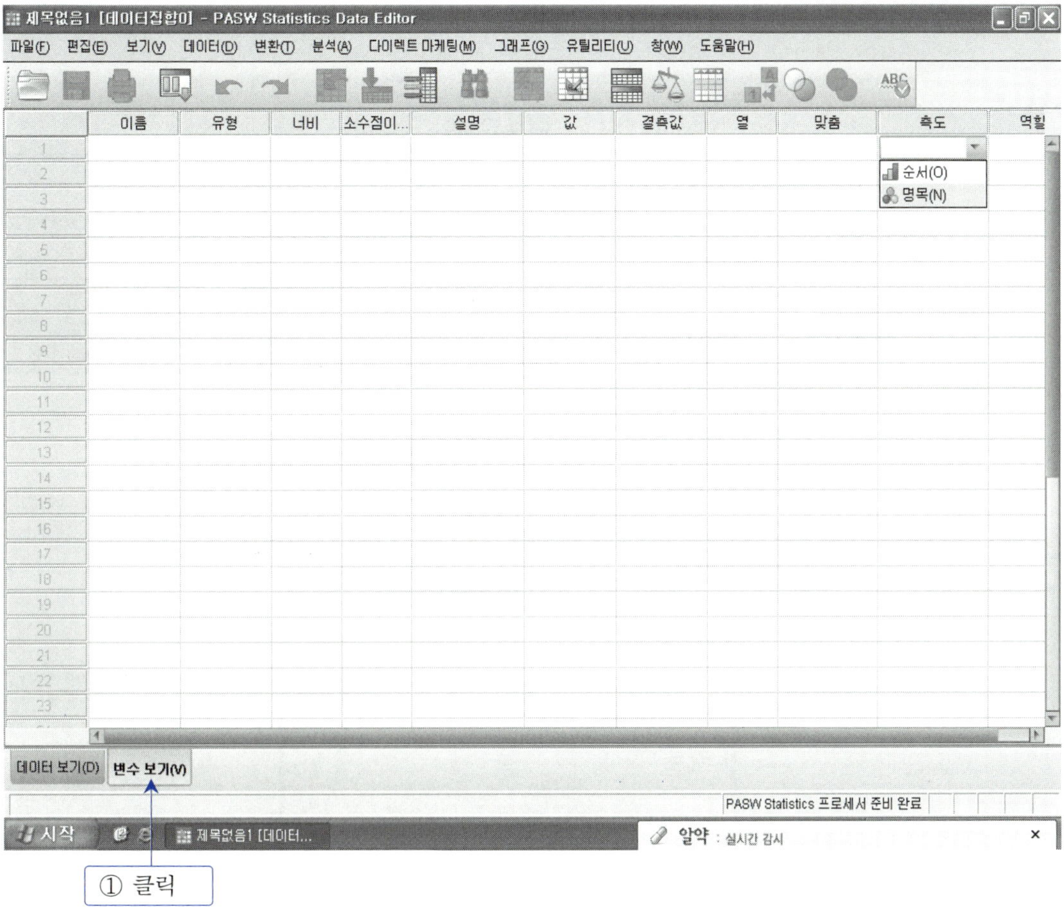

1. 이 름

<표 4-1>과 같이 한국도시의 주요통계를 입력하려고 하면 '이름'에는 '변수명'인 '주민수', '상수도보급률', '도로포장률', '주택보급률', '재정자립도' 등을 입력한다.

2. 유 형

'유형' 란을 입력하기 위해 '유형'의 오른쪽을 클릭하면 [그림 4-3]의 대화상자가 나타난다. 입력할 자료는 '숫자'로 되어 있으나, 변수유형에 따라 선택이 다를 수 있다. 변수유형별 설명은 다음의 <표 4-1>과 같다.

그림 4.3 변수유형의 대화상자

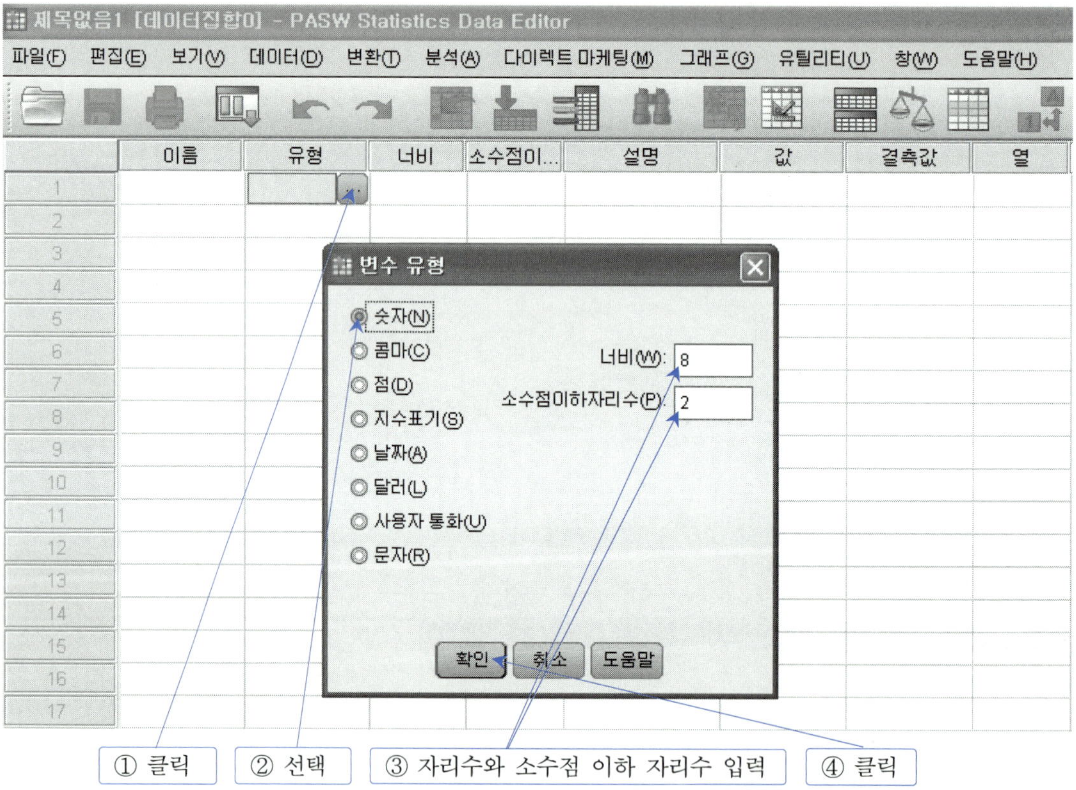

〈표 4-1〉 변수유형의 설명

변수유형	설 명
숫자(N)	변수값이 숫자인 경우
콤마(C)	3자리마다 콤마를 표기하는 경우
점(D)	3자리마다 점을 표기하는 경우
지수표기(S)	지수형식으로 표기하는 경우
날짜(A)	날짜·시간을 표기하는 경우, 날짜와 시간은 입력 유형에 따라 추가로 선택해야 함
달러(L)	앞쪽에 달러표시
사용자통화(U)	기타 화폐단위 표시
문자열(R)	문자를 나타내는 경우
너비(W)	변수의 자리수
소수점 이하 자리수(P)	변수의 소수점 이하 자리수

3. 자리수

자리수는 제일 긴 자리수를 선택하되, 다소 여유를 주는 것이 좋다. 소수점 이하 자리수는 '주민수'만 '0'이고, 나머지 변수들은 모두 소수점 이하 둘째 자리이므로 '2'를 선택하여 원자료(raw data)대로 입력하는 것이 좋다.

4. 설 명

'설명' 란에는 변수, 유형, 자리수 등에 대한 부가적인 설명이 필요할 경우에 기재하면 된다. 여기서는 변수명을 설명 란에 입력한다. 생략해도 가능하다.

5. 값

'값' 란이 여기서는 불필요하므로 생략하지만, 배경적 변수(개인신상에 관한 질문 등)의 경우에는 기재해 두면 매우 유용하다.

'값'의 오른쪽을 클릭하면 [그림 4-4]와 같이 '변수값 설명' 대화상자가 나타난다. 여기서 '성별'을 예로 들면 변수값에는 '1', 설명에는 '남성'을 입력한 후, 추가를 클릭하면 1="남성"으로 나타나고, 다시 변수값에 '2' 변수값 설명에 '여성'을 입력한 후 추가를 클릭하면 2="여성"이 추가된다. 그리고 난 후 '확인'을 클릭하면 '값' 란은 변수명에 대한 값, 즉 '1'은 '남성', '2'는 '여성'을 나타내는 값이 된다.

그림 4.4 변수값 설명 대화상자

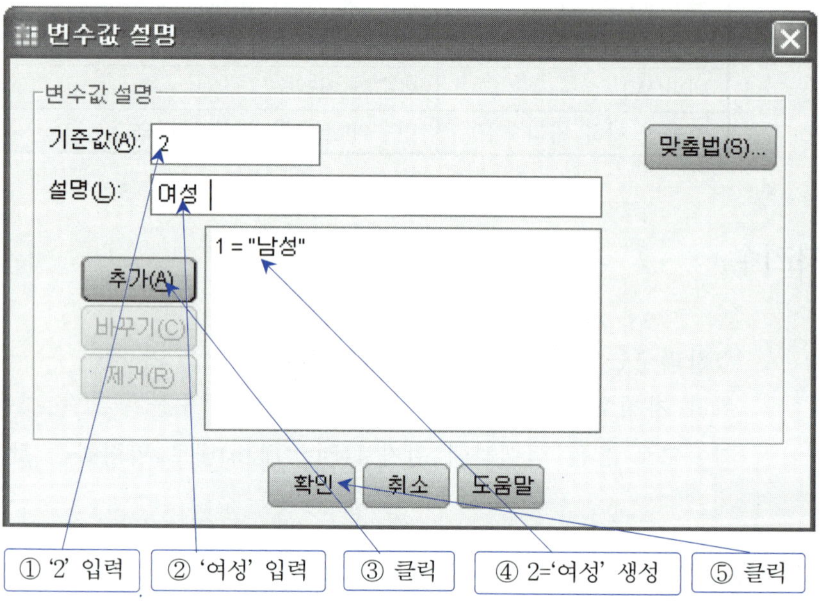

6. 결측값

'결측값'(missing value)은 '무응답치'를 나타내는 것인데, 코딩할 때 설문에 응하지 않거나 응답을 빠뜨린 경우 여백 또는 특별한 수치를 입력하여 무효로 처리함으로써 분석대상에서 제외시킨 것이다. 결측값을 분석에서 제외시키는 방법은 두 가지가 있다.

첫째, 코딩할 때 잘못된 응답을 비워둠으로써 시스템 결측값으로 처리하는 방법이 있고, 둘째, 특정 값(9, 99, 999)으로 코딩해 두고 분석시 이 값을 결측값으로 지정하는 방법이다.

이 절에서 사용하는 자료는 결측값이 없으므로 ◉결측값 없음(N)을 선택하고 확인 을 클릭하면 되지만 일반적인 설문조사에서는 해당되는 경우가 많으므로, <표 4-2>와 같이 결측값 형식을 살펴본다.

〈표 4-2〉 결측값 형식의 설명

결 측 값	설 명
결측값 없음(N)	결측값이 없는 경우, 모든 변수값이 유효한 경우
이산형 결측값(D)	결측값을 3개까지 지정가능 (예: 9, 99, 999 등)
한 개의 선택적 이산형 결측값을 더한 범위(R)	하한값과 상한값의 범위와 한 개의 수치를 결측값으로 지정 (예: 10-19, 99)

7. 열

열은 각 변수의 열폭을 지정하는 것으로 초기 설정값(default)이 '8'로 지정되어 있다.

8. 맞 춤

맞춤은 왼쪽, 오른쪽, 가운데 등으로 되어 있는데, 대체로 숫자는 오른쪽 맞춤을 하고, 문자는 왼쪽 맞춤을 선택한다.

9. 척도(측도)

척도(측도)는 척도, 순서, 명목으로 되어 있으나 설문지에 선택한 척도를 사용하고 순서나 명목척도가 아닌, 등간척도나 비율척도인 경우에는 '척도'를 선택한다.

제2절 훈글에서 데이터 입력과 저장 및 SPSSWIN 데이터에서 훈글 불러오기

1. 훈글에서 데이터 입력

훈글에서 데이터를 입력한 후, SPSSWIN 데이터로 전환하기 위한 방법은 본서의 부록에 제시된 '리더십과 조직몰입' 설문지를 이용한다. 여기서는 편의상 '리더십과 조직몰입' 설문지 중 일부분을 가지고 훈글에서의 데이터 입력을 설명한다.

우선 훈글 프로그램을 실행시킨 후 설문지에 응답한 대로 입력한다. 훈글에서 데이터 입력은 다음 [그림 4-5]와 같다.

먼저 [그림 4-5]와 같이 설문지 일련번호를 입력한다. 일련번호는 100매 이상 1,000매 미만으로 가정하여 3단위로 하였다. 그리고 편의상 한 칸 띄우고 설문지 1번부터 6번까지 응답한대로 4, 5, 4, 4, 3, 4를 차례로 입력한다. 중간은 생략하고 배경적 변수인 성별, 연령, 재직기간, 현재의 과장님과 같은 과에서 근무하신 기간, 직급, 최종학력, 근무처 등을 차례로 입력한다.

여기서 성별의 경우는 남성은 1, 여성은 2를 입력하게 되므로 한 자리, 연령은 두 자리로 하였다. 재직기간의 경우 응답은 8로 하였으나 두 자리를 주어야 하므로 08로 입력하였다. 현재의 과장님과 같은 과에서 근무하신 기간은 월 단위이므로 3자리는 되어야 한다. 따라서 16개월 근무는 016으로 입력하였다. 직급은 공무원과 기업체 직원 모두를 조사대상으로 했으므로 두 자리를 두었다. 그래서 7급의 경우에는 07을 입력하였다. 기업체 직원의 경우에는 사원 11, 대리 12, 과장 13 등으로 입력할 수 있다.

그림 4.5 흔글에서의 데이터 입력

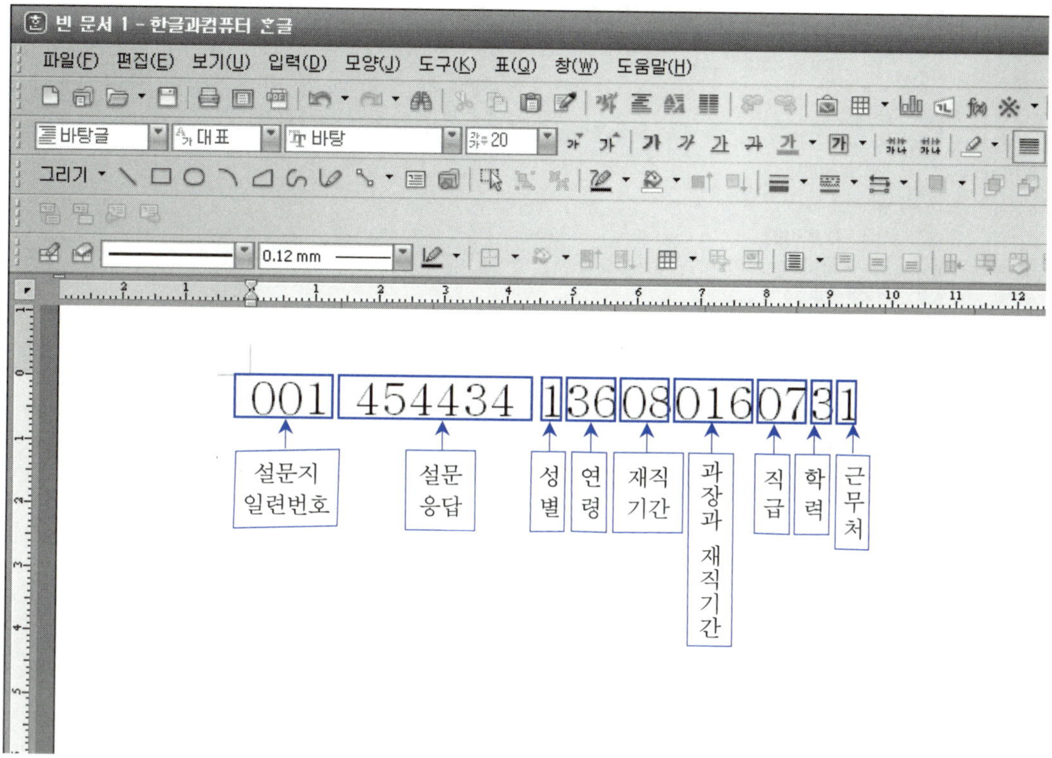

2. 흔글에서 데이터 저장

흔글에서 입력한 데이터를 텍스트 파일로 보관해야 SPSS데이터로 변환할 수 있다. [그림 4-6]은 [그림 4-5]와 같이 입력한 데이터를 텍스트 파일로 보관하기 위한 '다른 이름으로 저장하기' 화면이다.

그림 4.6 다른 이름으로 저장하기(1)

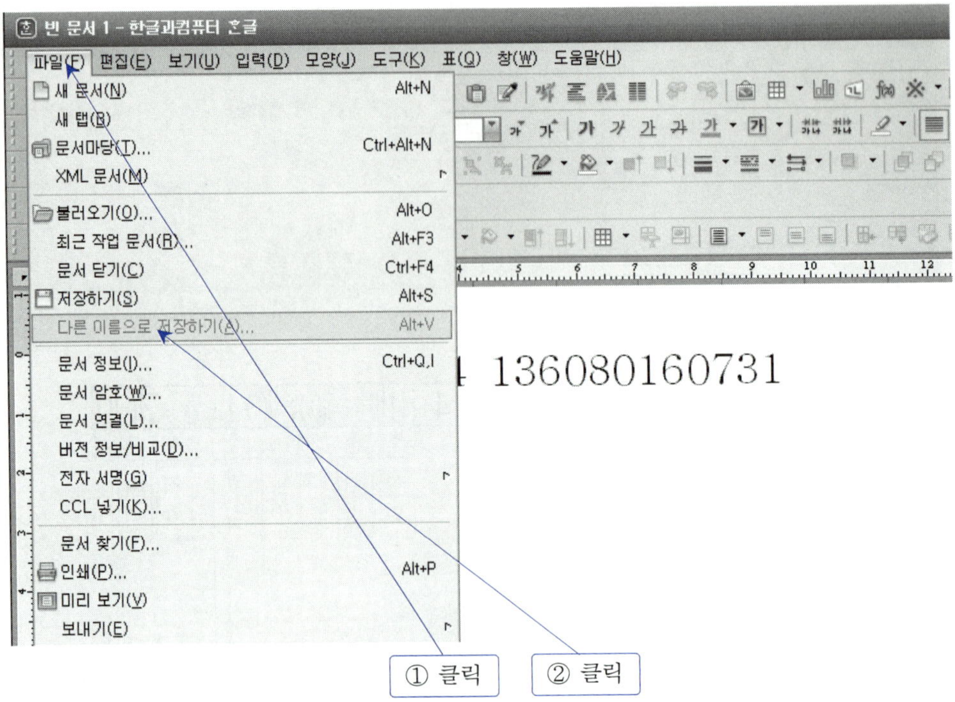

여기서 '파일'을 클릭한 후, '다른 이름으로 저장하기(A)'를 클릭하면 [그림 4-7]이 나타난다.

[그림 4-7]에서 저장할 폴더를 선택한다. 여기서는 'SPSS 18.0' 폴더에 새 파일을 저장하도록 한다. 통계 데이터를 선택한 후, 파일 이름을 입력한다. 파일 이름은 '리더십과 조직몰입'으로 한다. 그리고 파일형식(I)을 클릭하면 [그림 4-8]이 나타난다.

여기서 [텍스트 문서(*.txt)]를 클릭한다. 그리고 [그림 4-9]에서 문자 코드 선택의 '기타 인코딩(E)'을 선택하고 '한국(KS)'을 선택한 후 [저장(D)]을 누르면 한글에서의 데이터 입력과 저장을 모두 마치게 된다.

그림 4.7 다른 이름으로 저장하기(2)

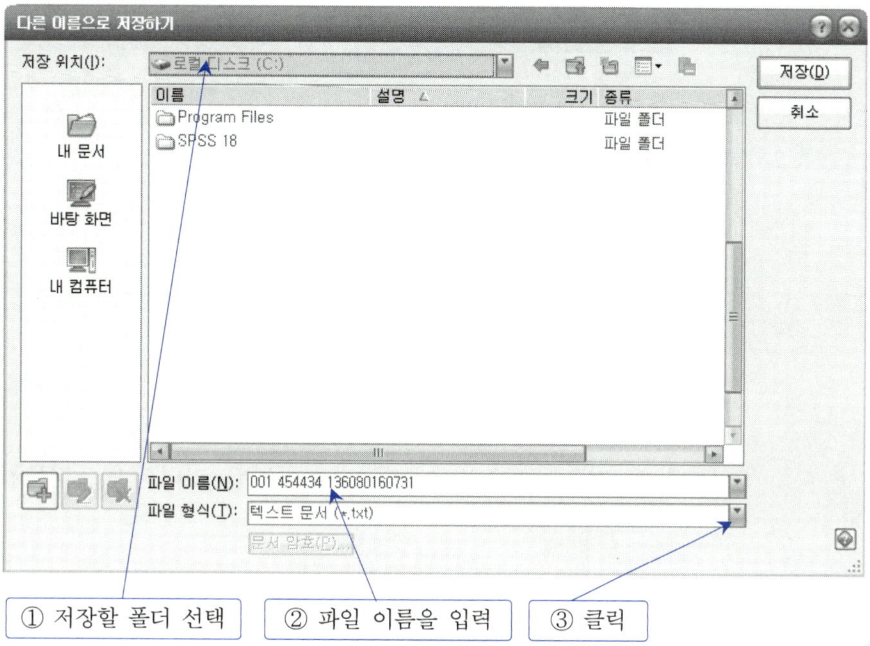

그림 4.8 다른 이름으로 저장하기(3)

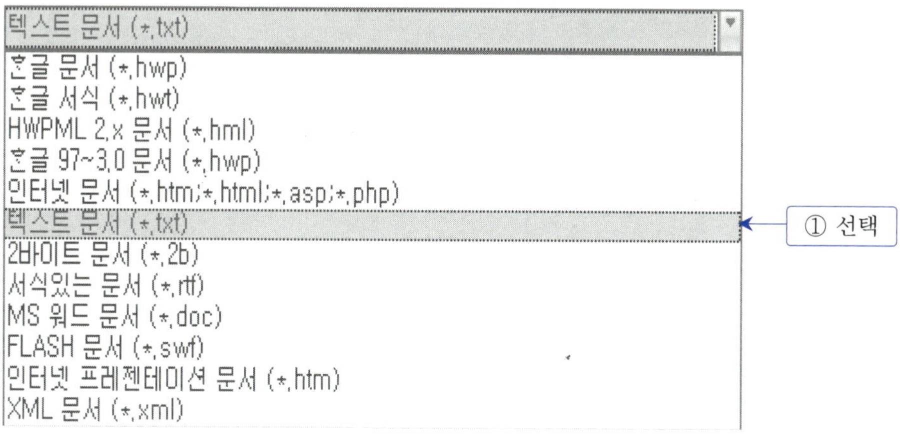

그림 4.9 텍스트 문서 종류

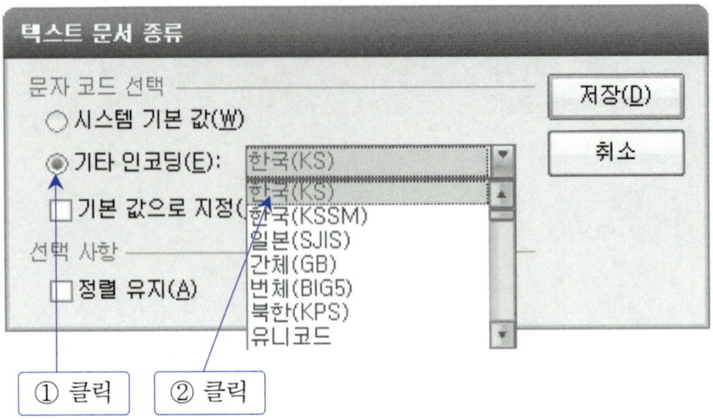

[그림 4-10]은 SPSS 18.0 폴더 안에 저장된 '리더십과 조직몰입' 텍스트 파일이다.

그림 4.10 다른 이름으로 저장하기(4)

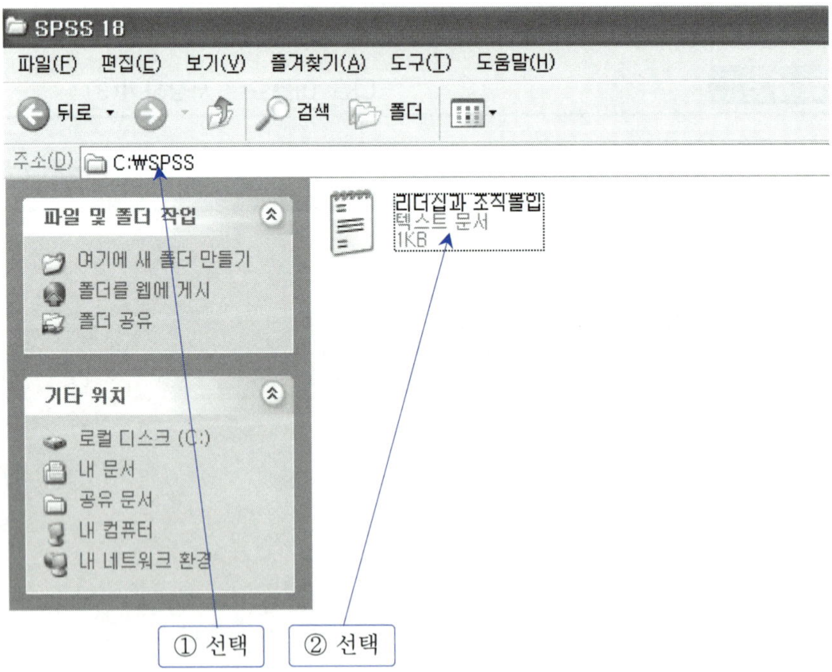

3. SPSS 데이터 편집기에서 흔글 데이터 불러오기

흔글에서 텍스트 완성형으로 저장된 데이터를 SPSS 데이터로 전환하기 위해서는 SPSS 프로그램을 실행시킨 후, SPSS 데이터 편집기에서 흔글 데이터를 불러와야 한다.

이를 그림으로 나타낸 것이 [그림 4-11]이다. 여기서 파일(F)와 텍스트 데이터 읽기(D)를 차례로 클릭하면 [그림 4-12] 데이터열기 대화상자가 나타난다. 여기서 불러올 데이터(리더십과 조직몰입)가 있는 폴더를 선택한 후, 그 폴더 안에 있는 데이터 파일을 선택하면 파일이름(N)에 데이터 파일(리더십과 조직몰입)이 입력 된다. 그리고 파일형식(T)에서 텍스트(*.txt)를 선택한 후, 열기 를 클릭하면, [그림 4-13]이 나타나는데, 이렇게 되면 SPSS 데이터 편집기에서 흔글 데이터(텍스트 파일) 불러오기가 완료된다.

제3절에서는 불러온 텍스트 파일을 SPSS 데이터 파일로 전환하는 방법을 설명한다.

그림 4.11 SPSS 데이터 편집기에서 흔글 데이터 불러오기(1)

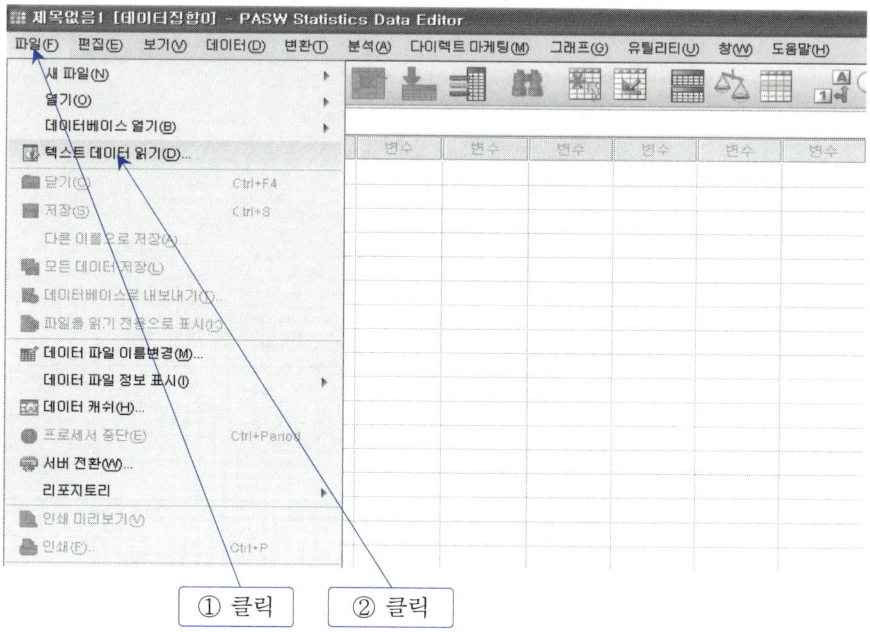

그림 4.12 SPSS 데이터 편집기에서 호글 데이터 불러오기(2)

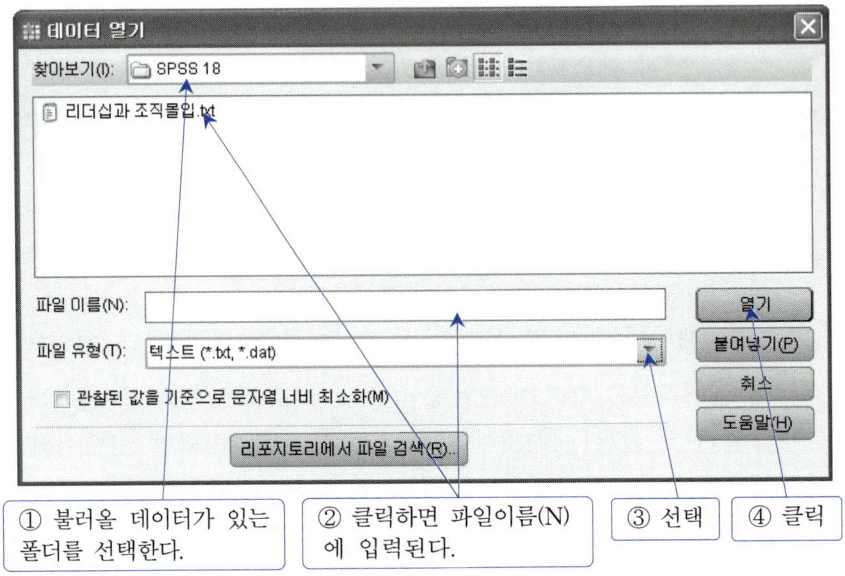

그림 4.13 SPSS 데이터 편집기에서 호글 데이터 불러오기(3)

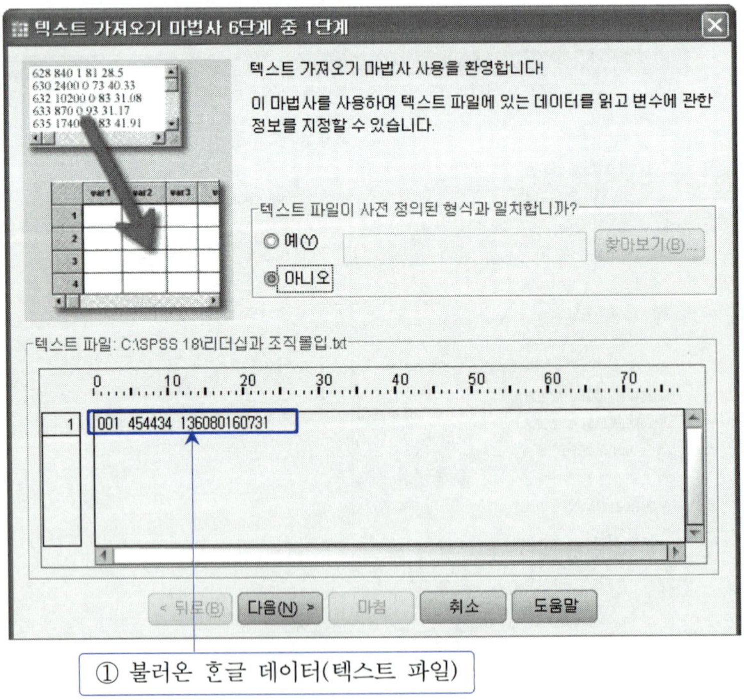

제 3 절 훈글 데이터의 SPSSWIN 데이터로 전환

1. 훈글데이터를 SPSSWIN으로 전환

가. 훈글 데이터 부르기

훈글 window에서 데이터(예; 기초통계.hwp)를 불러들인다.

나. 텍스트 문서로 전환

'메뉴'의 '파일'에서 '다른 이름으로 저장하기(A)'를 선택하여, '파일 이름(N)'에 '기초통계'를 입력하고, '파일 형식(T)'에서 '텍스트 문서(*.txt)'를 선택한 후, 저장(D)을 클릭한다.

다. 훈글에서 빠져나옴

라. SPSSWIN에서 자료 읽기

SPSSWIN에서 '파일(F)'→'텍스트 데이터 읽기(D)'를 선택한다. 그러면 '데이터열기' 대화상자가 나타나는데, 이때 나.에서 저장한 '텍스트(*.txt)' 파일(기초통계.txt)을 불러들이고, 열기를 클릭한다.

마. 텍스트 가져오기 6단계

(1) 1단계

텍스트 파일을 불러들이면 [그림 4-14]와 같이 '텍스트 가져오기 마법사 6단계 중 1단계'가 나타난다. 대화상자에서 '텍스트 파일이 사전 정의된 형식과 일치합니까?'라는 항목에는 나중에 변수를 정의하므로 '◉아니오(O)'를 선택하고, 다음(N) > 을 클릭하면 6단계 중 2단계가 나타난다.

그림 4.14 텍스트 가져오기 마법사 6단계 중 1단계

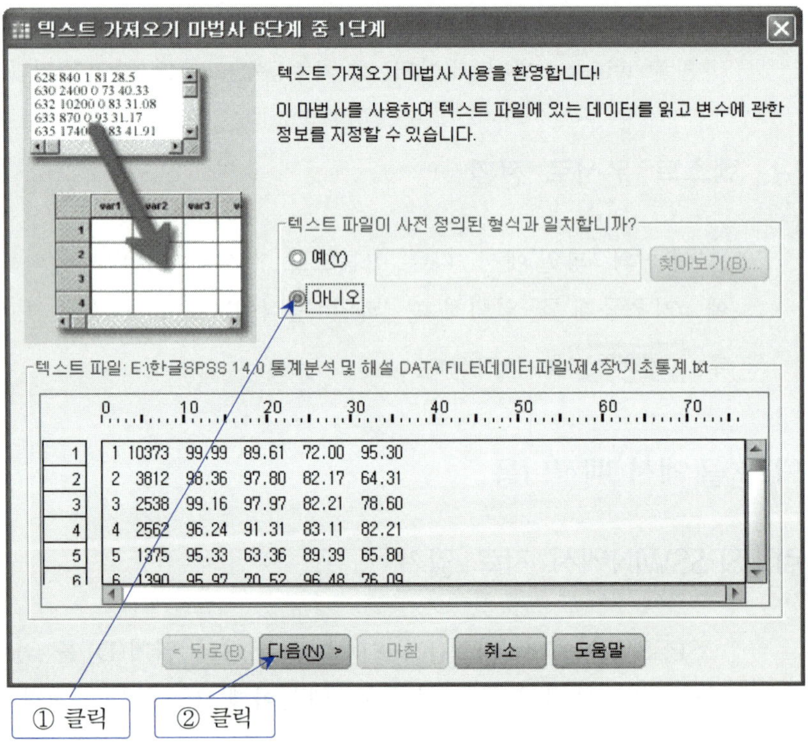

(2) 2단계

[그림 4-15]는 2단계 화면이다. 여기서 '변수는 어떻게 배열되어 있습니까?'라는 항목에는 '기초통계.txt'가 특수문자(콤마 또는 탭)에 의해 구분되지 않고, 칼럼에 맞게 고정너비로 배열되었으므로 '◉고정 너비로 배열(F)'을 선택한다. '변수 이름이 파일의 처음에 있습니까?'에는 '◉아니오(O)'를 선택한다. 이는

파일에 데이터만 입력되어 있고 아직까지 변수 이름을 부여하지 않았기 때문이다. 다음(N) > 을 클릭하면 3단계로 이동한다.

그림 4.15 텍스트 가져오기 마법사 6단계 중 2단계

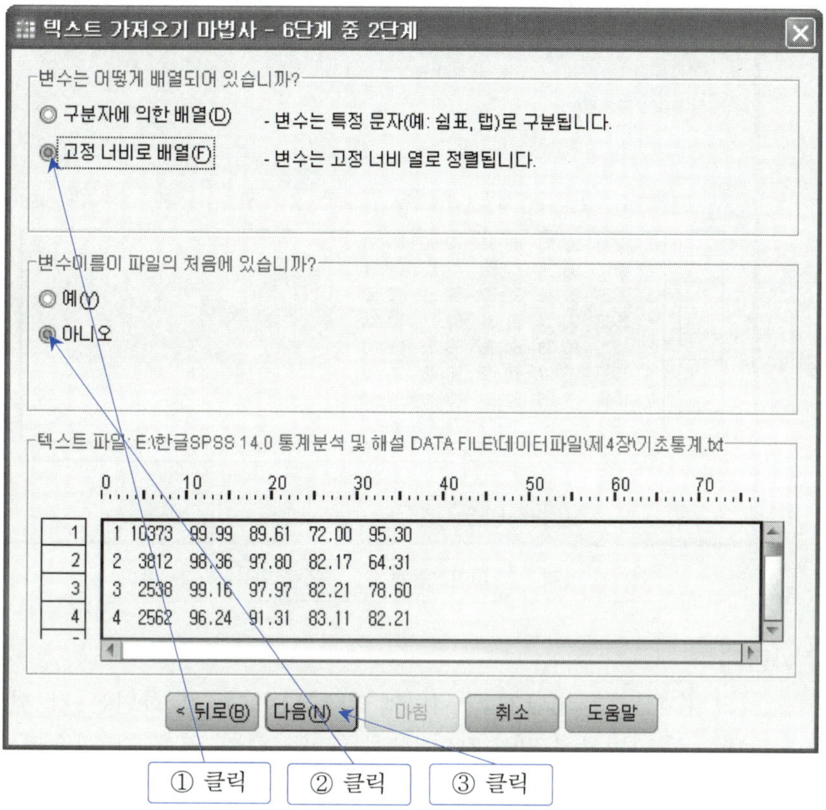

(3) 3단계

[그림 4-16]은 3단계 화면이다. 이 화면에서 '데이터의 첫 번째 케이스가 몇 번째 줄에서 시작합니까?'라는 항목에는 첫 번째 줄부터 데이터가 있으므로 '1'을 선택하고, '몇 개의 줄이 한 케이스를 나타내고 있습니까?'에는 '기초통계.txt'는 1개의 케이스가 오직 1개의 줄에 나타나므로 '1'을 선택한다. '몇 개의 케이스를 가져오시겠습니까?'에는 '◉모든 케이스(A)'를 선택한다. 이 경우 일부분의 케이스만을 이용하려면 아래 칸을 선택하여 필요한 만큼 지정한다. 다음(N) > 을 클릭하면 '4단계' 화면이 나타난다.

그림 4.16 텍스트 가져오기 마법사 6단계 중 3단계

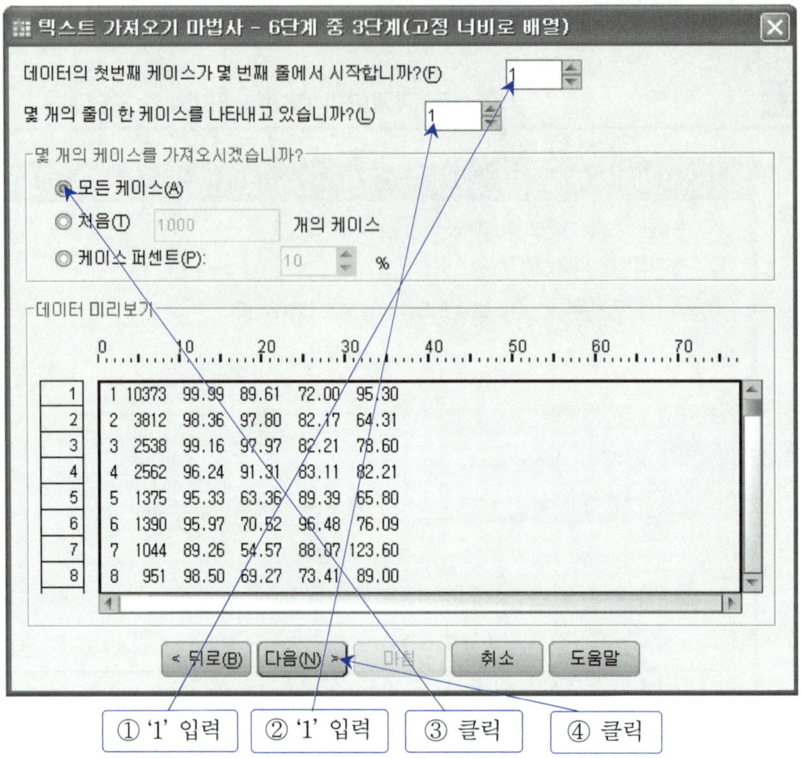

(4) 4단계

[그림 4-17]은 '6단계 중 4단계'의 화면이다. 이 화면은 각 변수의 구분을 나타내는 화면이므로 변수간의 경계를 표시하기 위해 각 변수의 맨 앞에 구분선을 설치한다. 입력된 자료(기초통계.txt)에서 변수들은 공란으로 구분되어 있으므로 [그림 4-17]의 '데이터 미리보기'에서도 변수 간에 구분선이 그어져 있다. 그러나 입력된 자료가 변수들 간에 공란 없이 연속적으로 나열된 것이라면(일반적으로 설문조사를 통한 자료일 경우 이 방식에 의함) 변수 간에 구분선이 그어져 있지 않다.

만일 '데이터 미리보기'에 변수 간 구분선이 없다면, 구분선을 긋기 위해서 각 변수, 즉 '1', '10373', '99.99', '89.61', '72.00', '95.30'의 앞을 클릭하면 구분선이 생긴다. 구분선을 수정하려면 구분선 위를 클릭하여 드래그하면 원하는 곳으로 구분선을 이동하여 설치할 수 있다. 또한 새로 설치할 곳에 커서를 두고 구분 삽입(S)을 클릭하면 구분선이 생성되고 구분선 위에 커서를 두고 구분 삭제(D)

를 클릭하면 구분선이 삭제된다. 열 번호에 열 번호를 기재하고 구분 삽입(S) 을 클릭하거나 구분 삭제(D) 를 클릭해도 구분선이 생성되거나 삭제된다. 구분선은 변수의 맨 앞에만 설치해야 하며, 변수의 끝에 설치하면 불필요한 변수(공란)가 생긴다. 물론 불필요한 변수(공란)도 나중에 '*.sav'파일에서 삭제할 수 있다. 그리고 다음(N) > 을 클릭하면 '5단계' 화면이 나타난다.

그림 4.17 텍스트 가져오기 마법사 6단계 중 4단계

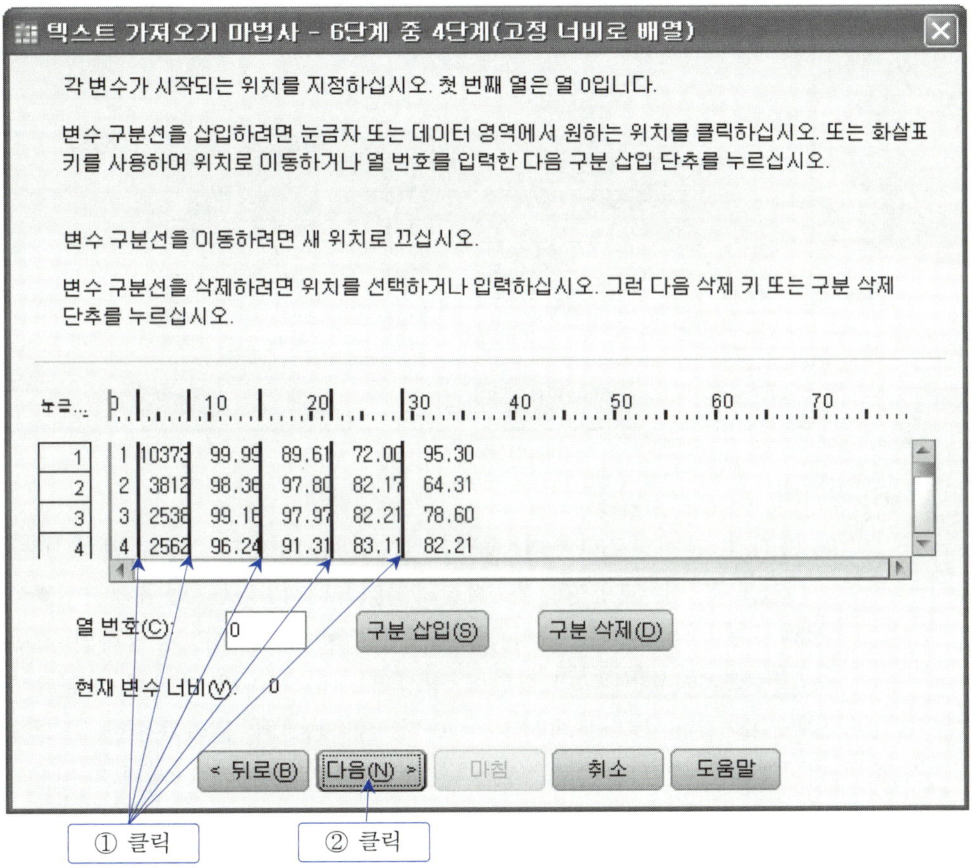

(5) 5단계

[그림 4-18]은 5단계의 화면이다. 이 화면의 '데이터 미리보기'에는 각 변수들에 V1, V2, V3,…… 라는 명칭이 임시로 부여되어 있다. 이 상태에서 다음(N) > 을 클릭하면 6단계로 넘어간다.

그림 4.18 텍스트 가져오기 마법사 6단계 중 5단계

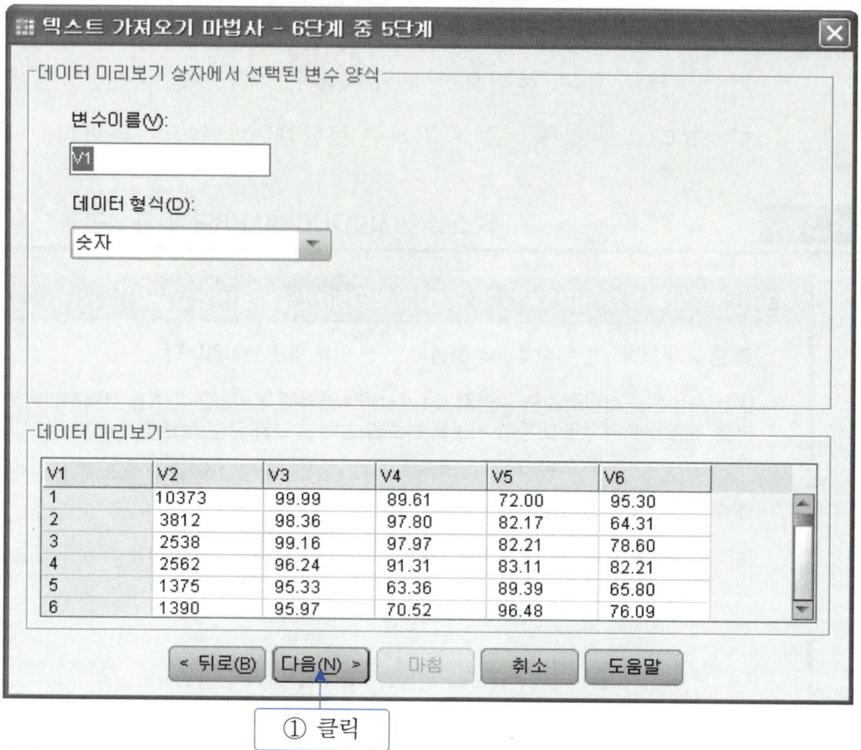

(6) 6단계

마지막 단계인 6단계의 화면은 [그림 4-19]이다. 이 화면의 '다음에 사용할 수 있도록 이 파일형식을 저장하시겠습니까?'라는 물음에는 '◉아니오(O)'를 선택하는 것이 좋다. 만일 이 물음에 '◉예(Y)'라고 응답하면 오른쪽에 있는 [다른 이름으로 저장(S)...] 화면이 생성되는데, 여기에 저장된 파일은 '*tpf'이므로 SPSS를 작동시켜 분석하지 못한다. SPSS에서 분석가능한 확장자는 '.sav'이다. 그러나 지금까지 텍스트 파일을 불러오기 위한 단계까지 만을 저장하려면 '*tpf' 파일로 저장해도 무방하다.

'명령문을 붙여 넣으시겠습니까?'라는 물음에도 '◉아니오(O)'를 선택하는 것이 무난하다. 진행된 6가지 단계를 되풀이할 예정이면 명령문을 저장하는 것이 편리하지만 그렇지 않다면 명령문을 붙일 필요가 없다.

그리고 [마침]을 클릭하면 [그림 4-20] 전환된 SPSS 데이터 화면이 나타난다.

그림 4.19 텍스트 가져오기 마법사 6단계 중 6단계

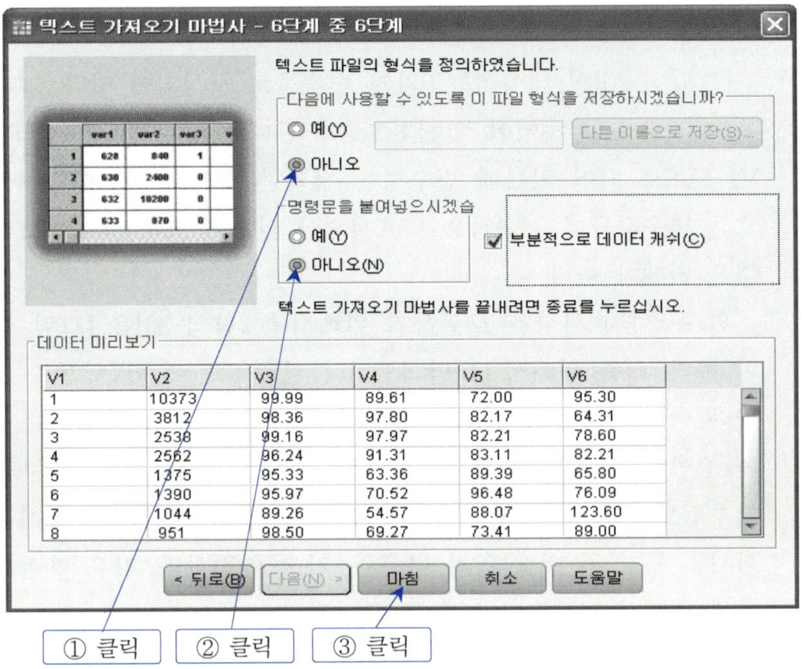

그림 4.20 전환된 SPSS 데이터

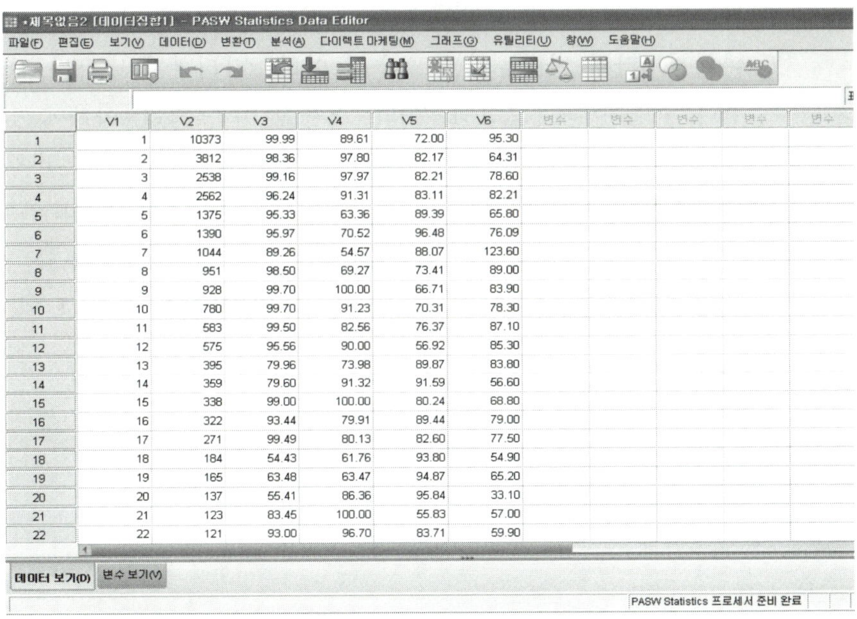

2. 변수명 입력과 SPSSWIN 데이터 완성

[그림 4-20]의 데이터는 6가지 변수들로 구성되어 있다. 그러나 이 데이터는 두 가지를 보완하여야 완전한 것이 된다. 첫째, 각 변수들의 명칭이 임시로 V1~V6로 되어 있는데 변수명을 정확한 것으로 바꾸어 주어야 하고, 둘째는 모든 변수값들이 소수점으로 표시되어 있는데 소수점이 필요없는 자료는 소수점을 없애야 한다.

위 두 가지 사항을 보완하기 위해서 [그림 4-20]을 [그림 4-21]로 전환시켜야 한다. 이를 위해서 [그림 4-20]의 왼쪽 하단에 있는 '변수 보기'를 클릭하면 된다. 첫째, [그림 4-21]에서 먼저 정확한 변수명을 기입한다. 즉, V1은 id, V2는 주민 수, V3은 상수도보급률, V4는 도로포장률, V5는 주택보급률, V6은 재정자립도라고 입력한다. 우선 V1을 id로 바꾸기 위해서는 '이름' 아래 V1 칸에 커서를 두고 두 번 클릭한 다음 'id'라고 입력한다. 같은 방법으로 나머지 변수들에 대해서도 새로운 이름을 부여한다.

'설명' 란에는 해당 변수들에 대해 설명하는 것으로 필요한 경우에만 입력한다.

둘째, [그림 4-20]에서 6가지 변수가 모두 소수점으로 표시되어 있는 것을 원자료(기초통계.txt)와 동일하게 하기 위해, 'id'와 '주민 수'에는 소수점을 없애고 나머지 4가지 변수들에는 소수점 이하 2자리까지 나타나도록 일부 수정해야 한다. 이를 위해 [그림 4-21]의 '소수점 이하 자리' 아래에 있는 'id'의 '1'과 '주민수'의 '2'를 그 칸의 오른쪽 끝부분을 클릭하여 '0'으로 바꾸어야 한다.

이런 과정을 거쳐 데이터 수정이 완료되면 [그림 4-21]의 왼쪽 하단에 있는 '데이터 보기'를 클릭함으로써 [그림 4-22]와 같은 SPSSWIN 데이터를 완성시킬 수 있다. 이 데이터를 이용하면 SPSSWIN을 이용한 자료분석이 가능하다.

그림 4.21 변수정의 대화상자

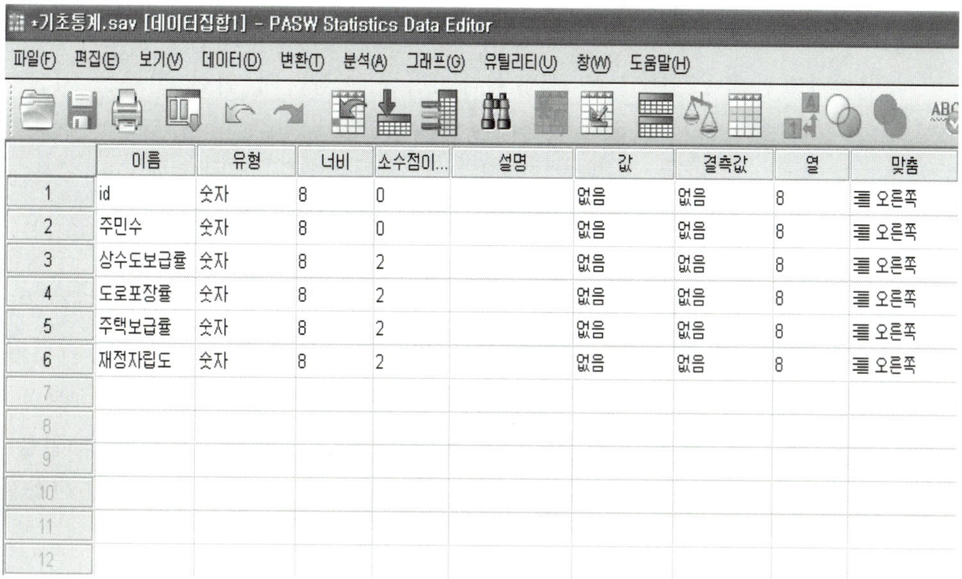

	이름	유형	너비	소수점이...	설명	값	결측값	열	맞춤
1	id	숫자	8	0		없음	없음	8	오른쪽
2	주민수	숫자	8	0		없음	없음	8	오른쪽
3	상수도보급률	숫자	8	2		없음	없음	8	오른쪽
4	도로포장률	숫자	8	2		없음	없음	8	오른쪽
5	주택보급률	숫자	8	2		없음	없음	8	오른쪽
6	재정자립도	숫자	8	2		없음	없음	8	오른쪽
7									
8									
9									
10									
11									
12									

그림 4.22 SPSS 데이터

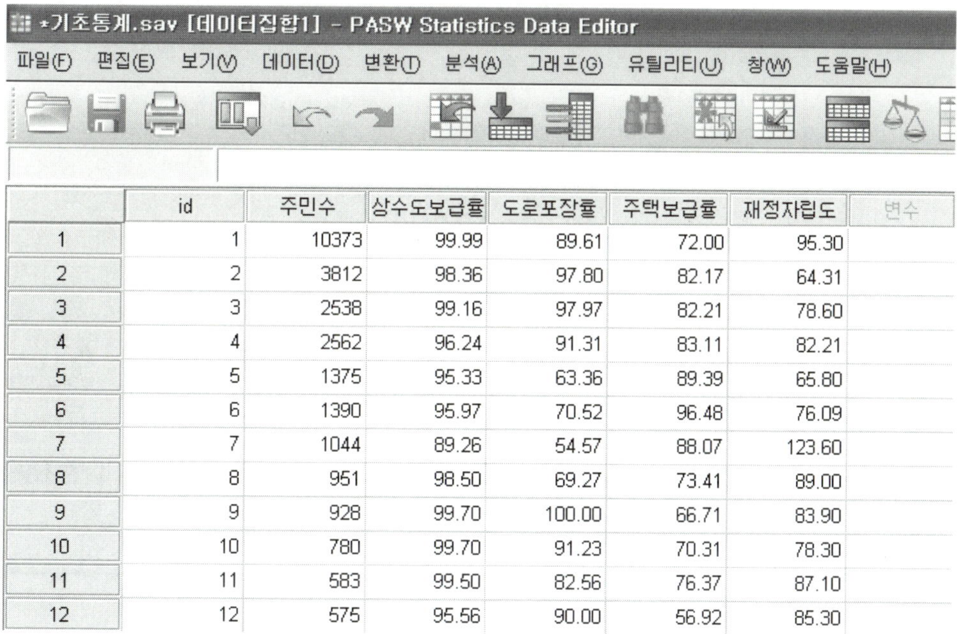

	id	주민수	상수도보급률	도로포장률	주택보급률	재정자립도	변수
1	1	10373	99.99	89.61	72.00	95.30	
2	2	3812	98.36	97.80	82.17	64.31	
3	3	2538	99.16	97.97	82.21	78.60	
4	4	2562	96.24	91.31	83.11	82.21	
5	5	1375	95.33	63.36	89.39	65.80	
6	6	1390	95.97	70.52	96.48	76.09	
7	7	1044	89.26	54.57	88.07	123.60	
8	8	951	98.50	69.27	73.41	89.00	
9	9	928	99.70	100.00	66.71	83.90	
10	10	780	99.70	91.23	70.31	78.30	
11	11	583	99.50	82.56	76.37	87.10	
12	12	575	95.56	90.00	56.92	85.30	

3. SPSSWIN 데이터의 저장과 불러오기

[그림 4-22]와 같은 SPSS 데이터를 저장하기 위한 절차는 SPSS데이터 편집기 화면에서 다음과 같이 실행한다.

파일(F) → 다른 이름으로 저장(A)…

위와 같은 순서로 실행하면 [그림 4-23]과 같이 '데이터를 다른 이름으로 저장'대화상자가 나타난다. 여기서 '찾아보기(I)'를 선택한 다음 '파일이름(N)' 란에 파일이름(예컨대 '기초통계')을 입력하고 저장 유형에서 'pasw statistics (*.sav)'를 선택한 후 저장 을 클릭한다. 이렇게 저장된 파일은 확장자가 '.sav'가 되고 SPSSWIN에서 언제나 불러서 통계분석에 바로 사용할 수 있는 파일이 된다.

그림 4.23 SPSS 데이터의 저장

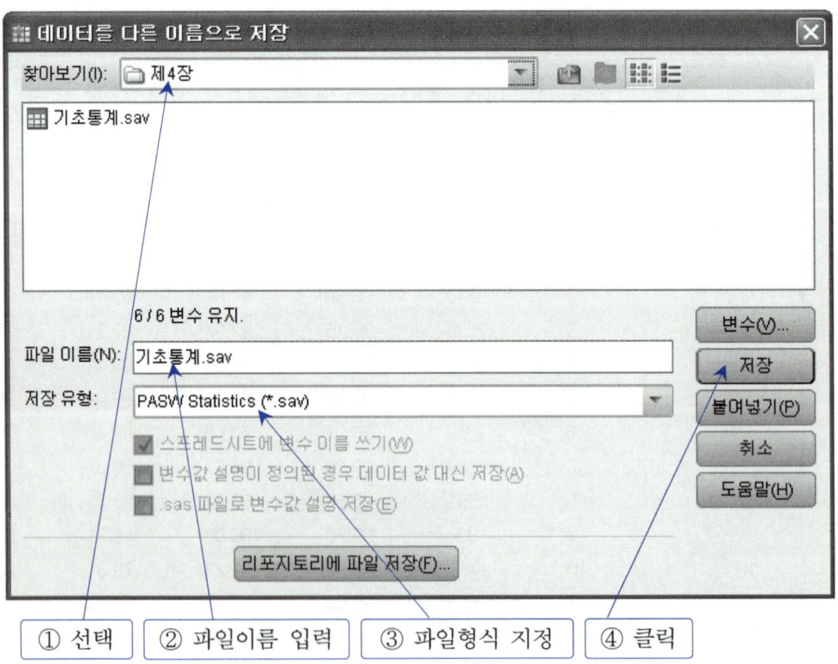

한편 SPSS 분석을 위해 '.sav'로 저장된 SPSS 파일(예컨대 '기초통계.sav')을 불러오는 절차는 SPSS 데이터 편집기에서 다음의 순서대로 실행한다.

파일(F) → 열기(O) → 데이터(A)...

위 순서대로 실행하면 [그림 4-24]와 같은 '데이터 열기' 대화상자가 나타난다. 여기서 저장할 당시 '저장 위치'와 동일한 폴더를 '찾는 위치'에 놓고, 불러올 데이터 파일(예컨대 '기초통계.sav')을 '파일 이름'에 갖다 놓은 다음, [열기] 를 클릭하면, 전에 저장되었던 파일('기초통계.sav')을 불러들일 수 있다.

그림 4.24 파일 열기 대화상자

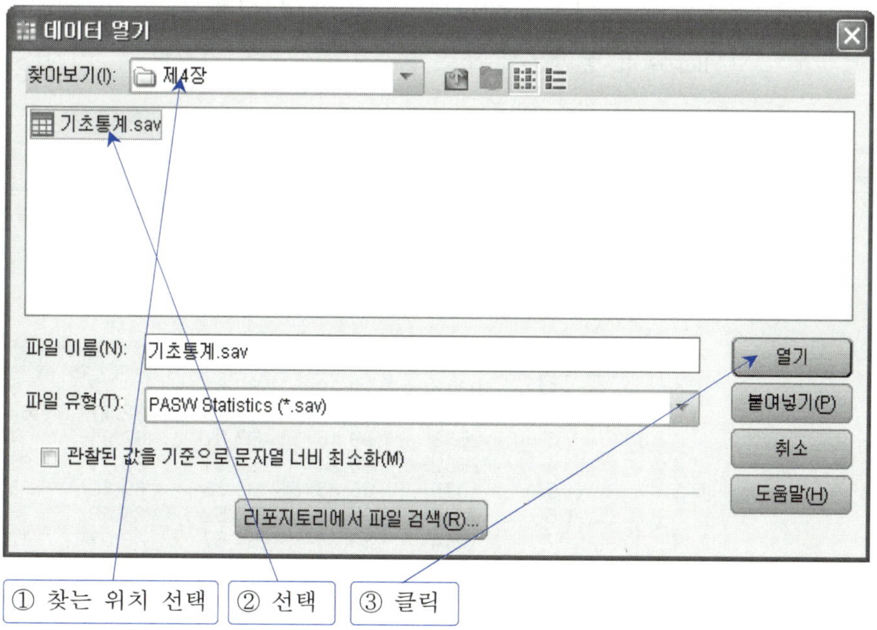

제4절 Microsoft Excel 데이터의 SPSSWIN 데이터로 전환

1. Excel 데이터의 저장

Microsoft Excel 데이터를 SPSSWIN 데이터로 전환하는 방법은 다음과 같다.

[그림 4-25]와 같이 Excel 입력 화면에서 office 단추를 클릭한 후 다른 이름으로 저장(A)을 클릭하면 [그림 4-26]이 나타난다.

[그림 4-26]에서 저장위치(I)와 파일 이름(N), 파일 형식(T)에서 Excel 파일 {Microsoft 통합문서 또는 Excel(*.xls)}을 지정한 후 저장(S)을 클릭한다.

그림 4.25 EXCEL 데이터

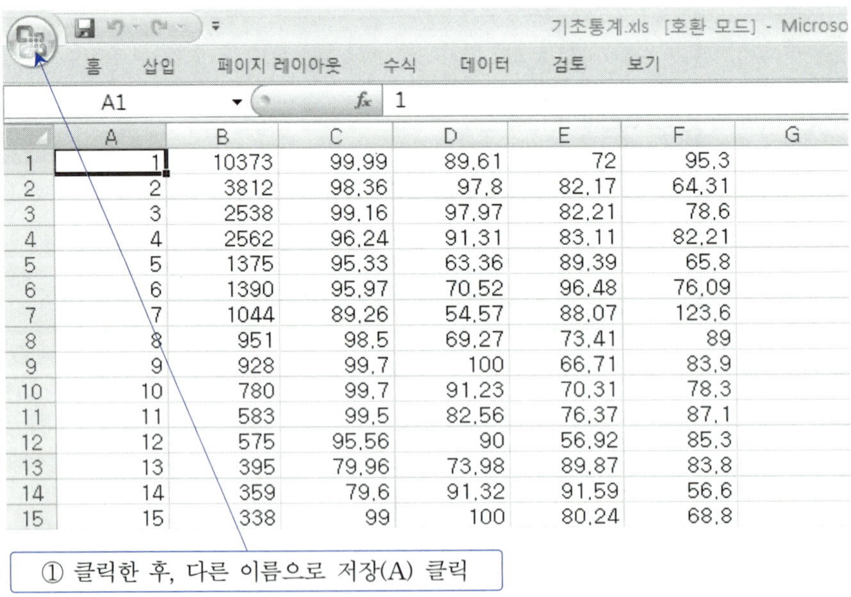

	A	B	C	D	E	F	G
1	1	10373	99.99	89.61	72	95.3	
2	2	3812	98.36	97.8	82.17	64.31	
3	3	2538	99.16	97.97	82.21	78.6	
4	4	2562	96.24	91.31	83.11	82.21	
5	5	1375	95.33	63.36	89.39	65.8	
6	6	1390	95.97	70.52	96.48	76.09	
7	7	1044	89.26	54.57	88.07	123.6	
8	8	951	98.5	69.27	73.41	89	
9	9	928	99.7	100	66.71	83.9	
10	10	780	99.7	91.23	70.31	78.3	
11	11	583	99.5	82.56	76.37	87.1	
12	12	575	95.56	90	56.92	85.3	
13	13	395	79.96	73.98	89.87	83.8	
14	14	359	79.6	91.32	91.59	56.6	
15	15	338	99	100	80.24	68.8	

그림 4.26 Excel 데이터의 저장

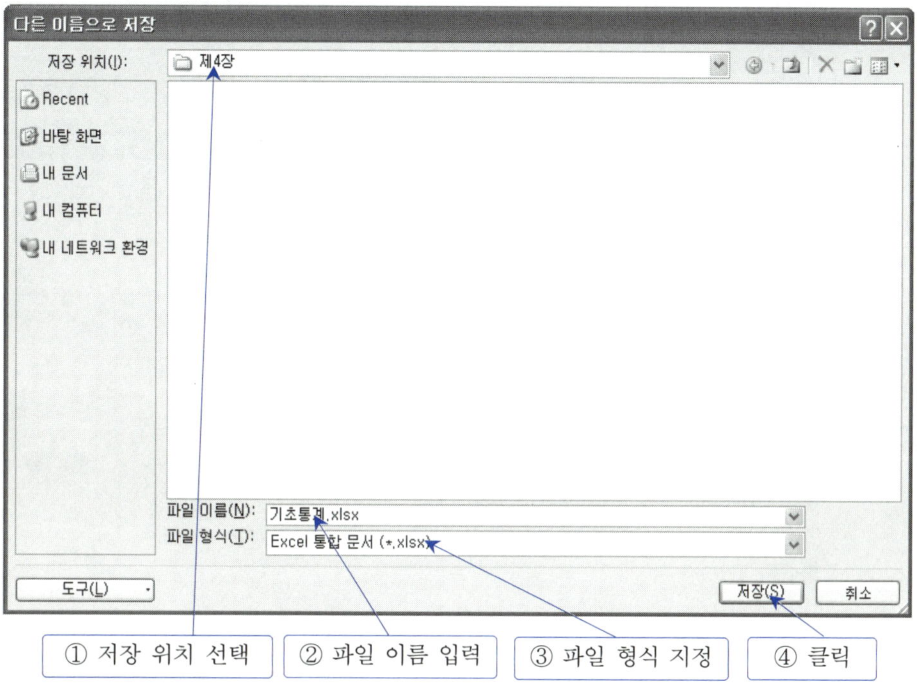

2. Excel 데이터를 SPSS로 불러오기

Excel 데이터를 SPSS로 불러오기 위해서는 우선 [그림 4-27]과 같이 SPSS 편집기 화면을 띄운 후 다음의 절차와 같이 실행한다.

파일(F) → 열기(O) →데이터(A)...

위와 같이 실행하면 [그림 4-28]의 데이터 열기 대화상자가 나타난다.
저장 위치(I)에서 불러오고자 하는 Excel 파일이 있는 폴더를 선택한다.

그림 4.27 SPSS 데이터 편집기

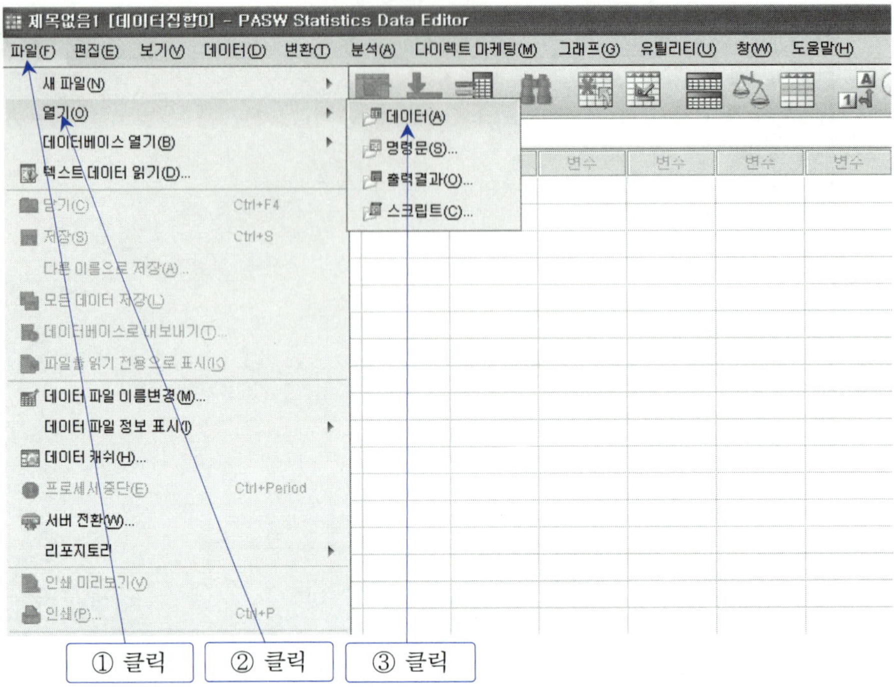

그림 4.28 Excel 파일 열기

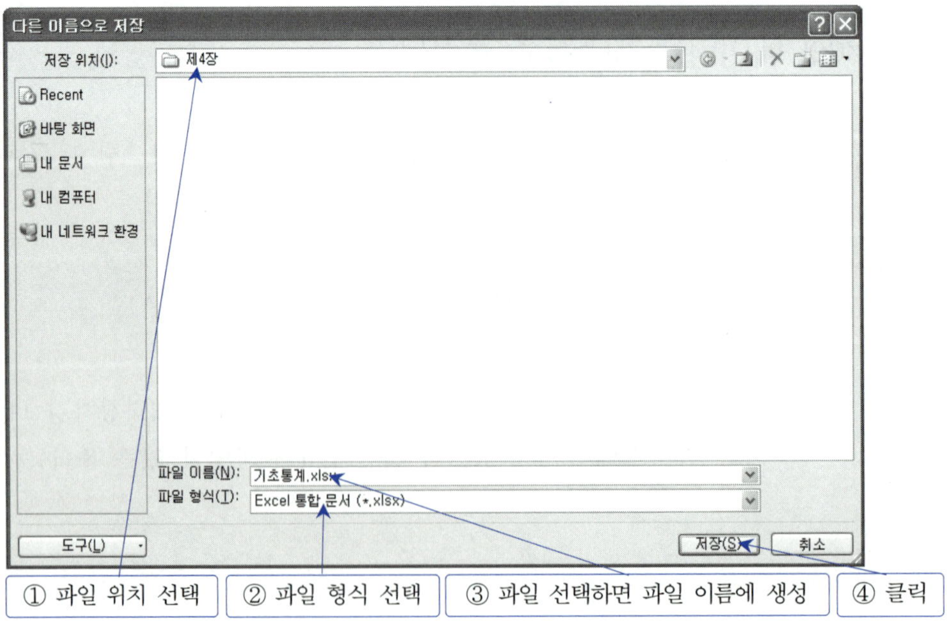

그리고 파일 형식(T)에서 Excel(*.xls, *.xlsx, *.xlsm)을 지정하면 '기초통계' Excel 데이터를 찾을 수 있다 이 데이터를 클릭한 후 [열기]를 클릭하면, [그림 4-29]와 같이 Excel 데이터 소스 열기 대화상자가 나타난다. 대화상자에서 "□데이터 첫 행에서 변수 이름 읽어오기"에는 체크하지 않고 [확인]을 클릭한다. 체크하면 첫 행의 데이터는 변수명으로 인식되어 사라지게 되므로, 첫 행에 변수 이름을 부여한 경우에만 체크한 후 [확인]을 누른다.

그림 4.29 Excel 데이터 소스 열기

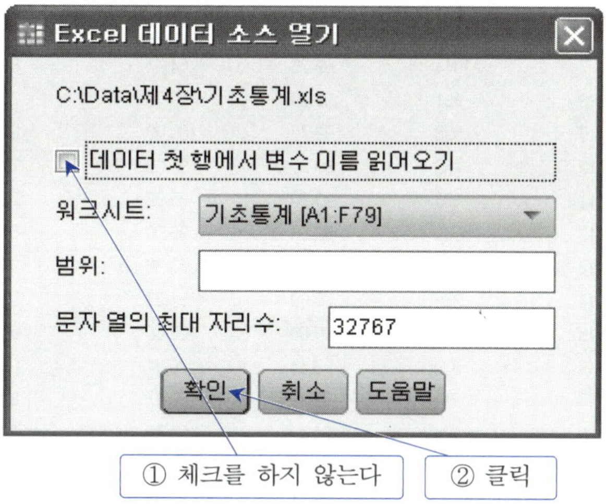

그림 4.30 Excel 데이터의 SPSS 데이터로의 저장

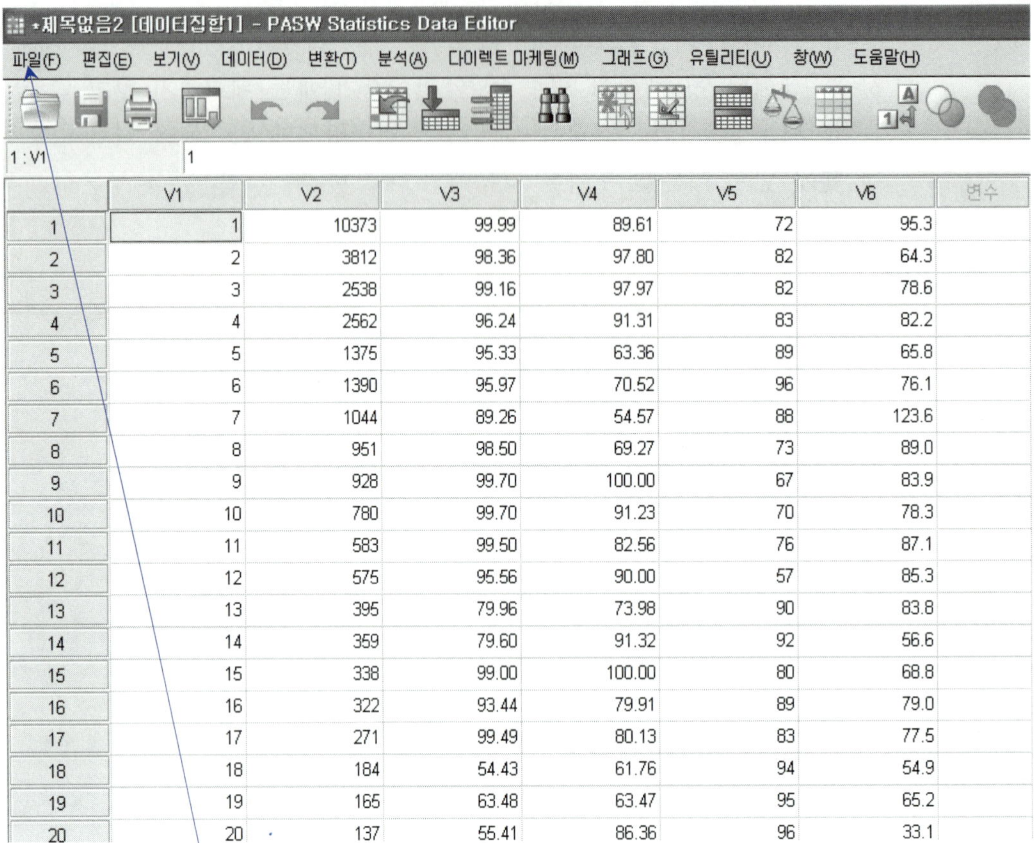

	V1	V2	V3	V4	V5	V6	변수
1	1	10373	99.99	89.61	72	95.3	
2	2	3812	98.36	97.80	82	64.3	
3	3	2538	99.16	97.97	82	78.6	
4	4	2562	96.24	91.31	83	82.2	
5	5	1375	95.33	63.36	89	65.8	
6	6	1390	95.97	70.52	96	76.1	
7	7	1044	89.26	54.57	88	123.6	
8	8	951	98.50	69.27	73	89.0	
9	9	928	99.70	100.00	67	83.9	
10	10	780	99.70	91.23	70	78.3	
11	11	583	99.50	82.56	76	87.1	
12	12	575	95.56	90.00	57	85.3	
13	13	395	79.96	73.98	90	83.8	
14	14	359	79.60	91.32	92	56.6	
15	15	338	99.00	100.00	80	68.8	
16	16	322	93.44	79.91	89	79.0	
17	17	271	99.49	80.13	83	77.5	
18	18	184	54.43	61.76	94	54.9	
19	19	165	63.48	63.47	95	65.2	
20	20	137	55.41	86.36	96	33.1	

① 클릭한 후, 저장(S)를 클릭하면 SPSS 데이터로 저장된다.

[그림 4-30]은 Excel 데이터를 SPSS 데이터로 변환하기 위한 마지막 화면이다. 여기서 파일(F)→저장(S)을 누르면 '데이터를 다른 이름으로 저장' 대화상자가 나타나고 여기서 파일이름(N)을 지정한 후 저장 을 클릭하면 SPSS 데이터(*.sav)로 저장된다.

제 5 장

빈도분석

빈도분석은 수집된 자료들을 도수분포표와 도표로 정리하여 측정된 변수들이 지닌 분포의 특성을 쉽게 알 수 있도록 하므로 자료를 파악하고 이해하는 데 편리하다. 빈도분석은 이와 같이 자료의 분포특성을 파악하기 위한 분석이다.

제1절 빈도분석의 실행

1. 빈도분석의 절차

가. 자료 불러오기

SPSSWIN을 실행시킨 후, SPSS 데이터 편집기에서 자료를 불러오기 위해서는 다음 절차와 같이 실행한다.

파일(F) → 열기(O) → 데이터(A)...

자료를 불러온 후, [그림 5-1]과 같은 순서에 따라 클릭하면 [그림 5-2] 데이터 열기 대화상자가 나타난다.

여기서 분석하고자 하는 파일(여기서는 본서에 첨부된 CD의 '리더십과 조직몰입.sav' 파일을 불러오기 한다)을 불러온 것이 [그림 5-3] 리더십과 조직몰입-SPSS 데이터 편집기 화면이다.

그림 5.1 SPSS 데이터 편집기

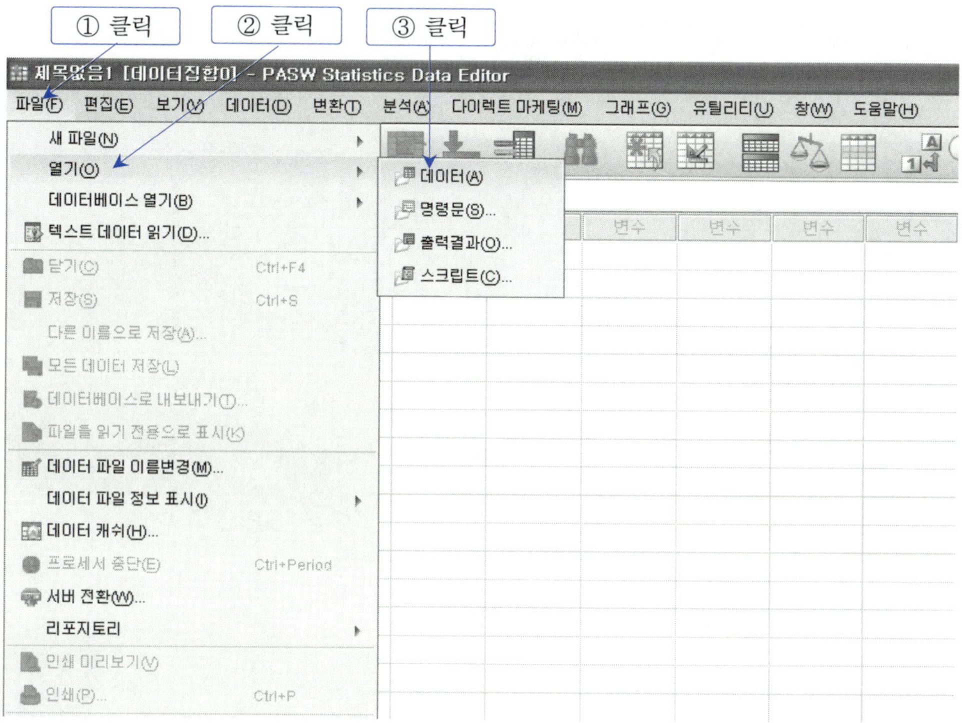

그림 5.2 데이터 열기 대화상자

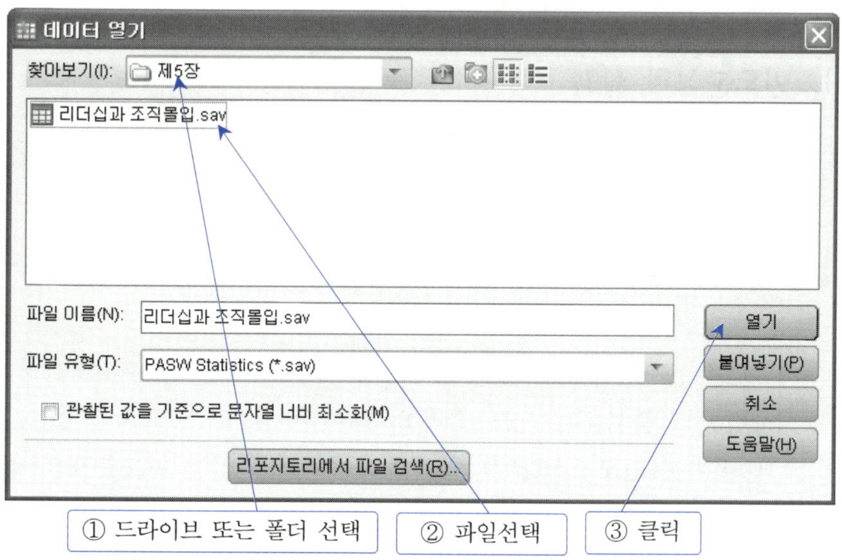

그림 5.3 리더십과 조직몰입-SPSS 데이터 편집기

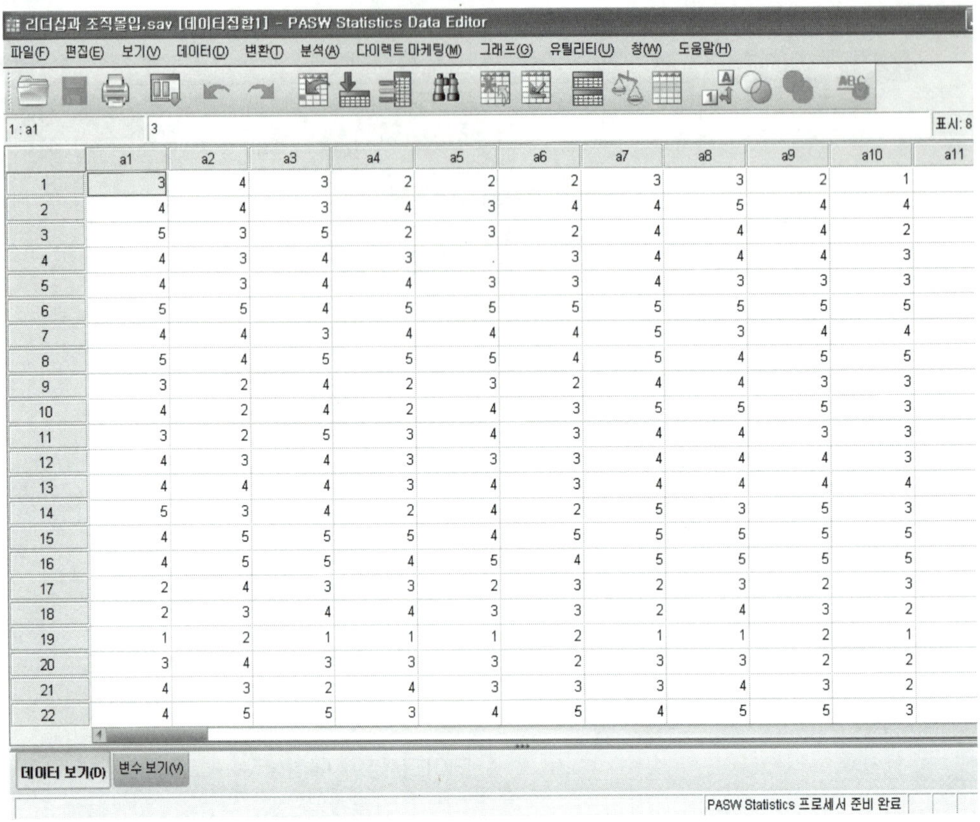

나. 빈도분석의 실행

빈도분석은 분석할 자료를 불러와서 다음과 같은 순서에 의해서 실행한다.

분석(A) → 기술통계량(E) → 빈도분석(F)...

먼저 SPSSWIN의 주메뉴에서 분석(A)을 클릭한 후 기술통계량(E)을 클릭하면 빈도분석(F), 기술통계(D), 데이터 탐색(E), 교차분석(C) 등이 나타나는데 여기서 빈도분석(F)을 클릭한다. [그림 5-4]는 빈도분석의 실행과정을 나타낸 화면이다.

그림 5.4 빈도분석의 실행과정

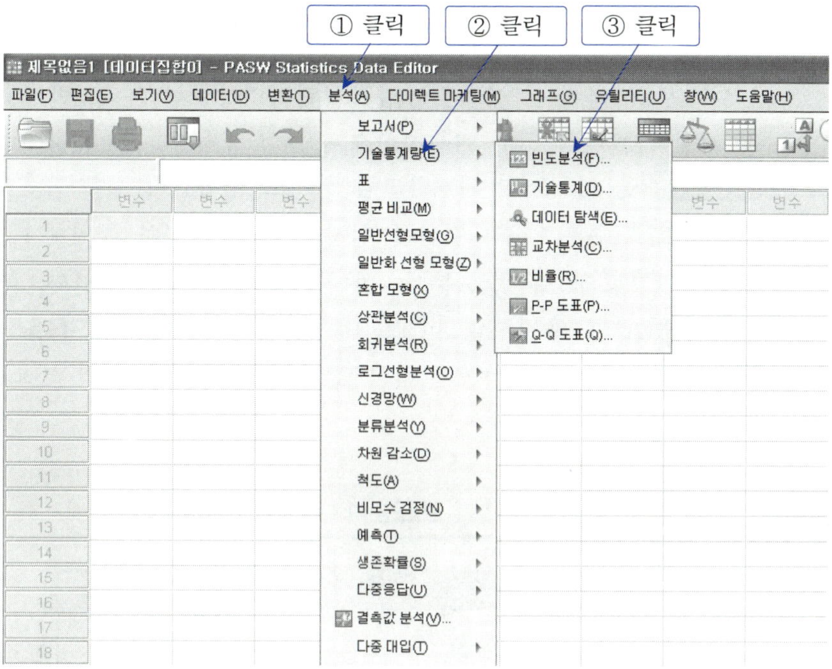

빈도분석을 선택하면 [그림 5-5]와 같이 빈도분석 대화상자가 나타나는데, 여기서 빈도분석을 할 변수를 선택한다. 여기서는 배경적 변수인 성별, 연령, 재직기간, 계급, 교육수준에 대해서만 빈도분석을 하기로 한다.

그림 5.5 빈도분석 대화상자

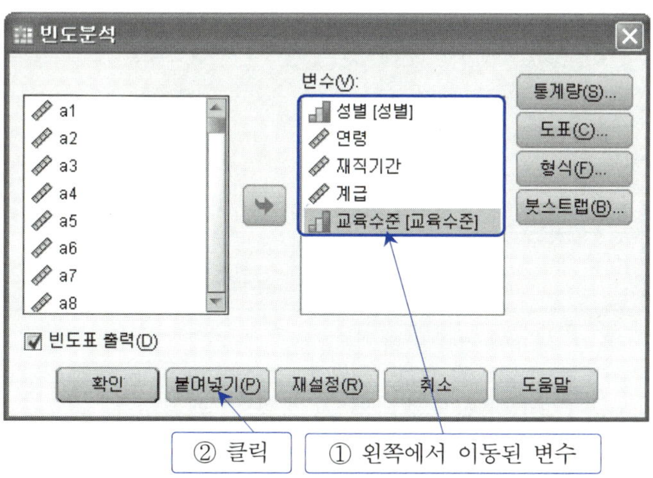

변수를 선택한 후 통계량(S)... 을 클릭하면 [그림 5-6]과 같이 '빈도분석: 통계량' 대화상자가 나타난다. 구하고자 하는 항목들을 선택하고 계속 을 클릭하면, 이전 화면인 [그림 5-5]로 돌아간다.

여기서 이번에는 도표(C)... 를 클릭하면 [그림 5-7] '빈도분석: 도표' 대화상자가 나타난다. 이 대화상자에서 도표유형 중 필요한 것을 선택한 후, 계속 을 클릭하면 다시 [그림 5-5]로 돌아간다.

그리고 도수분포표의 결과를 원하는 대로 출력하기 위해 형식(F)... 을 클릭하면 [그림 5-8] '빈도분석: 형식' 대화상자가 나타난다. 여기서 ◉변수값 오름차순(A)과 ◉변수들 비교(C)를 선택한 후 계속 을 클릭하면 [그림 5-5] 화면으로 돌아간다. 거기서 확인 을 클릭하면 빈도분석 결과가 나타난다.

그림 5.6 빈도분석: 통계량 대화상자

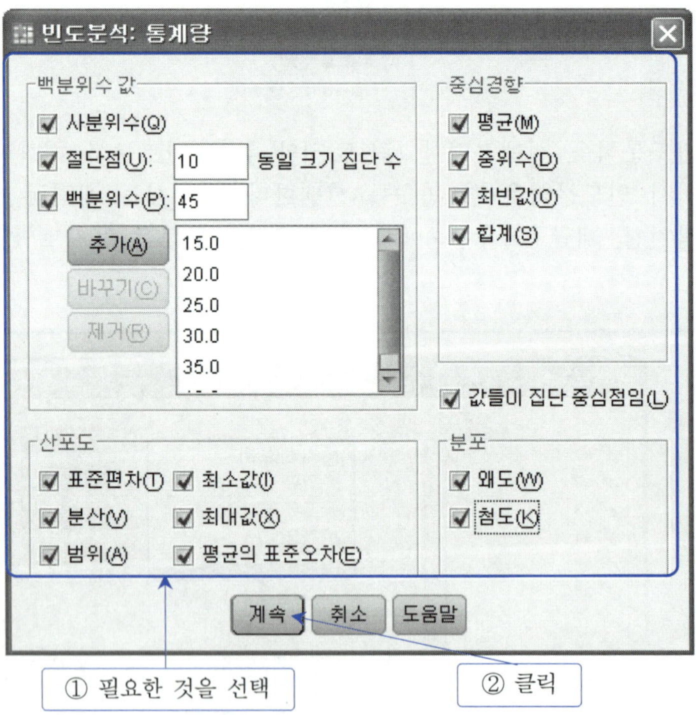

[그림 5-6]은 빈도분석의 통계량인 백분위수 값, 중심경향, 산포도, 분포를 나타내고 있는데 이에 대한 구체적인 설명은 <표 5-1>과 같다.

〈표 5-1〉 빈도분석: 통계량 설명

통계량	설 명
백분위수 값	얻어진 자료를 크기의 순서로 늘어놓아 100등분 한 값
□사분위수(Q)	수집된 자료를 크기 순으로 배열하여 4등분 한 값
□절단점(U) - □동일크기 집단수	사례들을 똑같은 크기의 집단으로 나누는 비율 값, 기본설정 값은 10
□백분위수(P)	0과 100 사이의 값을 입력할 수 있으며, 입력후 추가를 클릭하면 사용자가 원하는 백분위수를 선택
중심경향	자료에서 얻어진 모든 값들이 어떤 값을 중심으로 몰리는 경향
□평균(M)	전체 사례 수의 값을 더한 다음에 총 사례수로 나눈 값
□중위수(D)	가장 작은 수부터 가장 큰 수까지 크기에 의하여 배열하였을 때 중앙에 위치하는 값
□최빈값(O)	가장 도수가 많은 자료의 값
□합계(S)	변수들의 값을 모두 합한 값
□값들이 집단중심점임(L)	변수집단의 중앙값
산포도	두 변수 간의 관계를 알아보기 위하여 두 변수값을 나타내는 점을 도표에 나타낸 것
□표준편차(T)	산술평균에서 각 자료들의 값에 이르는 거리의 제곱을 평균하여 다시 제곱근 한 것
□분산(V)	표준편차를 제곱한 것
□범위(A)	수집된 자료들 가운데 최대값에서 최소값을 뺀 차이를 말하는것
□최소값(I)	수집된 자료에서 가장 작은 값
□최대값(X)	수집된 자료에서 가장 큰 값
□평균의 표준오차(E)	표본분포의 표준편차
분포	자료가 흩어지거나 모인 정도
□왜도(W)	평균에 대한 분포의 비대칭 정도를 나타냄. 왜도가 (+)이면 비대칭 꼬리가 양의 값쪽으로, (-)이면 음의 값쪽으로 치우침
□첨도(K)	분포의 뾰족한 정도를 정규분포와 비교하여 나타내는 것. 양의 첨도는 상대적으로 더 뾰족하고, 음의 첨도는 덜 뾰족하다.

그림 5.7 빈도분석: 도표 대화상자

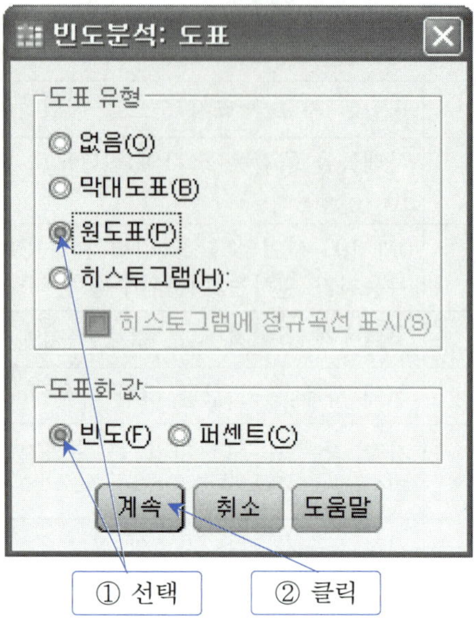

그림 5.8 빈도분석: 형식 대화상자

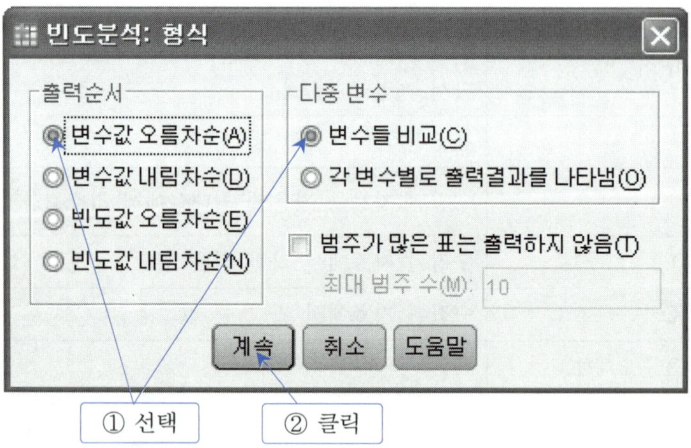

2. 빈도분석의 결과

[그림 5-9]는 빈도분석에 대한 출력결과이다.

[그림 5-9]의 '통계량'에서는 연령과 재직기간의 평균값만 실제 논문이나 보고서에 사용하고, 성별, 계급, 교육수준 등은 '빈도표'에서 나타난 자료를 사용한다. 성별, 계급, 교육수준은 명목척도나 서열척도에 불과하므로 평균값이 무의미하기 때문이다. 통계량에서 성별은 남성은 '1', 여성은 '2'라는 값을 주었기 때문에 평균은 1.27로 나타났으며, 빈도표에 나타난 유효의 남, 여, 빈도 및 퍼센트를 사용하여야 한다. 계급, 교육수준, 부문 등도 같은 방법으로 활용한다.

[그림 5-9]의 빈도분석 결과표(1)의 성별에서 결측 '4'와 그 옆의 빈도 '1', 퍼센트 '.1'은 잘못된 것이다. 즉, 성별은 '1'과 '2'만 코딩되어야 했으나, '4'로 한 번 잘못 코딩하여 나타난 결과이다. 이런 경우에는 설문지를 찾아서 '4'를 '1'이나 '2'로 수정입력을 해야 한다. 수정하지 않고 그대로 두면 나중에 결측값으로 처리해야 한다.

시스템 결측값 빈도 '1', 퍼센트'.1'은 응답자가 설문지에 응답을 하지 않았거나, 코딩시 입력을 하지 않은 경우이다. 이는 분석시 시스템 결측값으로 처리된다.

그림 5.9 빈도분석 결과표 (1)-통계량

빈도분석

통계량

		성별	연령	재직기간	계급	교육수준
N	유효	753	747	747	748	748
	결측	2	8	8	7	7
평균		1.27	34.43	9.23	4.72	2.80
표준편차		.444	7.142	7.222	2.754	.463

빈도표

성별

		빈도	퍼센트	유효 퍼센트	누적퍼센트
유효	남	550	72.8	73.0	73.0
	여	203	26.9	27.0	100.0
	합계	753	99.7	100.0	
결측	4	1	.1		
	시스템 결측값	1	.1		
	합계	2	.3		
합계		755	100.0		

① 입력을 잘못한 값

설문지에 응답을 하지 않았거나, 입력하지 않은 경우

[그림 5-10] 빈도분석 결과표 (2)는 그래프로 나타난 결과로서 [그림 5-9]의 빈도분석 결과표 (1)에 나타난 성별의 영역크기 만큼 그래프로 나타나 있다. 성별 외에도 앞서 선택한 연령, 재직기간, 계급, 교육수준 등의 원그래프가 성별 아래에 나타나 있다.

그림 5.10 빈도분석 결과표 (2)-원도표

원도표

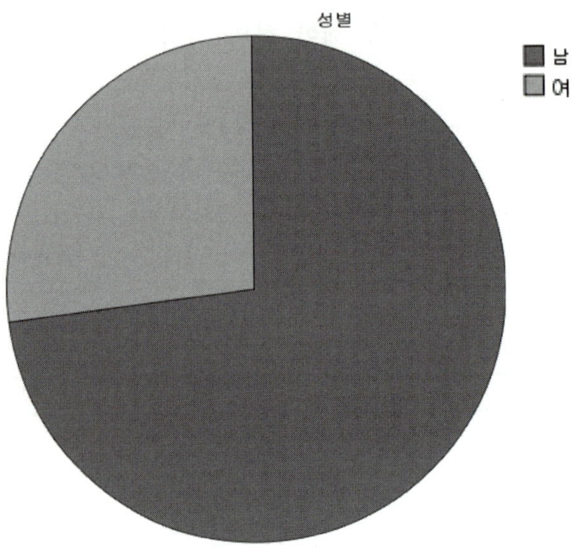

[그림 5-11] 빈도분석 결과표 (3)은 연령에 대한 히스토그램(H)과 히스토그램에 정규곡선 표시(S)를 선택했을 때 나타나는 출력 결과이다. [그림 5-11]에서 보이는 것은 연령별 히스토그램과 정규곡선 뿐이지만 실제로는 성별, 재직기간별, 계급별, 교육수준별 히스토그램과 정규곡선도 나타난다.

그림 5.11 빈도분석 결과표(3)-히스토그램과 정규곡선

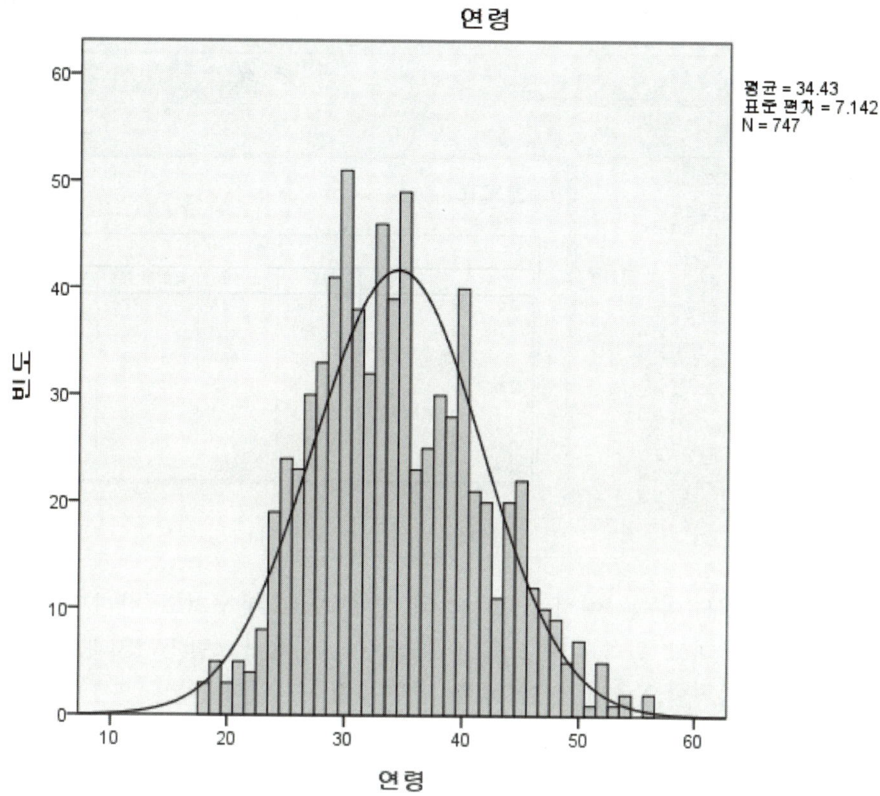

제 2 절 빈도분석 결과표의 편집

1. SPSS 분석결과에서 표 편집

SPSS 출력결과에서 표 편집을 하기 위해서는 우선 결과표(성별)의 선위에 마우스를 대고 마우스의 왼쪽 버튼을 더블클릭하면 [그림 5-12]와 같이 선이 나타나면서 창이 활성화된다.

그림 5.12 SPSS 출력결과표 편집(1)

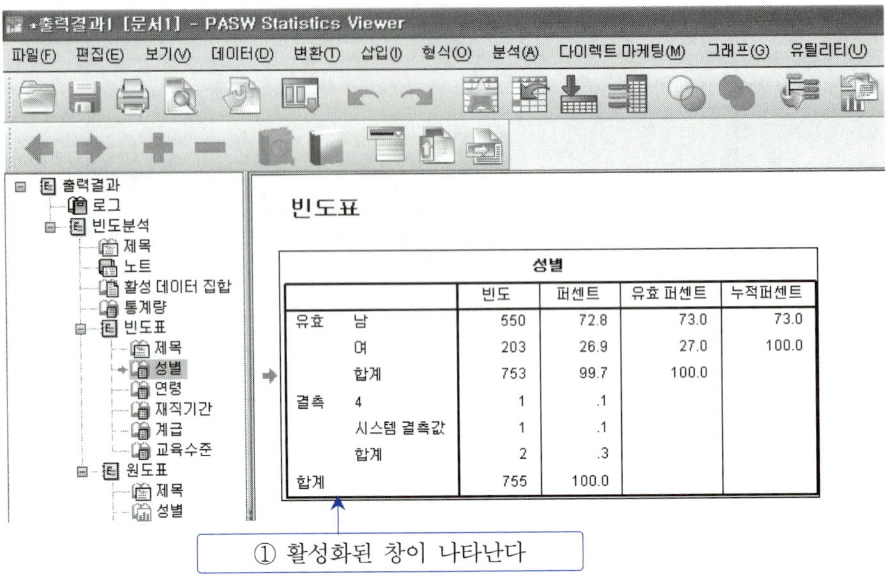

여기서 '여'를 '여성'으로 '남'을 '남성'으로 바꾸려고 한다면, '여'와 '남'에 마우스를 대고 왼쪽 버튼으로 더블클릭한 다음 [그림 5-13]과 같이 글자를 수정하여 입력함으로써 성별 표를 변환시킬 수 있다.

그림 5.13 SPSS 출력결과표 편집(2)

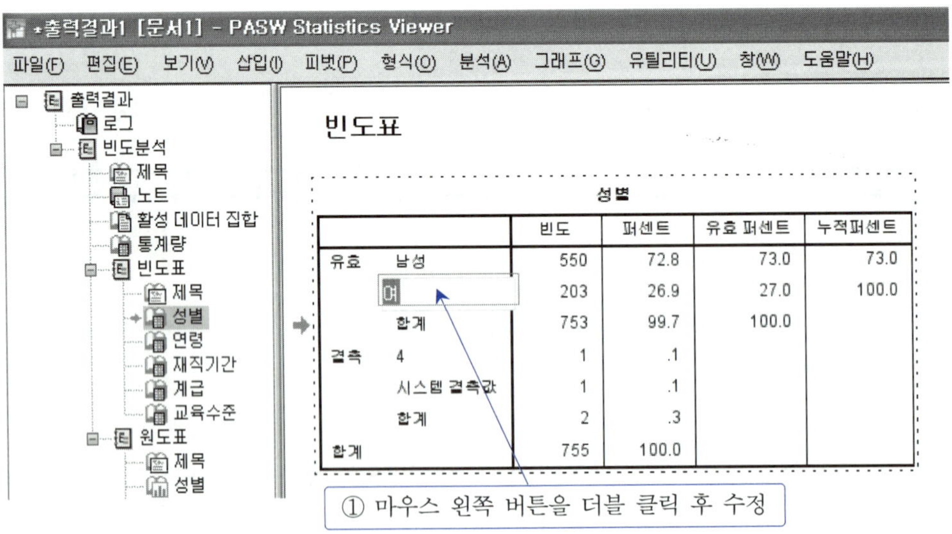

2. SPSS 분석결과에서 도표편집

SPSS 뷰어에서 도표편집을 하기 위해서는 우선 원그래프(교육수준) 위에 마우스를 대고 마우스의 왼쪽 버튼을 더블클릭하면 [그림 5-14] '도표 편집기' 화면이 나타난다.

그림 5.14 Chart1-SPSS 도표 편집기

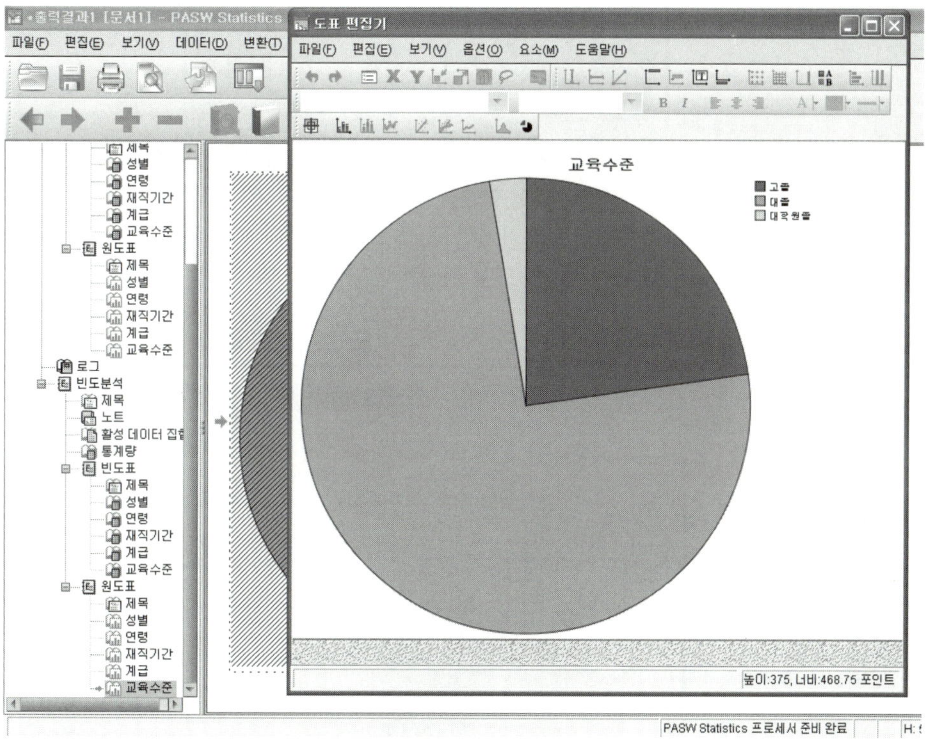

여기서 원하는 대로 메뉴의 '편집(E)'을 클릭하여 도표 선택을 할 수가 있고, 도표에 제목을 붙이거나 바꿀 경우, 옵션을 선택하면 [그림 5-15]가 나타나는데, 여기에서 제목을 선택하여 입력하면 도표에 제목이 생성된다.

그림 5.15 제목 대화상자

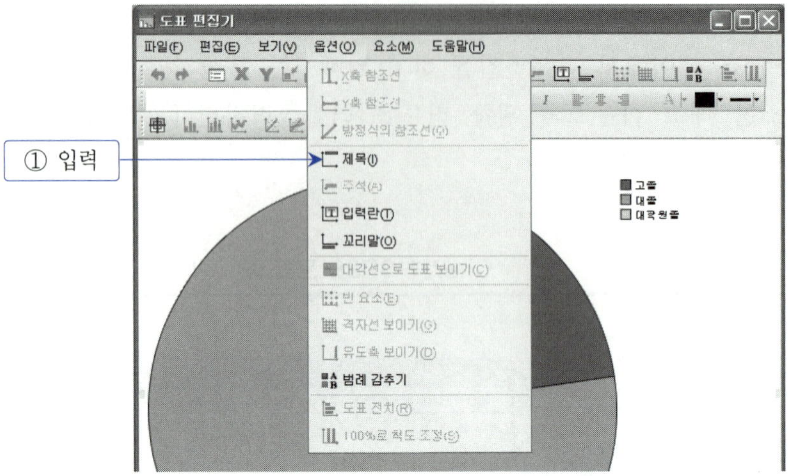

또한 '편집(E)→특성(O)을 클릭하면 특성 대화상자가 나타난다. 거기서 변수를 클릭한 후 요소유형(E)을 선택한 후 원그래프 대신에 막대를 선택한다. 그리고 교육수준 X축에 빈도, 교육수준은 Y축에 두고 적용(A)을 클릭하면 [그림 5-16]과 같이 원도표가 막대도표로 바뀌게 된다.

그림 5.16 도표의 변환결과

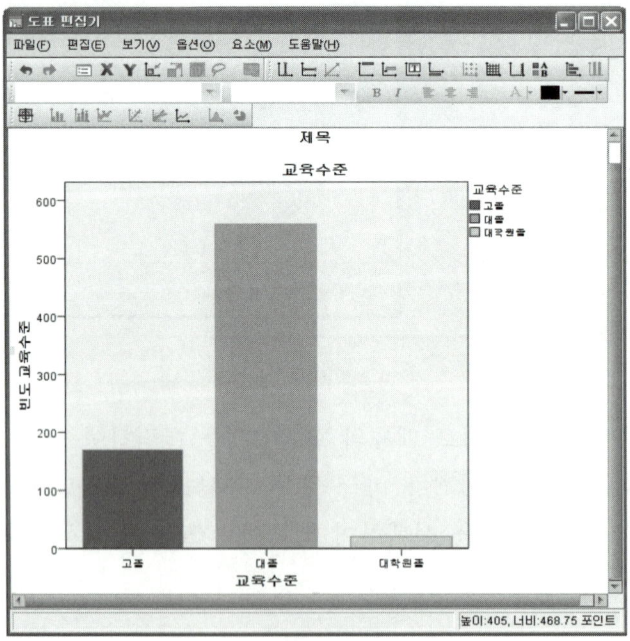

도표 변환작업을 모두 마치면 '파일(F)'을 클릭하고 '도표 양식 저장(S)'을 클릭하면 SPSS 출력결과를 저장할 수 있다.

3. 흔글에서 표 편집

흔글에서 표 편집을 하기 위해서는 우선 SPSS 출력결과표에서 잘라내기를 해 와야 한다. [그림 5-17]과 같이 분석표 위에 마우스를 대고 마우스의 오른쪽 버튼을 누르면 '잘라내기' 항목이 나타나는데, 이를 클릭하여 원하는 흔글 파일에 '붙이기'를 하면 된다(붙이기는 흔글의 메뉴 편집에서 붙이기를 클릭하거나 마우스의 오른쪽 버튼을 클릭하면 붙이기가 나온다). 그 결과는 [그림 5-18]과 같다.

그림 5.17 분석결과표의 개체복사

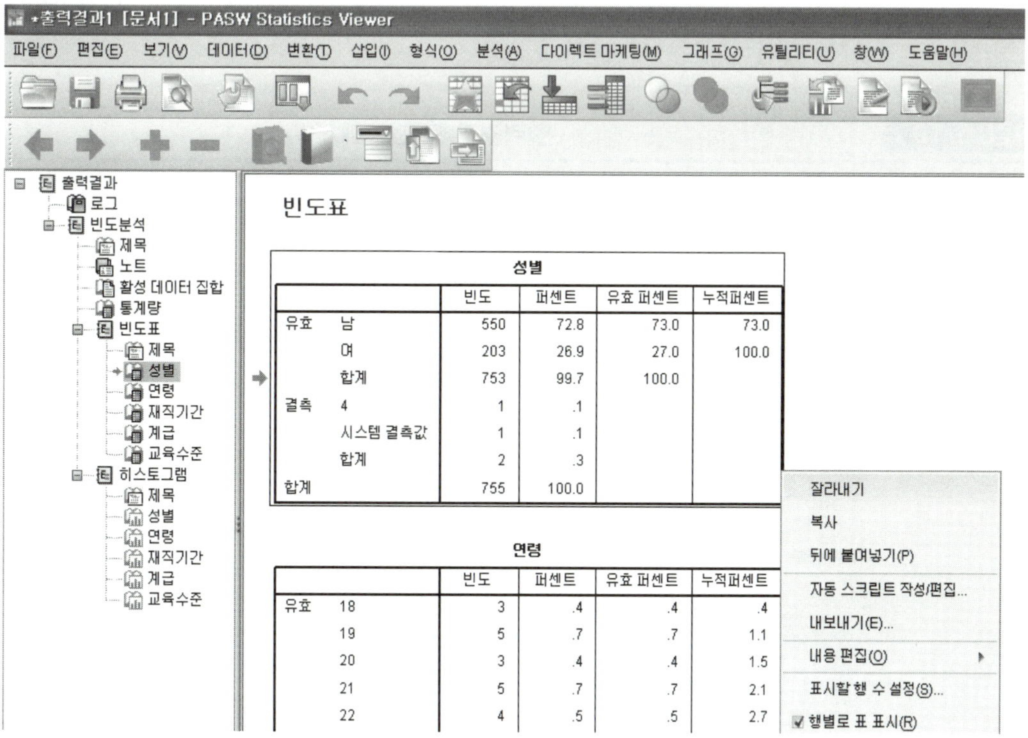

그림 5.18 호글에서의 표편집 결과

		빈도	퍼센트	유효퍼센트	누적퍼센트
	남	550	72.8	73.0	73.0
유효	여	203	26.9	27.0	100.0
	합계	753	99.7	100.0	
	4	1	.1		
결측	시스템결측값	1	.1		
	합계	2	.3		
합계		755	100.0		

* 한글 호환이 안되는 경우에는 숫자만 나타남. 이때는 한글을 직접 입력해야 함. Excel이나 MS워드에서도 표 편집이 가능함.

4. 문서에서 도표편집

문서에서 도표편집을 하기 위해서는 표편집과 마찬가지로 우선 출력결과표에서 '잘라내기'를 해야 한다.

그림 5.19 출력결과 도표의 개체복사

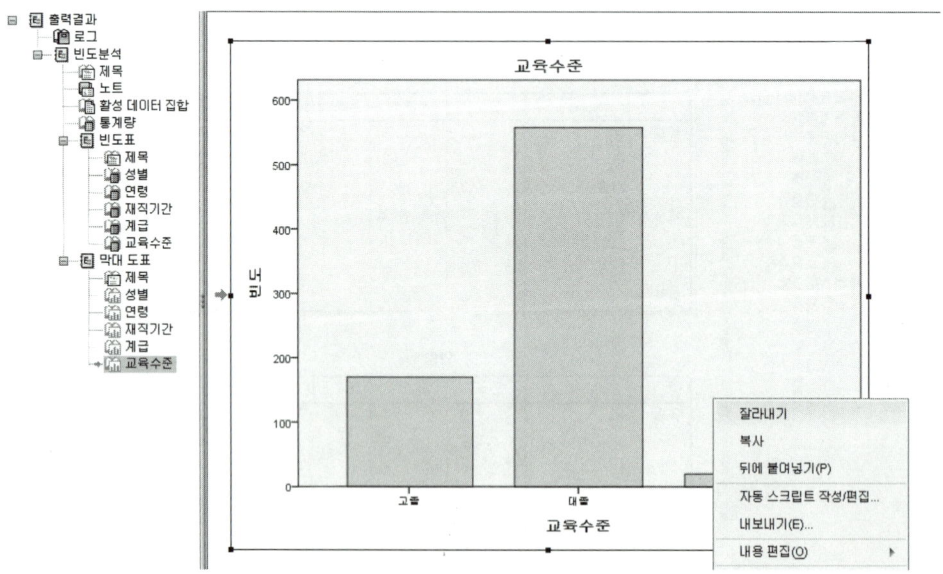

붙이기 방법은 표편집과 유사하다. 우선 도표 위에 마우스를 대고 마우스의 오른쪽 버튼을 누르면 도표에 테두리선이 나타나고 '잘라내기' 항목이 나타난다. 여기서 '잘라내기' 항목을 클릭한 후 원하는 흔글파일에서 붙이기를 한다.

[그림 5-20]은 빈도분석의 결과도표(교육수준)를 '잘라내기'한 후 도표편집한 결과이다.

그림 5.20 문서에서의 도표편집 결과

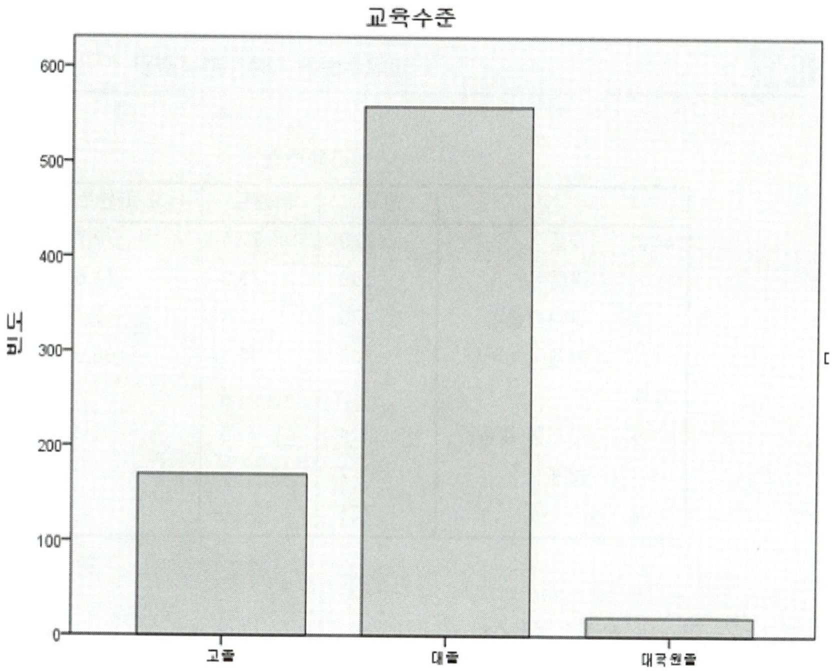

제3절 빈도분석 결과의 해설

1. 분석결과표의 해설

[그림 5-21]은 교육수준에 대한 분석결과이다. 이 분석결과에 의하면 빈도

(Frequency)는 고졸 170명, 대졸 558명, 대학원졸 20명이며, 이를 백분율(Percent)로 나타내면, 고졸 22.5%, 대졸 73.9%, 대학원졸 2.6%이다. 유효퍼센트(Valid Percent)는 결측으로 처리한 값(1=중졸) 3명과 응답하지 않아 공란으로 처리된 시스템 결측값(System Missing) 4명을 제외한 748명에 대한 백분율을 나타낸 것이다.

누적퍼센트(Cumulative Percent)는 고졸, 대졸, 대학원졸의 유효퍼센트를 순차적으로 합한 백분율이다.

그림 5.21 교육수준에 대한 분석결과

교육수준

		빈도	퍼센트	유효 퍼센트	누적퍼센트
유효	고졸	170	22.5	22.7	22.7
	대졸	558	73.9	74.6	97.3
	대학원졸	20	2.6	2.7	100.0
	합계	748	99.1	100.0	
결측	1	3	.4		
	시스템 결측값	4	.5		
	합계	7	.9		
합계		755	100.0		

2. 분석결과 도표의 해설

[그림 5-22]는 연령에 대한 막대도표이다. 도표에서 보면 빈도는 막대도표의 길이로 나타나 있는데, 가장 빈도가 많은 것은 중간값이 30세인 막대도표이다. 막대도표의 오른쪽 편에는 표준편차와 평균, 그리고 유효표본수가 나타나 있는데 이는 각각 7.14, 34.4, 747이다.

따라서 유효표본 747명에 대한 평균 연령은 34.4세라는 것을 알 수 있다. 하지만 시각적으로 보았을 때 정규분포곡선에서 약간 벗어나 있어서 쉽게 평균을 알 수 없으므로, 제4절에서는 나이의 구간을 좀더 넓게 분포시켜 정규분포곡선에 근접하도록 하여 빈도를 살펴보기로 한다. 아울러 20대, 30대, 40대로 나누어 분석하고자 할 경우 이에 대한 코딩변경 절차와 빈도분석을 제4절에서 설명한다.

그림 5.22 연령에 대한 분석결과

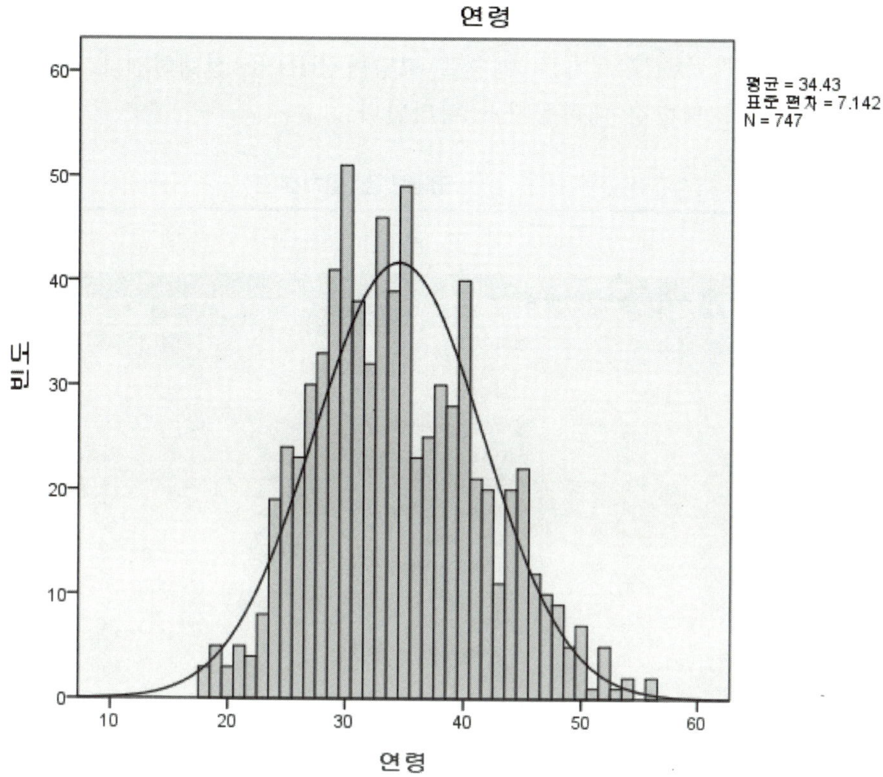

제 4 절 코딩변경 후 빈도분석

1. 코딩변경

제3절에서 연령별 도표분석결과 정규분포에서 벗어난 도표를 정규분포에 가까운 분포를 나타내는 막대도표를 만들기 위해서는 연령의 폭을 넓히는 것이 필요하다. 이를 위한 절차는 다음과 같다.

변환(T) → 다른 변수로 코딩변경(R)...

[그림 5-23]은 코딩변경의 절차를 나타내고 있는 그림이다. 주메뉴의 '변환(T)'을 클릭한 후, '다른 변수로 코딩변경(R)'을 선택하면 [그림 5-24] 새로운 변수로 코딩변경 대화상자가 나타난다.

그림 5.23 코딩변경 절차화면

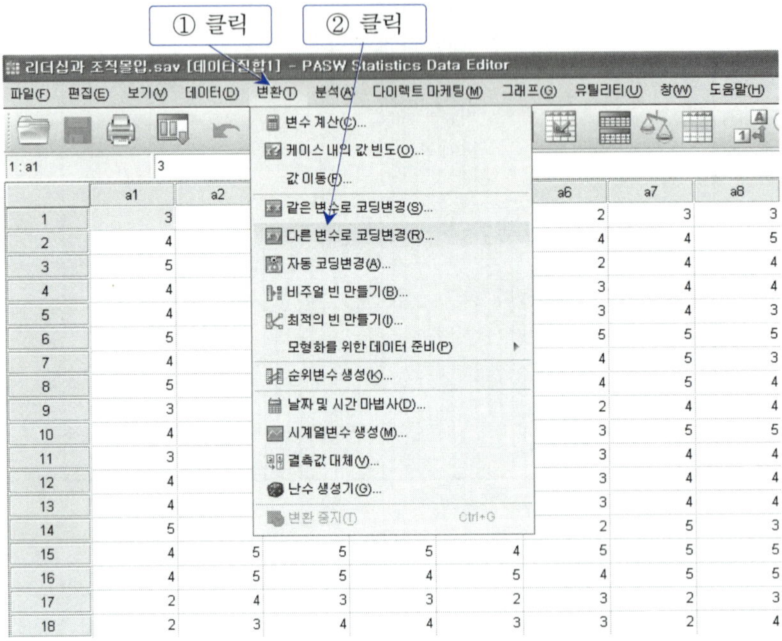

그림 5.24 새로운 변수로 코딩변경 대화상자

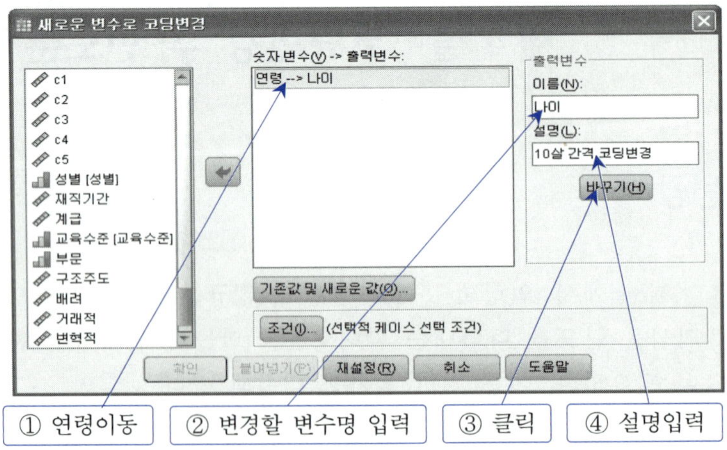

여기서 '연령'을 선택하고 변환할 변수명인 '나이'를 입력한 후, 바꾸기(H)를 클릭하면 '연령→?' 상태가 '연령→나이'상태로 변환된다. 설명란에는 '10살 간격 코딩변경'을 입력한 후, 기존값 및 새로운 값(O)...을 클릭하면 [그림 5-25] 대화상자가 나타난다.

그림 5.25 새로운 변수로 코딩변경: 기존값 및 새로운 값 대화상자

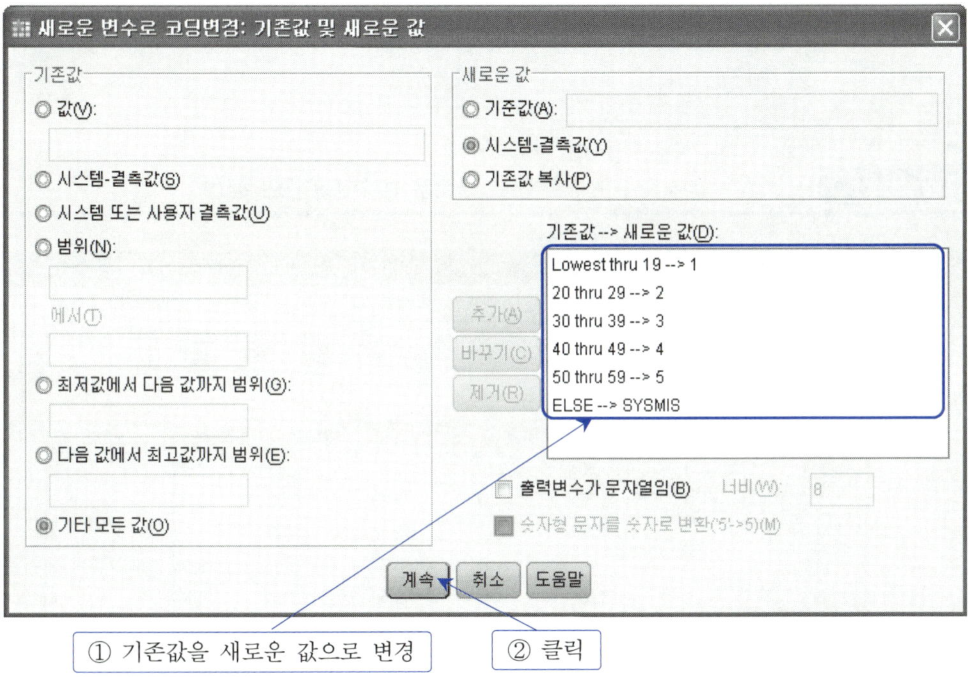

여기서 20세 미만을 입력하기 위해서는 '기존값' 란의 범위(N)에서 '최저값에서' 다음 값까지의 범위(G)공란에 '19'를 입력하고, '새로운 값'란에서 '◉기준값(A)'을 선택한 후, 오른쪽 공란에 '1'을 입력하고 추가(A)를 클릭하면 '기존값→새로운 값(D):' 아래의 공란에 'Lowest thru 19→1'이 나타난다. 계속을 클릭한 후 다시 기존값의 '범위(N)'에서 '□ 에서(T) □'의 공란에 '20'과 그 아래 공란에 '29'를 입력한 후, 오른쪽 '새로운 값'란의 '◉기준값(A)' 오른쪽 공란에 '2'를 입력하고 '추가(A)' 버튼을 클릭하면 '기존값→새로운 값(D):' 아래의 공란에 '20 thru 29→2'가 나타난다. 그리고 계속을 누르고 같은 방법으로 30에서 39, 40에서 49까지 입력한 다음, 50세 이상부터 끝까지를 선택하기 위해서는 '범위

(N)'의 '다음 값에서 최고값까지 범위(E)'의 공란에 '50'을 입력하고, '새로운 값' 란에서 '◉기준값(A)' 오른쪽 공란에 '5'를 입력하고 추가(A) 를 클릭하면 '기존값→새로운 값(D):' 아래의 공란에 '50 thru Highest→5'가 나타난다.

마지막으로 결측값을 입력하기 위해 기존 값의 '기타 모든 값(O)'을 선택한 후, '새로운 값'의 '시스템-결측값(Y)'을 선택하여 추가(A) 를 클릭하면 '기존값→새로운 값(D):' 아래의 공란에 'ELSE→SYSMIS'가 나타난다. 그리고 계속 버튼을 누르면 다시 [그림 5-24]로 돌아 간다. 여기서 확인 을 클릭하면, [그림 5-26]과 같이 자료의 마지막 칸에 '나이'라는 새로운 변수가 생성된다.

그림 5.26 새로운 변수(나이)의 생성

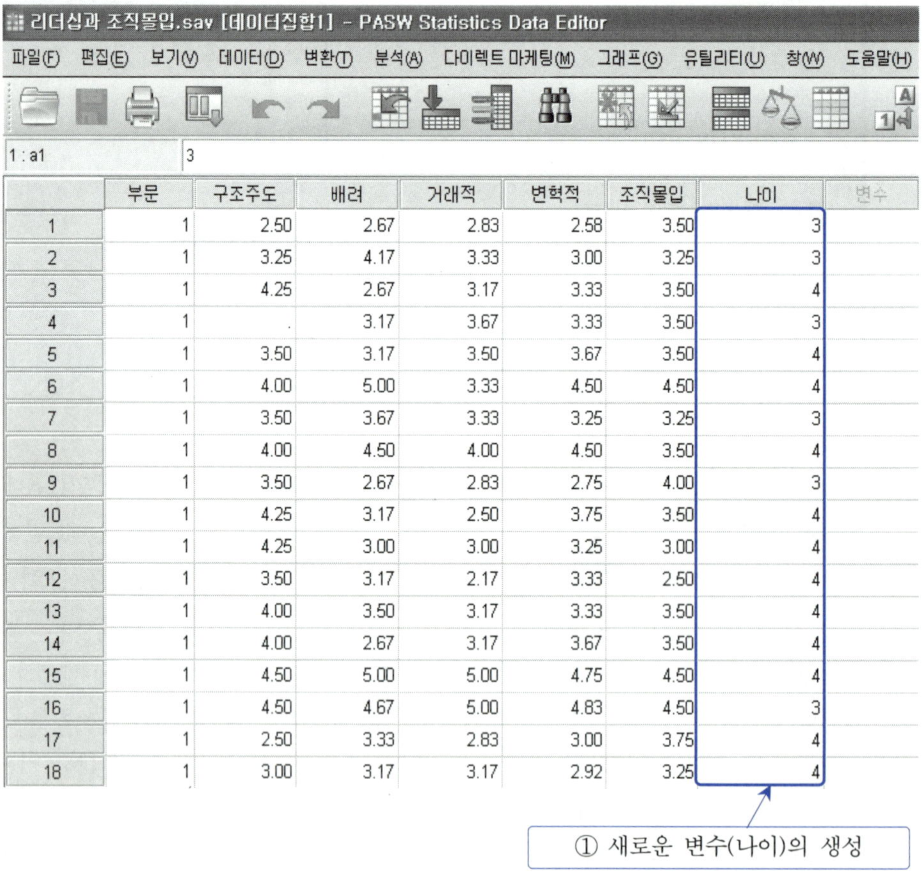

	부문	구조주도	배려	거래적	변혁적	조직몰입	나이	변수
1	1	2.50	2.67	2.83	2.58	3.50	3	
2	1	3.25	4.17	3.33	3.00	3.25	3	
3	1	4.25	2.67	3.17	3.33	3.50	4	
4	1	.	3.17	3.67	3.33	3.50	3	
5	1	3.50	3.17	3.50	3.67	3.50	4	
6	1	4.00	5.00	3.33	4.50	4.50	4	
7	1	3.50	3.67	3.33	3.25	3.25	3	
8	1	4.00	4.50	4.00	4.50	3.50	4	
9	1	3.50	2.67	2.83	2.75	4.00	3	
10	1	4.25	3.17	2.50	3.75	3.50	4	
11	1	4.25	3.00	3.00	3.25	3.00	4	
12	1	3.50	3.17	2.17	3.33	2.50	4	
13	1	4.00	3.50	3.17	3.33	3.50	4	
14	1	4.00	2.67	3.17	3.67	3.50	4	
15	1	4.50	5.00	5.00	4.75	4.50	4	
16	1	4.50	4.67	5.00	4.83	4.50	3	
17	1	2.50	3.33	2.83	3.00	3.75	4	
18	1	3.00	3.17	3.17	2.92	3.25	4	

2. 코딩변경 후 빈도분석 결과 및 해설

새로운 변수로 생성된 '나이'를 빈도분석하면 다음의 [그림 5-27]과 같은 결과도표가 나타난다. 이는 거의 정규분포곡선의 모양을 갖추고 있음을 알 수 있다. 결과도표에서 볼 때 유효표본수 747명, 표준편차는 0.79세, 10대에서 50대의 표본의 평균은 30대임을 알 수 있다. 30대가 전체 유효표본의 절반을 차지하고 있음을 히스토그램의 높이로써 짐작할 수 있다.

그림 5.27 나이에 대한 빈도분석의 히스토그램과 정규곡선

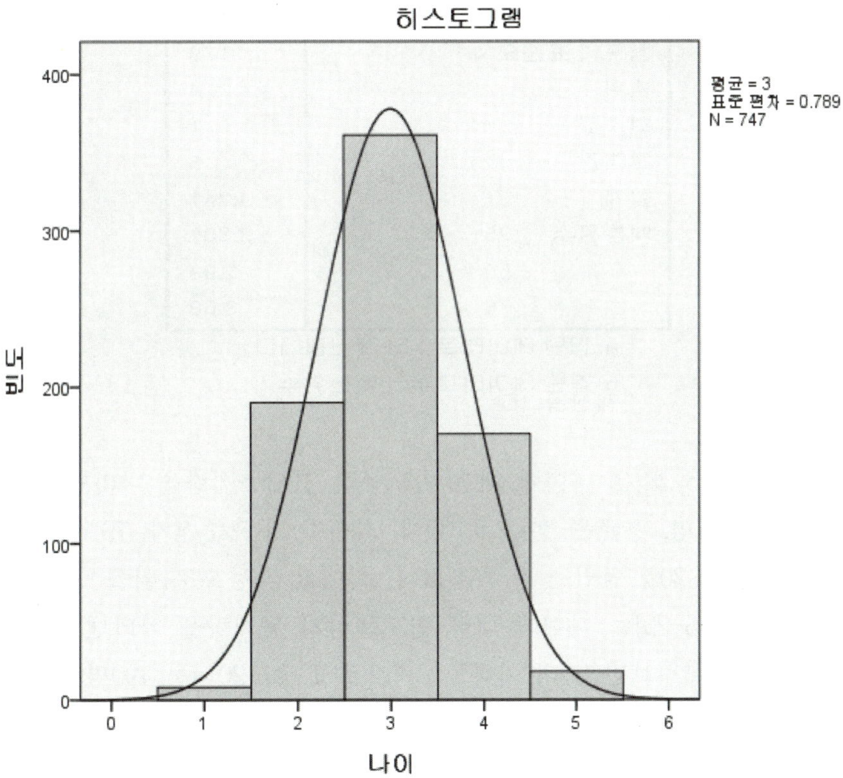

그림 5.28 나이에 대한 빈도분석의 전체통계량

통계량

나이

N	유효	747
	결측	8
평균		3.00
평균의 표준오차		.029
중위수		2.98[a]
최빈값		3
표준편차		.789
분산		.622
왜도		.164
왜도의 표준오차		.089
첨도		-.302
첨도의 표준오차		.179
범위		4
최소값		1
최대값		5
합계		2241
백분위수	25	2.30[b]
	50	2.98
	75	3.68

a. 집단 데이터로부터 계산됩니다.

b. 집단 데이터로부터 백분위수가 계산됩니다.

[그림 5-28]은 나이에 대한 빈도분석 전체통계량을 나타낸 것이다. 유효표본수는 747명, 평균은 3이므로 30대, 최빈값 3, 표준편차 .79, 분산 .62, 왜도 .164, 첨도는 -.302, 범위는 4, 최소값 1, 최대값 5 등으로 읽을 수 있다.

[그림 5-29]는 나이에 대한 빈도분석의 통계량을 나타낸 것이다.

이를 살펴보면 20대 이하는 8명으로 1.1%, 20대는 190명으로 25.2%, 30대는 361명으로 47.8%, 40대는 170명으로 22.5%, 50대 이상은 18명으로 2.4%, 시스템 결측값으로 처리된 것이 8명으로 1.1%였다. 이를 논문이나 보고서에서 백분율을 표시할 때는 결측값을 제외한 유효퍼센트를 사용하는 것이 좋다. 누적퍼센트는 20대 이하부터 50대 이상까지 순차적으로 더한 값이다.

그림 5.29 나이에 대한 빈도분석의 통계량

나이

		빈도	퍼센트	유효 퍼센트	누적퍼센트
유효	1	8	1.1	1.1	1.1
	2	190	25.2	25.4	26.5
	3	361	47.8	48.3	74.8
	4	170	22.5	22.8	97.6
	5	18	2.4	2.4	100.0
	합계	747	98.9	100.0	
결측	시스템 결측값	8	1.1		
합계		755	100.0		

① 시스템 결측값은 8이다.

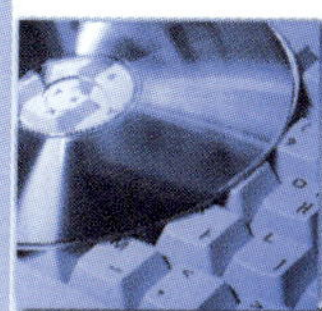

제 6 장

기술통계분석

자료의 특성에 관한 몇 가지 지표(指標)만 알고 있으면 자료의 분포상태를 간단하고도 쉽게 이해할 수 있다. 이러한 지표로는 집중경향치(集中傾向値), 분포도(分布度), 왜도, 첨도 등이 이용되고 있다.

집중경향치란 자료가 집중되어 있는 위치 혹은 자료의 중심이 되는 위치를 수치로 나타낸 것인데, 이는 자료를 대표할 수 있는 위치(값)라는 의미로 대표치(代表値)라고 불리기도 한다. 주요한 집중경향치로는 평균, 중앙치, 최빈값 등이 있다.

분포도(혹은 산포도)는 주어진 위치에서 자료들이 어느 정도 흩어져 있는지 혹은 어느 정도 모여 있는지, 즉 자료의 분포상태를 나타내는 것으로서 범위, 사분편차, 표준편차, 분산, 표준오차 등으로 측정된다.

왜도(비대칭도)는 자료의 분포가 좌우대칭에서 벗어나 어느 방향으로 얼마나 기울었는가를 알려주는 것인데, 왼쪽으로 기울었으면 오른쪽 꼬리분포라고 하고 오른쪽으로 기울었으면 왼쪽 꼬리분포라고 한다.

첨도는 자료분포의 뾰족한 정도를 나타낸다.

제1절 기술통계량: 자료의 특성

1. 집중경향치

집중경향치는 앞에서 열거한 세 가지 외에도 기하평균(幾何平均), 조화평균(調和平均) 등 여러 가지가 있지만, 여기서는 사회과학에서 많이 쓰이고 있는 산술평균, 중앙치, 최빈치에 대해서만 설명하기로 한다.

가. 산술평균

산술평균은 각 자료의 값(관찰치)을 모두 합하여 자료의 개수로 나눔으로써 구할 수 있다. 자료의 값을 X_1, X_2, X_3,…… X_n이라 하고, 자료의 개수를 n개라고 하면, 표본의 평균은 다음과 같다.1)

$$\overline{X} = \frac{X_1 + X_2 + \cdots + X_n}{n} = \frac{\sum X}{n} \qquad \text{<식 6-1>}$$

<표 3-4>에 의하면, 2001년 7대 도시의 재정자립도는 서울 95.3%를 비롯하여 부산은 64.3%, 대구 78.6%, 인천 82.2%, 광주 65.8%, 대전 76.1%, 울산 123.6%라고 한다. 7대 도시의 재정자립도 평균은 얼마인가.

$$\overline{X} = \frac{\sum X}{n} = \frac{95.3+64.3+78.6+82.2+65.8+76.1+123.6}{7} = 83.7(\%)$$

또한 <표 3-4>의 79개 도시 도로포장률의 평균도 다음과 같다.

$$\overline{X} = \frac{\Sigma X}{n} = \frac{6046.53}{79} = 76.54(\%)$$

---

1) 모집단의 평균은 보통 μ라고 표현한다.

나. 중앙치

대표값으로 가장 많이 이용되고 있는 것이 평균이지만, 평균은 대표값으로 부적합할 때도 있다. 이러한 경우에 평균을 보완하거나 평균 대신으로 쓰일 수 있는 것이 중앙치(中央値, median: *Me*)이다. 중앙치는 수집된 자료를 크기순으로 나열했을 때 중앙에 오는 자료의 값을 말한다.

중앙치의 결정을 위해서는 수집된 자료를 먼저 크기순으로 나열해야 한다. 나열된 자료의 개수(n)가 홀수이면 (n+1)÷2 번째의 자료값이 중앙치이고, 짝수이면 (n÷2) 번째의 자료값과 (n+2)÷2 번째의 자료값을 평균한 것이 중앙치가 된다.

<표 3-4>에 의하면, 79개 도시의 도로포장률 중앙치는 도로포장률을 높은 순으로 정렬했을 때, (79+1)÷2=40번째 자료값인 74.23(%)가 된다.

다. 최빈치

최빈치(最頻値, mode: *Mo*)는 가장 도수가 많은 자료의 값이나 명칭을 가리키는 대표치이다. 자료의 값은 등간자료나 비율자료의 경우에 해당되고, 자료의 명칭은 명목자료나 서열자료에 적용된다. <표 3-4>에서 한국도시의 도로포장률 최빈치는 얼마인지 알아보자.

여기서 가장 큰 도수는 '6'이고, 도수가 6인 자료의 값은 '100.00'이므로 최빈치는 100%이다.

라. 산술평균 · 중앙치 · 최빈치의 비교

(1) 분포형태에 의한 비교

최빈치의 개수에 따라 분포의 형태는 다를 수 있지만, 여기서는 최빈치가 하나인 분포(단봉분포)를 전제로 하여 좌우대칭분포, 긴 꼬리를 왼쪽에 갖고 있는 왼쪽 꼬리분포, 오른쪽에 갖고 있는 오른쪽 꼬리분포로 구분하여 비교하기로 한다.

그림 6.1 분포형태에 의한 집중경향치들의 비교

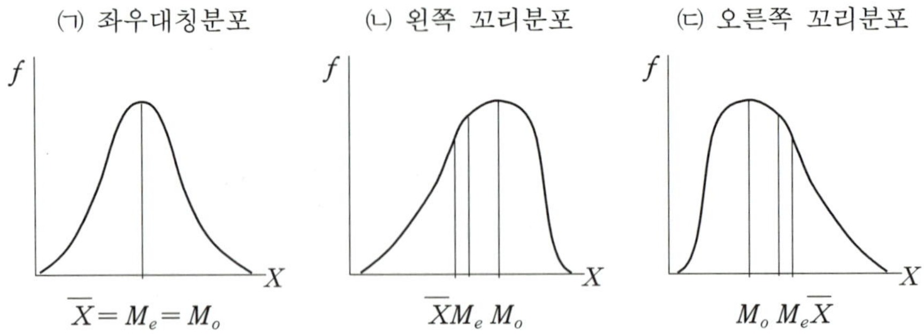

[그림 6-1]에서 알 수 있는 바와 같이, 좌우대칭분포일 때 평균과 중앙치, 최빈치는 동일한 값이지만, 왼쪽 꼬리분포에서는 평균이 중앙치보다 작고, 오른쪽 꼬리분포에서는 평균이 중앙치보다 큰 값이다. 왼쪽 꼬리분포의 가늘고 긴 꼬리는 자료들 중 일부분이 아주 작은 값을 가진다는 것을 의미하는데, 평균은 이러한 일부 자료들의 영향을 민감하게 받아서 중앙의 왼쪽에 위치하게 된다. 오른쪽 꼬리분포에서는 그 반대의 원리에 의해, 평균이 중앙의 오른쪽에 위치한다. 한편, 최빈치는 왼쪽 꼬리분포에서는 셋 중에서 가장 오른쪽에, 오른쪽 꼬리분포에서는 가장 왼쪽에 위치한다.

(2) 활용의 비교

보편적으로 가장 광범위하고 자주 이용되는 것이 평균이고, 중앙치는 평균이 부적절한 경우에 한하여 평균을 보완하거나 대체하는 역할을 위해 활용된다고 볼 수 있으며, 최빈치는 정확성의 결여 때문에 매우 제한적으로 적용되는 데 그치고 있다.

평균은 자료의 유형이 등간자료나 비율자료일 때 가장 널리 이용되는 대표치이다. 이처럼 평균이 가장 애용되는 이유는 계산이 비교적 간편하고, 이해하기 쉬우며, 다른 대표치와는 달리 수집된 자료들을 모두 반영한다는 점이다. 특히, 통계적 분석을 할 경우 평균을 활용한 분석기법이 가장 많이 쓰인다는 사실도 평균의 활용가치를 제고시키는 중요한 요인이라 하겠다.

그렇지만 자료의 분포가 좌우불균형이 심하거나 극단적인 자료의 값이 존재할 때는 평균만으로 만족할 수가 없으며, 또한 개방구간이 있는 도수분포표하에서는 평균의 계산이 불가능하다. 이러한 경우에 평균의 단점을 보완함으로써 자료의 분포상태를 정확히 표현하고자 중앙치를 제시하는 것이므로, 분포의 형태를 제대로 파악하지 못한 상태이거나 분포형태의 문제점이 발견된 상황에서도 대표치로서 평균만을 제시하는 부주의나 어리석음을 범해서는 안될 것이다.

2. 분포도

가. 범위

범위(範圍, range : R)는 수집된 자료들 가운데 최대값에서 최소값을 뺀 차이를 말하는 것으로서, 최대값과 최소값 외에는 다른 자료들의 값은 알 필요도 없고 알아도 활용되지 않는다. 이러한 속성 때문에 범위는 분포도를 측정하는 방법 중에서 가장 간단하고 편리하며 신속한 방법으로 인정받고 있다.

<표 3-4>의 79개 도시 중 도로포장률이 가장 높은 곳은 100%이고, 가장 낮은 곳은 36.3%이다. 이 경우 도로포장률의 범위는 R=최대값-최소값=100-36.3 =63.7(%)가 된다.

나. 사분편차

최대값과 최소값 사이에 있는 값들을 전혀 반영하지 못한다는 범위의 결점을 보완하여, 중간에 위치한 값들을 어느 정도 고려한 것이 사분편차(四分偏差)이다. 이러한 사분편차는 극단적인 값들의 영향을 적게 받으므로, 범위보다는 유리하게 적용될 수 있다.

사분편차(quartile deviation : Q)는 모든 자료를 크기순으로 나열하여, 최소값에서 시작하여 큰 방향으로 75%의 위치에 있는 자료값(제3사분위수 : Q3)에서 큰 방향으로 25%의 위치에 있는 자료값(제1사분위수 : Q1)을 뺀 것의 반이다. 이를 공식으로 나타내면 다음과 같다.

$$Q = \frac{Q_3 - Q_1}{2} \qquad \text{<식 6-2>}$$

<표 3-4>의 도시별 도로포장률을 크기순으로 나열하여 Q1과 Q3를 구하면, 총자료의 개수가 79개이므로 Q1은 19번째와 20번째의 자료값을 평균한 (65.3+65.9)÷2=65.6이 되고, Q3는 59번째와 60번째의 자료값을 평균한 (90.0+91.1)÷2=90.601이 된다. 그러므로 사분편차는 Q=(Q3-Q1)÷2= (90.6-65.6)÷2=12.5(%)이다.

다. 표준편차와 분산

일반적으로 분포도를 구할 때 가장 널리 이용되고 있는 것이 표준편차이다. 조사연구결과의 보고서를 작성하는 과정에서도 자료의 분포도가 필요할 때 주로 활용되는 것이 표준편차이다.

표준편차는 산술평균에서 각 자료들의 값에 이르는 거리의 제곱을 평균하여 다시 제곱근한 것으로서, 산출공식은 다음과 같다. 표준편차를 제곱한 것을 분산이라고 한다.

$$S = \sqrt{\frac{\Sigma(X - \overline{X})^2}{n-1}} \qquad \text{<식 6-3>}$$

그러면 앞의 평균편차계산에서 원용한 7대 도시 재정자립도의 자료를 이용하여 표준편차를 계산해 보기로 하자.

먼저, 평균은 585.9÷7=83.7(%)이고, 평균을 이용한 표준편차의 계산과정은 <표 6-1>과 같다.

〈표 6-1〉 재정자립도의 표준편차계산 (단위: %)

도시명	재정자립도(X)	$(X-\overline{X})$	$(X-\overline{X})^2$
서 울	95.3	11.6	134.56
부 산	64.3	-19.4	376.36
대 구	78.6	-5.1	26.01
인 천	82.2	-1.5	2.25
광 주	65.8	-17.9	320.41
대 전	76.1	-7.6	57.76
울 산	123.6	39.9	1592.01
	ΣX=585.9		$\Sigma(X-\overline{X})^2$=2509.36

위 표에서 $\Sigma(X-\overline{X})^2$=2509.36이고, n-1=6이므로, 구하는 표준편차는 다음과 같다.

$$S=\sqrt{\frac{\Sigma(X-\overline{X})^2}{n-1}}=\sqrt{\frac{2509.36}{6}}=20.45(\%)$$

같은 방법으로 <표 3-4>의 도시별 도로포장률의 표준편차와 분산을 구하면 다음과 같다.

$$S=\sqrt{\frac{\Sigma(X-\overline{X})^2}{n-1}}=\sqrt{\frac{17889.30}{79.1}}=15.14(\%)$$

$$S^2=\frac{\Sigma(X-\overline{X})^2}{n-1}=229.35(\%)$$

라. 평균의 표준오차

모집단에서 일정크기의 표본을 추출할 때 가능한 모든 표본들의 평균이 이루는 분포를 '표본평균의 분포'라고 하는데, 이 분포에서 표본평균들의 표준편차를 '평균의 표준오차'라고 하고 $S_{\overline{X}}$로 표현한다. $S_{\overline{X}}$는 다음과 같은 관계식이 성립한다.

$$S_{\bar{x}}=\frac{S}{\sqrt{n}} \qquad \text{<식 6-4>}$$

따라서 <표 3-4>의 도시별 도로포장률 평균의 표준오차는 다음과 같이 구해진다.

$$\frac{S}{\sqrt{n}} = \frac{15.14}{\sqrt{79}} = 1.70(\%)$$

마. 표준점수

표준편차는 전체자료들의 분포상태를 표현하는 것이지만, 표준점수(Z점수)는 개별자료들의 분포상태에 관한 특성을 나타낸다. 표준편차는 전체자료의 평균과 각 자료들과의 거리의 '합'을 고려한 특성치인데 반해, 표준점수는 전체자료의 평균과 각 자료의 거리만을 고려한 특성치라는 차이가 있다. 또 다른 차이점은 표준편차는 거리의 합을 전체자료의 개수로 나눈 '절대적 거리'이지만, 표준점수는 거리를 표준편차로 나눈 '상대적 거리'라는 것이다.

표준편차는 전체자료의 분포상태를 나타내므로, 분포도가 상이한 두 집단의 분포상태는 비교할 수 있어도, 두 집단내 특정자료들의 비교는 불가능하다.

한국도시연감에 의하면, 2001년 춘천의 주택보급률은 87.2%이고 상수도보급률은 85.9%로 나타났다. 얼핏 보기에는 수치가 큰 주택보급률이 상수도보급률보다 양호한 상태라고 할 수 있을 것이다. 그러나 <표 3-4>에 의한 한국도시들의 평균 주택보급률은 89.8%이고, 평균 상수도보급률은 80.9%이므로, 춘천의 주택보급률은 전국도시의 평균수준에 못 미치는 반면에 오히려 춘천의 상수도보급률은 전국평균을 상회하는 수준을 보이고 있다. 이 경우 좀 더 정확히 비교할 수 있는 방법이 춘천의 주택보급률과 상수도보급률의 표준점수를 구하여 비교하는 것이다.

표준점수(Z점수)의 산출과정은 자료의 값을 X, 자료들의 평균을 $\overline{X}$, 표준편차를 S라고 하면 다음의 공식과 같다.

$$Z = \frac{X - \overline{X}}{S} \qquad \text{<식 6-5>}$$

이 공식에 의하여 춘천의 주택보급률 표준점수(Z_1)와 상수도보급률 표준점수(Z_2)를 각각 구해 보자. 주택보급률과 상수도보급률의 표준편차는 각각

10.1%와 17.1%이다.

$$Z_1 = \frac{87.2 - 89.8}{10.1} = -0.26 \qquad Z_2 = \frac{85.9 - 80.9}{17.1} = 0.29$$

Z값으로 판단하면, 춘천의 주택보급률은 전국도시 평균값보다 표준편차 0.26개만큼 작은 값이고, 상수도보급률은 전국도시 평균값보다 표준편차 0.29개만큼 큰 값임을 알 수 있다. 따라서 춘천의 상수도보급률이 주택보급률보다 사정이 좋은 편이라고 할 수 있다.

3. 왜 도

왜도(歪度) 혹은 비대칭도(非對稱度, skewness: S_k)는 자료가 중앙에서 벗어나 기울어진 정도와 방향을 측정할 수 있는 척도이다. 비대칭도를 구하는 방법은 여러 가지가 있지만, SPSSWIN 18.0에서 이용되는 공식은 다음의 <식 6-6>이다.

$$S_k = \frac{\Sigma \left[\frac{(X - \overline{X})}{S} \right]^3}{n-1} \qquad \text{<식 6-6>}$$

S_k=0일 때 자료의 분포는 좌우대칭분포가 되고, S_k>0일 때는 왼쪽으로 기울어진 오른쪽 꼬리분포이고, S_k<0일 때는 반대방향인 왼쪽 꼬리분포이다. 기울어진 정도에 관해서는, S_k의 절대값이 클수록 한쪽으로 심하게 기울었다는 것을 의미한다.

그러면 <표 3-4> 한국도시의 도로포장률을 예로 들어 비대칭도를 구해 보기로 하자.

관련 부분에서 이미 산출된 값을 확인하면, 도로포장률의 평균은 76.54%이고, 표준편차는 15.14%이므로, S_k는 다음과 같다.

$$S_k = \frac{\Sigma\left[\frac{(X-\overline{X})}{S}\right]^3}{n-1} = \frac{-9.73}{79-1} = -0.12$$

S_k=-0.12이므로 한국도시 도로포장률의 비대칭도는 조금 오른쪽으로 기울었다.

4. 첨 도

첨도(尖度, Kurtosis: α4)는 정규분포보다 얼마나 뾰족한 분포인가를 측정하는 지표인데, 공식은 다음의 <식 6-7>과 같다.

$$\alpha 4 = \frac{\Sigma\left[\frac{(X-\overline{X})}{S}\right]^4}{n-1} - 3$$ <식 6-7>

α4=0일 때, 자료의 분포는 정규분포가 되고, α4>0이면 정규분포보다 뾰족한 분포이고, α4<0이면 정규분포보다 납작한 분포임을 의미한다. 앞의 도로포장률의 예로써 첨도를 구하면 다음과 같다.

$$\alpha 4 = \frac{\Sigma\left[\frac{(X-\overline{X})}{S}\right]^4}{n-1} - 3 = \frac{177.48}{79-1} - 3 = 2.28-3 = -0.72$$

제 2 절 기술통계분석의 과정

1. 기술통계량 산출

다음은 기술통계분석을 위한 과정이다. 먼저 분석하고자 하는 자료를 불러온 후(여기서의 자료는 '기초통계.sav'), 'id'를 제외한 5가지 변수들의 평균과 표준편차 등 특성치들을 산출하는 과정을 설명하기로 한다.

먼저 자료를 불러 오기 위해서 [그림 6-2]와 같은 순서에 따라 클릭한다.

파일(F) → 열기(O) → 데이터(A)...

그림 6.2 SPSS 데이터 편집기

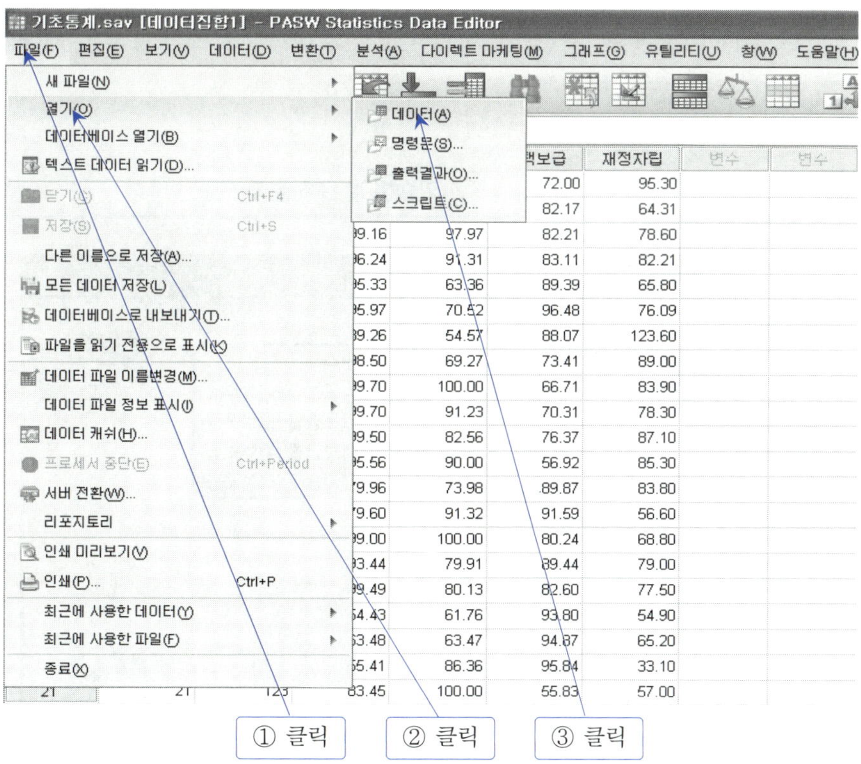

자료를 불러온 다음에는 '메뉴'에서 다음의 과정에 따라 실행한다.

분석(A) → 기술통계량(E) → 기술통계(D)...

그러면 [그림 6-3]의 기술통계 대화상자가 열린다. 여기서 분석하고자 하는 5가지 변수들을 지정하고 ➡를 누르면 지정된 변수들이 모두 오른쪽의 '변수(V)' 밑으로 이동한다. 이어 옵션(O)...을 누르면 [그림 6-4]의 옵션 대화상자가 열린다. 옵션 중에서 [그림 6-4]와 같이 필요한 통계량들을 지정하고 계속을 누르면 [그림 6-2]의 대화상자로 돌아간다. 여기서 확인을 누르면 <표 6-2>의 산출결과가 나온다.

<표 6-2>에 의하면 '도로포장률'의 경우, 유효자료수는 79개이고, 최소값 36.3, 최대값 100.0, 평균 76.54, 표준편차 15.14, 분산 229.35, 왜도(비대칭도) -.128, 첨도 -.664로 나타났다.

따라서 제1절에서 수작업으로 구한 값들과 거의 일치함을 알 수 있다. 참고로 <표 6-2>에서 산출되지 않은 중앙치(중위수)와 최빈치(최빈값)는 제5장의 '빈도분석'을 통해 구할 수 있다. 그리고 이 표의 백분위수는 사분편차를 구할 때 이용할 수 있다.

그림 6.3 기술통계 대화상자

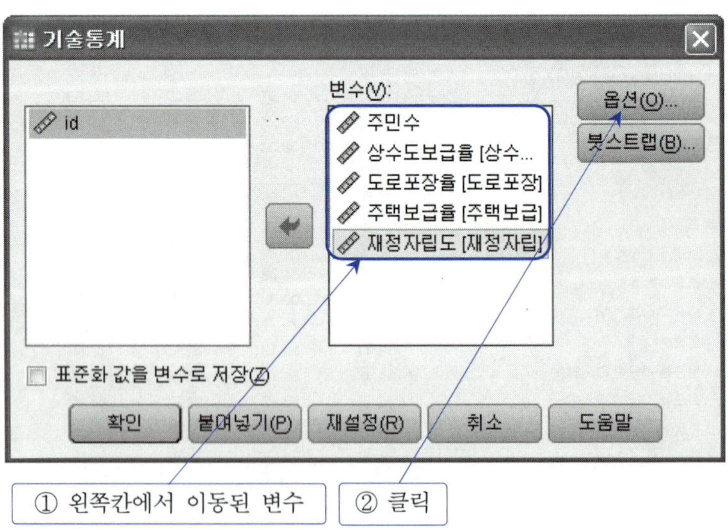

그림 6.4 기술통계 : 옵션 대화상자

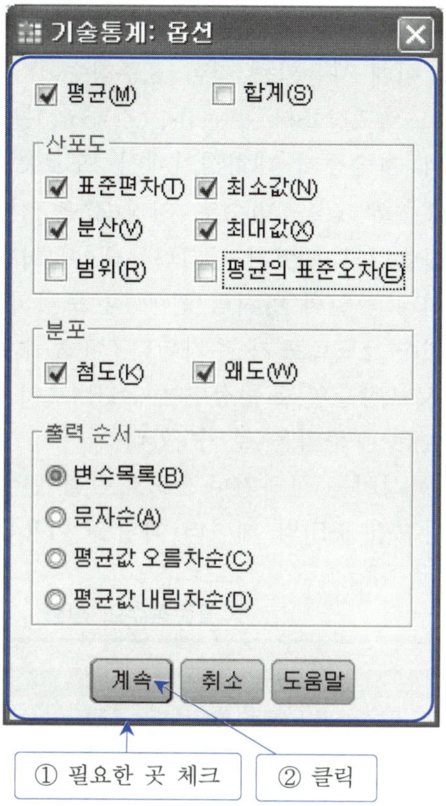

〈표 6-2〉 기술통계량

	N	최소값	최대값	평균	표준편차	분산	왜도		첨도	
	통계량	통계량	통계량	통계량	통계량	통계량	통계량	표준오차	통계량	표준오차
주민수	79	57	10373	537.10	1267.651	1606938.067	6.467	.271	47.872	.535
상수도보급율	79	25.00	100.00	80.8922	17.11129	292.796	-.907	.271	.230	.535
도로포장율	79	36.30	100.00	76.5384	15.14430	229.350	-.128	.271	-.664	.535
주택보급율	79	55.83	105.33	89.7610	10.05770	101.157	-1.247	.271	1.737	.535
재정자립도	79	15.34	123.60	50.9382	23.62907	558.333	.458	.271	-.282	.535
유효수 (목록별)	79									

2. 표준점수 산출

측정단위가 서로 다른 자료를 비교할 경우에는 두 자료의 측정단위를 통일시켜야 하는데 이때 사용되는 것이 표준점수이다. 앞의 자료('기초통계.sav')에서 79개 각 도시 도로포장률의 표준점수(Z score)를 산출하는 방법을 알아보자.

[그림 6-3]의 기술통계 대화상자에서 '도로포장률'을 지정하여 '변수(V)'로 이동시키고 '표준화 값을 변수로 저장(Z)'을 선택하여 [확인]을 클릭하면 <표 6-2>의 산출결과가 먼저 나타나는데 이 화면을 빠져나오면 [그림 6-4]와 같이 기존 데이터 파일의 마지막 칸에 각 도시의 도로포장률 표준점수를 나타내는 새로운 변수 'z도로포'가 추가된다. 이 변수값에 의하면 1번 도시(id=1: ;서울)의 경우 도로포장률의 표준점수는 .86314로서 전국의 도로포장률 평균(0.00)보다 상당히 높은 수준임을 알 수 있다.

'z도로포'의 특성치를 구하거나 'z도로포'를 변수로 삼아 다른 통계분석을 하고자 할 때는 [그림 6-5]의 데이터 파일을 이용하면 된다.

그림 6.5 표준점수의 산출

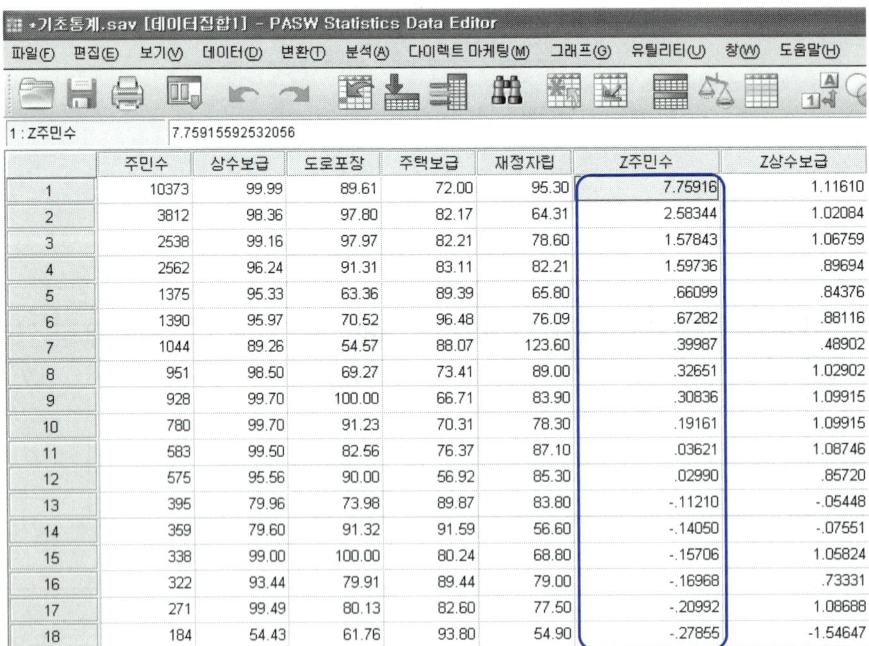

	주민수	상수보급	도로포장	주택보급	재정자립	Z주민수	Z상수보급
1	10373	99.99	89.61	72.00	95.30	7.75916	1.11610
2	3812	98.36	97.80	82.17	64.31	2.58344	1.02084
3	2538	99.16	97.97	82.21	78.60	1.57843	1.06759
4	2562	96.24	91.31	83.11	82.21	1.59736	.89694
5	1375	95.33	63.36	89.39	65.80	.66099	.84376
6	1390	95.97	70.52	96.48	76.09	.67282	.88116
7	1044	89.26	54.57	88.07	123.60	.39987	.48902
8	951	98.50	69.27	73.41	89.00	.32651	1.02902
9	928	99.70	100.00	66.71	83.90	.30836	1.09915
10	780	99.70	91.23	70.31	78.30	.19161	1.09915
11	583	99.50	82.56	76.37	87.10	.03621	1.08746
12	575	95.56	90.00	56.92	85.30	.02990	.85720
13	395	79.96	73.98	89.87	83.80	-.11210	-.05448
14	359	79.60	91.32	91.59	56.60	-.14050	-.07551
15	338	99.00	100.00	80.24	68.80	-.15706	1.05824
16	322	93.44	79.91	89.44	79.00	-.16968	.73331
17	271	99.49	80.13	82.60	77.50	-.20992	1.08688
18	184	54.43	61.76	93.80	54.90	-.27855	-1.54647

① 산출된 도로포장률의 표준점수

제 7 장

요인분석

요인분석(factor analysis)은 변수 간의 상관관계를 기초로 하여 공통된 요인을 추출하는 통계분석방법이다. 다시 말해 요인분석은 변수들 간 상관관계가 높은 것끼리 묶어서 공통요인을 찾아내는 것이다. 이 과정에서 복잡한 계산과정이 필요하므로 컴퓨터에 의존하게 된다.

제1절 요인분석의 목적과 절차

1. 요인분석의 목적

가. 자료의 요약

요인분석(要因分析, factor analysis)은 많은 변수들을 소수의 공통요인으로 묶을 수 있으므로 복잡한 자료를 간단하게 요약하여 설명할 수 있는 이점이 있다. 즉, 자료의 양을 줄여서 정보를 요약할 수 있다. 또한 요인분석결과 공통요인으로 잘 묶이지 않는 변수 또는 문항들을 가려낼 수 있으므로 중요하지 않는 변수 또는 문항를 찾아 제거할 수도 있다.

나. 변수들간 구조탐색

많은 변수들 중 어떤 것들이 유사한 속성을 지닌 것들인지 파악하기 위한 탐색적 분석에 요인분석은 이용된다. 즉, 변수들 내에 존재하는 다차원적 구조를 파악하여 새로운 개념을 규정할 수 있다.

다. 척도의 타당성 검증

이론적 혹은 논리적 근거를 바탕으로 설정한 변수들의 구체적 항목(혹은 문항)들이 과연 예상한 대로 묶여져 나타나는지를 확인함으로써 측정도구의 타당성을 검증하기 위해 이용될 수 있다. 여기서 타당성은 구성적 타당성을 의미하는 것으로, 동일한 변수로 분류한 항목들이 공통요인으로 묶어질 때 타당성이 높은 척도가 된다.

라. 추가분석에 활용

요인분석 결과 산출된 자료를 이용하여 추가적 분석에 활용할 수 있다. 요인분석을 하면 자료의 각 사례(case)별로 각 요인들의 점수를 산출할 수 있는데, 이 점수를 저장해 두었다가 요인(변수)의 새로운 자료로 삼아 다시 회귀분석이나 판별분석 등에 효과적으로 이용할 수 있다.

2. 요인분석의 절차

가. 표본수와 변수의 결정

요인분석을 위한 표본수는 100개 이상이 안전하며, 통상 변수수의 4~5배 이상의 표본수가 필요하다. 표본수가 충분히 많을 경우에는 연구목적에 따라 제2장에서 설명한 파일분할이나 케이스 선택을 이용하여 표본수를 조정할 수 있다. 또한 요인분석에 이용될 자료는 등간척도와 비율척도로 측정된 것이어야 한다.

척도유형을 확인하고 표본크기가 정해지면 사용될 변수를 선정하여 요인분석에 투입하게 된다. 이때부터 실질적으로 SPSSWIN에 의한 요인분석이 시작된다.

나. 상관분석

요인분석을 실행시키면 먼저 변수들 간 상관분석이 이루어지고 상관분석 결과 얻어진 변수들 간 상관계수를 기초로 요인분석이 진행된다. 그러므로 변수들 간 상관계수를 원자료로 투입하더라도 요인분석이 가능하다.

다. 요인추출

변수들 간 상관계수가 구해지면 이를 이용하여 변수들 간의 공통요인들이 추출된다. 이 단계에서는 요인추출방법과 요인수를 결정해야 한다. 요인추출방법에는 여러 가지가 있으나 주로 주성분분석(principal component analysis)과 공통요인분석(common factor analysis)이 이용되고 있다. 이 중에서 변수들 간의 구조를 탐색하거나 척도의 타당성을 검증하기 위해서는 공통요인분석이 유리하다.

요인수를 결정하는 방법은 고유값(eigenvalue)을 기준으로 하는 방법과 연구자가 요인수를 직접 입력하는 방법이 있다. 통상 고유값은 '1' 이상인 요인들을 추출한다. 특정요인의 고유값은 그 요인에 적재된 모든 변수의 요인적재값(factor loadings)을 제곱하여 합한 것으로, 이 요인이 설명할 수 있는 총분산의 크기(설명력)를 의미한다. 따라서 고유값이 '1' 미만인 요인은 한 개의 변수도 설명할 수 없다는 해석이 되므로 요인의 선정기준을 '1'로 삼고 있다. 한편 사회과학에서는 추출된 요인들의 누적분산이 총분산의 60% 이상을 설명해 줄 수 있도록 요인을 선정하는 것이 정보의 손실을 줄인다는 의미에서 안전하다.

라. 요인회전

비록 요인들이 추출되기는 했으나 대체로 그 상태로는 변수들 간의 요인구분이 명확하지 않다. 즉, 한 변수의 요인적재값이 여러 요인들 간에 두드러진 차이를 보이지 않거나 하나의 요인에 대한 여러 변수들의 요인적재값이 현저한 차이를 보이지 않는다. 이러한 요인적재값의 차이를 보다 크게 하여 각 요인에 해당하는 변수를 선명하게 가려내기 위해 요인을 회전시킨다.

요인회전방법에는 직각회전방법과 사각회전방법이 있으며, 전자는 다시 베리맥스(Varimax), 쿼터맥스(Quartamax), 이퀴맥스(Equamax)로 나뉘고, 후자에는 프로맥스(Promax), 오블리민(Oblimin) 등이 있는데 오블리민이 주로 이용된다.

직각회전방법은 요인들 간 각도를 90도 유지하면서 회전시키는 방법으로 요인들 간에 상관관계가 없는 상호독립적인 경우에 이용된다. 반면에 사각회전방법은 요인들 간에 직각이 되지 않게 회전시키는 것으로 요인들 간에 상호독립적이지 못한 경우에 이용된다. 사회과학에서는 상이한 변수들이라도 엄밀한 의미에서 상호독립성을 유지하는 경우는 거의 없으므로, 사각회전방법을 이용하는 것이 현실적합성이 높다.

마. 추가분석

대부분의 요인분석은 요인회전을 마치면 종료된다. 요인회전결과 추출된 요인들에 대한 변수별 요인적재값, 고유값과 분산 등이 산출되었으므로 대개의 경우 요인분석의 목적은 달성된 셈이다. 그러나 각 사례별 요인점수를 이용하여 다른 분석을 하고자 할 경우에는 추가로 요인점수를 요구할 수 있다. 이 경우 요인점수는 변수상태로 저장되어야 한다.

제 2 절 요인분석의 실행

1. 요인분석의 시작

SPSSWIN을 실행시킨 후 자료를 불러오는 방법에 대해서는 제5장을 참조한다. 자료를 불러온 후(여기서는 본서에 첨부된 CD의 '리더십과 조직몰입.sav'파일을 불러온다) 분석하는 과정은 다음과 같다.

분석(A) → 차원감소(D) → 요인분석(F)...

즉, [그림 7-1]과 같은 순서에 따라 클릭하면 [그림 7-2] 요인분석 대화상자가 열린다.

그림 7.1 요인분석을 위한 데이터 편집기

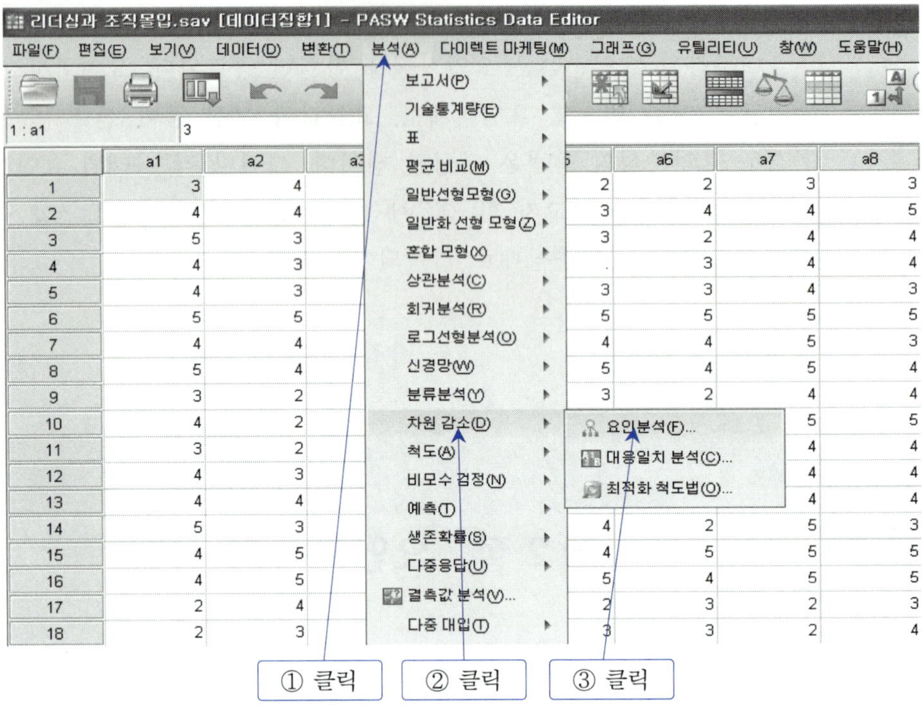

그림 7.2 요인분석 대화상자

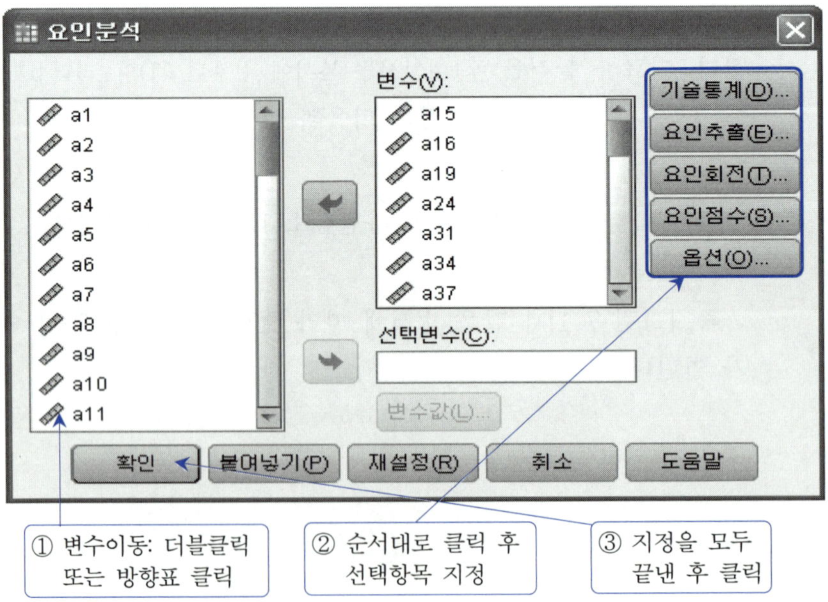

2. 변수이동

여기서 분석하고자 하는 변수들(제3장의 <표 3-2> 변수별 문항번호에 나타난 카리스마-a15, a16, a19, a24, a31, a34, a37, a51, 개별적 배려-a14, a20, a22, a25, a26, a28, a33, a35, 지적 자극-a18, a23, a27, 성과에 따른 보상-a38, a40, a42, a44, a46, a48, 예외적 관리-a39, a41, a43, a45, a47) 총 30개를 왼쪽 칸의 변수 위에 커서를 두고 [→]를 클릭하면, [그림 7-2]와 같이 오른쪽 변수 칸으로 이동한다.

3. 기술통계

[그림 7-2]의 대화상자에서 [기술통계(D)...]를 선택하면, [그림 7-3] 기술통계 대화상자가 나타난다. 여기서는 '통계량' 중 일변량 기술통계(U), 초기해법(I)과 '상관행렬' 중 계수(C), 유의수준(S), 행렬식(D), KMO와 Bartlett의 구형성 검정(K)를 선택한 후 [계속]을 누르면, 다시 [그림 7-2] 요인분석 대화상자로 돌아간다.

그림 7.3 기술통계 대화상자

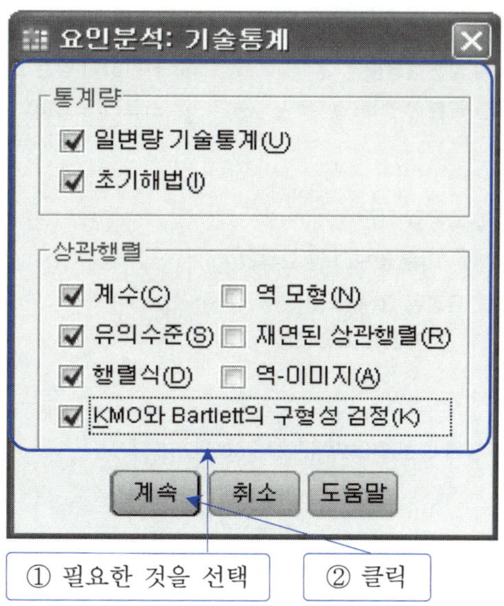

4. 요인추출

[그림 7-2]의 요인분석 대화상자에서 요인추출(E)... 을 클릭하면 [그림 7-4] 요인추출 대화상자가 나타난다.

'방법(M)'에는 주성분을 선택하고, '분석'에서 상관행렬(R), '표시'에서 회전하지 않은 요인해법(F), 스크리도표(S)를 선택하고, '추출'에서는 고유값 기준을 선택하고 다음 값보다 큰 고유값(A)의 공란에 '1'을 입력한다. 필요한 만큼의 요인수를 지정하고자 할 때는 추출할 요인(T)을 선택하여 필요한 요인의 갯수를 입력한다. 추출할 요인(T)을 선택하지 않으면 고유값이 '1' 이상인 요인들만 출력한다. 수렴에 대한 최대반복계산수(X)는 디폴트(default)로 '25'가 지정되어 있는데 그대로 둔다. 모두 지정한 후 계속 을 클릭하면 [그림 7-2]로 되돌아간다.

그림 7.4 요인추출 대화상자

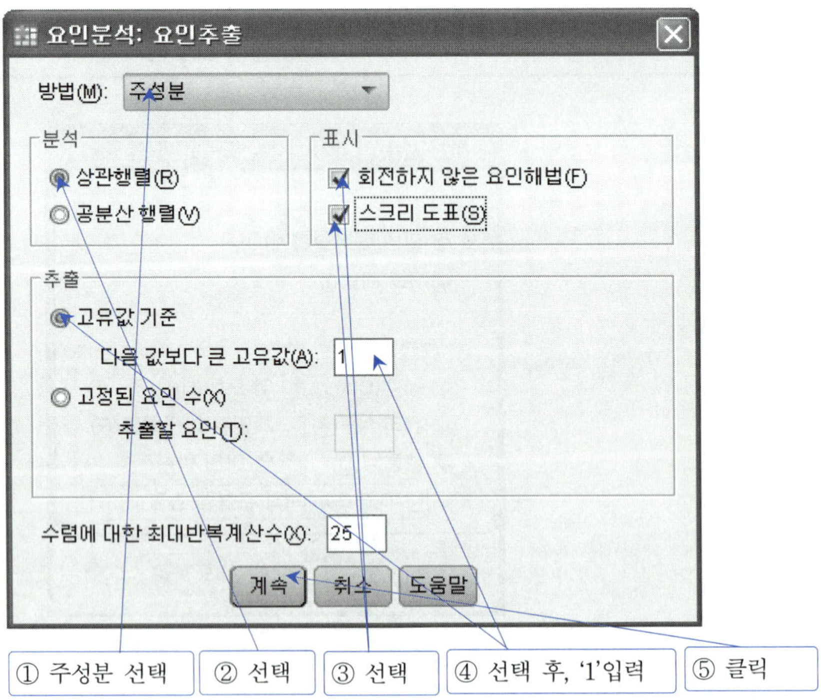

5. 요인회전

[그림 7-2]에서 요인회전(T)... 을 선택하면 [그림 7-5]와 같이 요인회전 대화상자가 나타난다. 여기서 '방법'에는 자주 사용되는 베리멕스(V)를 지정하고, '표시'는 회전해법(R), 적재값 도표(L)를 지정한다. 수렴에 대한 최대반복계산수(X)는 요인추출과 마찬가지로 디폴트(default)로 '25'가 지정되어 있는데 그대로 둔다. 지정을 모두 마치고 계속 을 클릭하면 [그림 7-2]로 되돌아간다.

그림 7.5 요인회전 대화상자

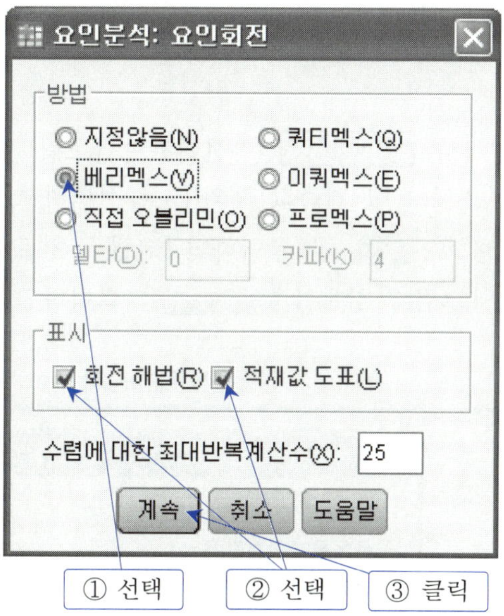

6. 요인점수

[그림 7-2]에서 요인점수(S)... 를 클릭하면 [그림 7-6] 요인점수 대화상자가 나타난다. 변수로 저장(S)을 지정하면, '방법'에서 선택을 해야 하는데, 여기서는 회귀분석(R)을 선택하고, 요인점수 계수행렬 출력(D)을 지정한다. 그리고 난 후 계속 을 클릭하면 [그림 7-2]로 되돌아간다.

그림 7.6 요인점수 대화상자

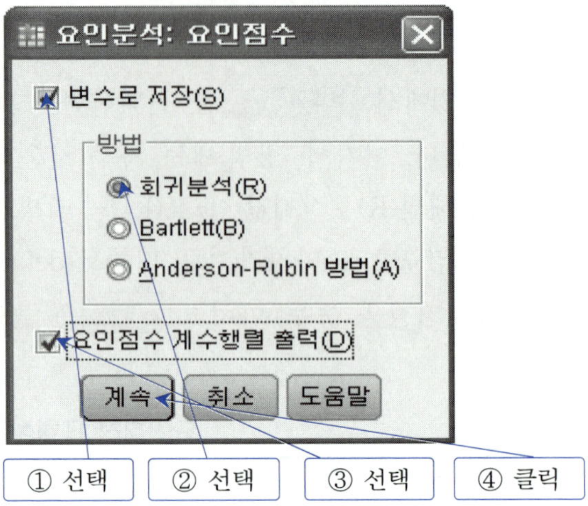

7. 옵 션

[그림 7-2]에서 옵션(O)... 을 선택하면 [그림 7-7] 옵션 대화상자가 나타난다. '결측값'은 목록별 결측값 제외(L)를 선택하고, '계수출력형식'은 크기순 정렬(S)을 선택한 후 계속 을 클릭하면 [그림 7-2]로 되돌아간다. 모든 선택이 완료되었으므로 [그림 7-2]에서 확인 을 클릭하면 분석결과가 나타난다.

그림 7.7 옵션 대화상자

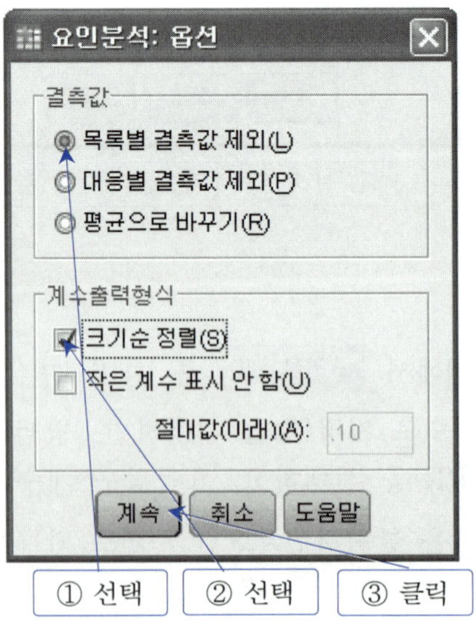

제 3 절 요인분석 결과 및 해설

1. 기술통계량

<표 7-1>은 요인분석에서 기술통계량에 대한 지정으로 나타난 분석결과이다. 분석결과표에는 각 문항들의 평균과 표준편차, 분석수(사례수)가 나타나 있는데, 여기서 분석수 721은 결측값을 제거한 유효자료의 총갯수를 의미한다.

〈표 7-1〉 기술통계량

	평균	표준편차	분석수
a15	3.51	.943	721
a16	2.92	.947	721
a19	3.21	.913	721
a24	3.54	.892	721
a31	3.04	.878	721
a34	2.96	.973	721
a37	3.36	.858	721
a51	2.94	.921	721
a14	3.73	.752	721
a20	3.07	.936	721
a22	3.32	.776	721
a25	3.40	.783	721
a26	3.12	.848	721
a28	3.82	.793	721
a33	3.29	.950	721
a35	3.14	.867	721
a18	3.17	.959	721
a23	3.21	.857	721
a27	3.22	.815	721
a38	3.28	.849	721
a40	3.18	.950	721
a42	3.08	.808	721
a44	3.11	.812	721
a46	3.17	.807	721
a48	3.20	.807	721
a39	3.05	.784	721
a41	3.04	.815	721
a43	3.15	.852	721
a45	3.19	.723	721
a47	2.95	.830	721

2. 상관행렬 및 유의수준

<표 7-2>는 상관계수(위)와 유의확률(아래)을 나타내고 있는데, 이 표는 총 30개 문항 중 일부분의 문항에 대해서만 상관계수와 유의확률을 나타내고 있고, 나머지 부분은 지면관계상 생략한 표이다.

요인분석에서 이처럼 상관계수를 구하여 산출하는 이유는 투입된 자료가 요인분석에 적합한 것인지 확인할 수 있기 때문이다. 가령 변수들 간 상관계수가 전반적으로 낮으면 요인분석에 부적합한 자료라는 의미이다. 일부 상관계수는 낮고, 다른 일부 상관계수는 높게 나타났다면 요인분석에 적합한 자료라 볼 수 있다.

분석결과 중에서 몇 가지만 예를 들면 A15와 A16의 상관계수는 .585이고, A37과 A54의 상관계수는 .003이다. 이들의 유의수준은 A15와 A16은 .0000이고, A37과 A54는 .473이다(두 변수가 대각선으로 만나는 점의 값). 이처럼 <표 7-2>에는 높은 상관계수와 낮은 상관계수들이 공유하고 있으므로 요인분석에 적합한 자료라고 할 수 있다.

위 두 가지 상관계수를 논문에서 활용하고자 할 때에는 "A37과 A45 두 문항 간에는 유의수준 $p<.001$에서 (통계적으로) 의미있는 직선관계를 나타내고 있으며, 비교적 높은 상관관계를 보이고 있다. 반면 A37과 A45 두 변수 간에는 유의수준 $p<.05$에서 (통계적으로) 의미있는 직선관계를 보이지 않고 있다."고 해석하면 된다.

3. KMO와 Bartlett의 검증

KMO, 즉 Kaiser-Meyer-Olkin 척도는 카리스마, 개별적 배려, 지적 자극, 성과에 따른 보상, 예외적 관리로 나누어진 요인들의 선정이 좋은지, 나쁜지를 판단하는 기준이 된다. 이 척도값이 .90 이상이면 요인분석을 위한 변수의 선정이 아주 좋다는 의미이며, .80 이상에서 .90 미만은 좋다, .70 이상에서 .80 미만은 비교적 좋다는 의미이고, .60 이상에서 .70 미만은 보통, .50 이상에서

〈표 7-2〉 상관행렬a

		A15	A16	A19	A24	A31	A34	A37	A14	A20	A22	A25
상관계수	A15	1.000	.585	.694	.605	.615	.654	.520	.458	.582	.420	.489
	A16	.585	1.000	.607	.530	.553	.654	.429	.284	.514	.395	.406
	A19	.694	.607	1.000	.603	.645	.712	.479	.353	.633	.353	.459
	A24	.605	.530	.603	1.000	.594	.622	.536	.353	.494	.390	.550
	A31	.615	.553	.645	.594	1.000	.696	.592	.338	.574	.363	.430
	A34	.654	.654	.712	.622	.696	1.000	.569	.301	.612	.405	.469
	A37	.520	.429	.479	.536	.592	.569	1.000	.392	.449	.412	.454
	A14	.458	.284	.353	.353	.338	.301	.392	1.000	.353	.359	.392
	A20	.582	.514	.633	.494	.574	.612	.449	.353	1.000	.360	.433
	A22	.420	.395	.353	.390	.363	.405	.412	.359	.360	1.000	.363
	A25	.489	.406	.459	.550	.430	.469	.454	.392	.433	.363	1.000
	A26	.520	.553	.537	.586	.578	.617	.512	.341	.525	.429	.473
	A28	.532	.412	.490	.492	.513	.532	.451	.471	.485	.413	.428
	A33	.608	.449	.593	.504	.627	.677	.516	.397	.629	.389	.387
	A35	.552	.534	.552	.494	.617	.671	.556	.338	.568	.372	.448
	A18	.457	.508	.497	.520	.451	.503	.482	.335	.463	.397	.390
	A23	.527	.505	.512	.614	.526	.567	.473	.337	.523	.412	.519
	A27	.443	.427	.412	.473	.501	.508	.439	.282	.422	.298	.398
	A38	.527	.511	.491	.509	.583	.550	.607	.392	.518	.465	.448
	A40	.306	.328	.280	.329	.359	.378	.348	.347	.374	.378	.295
	A42	.466	.440	.429	.457	.479	.510	.482	.327	.499	.332	.418
	A44	.255	.309	.235	.325	.319	.310	.329	.241	.315	.291	.369
	A46	.405	.359	.352	.350	.432	.416	.427	.303	.423	.400	.350
	A48	.439	.427	.402	.440	.479	.497	.450	.313	.467	.376	.402
	A39	.221	.284	.294	.225	.310	.300	.236	.201	.305	.312	.213
	A41	.054	.048	.018	-.002	.023	.020	.075	-.019	.000	.046	.023
	A43	-.100	-.173	-.072	-.160	-.080	-.103	-.056	-.032	-.101	-.007	-.054
	A45	.049	.117	.122	.080	.089	.120	.003	.062	.081	.131	.127
	A47	-.153	-.033	-.118	-.111	-.102	-.152	-.055	-.081	-.086	-.045	-.064
	A51	.552	.541	.574	.499	.546	.647	.437	.264	.499	.379	.380
유의확률 (한쪽)	A15		.000	.000	.000	.000	.000	.000	.000	.000	.000	.000
	A16	.000		.000	.000	.000	.000	.000	.000	.000	.000	.000
	A19	.000	.000		.000	.000	.000	.000	.000	.000	.000	.000
	A24	.000	.000	.000		.000	.000	.000	.000	.000	.000	.000
	A31	.000	.000	.000	.000		.000	.000	.000	.000	.000	.000
	A34	.000	.000	.000	.000	.000		.000	.000	.000	.000	.000
	A37	.000	.000	.000	.000	.000	.000		.000	.000	.000	.000
	A14	.000	.000	.000	.000	.000	.000	.000		.000	.000	.000
	A20	.000	.000	.000	.000	.000	.000	.000	.000		.000	.000
	A22	.000	.000	.000	.000	.000	.000	.000	.000	.000		.000
	A25	.000	.000	.000	.000	.000	.000	.000	.000	.000	.000	
	A26	.000	.000	.000	.000	.000	.000	.000	.000	.000	.000	.000
	A28	.000	.000	.000	.000	.000	.000	.000	.000	.000	.000	.000
	A33	.000	.000	.000	.000	.000	.000	.000	.000	.000	.000	.000
	A35	.000	.000	.000	.000	.000	.000	.000	.000	.000	.000	.000
	A18	.000	.000	.000	.000	.000	.000	.000	.000	.000	.000	.000
	A23	.000	.000	.000	.000	.000	.000	.000	.000	.000	.000	.000
	A27	.000	.000	.000	.000	.000	.000	.000	.000	.000	.000	.000
	A38	.000	.000	.000	.000	.000	.000	.000	.000	.000	.000	.000
	A40	.000	.000	.000	.000	.000	.000	.000	.000	.000	.000	.000
	A42	.000	.000	.000	.000	.000	.000	.000	.000	.000	.000	.000
	A44	.000	.000	.000	.000	.000	.000	.000	.000	.000	.000	.000
	A46	.000	.000	.000	.000	.000	.000	.000	.000	.000	.000	.000
	A48	.000	.000	.000	.000	.000	.000	.000	.000	.000	.000	.000
	A39	.000	.000	.000	.000	.000	.000	.000	.000	.000	.000	.000
	A41	.072	.101	.315	.483	.270	.297	.022	.303	.496	.108	.268
	A43	.004	.000	.026	.000	.016	.003	.066	.195	.003	.421	.074
	A45	.095	.001	.001	.016	.008	.001	.473	.048	.015	.000	.000
	A47	.000	.185	.001	.001	.003	.000	.069	.015	.010	.115	.044
	A51	.000	.000	.000	.000	.000	.000	.000	.000	.000	.000	.000

a. 행렬식 = 5.80E-008

.60 미만은 바람직하지는 못하지만 겨우 사용할 수 있을 정도, .50 미만은 요인분석을 위한 변수선정이 좋지 않다는 의미이다.

여기서는 분석결과 KMO의 값이 <표 7-3>에 나타난 바와 같이 .961이므로 요인분석을 위한 변수선정이 매우 좋은 것으로 해석된다.

Bartlett의 구형성 검증은 '상관행렬이 단위행렬이다'라는 귀무가설을 검증하기 위한 것이다. 분석결과 근사카이제곱값은 11816.804이며, 유의확률은 .000으로 나타나 변수들 간 상관계수가 통계적으로 의미있다고 볼 수 있다. 따라서 이 자료를 이용한 요인분석은 적합하다고 해석할 수 있다.

〈표 7-3〉 KMO와 Bartlett의 검증

표준형성 적절성의 Kaiser-Meyer-Olkin 측도.		.961
Bartlett의 구형성 검정	근사 카이제곱	11816.804
	자유도	435
	유의확률	.000

4. 공통성

<표 7-4>는 각 변수(문항)별 공통성(communality)을 나타낸다. 특정 변수의 모든 요인적재값을 제곱하여 합한 것을 그 변수의 공통성이라고 하므로, 공통성은 분석결과 추출된 모든 요인들에 의해 설명되는 특정 변수의 분산이 된다. 다시 말해 모든 요인들에 의한 특정 변수의 설명력 혹은 특정 변수의 중요도라고 할 수 있다. 대체로 공통성이 0.4 이하이면 중요도가 낮은 변수로 인정되므로 분석대상에서 제외시키는 것이 좋다.

가령 A15의 공통성은 다음과 같다(<표 7-7>에서 'A15'의 요인을 가지고 계산).

A15의 공통성: $(.767)^2+(-.170)^2+(.179)^2+(-.183)^2+(.086)^2=0.690$

〈표 7-4〉 공통성

	초기	추출
a15	1.000	.690
a16	1.000	.604
a19	1.000	.745
a24	1.000	.624
a31	1.000	.667
a34	1.000	.788
a37	1.000	.525
a51	1.000	.600
a14	1.000	.677
a20	1.000	.592
a22	1.000	.441
a25	1.000	.505
a26	1.000	.677
a28	1.000	.606
a33	1.000	.701
a35	1.000	.625
a18	1.000	.604
a23	1.000	.639
a27	1.000	.562
a38	1.000	.645
a40	1.000	.626
a42	1.000	.614
a44	1.000	.603
a46	1.000	.594
a48	1.000	.612
a39	1.000	.460
a41	1.000	.441
a43	1.000	.521
a45	1.000	.522
a47	1.000	.529

추출 방법: 주성분 분석.

5. 설명된 총분산

<표 7-5>는 분석에 투입된 각 문항들이 5개 요인으로 묶어진 것을 나타낸다. 즉, 주성분분석으로 고유값(eigenvalues)이 1 이상인 요인은 5개로 나타났으며, 각 고유값은 12.350, 2.250, 1.312, 1.117, 1.011이다.

특정 요인에 속한 모든 변수들의 요인적재값은 제곱하여 합한 것을 그 요인의 고유값이라고 하므로, 특정 요인의 고유값은 그 요인에 속한 모든 변수들

에 의해 설명되는 분산이 된다. 즉, 요인의 고유값은 그 요인의 설명력과 중요도를 의미한다. 통상 고유값이 '1' 이상인 요인만 분석대상으로 삼으므로 이 자료에서는 5개의 요인만 인정한 것이다.

이 5개의 요인들이 리더십유형을 설명할 수 있는 설명력은 '요인 1'이 41.165%, '요인 2'가 7.501%, '요인 3'이 4.375%, '요인 4'가 3.723%, '요인 5'가 3.371% 등 전체(누적) 60.135% 설명하고 있다.

가령 '요인(성분) 1'의 고유값을 구하는 과정은 다음과 같다(<표 7-7> 성분행렬 참조).

요인 1의 고유값 :

$$(.824)^2+(.783)^2+(.776)^2+(.767)^2+(.765)^2+\ldots+(.521)^2 = 12.350$$

〈표 7-5〉 설명된 총분산

성분	초기 고유값			추출 제곱합 적재값			회전 제곱합 적재값		
	전체	% 분산	% 누적	전체	% 분산	% 누적	전체	% 분산	% 누적
1	12.350	41.165	41.165	12.350	41.165	41.165	5.921	19.736	19.736
2	2.250	7.501	48.667	2.250	7.501	48.667	4.258	14.194	33.930
3	1.312	4.375	53.041	1.312	4.375	53.041	3.886	12.954	46.884
4	1.117	3.723	56.764	1.117	3.723	56.764	2.016	6.719	53.603
5	1.011	3.371	60.135	1.011	3.371	60.135	1.960	6.532	60.135
6	.891	2.970	63.105						
7	.848	2.827	65.932						
8	.783	2.610	68.542						
9	.711	2.369	70.911						
10	.706	2.353	73.264						
11	.622	2.074	75.338						
12	.600	2.000	77.338						
13	.556	1.853	79.191						
14	.538	1.794	80.985						
15	.497	1.656	82.641						
16	.480	1.599	84.240						
17	.450	1.499	85.739						
18	.442	1.472	87.211						
19	.414	1.379	88.590						
20	.392	1.306	89.896						
21	.379	1.262	91.158						
22	.371	1.235	92.393						
23	.337	1.124	93.517						
24	.333	1.110	94.627						
25	.311	1.036	95.663						
26	.303	1.011	96.674						
27	.287	.958	97.631						
28	.266	.888	98.519						
29	.247	.822	99.342						
30	.197	.658	100.000						

추출 방법: 주성분 분석.

6. 스크리 도표

스크리(Scree) 도표는 고유값의 변화를 <표 7-6>과 같이 꺾은선그래프로 보여준다. 세로 축은 고유값을 나타내고, 가로 축은 성분번호(요인수)를 나타내고 있는데, 요인 1과 2 사이는 매우 경사가 급하지만 요인 3, 요인 4, 요인 5를 거치면서 경사가 매우 완만해지고 있다는 것을 알 수 있다. 이와 같이 고유값이 급격히 작아지는 점에서 혹은 그래프가 가로 축과 평행을 이루기 직전에서 요인의 개수가 결정되는데 여기서는 5개의 요인이 추출되었다.

〈표 7-6〉 스크리 도표

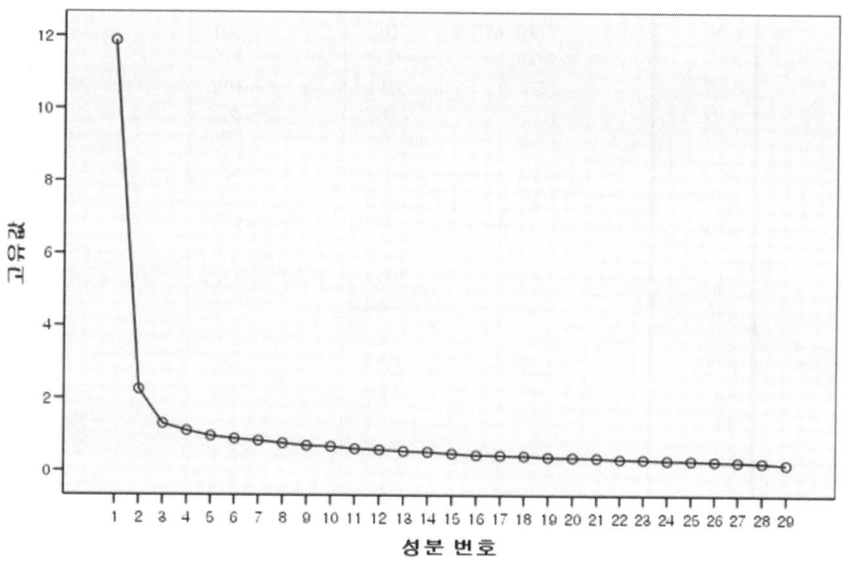

7. 성분행렬

<표 7-7>은 요인추출 결과 나타난 5개 요인에 대한 각 변수(문항)들의 요인적재값을 제시한 것으로, 이를 요인행렬 또는 성분행렬이라고 한다. 'A34' 문항은 성분요인 1, 2, 3, 4, 5에 대하여 각각 .824, -.138, .223, -.0998, -.176의 영향을 미친다고 해석할 수 있다. 또한 A34는 요인 1과 밀접한 관련이 있으며, A45는 요인 2, A14는 요인 5와 각각 밀접한 관련이 있다.

〈표 7-7〉 성분행렬a

	성분				
	1	2	3	4	5
a34	.824	-.138	.223	-.100	-.176
a31	.783	-.094	.155	-.093	-.111
a35	.776	-.041	2.20E-005	.024	-.147
a15	.767	-.170	.179	-.183	.086
a38	.765	.134	-.200	-.021	-.032
a26	.755	-.091	.063	.302	.054
a19	.755	-.159	.342	-.169	-.053
a24	.746	-.170	.114	.123	.102
a33	.744	-.094	.043	-.362	-.080
a20	.740	-.077	.090	-.133	-.113
a23	.721	-.183	.070	.266	.102
a16	.714	-.088	.213	.102	-.175
a37	.711	-.033	-.048	.061	.113
a42	.706	.182	-.201	.161	-.124
a51	.696	-.067	.119	-.121	-.288
a28	.691	-.011	-.142	-.231	.233
a48	.675	.188	-.282	-.016	-.202
a18	.654	-.129	.085	.360	.150
a25	.638	-.017	-.022	.121	.288
a27	.637	-.096	.068	.355	.130
a46	.608	.317	-.271	-.135	-.181
a22	.579	.115	-.108	-.054	.279
a40	.569	.338	-.426	-.057	-.059
a44	.516	.369	-.392	.178	-.122
a45	.164	.627	.280	-.156	.007
a43	-.105	.573	.280	-.178	.268
a41	.049	.566	.322	.096	.073
a47	-.095	.561	.193	.398	-.095
a39	.421	.485	.200	-.088	.017
a14	.521	.000	-.213	-.206	.564

요인추출 방법: 주성분 분석.
 a. 추출된 5 성분

8. 회전된 성분행렬

<표 7-8>은 회전된 성분행렬표이다. 요인추출방법은 주성분분석이며, 회전방법은 베리멕스(VARIMAX: [그림 7-5] 참조)를 선택하였다. 요인수렴을 위한 요인회전은 7번 반복계산된 것을 알 수 있다. [그림 7-4]에서 수렴에 대한 최대반복계산수(X)는 25로 지정하였는데, 여기서는 7번 반복계산하여 요인이 수렴되었음을 알려준다.

〈표 7-8〉 회전된 성분행렬a

	성분				
	1	2	3	4	5
a34	.774	.363	.222	.015	.093
a19	.770	.334	.056	.074	.177
a33	.713	.115	.286	-.024	.312
a51	.680	.217	.301	-.001	-.001
a31	.680	.348	.250	.027	.144
a15	.663	.348	.124	.006	.337
a20	.638	.281	.280	.006	.164
a16	.597	.449	.209	.044	-.033
a35	.557	.389	.394	-.014	.092
a18	.276	.699	.159	-.011	.118
a27	.259	.671	.183	.005	.103
a26	.385	.669	.266	.002	.102
a23	.385	.655	.188	-.066	.149
a24	.480	.565	.168	-.029	.214
a25	.246	.515	.220	.056	.358
a37	.378	.453	.319	.006	.275
a40	.152	.114	.727	.097	.227
a44	.045	.246	.724	.124	.041
a46	.329	.066	.664	.140	.143
a48	.354	.205	.659	.024	.096
a42	.303	.394	.598	.073	.064
a38	.399	.323	.566	.053	.242
a45	.146	-.095	.149	.684	.035
a43	-.104	-.165	-.086	.666	.180
a41	-.032	.074	.030	.655	-.071
a47	-.250	.157	.117	.546	-.360
a39	.278	.107	.262	.540	.108
a14	.124	.255	.202	.016	.746
a28	.403	.239	.332	4.31E-005	.525
a22	.220	.312	.305	.122	.433

요인추출 방법: 주성분 분석.
회전 방법: Kaiser 정규화가 있는 베리멕스.
a. 7 반복계산에서 요인회전이 수렴되었습니다.

반복계산한 수

회전된 성분행렬은 회전되기 전의 성분행렬(<표 7-7>)에 비하여 요인이 뚜렷하게 나누어진 것을 알 수 있다. 즉, 회전되기 전에 비해 회전 후에는 각 변수들의 요인적재값이 요인들간에 두드러진 차이를 보임으로써 각 요인에 해당되는 변수의 구분이 명확해 졌다. 따라서 회전된 요인적재값을 이용하여 요인분석결과를 해석하는 것이 바람직하다.

요인적재값은 각 변수와 요인 간 상관관계의 정도를 나타낸 것으로, 각 변수는 요인적재값이 가장 높은 요인에 속하는 것으로 분류된다. 이때 요인적재값의 정도는 부호와 상관없이 절대값으로 결정되는데 통상 0.4 이상이면 의미있는 적재값으로 인정된다. <표 7-8>에서 요인적재값이 0.4 이상이면서 가장 높은 요인적재값을 기준으로 하여 투입된 30개 변수들을 5가지 요인으로 묶으면 다음과 같다.

제1요인에는 A34, A19, A33, A51, A31, A15, A20, A16, A35가 속하고, 제2요인에는 A18, A27, A26, A23, A24, A25, A37, 제3요인에는 A40, A44, A46, A48, A42, A38, 제4요인에는 A45, A43, A41, A47, A39, 마지막으로 제5요인에는 A14, A28, A22를 각각 포함하고 있다.

9. 성분변환행렬

<표 7-9>는 요인회전을 할 때 사용한 변환행렬값을 나타낸 표이다.

회전된 성분행렬의 요인적재값을 나타낸 <표 7-8>은 <표 7-7> 성분행렬의 요인적재값과 <표 7-9> 성분변환행렬의 요인적재값을 곱하여 더한 값이다. 예를 들면 다음과 같다.

회전된 성분행렬의 요인적재값 A34:
$\{(.824)\times(.648)\}+\{(-.138)\times(-.236)\}+\{(.223)\times(.433)\}+\{(-.0998)\times(-.441)\}+\{(-.176)\times(-.377)\}=.7734$

<표 7-8> 'A34'의 요인적재값은 .774로 나타났으나, 수작업으로 계산한 값이 .7734로 경미한 차이가 발생한 것은 반올림 오차로 인한 것이다.

〈표 7-9〉 성분변환행렬

성분	1	2	3	4	5
1	.648	.526	.469	.057	.283
2	-.236	-.173	.440	.848	-.040
3	.433	.156	-.694	.501	-.234
4	-.441	.760	.046	-.014	-.476
5	-.377	.303	-.321	.161	.798

요인추출 방법: 주성분 분석.
회전 방법: Kaiser 정규화가 있는 베리멕스.

10. 성분점수 계수행렬

<표 7-10>은 성분점수(요인점수) 계수행렬을 나타낸 것이다. 각 사례(case)별 요인점수(성분점수)는 이 행렬에 의해서 나타난 계수에 의해서 다음과 같이 계산된다.

요인 1의 점수: (.157)×(A15의 응답에 대한 사례의 표준화값)[1] + (.142) × (A16의 응답에 대한 사례의 표준화값) + ... + (.238) × (A51의 응답에 대한 사례의 표준화값)

요인 2의 점수: (−.031)×(A15의 응답에 대한 사례의 표준화값) + ... + ... + ... + (−.120) × (A51의 응답에 대한 사례의 표준화값)

이렇게 산출된 각 사례들의 요인점수들은 추가적 분석에 활용될 수 있다. 가령 5가지 요인점수를 가진 새로운 요인들의 명칭을 편의상 카리스마 1, 개별적 배려 1, 지적 자극 1, 성과보상 1, 예외관리 1이라고 하면, 이러한 5가지 새로운 요인들이 독립변수가 되어 조직몰입에 미치는 영향을 회귀분석할 수 있다.

그리고 이러한 회귀분석을 할 경우 새롭게 만들어진 5가지 독립변수가 기존의 독립변수보다 이점이 있다. 예컨대 카리스마의 경우 최종 선정된 6개 문항(변수)들을 평균하여 각 사례별 변수값으로 이용했으나, 카리스마 1의 경우는 요인적재값이 큰, 즉 카리스마와 상관관계가 깊은 문항일수록, 그리고 전체 사례 중에서 해당문항을 높게 평가한 사례일수록 비중을 높였으므로, 카리스마 1이 카리스마보다 대표성이 높은 정확한 값을 지녔다고 볼 수 있다.

1) 표준화값(표준점수)의 의미와 계산과정은 제6장의 '표준점수'를 참조할 것.

〈표 7-10〉 성분점수 계수행렬

	성분				
	1	2	3	4	5
a15	.157	-.031	-.134	.024	.134
a16	.142	.080	-.043	.022	-.202
a19	.256	-.046	-.173	.068	-.011
a24	.008	.173	-.093	-.002	.028
a31	.180	-.038	-.039	.011	-.056
a34	.236	-.049	-.062	.010	-.115
a37	-.041	.102	.013	-.011	.089
a51	.238	-.120	.037	-.021	-.180
a14	-.172	.026	-.055	.013	.583
a20	.171	-.076	-.004	-.007	-.031
a22	-.100	.050	.011	.050	.274
a25	-.127	.195	-.054	.032	.194
a26	-.070	.269	-.027	-.002	-.078
a28	-.005	-.074	.016	-.015	.324
a33	.236	-.226	-.002	-.024	.102
a35	.090	.009	.069	-.035	-.108
a18	-.122	.338	-.078	.006	-.033
a23	-.063	.264	-.067	-.026	-.026
a27	-.123	.323	-.057	.009	-.045
a38	-.020	-.025	.171	-.027	.034
a40	-.101	-.109	.329	-.041	.061
a42	-.066	.065	.215	-.026	-.117
a44	-.166	.032	.345	-.030	-.097
a46	.030	-.176	.280	-.008	-.028
a48	.004	-.091	.275	-.066	-.090
a39	.066	-.051	-.004	.265	.016
a41	-.016	.084	-.077	.347	-.049
a43	-.002	-.056	-.132	.367	.225
a45	.094	-.112	-.028	.347	.014
a47	-.122	.218	.050	.265	-.291

요인추출 방법: 주성분 분석.
회전 방법: Kaiser 정규화가 있는 베리멕스.
요인 점수.

제 4 절 요인분석 결과표 작성 및 해설

1. 리더십 유형에 대한 요인분석 결과표

앞의 절에서는 리더십 유형에 관한 요인분석의 과정과 분석결과를 살펴보았다.

<표 7-11>은 요인분석결과 중 <표 7-8> 회전된 성분행렬과 <표 7-5> 설명된 총분산에 나타난 결과를 옮겨서 정리한 것이다.

표에서 나타난 바와 같이 처음 투입된 변혁적 리더십(카리스마, 개별적 배려, 지적 자극)과 거래적 리더십 변수(성과에 따른 보상, 예외적 관리)에 대한 30개 문항들이 5개 요인으로 묶어짐을 알 수 있다.

카리스마의 문항으로 투입된 A15, A16, A19, A24, A31, A34, A37, A51 중 A24와 A37은 요인 2(지적 자극)에 적재되었고, 개별적 배려의 8개 문항 중 A33, A20, A35는 카리스마에, A25는 지적 자극에 적재되었다. 따라서 최종문항은 카리스마 6개(A15, A16, A19, A31, A34, A51), 개별적 배려 3개(A14, A22, A28), 지적 자극 3개(A18, A23, A27)로 결정되었다.

성과에 따른 보상은 요인분석에 투입한 6개의 문항과 요인분석 후 산출된 6개의 문항이 동일하게 요인 3(성과에 따른 보상)에 나타났으며(A38, A40, A42, A44, A46 A48), 예외적 관리의 5개 문항도 요인분석 결과 요인 4(예외적 관리)로 선명하게 묶어졌다(A39, A41, A43, A45, A47).

〈표 7-11〉 리더십 유형에 대한 요인분석결과

문항	내 용 우리 부장(과장)님은	요 인				
		카리스마	지적자극	성과에 따른 보상	예외적 관리	개별적 배려
A34	내가 본받아야 할 모델	.774	.363	.222	.015	.093
A19	존경받는 사람	.770	.334	.056	.074	.177
A33	부하직원들에게 개인적인 배려를 함	.713	.115	.286	-.024	.312
A51	부장과 관련된 사실에 자부심 느낌	.680	.217	.301	-.001	-.001
A31	감화를 줌	.680	.348	.250	.027	.144
A15	해야 할 일과 방법을 결정해 줌	.663	.348	.124	.006	.337
A20	소외된 직원에게 개인적인 관심 보임	.638	.281	.280	.006	.164
A16	성공과 성취의 상징	.597	.449	.209	.044	-.033
A35	원하는 것을 알고 얻도록 도와 줌	.557	.389	.394	-.014	.092
A18	해묵은 문제, 새로운 방식으로 생각함	.276	.699	.159	-.011	.118
A27	의문없던 나의 생각 재고하게 함	.259	.671	.183	.005	.103
A26	중요한 일 알려주는 특별한 재능 가짐	.385	.669	.266	.002	.102
A23	새로운 방법으로 사물보는 방법 알림	.385	.655	.188	-.066	.149
A24	난관극복을 위한 능력과 판단력 가짐	.480	.565	.168	-.029	.214
A25	부장없이도 목표달성가능 확신시킴	.246	.515	.220	.056	.358
A37	사명감이 있고, 갖도록 일깨워 줌	.378	.453	.319	.006	.275
A40	일 잘하면 인정과 승진가능하다 함	.152	.114	.727	.097	.227
A44	보상받기 위해 해야 할 일 알려줌	.045	.246	.724	.124	.041
A46	내가 지원하면 부장도 상응대가 제공	.329	.066	.664	.140	.143
A48	부서위해 노력한 만큼 보상받게 해줌	.354	.205	.659	.024	.096
A42	원하는 것 얻을 수 있는 방법 알려줌	.303	.394	.598	.073	.064
A38	노력한 만큼 대가 얻는다고 확신시킴	.399	.323	.566	.053	.242
A45	업무처리가 기존 방법대로 되면 만족	.146	-.095	.149	.684	.035
A43	일 무리없이 진척되면 변화시도 안함	-.104	-.165	-.086	.666	.180
A41	일에 꼭 필요한 것 외 기대하지 않음	-.032	.074	.030	.655	-.071
A47	앞장서도 되지만 이런 행동 좋게 안봄	-.250	.157	.117	.546	-.360
A39	항상 같은 방식의 업무처리에 흡족	.278	.107	.262	.540	.108
A14	직무상 권한 책임, 규정에 상세히 명시	.124	.255	.202	.016	.746
A28	잘한 일에 대해 인정하는 사람	.403	.239	.332	.000	.525
A22	일을 잘함으로써 부장에게 신임 얻음	.220	.312	.305	.122	.433
고유값(eigenvalues)		5.921	4.258	3.886	2.016	1.960
설명된 분산(%)		19.737	14.194	12.954	6.719	6.532

2. 조직문화 유형에 대한 요인분석

<표 7-12>에 제시된 척도는 Yeung et al.(1991)의 문항들을 번역하고 조정한 것이다. 이 척도가 한국행정조직에 적용될 경우에 구성적 타당도와 신뢰도를 확보할 수 있는지 검증하기 위해 설문조사를 하였다. 조사대상은 부산시내 15개 구청의 5년 이상 경력자 450명이었다(각 구청별 30명씩을 배당하였음).

<표 7-12>는 요인분석결과를 나타낸 것으로, '9번 문항'은 어느 요인(조직문화유형)에도 만족할 만한 요인부하치가 나타나지 않아 제외하였다. '18번 문항'은 원래 집단문화의 내용이었으나 분석결과 발전문화(요인)에 더 높은 부하치를 보임으로 이 문항도 제외하였다. 유사한 현상은 '4번 문항'과 '5번 문항'에서도 나타났으므로 이 문항들도 배제하였다. 따라서 선정된 문항은 집단문화에 1번, 2번, 10번 문항, 합리문화는 8번, 15번, 16번, 23번, 24번 문항, 발전문화는 11번, 12번, 19번, 20번 문항, 그리고 위계문화는 6번, 13번, 14번, 21번 문항이었다.

참고로 이렇게 선정된 문항들에 대한 신뢰도를 확인하기 위해 Cronbach's alpha를 구한 결과 집단문화는 .71, 합리문화 .77, 발전문화 .71, 위계문화 .66으로 나타나 비교적 만족스러운 수준이었으므로 이 문항들을 경쟁가치모형(competing values model: CVM) 조직문화의 척도로 이용할 수 있을 것이다(김호정, 2002).

〈표 7-12〉 조직문화유형에 대한 요인분석결과

문항의 번호와 내용	집단	합리	발전	위계
1. 우리 조직은 매우 인간적이며 마치 가정의 연장과 같다.	.816	.006	.122	.161
2. 직원들은 자신의 많은 것들을 공유하는 것 같다.	.774	.075	.062	.180
9. 우리 조직을 결속시키는 힘은 충성과 전통이다.	.152	-.010	.065	.096
10. 직원들의 조직헌신이 강하다.	.532	.166	.268	.123
18. 우리 조직에서는 사기가 중시된다.	.302	-.056	.594	.043
8. 직원들은 성과달성에 관심을 갖는다.	.279	.596	.217	.105
15. 우리 조직을 결속시키는 힘은 과업성취와 목표달성에 대한 강조이다.	.182	.510	.123	-.047
16. 우리 조직에서는 생산지향성과 성취지향성이 공유되고 있다.	.326	.558	.308	-.070
23. 우리 조직은 결과와 성취를 강조한다.	.021	.691	.233	.330
24. 우리 조직에서는 목표달성이 중시된다.	.019	.785	.166	.280
4. 직원들은 기꺼이 위험을 무릅쓰고 모험을 시도하려한다.	.568	.119	.308	-.217
11. 우리 조직을 결속시키는 힘은 쇄신과 발전에 대한 몰입이다.	.316	.120	.599	-.086
12. 우리 조직에서는 산출물과 서비스가 가장 강조된다.	.025	.167	.594	.267
19. 우리 조직은 새로운 아이디어의 개발을 통한 성장을 강조한다.	.156	.351	.685	.025
20. 우리 조직은 새로운 산출물이나 새로운 서비스의 발생을 중시한다.	.148	.394	.735	.036
5. 우리 조직은 매우 형식적이며 구조화된 곳이다.	-.607	-.126	-.040	.243
6. 직원들은 업무처리를 위하여 절차에 주의를 기울인다.	.037	.273	.052	.690
13. 우리 조직을 결속시키는 힘은 공식적인 규칙과 정책이다.	-.147	.065	.036	.440
14. 우리 조직에서는 규칙을 지키는 것이 중요하다.	-.061	.258	.108	.620
21. 우리 조직은 영속성과 안정성을 강조한다.	.094	.036	.173	.701
고유값(eigenvalues)	5.57	2.32	1.58	1.17
설명된 분산(%)	27.8	11.6	7.9	5.9

제 8 장

신뢰도분석

신뢰도분석(信賴度分析, reliability analysis)은 제7장의 요인분석과 함께 측정도구가 쓸만한 것인가를 점검하고 효용가치(신뢰도)를 향상시킬 수 있는 방안을 제시하는 기법이다. 신뢰도의 측정방법에는 여러 가지가 있으나, 여기서는 많이 사용되는 크론바흐의 알파(chronbach's alpha, 내적일관성법)를 중심으로 신뢰도분석을 하기로 한다.

제1절 신뢰도분석의 목적과 방법

1. 신뢰도분석의 목적

측정도구를 이용하여 자료수집을 한 경우 통계분석에 들어가기 전에 수집된 자료가 정확하고 믿을 수 있는 것인가를 확인할 필요가 있다. 신뢰할 수 없는 자료를 가지고 각종 통계분석을 한 경우 그러한 분석결과는 실험을 잘못하여 "흡연은 건강에 영향을 미치지 않는다."는 실험결과를 발표하는 것과 크게 다르지 않기 때문이다. 혹은 고무줄을 이용하여 사람의 키를 측정할 때 동일한 대상(사람)이지만 측정할 때마다 상이한 결과가 나오는 현상과도 유사하다.

따라서 측정도구의 신뢰도분석(信賴度分析, reliability analysis)은 통계분석 이전에 반드시 거쳐야 할 관문이다. 연구자가 직접 만든 척도(문항)를 사용할 경우에는 반드시 필요하며, 다른 사람이 이미 개발하여 검증을 거친 것이라도 연구자가 다시 사용할 경우에도 신뢰도분석을 거치는 것이 안전하다.

신뢰도분석 결과 척도의 높은 신뢰도가 확보되었다고 해서 반드시 통계분석 결과까지 믿을 수 있는 것은 아니다. 신뢰도가 높은 척도를 이용하는 것 외에 적어도 표본추출의 대표성과 분석기법의 적절성도 함께 보장되어야 한다.

이처럼 신뢰도(reliability)란 고무줄의 측정현상과는 반대로, 측정척도가 동일한 대상에게 반복측정되더라도 동일한 측정결과를 얻어 낼 수 있는 정도를 말한다. 즉, 척도를 신뢰할 수 있는 정도이다.

2. 신뢰도분석의 방법

가. 재검사법(test-retest method)

이 방법은 동일한 측정도구를 이용하여 동일한 조사대상자들에게 시기를 달리하여 반복측정하였을 때 얼마나 유사한 측정결과가 나타나는가를 비교하는 방법이다. 비교결과 차이가 크면 신뢰도가 낮고 차이가 작으면 신뢰도가 높다고 평가한다. 다시 말해 두 측정결과 간 상관관계가 높을수록 척도의 신뢰도가 높다고 할 수 있다.

이 방법에서는 측정시기의 격차를 얼마로 하느냐가 문제가 된다. 너무 짧으면 처음 측정이 다음 측정에 영향을 미칠 수 있고, 너무 길면 측정기간 사이에 상황의 변화(응답자의 변화나 조사대상 현상의 변화)로 인해 측정결과가 달라질 수 있기 때문이다. 통상 2주 정도의 간격이 좋다고 하나, 이 기간도 위 영향들을 완전히 배제할 수는 없다.

나. 복수양식법(multiple form method)

조사시기의 간격이 지닌 문제점을 극복할 수 있는 것이 복수구성법이다. 이 방법은 유사한 형태의 복수의 측정도구를 이용하여 동일한 조사대상자들에게 측정한 결과를 비교하는 것이다. 가령 조직문화를 측정하기 위해 동일한 내용(속성)의 조직문화를 강제할당법으로 조사하는 것과 Likert-type으로 측정하는 방법이 있는데, 이 두 가지 척도를 이용하여 동일한 조사대상자들에게 조직문화를 측정하고 그 결과를 비교하여, 상관관계가 높으면 신뢰도가 높고 상관관계가 낮으면 신뢰도가 낮다고 보는 방법이다.

그러나 대부분의 경우 이처럼 유사한 형태의 복수척도를 개발하는 것이 쉬운 일이 아니므로 현실적으로 적용이 어려운 실정이다.

다. 반분법(split-half method)

측정시기 간격의 문제와 유사한 복수척도의 문제를 극복하고 단 한번의 측정만으로 신뢰도를 구할 수 있는 방법이 반분법이다. 이 방법은 동일변수를 측정한 다수문항들을 대등한 두 집단으로 구분하여 두 집단 간 차이를 비교하는 것이다. 비교결과 상관관계가 높으면 신뢰도가 높고 반대로 낮으면 신뢰도가 낮다고 한다.

두 집단으로 구분하는 방법에는 전반부와 후반부로, 혹은 홀수 문항과 짝수 문항으로 구분하는 방법들이 있다. 그러나 반분법의 문제는 두 집단의 다양한 구분방법에 따라 신뢰도가 상이하다는 점이다.

라. 내적 일관성법(internal consistency method)

이 방법은 측정시기 간격과 복수척도의 문제뿐만 아니라 반분법이 지닌 문제까지도 극복하면서 한 번의 측정만으로 신뢰도를 구할 수 있으므로 가장 많이 사용되는 방법이다. 이 방법은 동일한 속성(하나의 변수)을 측정하는 다수의 문항들이 서로 일관성을 유지하는 정도를 측정하는 것으로, 신뢰도의 정도를 크론바흐의 α값(Cronbach's α)으로 나타낸다. α값은 아래의 공식에서 알 수 있듯이, 문항들간의 상관관계를 기초로 구해진다.

α값이 어느 정도이면 신뢰도가 높은 척도인가에 대해서는 대체로 .60 이상이면 만족할 만한 수준으로 보고 있으나, .50 이상만 되어도 사용하는 데 무리가 없다는 주장도 있다.

$$\alpha = \frac{N\bar{\rho}}{1+(N-1)\bar{\rho}}$$

$\bar{\rho}$; 문항간 상관관계의 평균

N ; 문항의 수

3. 신뢰도의 제고방안

가. 측정이 완료된 단계

(1) 회수된 설문지를 검토하여 응답이 무성의하거나 일관성이 없는 설문지를 가려 내어 분석에서 제외시킨다.

(2) α값의 산출공식에서 알 수 있듯이, 신뢰도가 높기 위해서는 문항들 간의 상관관계가 높아야 하므로 다른 문항들과 상관관계가 낮은 문항은 변수의 측정문항에서 제외시킨다.

나. 측정도구가 완성되지 않은 단계

(1) 연구자가 척도를 직접 만드는 것보다는 이미 개발되어 검증된 척도가 있으면 이를 이용하는 것이 안전하다.

(2) 문항의 내용이 모호할 경우 응답자에 따라 달리 이해되고 해석되어 척도의 신뢰도가 떨어지므로, 문항의 내용을 명확히 하여 응답자가 동일하게 이해하고 해석하도록 한다.

(3) α값의 공식에서 나타나듯이, 변수별 측정문항을 늘리는 것이 신뢰도를 높이는 방안이 된다. 그러나 문항수의 증가에 따른 신뢰도의 상승폭은 체감하는 경향이 있다.

제 2 절 신뢰도분석의 실행

1. 신뢰도분석의 시작

요인분석시에 불러 온 데이터 파일을 그대로 쓸 경우에는 따로 SPSSWIN을 실행할 필요가 없지만, 다시 통계분석을 할 경우에는 SPSSWIN을 실행시킨 후 자료를 불러와야 한다. 자료를 불러오는 방법에 대해서는 제3장을 참조한다. 자료를 불러온 후(여기서는 본서에 첨부된 CD의 '리더십과 조직몰입.sav' 파일을 불러온다) 신뢰도분석을 하는 과정은 다음과 같다.

분석(A) → 척도(A) → 신뢰도분석(R)...

자료를 불러 온 후, [그림 8-1]과 같은 순서에 따라 클릭하면 [그림 8-2] 신뢰도분석 대화상자가 열린다.

그림 8.1 신뢰도분석을 위한 데이터 편집기

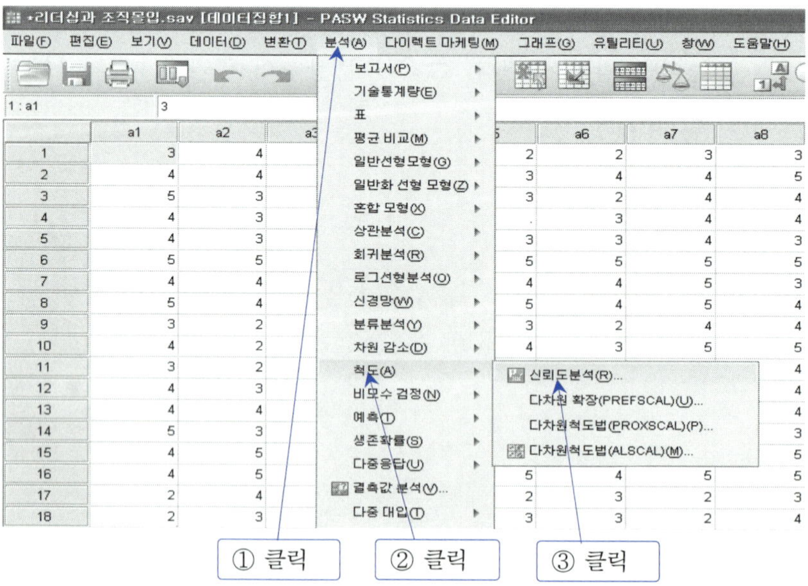

그림 8.2 신뢰도분석 대화상자

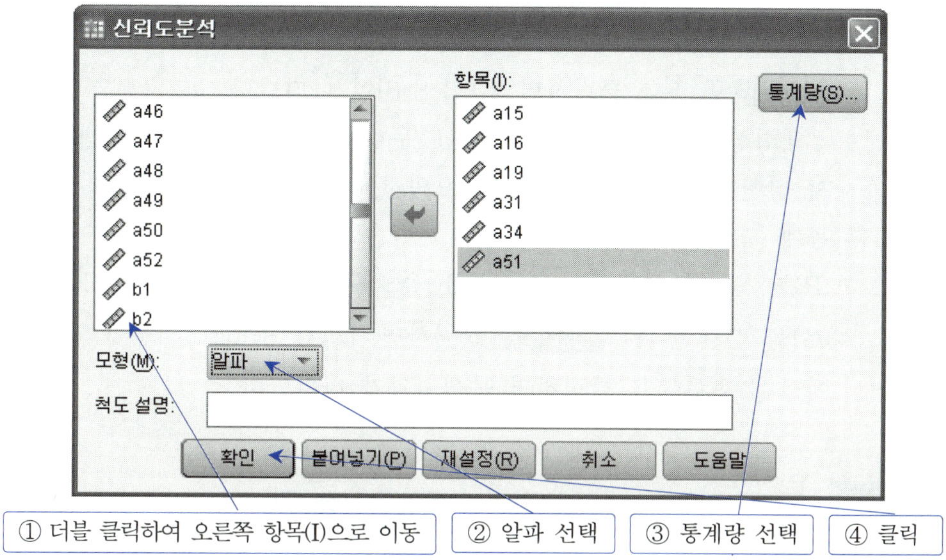

2. 변수 이동

[그림 8-2]에서 분석하고자 하는 변수들(제7장의 요인분석결과 선정된 요인의 문항: 카리스마-a15, a16, a19, a31, a34, a51, 개별적 배려-a14, a22, a28, 지적 자극-a18, a23, a27, 성과에 따른 보상-a38, a40, a42, a44, a46, a48, 예외적 관리-a39, a41, a43, a45, a47)을 차례로 왼쪽칸의 변수 위에 커서를 두고 더블클릭 하거나 ➔를 클릭하면, 오른쪽 '항목(I)' 칸으로 이동한다. 우선 카리스마의 6개 문항만 이동시켜 분석하기로 한다.

Key Point	신뢰도분석은 반드시 2개 이상의 변수를 선택해야 한다.

3. 모형 및 문항설명 표시

'모형(M)'에서는 여기서 분석하고자 하는 신뢰도분석 방법인 크론바흐 알파를 구하는 것이므로 '알파'를 선택한다.

4. 통계량

[통계량(S)...]을 클릭하면 [그림 8-3]이 나타난다.

대화상자에서 항목(I), 척도(S), 문항제거시 척도(A)를 선택하고, 항목 내에서 상관관계(R), 공분산(E)을, 요약값에서 평균(M), 분산(V), 공분산(E), 상관관계
(R)를, 분산분석표에서 F-검증(F)을 각각 선택한다. 그리고 Hotelling의 T제곱(G)을 선택한 후, [계속]을 클릭하면, [그림 8-2]로 되돌아 간다. [그림 8-2]에서 [확인]을 클릭하면 분석결과가 나타난다.

그림 8.3 통계량 대화상자

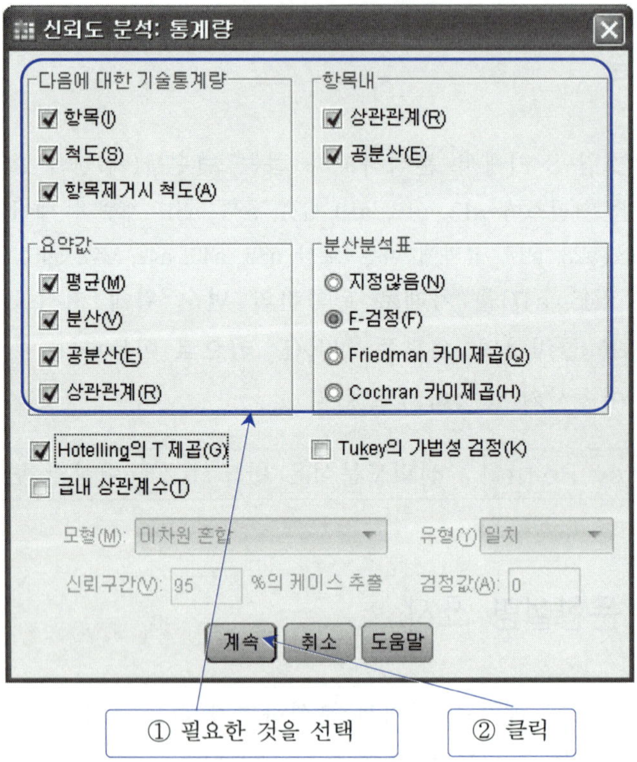

제 3 절 신뢰도분석 결과 및 해설

1. 기술통계량

<표 8-1>은 각 문항들에 대한 기술통계량(항목 통계량)을 나타낸 것이다. 분석대상은 카리스마에 대한 6개 문항이며, 각 문항별 각각의 평균(Mean)과 표준편차(Std Dev), 자료수(Cases)가 제시된다.

분석결과 A15의 평균값이 3.50으로 가장 높고, A16의 평균값이 2.93으로 가장 낮게 나타났다. 표준편차는 A34가 .97로 가장 높고, A31이 .88로 가장 낮았으며, 각 변수별 자료수는 모두 749개로 나타났다.

〈표 8-1〉 기술통계량 분석결과표

	평균	표준 편차	N
a15	3.50	.946	749
a16	2.93	.953	749
a19	3.21	.917	749
a31	3.04	.882	749
a34	2.96	.975	749
a51	2.95	.920	749

2. 상관관계 및 공분산

<표 8-2>는 각 문항들에 대한 공분산행렬 및 상관행렬을 나타낸 것이다. 각 문항 간의 상관관계는 '비교적 높은 관계'이거나, '높은 관계'를 보이고 있다. 즉, A19와 A34, A31과 A34는 각각 .711과 .704로서 '높은 관계'이고, A15와 A16은 상관계수가 .585로서 '비교적 높은 관계'이다. 나머지 변수들도 $0.4 \le r \le 0.7$이므로 '비교적 높은 관계'를 보이고 있다.

〈표 8-2〉 상관관계 및 공분산 분석결과표

항목간 상관행렬

	a15	a16	a19	a31	a34	a51
a15	1.000	.585	.699	.611	.656	.550
a16	.585	1.000	.614	.548	.647	.541
a19	.699	.614	1.000	.642	.711	.579
a31	.611	.548	.642	1.000	.704	.548
a34	.656	.647	.711	.704	1.000	.646
a51	.550	.541	.579	.548	.646	1.000

항목간 공분산 행렬

	a15	a16	a19	a31	a34	a51
a15	.895	.527	.606	.510	.604	.478
a16	.527	.909	.537	.461	.601	.475
a19	.606	.537	.840	.519	.635	.488
a31	.510	.461	.519	.777	.605	.445
a34	.604	.601	.635	.605	.950	.579
a51	.478	.475	.488	.445	.579	.846

3. 척도(Scale)의 통계량

<표 8-3>은 척도의 통계량을 나타낸 것으로서 자료의 수(N of Cases)는 결측값을 제외한 749개의 유효자료를 의미한다.

첫째 줄[Statistics for Scale]은 척도에 대한 통계량으로 6개 문항의 평균(Mean), 분산(Variance), 표준편차(Sta Dev) 및 문항의 수(N of Variables)를 나타낸다.

둘째 줄[Item Means]은 평균들의 항목으로서 6개 문항들의 평균값에 대한 749명의 평균값(Mean), 평균값 중의 최소값(Minimum), 평균값 중의 최대값(Maximum), 평균값의 범위(Range), 최대 평균값과 최소 평균값의 비율(Max/Min), 평균값의 분산(Variance)을 나타내고 있다.

셋째 줄[Item Variances]은 분산들의 항목으로서 6개 문항들의 분산에 대한 평균(Mean), 분산값 중의 최소값(Minimum), 분산값 중의 최대값(Maximum),

분산의 범위(Range), 최대분산과 최소분산의 비율(Max/Min), 분산의 분산(Variance)을 나타내고 있다.

넷째 줄[Inter-item Covariances]은 각 변수들 간의 공분산의 항목, 즉 각 문항들 간의 공분산의 평균(Mean), 공분산 중의 최소값(Minimum), 공분산 중의 최대값(Maximum), 공분산의 범위(Range), 최대공분산과 최소공분산의 비율(Max/Min), 공분산의 분산(Variance)을 가리킨다.

다섯째 줄[Inter-item Correlation]은 각 변수들 간의 상관계수의 항목으로서 각 문항들 간의 상관계수의 평균(Mean), 상관계수 중 최소값(Minimum), 상관계수 중 최대값(Maximum), 상관계수의 범위(Range), 최대상관계수와 최소상관계수의 비율(Max/Min), 상관계수의 분산(Variance)을 의미한다.

〈표 8-3〉 척도의 통계량 분석결과표

척도 통계량

평균	분산	표준 편차	항목 수
18.59	21.358	4.621	6

요약 항목 통계량

	평균	최소값	최대값	범위	최대값 / 최소값	분산	항목 수
항목 평균	3.098	2.925	3.505	.579	1.198	.050	6
항목 분산	.870	.777	.950	.173	1.222	.004	6
항목간 공분산	.538	.445	.635	.190	1.428	.004	6
항목간 상관관계	.619	.541	.711	.170	1.314	.003	6

4. 척도와 각 변수와의 관계

<표 8-4>는 척도와 각 변수와의 관계를 나타낸 분석결과표이다.

둘째 칸[Scale Mean if Item Deleted]은 해당 문항을 제거하고 분석하였을 때 척도의 평균을 나타낸 것이다. 즉, A15 문항을 제거한 후 분석하였을 때의 척도(5개 문항들) 평균값은 15.08이 된다는 것으로, 이는 원래의 척도 평균값인

18.59(<표 8-3> 참조)에서 A15의 평균값인 3.50(<표 8-1> 참조)을 뺀 값이다.

셋째 칸[Scale Variance if item Deleted]은 해당 문항을 제거한 후 분석하였을 때 척도의 분산을 의미한다. 분석결과 A51을 제거한 경우에 분산값이 가장 높고, A34를 제거하였을 때 분산값이 가장 낮게 나타난다.

넷째 칸[Corrected Item-Total Correlation]은 해당 문항과 해당 문항을 제외한 나머지 변수들로 구성된 척도와의 상관계수를 의미한다.

다섯째 칸[Squared Multiple Correlation]은 각 해당 문항을 제외하고 구성된 척도의 분산이 전체분산에서 차지하는 비율, 즉 설명력(R^2)을 나타낸다. 다시 말해 A15를 종속변수로 하고, A16, A19, A31, A34, A51을 독립변수로 하는 회귀식이 가지는 설명력을 의미한다.

여섯째 칸[Alpha if Item Deleted]은 각 해당 문항을 제외했을 때의 신뢰계수, 즉 크론바흐 알파값이다. 알파값은 클수록 좋은 것이지만 가능한 한 변수를 제거하지 않는 것이 좋다. 하지만 연구의 목적에 비추어 지나치게 낮은 알파값이 나올 경우 이 칸을 참조하여 해당 항목을 제거하면 높은 알파값을 얻을 수도 있다. 예컨대 본 분석결과에서는 <표 8-6>과 같이 대체적으로 높은 알파값인 .907이 나왔으며, 위의 6개 문항(A15, A16, A19, A31, A34, A51) 중 어느 것을 제거해도 이보다 더 높은 알파값을 얻을 수 없으므로 문항을 제거하지 않는 것이 좋다(상세한 사항은 제3절의 낮은 알파값 변수의 제거방법 및 표작성 참조)

〈표 8-4〉 척도와 각 변수와의 관계에 대한 분석결과표

항목 총계 통계량

	항목이 삭제된 경우 척도 평균	항목이 삭제된 경우 척도 분산	수정된 항목-전체 상관관계	제곱 다중 상관관계	항목이 삭제된 경우 Cronbach 알파
a15	15.08	15.012	.744	.570	.890
a16	15.66	15.248	.699	.495	.897
a19	15.38	14.948	.786	.631	.884
a31	15.54	15.502	.731	.556	.892
a34	15.63	14.357	.819	.678	.878
a51	15.64	15.581	.679	.471	.899

5. 분산분석

<표 8-5>는 6개 문항(A15, A16, A19, A31, A34, A51)간의 차이를 검증하기 위한 분석이다. 검증결과 자유도(df)는 748, F값은 113.5312, 유의수준은 .0000으로 나타났으므로, 각 문항들은 유의수준 p<.001에서 의미있는 차이가 있다는 해석을 할 수 있다.

〈표 8-5〉 분산분석 결과표

		제곱합	자유도	평균 제곱	F	유의확률
사람 간		2662.587	748	3.560		
사람 내	항목 간	188.223	5	37.645	113.531	.000
	잔차	1240.110	3740	.332		
	합계	1428.333	3745	.381		
합계		4090.920	4493	.911		

총 평균 = 3.10

6. Hotelling's T-Squared와 크론바흐 알파(Cronbach's α)

Hotelling's T-Squared는 변수간 평균의 동일 여부를 검증하기 위한 것이며, 분석결과 Hotelling's T-Squared는 498.309로 나타났고, F값은 99.129, 유의수준 .0000으로 나타났으므로, 각 문항들의 평균은 유의수준 p<.001에서 동일하지 않다고 할 수 있다.

신뢰도분석에서 핵심부분인 크론바흐 알파는 6개 항목의 신뢰계수를 구한 것이다. 분석결과 알파값은 .907로서 매우 높은 신뢰도를 나타내고 있다. 본 분석결과에서는 표준화된 변수의 알파값(Standardized item alpha)이 .907로서 알파값과 같게(반올림하였기 때문에 같게 나타났으나, 실제로는 차이가 있음) 나타났으나, 각 변수 간의 척도가 큰 분산을 가지고 있는 경우에는 두 알파값에 차이가 있으므로 표준화된 항목의 알파값을 사용하는 편이 더 좋다.

〈표 8-6〉 Hotelling's T-Squared와 크론바흐 알파(cronbach's α)

Hotelling T 제곱 검정

Hotelling의 T 제곱.	F	df1	df2	유의확률
498.309	99.129	5	744	.000

신뢰도 통계량

Cronbach의 알파	Cronbach's Alpha Based on Standardized Items	항목 수
.907	.907	6

제 4 절 신뢰도 제고방법의 실행 및 표작성

1. 문항제거시 알파(α)값의 활용

앞에서는 신뢰도를 구하는 방법과 결과해석에 대하여 알아 보았다. 여기서는 신뢰도를 높이기 위해서 문항제거시 척도를 활용하는 방법을 설명하고자 한다.

우선 신뢰도분석을 위해서 '예외에 의한 관리'에 대한 문항인 A39, A41, A43, A45, A47과 예외에 의한 관리의 문항들과 내적 일관성이 없을 것으로 생각되는 A3, A4를 동시에 투입하였다고 가정했을 때 신뢰도를 구해보고, 문항제거시 척도를 활용하여 신뢰도를 높일 수 있는 방법을 알아보고자 한다.

[그림 8-1] 신뢰도분석을 위한 데이터 편집기에서 신뢰도분석(R)을 선택하

면 [그림 8-4] 신뢰도분석 대화상자가 나타난다. 그리고 분석하고자 하는 변수 문항을 이동시켜(2. 변수 이동 방법 참조), 통계량(S)... 을 지정한 후(4. 통계량 참조), 계속 을 클릭한 후 확인 을 클릭하면 분석결과가 나타난다.

그림 8.4 신뢰도분석 대화상자(2)

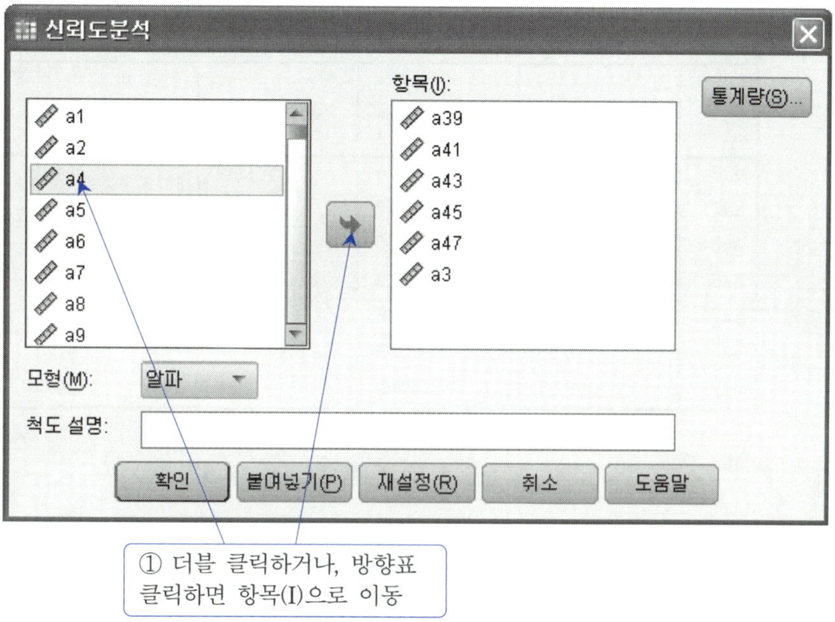

<표 8-7>은 '예외적 관리' 문항 5개(A39, 41, 43, 45, 47)와 그 외의 문항 2개(A3, A4)를 투입한 후 신뢰도분석한 결과이다. 분석결과 중 크론바흐 알파값만 있는 부분으로 설명한다.

<표 8-7>은 알파값이 .505, 표준화된 항목의 알파값은 .533로 나타났다. 이는 신뢰도가 충분히 높은 값은 아니므로 이보다 높이는 방법을 강구해야 한다. 다행히 A4 문항을 제거시 알파값은 기존의 알파값이나 표준화된 항목의 알파값보다도 높은 .546로 나타났으므로 이를 제거한 후 신뢰도를 구하도록 한다.

〈표 8-7〉 문항 제거시 알파값(1)

신뢰도 통계량

Cronbach의 알파	Cronbach's Alpha Based on Standardized Items	항목 수
.505	.533	7

항목 총계 통계량

	항목이 삭제된 경우 척도 평균	항목이 삭제된 경우 척도 분산	수정된 항목-전체 상관관계	제곱 다중 상관관계	항목이 삭제된 경우 Cronbach 알파
a39	19.17	6.825	.399	.214	.404
a41	19.18	7.042	.314	.160	.437
a43	19.08	7.225	.240	.150	.468
a45	19.03	7.029	.385	.225	.415
a47	19.27	7.296	.239	.147	.469
a3	18.59	7.503	.134	.047	.518
a4	18.97	7.499	.091	.105	.546

〈표 8-8〉 문항 제거시 알파값(2)

신뢰도 통계량

Cronbach의 알파	Cronbach's Alpha Based on Standardized Items	항목 수
.546	.562	6

항목 총계 통계량

	항목이 삭제된 경우 척도 평균	항목이 삭제된 경우 척도 분산	수정된 항목-전체 상관관계	제곱 다중 상관관계	항목이 삭제된 경우 Cronbach 알파
a39	15.92	5.651	.341	.175	.478
a41	15.94	5.501	.349	.156	.472
a43	15.83	5.547	.307	.148	.492
a45	15.79	5.579	.407	.226	.452
a47	16.02	5.568	.321	.125	.486
a3	15.35	6.294	.074	.018	.610

<표 8-8>은 A4 문항을 제거한 후 신뢰도분석을 한 결과표이다. 분석결과 알파값은 .546, 표준화된 항목의 알파값은 .562로 나타났다. 아직도 .60 이상은 되지 않았으나, A3을 제거할 경우의 알파값이 .61로 될 수 있으므로 이를 제거한 후 다시 신뢰도분석을 한다.

<표 8-9>는 A4와 A3을 제거한 후 신뢰도분석을 한 결과표이다. 분석결과 알파값은 .609, 표준화된 항목의 알파값은 .612로 나타났다. 하지만 다른 문항을 제거하여도 더 높은 신뢰도를 기대할 수 없으므로 더 이상 문항제거를 통하여 신뢰도를 높이기는 곤란하다. 즉, <표 8-9>의 5개 문항들이 '예외에 의한 관리'의 척도로 가장 신뢰도가 높은 것이다.

〈표 8-9〉 문항 제거시 알파값(3)

신뢰도 통계량

Cronbach의 알파	Cronbach's Alpha Based on Standardized Items	항목 수
.609	.612	5

항목 총계 통계량

	항목이 삭제된 경우 척도 평균	항목이 삭제된 경우 척도 분산	수정된 항목-전체 상관관계	제곱 다중 상관관계	항목이 삭제된 경우 Cronbach 알파
a39	12.30	4.578	.332	.166	.571
a41	12.33	4.312	.385	.157	.543
a43	12.22	4.305	.355	.146	.560
a45	12.18	4.435	.433	.223	.523
a47	12.41	4.473	.322	.120	.577

2. 신뢰도분석 결과표 작성

5개의 리더십 요인별로 신뢰도를 분석한 결과 크론바흐 알파계수는 다음 <표 8-10>과 같이 정리된다.

분석결과 카리스마는 .90 이상으로 가장 높게 나왔으나, 예외에 의한 관리는 .61로 가장 낮게 나왔다. 하지만 연구분야 및 연구목적에 비추어 볼 때 이 정도의 신뢰도라면 연구를 수행하는 데 별다른 문제는 없을 것이다.

대체로 탐색적인 연구분야에서는 크론바흐 알파계수가 .60 이상이면 만족할 만한 수준이므로 신뢰도분석 결과를 보면 리더십에 관한 5가지 변수들은 <표 8-10>의 문항들로 측정되어도 좋을 것 같다.

〈표 8-10〉 신뢰도분석 결과

요 인 명	변 수	문항수	Cronbach's α
카리스마	A-15, 16, 19, 31, 34, 51	6	.91
개별적 배려	A-14, 22, 28	3	.68
지적자극	A-18, 23, 27	3	.77
성과에 따른 보상	A-38, 40, 42, 44, 46, 48	6	.86
예외에 의한 관리	A-39, 41, 43, 45, 47	5	.61

제 9 장

t 검증

가설검증은 통계적 분석기법 중에서 가장 중요한 부분이라고 할 수 있다. 가설검증의 기법으로는 t검증, F검증, χ^2검증 등 여러 가지가 있지만, 여기서는 t검증에 대해서만 다루고 다른 검증방법에 대해서는 뒤에서 설명하기로 한다.

제1절 t검증의 활용과 검증과정

1. t검증의 활용

t검증의 유형은 모집단의 '평균'과 '비율'에 관한 것으로 대별할 수 있으나, SPSSWIN 18.0에서는 '평균'에 관한 검증만 하고 있다. 구체적으로 '단일 모집단에 관한 검증'과 '두 모집단의 차이에 관한 검증' 그리고 '짝을 이룬 표본의 검증'이 가능하다.

가. 모집단 평균의 t검증: 일표본 t검증

이 검증방법은 하나의 모집단에 대한 평균이 특정값이 맞는가를 표본을 통해 검증하는 것이다. 예컨대, 정부에서 발표한 통계자료(실업률, 임금상승률 등)가 의심스러운 경우 직접 표본추출을 하여 정부 발표 자료를 확인하기 위해 t검증을 할 수 있다.

나. 두 모집단 평균차의 t검증: 독립표본 t검증

단일 모집단 평균의 검증보다는 두 모집단 간에 평균의 차이를 검증하기 위해서 t검증이 이용되는 경우가 더 많다. 이런 의미에서 t검증이라 함은 두 집단 간의 차이검증을 가리키는 경우가 일반적이다. 예컨대, 농촌 · 도시 간 소득차이, 공무원과 회사원 간 임금차이, 중앙과 지방공무원 간에 사기의 차이 등의 검증에 이용될 수 있다.

다. 짝을 이룬 표본의 t검증: 대응표본 t검증

이 방법은 단일 모집단 내 상이한 두 상황(혹은 두 변수) 간에 평균차이가 있는지를 검증하는 것이다. 예를 들어, 일정한 공무원 집단을 대상으로 지방자치제 실시 전과 후의 직무태도에 차이가 있는지를 검증한다거나, 교육훈련의 실시 전과 후의 업무 수행 능력을 비교 검증하는 것 등은 여기에 해당한다.

2. t검증의 조건

검증대상 집단은 하나 혹은 두 집단으로 한정되어야 한다. 검증대상 변수는 일정한 확률을 가지고 발생하면서 수치가 부여될 수 있는 확률변수이어야 한다. 엄밀히 말하면 연속적 확률변수이어야 하지만, 불연속적 확률변수라고 하더라도 자료의 개수가 많고 가능한 변수값이 다양한 경우에는 t검증을 적용하는 것이 일반적인 경향이다. Likert-type의 척도로 측정된 태도에 관한 변수들의 분석을 위해서도 t검증이 흔히 활용되고 있다.

3. t값의 계산

가. 모집단 평균의 t검증: 일표본 t검증

$$t = \frac{\overline{X} - \mu_{\overline{X}}}{S_{\overline{X}}} = \frac{\overline{X} - \mu_{\overline{X}}}{S/\sqrt{n}}$$

나. 두 모집단 평균 차의 t검증: 독립표본 t검증

$$t = \frac{(\overline{X}_1 - \overline{X}_2) - \mu_{\overline{X}_1 - \overline{X}_2}}{S_{\overline{X}_1 - \overline{X}_2}} \qquad S_{\overline{X}_1 - \overline{X}_2} = \sqrt{\frac{S_1^2}{n_1} + \frac{S_2^2}{n_2}}$$

다. 짝을 이룬 표본의 t검증: 대응표본 t검증

$$t = \frac{\overline{D} - \mu_{\overline{D}}}{S_{\overline{D}}}$$

$$X_1 - X_2 = D \qquad \mu_{\overline{D}} = \mu_1 - \mu_2$$

$$S_{\overline{D}} = S_D / \sqrt{n} \qquad S_D = \sqrt{\frac{\Sigma(D - \overline{D})^2}{n-1}}$$

4. 가설검증과정

가. 가설의 설정

가설검증을 하려면 먼저 검증할 가설이 있어야 한다. 가설은 두 개가 필요하다. 즉, 직접 검증의 대상이 되는 가설로서 검증결과 채택이 되면 받아들여지는 가설이 필요하다. 검증결과 이 가설이 채택되지 않을 경우에 대신 받아들여질 가설이 하나 더 필요하다. 전자를 귀무가설(歸無假說, null hypothesis), 후자를 대립가설(對立假說, alternative hypothesis)이라고 하며, 귀무가설은 H_0라고 하고 대립가설은 H_1으로 표현되기도 한다.

귀무가설의 말미는 '……이다', '……와 같다' 등과 같은 것이 좋고, 대립가설은 '……가 아니다', '……와 다르다', '……와 차이가 있다' 등의 말로 끝나는 것이 좋다.

나. 검증방법의 결정

가설검증방법이 다르면 귀무가설의 채택여부도 변할 수 있고, 가설검증의 결과에도 영향을 미칠 수 있다. 그러므로 표본의 특성치(예컨대 t값)를 계산하기 전에 먼저 검증방법을 결정해야 한다.

다. 검증통계량과 p-value의 산출

검증통계량은 앞에서 제시한 세 가지 공식 중 적절한 것을 선택하여 t값을 계산하며, 산출된 t값과 부록의 t분포표를 이용하여 p-value를 산출한다. t값이 클수록 p-value는 작아지는 경향이 있다. SPSSWIN 18.0에서는 t값과 p-value를 산출해 주지만, 나머지 과정은 연구자가 해야 할 몫이다.

라. 검증결과의 해석

산출된 p-value를 기초로 일정한 유의수준에서 귀무가설의 기각 여부를 결정한다. 유의수준(significance level)이란 가설검증에서 용납될 수 있는 오류의 정도, 혹은 가설검증이 오류를 범할 확률을 말하는 것으로서, 사회과학에서는 .05, .01, .001을 주로 이용한다.

가령 p-value가 .05보다 작다면 "유의수준 .05에서 귀무가설을 기각할 수 있다."고 해석하고, .05보다 크면 "유의수준 .05에서 귀무가설을 기각시킬 수 없다."고 해석한다.

제2절 모집단 평균의 t검증: 일표본 t검증

여기서 SPSSWIN을 이용하여 검증할 문제는 "읍의 상수도보급률은 도시의 상수도보급률 80.9%와 차이가 있는가?"이다. 이 문제를 검증하기 위해 추출된 표본은 41개 읍인데, 데이터는 본서에 첨부된 CD에서 불러온 [그림 9-1]의 '표본읍.sav'이다.

그림 9.1 SPSS의 데이터(표본읍.sav)

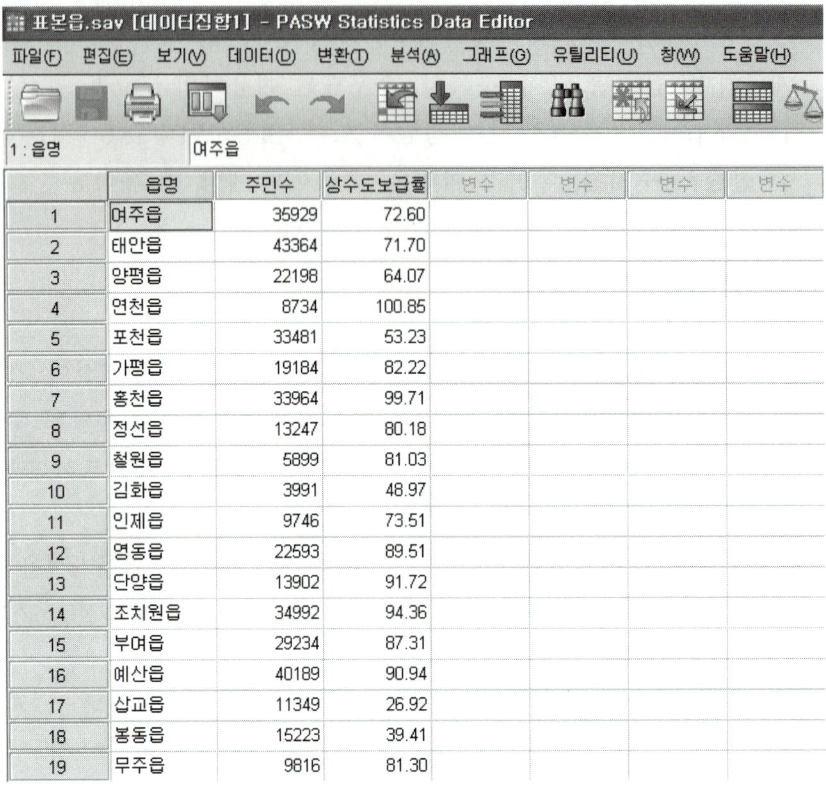

	읍명	주민수	상수도보급률	변수	변수	변수	변수
1	여주읍	35929	72.60				
2	태안읍	43364	71.70				
3	양평읍	22198	64.07				
4	연천읍	8734	100.85				
5	포천읍	33481	53.23				
6	가평읍	19184	82.22				
7	홍천읍	33964	99.71				
8	정선읍	13247	80.18				
9	철원읍	5899	81.03				
10	김화읍	3991	48.97				
11	인제읍	9746	73.51				
12	영동읍	22593	89.51				
13	단양읍	13902	91.72				
14	조치원읍	34992	94.36				
15	부여읍	29234	87.31				
16	예산읍	40189	90.94				
17	삽교읍	11349	26.92				
18	봉동읍	15223	39.41				
19	무주읍	9816	81.30				

1. t검증의 실행

이제 단일 모집단 평균의 t검증을 위해 SPSSWIN을 실행하는 과정은 다음과 같다.

분석(A) → 평균비교(M) → 일표본 T검증(S)...

이렇게 '일표본 t 검증'을 선택하면 [그림 9-2]와 같은 대화상자가 열린다. 여기서 '일표본 t 검증' 아래 상자에 있는 두 변수 중 상수도보급률을 지정하고 오른쪽의 [➔]를 누르면 '상수도보급률'이 오른쪽의 '검정변수(T)' 밑으로 이동한다. 이어 '검정값(V)'에 80.9를 입력하고 [확인]을 누르면 <표 9-1>과 <표 9-2>가 산출된다.

그림 9.2 일표본 t검증 대화상자

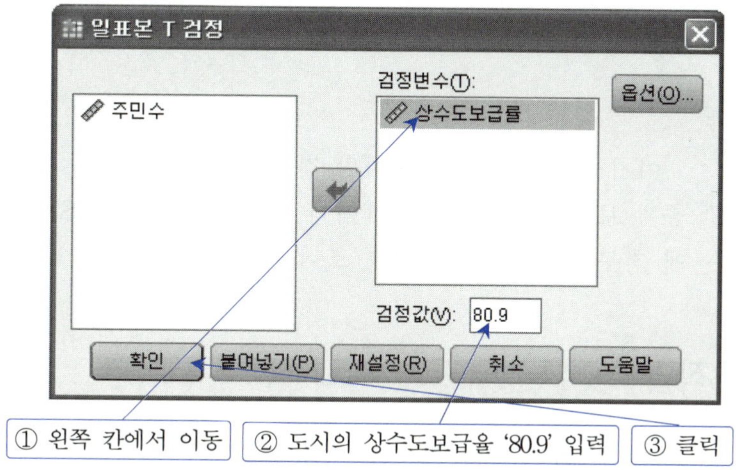

2. 산출결과와 해석

<표 9-1>에 의하면 표본크기는 41, 평균 76.6076, 표준편차 18.7305, 표준오차(표본평균의 표준편차) 2.9252임을 알 수 있다.

<표 9-2>에서는 t값 -1.467, 자유도 40, 양측검증의 p-value 0.150으로 나타났다. 따라서 유의수준 0.05 이하에서는 읍의 상수도보급률이 도시의 상수도보급률 80.9%와 차이가 있다고 할 수 없다.

〈표 9-1〉 상수도보급률의 일표본 통계량

	N	평균	표준편차	평균의 표준오차
상수도보급률	41	76.6076	18.73054	2.92522

〈표 9-2〉 상수도보급률의 일표본 검증

	검정값 = 80.9					
					차이의 95% 신뢰구간	
	t	자유도	유의확률 (양쪽)	평균차	하한	상한
상수도보급률	-1.467	40	.150	-4.29244	-10.2045	1.6196

제3절 두 모집단평균차의 t검증 : 독립표본 t검증

여기서는 '공무원과 회사원 간 조직몰입의 차이'에 대하여 SPSS에 의해 검증해 보기로 한다. 이 문제에서 사용한 데이터는 SPSSWIN으로 전환된 본서에 첨부된 CD의 '리더십과 조직몰입.sav'이다.

1. 기초작업

가. 조직몰입의 생성을 위한 코딩변경

'조직몰입'이라는 변수는 설문지 상의 1번, 6번, 11번, 16번, 19번 문항의 응답결과를 평균하여 구해야 한다. 그런데 위 5개 문항 중 4개 문항은 조직몰입에 대한 긍정적 문항인데 반해 마지막 19번 문항은 부정적(반대방향)으로 질문한 문항이다. 그러므로 19번 문항은 점수가 높을수록 조직몰입이 약하다는 의미가 되고, 나머지 4문항들은 그 반대로 점수가 높을수록 조직몰입이 강하다는 의미가 된다.

따라서 이를 해결하기 위해서 19번 문항에 대한 응답이 '5점'은 '1점'으로 '4점'은 '2점'으로, '3점'은 그대로 '3점', '2점'은 '4점', '1점'은 '5점'으로 각각 바꾸어 주어야 한다.

이러한 전환작업이 SPSSWIN에서 가능한데, 이를 위해 '메뉴'에서 선택하는 절차는 다음과 같다(제2장 제2절의 '코딩변경' 참조).

변환(T) → 다른 변수로 코딩변경(R)...

이렇게 '다른 변수로 코딩변경(R)'을 선택하면 [그림 9-3]의 대화상자가 열린다. 여기서 대화상자의 왼쪽 변수들 중에 'b19'(19번 문항을 임의로 b19라고 입력해 두었음)를 클릭하여 오른쪽 ➡를 눌러 오른쪽 상자로 이동하게 한 다음, 오른쪽에 있는 '출력변수' 칸의 '이름(N)' 밑 공란에 새로운 이름(예컨대 'b19r'이라고 함)을 입력하고 [바꾸기(H)]를 클릭하고, 이어서 아래에 있는 [기존값 및 새로운 값(O)...]을 클릭하면 [그림 9-4]의 새로운 대화상자가 열린다.

그림 9.3 새로운 변수로 코딩변경 대화상자

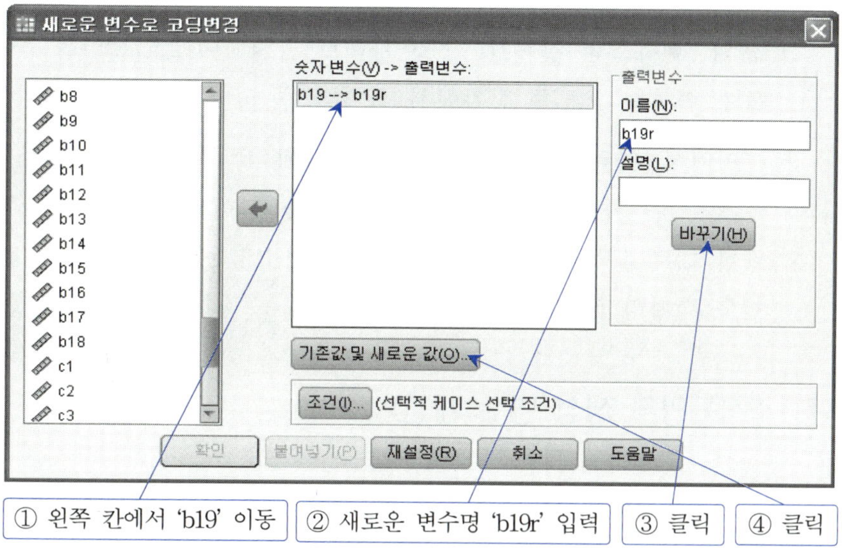

그림 9.4 기존값 및 새로운 값 대화상자

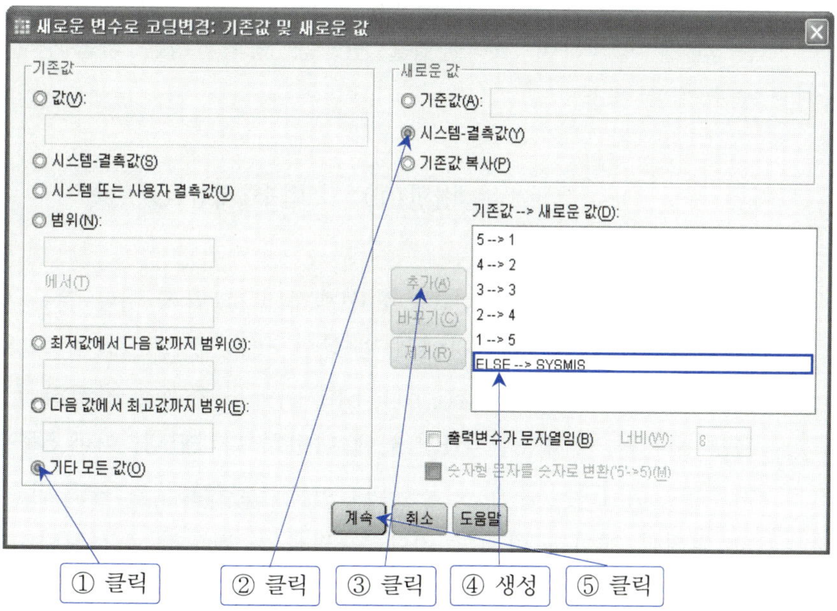

[그림 9-4]에서 '기존값' 아래 '◉값(V)'을 클릭하여 활성화되면 옆 칸에 '5'라고 입력하고 오른쪽 '새로운 값' 아래 '◉기준값(A)'을 클릭하여 옆 칸에 '1'을 입력한다. 그리고 아래의 추가(A)를 누르면 『5 → 1』이 오른쪽 상자에 나타난다. 같은 방법으로 4, 3, 2, 1도 2, 3, 4, 5로 하나씩 변환시킨 다음. 나머지 값들은 결측값으로 간주하기 위해 '기존값'의 '◉기타 모든 값(O)'과 '새로운 값'의 '◉시스템-결측값(Y)'을 차례로 클릭하여 추가(A)를 누른다. 이러한 값들의 변화는 오른쪽 상자에서 확인할 수 있다.

이어서 아래의 계속을 눌러 [그림 9-3]의 대화상자가 다시 나타나면 확인을 누른다. 그러면 대화상자는 닫히고 데이터의 'b19'변수 값이 명령한 대로 모두 바뀌고 이렇게 바뀐 변수명은 'b19r'이 되어 데이터의 마지막 변수로 자리잡는다.

나. 조직몰입의 생성(변수 계산)

이렇게 하여 19번 문항을 코딩변경한 다음, 1번, 6번, 11번, 16번, 19번 문항의 응답결과를 평균하여 '조직몰입'이라는 변수를 새로 만들어야 한다. SPSSWIN 데이터(여기서는 '리더십과 조직몰입.sav'라는 이름이 부여되었음)에는 위 5개 문항들이 b1, b6, b11, b16, b19r이라는 이름으로 입력되어 있다. SPSSWIN에서 이 문항들을 평균하여 조직몰입을 만드는 명령과정은 다음과 같다(제2장 제2절의 '변수 계산' 참조).

변환(T) → 변수 계산(C)...

위 명령대로 '변수 계산(C)'을 선택하면 [그림 9-5]와 같은 변수 계산 대화상자가 열린다. 이 대화상자에서 '대상변수(T)'에 '조직몰입'을 입력하고 그 밑에 있는 변수들 중에서 b1, b6, b11, b16, b19r을 차례로 지정하여 오른쪽 → 를 누르면 오른쪽 '숫자표현식(E)' 밑에 나란히 나타난다. 이때 5문항의 평균을 위해 '(, +,), /, 5'를 함께 이용한다. 이제 확인을 누르면 대화상자가 닫히고 원래의 데이터 마지막 칸에 '조직몰입' 변수가 추가된다([그림 9-6]).

그림 9.5 변수 계산 대화상자

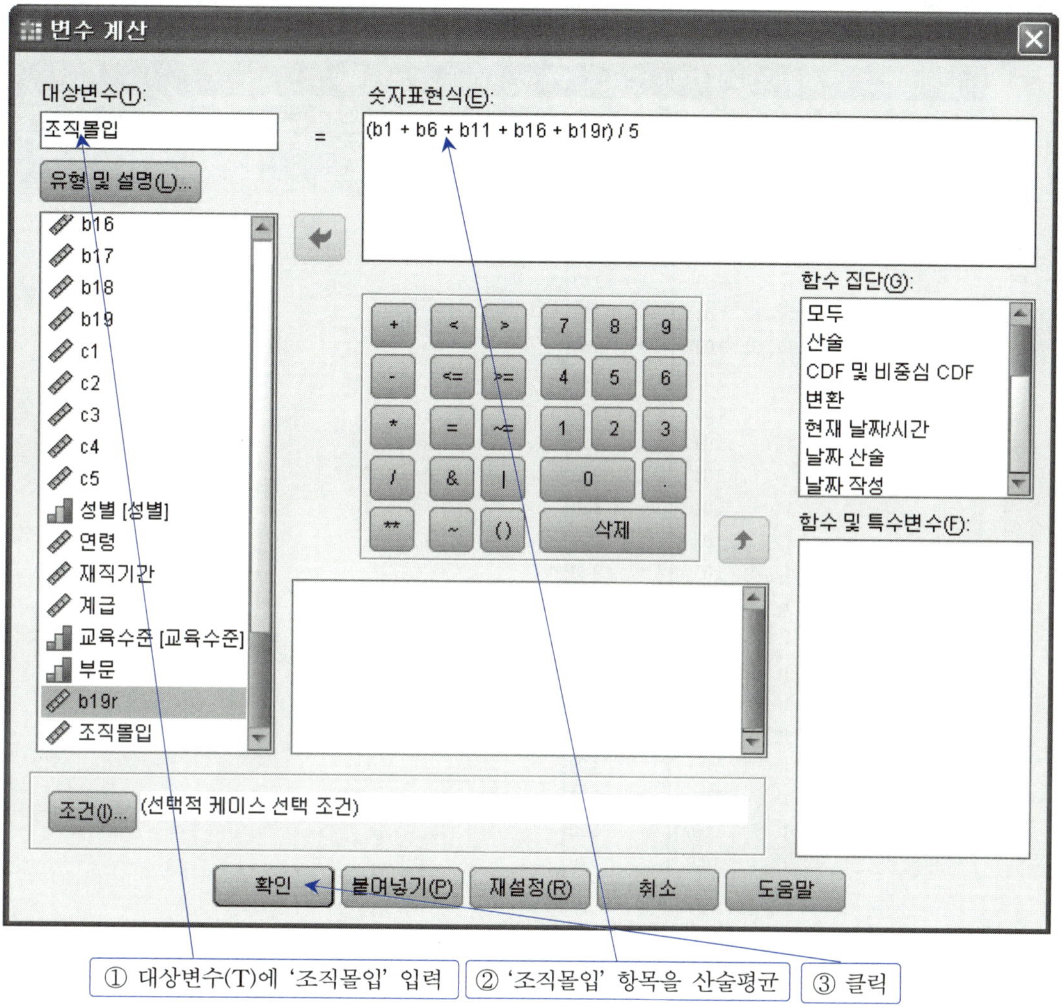

그림 9.6 조직몰입 변수의 생성

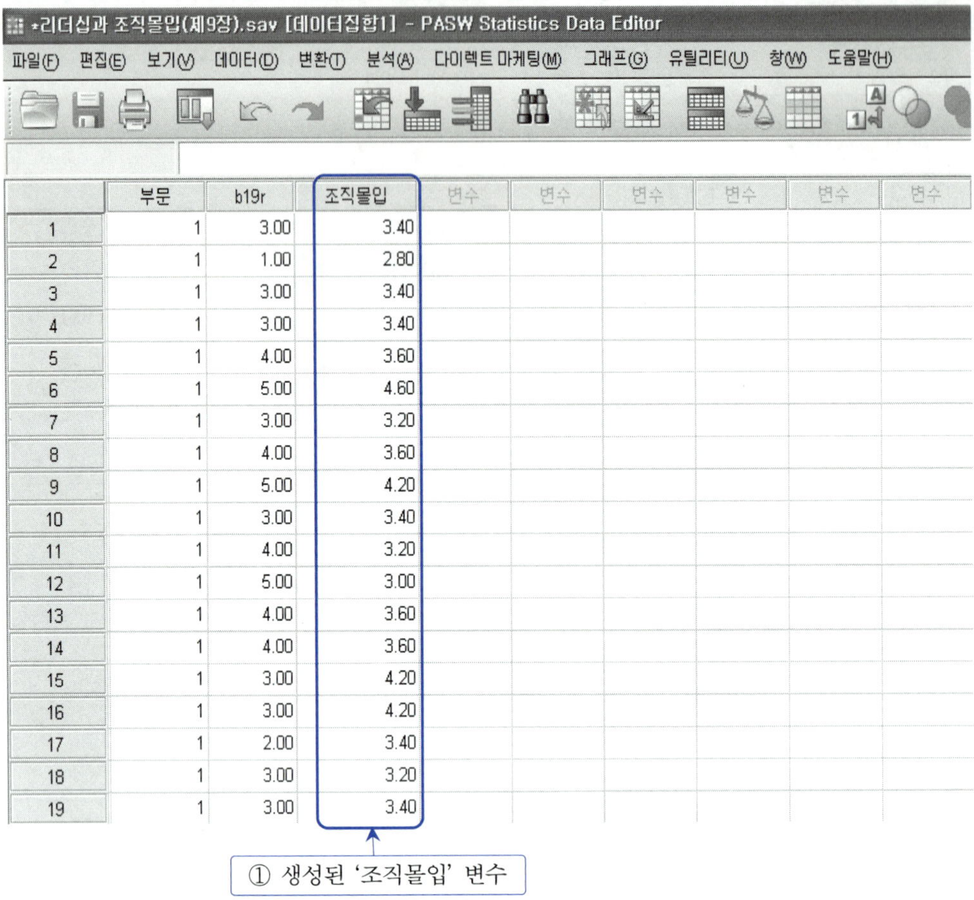

	부문	b19r	조직몰입	변수	변수	변수	변수	변수	변수
1	1	3.00	3.40						
2	1	1.00	2.80						
3	1	3.00	3.40						
4	1	3.00	3.40						
5	1	4.00	3.60						
6	1	5.00	4.60						
7	1	3.00	3.20						
8	1	4.00	3.60						
9	1	5.00	4.20						
10	1	3.00	3.40						
11	1	4.00	3.20						
12	1	5.00	3.00						
13	1	4.00	3.60						
14	1	4.00	3.60						
15	1	3.00	4.20						
16	1	3.00	4.20						
17	1	2.00	3.40						
18	1	3.00	3.20						
19	1	3.00	3.40						

다. 변수값 설명: 공무원과 회사원

원래 데이터에는 공무원과 회사원이 숫자로 구분되어 있다. 즉, 공무원은 '1', 회사원은 '2'로 입력되어 있다. 분석결과표에 '1'이나 '2'로 출력되는 것보다는 공무원과 회사원으로 표현되는 것이 이해하기 용이하다. 따라서 이 변수(데이터에는 '부문'으로 이름붙였음)의 '1'은 '공무원'으로, '2'는 '회사원'이라고 설명하는 작업을 SPSSWIN에서 한다.

이를 위해 먼저 [그림 9-6]의 왼쪽 아래에 있는 '변수 보기(V)'를 클릭하여 [그림 9-7]과 같은 화면이 나타나면, 여기서 '부문' 변수의 '값' 칸의 오른쪽 끝부분을 클릭하면 [그림 9-8]과 같은 변수값 설명 대화상자가 다시 열린다. 여기서 '기준값(A)'에 '1'을 입력하고, '설명(L)'에 '공무원'이라고 입력한 다음 추가(A)를 클릭하면 오른쪽 화면에 『1 = "공무원"』이 나타난다. 이어서 같은 방법으로 '2'와 '회사원'을 입력하고 나면 오른쪽 화면에 『2 = "회사원"』도 나타난다. 그리고 확인을 클릭하면 '부문' 변수의 '값' 칸에 『{1, 공무원}』이 나타나면서 전환이 완료된다. 이를 확인하기 위해서는 [그림 9-7] 변수 보기 화면의 왼쪽 아래에 있는 '데이터 보기(D)'를 클릭하면 [그림 9-6]의 데이터 화면에 '부문' 변수값들이 모두 '1'과 '2'로 되어 있으나 분석결과 화면에는 '1'은 '공무원'으로 '2'는 '회사원'으로 표시된다.

그림 9.7 변수 보기 화면

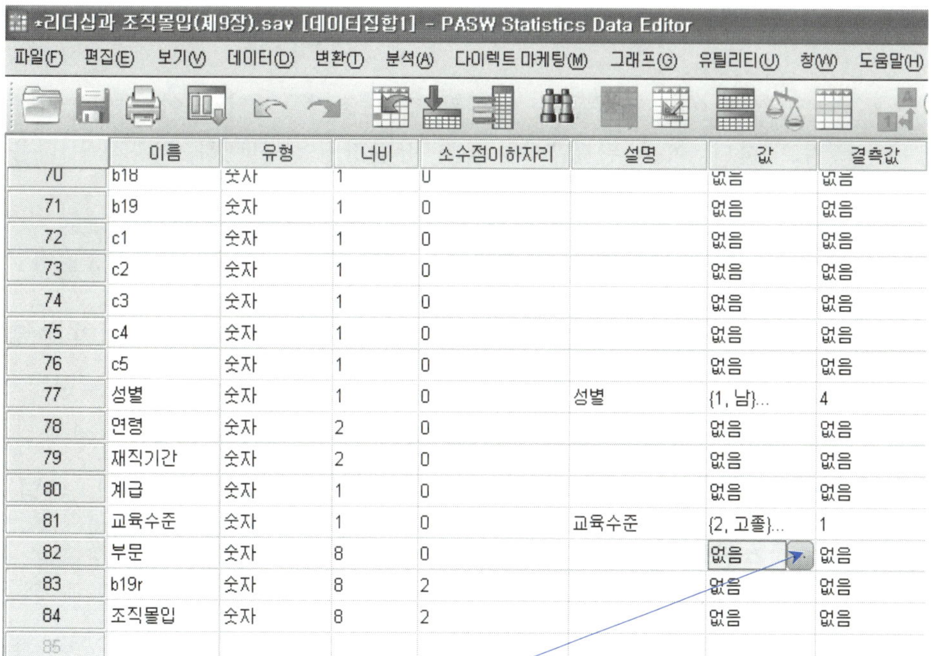

	이름	유형	너비	소수점이하자리	설명	값	결측값
70	b18	숫자	1	0		없음	없음
71	b19	숫자	1	0		없음	없음
72	c1	숫자	1	0		없음	없음
73	c2	숫자	1	0		없음	없음
74	c3	숫자	1	0		없음	없음
75	c4	숫자	1	0		없음	없음
76	c5	숫자	1	0		없음	없음
77	성별	숫자	1	0	성별	{1, 남}...	4
78	연령	숫자	2	0		없음	없음
79	재직기간	숫자	2	0		없음	없음
80	계급	숫자	1	0		없음	없음
81	교육수준	숫자	1	0	교육수준	{2, 고졸}...	1
82	부문	숫자	8	0		없음	없음
83	b19r	숫자	8	2		없음	없음
84	조직몰입	숫자	8	2		없음	없음
85							

① 클릭하면 [그림 9-8] 변수값 설명 대화상자가 나타난다.

그림 9.8 변수값 설명 대화상자

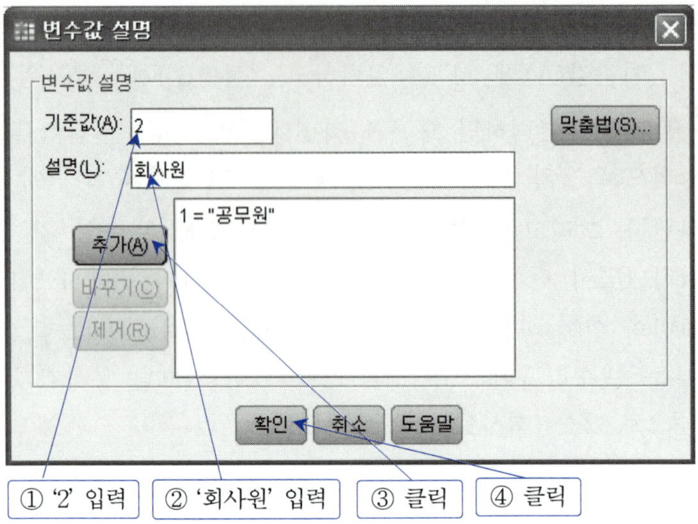

2. t검증의 실행

그러면 이제 공무원과 회사원 간에 조직몰입의 차이가 있는지를 검증해 보기로 한다. 이를 위해 '메뉴'에서 작업명령을 선택하는 과정은 다음과 같다.

분석(A) → 평균 비교(M) → 독립표본 T검증(T)...

독립표본 t검증(T)을 선택하면 [그림 9-9]와 같은 대화상자가 열린다. 왼쪽 변수상자에서 '조직몰입'을 지정하고 오른쪽 위 [➡]를 누르면 '검증변수(T)' 상자에 '조직몰입'이 나타난다. 이어 왼쪽에서 '부문'을 지정하고 오른쪽 아래 [➡]를 누르면 '집단변수(G)' 상자에 『부문(? ?)』이 나타난다. 이때 [집단정의(D)...]를 누르면 집단정의 대화상자가 열린다.

이 대화상자에서 [그림 9-10]처럼 '집단 1'에 '1', '집단 2'에 '2'라고 입력한 다음 [계속]을 누르면 앞의 [그림 9-9]의 대화상자로 돌아가는데, 이때 [확인]을 누르면 <표 9-3>, <표 9-4>가 산출된다.

그림 9.9 독립표본 *t*검증 대화상자

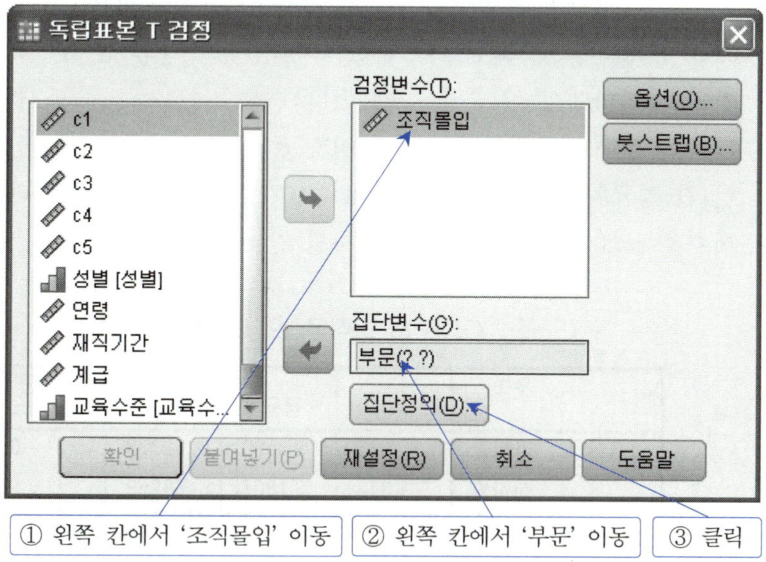

그림 9.10 집단정의 대화상자

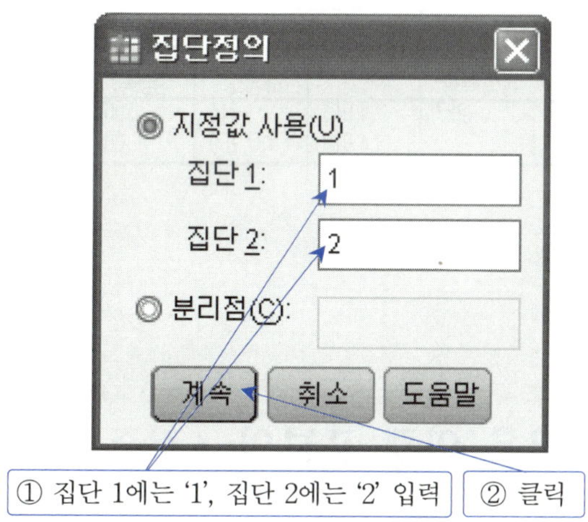

3. 산출결과와 해석

<표 9-3>에 의하면 공무원의 표본크기는 373, 조직몰입의 평균은 3.3560, 표준편차는 0.6234이며, 회사원의 표본크기도 373, 조직몰입의 평균은 3.1807, 표준편차는 0.5686으로 나타났다.

<표 9-4>는 두 모집단의 분산이 동일한지를 알아보기 위한 두 표본 분산의 차이검증 결과인데, *F*값이 1.465, 양측검증의 p-value가 0.227이므로, 유의수준 0.05 이하에서 두 모집단의 분산이 차이가 난다고 볼 수 없다. 그러므로 등분산의 가정하에서 *t*검증을 하게 된다.

*t*검증결과 검증통계량의 $t = 4.013$, $df = 744$, 양측검증의 p-value = 0.000, 두 집단 간 평균차 0.1753, 평균차의 표준오차 0.04369로 각각 나타났다. 그러므로 유의수준 $p<.001$에서 공무원과 회사원 간 조직몰입의 차이가 있다고 볼 수 있다.

〈표 9-3〉 조직몰입의 부문별 통계량

	부문	N	평균	표준편차	평균의 표준오차
조직몰입	공무원	373	3.3560	.62338	.03228
	회사원	373	3.1807	.56858	.02944

〈표 9-4〉 공무원과 회사원간 조직몰입의 차이검증

		Levene의 등분산 검정		평균의 동일성에 대한 t-검정						
									차이의 95% 신뢰구간	
		F	유의확률	t	자유도	유의확률 (양쪽)	평균차	차이의 표준오차	하한	상한
조직몰입	등분산이 가정됨	1.465	.227	4.013	744	.000	.17534	.04369	.08957	.26110
	등분산이 가정되지 않음			4.013	737.789	.000	.17534	.04369	.08957	.26110

제 4 절 짝을 이룬 표본의 *t*검증: 대응표본 *t*검증

여기서는 1998년과 2001년 두 시점 간에 우리나라 도시의 재정자립도에 차이가 있는지, 있다면 이 기간 동안에 향상되었다고 볼 수 있는지 SPSSWIN을 이용하여 *t*검증하기로 한다.

자료는 31개 표본도시들의 1998년과 2001년의 재정자립도를 나타낸 것으로 본서에 첨부된 CD의 '두 시점비교(표본도시).sav'이다.

1. t검증의 실행

변수명을 설명한 다음 왼쪽 아래의 '데이터 보기'를 클릭하여 데이터 화면을 불러낸 상태에서, 대응표본 t검증을 위한 다음과 같은 작업명령을 내려야 한다.

분석(A) → 평균 비교(M) → 대응표본 T검증(P)...

이렇게 '대응표본 t검증(P)'을 선택하면 [그림 9-11]의 대화상자가 열린다. 이때 왼쪽 변수상자에서 '재정자립도 1998'을 지정한 후 ➡를 클릭하면, '대응변수(V)'의 변수1에 '재정자립도 1998'이 나타난다. 다시 '재정자립도 2001'을 지정한 후 ➡를 클릭하면 '대응변수(V)'의 '변수 2'에 '재정자립도 2001'이 보인다. 이어서 [확인]을 누르면 <표 9-5>, <표 9-6>, <표 9-7>이 산출된다.

그림 9.11 대응표본 t검증 대화상자

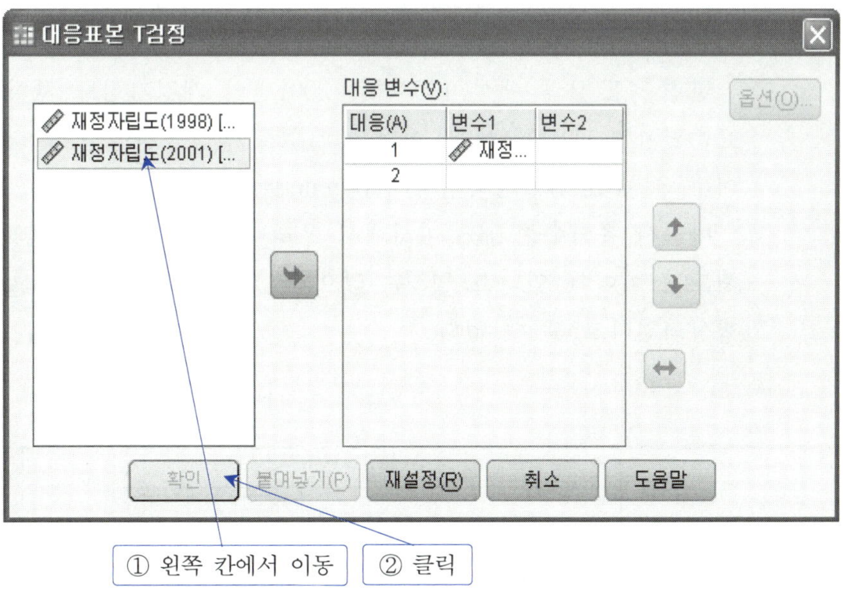

2. 산출결과와 해석

<표 9-5>를 보면, 1998년의 재정자립도 평균은 61.223%, 표준편차는 22.488%, 2001년의 재정자립도 평균 60.655%, 표준편차 23.510%이며, 표본크기는 31로 동일함을 알 수 있다.

〈표 9-5〉 대응표본 통계량

		평균	N	표준편차	평균의 표준오차
대응 1	재정자립도(1998)	61.223	31	22.4878	4.0389
	재정자립도(2001)	60.655	31	23.5099	4.2225

또한 <표 9-6>에 의하면 두 대응변수의 상관관계는 유의수준 .001 이하에서 의미있으며, 상관계수는 .878로 높은 상관관계라고 하겠다.

〈표 9-6〉 대응표본 상관계수

		N	상관계수	유의확률
대응 1	재정자립도(1998) & 재정자립도(2001)	31	.878	.000

한편 <표 9-7>에서 1998년과 2001년의 재정자립도 차이의 평균은 .568%, 표준편차는 11.411%이고, 이들을 기초로 검증통계량을 t로 전환시킨 값은 .277이다. 이때 df=30, 양측검증의 p-value=.784가 된다.

따라서 유의수준 0.05 이하에서 우리나라 도시의 1998년과 2001년의 재정자립도는 차이가 있다고 할 수 없으며, 1998년에 비해 2001년의 재정자립도가 향상되었다고 볼 수 없다.

〈표 9-7〉 대응표본 검증

		대응차					t	자유도	유의확률 (양쪽)
					차이의 95% 신뢰구간				
		평균	표준편차	평균의 표준오차	하한	상한			
대응 1	재정자립도(1998) - 재정자립도(2001)	.5677	11.4108	2.0494	-3.6178	4.7532	.277	30	.784

제 5 절 파일 분할을 이용한 *t* 검증

1. 파일 분할

파일 분할은 제2장에서 설명한 것처럼 '파일을 어떤 변수를 기준으로 몇 개의 집단으로 나누는 것'을 말한다. 여기서는 행정조직과 기업조직의 두 집단으로 나누어 남녀 집단 간 조직몰입의 차이를 분석하고자 한다. 사용하는 데이터 파일은 '리더십과 조직몰입(제9장-파일 분할).sav'파일이다. 파일 분할하는 과정은 다음 절차에 의해 실행하며, 이를 그림으로 나타낸 것이 [그림 9-12]이다.

데이터(D) → 파일 분할(F)...

그림 9.12 파일 분할

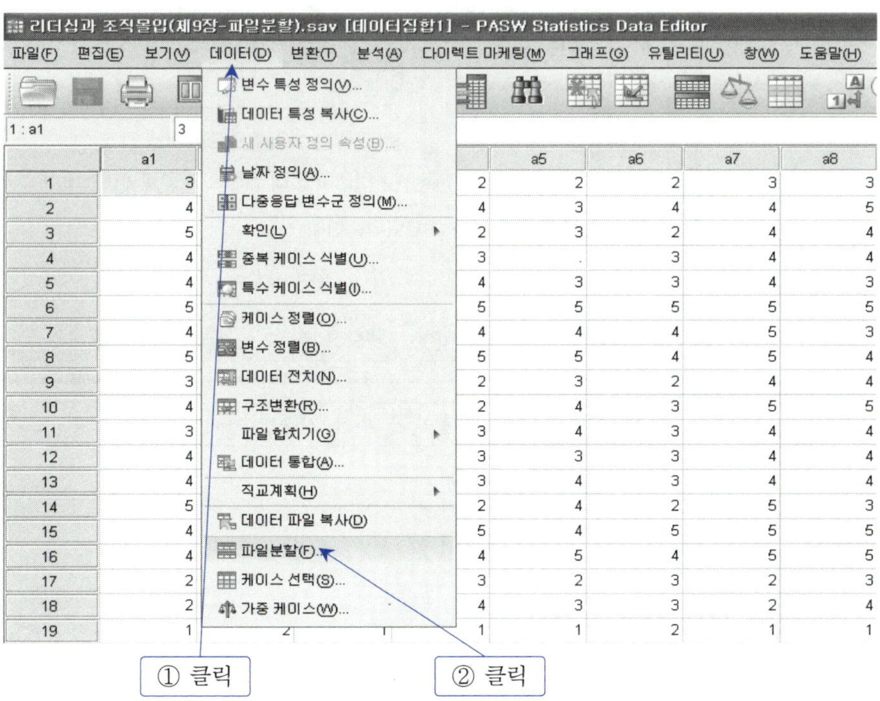

[그림 9-13]은 [그림 9-12]와 같이 실행했을 때 나타나는 파일 분할 대화상자이다. 여기서 '각 집단별로 출력결과를 나타냄(O)'을 선택한 후 확인 을 클릭한다.

[그림 9-14]는 파일 분할 후의 SPSS 데이터 편집기 화면이다. 여기서 부문을 보면 부문 1(행정조직)은 첫 번째부터 378번째 케이스까지이고, 부문 2는 379번째 이하부터 755번째까지의 케이스로 구분되어 있음을 알 수 있다. 참고로 이 데이터 파일은 행정조직 378명, 기업조직 377명으로 구성된 데이터 파일이다.

그림 9.13 파일 분할 대화상자

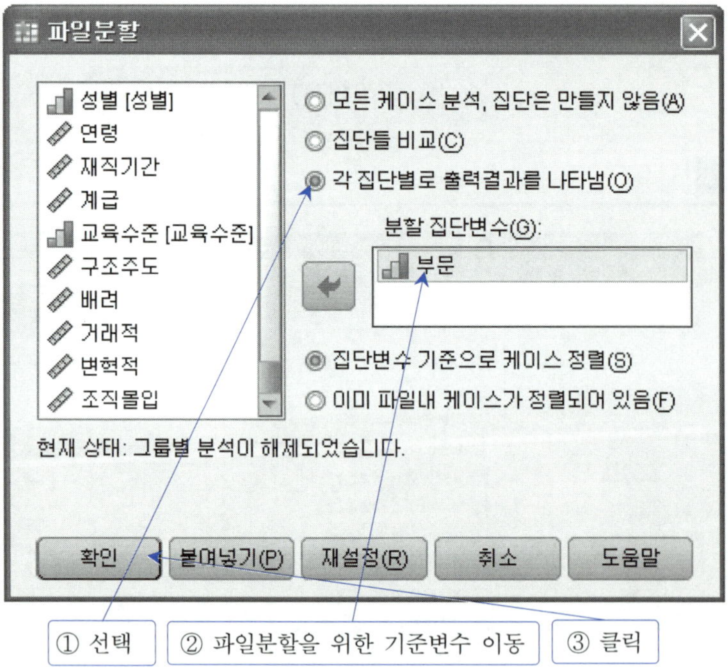

그림 9.14 파일 분할 후 SPSS 데이터 편집기

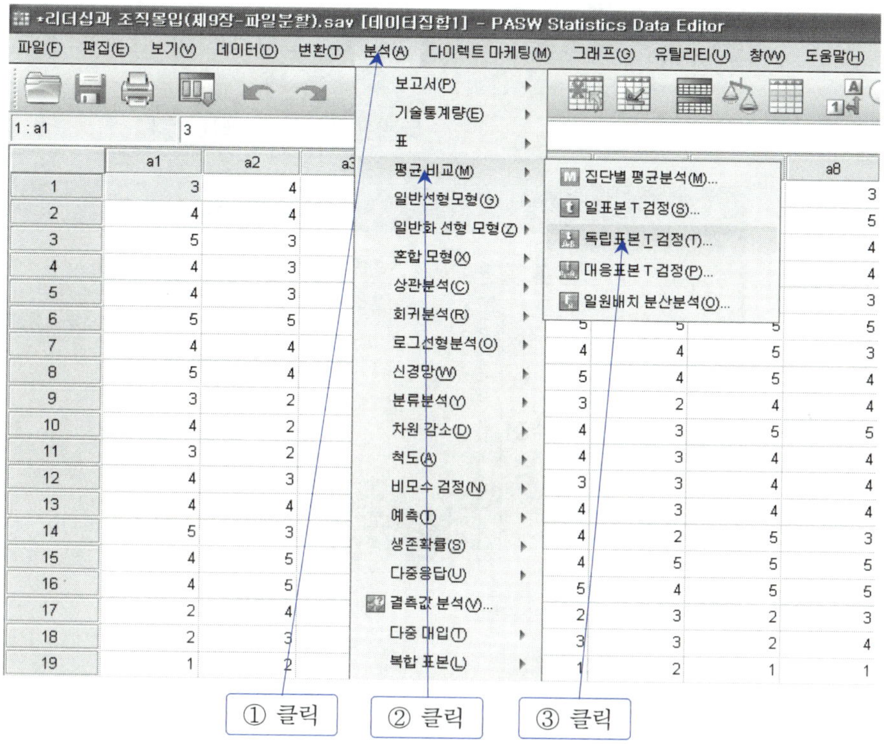

2. t검증의 실행

행정조직과 기업조직으로 파일을 분할한 후, 남녀 간 조직몰입의 차이를 분석하기 위하여 t검증을 하는 과정은 다음과 같으며, 이를 그림으로 나타낸 것이 [그림 9-14]이다.

분석(A) → 평균 비교(M) → 독립표본 T검증(T)...

위와 같이 실행하면 [그림 9-15] 독립표본 t검증 대화상자가 열린다.

왼쪽 변수상자에서 '조직몰입'을 지정하고 오른쪽 위 를 누르면 '검정변수(T)' 상자에 '조직몰입'이 나타난다. 이어 왼쪽에서 '성별'을 지정하고 오른쪽 아래 를 누르면 '집단변수(G)' 상자에 『성별(? ?)』이 나타난다. 이때 집단정의(D)... 를 누르면 집단정의 대화상자가 열린다.

이 대화상자에서 [그림 9-16]처럼 '집단 1'에 '1', '집단 2'에 '2'라고 입력한 다음 [계속]을 누르면 앞의 [그림 9-15]의 대화상자로 돌아가는데, 이때 [확인]을 누르면 <표 9-8>에서 <표 9-11>이 산출된다.

그림 9.15 독립표본 t검증 대화상자

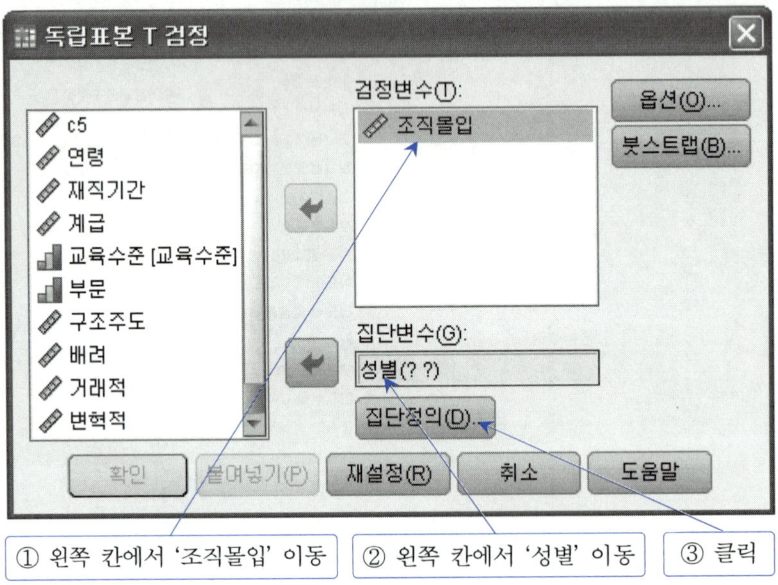

그림 9.16 집단정의 대화상자

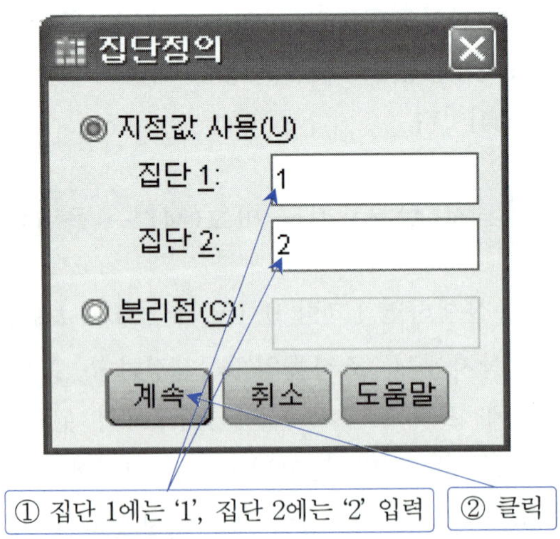

3. 분석결과와 해석

<표 9-8>은 행정조직의 남성과 여성 공무원에 대한 표본크기, 평균, 표준편차, 표준오차를 나타낸 것이다.

<표 9-9>에 의하면 등분산이 가정되는 경우에서 t검증을 해야 하며, 검증 결과 t=3.284, df=370, p-value=0.001이므로, 유의수준 0.001 이하에서 행정조직의 남녀공무원간 조직몰입의 차이가 있다고 볼 수 있으며, 남성공무원이 여성 공무원에 비하여 조직몰입이 더 강한 것으로 나타났다.

〈표 9-8〉 공무원-집단통계량

	성별	N	평균	표준편차	평균의 표준오차
조직몰입	남	265	3.4000	.64762	.03978
	여	107	3.1589	.62419	.06034

a. 부문 = 공무원

〈표 9-9〉 공무원-독립표본 검증

		Levene의 등분산 검정		평균의 동일성에 대한 t-검정						
									차이의 95% 신뢰구간	
		F	유의확률	t	자유도	유의확률 (양쪽)	평균차	차이의 표준오차	하한	상한
조직몰입	등분산이 가정됨	.044	.834	3.284	370	.001	.24112	.07342	.09675	.38549
	등분산이 가정되지 않음			3.336	202.790	.001	.24112	.07228	.09861	.38363

a. 부문 = 공무원

〈표 9-10〉 회사원-집단통계량

	성별	N	평균	표준편차	평균의 표준오차
조직몰입	남	279	3.2392	.58409	.03497
	여	93	3.0081	.59259	.06145

a. 부문 = 회사원

〈표 9-11〉 회사원-독립표본 검증

		Levene의 등분산 검정		평균의 동일성에 대한 t-검정						
									차이의 95% 신뢰구간	
		F	유의확률	t	자유도	유의확률 (양쪽)	평균차	차이의 표준오차	하한	상한
조직몰입	등분산이 가정됨	.049	.826	3.294	370	.001	.23118	.07019	.09316	.36921
	등분산이 가정되지 않음			3.270	155.828	.001	.23118	.07070	.09153	.37084

a. 부문 = 회사원

<표 9-10>과 <표 9-11>은 <표 9-8>, <표 9-9>와 동일한 방법으로 해석하면 된다. 따라서 유의수준 0.001 이하에서 기업조직의 남녀회사원 간 조직몰입의 차이가 있다고 볼 수 있으며, 남성회사원이 여성회사원에 비하여 조직몰입이 더 강한 것으로 나타났다.

4. 분석결과표 작성

<표 9-12>는 <표 9-8>에서 <표 9-11>의 분석결과를 토대로 하여 공무원과 회사원의 남녀 간 조직몰입의 차이를 분석한 결과표이다. 공무원의 경우 남성 265명, 여성 107명, 회사원의 경우 남성 279명, 여성 93명을 유효표본으로 하여 분석하였다.

공무원과 회사원 모두 유의수준 p<.001에서 남녀 간 조직몰입에 대하여 통계적으로 의미있는 차이가 있으며, 공무원과 회사원 모두에서 남성이 여성에 비하여 조직몰입이 더 강한 것으로 나타났다.

〈표 9-12〉 공무원과 회사원의 남녀 간 조직몰입의 차이검증 결과

변수	성별	공무원				회사원			
		n	평균	표준편차	t값	n	평균	표준편차	t값
조직몰입	남 여	265 107	3.40 3.16	.65 .62	3.284***	279 93	3.24 3.01	.58 .59	3.294***

*** p<.001

제6절 t검증을 활용한 실례

1. IMF 전후 행정조직풍토의 변화

이 연구는 IMF사태 이후의 행정조직풍토가 어떻게 변하였는지를 알아보기 위한 것이다. 분석을 위한 자료는 공무원(6개 중앙부처와 7개 지방행정기관) 450명을 대상으로 한 설문조사였으며, 표본구성은 1995년과 1999년의 조사가 동일했다. 조직풍토는 6가지 변수(차원)들로 구성하였는데, 각 변수는 모두 Likert-type 5점 척도의 복수 문항들로 측정되었으며 신뢰도는 모두 .68 이상으로 만족할 만한 수준이었다.

분석결과는 <표 9-13>과 같이, 6가지 조직풍토 차원 가운데 '낮은 보상(보수)'과 '상향적 의사전달의 폐쇄성'만이 1995년과 1999년 두 시점 간에 유의수준

〈표 9-13〉 IMF 전후의 행정조직풍토의 변화

변수	연도	표본수	평균	표준편차	t값
불공정한 인사제도	1995년 1999년	450 450	3.53 3.49	.74 .80	.676
처벌위주의 감사제도	1995년 1999년	450 450	3.78 3.83	.66 .68	-1.131
적당주의	1995년 1999년	450 450	3.11 3.02	.72 .77	1.828
낮은 보상 (보수)	1995년 1999년	450 450	4.04 4.16	.67 .69	-2.515*
낮은 보상 (승진)	1995년 1999년	450 450	3.59 3.67	.65 .67	-1.823
상향적 의사 전달의 폐쇄성	1995년 1999년	450 450	3.53 3.34	.61 .66	4.486***

* $p<.05$ *** $p<.001$

.05와 .001에서 각각 의미있는 차이가 있었고, 나머지 4가지 차원은 유의수준 .05에서 통계적으로 의미있는 차이를 보이지 않았다. 특히, 낮은 보상(보수)은 IMF 이후 더욱 열악해진 것으로 나타났으며, 상향적 의사전달의 폐쇄성은 상당히 개선되었다고 볼 수 있다(허전 · 김호정, 2000).

2. 공 · 사 조직간 공식화와 레드테이프의 비교

이 연구는 개인을 분석단위로 하여 설문조사를 하였다. 조사대상자로 공무원은 두 개의 시에서 추출되었고 민간조직으로는 기업, 은행, 병원에서 직원들이 추출되었다. 공식화와 레드테이프 모두 5점 척도를 가진 4개 문항으로 측정되었으므로 최대 점수는 20점이었다. Cronbach's α는 공식화 .74, 레드테이프 .59였다.

*t*검증결과는 <표 9-14>와 같다. 우선 행정조직과 기업조직 간 공식화의 차이검증에서는 t=3.96, p=.000으로 두 부문 간에 유의수준 .001에서 의미있는 차이가 있다고 할 수 있다. 또한 레드테이프에 관한 검증에서는 t=11.38, p =.000으로 나타났으므로, 레드테이프도 행정조직과 기업조직간에 통계적으로 유의수준 .001에서 의미있는 차이가 있다고 해석할 수 있다. 더구나 공식화와 레드테이프 모두 민간조직보다는 행정조직에서 강한 것으로 나타났다(김병섭, 1996).

〈표 9-14〉 공식화와 레드테이프의 공사조직 비교

변수 및 집단	표본 수	평균값	*t*-값	유의수준
공식화				
행정조직	640	13.94	3.96	.000
민간조직	375	13.30		
레드테이프				
행정조직	642	16.65	11.38	.000
민간조직	370	14.78		

제 10 장

분산분석 : *F*검증

분산분석은 독립변수의 차이가 종속변수의 평균에 미치는 영향을 분석하려는 것으로서, 독립변수의 개수가 하나인 일원분산분석(一元分散分析, One-Way ANOVA)과 2개인 이원분산분석(二元分散分析, Two-Way ANOVA)으로 구분할 수 있다. 특히 독립변수가 2개 이상인 경우를 다원분산분석(多元分散分析, Multi-Way ANOVA)이라고도 한다.

일원분산분석만으로는 해결할 수 없거나 해결한다 하더라도 잘못된 판단을 내릴 가능성이 있는 연구주제들에 대해 이원 분산분석을 이용하면 해결 가능성도 높고 보다 정확하고 구체적인 정보도 얻을 수 있다.

제1절 분산분석의 활용과 원리

1. 일원분산분석

가. 활 용

t검증은 두 집단 간 평균차이의 검증에 많이 이용되고 있지만, F검증은 세 집단 이상의 평균차이 검증에 주로 활용되고 있다는 것이 대조적이다. 또한 t검증은 t분포를 이용하는 반면에, F검증은 F분포를 이용하며 검증과정에서 분산을 비교 분석하므로 분산분석이라고도 한다.

가령, '공무원의 상위계급과 하위계급 간 직무만족의 차이'나 '도시와 농촌가구의 소득차이'를 검증하기 위하여 t검증을 이용하나, 만일 위 문제에서 '계급'이 상·중·하의 세 가지로 분류되었거나 '지역'이 농촌·중소도시·대도시로 구분되었다면 분산분석을 해야 한다.

또한 분산분석은 셋 이상 집단 간 평균차의 검증은 물론이고, 두 집단 간 평균차의 검증에도 활용될 수 있으므로, t검증보다 활용가치가 더 높다고 할 수 있다.

나. 의미와 원리

가령 '도시규모와 지가변동률'의 관계를 알아보기 위해, 대도시, 중소도시, 농촌(군)의 지가상승률을 조사하였더니, 도시는 13.7%, 중소도시 12.8%, 군 5.7%로 나타났다고 할 때, 이 자료를 바탕으로 세 지역 간에 지가변동(상승)률의 차이가 있다고 할 수 있는가?

지가상승률의 차이는 집단(지역) 간에만 존재하는 것이 아니라, 집단(지역) 내에서도 반드시 존재한다고 보아야 하는데, 집단 간의 차이가 집단 내의 차이보다 '현저히' 클 때, 세 지역 간에 지가변동률의 차이가 있다고 할 수 있으며, 이 '현저한' 차이인가를 밝히는 과정이 분산분석이다.

다시 말해 '현저한' 차이의 판단기준이 바로 F값이다. F값은 '집단 내의 차이에 대한 집단 간의 차이의 비율'을 말하는 것으로서, F값이 클수록 집단 간의 차이는 현저해 진다고 볼 수 있다. 일반적으로 F값의 p-value가 0.05보다 작을 정도로 F값이 크면 — F값이 증가할수록 p-value는 감소함 — '현저한' 차이라고 보아도 된다. 이런 의미에서 분산분석(analysis of variance: ANOVA)을 F검증이라고도 한다.

다. 주요 가정

집단 간 비교대상인 종속변수의 유형은 t검증과 마찬가지로, 연속적 확률변수가 원칙이지만, 불연속적 확률변수라도 자료의 개수가 많고 변수값이 다양한 경우이거나 Likert-type의 척도로 측정된 변수라면 분산분석이 가능하다.

분산분석의 기법을 활용하기 위해서는 이 밖에도 다음과 같은 요건들이 더 필요하다. 첫째, 각 표본(집단)이 추출된 모집단의 분포는 모두 정규분포이어야 한다. 둘째, 각 모집단의 분산은 모두 동일해야 하는데, 이를 등분산성(等分散性, homogeneity)의 가정이라고 한다. 셋째, 각 표본들은 상호독립적이어야 한다.

현실적으로 첫째와 둘째 요건을 위반하는 경우가 많은데, 비교되는 각 집단의 표본크기가 20이나 30 이상이 되고 집단들의 표본크기를 유사하게 함으로써 이러한 위반을 상당 부분 피할 수 있다.

라. F값의 계산

$$F=\frac{MS_b}{MS_w}$$

$$MS_w=\frac{SS_w}{n-k}$$

$$MS_b=\frac{SS_b}{k-1}$$

$$SS_w = \Sigma(X_1 - \overline{X}_1)^2 + \Sigma(X_2 - \overline{X}_2)^2 + \cdots\cdots + \Sigma(X_k - \overline{X}_k)^2$$

$$SS_b = (\overline{X}_1 - \overline{\overline{X}})^2 \cdot n_1 + (\overline{X}_2 - \overline{\overline{X}})^2 \cdot n_2 + (\overline{X}_3 - \overline{\overline{X}})^2 \cdot n_3$$

$\overline{X}$ = 집단의 평균값, $\overline{\overline{X}}$ = 전체 평균값, n = 집단의 표본크기, k = 집단수

2. 이원분산분석

가. 활 용

일원분산분석을 이용하여 '도시규모와 지가변동률'의 관계를 검증한 결과, 만일 대도시 · 중소도시 · 군 간에 지가변동률에 의미있는 차이가 있었고, 그 중에서 대도시의 지가변동률이 가장 높고, 그 다음으로 중소도시, 군의 순으로 나타났다고 하자.

그렇다면 수도권 지역만을 대상으로 했을 때도 동일한 결과가 나올까? 만약 분석결과 수도권 지역에서는 대도시보다 위성도시인 중소도시의 지가변동률이 높고, 비수도권지역에서는 대도시가 가장 높다고 하면, 일원분산분석의 검증결과를 우리나라 전지역에 일반화시킬 수 없으며 특정지역에만 해당된다고 보아야 할 것이다.

이와 같이 일원분산분석의 검증결과가 다른 중요한 변수 — '지역'(수도권, 비수도권) — 에 따라 달라질 가능성이 있으면, 일원분산분석만으로는 부족하며, 독립변수와 종속변수의 관계에 영향을 미칠 수 있는 다른 변수(조절변수)의 역할을 검증해 볼 필요가 있다. 이러한 변수들의 관계를 검증하기 위해 이원(혹은 다원)분산분석이 활용된다.

나. 의미와 원리

'도시규모, 지역과 지가변동률의 관계'를 알아보기 위해 지역을 '중부지역'과 '영 · 호남지역'으로 구분하고 지역별 도시규모와 지가변동률을 다시 조사한 결과 다음 <표 10-1>과 같았다.

〈표 10-1〉 지역별 도시규모와 지가변동률

	대 도 시	중소도시	군
전 국	13.7	12.8	5.7
중 부	13.3	14.4	7.9
영 · 호남	14.3	11.1	3.5

그렇다면 두 지역 간의 '도시규모와 지가변동률'의 차이는 과연 통계적으로도 의미있는 차이라고 볼 수 있는가? 다시 말해 이러한 차이는 오차로 인한 차이인가, 아니면 두 지역의 특성상 발생한 진정한 차이라고 할 수 있는가?

두 지역 간 통계적 의미성 여부를 발견하기 위하여 이원분산분석을 하게 되는데, 이때 검증은 지역과 도시규모라는 두 변수 간의 상호작용효과(interaction effects)에 대한 검증을 의미한다. 검증결과 상호작용효과가 통계적으로 의미없다면, 일원분산분석의 결과를 그대로 인정하면 된다. 그러나 상호작용효과가 통계적으로 의미있게 나타난다면, 반드시 상호작용효과를 고려하여 독립변수와 종속변수의 관계를 설명해야 한다. 즉, 중부지역과 영 · 호남지역을 분리하여 도시규모에 따른 지가변동률의 차이를 해석해야 한다.

이처럼 이원분산분석은 독립변수들 간의 상호작용효과를 먼저 검증하고, 그 결과를 토대로 각 독립변수와 종속변수의 관계를 규명하는 것이 특징이고 장점이라고 하겠다. 이런 이유때문에 이원(다원)분산분석은 일원분산분석에 비해 구체적인 분석을 통한 정확한 정보를 제공한다고 볼 수 있다.

다. 주요 가정

이원(다원)분산분석을 이용하여 문제를 해결하기 위해서도 몇 가지 요건들이 충족되어야 하는데, 이러한 요건 내지 가정은 일원분산분석의 경우와 동일하다.

라. F값들의 계산

$$F_1 = \frac{MS_{b1}}{MS_w} \quad F_2 = \frac{MS_{b2}}{MS_w} \quad F_3 = \frac{MS_{b12}}{MS_w}$$

$$MS_w = \frac{SS_w}{n - i \times j} \qquad MS_{b1} = \frac{SS_{b1}}{i-1} \qquad MS_{b2} = \frac{SS_{b2}}{j-1} \qquad MS_{b12} = \frac{SS_{b12}}{(i-1)(j-1)}$$

$$SS_w = (\Sigma X_{11}^2 + \Sigma X_{12}^2 + \cdots + \Sigma X_{ij}^2) - \left\{ \frac{(\Sigma X_{11})^2}{n_{11}} + \frac{(\Sigma X_{12})^2}{n_{12}} + \cdot\cdot + \frac{(\Sigma X_{ij})^2}{n_{ij}} \right\}$$

$$SS_{b1} = n_h \cdot \left\{ \frac{(\Sigma \overline{X}_{1\cdot})^2 + (\Sigma \overline{X}_{2\cdot})^2 + \cdots + (\Sigma \overline{X}_{i\cdot})^2}{j} - \frac{(\Sigma \overline{X}_{ij})^2}{i \times j} \right\}$$

$$SS_{b2} = n_h \cdot \left\{ \frac{(\Sigma \overline{X}_{\cdot 1})^2 + (\Sigma \overline{X}_{\cdot 2})^2 + \cdots + (\Sigma \overline{X}_{\cdot j})^2}{i} - \frac{(\Sigma \overline{X}_{ij})^2}{i \times j} \right\}$$

$$SS_{b12} = n_h \cdot \left\{ \Sigma \overline{X}_{ij}^2 - \frac{(\Sigma \overline{X}_{1\cdot})^2 + (\Sigma \overline{X}_{2\cdot})^2 + \cdots + (\Sigma \overline{X}_{i\cdot})^2}{j} - \frac{(\Sigma \overline{X}_{\cdot 1})^2 + (\Sigma \overline{X}_{\cdot 2})^2 + \cdots + (\Sigma \overline{X}_{\cdot j})^2}{i} + \frac{(\Sigma \overline{X}_{ij})^2}{i \times j} \right\}$$

$$n_h = \frac{i \times j}{\frac{1}{n_{11}} + \frac{1}{n_{12}} + \cdots\cdots + \frac{1}{n_{ij}}}$$

i, j = 두 독립변수의 집단수, $\overline{X}$ = 집단의 평균값, n = 집단의 표본크기

제 2 절 일원분산분석

1. 기초작업

가. 코딩변경: 재직기간의 범주화

검증에 사용될 데이터는 본서에 첨부된 CD의 '리더십과 조직몰입(일원분산분석).sav'이다. 이 데이터에는 '재직기간'이라는 변수에 재직년수를 그대로 입력하였는데, 여기서는 재직기간을 장기, 중기, 단기로 구분하여 세 집단 간 조직몰입의 차이를 검증하고자 한다. 재직기간을 '6년 이하', '7년~15년', '16년

이상'의 세 등급으로 구분하기로 한다.

재직기간의 이러한 구분방법을 SPSSWIN에 입력하는 과정을 '메뉴'에서 명령하면 다음과 같다(제2장 제2절의 '코딩변경' 참조).

변환(T) → 다른 변수로 코딩변경(R)...

'다른 변수로 코딩변경(R)'을 선택하면 [그림 10-1]의 대화상자가 열린다. 여기서 대화상자의 왼쪽 변수들 중에 '재직기간'을 오른쪽 상자로 이동하게 한 다음, '이름(N)' 밑 공란에 새로운 이름(예컨대 '근무기간'이라고 함)을 입력하고 [바꾸기(H)]를 클릭한다.

이어서 [기존값 및 새로운 값(O)...]을 클릭하면 [그림 10-2]의 기존값 및 새로운 값 대화상자가 열린다.

그림 10.1 새로운 변수로 코딩변경 대화상자

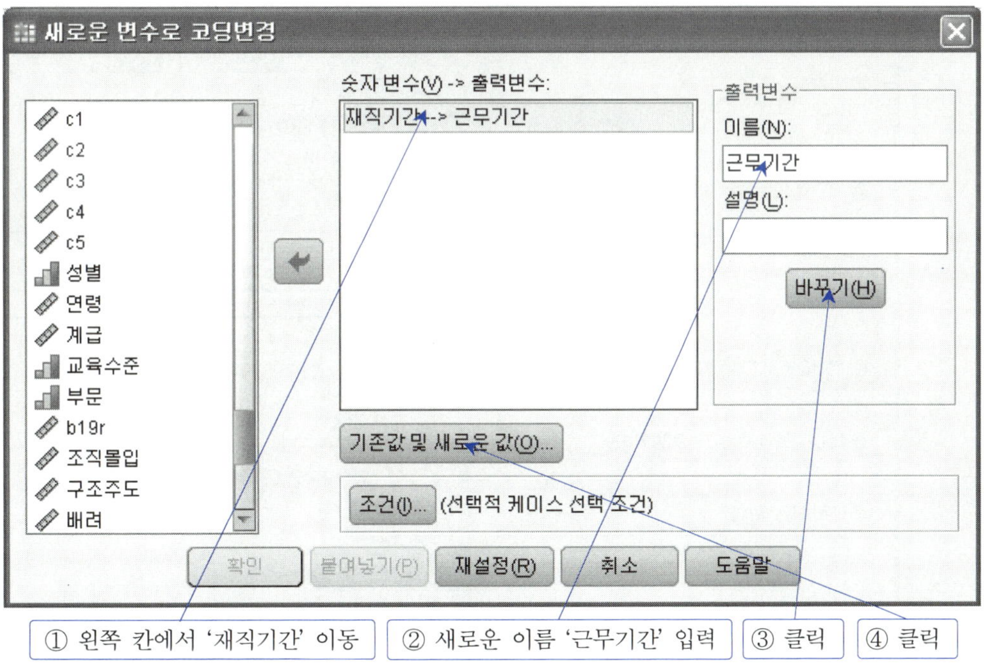

재직기간이 '6년 이하'이면 '1'로 묶기 위해, '기존값'의 '최저값에서 다음 값까지 범위(G)'를 클릭하여 '6'을 입력하고, '새로운 값'의 '기준값(A)'을 클릭하고 '1'을 입력한 다음, 아래의 추가(A) 를 누르면 『Lowest thru 6 → 1』이 오른쪽 상자에 나타난다. 같은 방법으로 '기존값' 중에서 '범위(N)'을 클릭하여 '7'과 '15'를, '새로운 값'의 '기준 값(A)'에 '2'를 입력하고 추가(A) 를 누른다. 그리고 '기존값'의 '다음 값에서 최고 값까지의 범위(E)'에 '16', '새로운 값'의 '기준값(A)'에 3을 입력하고 추가(A) 를 누른다. 마지막으로 '기존값'의 '기타 모든 값(O)'을 선택하고 '새로운 값'의 '시스템-결측값(Y)'을 선택한 후, 추가(A) 를 누르면 'ELSE→SYSMIS'가 나타난다. 이렇게 하면 오른쪽 상자에 재분류된 상황이 모두 나타난다.

그림 10.2 기존값 및 새로운 값 대화상자

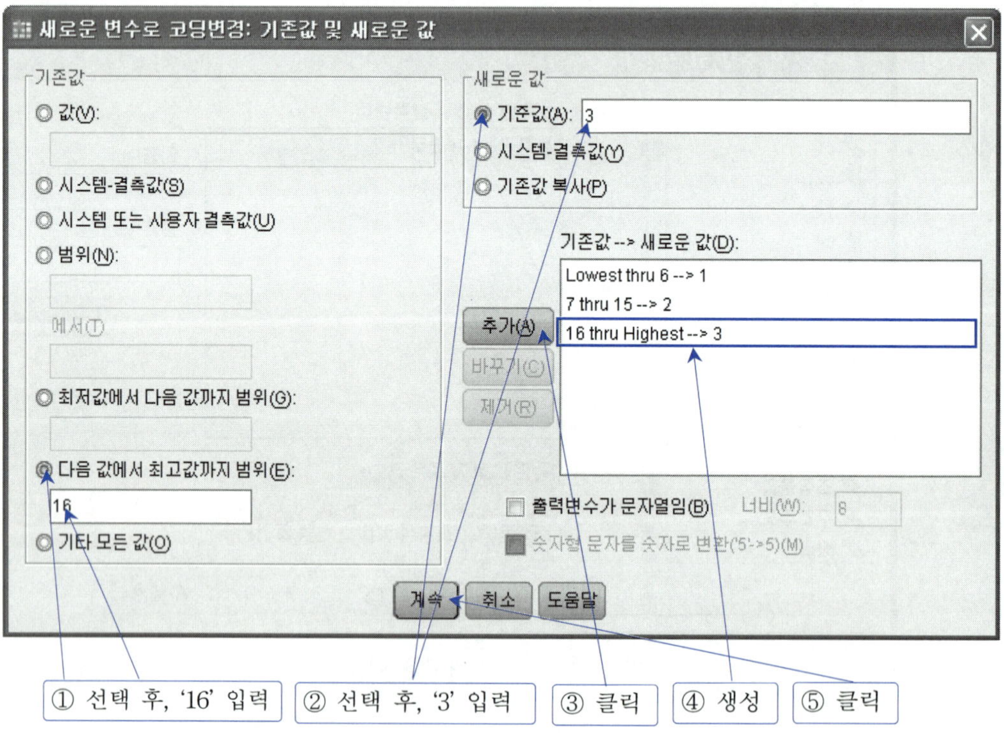

그림 10.3 코딩된 새로운 변수의 추가

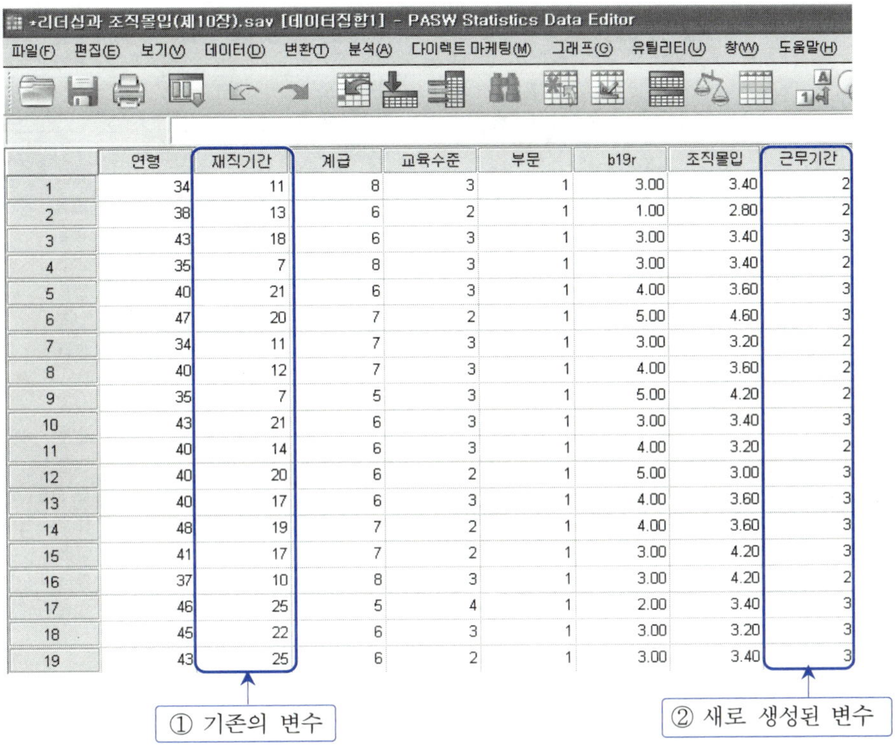

	연령	재직기간	계급	교육수준	부문	b19r	조직몰입	근무기간
1	34	11	8	3	1	3.00	3.40	2
2	38	13	6	2	1	1.00	2.80	2
3	43	18	6	3	1	3.00	3.40	3
4	35	7	8	3	1	3.00	3.40	2
5	40	21	6	3	1	4.00	3.60	3
6	47	20	7	2	1	5.00	4.60	3
7	34	11	7	3	1	3.00	3.20	2
8	40	12	7	3	1	4.00	3.60	2
9	35	7	5	3	1	5.00	4.20	2
10	43	21	6	3	1	3.00	3.40	3
11	40	14	6	3	1	4.00	3.20	2
12	40	20	6	2	1	5.00	3.00	3
13	40	17	6	3	1	4.00	3.60	3
14	48	19	7	2	1	4.00	3.60	3
15	41	17	7	2	1	3.00	4.20	3
16	37	10	8	3	1	3.00	4.20	2
17	46	25	5	4	1	2.00	3.40	3
18	45	22	6	3	1	3.00	3.20	3
19	43	25	6	2	1	3.00	3.40	3

이어서 [계속]을 눌러 앞의 대화상자 [그림 10-1]로 돌아가면 [확인]을 누른다. 그러면 대화상자는 닫히고 [그림 10-3]처럼 초기 데이터의 마지막 변수 뒤에 '근무기간'이 추가된다.

나. 변수값 설명: 근무기간의 장 · 중 · 단

이번에는 분산분석의 산출결과에 근무기간의 구분이 1, 2, 3 대신 단기, 중기, 장기로 나타나도록 설명하고자 한다. 우선 [그림 10-3]처럼 데이터가 열려 있는 상태에서 왼쪽 아래에 있는 '변수 보기(V)'를 클릭하여 [그림 10-4]의 변수보기 화면이 나타나면, '근무기간' 변수의 '값' 칸의 오른쪽 끝 부분을 클릭하여 [그림 10-5]와 같은 변수값 설명 대화상자가 열리게 한다. 이때 '기준값(A)'에 '1'을 입력하고, '설명(L)'에 '단기'라고 입력한 다음 [추가(A)]를 클릭하

그림 10.4 변수 보기 화면

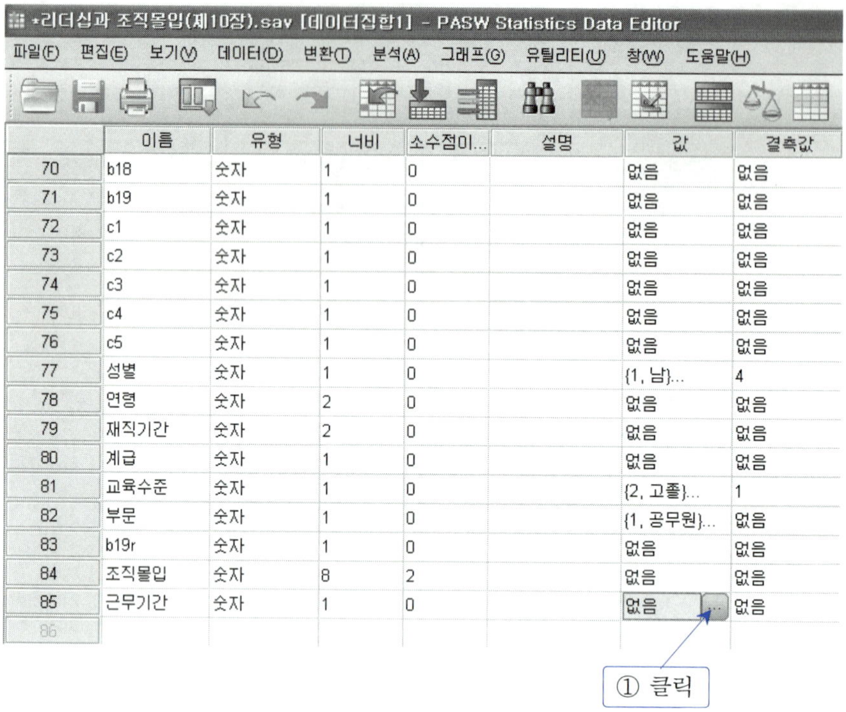

그림 10.5 근무기간의 변수값 설명 대화상자

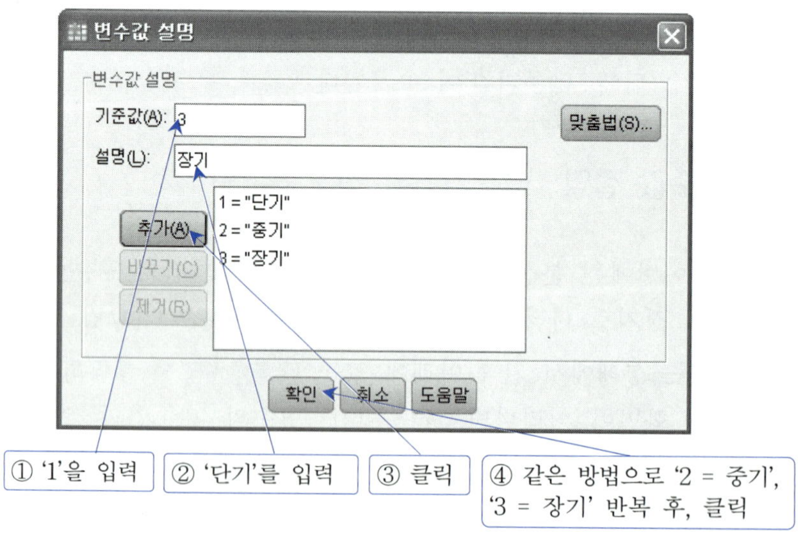

면 아래쪽 화면에 『1 = "단기"』가 나타난다. 같은 방법으로 '2'와 '중기', '3'과 '장기'를 입력하고 나면 오른쪽 화면에 『2 = "중기"』, 『3 = "장기"』도 나타난다. 그리고 확인 을 클릭하면 변수값 설명이 완료된다. 그리고 [그림 10-4] 화면의 왼쪽 아래에 있는 '데이터 보기(D)'를 클릭하면 데이터 화면에 '근무기간' 변수값들이 모두 '단기', '중기', '장기'로 바뀌어 있음을 알 수 있다.

2. 일원분산분석의 실행

근무기간이 단기, 중기, 장기로 나타난 화면이 뜨면, 근무기간에 따른 조직몰입의 차이를 검증하기 위한 분산분석은 다음의 명령으로 진행된다. 그러면 [그림 10-6]의 분산분석 초기화면이 열린다.

분석(A) → 평균 비교(M) → 일원배치 분산분석(O)...

그림 10.6 일원배치 분산분석 초기화면

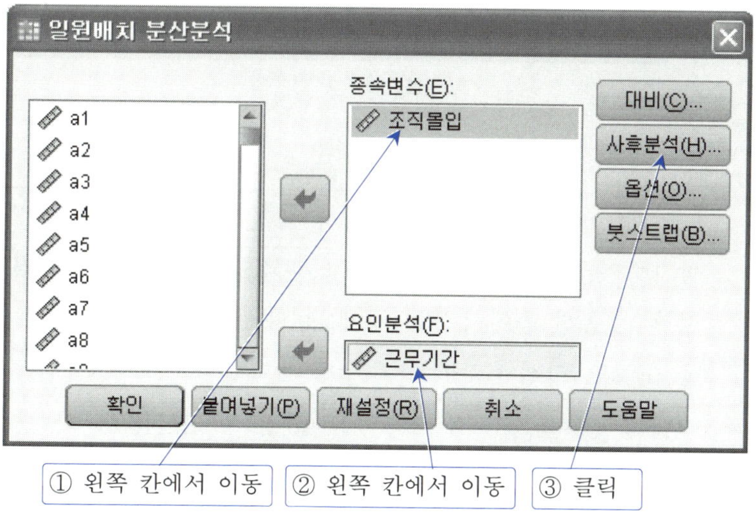

초기화면에서 [그림 10-6]과 같이 왼쪽 변수들 중 '조직몰입'을 선정하여 윗쪽 를 누르면 '종속변수(E)' 밑으로 '조직몰입'이 이동하고, '근무기간'을 선정하여 아랫쪽 를 누르면 '요인분석(F)' 밑으로 '근무기간'이 옮겨간다. 그런 다음 사후분석(H)... 을 누르면 [그림 10-7]의 대화상자가 열린다.

그림 10.7 사후분석-다중비교 대화상자

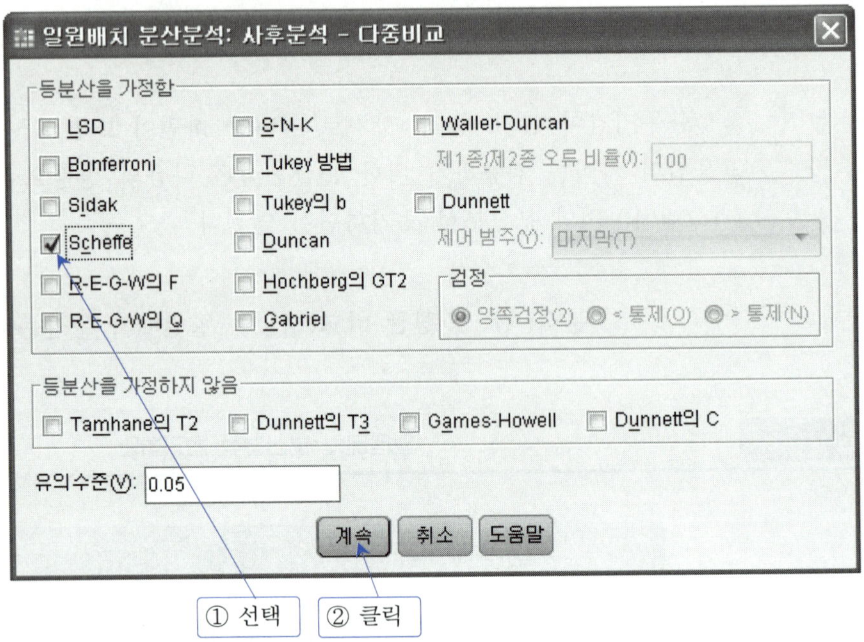

이때 'Scheffe(C)'를 선택하고 계속 을 누르면 다시 [그림 10-6]의 대화상자로 돌아가는데, 이번에는 옵션(O)... 을 누르면 [그림 10-8]의 대화상자가 열린다. 옵션 중에서 '기술통계(D)'와 '분산 동질성 검정(H)'을 선택하고 계속 을 누르면 다시 [그림 10-6]으로 돌아간다.

이때 확인 을 누르면 <표 10-2>~<표 10-6>의 산출결과가 나온다.

그림 10.8 일원배치 분산분석: 옵션 대화상자

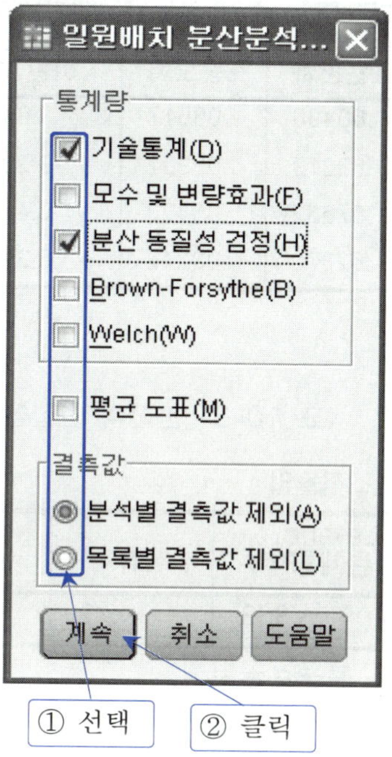

3. 산출결과와 해석

<표 10-2>는 '부문'으로 파일 분할(제2장 파일 분할 참조) 후 공무원에 대해 재직기간의 집단별 표본의 특성치를 제시하고 있는데, 재직기간이 단기(6년 이하)의 경우 표본크기는 116, 평균 3.1552, 표준편차 .6050, 표준오차 .05617이다. 그 밖에 중기(7년~15년)와 장기(16년 이상)의 특성치도 같은 방법으로 읽으면 된다. 단, 전체평균은 3.3605이다.

<표 10-3>은 *F*검증의 주요 가정 가운데 각 모집단의 등분산성 여부를 검증한 것이다. 검증결과 Levene 통계량이 0.833이고 유의확률(p-value)은 .435이므로 유의수준 .05 이하에서 각 집단들의 분산이 상이하다고는 할 수 없다.

<표 10-4>에 의하면 집단 간 계산결과는 제곱합 8.112, 자유도 2, 평균제곱 4.056이고, 집단 내에 대해서는 제곱합 135.432, 자유도 367, 평균제곱 .369이다. 또한 *F*값은 10.991, *F*값의 유의확률은 .000으로 나타났다.

〈표 10-2〉 근무기간별 조직몰입의 기술통계

조직몰입

	N	평균	표준편차	표준오차	평균에 대한 95% 신뢰구간		최소값	최대값
					하한값	상한값		
단기	116	3.1552	.60496	.05617	3.0439	3.2664	1.40	4.60
중기	141	3.3986	.63313	.05332	3.2932	3.5040	2.00	5.00
장기	113	3.5239	.57652	.05423	3.4164	3.6314	1.60	5.00
합계	370	3.3605	.62370	.03242	3.2968	3.4243	1.40	5.00

a. 부문 = 공무원

〈표 10-3〉 분산의 동질성에 대한 검증

조직몰입

Levene 통계량	df1	df2	유의확률
.833	2	367	.435

a. 부문 = 공무원

〈표 10-4〉 조직몰입에 대한 분산분석 결과

조직몰입

	제곱합	df	평균 제곱	F	유의확률
집단-간	8.112	2	4.056	10.991	.000
집단-내	135.432	367	.369		
합계	143.544	369			

a. 부문 = 공무원

분산분석 결과 유의수준 P<.001에서 근무기간에 따라 조직몰입에 차이가 있다고 할 수 있는데, 그러한 차이는 세 집단 간의 모든 차이를 의미하지는 않는다. 과연 어떠한 집단들 간에 차이가 있는지를 검증한 결과가 <표 10-5>이며, 이 검증은 사후분석 중 'Scheffe(C)'의 선택으로 수행되었다.

'*'표시가 있는 집단 간에 유의수준 .05에서 조직몰입의 차이가 있다고 할 수 있는데, 여기서는 '단기'와 '중기'간에 그리고 '단기'와 '장기'간에 차이가 있다고 하겠다. 한편, <표 10-6>은 그 차이가 유의수준 .05에서 통계적으로 의미없는 집단들의 관계를 나타내고 있다. 중기와 장기 간에는 의미있는 차이가 없음을 알 수 있다.

〈표 10-5〉 다중비교(사후검증)

조직몰입
Scheffe

(I) 근무기간	(J) 근무기간	평균차(I-J)	표준오차	유의확률	95% 신뢰구간 하한값	95% 신뢰구간 상한값
단기	중기	-.24341*	.07615	.006	-.4306	-.0563
	장기	-.36872*	.08029	.000	-.5661	-.1714
중기	단기	.24341*	.07615	.006	.0563	.4306
	장기	-.12531	.07670	.265	-.3138	.0632
장기	단기	.36872*	.08029	.000	.1714	.5661
	중기	.12531	.07670	.265	-.0632	.3138

*. 평균차는 0.05 수준에서 유의합니다.

a. 부문 = 공무원

〈표 10-6〉 조직몰입(동일집단군)

Scheffe[a, b]

근무기간	N	유의수준 = 0.05에 대한 부집단 1	유의수준 = 0.05에 대한 부집단 2
단기	116	3.1552	
중기	141		3.3986
장기	113		3.5239
유의확률		1.000	.274

동일 집단군에 있는 집단에 대한 평균이 표시됩니다.

a. 조화평균 표본 크기 122.138을(를) 사용합니다.

b. 집단 크기가 동일하지 않습니다. 집단 크기의 조화평균이 사용됩니다. I 유형 오차 수준은 보장되지 않습니다.

c. 부문 = 공무원

제 3 절 이원분산분석

1. 기초작업

가. 변혁적 리더십의 범주화: 코딩 변경

데이터['리더십과 조직몰입(이원분산분석).sav']에는 '변혁적 리더십'이라는 변수가 '조직몰입'과 마찬가지로 '변수계산'이라는 작업명령에 의해 생성되었다. 즉, 모두 Likert- type의 5점 척도인 16개 문항들의 평균에 의해 만들어졌다. 따라서 변혁적 리더십의 최저점수는 1, 최고점수는 5가 된다. 이렇게 만들어진 변혁적 리더십을 여기서는 약(3.09 이하), 중(3.10~3.59), 강(3.60 이상) 세 집단으로 구분하고자 한다. 변혁적 리더십의 이러한 구분방법을 SPSSWIN에 입력하는 과정을 '메뉴'에서 명령하면 다음과 같다.

변환(T) → 다른 변수로 코딩변경(R)...

제2절의 재직기간 코딩 변경에서 설명한 것처럼 '다른 변수로 코딩변경(R)'을 선택하여 새로운 변수로 코딩변경 대화상자가 열리면 '변혁적'을 새로운 이름(예컨대 '변혁적3')으로 바꾼다.

이어서 [기존값 및 새로운 값(O)...]을 클릭하여 새로운 변수로 코딩변경: 기존값 및 새로운 값 대화상자가 열리면, [그림 10-9]와 같이 변혁적 리더십을 세 집단으로 나눈다.

그리고 [계속]을 눌러 앞의 화면으로 돌아가서 [확인]을 누르면 데이터 화면이 나온다. 이때 데이터의 마지막 변수 뒤에 '변혁적3'이 추가되는데, 이 변수의 값들은 모두 1, 2, 3으로만 되어 있다.

이번에는 변혁적 리더십이 1, 2, 3 대신 '약', '중', '강'으로 나타나도록 설명한다. 이는 제2절의 근무기간 변수 설명과 같다. 즉, '변수 보기(V)'를 클릭하여 변수 보기 화면이 나타나면, '변혁적3'의 '값'을 클릭하여 변수값 설명 대화상자가 열리면 [그림 10-10]과 같이 입력하고 확인을 클릭하면 변수값 설명이 완료된다.

그림 10.9 기존값과 새로운 값 대화상자

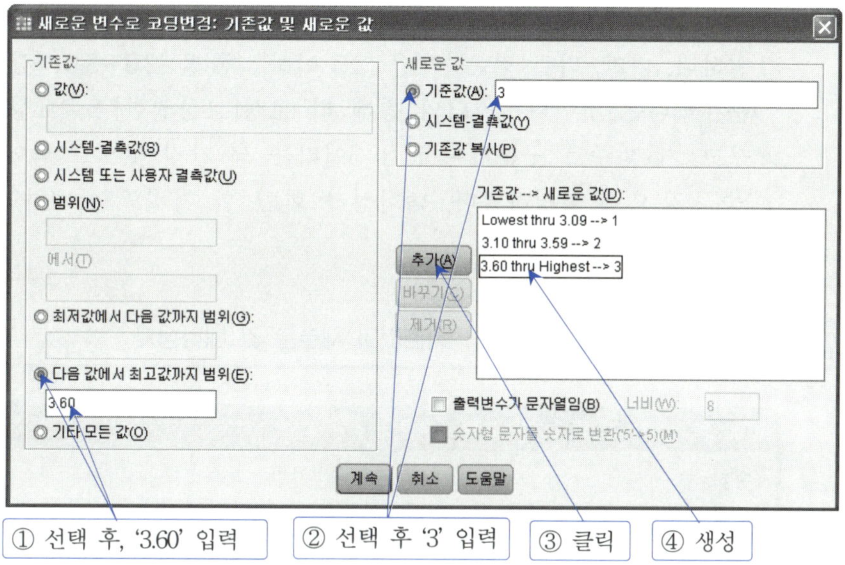

그림 10.10 변혁적 리더십의 변수값 설명 대화상자

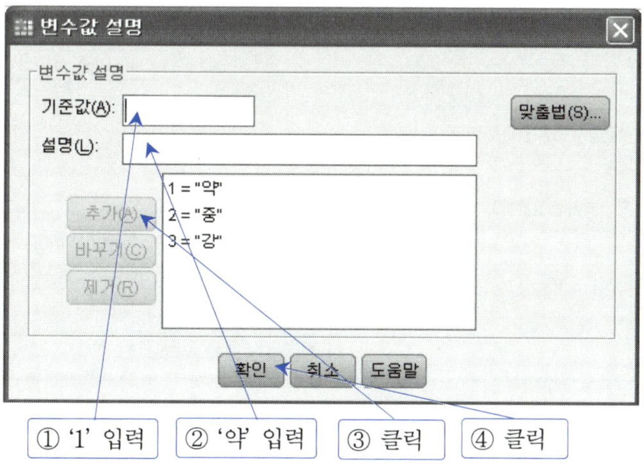

나. 보상권한 결여의 범주화; 코딩변경

'리더십과 조직몰입.sav'에는 '리더의 통제 밖 보상[보상권한]'이 '변수계산'이라는 작업명령에 의해 만들어졌으며, Likert-type의 5점 척도 두 문항들의 평균으로 계산되었다. 보상권한 결여의 최저점수는 1점, 최고점수는 5점이 된다.

'리더의 통제 밖 보상[보상권한]'도 '변혁적 리더십'과 마찬가지로 3가지 범주로 구분하고자 한다. 구분을 명령하는 방법은 '변혁적 리더십'의 경우와 동일하다. 다만, 다른 점은 '약'을 '2.5 이하', '중'을 '2.6~3.0', '강'을 '3.1 이상'으로 분류한다는 것이다. '리더의 통제 밖 보상[보상권한]'을 '보상권3'이라 이름 바꾸고, 세 범주로 구분하여 1, 2, 3이라는 세 가지 값으로 묶어서 여기에다 '약', '중', '강'으로 설명하였다. 대화상자 화면 한 가지만 소개하면 [그림 10-11]과 같다.

그림 10.11 기존값과 새로운 값 대화상자

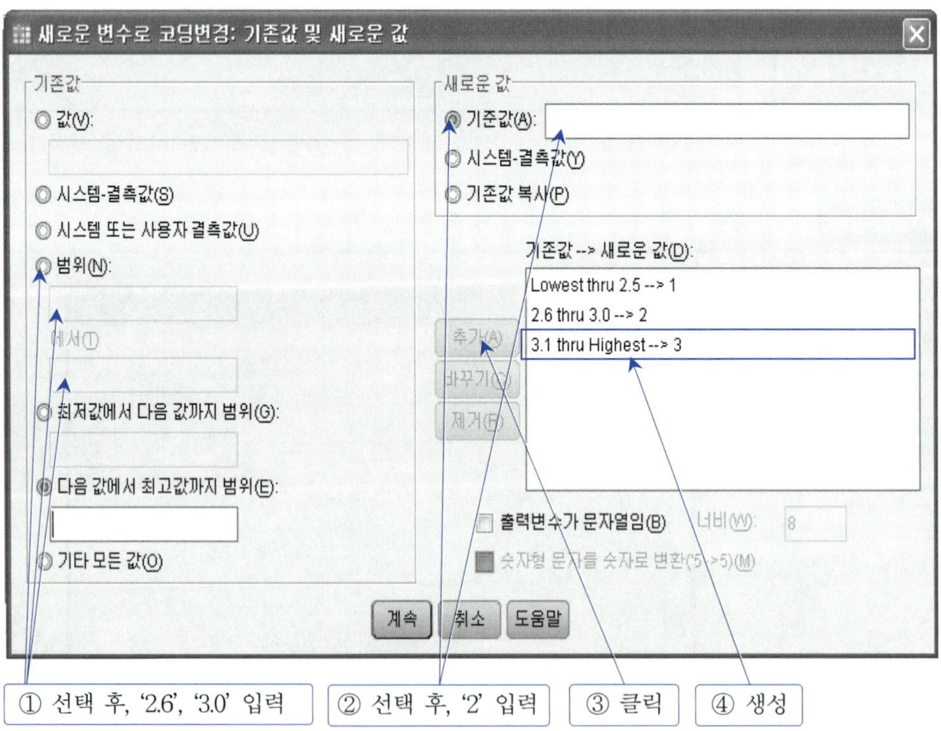

2. 이원분산분석의 실행

이상과 같이 두 변수들을 각각 3가지 범주로 묶은 다음, '리더십과 조직몰입.sav' 데이터를 이용하여 조직몰입에 대한 변혁적 리더십과 보상권한 결여의 주효과와 상호작용효과를 검증한다. 이를 위한 명령절차는 다음과 같다.

분석(A) → 일반선형모형(G) → 일변량(U)...

'일변량'을 선택하면 [그림 10-12]와 같은 이원 분산분석의 초기화면이 열린다. 이 화면에서 왼쪽 변수목록의 '조직몰입'을 선정하여 위쪽 ➡를 누르면 '종속변수(D)' 밑으로 '조직몰입'이 이동하고, 이어 '변혁적3'을 선정하여 두 번째 ➡를 누르면 '모수요인(F)' 밑으로 '변혁적3'도 옮겨간다. 같은 방법으로 '보상권3'도 '모수요인(F)' 밑으로 이동시킨다.

그림 10.12 이원 분산분석의 대화상자

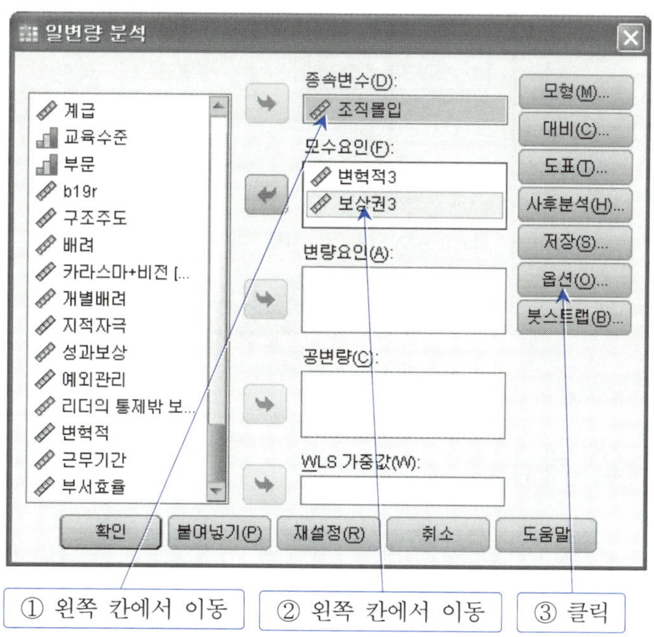

그리고 오른쪽의 [옵션(O)...]을 눌러 [그림 10-13]이 열리면 '출력'의 '기술통계량(S)'과 '효과크기 추정량(E)' 정도만 선택해도 무난하다. 이어서 [계속]을 눌러 [그림 10-12]로 돌아가서 [확인]을 누르면 <표 10-8> ~ <표 10-10>의 산출결과가 나온다.

그림 10.13 이원분산분석: 옵션 대화상자

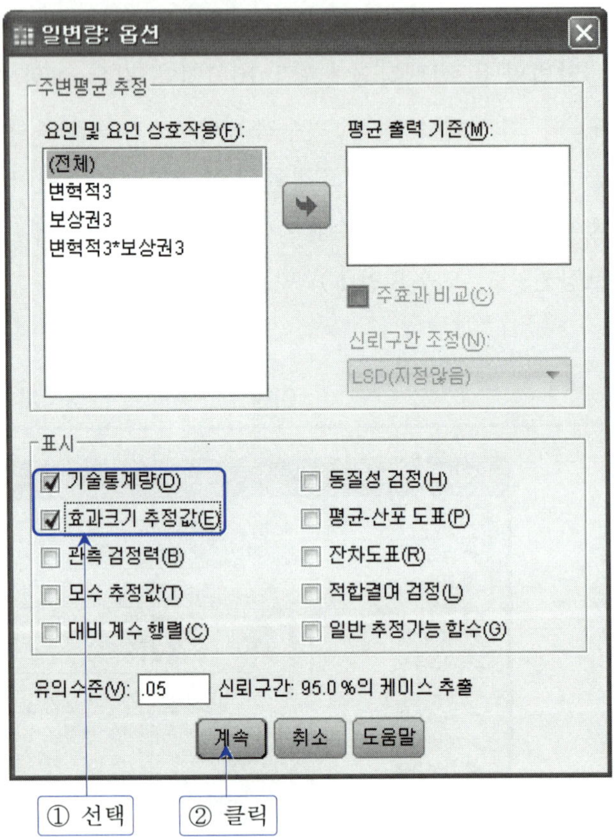

3. 산출결과와 해석

<표 10-7>은 이 문제의 검증에 이용될 두 독립변수의 범주와 각 범주별 사례(케이스)수를 가리킨다. 두 변수 모두 사례수가 720개로 동일함을 알 수 있다.

〈표 10-7〉 변수값 설명과 표본크기

		변수값 설명	N
변혁적3	1	약	240
	2	중	250
	3	강	230
보상권3	1	약	286
	2	중	214
	3	강	220

〈표 10-8〉 변수별 기술통계량

종속변수 : 조직몰입

변혁적3	보상권3	평균	표준편차	N
약	약	2.8848	.59336	66
	중	2.9851	.58705	67
	강	2.9720	.60716	107
	합계	2.9517	.59678	240
중	약	3.3200	.45394	100
	중	3.2146	.47117	82
	강	3.2735	.55922	68
	합계	3.2728	.49021	250
강	약	3.6867	.48280	120
	중	3.6031	.49180	65
	강	3.4489	.62108	45
	합계	3.6165	.52057	230
합계	약	3.3734	.58890	286
	중	3.2607	.56953	214
	강	3.1627	.62452	220
	합계	3.2756	.60010	720

<표 10-8>은 집단별 자료의 개수와 평균을 계산한 결과인데, 전체 평균 조직몰입도는 3.2756점이며, 변혁적 리더십이 '약'인 집단의 표본크기는 240, 평균은 2.9517, '중'인 집단은 표본크기 250, 평균 3.2728, '강'인 집단은 표본크기 230, 평균 3.6165로 나타났다. 그 밖에 변혁적 리더십의 집단별 보상권한의 각

집단에 대한, 즉 상호교차에 의한 집단별 표본크기와 평균도 출력되어 있다.

<표 10-8>에 제시된 각 집단별 평균은 과연 통계적으로 의미있는 차이를 보이는가? 이 정도의 차이로써 두 독립변수의 주효과와 상호작용효과를 인정할 수 있는가? 이러한 물음에 대한 응답결과가 <표 10-9>이다.

<표 10-9>는 변혁적 리더십과 보상권한의 효과(주효과)와 두 변수의 상호작용효과를 분리하여 제시하고 있다. 첫 번째의 '수정모형'은 두 가지 주효과와 상호작용효과의 결합에 대한 검증결과인데, 이 모형은 조직몰입에 통계적으로 의미있는 영향을 미치며(F=23.803, p=.000) 조직몰입에 대한 설명력(수정된 R제곱)은 20.2%라고 한다.

이 표의 주효과에 대한 검증결과는 변혁적 리더십과 보상권한의 주효과를 각각 보여내고 있는데(F_1=73.606, p_1=.000; F_2=.849, p_2=.428), 변혁적 리더십은 조직몰입에 유의수준 .001 이하에서 통계적으로 의미있는 영향을 미치지만, 보상권한은 유의수준 .05에서도 의미있는 영향을 미치지 못하고 있다. 그 아래에는 조직몰입에 대한 변혁적 리더십과 보상권한의 상호작용효과에 대한 검증결과가 제시되어 있는데(F_3= 2.009, p_3=.091), 유의수준 .05 이하에서는 상호작용효과가 의미없으나, 유의수준 .10에서는 그 효과가 의미있다고 할 수 있다.

상호작용효과 아래에 있는 '오차'는 오차항을 가리키는데, 이 항의 '평균제곱=.287'은 집단 내 분산을 의미한다.

<표 10-9>의 검증결과를 살펴보면, 우선 상호작용효과가 유의수준 .05에서는 의미없으나, .10에서는 의미있는 것으로 나타났으므로, 유의수준 .10에서 보면 <표 10-9>에서 나타난 변혁적 리더십과 보상권한 결여의 주효과에 대한 검증결과를 그대로 믿을 수 없다. 이런 경우에는 보상권한 결여의 정도가 유사한 집단들만 대상으로 변혁적 리더십이 조직몰입에 미치는 영향을 따로 분석해 볼 필요가 있다. 그러나 유의수준 .05에서 상호작용효과가 거부된다면 주효과에 대한 검증결과를 그대로 인정하여 해석해도 무방하다.

<표 10-9>의 '부분 에타(Eta; η)'는 각 독립변수와 종속변수 간의 관련성 정도를 알려주고, 이들의 '제곱'은 종속변수에 대한 설명력을 의미한다.

〈표 10-9〉 이원분산분석 결과

종속변수 : 조직몰입

소스	제 III 유형 제곱합	자유도	평균 제곱	F	유의확률	부분 에타 제곱
수정 모형	54.699[a]	8	6.837	23.803	.000	.211
절편	7064.186	1	7064.186	24592.906	.000	.972
변혁적3	42.286	2	21.143	73.606	.000	.172
보상권3	.488	2	.244	.849	.428	.002
변혁적3 * 보상권3	2.308	4	.577	2.009	.091	.011
오차	204.231	711	.287			
합계	7984.000	720				
수정 합계	258.930	719				

a. R 제곱 = .211 (수정된 R 제곱 = .202)

제4절 분산분석을 활용한 실례

1. 병원조직의 문화유형과 조직특성

이 검증은 조직특성이 병원의 문화패턴에 따라 차이가 나는지를 알아보기 위해 일원 분산분석을 실시한 것이다. 자료는 8개 병원에 근무하는 간호사를 대상으로 설문조사를 통해 수집되었다.

분석결과는 <표 10-10>으로 요약되었다. 이 표에 의하면 집권화는 보수지배문화 패턴에서 가장 높았으며, 그 다음이 경쟁문화 패턴이고 진취문화 패턴에서 가장 낮았는데, 이러한 차이는 통계적으로 유의하였다(F=17.01, p=.00). 사후검증 결과 진취지배문화에 비해 경쟁문화나 보수지배문화 패턴에서 집권화 수준이 유의하게 높았다. 참고로 보수지배문화 패턴으로 분류된 집락의 수는 5개 였으며 응답자가 근무하는 조직문화가 이러한 패턴에 속한다고 응답한 간호사가 639명이다.

의사소통은 진취지배문화 패턴, 경쟁문화 패턴, 보수지배문화 패턴의 순으로 높게 나타났으며, 유의한 차이가 있었다(F=12.69, p=.00). 사후검증 결과 보수지배문화 패턴에 비해 진취지배와 경쟁문화 패턴에서 의사소통이 개방적이고 원활한 것으로 나왔다.

관리전략은 진취문화패턴에서 가장 높았고(적극적), 그 다음이 경쟁문화, 보수지배문화 패턴 순으로 높게 나왔는데, 이는 통계적으로 유의한 차이가 있었다(F=453.30, p=.00). 사후검증 결과 경쟁문화나 보수지배문화 패턴보다 진취지배문화 패턴에서 관리전략이 유의하게 높았으며, 보수지배문화 패턴보다 경쟁문화 패턴에서 유의하게 높았다(이명하, 1998).

〈표 10-10〉 병원조직의 문화패턴과 조직특성의 관계분석

조직특성	병원의 문화패턴	실수	Mean	SD	SSb SSw	MSb MSw	df	F	p	Scheffe test
집권화	보수지배문화	5(639)	3.77	.49	8.69	4.35	2			
	진취지배문화	2(170)	3.52	.56	284.13	.26	1112	17.01	.00	1,3>2
	경쟁문화	3(306)	3.71	.51						
의사소통	보수지배문화	5(635)	3.11	.53	6.99	3.49	2			
	진취지배문화	2(169)	3.31	.48	304.04	.28	1104	12.69	.00	2,3>1
	경쟁문화	3(303)	3.23	.54						
관리전략	보수지배문화	5(622)	2.53	.64	335.14	167.57	2			
	진취지배문화	2(164)	4.12	.48	399.99	.37	1082	453.30	.00	2>3>1
	경쟁문화	3(299)	3.04	.60						

2. 조직문화, 리더십, 기술의 관계

여기서는 조직의 하위부서 수준에 초점을 맞추어 하위부서 수준의 상황변수로 인식되고 있는 기술을 조절변수로 고려하여, 리더십과 조직문화의 관련성을 파악하고자 하였다. 조사대상은 서울시에 소재하는 특정은행의 29개 부서 332명이었고 조사방법은 설문조사였다.

리더십은 고려지향과 구조주도로 나누었고, 조직문화는 혁신문화, 집단문화, 합리문화, 관료문화로 구분하였으며, 기술은 일상성의 정도로 측정하였다. 신

뢰도는 Cronbach's α가 .53 이상이었다.

<표 10-11>은 관료문화에 대한 구조주도 리더십과 일상적 기술의 상호작용효과를 이원 분산분석으로 검증한 결과이다. 이 표에 의하면 나이, 조직의 근속년수, 부서의 근속년수를 통제한 후, 구조주도 리더십과 기술의 일상성은 관료문화에 대해 유의수준 .05에서 통계적으로 의미있는 상호작용영향을 미치는 것으로 나타났다. 따라서 부서에서 사용하는 기술의 일상성 정도에 따라 구조주도 리더십이 관료문화에 미치는 영향이 상이하다고 할 수 있다(전상길 · 김인수, 1997).

〈표 10-11〉 관료문화에 대한 구조주도와 기술의 상호작용효과

	자승합	자유도	평균자승	F	유의도
통제변수	1.90	3	.63	1.12	ns
나이	.06	1	.06	.11	ns
근속년수(조직)	.51	1	.51	.91	ns
근속년수(부서)	.01	1	.01	.01	ns
주효과	2.04	2	1.02	1.82	
구조주도	.07	1	.07	.12	ns
기술의 일상성	1.71	1	1.71	3.05	*
상호작용효과	1.81	1	1.81	3.23	
구조주도× 기술의 일상성	1.81	1	1.81	3.23	**

* $p<.10$ ** $p<.05$

제 11 장

다변량 분산분석

분산분석에는 독립변수가 하나인 일원분산분석(一元分散分析)과 독립변수가 둘 이상인 다원분산분석(多元分散分析)이 있는데 이들은 모두 종속변수가 1개인 경우이다.

종속변수의 수가 2개 이상일 경우에 이용되는 분산분석을 다변량 분산분석(MANOVA: Multivariate Analysis of Variance)이라고 하는데, 여기서는 다변량 분산분석 중에서 독립변수가 1개이고 종속변수가 2개 이상인 일원다변량 분산분석과, 독립변수가 2개 이상이고 종속변수가 2개 이상인 다원다변량 분산분석에 대하여 설명하고자 한다.

제1절 다변량 분산분석의 활용과 원리

1. 활 용

다변량 분산분석은 분산분석을 확장한 개념이다. 분산분석은 하나의 종속변수가 집단 간에 차이가 나는지를 검증하지만, 다변량 분산분석은 둘 이상의 종속변수가 집단 간에 차이가 나는지를 한꺼번에(종합적으로) 검증하는 것이다.

예를 들어 행정조직과 기업조직 간에 변혁적 리더십의 차이가 나는지를 검증하고자 할 때, 흔히 변혁적 리더십은 카리스마, 개별적 배려, 지적 자극의 하위개념으로 구성되므로, 다변량 분산분석을 이용하면, 세 가지 하위개념을 인정하면서 동시에 종합적으로 변혁적 리더십의 집단 간 차이를 검증할 수 있는 이점이 있다.

흔히 조직구조는 공식화, 집권화, 복잡성으로 구성되는데, 행정조직과 기업조직 간에 조직구조의 차이가 있는지를 검증하기 위해서도 다변량 분산분석이 적절하다. 그 밖에 조직효과성의 개념도 조직몰입, 직무만족, 성과 등의 복수 차원으로 구성되므로 조직문화 유형(집단) 간에 조직효과성의 차이가 있는지를 검증하기 위해서도 다변량 분산분석은 이용될 수 있다. 이러한 예는 모두 독립변수가 하나이므로 일원다변량 분산분석이라고 한다. 한편 좀 더 구체적으로 조직문화와 리더십의 어떠한 결합형태가 조직효과성이 높을 것인가를 알아보기 위해서는 독립변수가 두 개인 이원다변량 분산분석이 활용될 수 있다.

2. 원 리

다변량 분산분석의 원리는 중상관분석과 흡사하다. 분산분석과 다변량 분산분석의 관계는 단순상관분석과 중상관분석의 관계와 닮은 꼴이다. 단순상관분석은 두 변수 간의 관계만 보지만, 중상관분석은 둘 이상 변수들의 결합과 한 변수의 관계를 본다. 마찬가지로 분산분석은 한 변수(종속변수)에 대한 집단 간(독립변수) 차이를 분석하지만, 다변량 분산분석은 둘 이상 변수(종속변수)에 대한 집단 간(독립변수) 차이를 분석한다.

그러므로 다변량 분산분석은 종속변수 각각의 확률분포를 이용하지 않고 종속변수들이 결합된 다변량 결합분포(multivariate joint distribution)를 이용하며, 종속변수들 간의 상관관계를 감안한다.

3. 주요 가정

첫째, 다변량 결합분포가 정규분포를 이루어야 한다. 이는 각 종속변수들의 분포가 정규분포라는 것을 전제로 한다.

둘째, 독립변수인 각 집단의 분산이 동일해야 한다(등분산성).

셋째, 종속변수들이 서로 관련이 있어야 한다. 무관하게 독립적인 것이라면 이들을 결합하여 종합적으로 검증할 필요가 없으며, 개별적으로 분산분석을 해야 한다.

4. 분석절차

가. 종속변수 간 상관관계 파악

종속변수들 간에 상관관계가 없으면 다변량 분산분석을 하는 것이 무의미하다. 이런 경우는 오히려 분산분석이 유익하다. 따라서 다변량 분산분석 이전에 상관분석을 먼저 실행해 보아야 한다.

나. 정규분포성과 등분산성 검토

다변량 분산분석의 가정인 결합분포의 정규분포성과 각 집단들의 등분산성이 검증되어야 한다.

다. 집단 간 차이검증

집단 간에 종속변수의 결합이 통계적으로 의미있는 차이가 있는지를 검증한다. 의미있는 차이가 없다면 분석과 해석이 여기서 종료된다.

라. 개별 종속변수에 대한 차이검증

종속변수의 결합이 집단 간에 의미있는 차이가 있다면 개별 종속변수에 대해 집단 간에 어떤 차이가 나타나는지 추가적으로 검토할 필요가 있다.

제 2 절 일원다변량 분산분석

1. 기초작업: 상관분석

일원다변량 분산분석을 위하여 먼저 본서에 첨부된 데이터('리더십과 조직몰입.sav')를 불러온 후, 종속변수들 간에 상관관계가 있는지 분석해 보았다.

단순상관분석 결과 조직몰입과 직무만족 간에는 r=.676, p=.000으로 나타났으므로, 두 종속변수 간에는 의미있는 상관관계가 있다고 볼 수 있다.

2. 실 행

조직몰입과 부서효율성에 따른 변혁적 리더십의 차이를 검증하기 위하여 다음과 같은 과정으로 실행한다. 변혁적 리더십은 제10장 제3절의 이원분산분석에서 코딩변경한 변혁적 리더십을 '약', '중', '강'으로 나눈 값을 사용하여 '변혁적3'이라고 하였다.

분석(A) → 일반선형모형(G) → 다변량(M)...

위 절차대로 실행한 것이 [그림 11-1] 다변량 분산분석 SPSS 데이터 편집기 화면이다. 이 순서대로 클릭하면 [그림 11-2] 다변량 분석 대화상자가 나타난다.

그림 11.1 다변량 분산분석 SPSS 데이터 편집기

[그림 11-2]에서 '조직몰입'과 '부서효율'을 '종속변수(D)'에 두고, 변혁적 리더십(변혁적3)을 '모수요인(F)'에 둔 다음, 모형(M)..., 대비(C)..., 옵션(O)... 을 차례로 선택한 다음 필요한 항목을 선택한 후, 계속 을 클릭한다.

그림 11.2 다변량 분석 대화상자

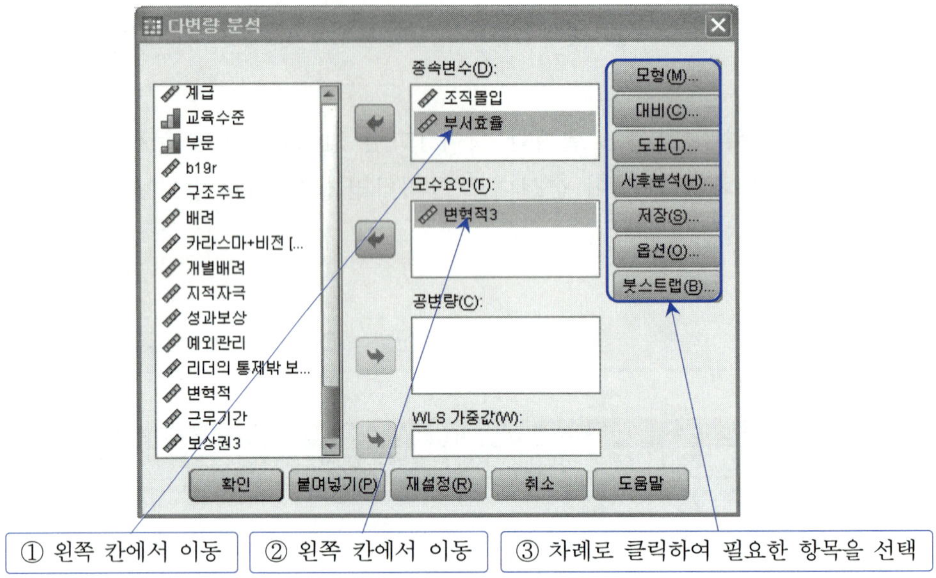

[그림 11-3] 다변량: 모형 대화상자는 [그림 11-2]에서 모형(M)... 을 클릭했을 때의 대화상자이다. 여기서는 선택없이 계속 을 클릭하면 된다. 그러면 [그림 11-2]로 되돌아 간다.

그림 11.3 다변량: 모형 대화상자

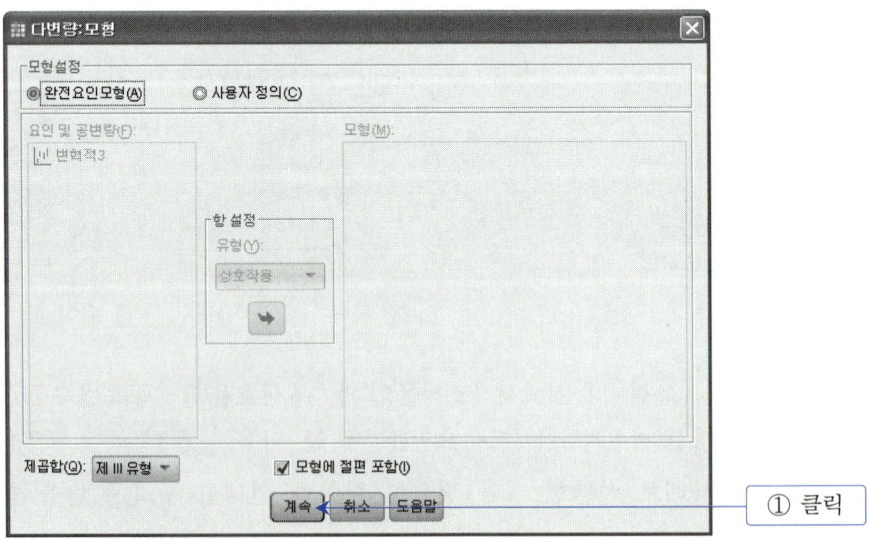

[그림 11-4]는 다변량: 대비 대화상자로서 [그림 11-2]에서 대비(N)... 를 클릭했을 때 나타나는 대화상자이다. 여기서도 초기 설정된 대로 두고 계속 을 클릭하면 된다. 그러면 역시 [그림 11-2]로 되돌아간다.

그림 11.4 다변량: 대비 대화상자

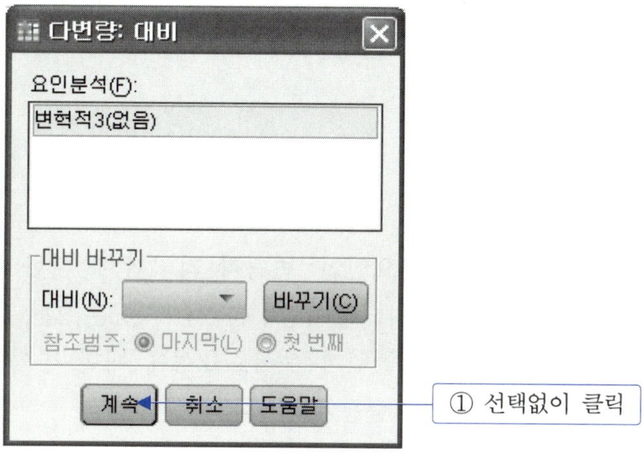

그림 11.5 다변량: 옵션 대화상자

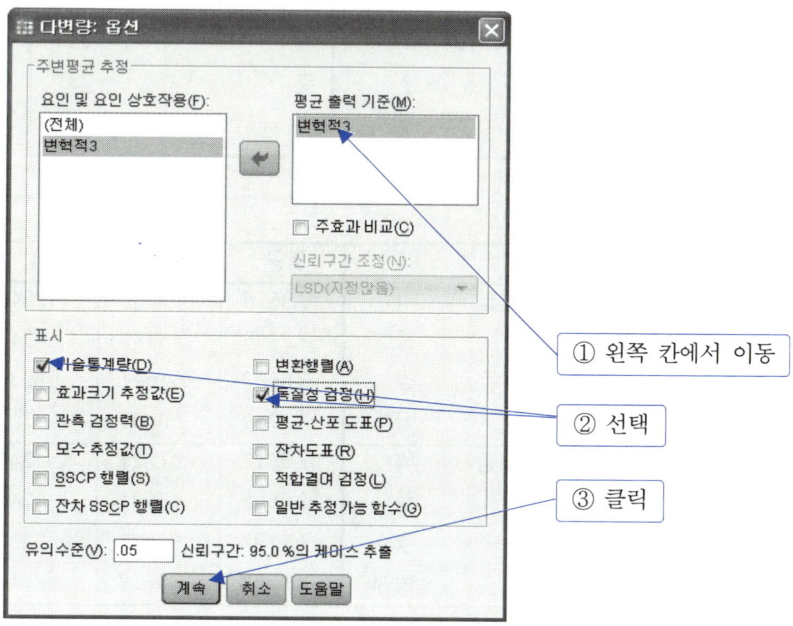

[그림 11-5] 다변량: 옵션 대화상자는 [그림 11-2]에서 옵션(O)... 을 클릭했을 때 나타나는 대화상자이다. 여기서는 '요인 및 요인 상호작용(F)' 칸에 있는 '변혁적3'을 '평균 출력 기준(M)' 칸으로 이동한 후, '표시'란의 '기술통계량(D)'과 '동질성 검정(H)'를 선택하는 것이 무난하다. 그리고 계속 을 클릭하면 [그림 11-2]로 되돌아 간다.

[그림 11-2]에서 확인 을 클릭하면 <표 11-1>에서 <표 11-6>과 같은 분석결과가 나타난다.

3. 산출결과와 해석

<표 11-1>은 모수요인인 '변혁적 리더십'에 대한 빈도를 나타낸 것이다.

여기서는 변혁적 리더십이 '약'은 241, '중'은 248, '강'은 230으로 나타났다.

<표 11-2>는 조직몰입과 부서효율성에 대한 변혁적 리더십의 평균, 표준편차, 빈도를 나타낸 기술통계량이다.

〈표 11-1〉 개체-간 요인

		변수값 설명	N
변혁적3	1	약	241
	2	중	248
	3	강	230

〈표 11-2〉 기술통계량

	변혁적3	평균	표준편차	N
조직몰입	약	2.9510	.59562	241
	중	3.2798	.48449	248
	강	3.6087	.51621	230
	합계	3.2748	.59601	719
부서효율	약	2.9613	.67726	241
	중	3.5565	.55181	248
	강	4.1797	.52826	230
	합계	3.5563	.76838	719

〈표 11-3〉 공분산행렬에 대한 BOX의 동일성 검증

Box의 M	29.956
F	4.973
df1	6
df2	1.246E7
유의확률	.000

여러 집단에서 종속변수의 관측 공분산행렬이 동일한 영가설을 검정합니다.

a. Design: 절편 + 변혁적3

<표 11-3>은 공분산행렬에 대한 Box의 동질성 검증을 나타낸 것으로서 Box의 M은 29.956, F값은 4.973, 자유도1은 6, 자유도2는 1.246E7, 유의확률은 .000으로 나타났다.

여기서 유의확률은 .05보다 작으므로, 조직몰입과 부서효율성의 공분산행렬이 동일하다는 귀무가설은 유의수준 $p<.05$에서 기각되었다고 할 수 있고, 다변량 분산분석의 기본가정을 만족시키지 못하였다. 그러나 Box의 검증결과는 소표본일 경우에 민감하게 반응하지만, 대표본일 경우에는 Box의 검증결과에 의미를 부여할 필요가 없다는 주장도 있다. 따라서 다변량 분산분석을 실행해보기로 한다.

〈표 11-4〉 다변량 검증

효과		값	F	가설 자유도	오차 자유도	유의확률
절편	Pillai의 트레이스	.984	21815.608[a]	2.000	715.000	.000
	Wilks의 람다	.016	21815.608[a]	2.000	715.000	.000
	Hotelling의 트레이스	61.023	21815.608[a]	2.000	715.000	.000
	Roy의 최대근	61.023	21815.608[a]	2.000	715.000	.000
변혁적3	Pillai의 트레이스	.446	102.754	4.000	1432.000	.000
	Wilks의 람다	.554	122.812[a]	4.000	1430.000	.000
	Hotelling의 트레이스	.805	143.699	4.000	1428.000	.000
	Roy의 최대근	.805	288.189[b]	2.000	716.000	.000

a. 정확한 통계량

b. 해당 유의수준에서 하한값을 발생하는 통계량은 F에서 상한값입니다.

c. Design: 절편 + 변혁적3

<표 11-4>는 변혁적 리더십에 대한 차이가 있는지를 나타내는 다변량 분산분석 검증결과이다. 검증결과 Pillai의 트레이스, Wilks의 람다, Hotelling의 트레이스, Roy의 최대근 등의 유의확률이 모두 .000으로 나타났으므로, $p<.001$에서 변혁적 리더십에 따라 조직효과성(직무만족과 조직몰입)에 차이가 있다고 해석할 수 있다.

〈표 11-5〉 오차 분산의 동일성에 대한 Levene의 검증

	F	df1	df2	유의확률
조직몰입	4.528	2	716	.011
부서효율	3.093	2	716	.046

여러 집단에서 종속변수의 오차 분산이 동일한 영가설을 검정합니다.

a. Design: 절편 + 변혁적3

<표 11-5>는 Levene의 오차분산의 동일성에 대한 검증결과를 나타낸 것이다. 조직몰입의 *F*값은 4.528, 유의확률은 .011이고, 부서효율성의 *F*값은 3.093, 유의확률은 .046이므로 조직몰입과 부서효율성 모두 $p<.05$에서 오차분산이 동일할 것이라는 귀무가설이 기각되었다.

〈표 11-6〉 개체-간 효과 검증

소스	종속 변수	제 III 유형 제곱합	자유도	평균 제곱	F	유의확률
수정 모형	조직몰입	50.910[a]	2	25.455	89.280	.000
	부서효율	174.715[b]	2	87.358	250.997	.000
절편	조직몰입	7727.161	1	7727.161	27101.685	.000
	부서효율	9133.281	1	9133.281	26241.904	.000
변혁적3	조직몰입	50.910	2	25.455	89.280	.000
	부서효율	174.715	2	87.358	250.997	.000
오차	조직몰입	204.144	716	.285		
	부서효율	249.198	716	.348		
합계	조직몰입	7965.960	719			
	부서효율	9517.444	719			
수정 합계	조직몰입	255.054	718			
	부서효율	423.913	718			

a. R 제곱 = .200 (수정된 R 제곱 = .197)

b. R 제곱 = .412 (수정된 R 제곱 = .411)

<표 11-4>에서 변혁적 리더십에 따라 조직몰입과 부서효율성(조직효과성)이 의미있는 차이가 나타났는데, 구체적으로 조직몰입과 부서효율성 중 어떤 종속변수에 더 큰 영향을 미치는지, 조직효과성의 차이는 주로 어떤 종속변수 때문에 발생한 것인지를 알아보기 위한 분석이 <표 11-6>이다. 여기서 수정모형은 '변혁적3'에 대한 자료수가 적을 경우 수정한 모형인데, 이 표와 같이 자료수가 많을 경우에는 수정모형과 '변혁적3'이 같은 결과를 산출한다. 이 표는 종속변수인 조직몰입과 부서효율성에 대하여 변혁적 리더십이 개별적으로 차이가 있는지를 검증하는 것으로 조직몰입의 F값은 89.280, 유의확률은 .000으로 나타났으며, 부서효율성은 F값이 250.997, 유의확률은 .000으로 나타났다.

따라서 $p<.05$에서 "변혁적 리더십에 따라 조직몰입은 차이가 없을 것이다"라는 귀무가설과, "변혁적 리더십에 따라 부서효율성은 차이가 없을 것이다"라는 귀무가설은 모두 기각되었다. 즉, "변혁적 리더십에 따라 조직몰입과 부서효율성이 혹은 조직효과성이 의미있는 차이가 있다"고 해석할 수 있다.

또한 F값의 크기로 보아 변혁적 리더십은 조직몰입보다 부서효율성에 더 큰 영향을 미친다고 할 수 있다.

제3절 이원다변량 분산분석

1. 실 행

이원다변량 분산분석을 실행하기 위한 예로서 종속변수는 일원다변량 분산분석과 같이 '조직몰입'과 '부서효율성'으로 하지만, 모수요인은 '변혁적 리더십'과 '보상권한 결여'를 선정한다.

여기서는 조직몰입과 부서효율성에 대한 변혁적 리더십과 보상권한 결여의 차이를 검증하고, 변혁적 리더십과 보상권한 결여 간의 상호작용 효과를 검증하기로 한다.

이원다변량 분산분석은 일원다변량 분산분석과 같이 본서에 첨부된 CD의 데이터(리더십과 조직몰입.sav)를 불러온다.

그리고 다음과 같은 과정으로 실행하면 [그림 11-6] 다변량 대화상자가 나타난다([그림 11-2] 참조).

분석(A) → 일반선형모형(G) → 다변량(M)...

[그림 11-6]에서 '조직몰입'과 '부서효율'을 '종속변수(D)'에 두고, '변혁적 리더십(변혁적3)'과 '보상권한 결여(보상권3)'를 '모수요인(F)'에 둔 다음, 모형(M)..., 대비(C)..., 옵션(O)...을 차례로 선택하고 필요한 항목을 선택한 후, 계속을 클릭한다.

그림 11.6 다변량 대화상자

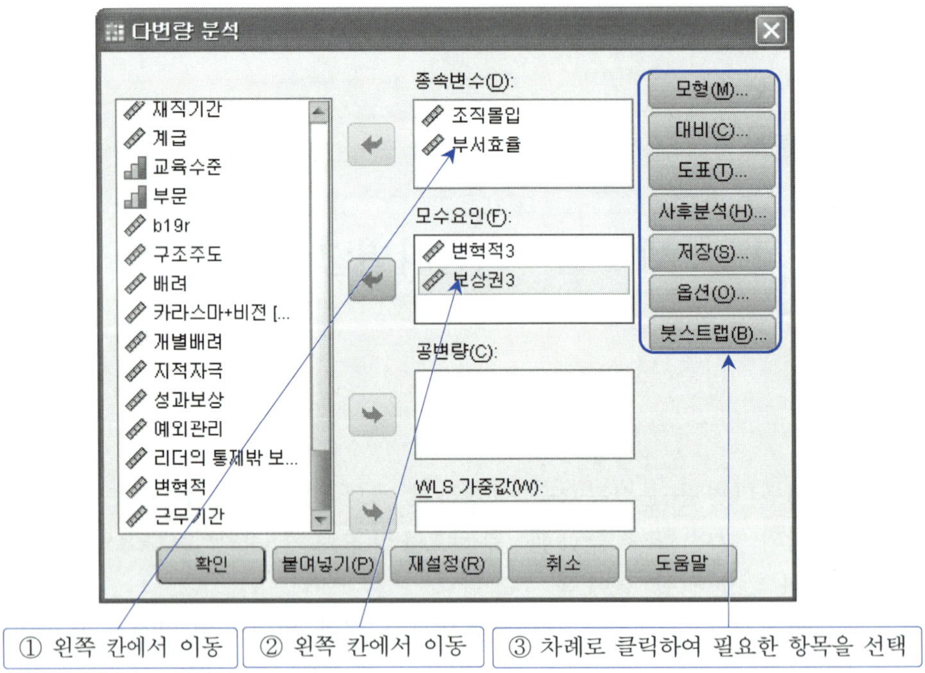

그림 11.7 다변량: 모형 대화상자

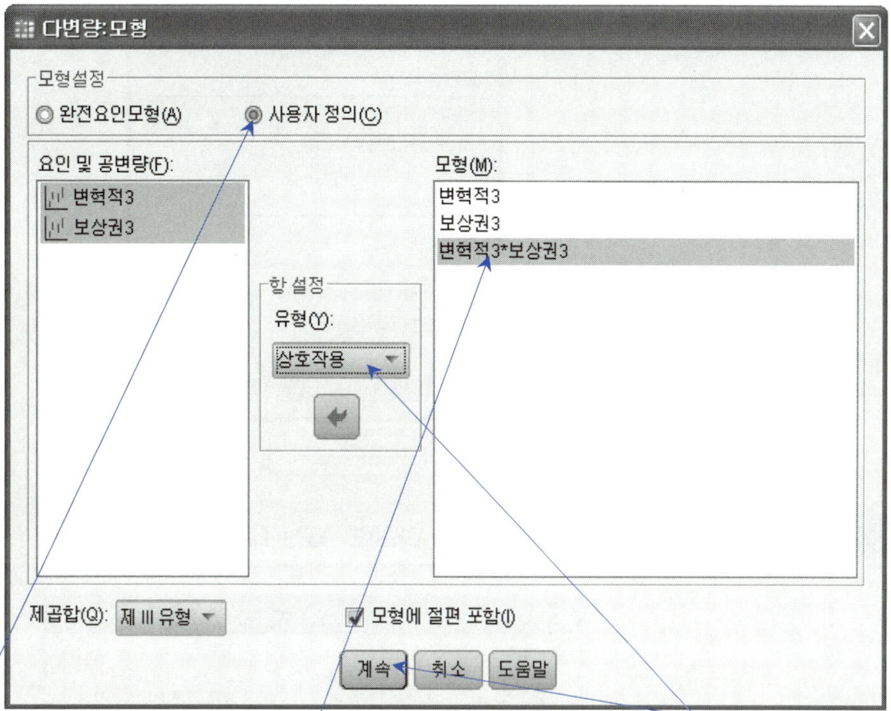

① 선택

② 변혁적3과 보상권3은 왼쪽 칸에서 한 개씩 선택한 후, 항 설정의 ▶를 클릭하여 이동하고, 변혁적3*보상권3은 두 개를 동시에 블록 설정한 후 ▶를 클릭하여 이동한다. (* 두 개를 동시에 블록 설정하기 위해서는 우선 '변혁적3'에 커서를 둔 상태에서 [ctrl] 키를 누르면서 '보상권3'을 클릭)

③ 선택

④ 클릭

[그림 11-7] 다변량: 모형 대화상자는 [그림 11-6]에서 [모형(M)...]을 클릭했을 때의 대화상자이다.

여기서는 사용자 정의(C)를 선택한 후, '요인 및 공변량(F)' 창이 활성화되면 '변혁적3'과 '보상권3', '변혁적3*보상권3'을 '모형(M)' 칸으로 이동시키고, '항 설정'은 '상호작용'을 선택하면 된다. 그리고 [계속]을 클릭하면 [그림 11-2]로 되돌아 간다.

그림 11.8 다변량: 대비 대화상자

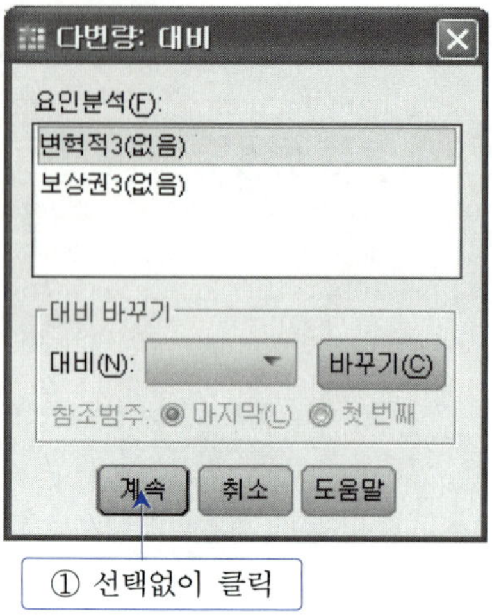

그림 11.9 다변량: 옵션 대화상자

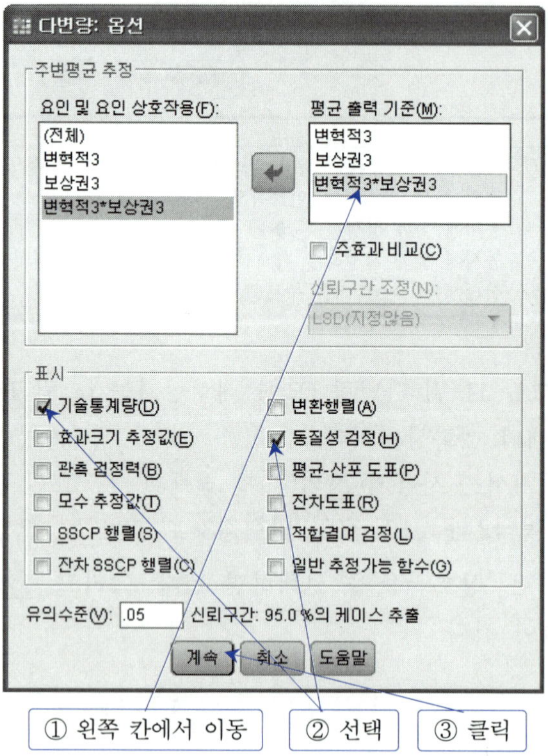

[그림 11-8]은 [그림 11-6]에서 대비(C)... 를 클릭했을 때 나타나는 대화상자이다. 여기서도 초기 설정된 대로 두고 계속 을 클릭하면 된다. 그러면 [그림 11-6]으로 되돌아간다.

[그림 11-9]는 [그림 11-6]에서 옵션(O)... 을 클릭했을 때 나타나는 대화상자이다. 여기서는 '요인 및 요인 상호작용(F)' 칸에 있는 '변혁적 리더십(변혁적3)'과 '보상권한 결여(보상권3)'를 '평균 출력 기준(M)' 칸으로 이동한 후, '출력'란의 '기술통계량(D)'과 '동질성 검정(H)'만을 선택해도 무난하다. 계속 을 클릭하면 [그림 11-6]으로 되돌아 간다.

[그림 11-6]에서 확인 을 클릭하면 분석결과가 나타난다.

2. 산출결과와 해석

<표 11-7>은 모수요인인 '변혁적 리더십(변혁적3)' '보상권한 결여(보상권3)'에 대한 빈도를 나타낸 것이다.

변혁적 리더십의 경우는 일원다변량 분산분석의 분석결과와 동일한 해석을 할 수 있고, 보상권한 결여는 '약'이 285, '중'이 213, '강'이 219로 나타났다.

〈표 11-7〉 개체-간 요인

		변수값 설명	N
변혁적3	1	약	240
	2	중	248
	3	강	229
보상권3	1	약	285
	2	중	213
	3	강	219

〈표 11-8〉 기술통계량

	변혁적3	보상권3	평균	표준편차	N
조직몰입	약	약	2.8848	.59336	66
		중	2.9851	.58705	67
		강	2.9720	.60716	107
		합계	2.9517	.59678	240
	중	약	3.3200	.45394	100
		중	3.2198	.47181	81
		강	3.2925	.54085	67
		합계	3.2798	.48449	248
	강	약	3.6773	.47379	119
		중	3.6031	.49180	65
		강	3.4489	.62108	45
		합계	3.6114	.51576	229
	합계	약	3.3684	.58381	285
		중	3.2629	.56999	213
		강	3.1680	.62095	219
		합계	3.2759	.59649	717
부서효율	약	약	3.1010	.67929	66
		중	3.0398	.62096	67
		강	2.8318	.69193	107
		합계	2.9639	.67745	240
	중	약	3.6900	.48143	100
		중	3.4609	.57871	81
		강	3.4726	.58358	67
		합계	3.5565	.55181	248
	강	약	4.2297	.49622	119
		중	4.0821	.61246	65
		강	4.2000	.46818	45
		합계	4.1820	.52832	229
	합계	약	3.7789	.69530	285
		중	3.5180	.72851	213
		강	3.3090	.81488	219
		합계	3.5579	.76808	717

<표 11-8>은 조직몰입과 부서효율성에 대한 변혁적 리더십과 보상권한 결여에 대한 평균, 표준편차, 빈도를 나타낸 기술통계량이다.

<표 11-9>는 변혁적 리더십과 보상권한 결여에 따라 조직몰입과 부서효율성이 차이가 있는지를 나타내는 다변량 분산분석 검증결과이다.

분석결과 변혁적 리더십과 보상권한 결여의 상호작용효과는 유의확률이 $p<.05$이므로 $p<.05$에서 의미있는 차이가 있다고 볼 수 있다. 따라서 유의수준 $p<.05$에서 변혁적 리더십과 보상권한 결여의 상호작용에 따라 조직몰입과 부서효율성(조직효과성)도 통계적으로 의미있는 차이가 있다고 할 수 있다.

〈표 11-9〉 다변량 검증

효과		값	F	가설 자유도	오차 자유도	유의확률
절편	Pillai의 트레이스	.983	20210.367[a]	2.000	707.000	.000
	Wilks의 람다	.017	20210.367[a]	2.000	707.000	.000
	Hotelling의 트레이스	57.172	20210.367[a]	2.000	707.000	.000
	Roy의 최대근	57.172	20210.367[a]	2.000	707.000	.000
변혁적3	Pillai의 트레이스	.410	91.267	4.000	1416.000	.000
	Wilks의 람다	.590	106.544[a]	4.000	1414.000	.000
	Hotelling의 트레이스	.693	122.311	4.000	1412.000	.000
	Roy의 최대근	.692	244.979[b]	2.000	708.000	.000
보상권3	Pillai의 트레이스	.017	3.072	4.000	1416.000	.016
	Wilks의 람다	.983	3.080[a]	4.000	1414.000	.015
	Hotelling의 트레이스	.017	3.088	4.000	1412.000	.015
	Roy의 최대근	.017	6.081[b]	2.000	708.000	.002
변혁적3 * 보상권3	Pillai의 트레이스	.023	2.096	8.000	1416.000	.033
	Wilks의 람다	.977	2.096[a]	8.000	1414.000	.033
	Hotelling의 트레이스	.024	2.097	8.000	1412.000	.033
	Roy의 최대근	.018	3.220[b]	4.000	708.000	.012

a. 정확한 통계량

b. 해당 유의수준에서 하한값을 발생하는 통계량은 F에서 상한값입니다.

c. Design: 절편 + 변혁적3 + 보상권3 + 변혁적3 * 보상권3

〈표 11-10〉 개체-간 효과 검증

소스	종속 변수	제 III 유형 제곱합	자유도	평균 제곱	F	유의확률
수정 모형	조직몰입	53.592[a]	8	6.699	23.577	.000
	부서효율	181.289[b]	8	22.661	66.541	.000
절편	조직몰입	7045.928	1	7045.928	24798.623	.000
	부서효율	8401.650	1	8401.650	24670.270	.000
변혁적3	조직몰입	41.940	2	20.970	73.806	.000
	부서효율	146.619	2	73.310	215.263	.000
보상권3	조직몰입	.356	2	.178	.627	.535
	부서효율	4.120	2	2.060	6.048	.002
변혁적3 * 보상권3	조직몰입	2.246	4	.562	1.976	.096
	부서효율	2.365	4	.591	1.736	.140
오차	조직몰입	201.161	708	.284		
	부서효율	241.115	708	.341		
합계	조직몰입	7949.120	717			
	부서효율	9498.556	717			
수정 합계	조직몰입	254.753	716			
	부서효율	422.404	716			

a. R 제곱 = .210 (수정된 R 제곱 = .201)

b. R 제곱 = .429 (수정된 R 제곱 = .423)

<표 11-10>은 개체 간 효과검증 결과를 나타낸 것이다. 종속변수인 조직몰입과 부서효율성에 대하여 변혁적 리더십과 보상권한 결여, 변혁적 리더십과 보상권한 결여의 상호작용효과가 차이가 있는지를 검증하는 것이다.

검증결과 먼저, 상호작용효과에 따라 조직몰입과 부서효율성은 $p<.05$에서 각각 의미있는 차이를 보이지 않고 있다($p=.096$, $p=.140$). 그러나 변혁적 리더십에 따라서는 조직몰입과 부서효율성이 모두 $p<.001$에서 의미있는 차이를 보이고 있으며($p=.000$, $p=.000$), 보상권한 결여에 따라서는 부서효율성만이 $p<.01$에서 의미있는 차이가 나타나고 있다($p=.002$).

제 4 절 다변량 분산분석을 활용한 실례

1. 자치단체 간 리더십 행태 비교

이 연구는 리더십의 상황론적 접근법에 입각하여 한국 지방자치단체장들의 리더십 상황요인에 따른 리더십 행태유형을 제시하려는 것으로, 232개 기초자치단체의 재정자립도와 단체장 선거득표율을 조사한 후, 재정자립도 및 득표율을 기준으로 상위 20개 자치단체와 하위 20개 자치단체를 추출하여 조사대상으로 선정하였다. 단체장 리더십 행태는 각 자치단체별로 단체장과 접촉이 있는 공무원 중 무작위로 20명씩 선정, 설문지를 사용하여 측정하였다. 실제분석에 이용된 설문지는 647매였다.

리더십 유형 중 변혁적 리더십의 하위요소로 12가지를 추출하여 이들을 종속변수로 하고, 재정자립도 및 선거득표율이 높은 자치단체와 낮은 자치단체 간 12가지 변혁적 리더십의 차이를 종합적으로 비교하였으므로, 사용된 통계분석기법은 다변량 분산분석이었다.

Hotelling's T검증 결과 재정자립도 및 선거득표율이 높은 자치단체와 낮은 자치단체는 사용하는 변혁적 리더십 행태에서 차이가 뚜렷한 것으로 나타났다($T=12.36$, $F=163.37$, $p<.001$). 추가적으로 각 리더십 행태에 대해 T검증을 한 결과, <표 11-11>과 같이 재정자립도 및 선거득표율이 높은 집단은 낮은 집단보다 12가지 변혁적 리더십 행태를 많이 사용하는 것으로 나타났다(이창원, 1999).

〈표 11-11〉 재정자립도와 득표율이 높은 집단과 낮은 집단간 변혁적 리더십 비교

변혁적 리더십 행태	재정자립도와 득표율 높은 집단	재정자립도와 득표율 낮은 집단	t
비전 창출	3.45(.11)	3.01(.14)	7.81*
환경 민감 대처	3.54(.28)	2.84(.22)	6.22*
모험수행	3.35(.13)	2.99(.10)	6.94*
핵심가치 제시	3.50(.14)	3.12(.11)	6.75*
신념과 이상에 확신	3.68(.29)	3.00(.20)	6.10*
능력과 성공에 관한 이미지 관리	3.58(.32)	2.99(.22)	4.80*
신뢰감 제시	3.78(.24)	3.19(.21)	5.85*
전형 제시	3.56(.34)	2.96(.29)	4.25*
동기유발 행동제시	3.48(.25)	2.86(.14)	6.84*
업무가치 강조	3.57(.31)	3.01(.22)	4.66*
사익초월 유도	3.72(.29)	2.94(.19)	7.11*
사회적 가치 강조	3.69(.21)	2.98(.19)	7.93*

1) 괄호안의 숫자는 표준편차임. 2) * $p < .001$

2. 최고관리자와 하급관리자의 리더십 특성 비교

이 논문은 최고관리자와 하급관리자(예컨대 부서감독관)에게 중요하게 인식되는 리더십 특성들이 어떻게 상이한가를 알아보기 위한 것이다. 조사항목은 Likert-type의 5점 척도로 된 22가지 리더십 특성이며, 조사대상은 네덜란드인 2,161명이었다. 분석방법은 다변량 분산분석과 t검증이었다.

분석결과 최고관리자와 하급관리자에게 중요하게 요구되는 리더십 특성의 전반적 차이는 유의수준 .00에서 의미있는 것으로 나타났다(Hotelling's $T=1.24$, $F=120.45$). 또한 짝을 이룬 t검증 결과는 <표 11-12>와 같이, 최고관리자에게

는 쇄신성, 비전제시, 설득력, 장기적 관점, 외교성과 대담성 등이 중요하고, 하급관리자에게는 부하에 대한 관심, 팀형성, 참여 등이 중요한 것으로 나타났다(Hartog et al., 1999).

〈표 11-12〉 최고관리자와 하급관리자에게 요구되는 리더십 특성 비교

리더십 특성	최고관리자	하급관리자	t
영감을 주는	3.73	3.81	-3.48**
쇄신적	4.09	3.61	23.20**
공식적	2.64	2.50	6.23**
신뢰할 수 있는	4.35	4.31	2.26 ns
말이 많은	4.00	4.02	-.83 ns
지배적인	2.64	2.19	12.13**
비전을 제시하는	4.15	3.49	30.73**
부하이익의 배려	3.81	4.36	-24.56**
겸손한	2.26	2.69	-20.27**
합리적인	3.41	3.26	8.27**
설득력 있는	4.14	3.90	13.79**
규율을 준수하는	3.17	3.60	-20.92**
동정심이 있는	3.02	3.73	-32.75**
장기적 관점	4.10	3.35	31.15**
팀형성가	3.71	4.18	-20.12**
통합적인	3.77	3.55	10.89**
참여적인	3.66	4.13	-21.92**
신뢰형성	4.00	4.13	-7.27**
조용한	3.60	3.59	.52 ns
대담한	3.98	3.74	12.29**
외교적인	3.78	3.44	16.33**
자기 인식	3.87	3.72	8.53**

n=2161, ns=not significant, ** $p < .0001$

제 12 장

χ^2 검증

χ^2검증은 t검증, F검증과 함께 가장 많이 이용되는 가설검증 기법이라고 할 수 있다. t검증과 F검증은 모수통계학에 속하지만 χ^2검증은 비모수 통계학의 영역이므로 모수통계학에서 요구하는 까다로운 요건을 충족시킬 수 없는 상황에서도 적용할 수 있는데, 이러한 장점으로 인하여 χ^2검증은 가장 평범하고 광범위하게 이용될 수 있는 분석기법이라고 할 수 있다.

또한 광범위한 적용범위와 중요성 때문에 χ^2검증은 비모수 통계기법이지만 제13장의 '비모수통계학'에서 분리하여 따로 다루기로 한다. χ^2검증의 활용영역은 '동질성의 검증', '독립성의 검증', '적합성의 검증'이라는 세 가지로 크게 구분될 수 있다.

제1절 χ^2검증의 활용과 원리

1. 활 용

t검증과 F검증의 공통된 점은, 종속변수가 등간척도나 비율척도로 측정되어야 한다는 것이다. 그러나 t검증이나 F검증과 같이 집단 간 차이검증이기는 하지만, 종속변수가 명목척도나 서열척도로 측정되었다면, 이때는 χ^2검증을 활용하는 것이 바람직하다.

가령 앞의 t검증과 F검증의 실례들 가운데 조직몰입이 평정척도 — 예컨대 '상 · 중 · 하' — 로 측정되었다면, 이 문제는 χ^2검증으로 해결하는 것이 좋으며, 소득이나 지가상승률이 '상 · 중 · 하'로 측정된 서열적 변수라면 역시 χ^2검증을 이용하는 것이 바람직하다.

이처럼 χ^2검증은 종속변수가 독립변수의 집단들 간에 차이가 있는지의 여부를 알기 위해서 이용될 뿐만 아니라, 두 변수의 상호관련성(혹은 독립성) 여부를 확인하기 위해서도 활용될 수 있다. 물론 이 경우에도 두 변수는 모두 명목변수나 서열변수이어야 한다. 예를 들면 거주지역과 종교의 관계, 가구원수와 주택규모의 관계, 학력과 지지하는 정당의 관계, 연령과 정부정책 지지도의 관계 등을 χ^2검증할 수 있다.

χ^2검증은 이 밖에도 주어진 분포가 특정 형태를 띠는지의 여부도 검토할 수 있게 해 준다. 즉, 어떤 분포가 정규분포, 이항분포, 포아송분포를 이루는지 검증할 수 있으며, 각 항목(계급)별 고른(동일한) 분포인지도 알 수 있게 한다.

2. 원리와 χ^2값의 산출

χ^2값은 분할표(contingency table)를 근거로 계산된다. 분할표란 두 변수의 각 범주별 도수를 조사하여 작성된 것으로 예를 들면 아래와 같은 표이다.

〈표 12-1〉 전직의사 조사표

부 문	전 직 의 사					전 체
	전혀 그렇지않다	그렇지 않은편이다	반반이다	그런 편이다	정말 그렇다	
공무원	63	126	116	63	10	378
회사원	28	106	169	54	20	377
전 체	91	232	285	117	30	755

χ^2값은 관찰도수(observed frequencies: fo)와 기대도수(expected frequencies: fe)를 이용하여 구해지는데, 관찰도수란 실제자료를 조사하여 얻은 분할표상의 각 칸(cell)의 도수를 가리키고, 기대도수는 독립변수의 각 범주별로 표본들의 비율분포가 동일하다고 가정할 경우에 기대되는 각 칸의 도수를 의미한다.

χ^2값은 관찰도수와 기대도수 간 차이의 제곱을 기대도수로 나눈 것의 합을 말하는데, 식으로 요약하면 다음과 같다.

$$\chi^2 = \sum \frac{(f_o - f_e)^2}{f_e}$$

χ^2값이 커질수록, 관찰도수와 기대도수의 차이가 커지고, 그 결과 독립변수의 범주별 종속변수의 차이도 커지고 동시에 두 변수의 관계가 강해지면서, p-value가 작아진다. 따라서 귀무가설이 기각될 가능성이 커진다.

3. 요 건

가. 도수로 측정된 분할표

χ^2검증에서 활용하는 자료는 크게 두 가지이다. 원자료를 직접 이용할 수도 있고 분할표 상태의 자료를 이용할 수도 있다. 원자료를 이용할 경우 도수가 모두 관찰도수이므로 χ^2검증이 가능하다. 그러나 분할표를 바로 이용할 경우 분할표의 각 칸이 비율로 표시된 것이 있는데, 이때 전체도수를 알 수 있다면 비율을 도수로 바꿀 수 있어서 χ^2검증이 가능하지만, 전체도수를 알 수 없는 상황에서는 비율의 분할표만으로 χ^2검증이 불가능하다. 반면에 도수의 분할표는 χ^2검증을 위해 그대로 이용할 수 있다.

나. 대표본

χ^2검증을 하려면 표본크기가 어느 정도 커야 한다. 표본크기가 충분히 커야 검증통계량인 χ^2이 이루는 분포는 실제로 χ^2분포표상의 분포와 접근하기 때문이다. 또한 분할표 내 각 칸의 기대도수가 5 이상이어야 하기 때문이다. 구체적으로 표현하면, df>1 (2×2 table 보다 큰 분할표)인 경우, 기대도수가 '5'보다 작은 칸의 비율이 20%보다 적고, 모든 칸의 기대도수가 '1' 이상이어야 χ^2검증을 할 수 있는데, 이러한 요건을 충족시키기에 충분할 정도로 표본이 커야 한다.

제2절 동질성 검증

1. 기초작업: 변수값 설명

"공무원과 회사원 간에 전직의사의 차이가 있는지"를 χ^2검증을 통해 알아보기로 한다. 이 검증에서 사용된 데이터는 '리더십과 조직몰입.sav'이다.

이 데이터에서 공무원과 회사원은 '부문'이라는 변수에 의해 '1=공무원', '2=회사원'으로 입력되어 있다. 또한 전직의사는 19번 문항(b19)으로 측정되었는데, 이 문항의 내용은 "나는 다른 직장으로 전직을 심각히 고려하고 있다" 이고, 응답결과는 '전혀 그렇지 않다=1', '그렇지 않은 편이다=2', '반반이다=3', '그런 편이다=4', '정말 그렇다=5'로 측정되었다.

이러한 내용을 SPSSWIN에 설명하기 위해 '리더십과 조직몰입.sav'를 열어놓은 상태에서 왼쪽 하단에 있는 '변수 보기(V)'를 클릭하여 변수 보기 화면이 나오면, 'b19' 변수의 '설명' 칸에 "다른 직장으로 전직할 의사"라고 입력하고, '값' 칸의 오른쪽 끝을 클릭하여 '변수값 설명' 대화상자가 나타나면 [그림 12-1]과 같이 위 내용을 입력하고 확인 을 누르면 [그림 12-2]의 '변수 보기(V)' 화면으로 돌아온다. 다시 왼쪽 하단에 있는 '데이터 보기(D)'를 클릭하면 χ^2검증을 위한 준비가 된 것이다.

그림 12.1 b19의 변수값 설명 대화상자

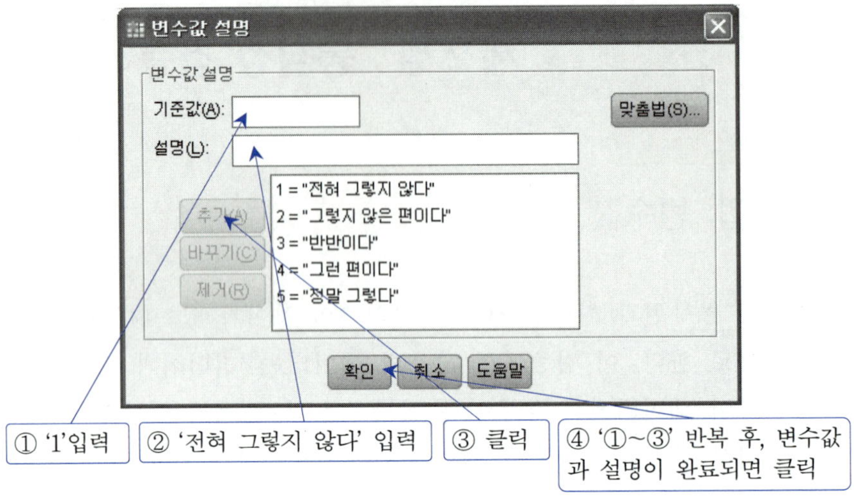

그림 12.2 변수보기 화면

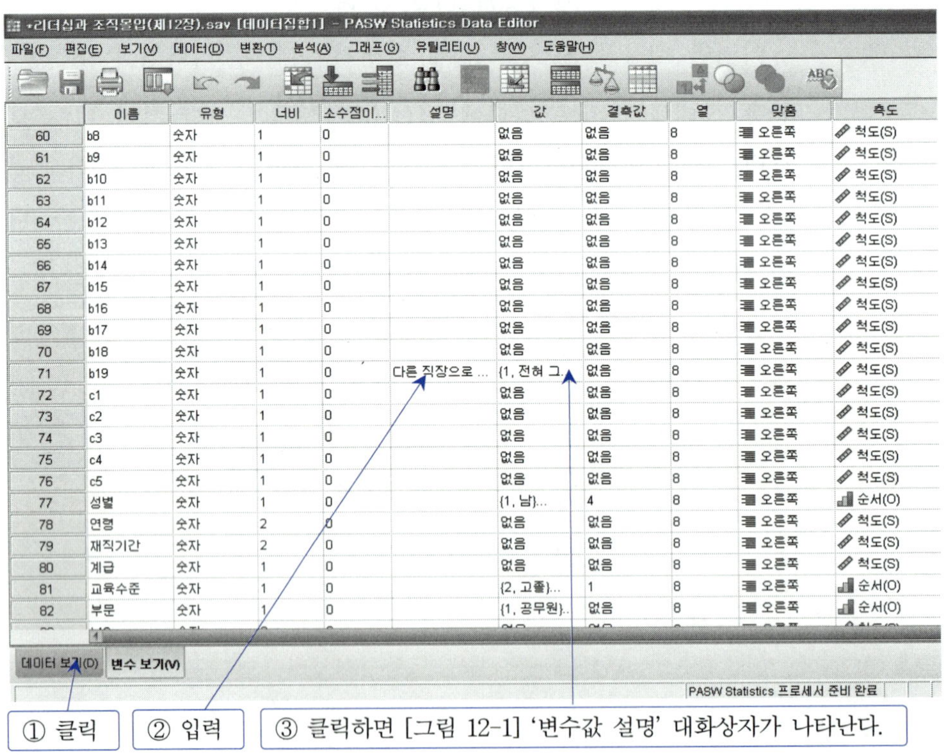

2. 실 행

여기서 SPSSWIN을 이용한 χ^2검증 명령절차는 다음과 같다.

분석(A) → 기술통계량(E) → 교차분석(C)...

위 명령절차를 거치면 [그림 12-3]과 같은 대화상자가 나타난다. 여기서 '행(W)'으로 놓일 변수 '부문'을 지정하고 '열(C)'로 놓일 변수 'b19(다른 직장으로 전직할 의사)'를 지정한 다음, 아래의 [통계량(S)...]을 눌러 [그림 12-4] '교차분석 : 통계량' 화면이 나오게 한다. 그러면 선택할 수 있는 통계량 유형들이 나타난다. 이 예제에서는 '카이제곱(H)'만을 선택하기로 한다. 이어 [계속]을 누르면 [그림 12-3]의 대화상자로 돌아간다. 다시 [셀(E)...]을 누르면 [그림 12-5]의 셀출력 대화상자가 열리는데, 여기서 '빈도'의 '관측빈도(O)'와 '퍼센트'의 '행(R)', '열(C)' 등 필요한 항목을 지정한 다음, [계속]을 누르면 [그림 12-3]으로 다시 돌아간다. 이때 [확인]을 누르면 <표 12-2>~<표 12-4>가 산출된다.

그림 12.3 χ^2 검증의 초기화면

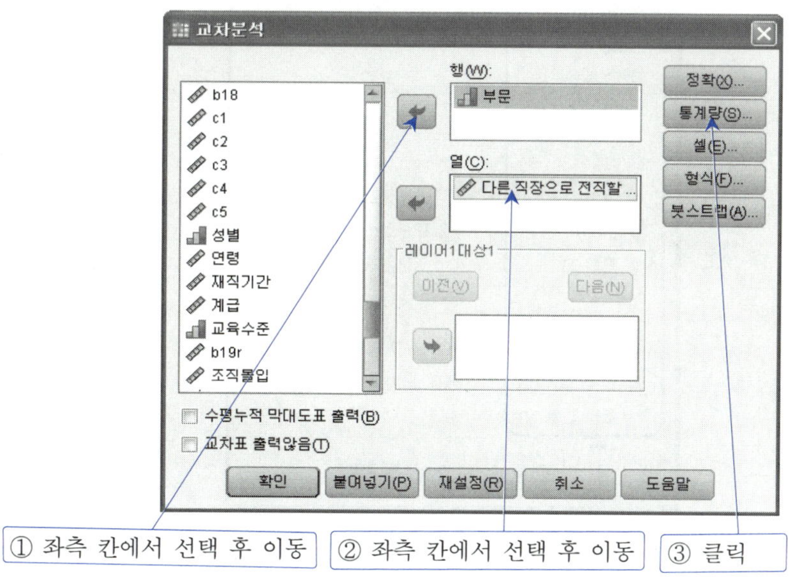

그림 12.4 교차분석의 통계량

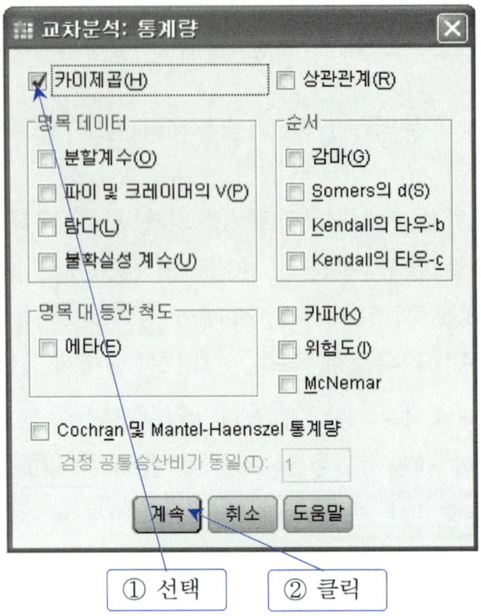

그림 12.5 교차분석: 셀 출력

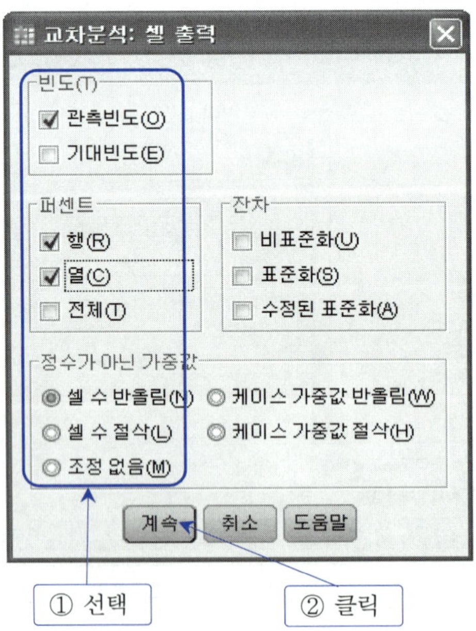

3. 산출결과와 해석

<표 12-2>에 의하면 총 755개의 사례(케이스)가 모두 유효자료로 분석에 이용되었음을 알 수 있다. <표 12-3>의 결과를 살펴보면, 분할표의 각 칸에는 모두 세 가지 수치가 있는데, 첫 번째는 관찰도수(빈도)이고, 두 번째는 행백분율(부문), 세 번째는 열백분율(전직의사)을 나타낸다.

〈표 12-2〉 케이스 처리요약

	케이스					
	유효		결측		전체	
	N	퍼센트	N	퍼센트	N	퍼센트
부문 * 다른 직장으로 전직할 의사	755	100.0%	0	.0%	755	100.0%

〈표 12-3〉 부문과 전직의사의 교차표

			다른 직장으로 전직할 의사					전체
			전혀 그렇지 않다	그렇지 않은 편이다	반반이다	그런 편이다	정말 그렇다	
부문	공무원	빈도	63	126	116	63	10	378
		부문 중 %	16.7%	33.3%	30.7%	16.7%	2.6%	100.0%
		다른 직장으로 전직할 의사 중 %	69.2%	54.3%	40.7%	53.8%	33.3%	50.1%
	회사원	빈도	28	106	169	54	20	377
		부문 중 %	7.4%	28.1%	44.8%	14.3%	5.3%	100.0%
		다른 직장으로 전직할 의사 중 %	30.8%	45.7%	59.3%	46.2%	66.7%	49.9%
전체		빈도	91	232	285	117	30	755
		부문 중 %	12.1%	30.7%	37.7%	15.5%	4.0%	100.0%
		다른 직장으로 전직할 의사 중 %	100.0%	100.0%	100.0%	100.0%	100.0%	100.0%

<표 12-4>의 χ^2검증 결과 χ^2=29.066, 자유도 4, 귀무가설이 기각될 때의 유의수준 .000으로 나타났다. 또한 5보다 작은 기대도수의 칸이 없으므로 χ^2 검증의 주요 요건도 충족된 셈이다. 따라서 유의수준 .001 이하에서 공무원과 회사원 간 전직의사에 의미있는 차이가 있다고 할 수 있다.

〈표 12-4〉 카이제곱 검증

	값	자유도	점근 유의확률 (양측검정)
Pearson 카이제곱	29.066[a]	4	.000
우도비	29.544	4	.000
선형 대 선형결합	13.346	1	.000
유효 케이스 수	755		

a. 0 셀 (.0%)은(는) 5보다 작은 기대 빈도를 가지는 셀입니다. 최소 기대빈도는 14.98입니다.

제 3 절 독립성 검증과 관련성 측정: 명목적 변수

1. 기초작업

가. 자료입력

"한국인들이 신문기사 중 관심있게 읽는 부문이 남녀 간에 어떤 차이가 있는가"를 χ^2검증을 통해 확인하고, 성별과 관심부문이라는 두 변수 간 관련성의 정도를 측정하기로 한다. 이용될 자료는 <표 12-5>인데, 이 자료는 직접 입력하기로 한다.

먼저 <표 12-5>의 자료를 입력하는 방법에 대해 설명하기로 한다. 이 표에는 '성별' 2가지, '관심부문' 7가지로 이 두 변수에 의해 총 14가지 경우(칸)가

〈표 12-5〉 성별과 관심부문의 관찰도수 (단위: 명)

성 별	관 심 부 문							전 체
	정치	경제	사회	문화	스포츠	해외소식	기타	
남 성	108	151	85	27	124	4	1	500
여 성	21	135	152	155	31	4	2	500
전 체	129	286	237	182	155	8	3	1000

구성되는데, 이 14개의 칸이 케이스(사례)가 된다. <표 12-5>의 윗줄(행) 왼쪽 칸(열)에서 오른쪽 칸으로 1, 2, 3, 4, 5, 6, 7로 사례의 순서를 정하고, 두 번째 줄 왼쪽 칸에서 오른쪽으로 8, 9, 10, 11, 12, 13, 14라고 정해 둔다.

[그림 12-6]의 데이터 화면에서 첫 번째 변수 란(v00001)에 칸(사례)에 해당하는 '성별'의 값(남성=1, 여성=2)을 먼저 입력한다. 이어서 두 번째 변수 란(v00002)에도 정치=1, 경제=2, 사회=3, 문화=4, 스포츠=5, 해외소식=6, 기타=7을 입력한다. 그리고 세 번째 변수 란(v00003)에는 각 칸의 번호에 해당하는 '도수'를 입력한다. 이렇게 자료입력이 완성되면 [그림 12-6]과 같이 된다.

나. 가중케이스

그런데 세 번째 변수 란의 각 칸의 '도수'는 각 칸의 가중치를 의미한다. 첫 번째 사례의 도수값 108은 '남성' 중 관심부문이 '정치'라고 인식한 사람은 108명이며, 두 번째 도수값 151은 '남성' 중 관심부문이 '경제'인 사람이 151명이라는 의미이다. 따라서 컴퓨터는 첫 번째 칸(사례)과 같은 것이 108개 있다고 인정하고, 두 번째 사례는 151개 있다고 읽는다.

그림 12.6 초기의 자료입력 화면

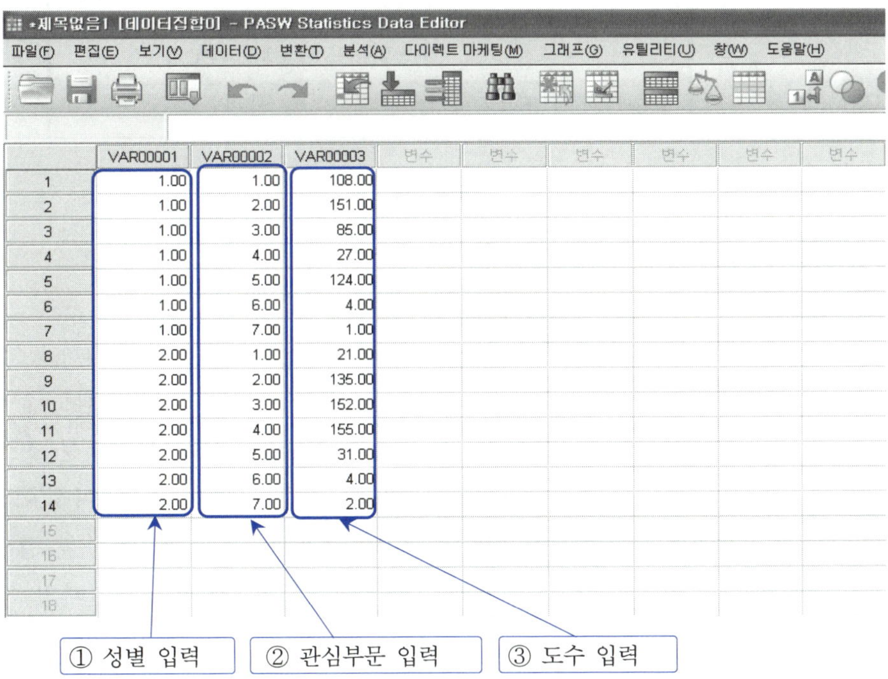

	VAR00001	VAR00002	VAR00003	변수	변수	변수	변수	변수	변수
1	1.00	1.00	108.00						
2	1.00	2.00	151.00						
3	1.00	3.00	85.00						
4	1.00	4.00	27.00						
5	1.00	5.00	124.00						
6	1.00	6.00	4.00						
7	1.00	7.00	1.00						
8	2.00	1.00	21.00						
9	2.00	2.00	135.00						
10	2.00	3.00	152.00						
11	2.00	4.00	155.00						
12	2.00	5.00	31.00						
13	2.00	6.00	4.00						
14	2.00	7.00	2.00						
15									
16									
17									
18									

SPSSWIN에서 이와 같은 가중치를 부여하는 명령절차는 다음과 같다.

데이터(D) → 가중 케이스(W)...

이렇게 하여 [그림 12-7]과 같은 가중값부여 대화상자가 열리게 되면, '가중 케이스 지정(W)'을 선택하고 왼쪽의 'var00003'를 '빈도변수(F)'로 옮긴 다음 확인 을 누르면 각 칸의 도수는 가중치가 되고 화면은 [그림 12-6]의 자료로 돌아간다.

그림 12.7 가중값부여 대화상자

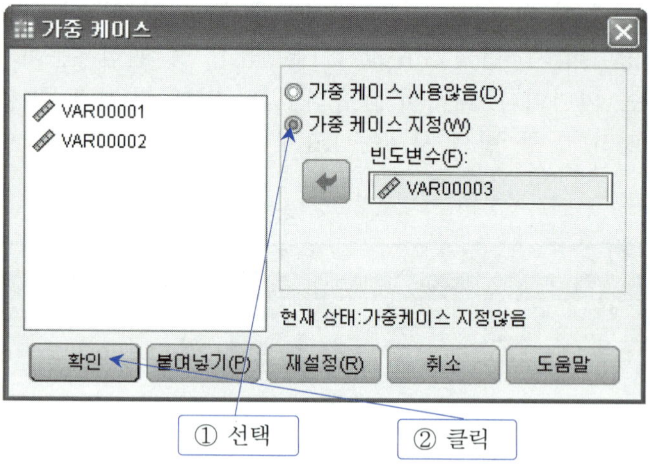

다. 변수명과 변수값 설명

이제는 카이자승 검증에 앞서 세 가지 변수명을 정확히 입력하고 '성별'과 '관심부문'의 각 값에 대한 설명도 필요하다. 또한 각 변수의 소수점도 없애야 한다.

먼저 var00001을 '성별'이라 고치고, var00002를 '관심부문'으로 변경하며, var00003을 '도수'라고 바꾼다. '성별'의 '1'은 '남성', '2'는 '여성'이라고 설명하고, '관심부문'도 앞에서 설명한 것처럼 1부터 7까지 각 부문을 설명한다. 이러한 과정은 앞에서 이미 수차례 설명하였으므로 생략하고 결과만 제시하면 [그림 12-8]과 같다.

그림 12.8 완성된 자료입력 화면

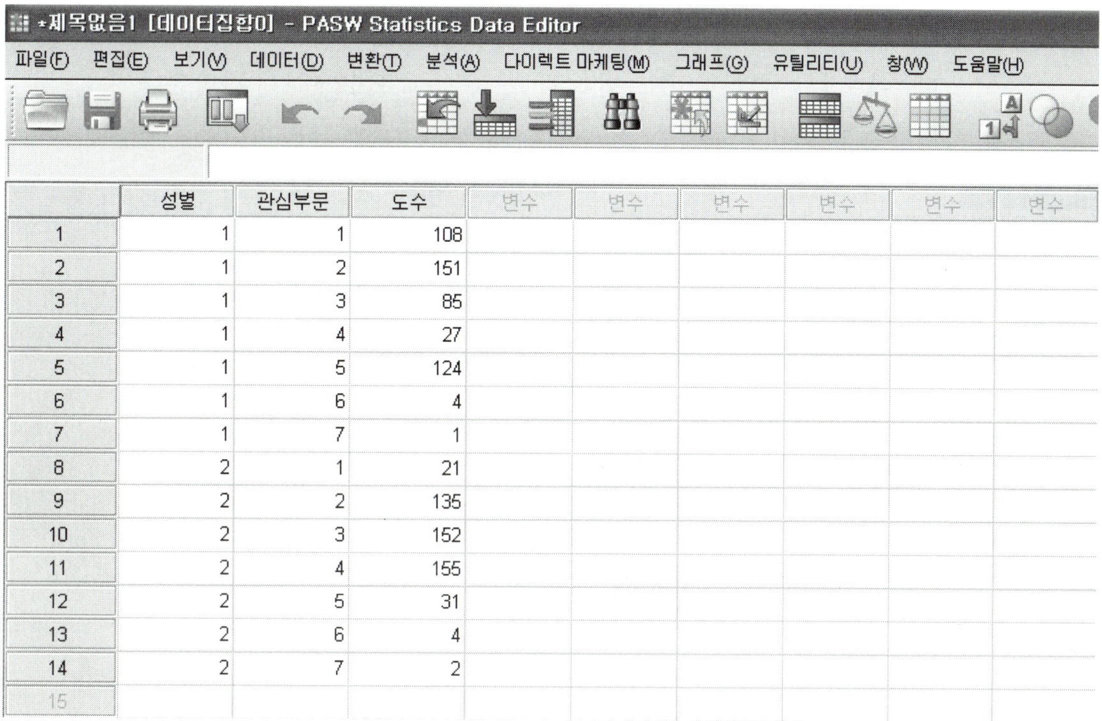

	성별	관심부문	도수	변수	변수	변수	변수	변수	변수
1	1	1	108						
2	1	2	151						
3	1	3	85						
4	1	4	27						
5	1	5	124						
6	1	6	4						
7	1	7	1						
8	2	1	21						
9	2	2	135						
10	2	3	152						
11	2	4	155						
12	2	5	31						
13	2	6	4						
14	2	7	2						
15									

2. 실 행

여기서 χ^2검증을 실행하기 위한 검증절차는 다음과 같은데 이는 동질성 검증절차와 동일한 것이다.

분석(A) → 기술통계량(E) → 교차분석(C)...

교차분석의 초기화면이 나타나면 [그림 12-9]와 같이 '행(W)'의 변수에 '성별'을, '열(C)'의 변수에 '관심부문'을 지정한다.

통계량(S)... 을 눌러 기본적인 '카이제곱(H)'을 선택하고, 두 변수가 명목변수이므로 '명목데이터'에서 분할계수(O), 파이 및 크레이머의 V(P), 람다(L)를 선택한 다음, 계속 을 누르면 [그림 12-9]로 돌아간다. 다시 셀(E)... 을 눌러 '교차분석: 셀출력' 대화상자가 나타나면, '빈도(T)'의 '관측빈도(O)'와 '퍼센트'의 '행(R)', '열(C)' 등을 지정한 다음, 계속 을 누르면 [그림 12-9]로 돌아간다. 이때 확인 을 누르면 <표 12-6>~<표 12-9>가 산출된다.

그림 12.9 교차분석 화면

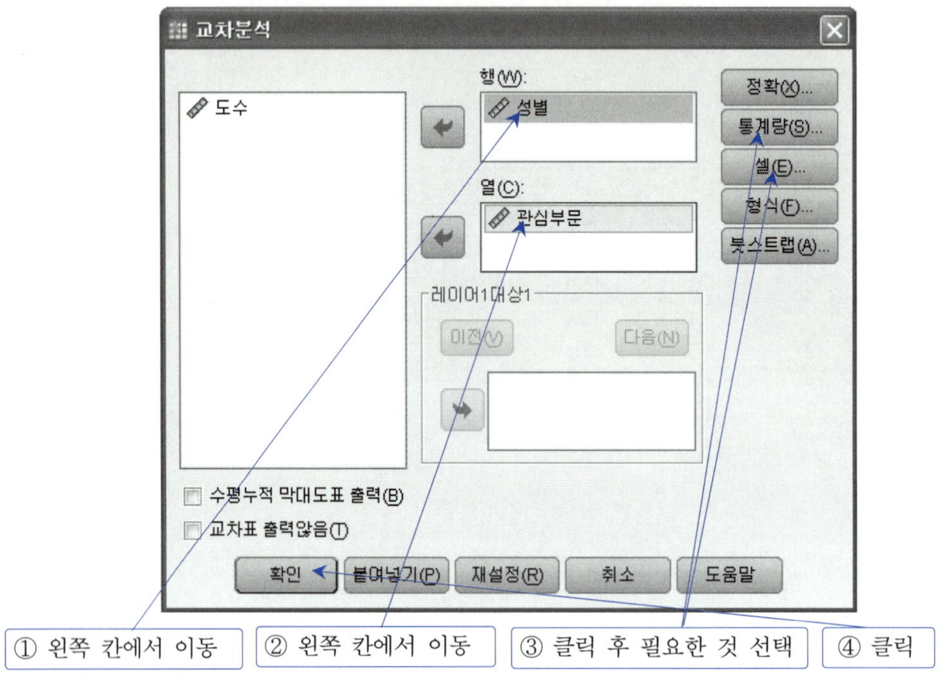

3. 산출결과와 해석

독립성 검증과 동질성 검증의 결과는 동일하다. 다만 차이는 연구목적과 가설설정 및 해석상의 차이에 불과하다. 검증결과 <표 12-7>에서 χ^2=224.666, 자유도 6, 유의수준은 .000으로 나타났으므로, 유의수준 .001에서 신문기사 중 관심있게 읽는 부문이 남녀 간에 통계적으로 의미있는 차이가 있다고 할 수 있다.

〈표 12-6〉 성별과 관심부문의 교차표

			관심부문							전체
			정치	경제	사회	문화	스포츠	해외소식	기타	
성별	남성	빈도	108	151	85	27	124	4	1	500
		성별 중 %	21.6%	30.2%	17.0%	5.4%	24.8%	.8%	.2%	100.0%
		관심부문 중 %	83.7%	52.8%	35.9%	14.8%	80.0%	50.0%	33.3%	50.0%
	여성	빈도	21	135	152	155	31	4	2	500
		성별 중 %	4.2%	27.0%	30.4%	31.0%	6.2%	.8%	.4%	100.0%
		관심부문 중 %	16.3%	47.2%	64.1%	85.2%	20.0%	50.0%	66.7%	50.0%
전체		빈도	129	286	237	182	155	8	3	1000
		성별 중 %	12.9%	28.6%	23.7%	18.2%	15.5%	.8%	.3%	100.0%
		관심부문 중 %	100.0%	100.0%	100.0%	100.0%	100.0%	100.0%	100.0%	100.0%

〈표 12-7〉 χ^2검증

	값	자유도	점근 유의확률 (양측검정)
Pearson 카이제곱	224.666[a]	6	.000
우도비	243.883	6	.000
선형 대 선형결합	10.719	1	.001
유효 케이스 수	1000		

a. 4 셀 (28.6%)은(는) 5보다 작은 기대 빈도를 가지는 셀입니다. 최소 기대빈도는 1.50입니다.

<표 12-8>은 성별과 관심부문 간 관련성의 정도를 측정한 결과이다. 독립변수와 종속변수를 구별하지 않고 구한 대칭 람다는 .178이고, 성별을 종속변수로 한 비대칭 람다는 .392, 관심부문을 종속변수로 한 비대칭 람다는 .028이다. 그리고 유의수준 .000에서 성별과 관심부문 간에는 의미있는 관련이 있다고 하겠다.

또한 <표 12-9>에서 Cramer의 V는 .474, 분할계수도 .428로 나타났으며, 유의확률이 모두 .000이므로 유의수준 .000에서 두 변수 간에 의미있는 관련이 있음을 알 수 있다.

〈표 12-8〉 방향성 척도

			값	점근 표준오차[a]	근사 T 값[b]	근사 유의확률
명목척도 대 명목척도	람다	대칭적	.178	.024	6.916	.000
		성별 종속	.392	.032	10.008	.000
		관심부문 종속	.028	.024	1.175	.240
	Goodman과 Kruskal 타우	성별 종속	.225	.023		.000[c]
		관심부문 종속	.047	.006		.000[c]

a. 영가설을 가정하지 않음.

b. 영가설을 가정하는 점근 표준오차 사용

c. 카이제곱 근사법을 기준으로

〈표 12-9〉 대칭적 척도

		값	근사 유의확률
명목척도 대 명목척도	파이	.474	.000
	Cramer의 V	.474	.000
	분할계수	.428	.000
유효 케이스 수		1000	

제 4 절 독립성 검증과 관련성 측정: 서열적 변수

1. 기초작업: 자료입력과 가중케이스

여기서는 "교육수준과 성차별 의식의 관계"에 대해, SPSSWIN을 활용하여 실행해 보기로 한다. 이용될 자료는 <표 12-10>이다.

〈표 12-10〉 교육수준과 성차별인식간의 관계 (단위: 명)

교육수준	성차별에 대한 인식					전 체
	전혀 없다	거의 없다	그저 그렇다	약간 있다	많이 있다	
초등이하	5	11	47	95	42	200
중 졸	7	15	60	146	72	300
고 졸	6	15	59	186	134	400
대졸이상	3	10	29	130	128	300
전 체	21	51	195	557	376	1200

자료의 입력방법은 [그림 12-10]과 같이, 첫 번째 교육수준, 두 번째 성차별인식, 세 번째 도수의 순으로 한다. 교육수준은 "1=초등 이하, 2=중졸, 3=고졸, 4=대졸 이상". 성차별인식은 "1=전혀 없다, 2=거의 없다, 3=그저 그렇다, 4=약간 있다, 5=많이 있다"라고 한다. 또한 도수를 가중치 변수로 지정하여 각 사례의 도수 값만큼 그 사례를 반복해서 읽게 한다.

그림 12.10 자료의 입력

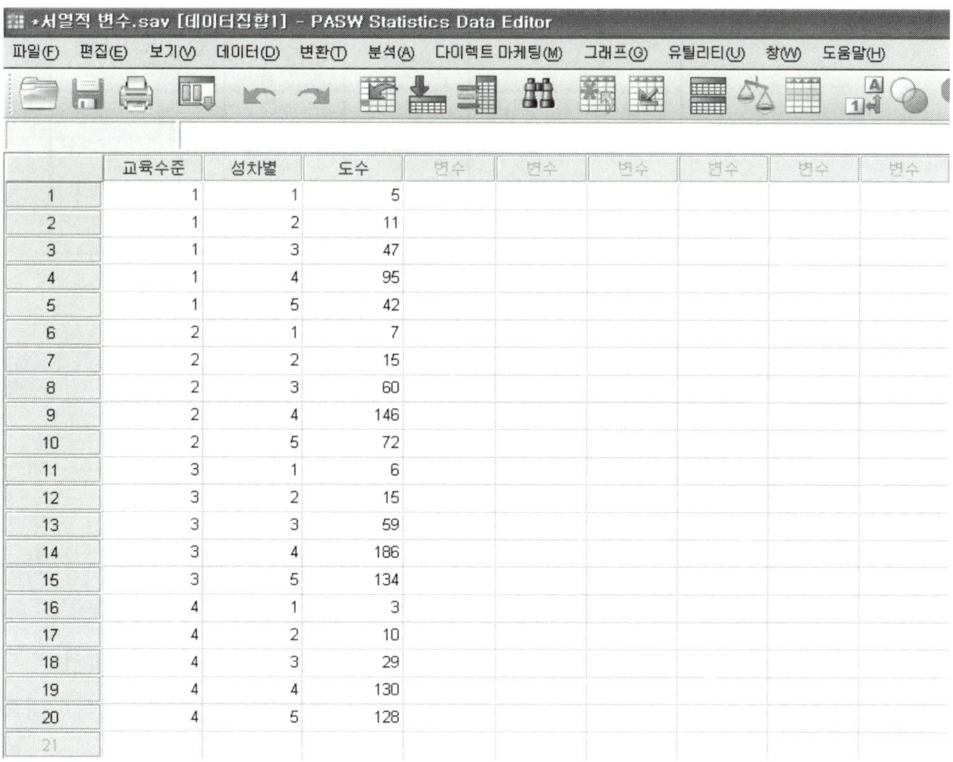

	교육수준	성차별	도수	변수	변수	변수	변수	변수	변수
1	1	1	5						
2	1	2	11						
3	1	3	47						
4	1	4	95						
5	1	5	42						
6	2	1	7						
7	2	2	15						
8	2	3	60						
9	2	4	146						
10	2	5	72						
11	3	1	6						
12	3	2	15						
13	3	3	59						
14	3	4	186						
15	3	5	134						
16	4	1	3						
17	4	2	10						
18	4	3	29						
19	4	4	130						
20	4	5	128						
21									

2. 실 행

실행을 위해 앞에서와 같은 절차를 진행한다. '교차분석(C)'을 선택하여 '교차분석' 대화상자가 나타나면 '행(W)' 변수에 '교육수준'을, '열(C)' 변수에 '성차별'을 지정한다. 두 변수가 모두 서열적 변수이므로 [통계량(S)...]을 눌러 카이제곱(H)과 '순서'의 4가지{'감마(G)', 'Somers의 d(S)', 'Kendall의 다우-b', 'Kendall의 다우-C'}를 모두 선택한 후 [계속]을 누르면 '교차분석' 대화상자가 나타난다. 이때 [확인]을 눌러 나타난 산출결과는 <표 12-11>~<표 12-13>이다.

3. 산출결과와 해석

〈표 12-11〉 카이제곱 검증

	값	자유도	점근 유의확률 (양측검정)
Pearson 카이제곱	47.769[a]	12	.000
우도비	48.310	12	.000
선형 대 선형결합	38.634	1	.000
유효 케이스 수	1200		

a. 1 셀 (5.0%)은(는) 5보다 작은 기대 빈도를 가지는 셀입니다. 최소 기대빈도는 3.50입니다.

<표 12-11>은 분할표를 생략하고 χ^2검증 결과만을 요약한 것이다. 검증결과 χ^2=47.769, 자유도 12, 유의수준은 .000으로 나타났다.

명목적 변수에 적합한 척도의 측정치들은 관계의 방향을 제시하지 못하는 반면에, 서열적 변수의 측정치들은 방향과 크기를 함께 제시한다. 검증결과는 <표 12-12>, <표 12-13>과 같이 D=.167, Dyx=.158, Dxy=.177, tb=.168, tc=.155, G=.239이고 이는 모두 유의수준 .000에서 의미있는 것으로 나타났다. 따라서 교육수준과 성차별 의식 간에는 유의수준 P<.001에서 의미있는 관계가 있다고 볼 수 있으며, 학력이 높을수록 성차별을 강하게 인식한다고 볼 수 있다.

〈표 12-12〉 방향성 척도

			값	점근 표준오차[a]	근사 T 값[b]	근사 유의확률
순서척도 대 순서척도	Somers의 d	대칭적	.167	.024	6.942	.000
		교육수준 종속	.177	.025	6.942	.000
		성차별 종속	.158	.023	6.942	.000

a. 영가설을 가정하지 않음.

b. 영가설을 가정하는 점근 표준오차 사용

〈표 12-13〉 대칭적 척도

		값	점근 표준오차[a]	근사 T 값[b]	근사 유의확률
순서척도 대 순서척도	Kendall의 타우-b	.168	.024	6.942	.000
	Kendall의 타우-c	.155	.022	6.942	.000
	감마	.239	.034	6.942	.000
유효 케이스 수		1200			

a. 영가설을 가정하지 않음.

b. 영가설을 가정하는 점근 표준오차 사용

제 5 절 적합성 검증: 고른 분포

1. 기초작업: 자료입력과 가중케이스

이번에는 단일변수의 각 범주별 분포가 고른 분포인가를 χ^2검증하는 과정을 SPSSWIN에 의해 설명하고자 한다. 여기서 사용된 자료는 [그림 12-11]과 같다.

고른 분포의 검증은 변수가 하나뿐(출신지역)이다. 출신지역별로는 “1=호남, 2=영남, 3=서울 · 경기, 4=충청도”라고 하였다. 그리고 앞에서처럼 도수에 대한 가중치도 부여한다. 이렇게 하여 입력이 완성된 자료는 [그림 12-11]과 같다.

그림 12.11 자료의 입력

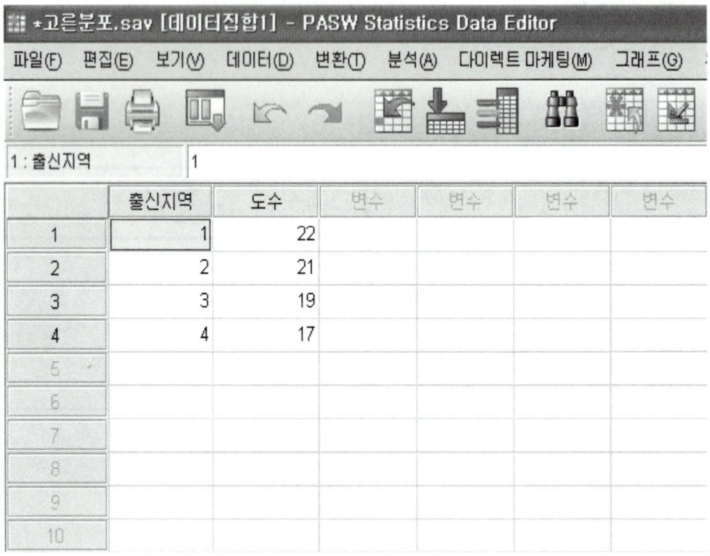

	출신지역	도수	변수	변수	변수	변수
1	1	22				
2	2	21				
3	3	19				
4	4	17				
5						
6						
7						
8						
9						
10						

2. 실 행

고른 분포의 검증을 위한 명령은 다음과 같다.

분석(A) → 비모수검증(N) → 레거시 대화 상자(L) → 카이제곱 검정(C)

위 명령대로 ‘카이제곱’을 선택하면 [그림 12-12]와 같은 화면이 나타나는데, 이 화면에서 ‘출신지역’을 ‘검정변수(T)’로 지정하고, ‘기대값’ 아래 ‘모든 범주가 동일(I)’을 선택한 다음, 확인 을 누른다. 산출결과는 <표 12-14>, <표 12 15>이다.

그림 12.12 고른 분포의 카이제곱검증 대화상자

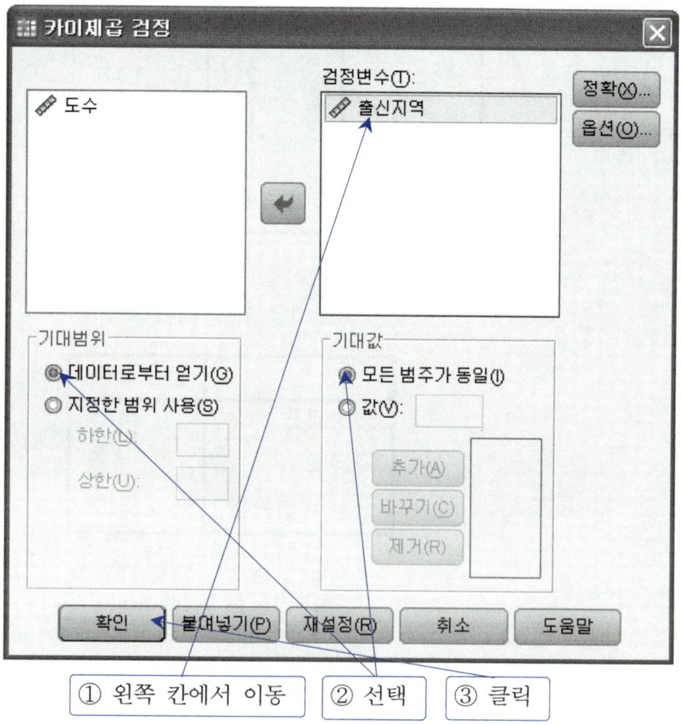

3. 산출결과와 해석

<표 12-14>는 각 범주별 관찰도수와 기대도수 및 잔차를 제시하고 있는데, 관찰도수의 합(79)을 범주수(4)로 나눈 값(19.8)을 각 범주의 기대도수로 하였으며, 관찰도수에서 기대도수를 뺀 값을 잔차라고 하였다.

검증결과는 χ^2=0.75로 나타났으며, 유의수준 .05에서 귀무가설은 기각시킬 수 없으므로, 유의수준 .05에서 출신지역별 정무직 공무원의 분포는 고른 분포가 아니라고는 할 수 없다.

〈표 12-14〉 관찰도수와 기대도수

	관측수	기대빈도	잔차
호남	22	19.8	2.3
영남	21	19.8	1.3
서울,경기	19	19.8	-.8
충청	17	19.8	-2.8
합계	79		

〈표 12-15〉 검증결과

	출신지역
카이제곱	.747[a]
자유도	3
근사 유의확률	.862

a. 0 셀 (.0%)은(는) 5보다 작은 기대빈도를 가집니다. 최소 셀 기대빈도는 19.8입니다.

제 6 절 적합성 검증: 정규분포

1. 기초작업: 자료입력과 가중케이스

여기서 사용될 자료는 "재직기간 6년 이하의 공무원 116명의 조직몰입도가 이루는 분포"이다. 이 분포가 과연 정규분포에 속한다고 인정할 수 있는지 SPSSWIN을 이용하여 검증해 보기로 한다.

먼저, 조직몰입이라는 변수의 측정치들을 이용하여 도수분포표를 작성하였는데, 이 도수분포표의 계급은 총 6개이고, 각 계급별 도수는 5, 10, 20, 49, 20, 12로 나왔다([그림 12-13]). 여기서도 물론 '도수'에 대한 가중치를 부여하여야 한다([그림 12-7] 참조).

그림 12.13 정규분포의 카이제곱검증 대화상자

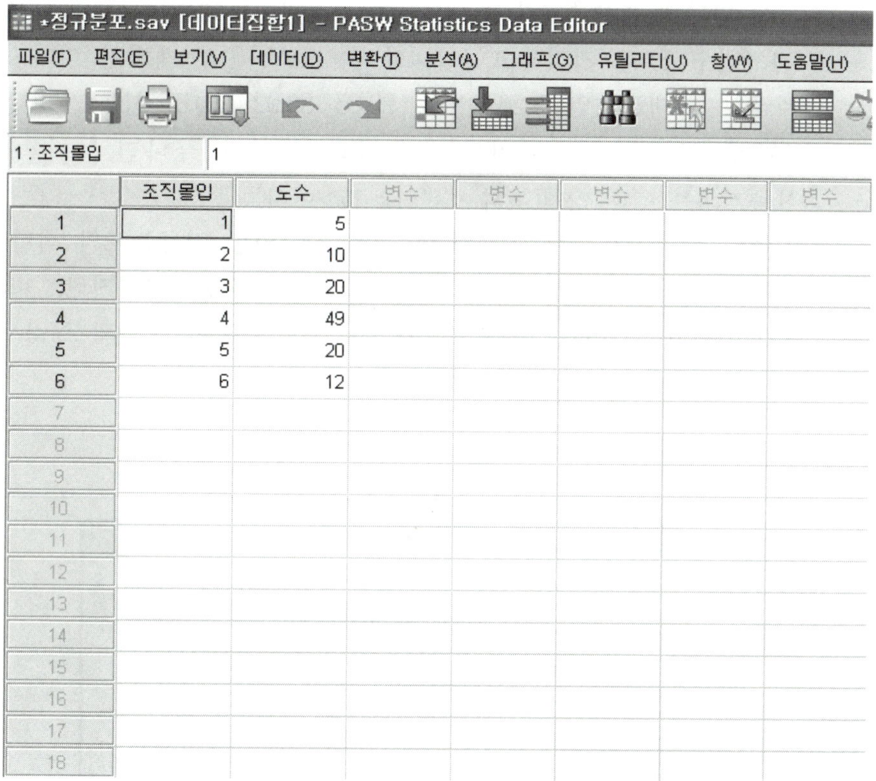

2. 실 행

실행을 위해 다음과 같이 '고른 분포의 검증'과 동일한 명령을 내린다.

분석(A) → 비모수검증(N) → 레거시 대화 상자(L) → 카이제곱검정(C)...

이 명령에 의해 [그림 12-14]의 대화상자가 나타나는데, 여기서 '조직몰입'을 '검정변수(T)'로 지정하고, '기대값'의 '값(V)'을 선택하여 미리 계산해 둔 각 계급의 기대도수인 3.26 12.99 29.85 36.92 23.61 9.37을 차례로 입력하고 추가(A) 를 누른다. 마지막 기대값의 입력이 끝나면 확인 을 누른다. 산출결과는 <표 12-16>과 <표 12-17>이다.

여기서 참고로 알아 둘 것은 χ^2검증에 의한 정규분포의 적합성 검증은 기대도수를 구하여 입력시키는 까다로운 과정을 거치지만, 비모수통계학의 'Kolmogorov-Smirnov검증'에서는 이러한 과정이 요구되지 않으므로 적합성 검증에서 χ^2검증보다 간편하고 정확하다고 하겠다.

그림 12.14 적합성의 카이제곱검증 대화상자

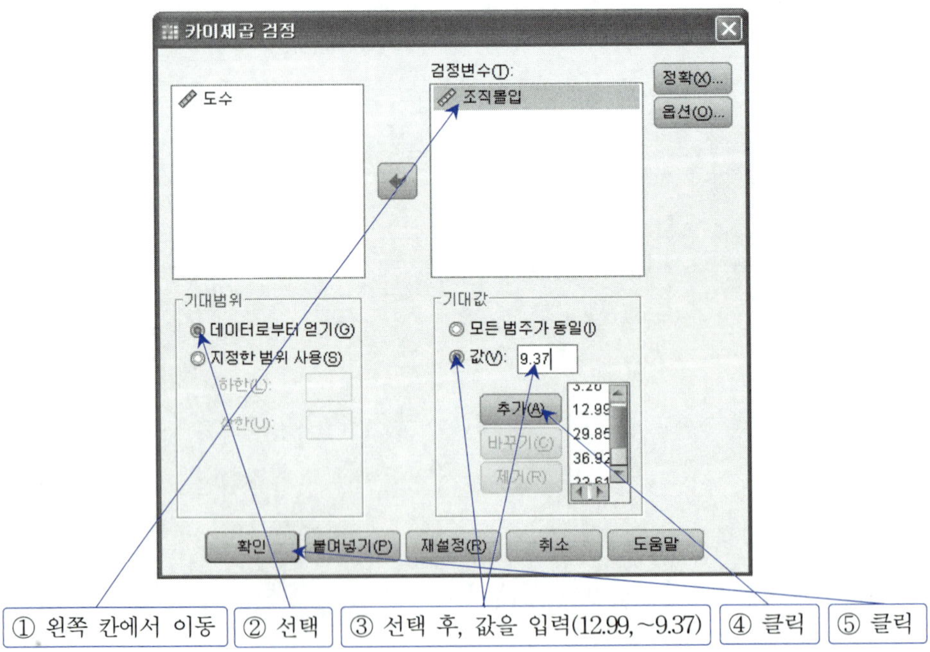

3. 산출결과와 해석

<표 12-16> 검증결과는 관측수, 기대빈도, 잔차를 나타내고 있으며, <표 12-17>의 산출결과는 χ^2값=10.110로 나타났으며, 유의수준 .05에서 귀무가설을 기각시킬 수 없다. 즉, 유의수준 .05에서는 정규분포가 아니라고 볼 수 없다.

〈표 12-16〉 검증결과

	관측수	기대빈도	잔차
1	5	3.3	1.7
2	10	13.0	-3.0
3	20	29.9	-9.9
4	49	36.9	12.1
5	20	23.6	-3.6
6	12	9.4	2.6
합계	116		

〈표 12-17〉 검증결과

	조직몰입
카이제곱	10.110[a]
자유도	5
근사 유의확률	.072

a. 1 셀 (16.7%)은(는) 5보다 작은 기대빈도를 가집니다. 최소 셀 기대빈도는 3.3입니다.

제 7 절 χ^2 검증을 활용한 실례

1. 갈등당사자의 상대적 지위와 갈등관리방식

이 논문은 한국의 중앙부처 공무원들이 상급자, 동료, 하급자와의 관계에 있어서 주로 사용하고 있는 갈등관리방식을 조사한 것으로 설문조사와 면접조사를 병행하였다. 그 중 아래 <표 12-18>은 면접조사 결과를 내용분석한 것이다. 면접조사에서는 50명을 대상으로 227건의 사례를 분석하였다.

카이자승 검증결과 갈등상대방의 상대적 지위에 따라 사용하는 갈등관리방식이 상이한 것으로 나타났다(χ^2=111.03, p<.0001). 즉, 갈등의 상대방이 상급자인 경우는 갈등관리방식 중 복종과 회피를 주로 사용하고, 동료에 대해서는 타협을, 하급자에 대해서는 지배를 사용하는 사례가 가장 많은 것으로 나타났다(이창원 · 전주상, 2003).

〈표 12-18〉 갈등상대방의 지위와 갈등관리방식의 관계

갈등관리방식	상급자	동 료	하급자	계
통 합	24(14.8)	26(16.2)	32(21.0)	82(17.2)
복 종	39(24.1)	24(14.9)	15(9.9)	78(16.4)
지 배	16(9.9)	18(11.2)	65(42.8)	99(20.9)
회 피	49(30.2)	16(9.9)	16(10.5)	81(17.1)
타 협	34(21.0)	77(47.8)	24(15.8)	135(28.4)
계	162(34.1)	161(33.9)	152(32.0)	475(100.0)

괄호 밖은 도수, 괄호 안은 %임.

2. 공무원과 기업체직원의 부패정도 비교

이 연구는 행정조직과 기업조직 간 부패정도를 비교한 것으로, 조사방법은 공무원 400명, 기업체직원 550명을 대상으로 설문조사를 하였다. 부패측정 문항은 <표 12-19>와 같이 세 문항이었으며, 설문내용은 조사자 본인의 부패행태를 묻지 않고 조사자가 속해 있는 조직 내 동료들의 행태를 물음으로써 객관적인 응답을 얻고자 하였다.

공·사조직 간 부패행태의 차이를 검증하기 위해 카이자승 검증을 하였으며, 카이자승 값보다 정확한 정보를 제공해 줄 수 있는 람다(λ)값과 그 유의수준을 제시하였다. <표 12-19>는 다음과 같이 요약된다.

첫째, "업무수행의 대가로 선물을 받음"의 문항은 공·사조직 간에 유의수준 $p<.01$에서 λ값이 .103으로 통계적으로 의미있는 차이가 있다. 또한 공무원의 평균이 2.67점이고 회사원이 평균 3.20점으로 공무원보다 회사원이 더 많은 동의를 하고 있으므로(공무원 23%, 회사원 41%) 이 문항에 대한 부패정도는 기업조직이 더 심했다.

둘째, "사적 이익을 위하여 공적 지위를 이용하는 행위"의 문항은 공·사조직 간에 유의수준 $p<.05$에서 λ값이 .058으로 통계적으로 의미있는 관계에 있다. 공무원(3.48)보다 회사원(3.71)이 더 많은 동의를 하고 있으므로, 이 문항에 대한 부패정도도 기업조직이 더 심함을 알 수 있다.

셋째, "관계인에게 유익한 정보를 유출하는 행위"의 문항에 대한 동의도 공무원(28%)보다 회사원(45%)이 많으므로, 이 문항에 대한 부패정도 역시 기업조직이 더 심하다고 하겠다. 공·사조직 간 이러한 차이는 유의수준 $p<.01$에서 통계적으로 의미있는 차이라고 할 수 있다(λ=.103)(박운희, 1999).

〈표 12-19〉 부패문항별 공·사조직간 차이비교 결과

문항 내용	집단구분	평균	전적동의(%)	많은동의(%)	조금동의(%)	조금반대(%)	많은반대(%)	전적반대(%)	λ (p)
업무수행 대가로 선물 받음	공	2.67	0.9	5.9	16.0	28.7	33.3	15.1	.103
	사	3.20	1.9	14.6	24.5	31.1	16.8	11.2	(.004)
사적 이익 위해 공적 지위 이용	공	3.48	2.5	15.4	38.0	21.0	18.2	4.9	.058
	사	3.71	5.9	22.7	31.4	22.7	11.2	6.2	(.017)
관계인에게 유익한 정보 유출	공	2.85	0.6	5.9	21.1	35.7	23.3	13.4	.103
	사	3.16	2.2	9.7	32.7	24.9	18.4	12.1	(.001)

제 13 장

비모수통계

지금까지 설명된 가설검증 방법들은 t검증, F검증(분산분석), χ^2검증이었다. 이 중에서 t검증 · F검증은 모수통계학에 속하고, χ^2검증은 비모수통계학의 대표적 기법이다. 이 장에서는 χ^2검증 외에 비교적 활용가치가 높은 비모수통계학의 기법들을 설명하기로 한다.

제1절 비모수통계학의 활용과 유형

1. 활 용

t검증이나 F검증과 같은 모수통계학의 기본적 요건(가정)들이 충족되지 않아서 모수통계기법을 적용하기에 곤란한 경우에 대안으로 활용될 수 있는 것이 비모수통계기법이다. 구체적으로 어떤 가정을 어겼을 경우에 비모수통계기법이 활용될 수 있는지 살펴보기로 한다.

첫째, 모집단의 분포가 정규분포라는 확신이 없을 뿐만 아니라 수집된 자료가 대표본($n \geq 30$)이 아니라면, 비모수통계기법 가운데 적절한 것을 선택하여 검증하는 것이 바람직하다.

둘째, 서열척도라고 할 수 있는 평정척도(rating scale)로 측정된 자료를 이용하여 검증할 경우에 비모수통계기법을 활용하는 것이 바람직하다.

그렇다면 비모수통계기법은 모수통계학의 가정들이 충족되었을 때는 이용될 수 없는가? 물론 이런 경우에도 비모수통계기법들은 적용될 수 있지만, 모수통계기법이 적용될 때보다 일반적으로 검증력이 떨어진다.

2. 장점과 단점

비모수통계방법의 장점은 다음과 같다. 첫째, 모수통계방법에 비해 가정이 거의 불필요하거나 아주 약한 정도이므로, 잘못 사용할 가능성이 적고 적용범위가 광범위하다. 둘째, 명목척도나 서열척도로 측정된 자료는 물론이고 검증력은 다소 감소하지만 등간척도나 비율척도의 자료도 이용할 수 있다. 셋째, 실제 자료값을 변형시켜 부호나 서열로 표시하여 검증통계량을 산출하므로, 모수통계방법에 비해 검증통계량을 구하는 원리와 과정이 간단하고 이해하기 쉽다.

이러한 장점에도 불구하고 실제로 비모수통계방법이 자주 활용되지 않는 이유는 검증력이 약하다는 중대한 단점을 지녔기 때문이다.

3. 유 형

다양한 비모수통계기법들은 몇 가지 기준에 의해 구분될 수 있다. 우선 집단의 수에 따라 '단일 집단의 검증', '두 집단 간 차이검증', '셋 이상 집단 간 차이검증' 등으로 분류된다.

'단일 집단의 검증'에서는 적합성 검증으로 χ^2검증, 이항분포 검증, Kolmogorov-Smirnov 검증이 있고, 무작위성의 검증으로 런 검증이 있다.

'두 집단 간 차이검증'을 위해서는 χ^2검증과 Mann-Whitney 검증이 주로 이용되고 있는데, Mann-Whitney 검증은 두 집단 간의 t검증과 유사하다. '셋 이상 집단 간 차이검증'에서는 χ^2검증과 함께 서열척도인 경우 분산분석과 유사한 Kruskal-Wallis 검증이 많이 이용된다.

또한 동일 집단을 대상으로 하되 비교되는 변수의 수에 따라 '두 변수 간 차이검증'과 '셋 이상 변수 간 차이검증'으로 구분될 수 있는데, 전자에는 짝을 이룬 t검증과 유사한 Wilcoxon 검증이 주로 이용되고, 변수들이 명목척도로 측정되었을 때는 McNemar 검증이 적합하다. 후자에서는 서열척도인 경우 Friedman 검증, 명목척도인 경우 Cochran의 Q검증이 주로 이용된다.

이러한 분류를 요약하면 <표 13-1>과 같다. 이 중 χ^2검증에 대해서는 제12장에서 설명되었으므로 이 장의 제2절부터는 χ^2검증을 제외한 나머지 기법들 중에서 대표적인 것들을 중심으로 설명하고자 한다.

〈표 13-1〉 비모수통계분석의 유형

용 도		변 수		
		독립변수 (집단)	종속변수; 명목척도	종속변수; 서열척도 (상응한 모수통계기법)
단일 집단 검증	적합성	없음	이항분포 검증 χ^2검증	Kolmogorov-Smirnov검증
	무작위성	없음	런 검증	
두 집단 간 차이검증 (독립 2-표본)		있음 (명목척도)	χ^2검증	Mann-Whitney검증 (t검증)
셋 이상 집단 간 차이검증 (독립 k-표본)		있음 (명목척도)	χ^2검증	Kruskal-Wallis검증 (분산분석)
두 변수 간 차이검증 (대응 2-표본)		없음	McNemar검증	Wilcoxon검증 (짝을 이룬 t검증)
셋 이상 변수 간 차이검증 (대응 k-표본)		없음	Cochran의 Q검증	Friedman검증

제 2 절 이항분포 검증

1. 활 용

이항분포 검증(binomial test)은 데이터들이 이항분포에서 관찰도수와 기대도수가 일치하는지를 검증하는 방법이다. 이항분포(binomial distribution)란 두 사건만이 나타나며, 그 두 사건은 상호배반적이고 각 시행은 독립적일 때의 확률분포를 말한다.

예를 들어 동전을 10번 던졌을 때 6번이 앞면이 나올 확률이라든지, 아니면 10번 모두 앞면이 나올 확률 등을 검증할 때 사용하는 방법이다.

2. 실 행

이항분포 검증을 위하여 본서에 첨부된 CD의 파일 중 '리더십과 조직몰입.sav' 파일을 이용하여 이항분포 검증을 하는 과정을 설명한다.

이항분포 검증을 위해서는 다음과 같은 절차를 거친다.

분석(A) → 비모수검증(N) → 레거시 대화 상자(L) → 이항(B)...

위 절차를 그림으로 나타낸 것이 [그림 13-1]이다. [그림 13-1]에서와 같이 이항(B)을 선택하면 [그림 13-2] 이항검증 대화상자가 나타난다.

그림 13.1 이항분포 검증 SPSS 데이터 편집기

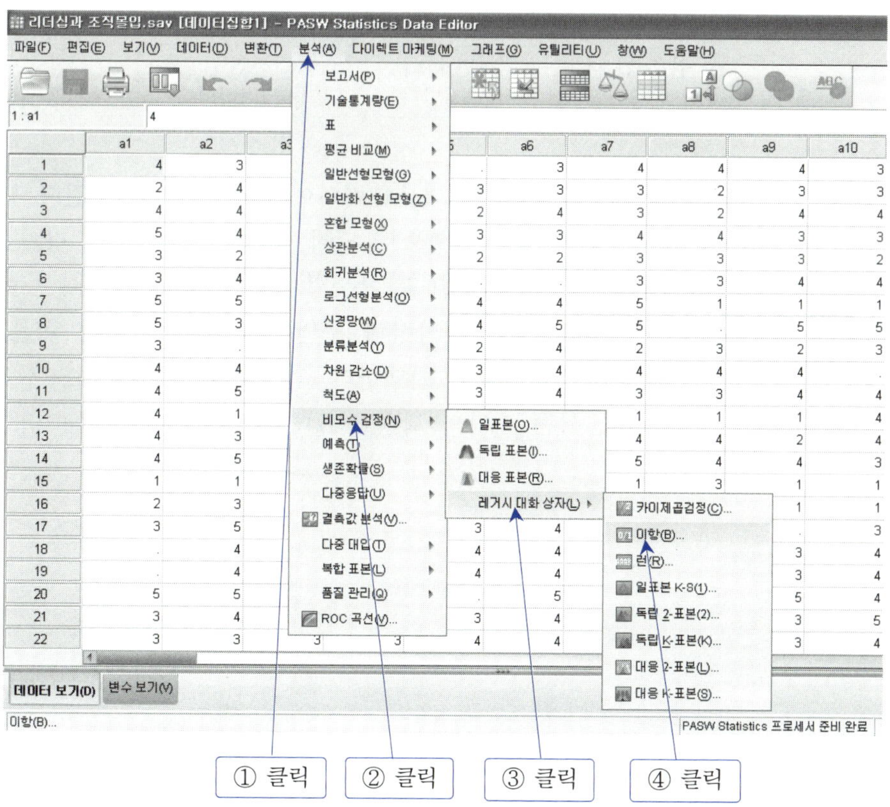

그림 13.2 이항검증 대화상자

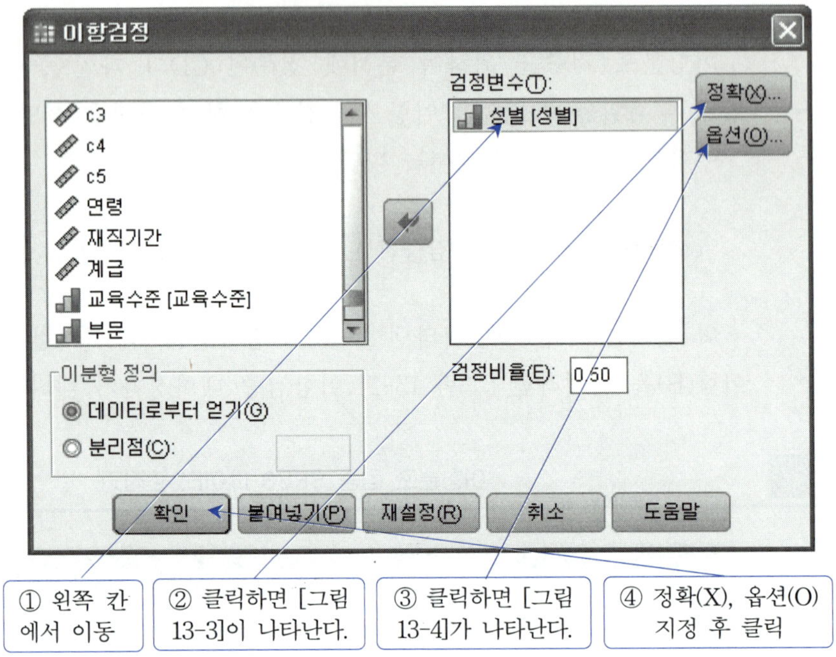

대화상자에서 '성별'을 더블클릭하여 우측 칸으로 옮긴다. '성별'이라는 변수는 이분형, 즉 남성과 여성으로 되어 있으므로, '이분형 정의'에서 '데이터로부터 얻기(G)'를 선택하면 된다. 이분형 변수가 아닌 경우에는 분리점(C)을 선택한 후, 이분할 기준점을 지정해 주면 되는데 여기서는 이분형 데이터이므로 '데이터로부터 얻기(G)'를 선택한다. 검증비율은 .50이 초기설정값(default)으로 되어 있는데, 이는 각각의 확률을 50%로 지정한다는 뜻이다.

그림 13.3 정확한 검증대화상자

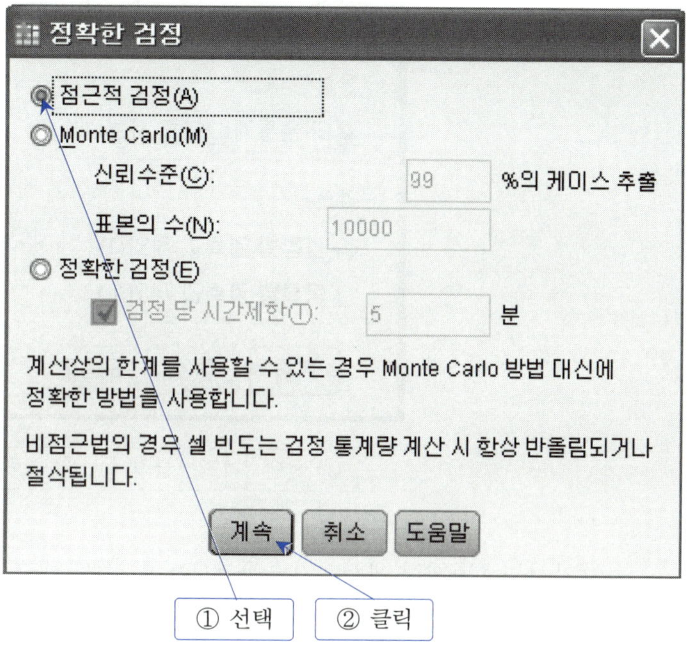

[그림 13-3]은 [그림 13-2]에서 정확(X)... 을 클릭했을 때 나타나는 대화상자이다. 여기서는 점근적 검증(A)를 선택하면 된다. 그리고 계속 을 클릭하면 [그림 13-2]로 돌아온다.

[그림 13-4]는 [그림13-2]에서 옵션(O)... 을 클릭했을 때 나타나는 대화상자이다.

그림 13.4 이항검정: 옵션 대화상자

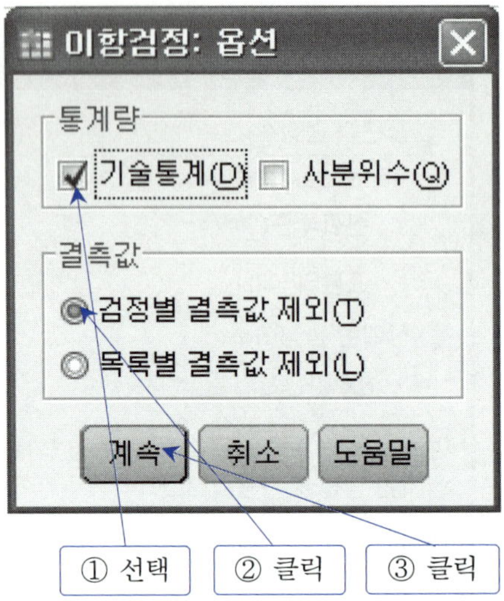

여기서는 '통계량'에서 '기술통계(D)'를 선택하고, '결측값'에서는 검증별 결측값 제외(T)를 선택한다. 그리고 계속 을 클릭하면 [그림 13-2]로 되돌아가는데, 여기서 확인 을 클릭하면 <표 13-2>와 <표 13-3>과 같이 이항분포 검증 결과가 나타난다.

3. 산출결과와 해석

<표 13-2>는 성별에 대한 기술통계량을 나타낸 것이다. 전체 753명의 케이스가 분석되었다. 성별은 명목적 자료이므로 평균 1.27, 표준편차 .44는 별 의미가 없다. 최소값은 1, 최대값은 2로 나타났다.

〈표 13-2〉 기술통계량

	N	평균	표준편차	최소값	최대값
성별	753	1.27	.444	1	2

<표 13-3>은 남녀의 관측비율이 .73, .27로 각각 나타났으며, 검정비율 .50과 차이가 있다는 것을 알 수 있다. 근사 유의확률(양쪽)은 .000으로 나타났으므로 남녀의 비율이 같다는 귀무가설은 기각되었으며, 남녀의 비율에는 차이가 있다는 대립가설이 채택되었다고 해석할 수 있다.

〈표 13-3〉 이항검증

		범주	N	관측비율	검정 비율	근사 유의확률(양측)
성별	집단 1	남	550	.73	.50	.000[a]
	집단 2	여	203	.27		
	합계		753	1.00		

a. Z 근사법을 기준으로.

제3절 런 검증

1. 활 용

런 검증(run test)이란 표본의 무작위성(randomness)을 검증하는 것이다. 표본이 무작위로 추출되었을 때만 가치있는 표본이 될 경우에 일련의 연속적인 데이터가 무작위로 나타난 것인지, 아니면 앞의 데이터가 뒤의 데이터에 영향을 미친 것인지를 검증하기 위한 통계기법이다.

런이란 두 종류의 부호가 나열되었을 때, 동일부호를 가진 부분으로 구분하여 전체가 몇 개의 부분으로 나누어지는가를 조사하여 검증하게 된다.

예를 들어 다음 [그림 13-5]의 런 검증 SPSS 데이터 편집기 화면에서 '성별'의 케이스 배열을 가지고 몇 개의 런을 구성하고 있는지 살펴보면 다음과 같다.

1	2	1	2 2	1	2 2 2	1 1	2	1 1	2 2	1	2
①	②	③	④	⑤	⑥	⑦	⑧	⑨	⑩	⑪	⑫

위에서는 18개의 케이스 중 12개의 런으로 구성되었다고 할 수 있다. 하지만 위에서 나타난 런의 수로써 표본이 무작위로 추출되었다고 판단하기는 어렵다.

2. 실 행

이처럼 표본이 무작위로 추출되었는지를 검증하기 위한 방법이 런 검증인데, 첨부된 파일 중 '리더십과 조직몰입.sav' 파일을 이용하여, '성별'에 대한 런 검증을 하는 과정은 다음과 같은 절차를 거친다.

분석(A) → 비모수검증(N) → 레거시 대화 상자(L) → 런(R)...

위 절차를 그림으로 나타낸 것이 [그림 13-5] 런 검증 SPSS 데이터 편집기 화면이다. 여기서 런(R)을 선택하면 [그림 13-6] 런 검증 대화상자가 나타난다.

런 검증 대화상자에서 '성별'을 더블클릭하여 우측 칸으로 옮긴다. 절단점에서는 평균(E)을 선택하면 된다. 그리고 정확(X)... 을 클릭하면 [그림 13-7] 정확한 검증 대화상자가 나타난다.

그림 13.5 런 검증 SPSS 데이터 편집기

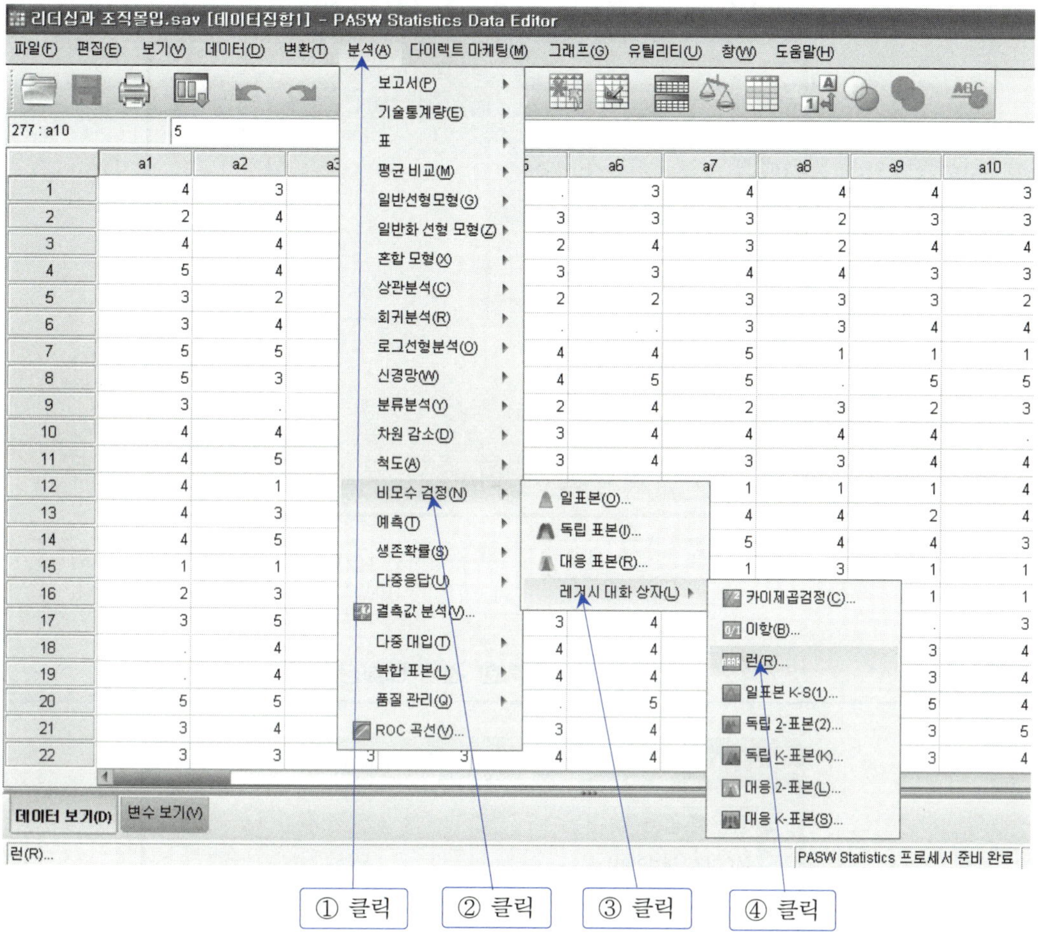

여기서 점근적 검증(A)를 선택하면 되고, 이어 계속 을 클릭한다.

그리고 [그림 13-6] 런 검증 대화상자로 되돌아와서 옵션(O)... 을 클릭하면 [그림 13-8]이 나타난다. 여기서는 통계량에는 기술통계(D), 결측값에는 검증별 결측값 제외(T)를 선택하고 계속 을 클릭하면 [그림 13-6]으로 되돌아오게 된다. 여기서 확인 을 클릭하면 <표 13-3>과 <표 13-4>와 같이 런 검증 분석결과가 나타난다.

그림 13.6 런 검증 대화상자

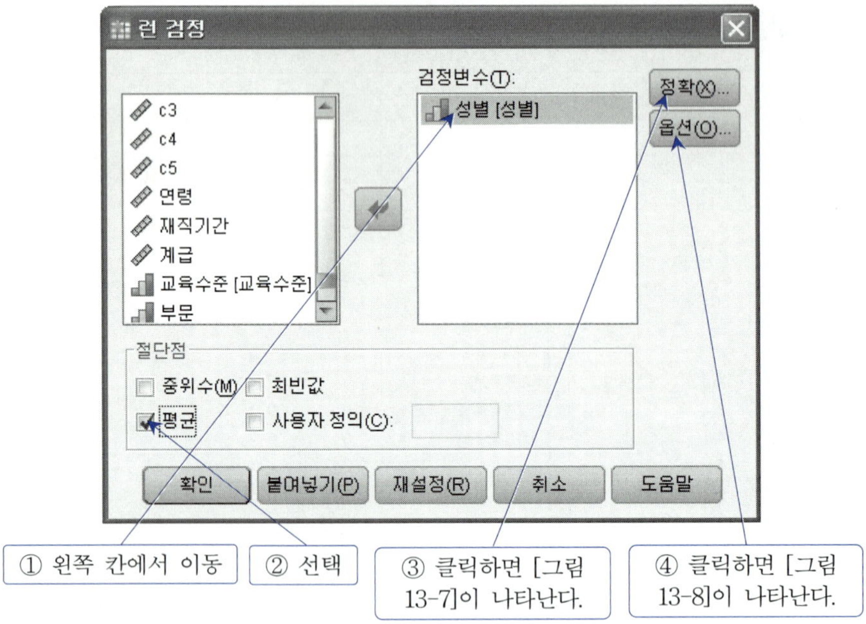

그림 13.7 정확한 검증 대화상자

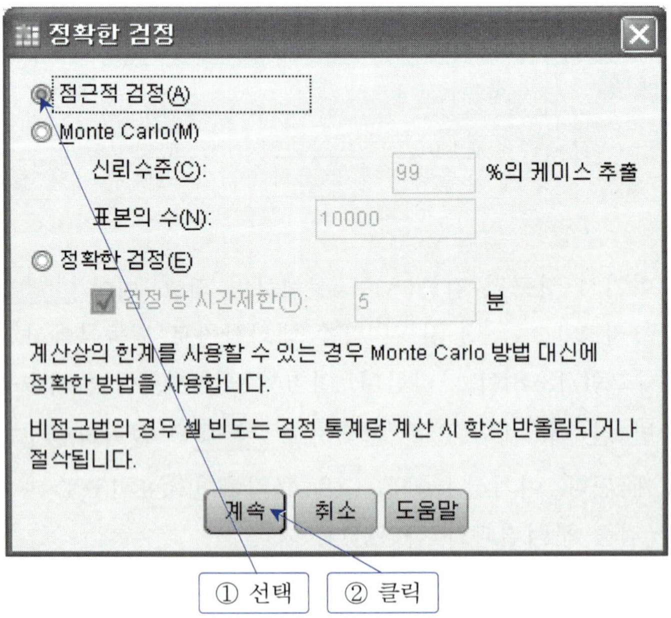

그림 13.8 런 검증: 옵션 대화상자

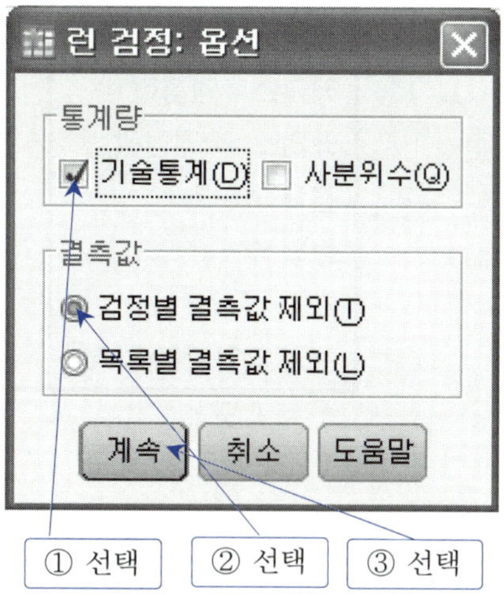

3. 산출결과와 해석

<표 13-4>는 성별에 대한 기술통계량을 나타내고 있다.

〈표 13-4〉 기술통계량

	N	평균	표준편차	최소값	최대값
성별	753	1.27	.444	1	2

<표 13-5>는 남녀 케이스의 배열에 대한 무작위성을 검증한 결과이다. 총 753개의 케이스 중 런의 수는 232개로 나타났으며, 검증값보다 작은 값을 나타내는 케이스는 550개, 검증값보다 같거나 큰 값을 나타내는 케이스는 203개로 나타났다. Z값은 -6.072, 근사 유의확률(양쪽)은 .000이므로, 귀무가설이 기각되고 대립가설이 채택되었다. 즉, '남녀의 배열은 무작위로 추출되지 않았다'라고 해석할 수 있다.

〈표 13-5〉 런 검증

	성별
검정값[a]	1.27
케이스 < 검정값	550
케이스 >= 검정값	203
전체 케이스	753
런의 수	232
Z	-6.072
근사 유의확률(양측)	.000

a. 평균

제 4 절 Kolmogorov-Smirnov 단일표본 검증

1. 활 용

콜모고로프-스미르노프(Kolmogorov-Smirnov) 단일표본 검증은 주어진 어떤 표본분포가 이론적으로 기대되는 분포(정규분포, 균일, 포아송, 지수)와 일치하는지를 검증할 때 사용된다. 이 검증방법은 자료가 서열척도 이상으로 측정되어야 하며, 연속적 분포를 가정할 수 있어야 한다. 특히 정규분포의 검증은 χ^2검증으로도 가능하나, 콜모고로프-스미르노프 검증이 보다 간편하고 정확하다.

2. 실 행

콜모고로프-스미르노프 검증을 위한 데이터 파일은 첨부된 파일 중 '리더십과 조직몰입.sav' 파일인데, 이 파일을 이용하여 검증하는 과정은 다음과 같다.

분석(A) → 비모수검증(N) → 레거시 대화 상자(L) → 일표본 K-S(1)...

위 절차를 그림으로 나타낸 것이 [그림 13-9]이다. 여기서 '일표본 K-S(1)'을 선택하면 [그림 13-10] 콜모고로프-스미르노프 검증 대화상자가 나타난다.

대화상자에서 '계급'을 더블클릭하여 우측 칸으로 옮긴다. '계급'이라는 변수가 정규분포를 이루고 있는지를 검증하려는 것이다.

'검증분포'에서는 '정규(N)'을 선택하고 [정확(X)...]을 클릭하면 정확한 검증 대화상자 [그림 13-11]이 나타난다. 여기서 점근적 검증(A)을 선택하고 [계속]을 클릭하면 [그림 13-10]으로 돌아오는데, 여기서 [옵션(O)...]을 클릭하면 [그림 13-12]가 나타난다. 통계량에는 기술통계(D), 결측값에는 검증별 결측값 제외(T)를 선택하고 [계속]을 클릭하면 [그림 13-10]으로 되돌아오게 된다. 여기서 [확인]을 클릭하면 <표 13-5>와 <표 13-6>과 같이 콜모고로프-스미르노프 검증 분석결과가 나타난다.

그림 13.9 콜모고로프-스미르노프 검증 SPSS 데이터 편집기

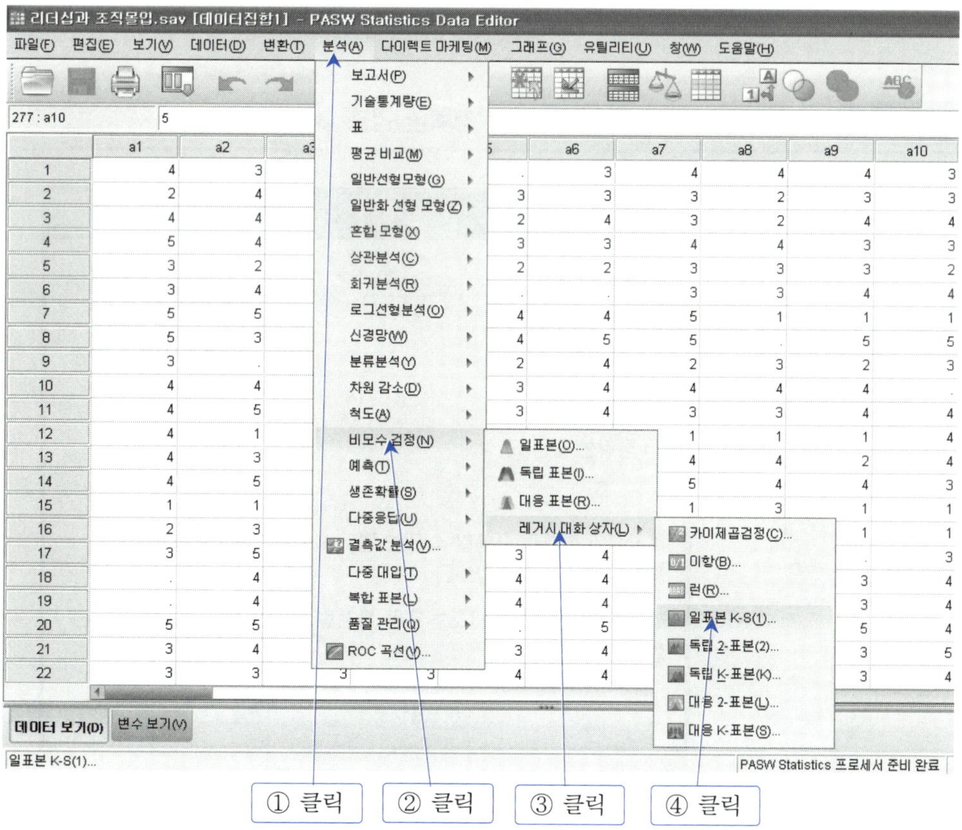

그림 13.10 일표본 Kolmogorov-Smirnov 검증 대화상자

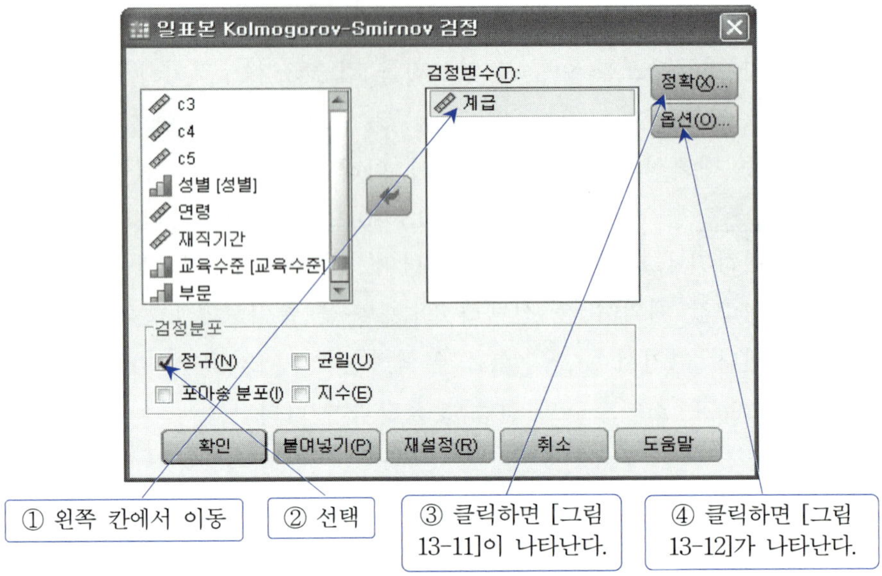

그림 13.11 정확한 검증 대화상자

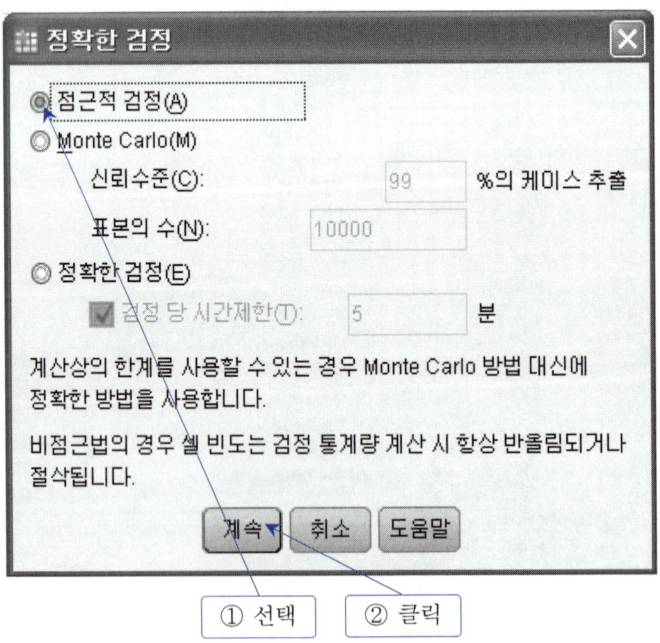

그림 13.12 일표본 Kolmogorov-Smirnov 검증: 옵션 대화상자

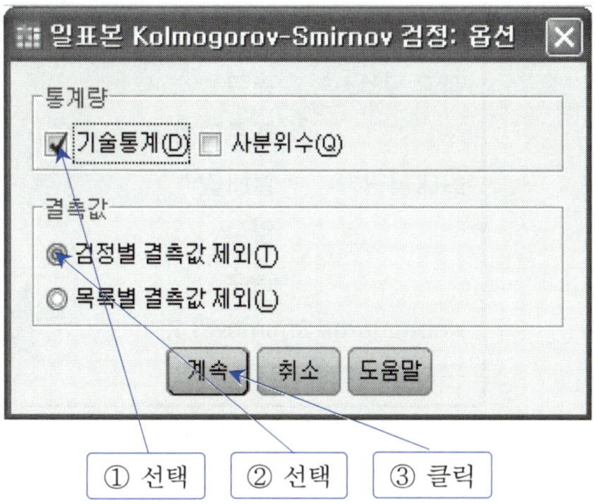

3. 산출결과와 해석

<표 13-6>은 계급에 대한 기술통계량을 보여주고 있다. 유효분석 케이스는 모두 748개이며, 평균은 4.72, 표준편차 2.75, 최소값 1, 최대값 9로 나타났다.

〈표 13-6〉 기술통계량

	N	평균	표준편차	최소값	최대값
계급	748	4.72	2.754	1	9

<표 13-7>은 계급에 대한 정규분포를 검증한 결과이다. 총 748개의 케이스 중 전체평균은 4.72, 표준편차는 2.75로 나타났으며, K-S Z통계량 값이 4.389이고, 이에 대한 근사 유의확률(양쪽)은 .000이므로 귀무가설은 기각되고 대립가설이 채택되었다. 즉, 계급에 대한 분포는 정규분포를 이루지 않는다라고 해석할 수 있다.

〈표 13-7〉 일표본 Kolmogorov-Smirnov 검증

		계급
N		748
정규 모수[a,b]	평균	4.72
	표준편차	2.754
최대극단차	절대값	.160
	양수	.132
	음수	-.160
Kolmogorov-Smirnov의 Z		4.389
근사 유의확률(양측)		.000

a. 검정 분포가 정규입니다.

b. 데이터로부터 계산.

제5절 Wilcoxon 검증

1. 활 용

Wilcoxon 검증의 원래 이름은 'Wilcoxon의 짝을 이룬 부호순위 검증'으로서, 짝을 이룬 관찰치들이 서로 차이가 있는지를 검증하는 방법을 말한다. 개념상으로 볼 때, Wilcoxon 검증은 모수통계학인 '짝을 이룬 표본의 t검증'과 유사하며, '짝을 이룬 표본의 t검증'을 위한 요건들(정규분포성, 등간·비율척도 등)이 충족될 수 없는 경우에 활용될 수 있는 기법이다.

2. 실 행

여기서는 본서에 첨부된 CD의 '두 시점비교(표본도시).sav' 파일을 이용하여 1998년과 2001년의 재정자립도 차이를 검증하고자 한다. 이 데이터를 화면에 불러내면 [그림 13-13]과 같다.

그림 13.13 두시점비교(표본도시).sav

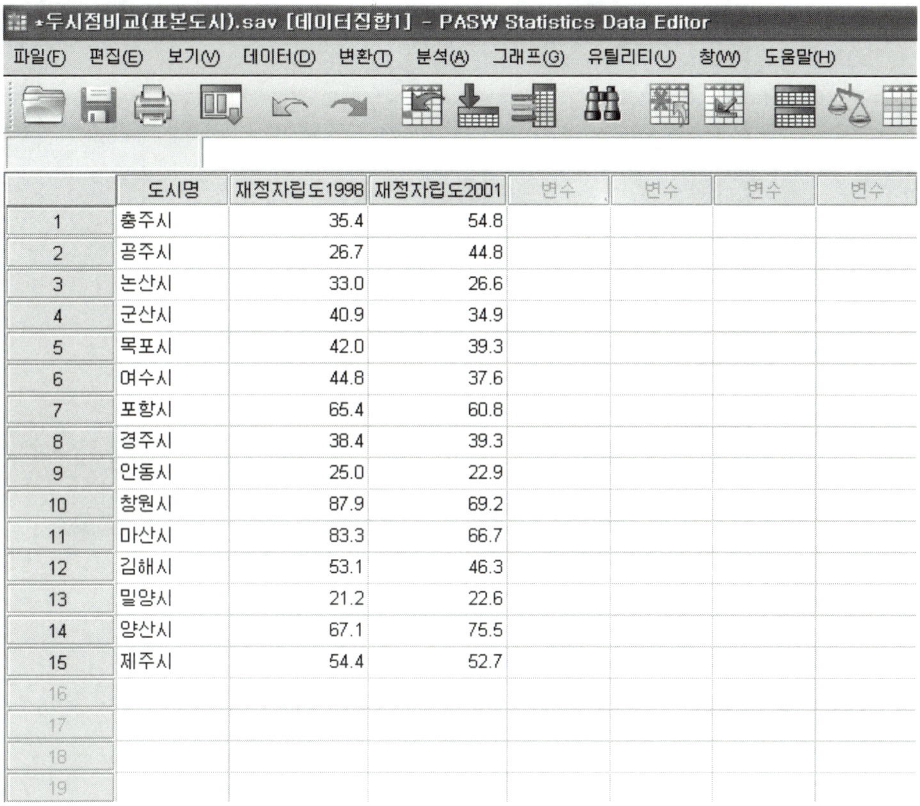

	도시명	재정자립도1998	재정자립도2001	변수	변수	변수	변수
1	충주시	35.4	54.8				
2	공주시	26.7	44.8				
3	논산시	33.0	26.6				
4	군산시	40.9	34.9				
5	목포시	42.0	39.3				
6	여수시	44.8	37.6				
7	포항시	65.4	60.8				
8	경주시	38.4	39.3				
9	안동시	25.0	22.9				
10	창원시	87.9	69.2				
11	마산시	83.3	66.7				
12	김해시	53.1	46.3				
13	밀양시	21.2	22.6				
14	양산시	67.1	75.5				
15	제주시	54.4	52.7				
16							
17							
18							
19							

Wilcoxon의 검증을 위해서는 다음의 명령이 필요하다.

분석(A) → 비모수검증(N) → 레거시 대화상자(L) → 대응 2-표본(L)...

이 명령을 선택하면 [그림 13-14]의 화면이 열리는데, 여기서 왼쪽 변수상자의 '재정자립도 1998'을 클릭하고 [→]를 누르면 '검정 쌍(T)'란의 '변수1'에 '재정자립도 1998'이 나타나고, 계속해서 '재정자립도 2001'을 클릭한 후 [→]를 누르면 '변수2'에 '재정자립도 2001'이 등장한다.

'검증 유형'에 'Wilcoxon(W)'이 선택되었는지를 확인하고 [확인]을 누르면, <표 13-8>과 <표 13-9>가 산출된다.

그림 13.14 대응 2-표본 비모수검증의 대화상자

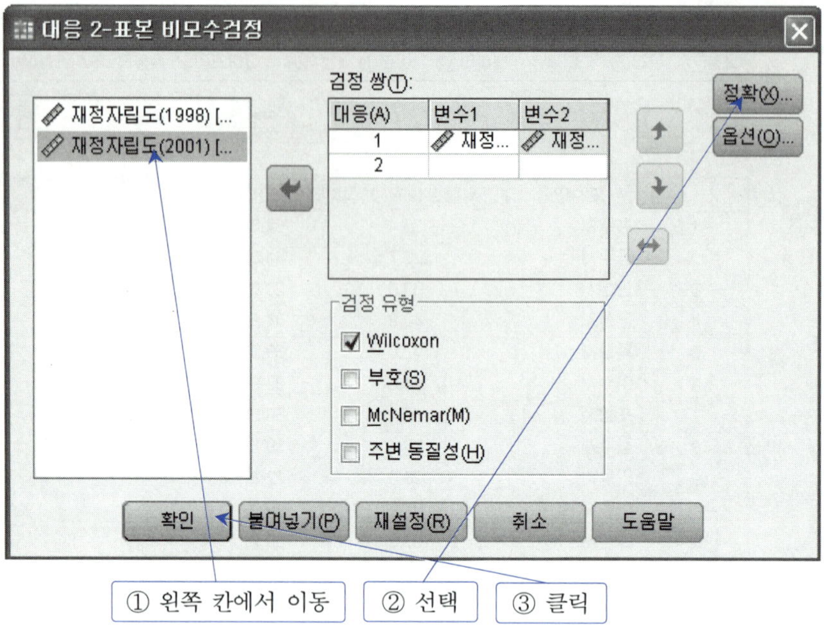

3. 산출결과와 해석

<표 13-8>에 의하면, 2001년의 재정자립도가 1998년의 재정자립도보다 작은 '음의 순위'는 10개가 되고, 이들의 평균순위는 7.80이다. 반면에 '양의 순위'는 5개이고 이들의 평균은 8.40이 된다. 그러나 순위가 동일한 짝은 하나도 없다. 이렇게 하여 총 case의 수는 15가 된다. 검증통계량(T)은 (+)와 (-)부호 가운데 순위의 합이 작은 것이 되므로, 여기서는 8.4×5=42가 검증통계량이다.

<표 13-9>에는 Z=-1.022로 나타났는데, 이는 T를 Z로 전환시킨 값을 의미하며 이 Z값을 근거로 양측검증의 유의수준을 구한 결과 p=.307로 나타났다. 그러므로 유의수준 .05에서 귀무가설을 기각시킬 수 없으며, 1998년과 2001년 한국도시의 재정자립도는 유의수준 .05에서 통계적으로 의미있는 차이가 있다고 볼 수 없다.

〈표 13-8〉 순 위

		N	평균순위	순위합
재정자립도(2001) - 재정자립도(1998)	음의 순위	10[a]	7.80	78.00
	양의 순위	5[b]	8.40	42.00
	동률	0[c]		
	합계	15		

a. 재정자립도(2001) < 재정자립도(1998)

b. 재정자립도(2001) > 재정자립도(1998)

c. 재정자립도(2001) = 재정자립도(1998)

〈표 13-9〉 검증통계량

	재정자립도(2001) - 재정자립도(1998)
Z	-1.022[a]
근사 유의확률(양측)	.307

a. 양의 순위를 기준으로.

b. Wilcoxon 부호순위 검정

제6절 Mann-Whitney 검증

1. 활 용

Mann-Whitney 검증은 두 개의 표본 집단 간에 차이가 있는지의 여부를 검증하는 것이다. 다시 말해서, 두 개의 표본집단이 동일한 모집단에서 추출되었는지를 검증하는 기법이다.

그러므로 모수통계학의 '두 집단 간 차이검증'과 유사한 것이며, 활용되는 분야나 주제도 대동소이하다고 볼 수 있다. 그렇지만 Mann-Whitney 검증을 위해서는 자료가 서열적 자료이면 충분하며, *t*검증에서 요구되는 정규분포성과 등간척도·비율척도의 요건이 필요하지는 않다. 이런 이유 때문에 '두 집단 간 차이의 *t*검증'이 요건의 불충족으로 적용될 수 없을 때 유력한 대안으로 활용될 수 있는 것이 Mann-Whitney 검증이다.

2. 실 행

남녀 간 교육수준의 차이를 검증하기 위한 예로써 Mann-Whitney 검증을 실행하기로 한다. SPSSWIN에서 입력한 자료는 [그림 13-15]와 같다.

앞에서 여러 번 설명한 바와 같이, '성별'이라는 변수가 '남성'과 '여성'으로 나타나게 하기 위해서는 SPSSWIN 데이터 편집기의 '변수 보기(V)' 에서 '성별' 변수의 '값' 칸의 오른쪽 끝을 클릭하여 '변수값 설명' 대화상자가 열리면 '1'은 '남성'으로, '2'는 '여성'이라고 입력하면 된다.

이 자료를 이용한 Mann-Whitney 검증의 명령은 다음과 같다.

분석(A) → 비모수검증(N) → 레거시 대화 상자(L) → 독립 2-표본(2)...

이 명령을 선택하면 [그림 13-16]의 새로운 대화상자가 열리는데, 여기서 [그림 13-16]처럼 왼쪽 변수상자의 '교육수준'을 '검증변수(T)'로 이동시키고, '성별'을 '집단변수(G)'로 옮긴 다음, 집단정의(D)...를 눌러 대화상자가 열리면 '집단1'에는 '1', '집단2'에는 '2'를 입력하고 계속을 눌러 [그림 13-16]으로 돌아와서 '검증유형'에 'Mann-Whitney의 U(M)'가 선택되었는지를 확인하고 확인을 누르면, <표 13-10>과 <표 13-11>이 산출된다.

그림 13.15 자료의 입력

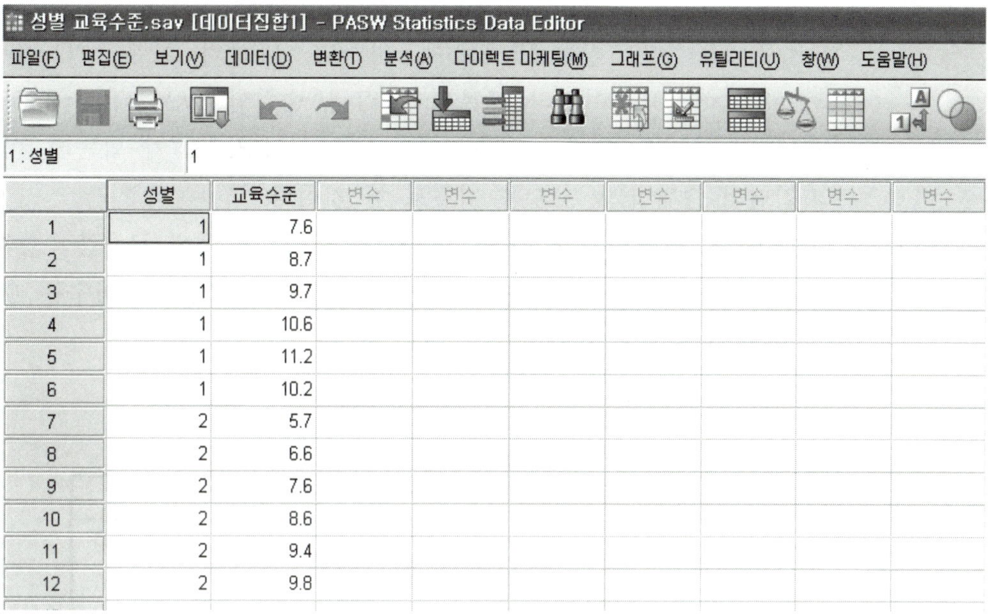

	성별	교육수준	변수	변수	변수	변수	변수	변수	변수
1	1	7.6							
2	1	8.7							
3	1	9.7							
4	1	10.6							
5	1	11.2							
6	1	10.2							
7	2	5.7							
8	2	6.6							
9	2	7.6							
10	2	8.6							
11	2	9.4							
12	2	9.8							

그림 13.16 독립 2-표본 비모수검증 대화상자

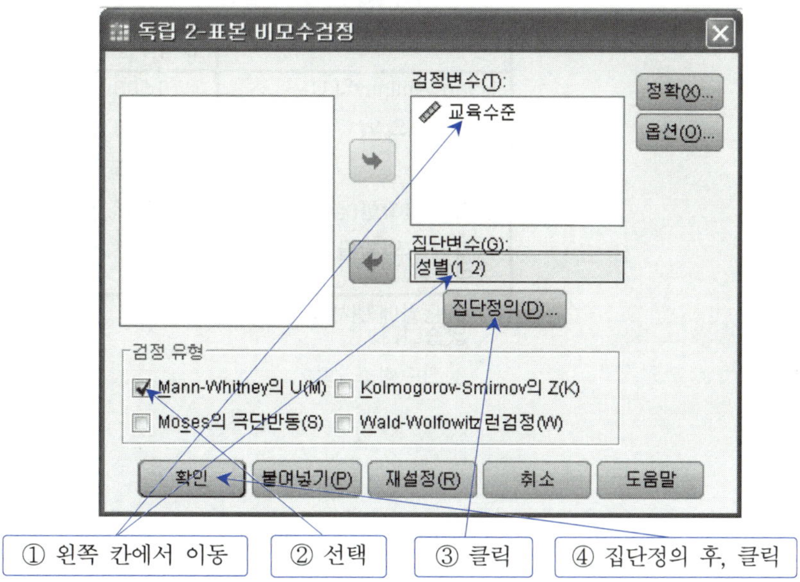

3. 산출결과와 해석

<표 13-10>, <표 13-11>에 의하면, 남성의 표본크기 $n1$=6, 순위합 W1=8.42×6=50.5, 여성의 표본크기 $n2$=6, 순위합 W2=4.58×6=27.5임을 알 수 있다. 이들 값을 토대로 검증통계량 U를 구하면, '6.5'가 되는데, 이때 U는 남자집단의 순위합(W=50.5)을 기초로 한 것이다.[1)]

U=6.5에 해당하는 Z=-1.85, p=.065가 된다. 이 예에서는 중복순위가 있으므로 수정된 Z값을 구하였다. 이러한 분석결과에 의하면 유의수준 .05 이하에서 남녀 간 교육수준의 차이가 있다고 할 수 없다.

〈표 13-10〉 순 위

	성별	N	평균순위	순위합
교육수준	남성	6	8.42	50.50
	여성	6	4.58	27.50
	합계	12		

〈표 13-11〉 검증통계량

	교육수준
Mann-Whitney의 U	6.500
Wilcoxon의 W	27.500
Z	-1.845
근사 유의확률(양측)	.065
정확한 유의확률 [2*(단측 유의확률)]	.065[a]

a. 동률에 대해 수정된 사항이 없습니다.

b. 집단변수: 성별

1) Mann-Whitney 검증을 'Wilcoxon의 서열합 W 검증'이라고도 하므로, 산출결과에는 순위합을 W로 표시하고 있다.

제 7 절 Kruskal-Wallis 검증

1. 활 용

Kruskal-Wallis 검증은 순위에 의한 분산분석으로서, 둘 이상의 표본집단 간 차이의 여부를 검증하는 기법이다. 다시 말해 Mann-Whitney 검증은 두 집단 간 차이에 관한 검증이지만, Kruskal-Wallis 검증은 집단의 수가 셋 이상이라도 가능하다. 이런 의미에서 Kruskal-Wallis 검증은 Mann-Whitney 검증의 연장이라고 볼 수 있으며, 모수통계학의 일원분산분석에 대응하는 기법이라고 할 수 있다.

모수통계학에서 두 집단 간 차이검증에도 분산분석이 활용될 수 있듯이, 비모수통계학에서도 두 집단 간 차이검증에 Kruskal-Wallis 검증이 이용될 수 있다. 그러나 Kruskal-Wallis 검증은 양측검증만 가능한 반면, Mann-Whitney 검증은 양측·단측 검증이 모두 가능하므로 두 집단일 경우에는 Mann-Whitney 검증이 더 유리하다고 하겠다.

요컨대, 이 기법은 분산분석의 주요한 가정들이 충족될 수 없는 경우에 셋 이상의 집단 간 차이검증에 광범위하게 적용될 수 있다.

2. 실 행

Kruskal-Wallis 검증방법을 사용하여 세 도시 간 대기오염도의 차이를 검증하기 위한 자료는 [그림 13-17]과 같다.

Kruskal-Wallis 검증을 실행하기 위한 명령은 다음과 같다.

분석(A) → 비모수검증(N) → 레거시 대화 상자(L)→ 독립 K-표본(K)...

그림 13.17 자료의 입력

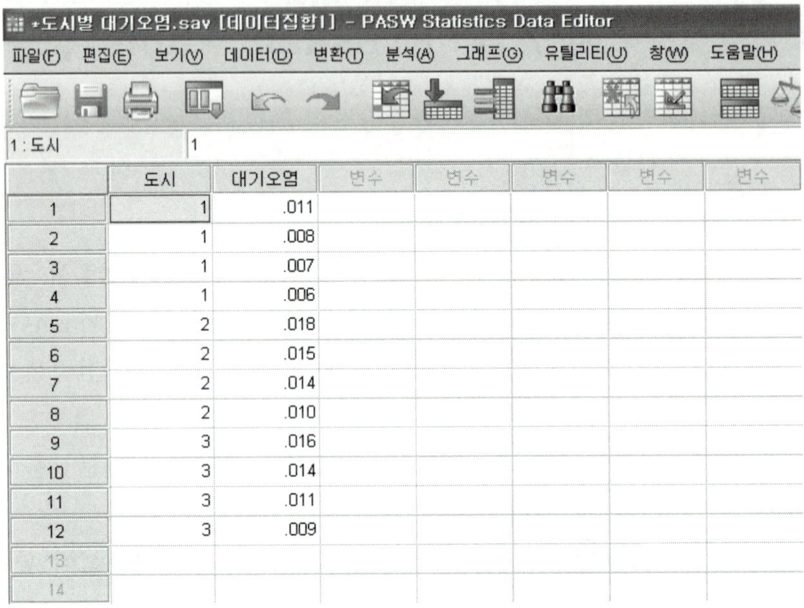

그림 13.18 독립 k-표본 비모수검증 대화상자

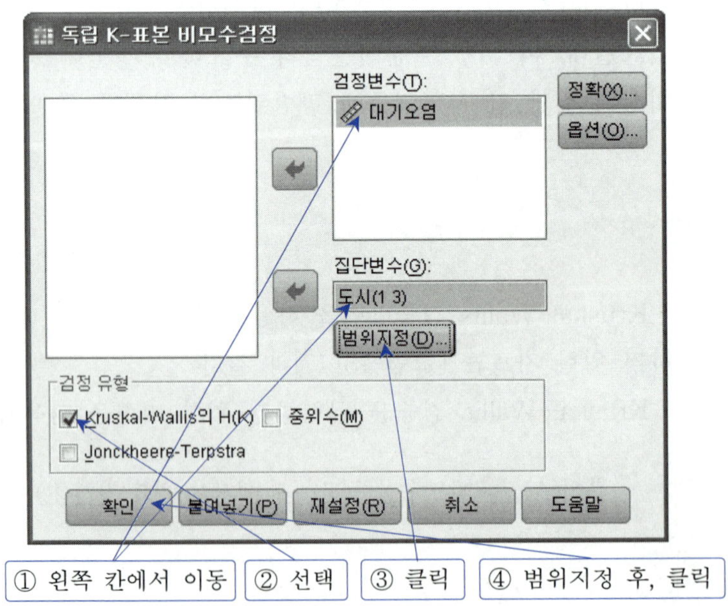

여기서 [그림 13-18]처럼 왼쪽 변수상자의 '대기오염'을 '검증변수(T)'로 이동시키고 '도시'를 '집단변수(G)'로 옮겨서, 범위지정(D)... 을 누르면, 범위지정 대화상자가 열리는데 여기서 '최소값'에 '1', '최대값'에 '3'을 입력하고 계속 을 눌러 [그림 13-18]로 돌아오면 확인 을 누른다. 그러면 <표 13-12>와 <표 13-13>이 산출된다.

3. 산출결과와 해석

<표 13-12>, <표 13-13>의 산출결과에 의하면 서울, 부산, 대구의 순위평균은 각각 3.13, 8.88, 7.50이고, 카이제곱으로 표시된 검증통계량은 5.587, 유의수준은 .061로 나타났다. 그러므로 유의수준 .05 이하에서 세 도시 간에 대기오염도의 차이가 있다고 볼 수 없다.

〈표 13-12〉 순 위

	도시	N	평균순위
대기오염	서울	4	3.13
	부산	4	8.88
	대구	4	7.50
	합계	12	

〈표 13-13〉 검증통계량

	대기오염
카이제곱	5.587
자유도	2
근사 유의확률	.061

a. Kruskal Wallis 검정

b. 집단변수: 도시

제 8 절 Friedman 검증

1. 활 용

프리드맨 검증(Friedman Test)은 세 개 이상의 변수들의 평균순위에 차이가 있는지를 검증하는 방법이다. 서열척도로 측정된 자료나 등간척도 또는 비율척도로 측정된 자료를 이용할 수 있는데, 등간 또는 비율 척도로 측정된 자료는 서열척도로 변환하여 분석하게 된다.

따라서 이 검증방법은 서열척도를 이용하여 자료를 수집하였거나 표본수(크기)가 아주 작아서 정규분포를 가정할 수 없는 상태에서, 셋 이상 변수들 간의 차이검증에 이용된다.

2. 실 행

'리더십과 조직몰입(Friedman검증).sav' 파일을 이용한 프리드맨 검증을 실행하는 과정은 다음과 같다.

분석(A) → 비모수검증(N) → 레거시 대화 상자(L) → 대응 K-표본(S)...

위 절차를 그림으로 나타낸 것이 [그림 13-19]이다. 여기서 '대응 K-표본(S)'을 선택하면 [그림 13-20] 대응 K-표본 비모수검증 대화상자가 나타난다.

대화상자에서 '구조주도', '배려', '거래적', '변혁적' 리더십 변수를 더블클릭하여 우측 칸으로 옮긴다. 그리고 검증유형에서 Friedman(F)을 선택한 후, 정확(X)... 을 클릭하면 [그림 13-21] 정확한 검증 대화상자가 나타난다. 여기서

그림 13.19 대응 K-표본 비모수검증 SPSS 데이터 편집기

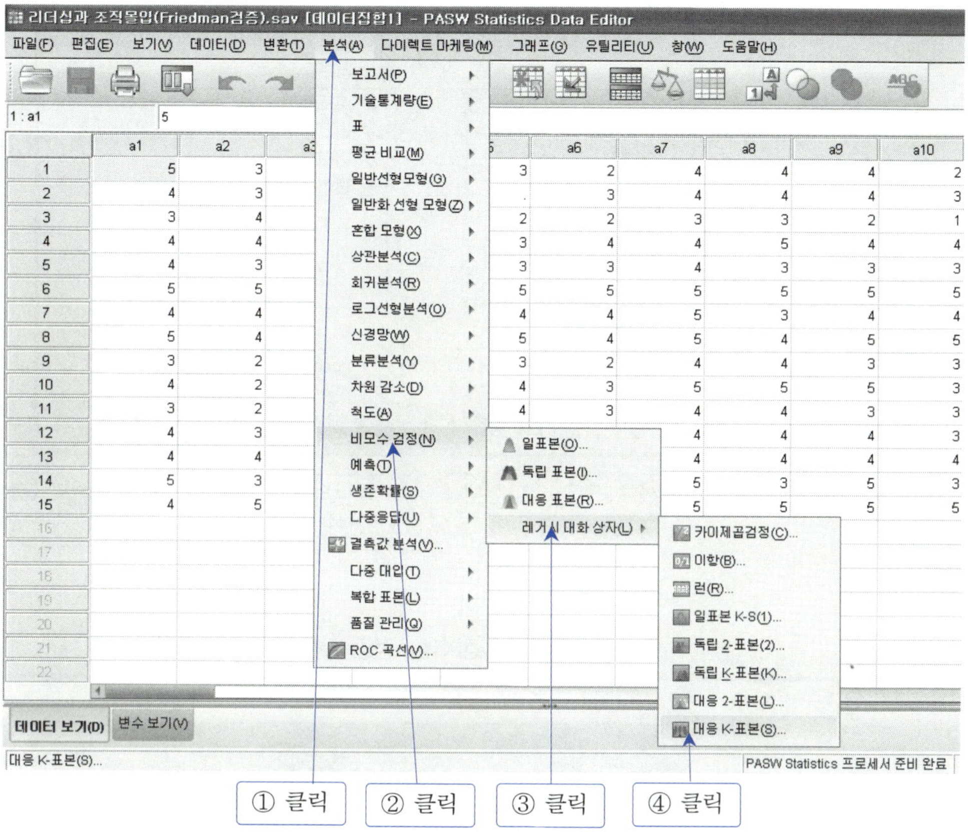

점근적 검증(A)을 선택하고 [계속]을 클릭하면 [그림 13-20]으로 돌아오는데, 이때 [통계량(S)...]을 클릭하면 [그림 13-22]가 나타난다. 여기서 통계량에는 기술통계(D)를 선택하고 [계속]을 클릭하면 [그림 13-20]으로 되돌아오게 된다. 여기서 [확인]을 클릭하면 <표 13-14>~<표 13-16>과 같이 프리드맨 검증 분석결과가 나타난다.

그림 13.20 대응 K-표본 비모수검증 대화상자

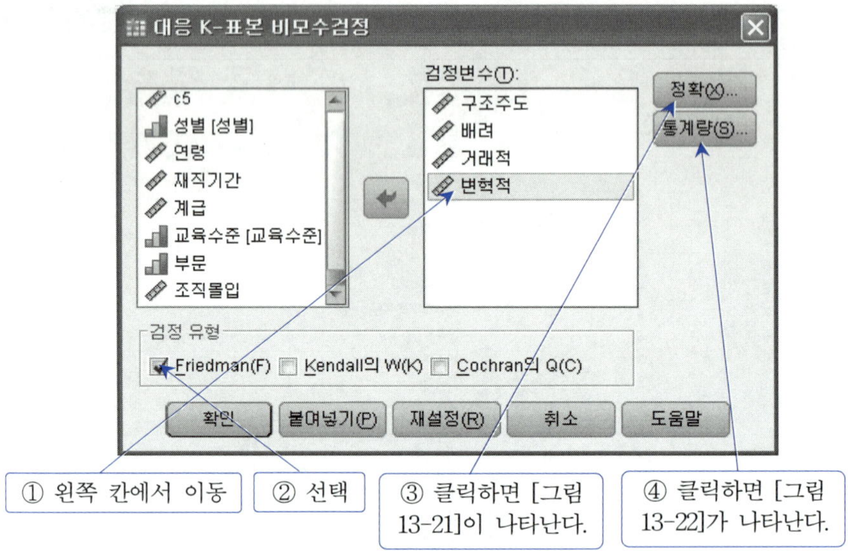

그림 13.21 정확한 검증 대화상자

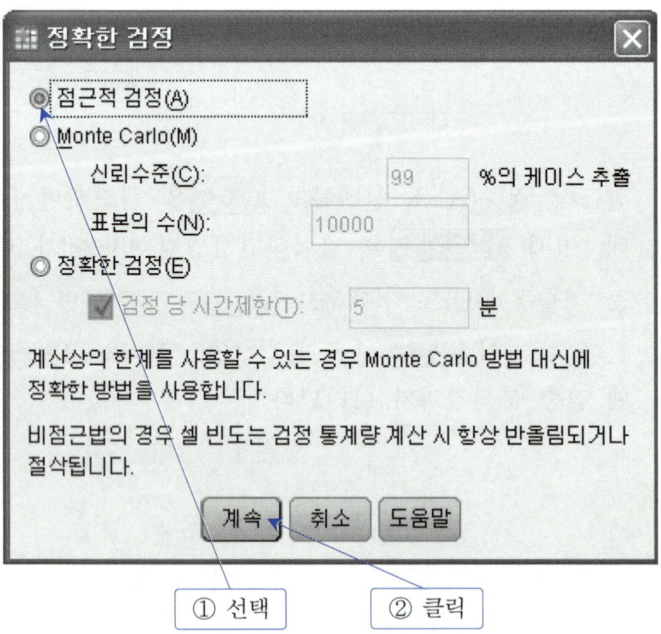

그림 13.22 대응 K-표본 비모수검증: 통계량 대화상자

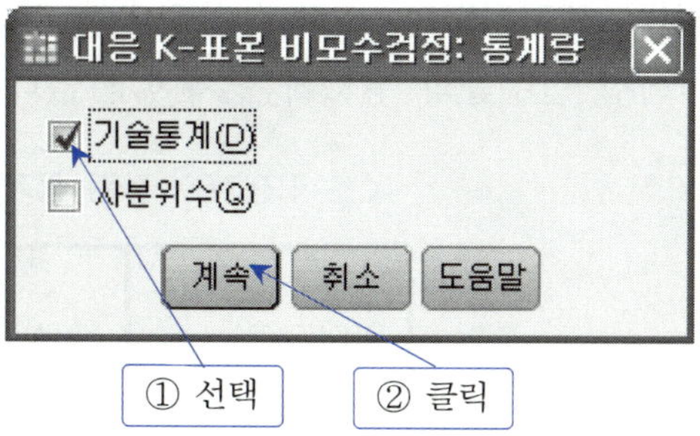

3. 산출결과와 해석

<표 13-14>는 구조주도, 배려, 거래적, 변혁적 리더십 변수들에 대한 유효 분석 케이스 수와 평균, 표준편차, 최소값, 최대값을 나타낸다. <표 13-15>에는 위 4가지 리더십 변수들에 대한 순위가 나타나 있는데, 구조주도, 변혁적, 배려, 거래적 순으로 되어 있다. 원자료에는 연속적 자료로 입력되었으나 검증 과정에서 서열적 자료로 전환되어서 변수별 순위가 나타난 것이다.

〈표 13-14〉 기술통계량

	N	평균	표준편차	최소값	최대값
구조주도	14	3.7857	.52676	2.50	4.50
배려	14	3.5000	.84732	2.67	5.00
거래적	14	3.2381	.67214	2.17	5.00
변혁적	14	3.5476	.65103	2.58	4.75

〈표 13-15〉 순위

	평균순위
구조주도	2.93
배려	2.46
거래적	2.07
변혁적	2.54

<표 13-16>은 “4가지 리더십 변수들의 정도에는 차이가 없다”라는 귀무가설을 검증한 결과이다. 검증결과 χ^2값은 3.222, 근사 유의확률은 .359이므로 귀무가설은 채택되었다. 따라서 유의수준 0.05에서 구조주도, 배려, 거래적, 변혁적 리더십 변수들의 정도에는 차이가 없다고 해석할 수 있다.

〈표 13-16〉 검증 통계량

N	14
카이제곱	3.222
자유도	3
근사 유의확률	.359

a. Friedman 검정

제 9 절 비모수통계학을 활용한 실례

1. 주요 변수들의 정규분포성 검증

이 연구는 리더십, 조직문화, 기술의 관련성을 분석하는 논문으로서, 관련성 분석 이전에 각 변수들에 대한 정규분포성을 검증하였다. 조사대상은 서울시에 소재하는 특정은행의 29개 부서 332명이었으며, 정규분포성 검증을 위해 이용한 기법은 Kolmogorov-Smirnov 검증방법이었다.

검증결과는 <표 13-17>과 같다. 이 표에 의하면 두 가지 리더십 변수와 네 가지 조직문화 변수, 그리고 기술 일상성이 모두 $p>.05$ 이므로, “유의수준 .05에서 일곱 가지 변수들이 모두 정규분포가 아니라고는 할 수 없다”는 해석이 가능하다. 즉, 모든 변수들이 정규분포를 이루는 모집단에서 추출되었다고 할 수 있다. 또한 각 변수들의 정규분포성 여부를 그래프로 확인해 본 결과 종모

양의 정규분포를 보였다(전상길 · 김인수, 1997).

〈표 13-17〉 Kolmogorov-Smirnov 검증에 의한 정규분포성 검증

	평 균	표준편차	최대절대값	2-tailed P	정규분포 여부
고려지향적	4.11	.68	.10	.92	정규분포
구조주도적	4.80	.64	.14	.63	정규분포
혁신문화	4.22	.80	.11	.87	정규분포
집단문화	5.02	.49	.14	.64	정규분포
합리문화	5.16	.51	.16	.47	정규분포
관료문화	4.96	.80	.10	.93	정규분포
일상성	4.26	1.00	.15	.55	정규분포

2. 리더십 유형과 조직문화의 관계

아래 <표 13-18>은 앞의 분석을 연장한 분석결과이다. 즉, 서울시 소재 특정은행의 29개 부서를 대상으로 분석하였다. 분석목적은 두 집단(고려지향, 구조주도)간 조직문화의 차이를 검증하려는 것이지만, 각 집단의 표본크기가 적어(n=6) 모수통계학의 t검증을 활용하지 않고 대신 비모수통계학의 Mann-Whitney 검증을 한 것이다.

집단의 구분은 고려지향적 리더행동이 중앙값보다 높고 구조주도적 리더행동이 중앙값보다 낮은 집단을 '고려지향'이라 하고, 반대로 고려지향적 리더행동이 중앙값보다 낮고 구조주도적 리더행동이 중앙값보다 높은 집단을 '구조주도'라 하였다.

분석결과 혁신문화는 구조주도 리더행동보다 고려지향 리더행동에서 통계적으로 의미있게 높게 나왔고($p<.10$), 관료문화는 고려지향 리더행동보다 구조주도 리더행동에서 통계적으로 의미있게 높게 나왔다($p<.05$). 그러나 집단문화와 합리문화는 리더행동 유형에 따라 의미있는 차이를 보이지 않았다(전상길 · 김인수, 1997).

〈표 13-18〉 리더행동 유형에 따른 조직문화의 차이분석

	고려지향(n=6)	구조주도(n=6)
혁신문화*	8.42	4.58
집단문화	7.25	5.75
합리문화	5.25	7.75
관료문화**	4.33	6.67

수치는 mean rank를 의미함 .* p <.10 ** p <.05

제 14 장

상관관계분석

이 장에서는 다음 장에서 설명될 회귀분석에 앞서, 변수들 간의 상호 관련성을 분석하는 상관분석에 대해 설명하고자 한다.

여기서는 등간변수나 비율변수를 대상으로 한 상관분석을 설명하기로 한다. 이러한 상관분석에는 두 변수만의 상관관계를 분석하는 '단순상관분석'과 셋 이상 변수들의 상호관련성을 분석하는 '중상관분석', 그리고 다른 변수들의 영향력을 배제한 상태에서 두 변수 간의 관계를 분석한 '편상관분석'과 '부분상관분석' 등이 있는데, 여기서는 이들 상관분석들의 기초개념과 실행방법, 산출결과에 대해 설명하기로 한다.

제1절 상관분석의 활용과 상관계수

1. 단순상관분석

가. 활 용

단순상관분석은 상관분석 중에서도 가장 기본적인 것으로 그 용도는 다음과 같다.

첫째, 두 변수 간의 관련성에 대한 의문을 해결하기 위하여 혹은 두 변수가 상호 관련있음을 주장하기 위하여 상관분석을 시도하는 사례가 많다. 예컨대, 주택보급과 주택가격의 상관관계, 통화량과 물가의 상관관계, 직무만족과 직무성과의 상관관계 등은 여기에 속한다.

둘째, 대조적인 두 집단을 대상으로 각각 단순상관분석을 하고 그 차이를 검증하여 조절변수 역할을 확인할 수 있다. 예컨대 리더십의 상황이론 검증은 이 방법으로 가능하다.

셋째, 다른 분석기법을 사용하기 이전에 변수들 간의 상호관계에 관한 기초자료를 얻기 위하여 단순상관분석을 하기도 한다. 특히, 중회귀분석에서 다공선성을 확인하기 위하여, 혹은 신뢰도가 높은 문항들을 가려내기 위하여 단순상관분석을 하는 경우가 있다.

나. 개 념

단순상관분석(simple correlation analysis)이란 등간척도나 비율척도로 측정된 두 변수 간의 상호관련성의 정도와 방향을 분석하는 것을 말한다. 이 기법은 여러 가지 상관분석 가운데서도 가장 흔히 쓰이는 기법이므로, 상관분석이라고 하면 일반적으로 단순상관분석을 가리킨다.

다. 기본 가정

두 변수 간 상관분석을 위한 기본적인 요건들은 다음과 같다.

첫째, 두 변수 모두 연속적 확률변수이어야 한다. 즉, 두 변수는 모두 등간척도나 비율척도로 측정된 변수이어야 한다.

둘째, 두 변수의 관계는 직선관계, 즉 일차함수관계이어야 한다. 직선관계가 아니면서 단순상관분석을 한다면, 분석결과는 실제의 관련성보다 약하게 나타날 수 있다.

셋째, 한 변수의 각 값에 대응하는 다른 변수의 값들이 이루는 분포의 분산이 동일해야 한다(등분산성). 그렇지 못하면 상관분석의 결과는 부정확한 것이 된다.

넷째, 한 변수의 각 값에 대응하는 다른 변수의 값들은 정규분포를 이루어야 한다.

다섯째, 표본을 대상으로 상관분석을 할 경우 표본크기는 충분히 커야 한다. 표본크기는 50 이상이 되는 것이 좋으며, 최소한 25 이상은 되어야 한다.

라. 상관계수

상관분석결과 두 변수 간 관련성의 방향과 정도를 수치로 표현한 것을 상관계수(相關係數)라 한다. 다른 말로 피어슨의 적률상관계수(Pearson's product-moment correlation coefficients)라 하기도 하는데, 기호로는 'r'로 나타낸다. 대체로 상관계수는 단순상관계수를 가리킨다.

두 변수를 X, Y 라 하고 표본크기를 n이라 하면 상관계수 r은 다음과 같이 계산된다.

$$r = \frac{n\Sigma XY - (\Sigma X)(\Sigma Y)}{\sqrt{n\Sigma X^2 - (\Sigma X)^2}\sqrt{n\Sigma Y^2 - (\Sigma Y)^2}}$$

상관계수의 특성은 다음과 같이 요약될 수 있다.

첫째, 상관계수의 범위는 $-1 \leq r \leq +1$이다. 즉, 최소값은 '-1'이고 최대값은

'+1'이다.

둘째, $r>0$일 때 두 변수의 방향은 같고, $r<0$일 때 방향이 다르다.

셋째, $r=1$일 때 두 변수가 반드시 정비례하는 것은 아니며, 두 변수 관계가 완전한 직선관계임을 뜻한다. $r=-1$일 때는 두 변수 관계가 완전한 직선관계이지만 기울기가 '-'방향이다.

넷째, $r=0$일 때 두 변수 간에는 아무런 직선관계가 없다는 의미이다.

여섯째, r은 변수의 단위에 영향을 받지 않는다.

다섯째, r의 절대치가 클수록 직선관계의 정도가 강하다. 대체로 $r<0.20$일 때는 '아주 낮은 관계', $0.20 \leq r \leq 0.40$는 '낮은 관계', $0.40 \leq r \leq 0.70$ '비교적 높은 관계', $0.70 \leq r \leq 0.90$는 '높은 관계', $r>0.90$는 '아주 높은 관계'라고 한다.

2. 중상관분석

가. 개념과 활용

중상관분석(重相關分析, multiple correlation analysis)은 둘 이상의 변수들과 하나의 다른 변수 간의 상호관련성의 정도를 분석하는 것이다. 다시 말해, 둘 이상 변수들의 결합과 한 변수 간의 상관관계를 분석한다. 중상관분석은 둘 이상 독립변수들의 종속변수에 대한 설명력(중상관계수의 제곱)을 파악하기 위해 주로 이용된다.

나. 중상관계수

두 변수를 X_1, X_2, 다른 한 변수를 Y라 하면, 중상관계수 $R_{Y \cdot X_1X_2}$는 다음과 같다.

$$R_{Y \cdot X_1X_2} = \sqrt{\frac{r^2_{YX_1} + r^2_{YX_2} - 2\, r_{YX_1} r_{YX_2} r_{X_1X_2}}{1 - r^2_{X_1X_2}}}$$

중상관계수는 다음과 같은 특성을 갖고 있다.

첫째, 중상관계수 R의 범위는 $0 \leq R \leq +1$ 이고, $R=1$일 때만 완전한 직선관계가 된다.

둘째, R에서 사용된 변수들이 r의 두 변수를 포함한다면, R은 항상 r보다 큰 값이 된다.

셋째, 독립변수의 개수가 어느 정도를 넘어서면 설명력의 증가폭은 현저히 줄어드는데, 이러한 현상은 독립변수의 수가 5~6개 이상일 때 일반적으로 나타난다.

넷째, 표본크기는 변수수보다 월등히 커야 한다. 20배 이상이어야 된다는 주장도 있다.

3. 편상관분석과 부분상관분석

가. 활용과 개념

편상관분석은 제3의 변수들이 무시할 수 없는 큰 영향을 미친다고 예상될 경우에, 제3의 변수들을 통제시킨 상태에서 두 변수 간의 순수한 관계를 분석하기 위하여 활용된다. 그러므로 편상관분석은 단순상관분석의 결점을 보완하고 상관분석의 정확성과 신뢰성을 높여 줄 수 있다. 편상관분석의 이러한 원리는 매개변수의 역할을 검증하는 데에도 활용될 수 있다.

나. 편상관계수

제3의 변수를 통제하고 두 변수 간 상관관계의 정도와 방향을 수치로 표현한 것을 편상관계수(偏相關係數, partial correlation coefficients)라 한다. 통제변수가 하나일 경우 일차편상관계수(一次偏相關係數), 둘일 경우 이차편상관계수(二次偏相關係數)라 한다. 통제변수가 없을 경우를 무차상관계수(無次相關係數, 단순상관계수)라 한다.

X_2를 통제한 상태에서 Y와 X_1간의 편상관계수 $r_{YX_1 \cdot X_2}$는 다음과 같이 구할 수 있다.

$$r_{YX_1 \cdot X_2} = \frac{r_{YX_1} - r_{YX_2} \cdot r_{X_1X_2}}{\sqrt{1 - r^2_{YX_2}}\sqrt{1 - r^2_{X_1X_2}}}$$

다. 부분상관계수

제3의 변수가 하나의 변수에만 영향을 미칠 경우, 영향을 받는 변수와 영향을 받지 않는 다른 변수 사이의 순수한 관계를 분석하기 위하여 부분상관분석(part correlation or semipartial correlation analysis)이 활용된다.

X_2의 Y에 대한 영향을 통제하고, Y와 X_1 간 부분상관계수 $r_{X_1(Y \cdot X_2)}$는 다음과 같다.

$$r_{X_1(Y \cdot X_2)} = \frac{r_{YX_1} - r_{YX_2} \cdot r_{X_1X_2}}{\sqrt{1 - r^2_{YX_2}}}$$

제 2 절 단순상관분석

1. 실 행

여기서는 31개 표본시에 관한 주민수와 예산의 단순상관분석 및 주민수와 예산, 예산과 재정자립도의 상관관계도 함께 분석하고자 한다. 이용될 데이터는 본서에 첨부된 CD의 '표본도시(상관, 회귀분석).sav'이다. 이 데이터를 불러내어 단순상관분석을 실행하기 위한 명령절차는 다음과 같으며, '이변량 상관계수'의 명령을 선택하면 [그림 14-1]의 대화상자가 열린다.

분석(A) → 상관분석(C) → 이변량 상관계수(B)...

그림 14.1 이변량 상관계수 대화상자

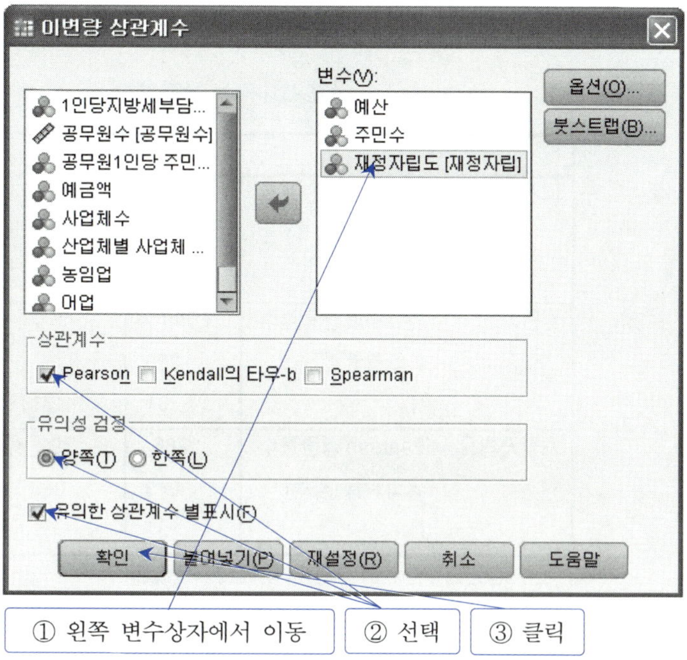

[그림 14-1]의 대화상자가 열리면 왼쪽 변수상자에서 '예산', '주민수', '재정자립'을 지정하여 '변수(V)'로 이동시키고 확인 을 누르면 <표 14-1>의 분석결과가 나온다.

만일 [그림 14-1]의 대화상자에서 옵션(O)... 을 누르면 '이변량 상관계수: 옵션' 대화상자가 열리는데 여기서 통계량 중 '평균과 표준편차'를 선택하면 변수별 평균과 표준편차도 얻을 수 있다.

2. 산출결과와 해석

<표 14-1>에 의하면 주민수와 예산의 단순상관계수는 .998로 아주 높은 상관관계이고, 가설검증결과 귀무가설 '$H_0 : \rho=0$'를 기각시킬 경우의 유의수준은 .000이 된다. 즉, 유의수준 .000에서 두 변수는 의미있는 직선관계가 된다고 할 수 있다.

한편, 재정자립도와 예산, 재정자립도와 주민수의 상관계수는 각각 .366과 .391로서 모두 조금 약한 상관관계이지만, 유의수준 .05에서 통계적으로 의미 있는 직선관계라고는 할 수 있다. 그리고 이때 표본수는 31이다.

〈표 14-1〉 상관계수

		예산	주민수	재정자립도
예산	Pearson 상관계수	1	.998**	.366*
	유의확률 (양쪽)		.000	.043
	N	31	31	31
주민수	Pearson 상관계수	.998**	1	.391*
	유의확률 (양쪽)	.000		.030
	N	31	31	31
재정자립도	Pearson 상관계수	.366*	.391*	1
	유의확률 (양쪽)	.043	.030	
	N	31	31	31

**. 상관계수는 0.01 수준(양쪽)에서 유의합니다.

*. 상관계수는 0.05 수준(양쪽)에서 유의합니다.

제3절 두 상관계수의 차이검증

1. 실 행

여기서는 공무원의 변혁적 리더십과 조직몰입의 상관관계가 보상권한결여의 정도(강, 약)에 따라 차이가 나는지를 검증하고자 한다.

이용될 자료는 '리더십과 조직몰입(제14장).sav'인데 이 데이터의 케이스들을 보상권한결여의 두 집단(강, 약)으로 분할하여 각 집단별로 단순상관계수를 구해야 한다. 먼저 케이스를 두 집단으로 분할하는 작업을 실행한다.

'리더십과 조직몰입(제14장).sav'이라는 데이터 화면이 열려있는 상태에서 다음과 같은 명령을 선택한다.

데이터(D) → 파일분할(F)...

위 명령에 의해 [그림 14-2]의 파일분할 대화상자가 열리면 '각 집단별로 출력결과를 나타냄(O)'을 클릭하고 왼쪽 상자에서 '보상권3'을 지정하여 오른쪽 분할 집단변수(G)로 보낸 다음 확인 을 누른 다음 초기 데이터 화면으로 돌아간다.
이 화면에서 분석(A), '상관분석(C)'과 '이변량 상관계수(B)'를 차례로 선택하면 [그림 14-3]과 같이 이변량 상관계수 대화상자가 열리고 여기서 왼쪽 상자의 '변혁적'과 '조직몰입'을 선택한 다음 확인 을 누르면 <표 14-2>와 <표 14-3>의 두 가지 상관분석 결과가 분할되어 나타난다.

그림 14.2 파일분할 대화상자

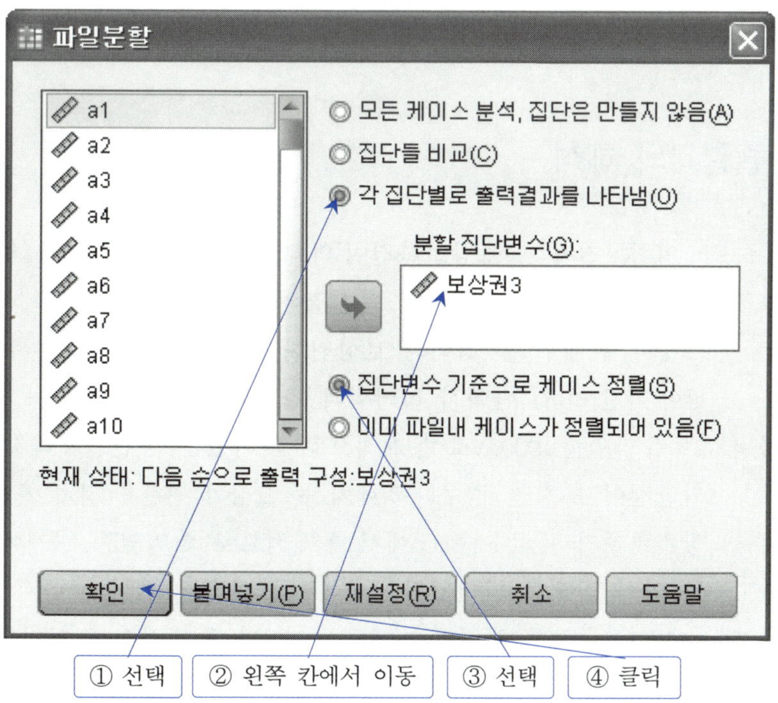

그림 14.3 이변량 상관계수 대화상자

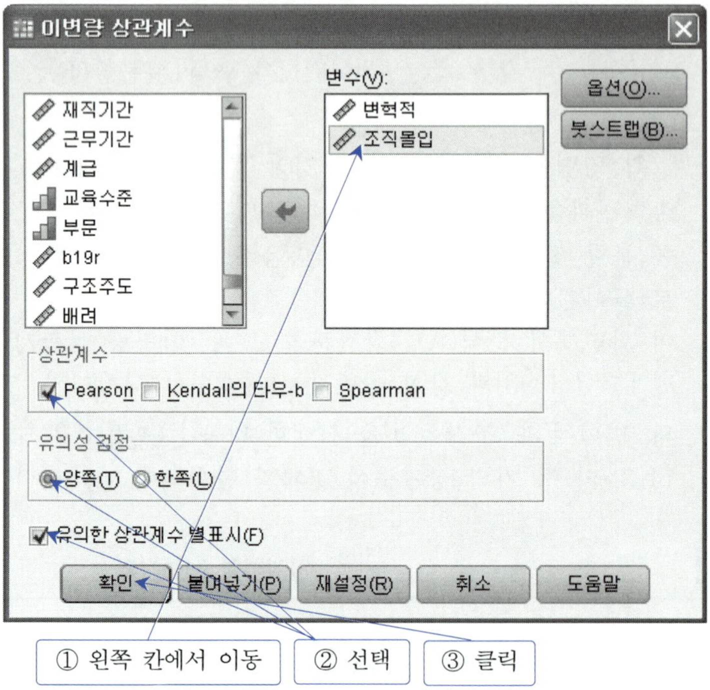

2. 산출결과와 해석

이 중 전자는 '보상권한결여'의 세 집단(약, 중, 강) 중 약한 집단의 상관계수이고, 후자는 강한 집단의 분석결과이다.

두 상관계수 중 리더의 보상권한결여가 약한 경우(부하에게 줄 보상의 권한을 많이 가진 리더) 변혁적 리더십과 조직몰입의 상관계수는 .499로서 보통 정도이고 유의수준 .000으로 통계적으로 의미있는 상관관계라고 할 수 있으나, 보상권한결여가 강한 경우(부하에게 줄 보상의 권한을 적게 가진 리더)는 두 변수의 상관관계가 유의수준 .05에서 통계적으로 의미있는 관계이지만, 앞의 경우보다는 약한 것으로 나타났다(상관계수는 .254).

그리고 이 두 상관계수(.499와 .254)가 통계적으로 의미있는 차이를 보이는지를 확인하기 위해서는 별도의 Z검증이 필요하다.

〈표 14-2〉 상관계수(보상권한결여; 약)

		변혁적	조직몰입
변혁적	Pearson 상관계수	1	.499**
	유의확률 (양쪽)		.000
	N	102	102
조직몰입	Pearson 상관계수	.499**	1
	유의확률 (양쪽)	.000	
	N	102	102

**. 상관계수는 0.01 수준(양쪽)에서 유의합니다.

a. 보상권3 = 약

〈표 14-3〉 상관계수(보상권한결여; 강)

		변혁적	조직몰입
변혁적	Pearson 상관계수	1	.254**
	유의확률 (양쪽)		.002
	N	151	151
조직몰입	Pearson 상관계수	.254**	1
	유의확률 (양쪽)	.002	
	N	151	151

**. 상관계수는 0.01 수준(양쪽)에서 유의합니다.

a. 보상권3 = 강

제 4 절 중상관분석

1. 실 행

이번에는 제2절 단순상관분석에서 이용한 '표본도시(상관, 회귀분석).sav' 데이터를 재사용하기로 한다. 이 데이터에서 '주민수'에 '재정자립도'를 추가하여 '예산'과 중상관분석을 하기로 한다. 데이터 화면이 열린 상태에서 중상관분석 실행을 위한 명령은 다음과 같다.

분석(A) → 회귀분석(R) → 선형(L)...

이 명령에 따라 [그림 14-4] 선도표 회귀 모형 대화상자가 나타나면 '종속변수(D)'에 '예산'을, '독립변수(I)'에 '주민수'와 '재정자립도'를 지정하고 [통계량(S)...]을 누른다. 그러면 [그림 14-5] 선형 회귀분석: 통계량 대화상자가 열린다. 여기서 '모형적합(M)'을 선택하고 [계속]을 누르면 [그림 14-4]로 돌아가는데, 이때 [확인]을 누르면 <표 14-4>와 <표 14-5>가 산출된다.

그림 14.4 선도표 회귀 모형 대화상자

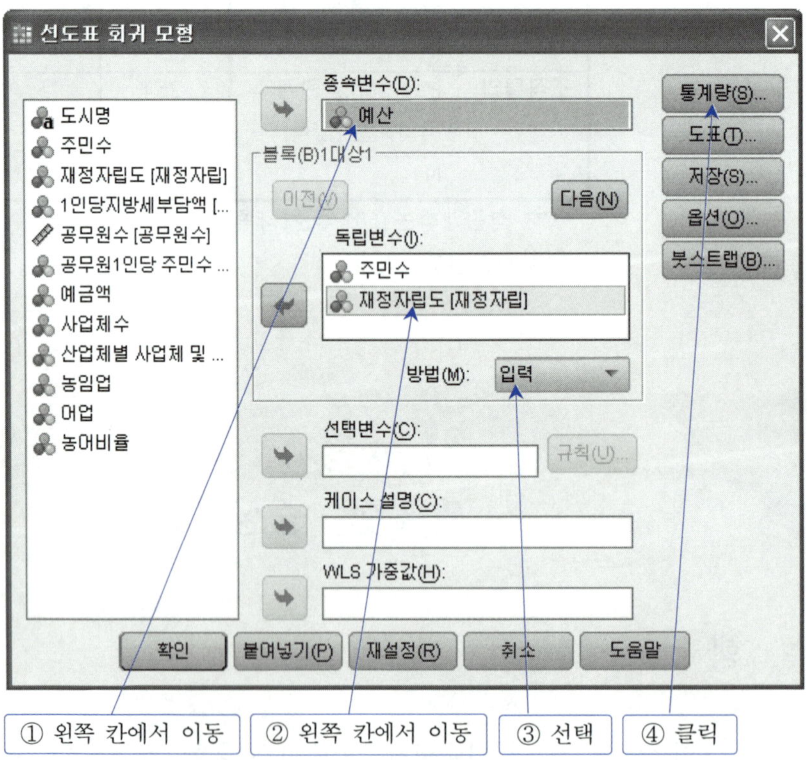

2. 산출결과와 해석

<표 14-4>에 의하면, 중상관계수(R)는 .999, 설명력(R제곱)은 .997, 수정된 R제곱도 .997, 추정값의 표준오차는 14.352로 나타났다. <표 14-5>는 검증통계량(F) 5214.270, 유의수준 .000임을 나타낸다.

그림 14.5 선형회귀분석의 통계량 대화상자

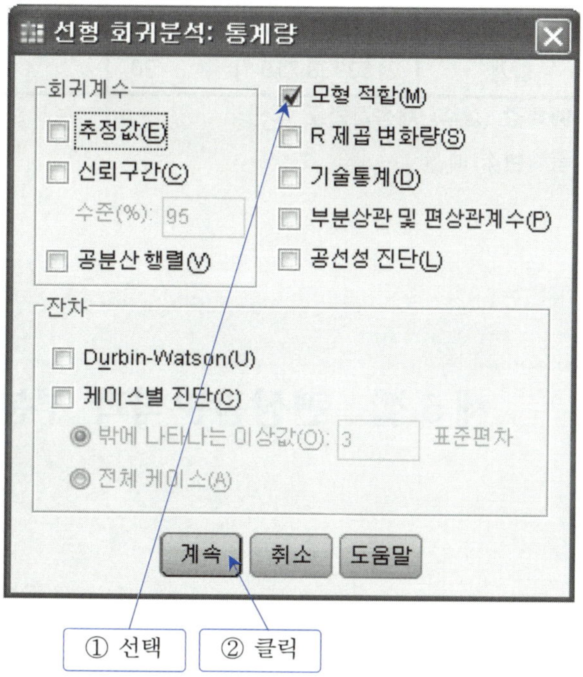

따라서 재정자립도와 주민수는 예산과 아주 높은 상관관계가 있으며, 이들 두 독립변수는 종속변수인 예산을 99.7% 설명할 수 있다. 또한 재정자립도와 주민수는 예산과 유의수준 .001 이하에서 통계적으로 의미있는 직선관계를 이룬다.

〈표 14-4〉 모형요약

모형	R	R 제곱	수정된 R 제곱	추정값의 표준오차
1	.999[a]	.997	.997	14.352

a. 예측값: (상수), 재정자립도, 주민수

〈표 14-5〉 분산분석

모형		제곱합	자유도	평균 제곱	F	유의확률
1	회귀 모형	2148171.001	2	1074085.500	5214.270	.000[a]
	잔차	5767.709	28	205.990		
	합계	2153938.710	30			

a. 예측값: (상수), 재정자립도, 주민수

b. 종속변수: 예산

제 5 절 편상관분석과 부분상관분석

1. 실 행

여기서는 첨부된 '표본도시(상관,회귀분석).sav' 데이터를 가지고 SPSSWIN의 실행방법과 산출결과를 설명하고자 한다. 편상관분석과 부분상관분석을 위한 실행 명령은 다음과 같다.

분석(A) → 회귀분석(R) → 선형(L)...

이렇게 하여 나타난 [그림 14-6] 선도표 회귀 모형 대화상자에서 다음과 같이 지정하고 통계량(S)... 을 누른다.

그림 14.6 선도표 회귀 모형 대화상자

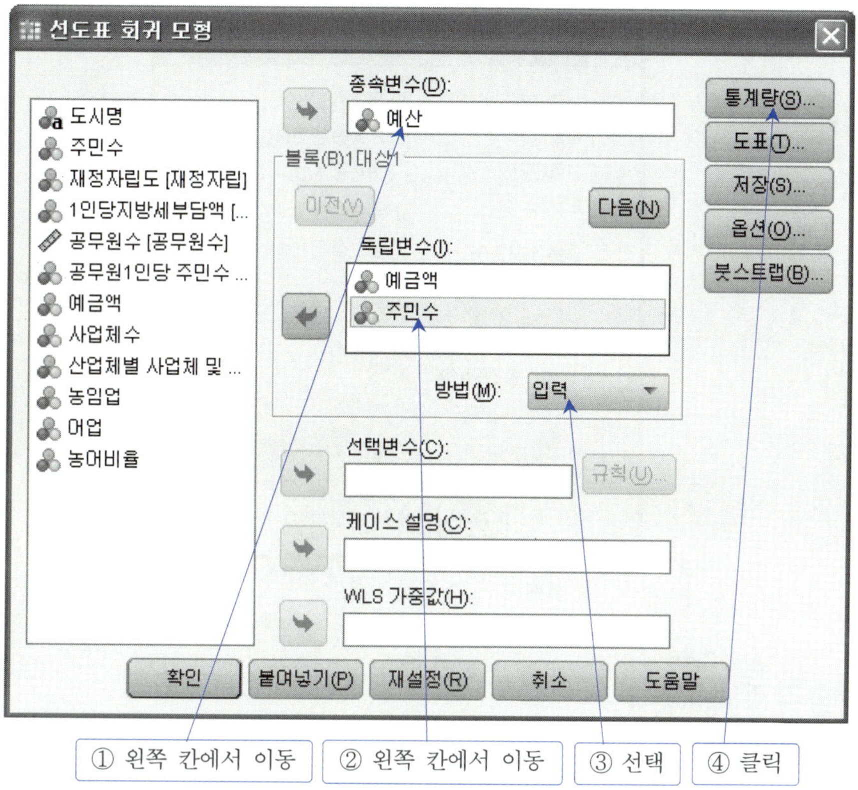

[그림 14-7] 선형회귀분석: 통계량 대화상자에서 '부분상관 및 편상관계수(P)'를 선택하고 계속 을 눌러 [그림 14-6]의 선도표 회귀 모형 대화상자로 돌아온다. 여기서 확인 을 누르면 <표 14-6>이 산출된다.

그림 14.7 선형회귀분석의 통계량 대화상자

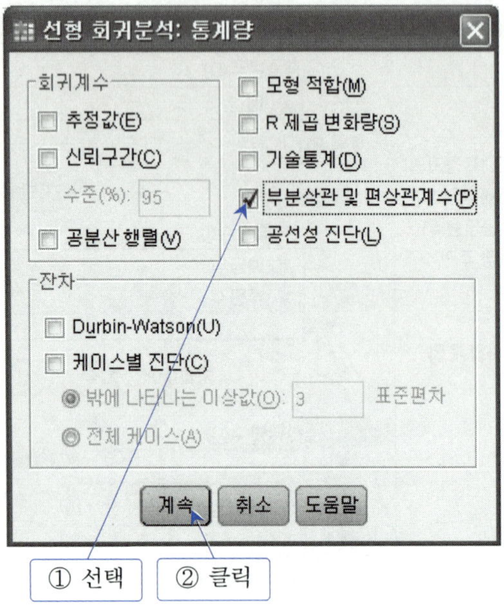

2. 산출결과와 해석

<표 14-6>에 의하면 예산과 예금액 간의 단순(0차)상관계수는 .979, 주민수를 통제했을 경우의 편상관계수는 .041, 주민수를 통제한 부분상관계수는 .002로 나타났다. 또한 예산과 주민수 간의 단순상관계수는 .998, 예금액을 통제한 편상관계수는 .958, 예금액을 통제한 부분상관계수는 .194가 되었다.

〈표 14-6〉 계수

모형		상관계수		
		0차	편상관	부분상관
1	예금액	.979	.041	.002
	주민수	.998	.958	.194

a. 종속변수: 예산

제 6 절 상관분석을 활용한 실례

1. 갈등원인과 갈등결과의 관계

이 논문은 부산과 경남의 8급 이상 공무원 812명을 대상으로 행정조직 내 갈등을 연구한 것이다. 다양한 가설과 검증방법을 이용하였지만, <표 14-7>은 갈등요인과 갈등결과(직무만족, 조직몰입)의 상관분석결과를 정리한 것이다.

상관분석결과, 관리자의 관리유형이 관계지향성인 경우를 제외하고는 모든 갈등의 원인변수들이 직무만족이나 조직몰입과 부(-)의 상관관계를 갖고 있으며, 유의수준 .10에서 모든 상관관계는 통계적으로 의미있는 관계를 보이고 있다. 따라서 갈등원인과 직무만족 및 조직몰입의 관계는 의미있는 상관관계라고 할 수 있다. 특히 관계지향성을 제외하고는 모든 갈등원인이 강해질수록 직무만족과 조직몰입이 낮아진다고 할 수 있다(김기태, 1994).

〈표 14-7〉 갈등원인과 갈등결과의 상관분석 결과

갈 등 원 인	갈 등 결 과	
	직무만족	조직몰입
집단간 목표의 차이	-.269**	-.172**
집단목표와 개인목표의 차이	-.305**	-.241**
의사소통의 장애	-.086**	-.116**
자원의 제한	-.193**	-.010*
권력의 집중 또는 불균형	-.412**	-.201**
규칙 · 방침 · 절차상의 강요	-.117**	-.033*
보상체계	-.386**	-.178**
과업지향성	-.327**	-.215**
관계지향성	.155**	.214**
지각상의 차이	-.444**	-.398**

* p <.10　** p <.05

2. 행정풍토와 이직의향의 관계

<표 14-8>은 행정풍토의 4가지 차원과 이직의향 간의 단순상관분석과 편상관분석을 실행한 결과이다. 분석을 위해 이용된 자료는 부산시에 근무하는 공무원 384명을 대상으로 한 설문조사결과이다. 각 변수의 신뢰도는 Cronbach's α가 .72~.82이므로 높은 편이라고 할 수 있으며, 각 변수의 문항들은 Likert-type의 5점 척도로 측정되었다.

이 표에 의하면 행정풍토와 이직의향 간의 상관관계 정도를 나타낸 단순상관계수에 비해, 소외감과 탈진감을 통제한 상태의 편상관계수는 현저히 낮은 것으로 나타났다. 즉, 두 상관계수간 차이의 범위는 .13 ~.26이고 차이의 평균은 .19였다. 따라서 적당주의, 처벌적 감사, 불공정 인사, 폐쇄적 의사전달과 같은 행정풍토는 상당 부분 소외감과 탈진감을 유발하고 그 결과 이직의향을 갖게 한다고 추론할 수 있다. 그러나 이와 같은 매개변수의 역할을 보다 정확하게 검증하기 위해서는 추가적인 분석이 필요하다(김호정, 1997).

〈표 14-8〉 행정풍토와 이직의향간 단순 · 편상관분석 결과

	단순상관계수	편상관계수	차 이
적당주의	.30	.08	.22
처벌적 감사	.32	.15	.17
불공정 인사	.30	.17	.13
폐쇄적 의사전달	.35	.09	.26

제 15 장

회귀분석

앞 장에서는 등간척도나 비율척도로 측정된 변수들을 대상으로 한 상관분석에 대해 설명하였는데, 이 장에서는 상관분석보다 상세한 정보를 제공해 줄 수 있는 회귀분석을 다루기로 한다. 상관분석은 변수들 간의 상호관련성의 정도만 알고자 하는 것이지만, 회귀분석은 관련있는 변수들 가운데 어떤 변수가 다른 변수에 미치는 영향을 분석할 수 있으므로, 상관분석보다 더 많은 정보를 알려주는 발전된 분석기법이다.

상관분석과 마찬가지로, 회귀분석도 변수의 수가 두 개인 단순회귀분석과 셋 이상인 중회귀분석으로 구분할 수 있는데, 이 장에서는 단순회귀분석과 중회귀분석, 그리고 중회귀분석의 특수한 형태인 가변수(더미변수)를 포함한 회귀분석과 상호작용효과를 검증하기 위한 조절회귀분석에 대해서 각각 설명하기로 한다.

제1절 단순회귀분석

1. 단순회귀분석의 활용과 가정

가. 의미와 활용

단순회귀분석(simple regression analysis)은 한 변수가 다른 변수에 미치는 영향을 분석하거나, 알고 있는 한 변수의 값을 이용하여 모르는 변수값을 예측(추정)하기 위한 것으로서, 두 변수 사이의 관계식을 세우고 그 관계식을 검증하는 과정을 의미한다. 다시 말해, 단순회귀분석은 두 변수 간의 인과관계를 설명하거나 한 변수로써 다른 변수를 예측하기 위하여 활용될 수 있는 기법이다.

회귀분석에서 영향을 미치는 변수 혹은 알고 있는 변수를 독립변수라 하고, 영향을 받는 변수 혹은 예측되는 변수를 종속변수라 한다.

나. 기본가정

단순회귀분석에서 요구되는 기본적인 요건(가정)들은 다음과 같다.

첫째, 두 변수 모두 연속적 확률변수임을 원칙으로 한다. 즉, 등간척도나 비율척도로 측정된 것을 대상으로 한다. 그러나 독립변수는 명목척도나 서열척도로 측정되었더라도 회귀분석이 가능하다.

둘째, 두 변수의 관계는 직선관계이어야 한다. 직선관계가 아닌데도 회귀분석을 하면, 실제로는 다른 형태의 의미있는 관계라 하더라도, 회귀분석결과는 의미없는 것으로 나타날 수 있다.

셋째, 종속변수의 값들은 상호독립적이다. 즉, 하나의 X값에 대한 Y값들은 다른 X에 대한 Y값들과 상호독립적이다.

넷째, 독립변수의 각 값에 대한 종속변수의 값들이 취하는 분산은 모두 동일해야 한다(등분산성).

다섯째, 독립변수의 각 값에 대한 종속변수의 값들이 이루는 분포는 모두 정규분포이어야 한다. 대표본일 경우 표본평균의 분포는 모집단분포의 형태에 관계없이 정규분포를 이룰 수 있으므로, 회귀분석에서도 표본크기는 최소한 30 이상을 확보하는 것이 안전하다.

2. 산포도(산점도)의 작성

여기서는 데이터인 '표본도시(상관, 회귀분석).sav'를 이용하여 SPSSWIN 18.0 (한글판)에 의해 단순회귀분석하는 과정과 산출결과에 대해 설명하기로 한다.

31개 표본시를 대상으로 주민수와 예산의 관계에 관한 회귀 분석을 하기 전에 먼저 두 변수 간 직선관계의 유무와 관계의 정도를 확인하기 위한 산포도의 작성이 필요하다. 산포도 작성을 위한 실행명령은 다음과 같다.

그래프(G) → 레거시 대화상자(L) → 산점도/점도표(S)...

이와 같이 '산점도(S)'를 선택하면 [그림 15-1]과 같은 초기화면이 열린다. 여기서 4가지 그림 가운데 '단순'을 선택하고 [정의]를 누르면, 산포도(산점도)의 대화상자가 열린다.

그림 15.1 산점도 초기화면

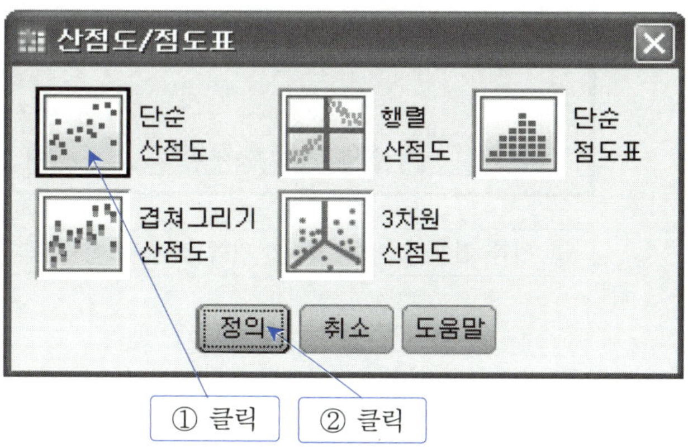

산점도 대화상자에서 [그림 15-2]처럼 'Y축'에 종속변수인 '예산'을, 'X축'에 독립변수인 '주민수'를 지정하고 확인 을 누르면, [그림 15-3]과 같은 산포도가 작성된다.

그림 15.2 단순산점도 대화상자

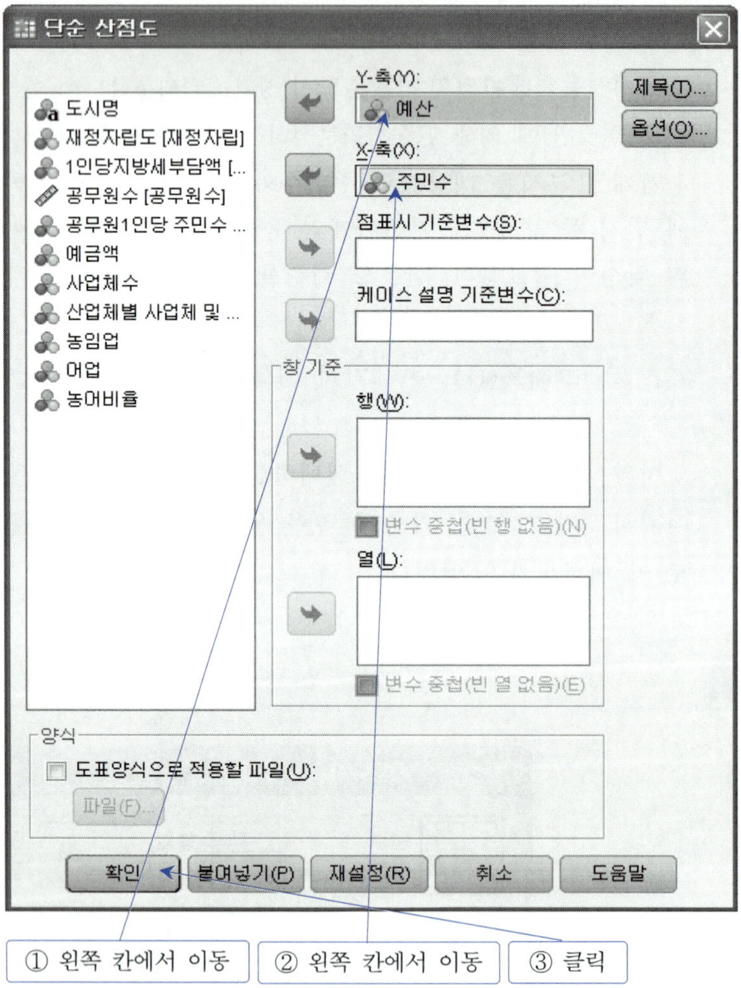

그림 15.3 주민수에 따른 예산의 산포도

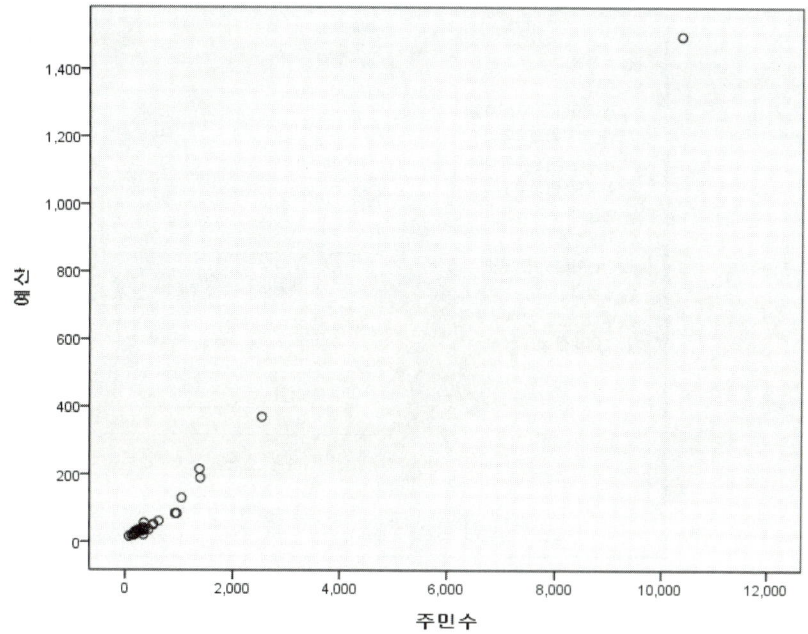

3. 단순회귀분석의 실행

회귀분석의 실행명령은 다음과 같다. 이 명령을 실행하면 [그림 15-4]가 나오는데, '종속변수'에 '예산'을, '독립변수'에 '주민수'를 각각 지정한다. 통계량(S)... 을 누른 다음 [그림 15-5]처럼 '회귀계수'의 추정값(E), 신뢰구간(C), 모형적합(M)을 선택하면 충분하다. 그리고 계속 을 누르면 [그림 15-4]로 돌아간다. 이때 확인 을 누르면 <표 15-1>~<표 15-3>이 산출된다.

분석(A) → 회귀분석(R) → 선형(L)...

그림 15.4 선도표 회귀모형 대화상자

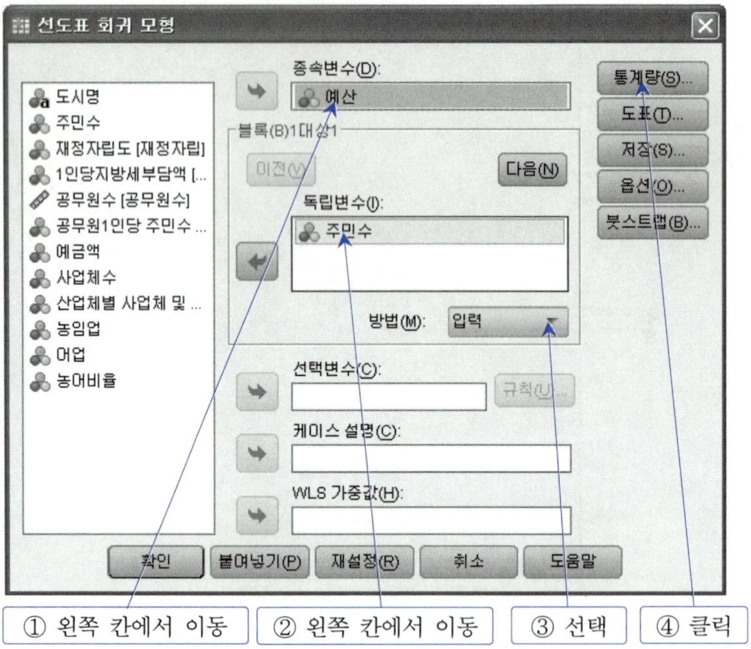

그림 15.5 선형 회귀분석: 통계량의 대화상자

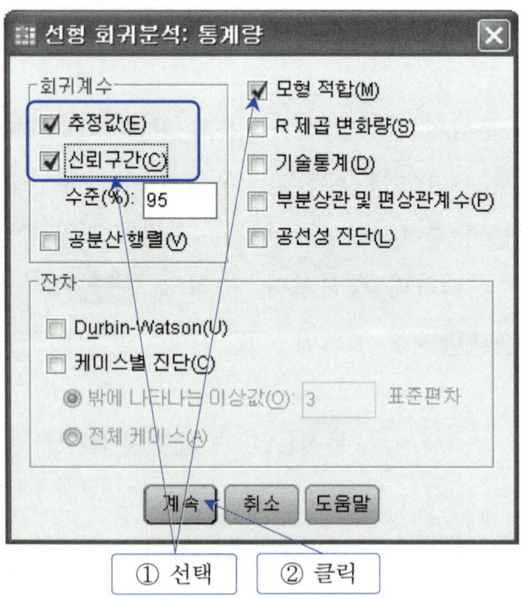

4. 산출결과와 해석

<표 15-1>에 의하면 예산과 주민수의 단순상관계수(R)가 .998이고, 결정계수(R제곱)는 .997, 수정된 R제곱도 .997로 나타났는데, 여기에 대해서는 제3절의 '중회귀분석'에서 상세하게 설명될 것이다.

〈표 15-1〉 모형요약

모형	R	R 제곱	수정된 R 제곱	추정값의 표준오차
1	.998[a]	.997	.997	15.753

a. 예측값: (상수), 주민수

<표 15-2>의 분산분석은 r(혹은 r^2)에 대한 검증으로서, 여기서 사용된 귀무가설은 모집단의 두 변수 간에 직선관계의 유무를 검증하는 것이다. 분석결과 F=8650.903, p=.000이므로 귀무가설은 기각될 수 있고, 두 변수 간에는 유의수준 .000에서 통계적으로 의미있는 직선관계가 있다고 할 수 있다.

〈표 15-2〉 분산분석

모형		제곱합	자유도	평균 제곱	F	유의확률
1	회귀 모형	2146742.290	1	2146742.290	8650.903	.000[a]
	잔차	7196.419	29	248.152		
	합계	2153938.710	30			

a. 예측값: (상수), 주민수

b. 종속변수: 예산

<표 15-3>의 비표준화 회귀계수 중 상수 -10.971은 절편을 가리키고, 주민수 .145는 기울기를 나타낸다. 회귀계수의 표준오차는 .002이다.

표준화계수(베타)에 대해서도 '중회귀분석'에서 설명하기로 한다. 회귀계수에 대한 *t*검증결과 *t*=93.010, 유의수준 .000이므로, 우리나라 전체도시를 대상으로 하더라도 주민수의 예산에 대한 회귀계수(기울기)는 '0'이라고 할 수 없으며, 유의수준 .001 이하에서 주민수는 예산에 의미있는 영향을 미친다고 할 수 있다.

마지막으로 95% 신뢰수준의 구간추정에 의하면, 모집단 회귀계수는 .142~.148의 범위에 있다.

〈표 15-3〉 계수

모형		비표준화 계수		표준화 계수	t	유의확률	B에 대한 95.0% 신뢰구간	
		B	표준오차	베타			하한값	상한값
1	(상수)	-10.971	3.110		-3.528	.001	-17.331	-4.610
	주민수	.145	.002	.998	93.010	.000	.142	.148

a. 종속변수: 예산

제 2 절 중회귀분석

1. 중회귀분석의 기초

가. 의미와 활용

중회귀분석(重回歸分析, multiple regression analysis)은 둘 이상의 독립변수가 하나의 종속변수에 미치는 영향을 분석하거나 종속변수의 값을 예측(추정)하기 위하여 독립변수와 종속변수 간의 관계식을 세우고, 그 관계식을 검증하는 과정을 의미한다.

중회귀분석의 장점은 다음과 같다. 첫째, 여러 개의 독립변수를 이용하므로, 단순회귀분석보다 종속변수에 대한 설명이나 예측의 정확성과 타당성이 높다. 둘째, 단순회귀분석은 독립변수가 될 수 있는 다른 변수들의 영향을 무시한(방치한) 상태에서 하나의 특정 독립변수가 종속변수에 미치는 영향을 분석하는 기법이지만, 중회귀분석은 회귀식에 포함된 다른 독립변수들의 영향을 감안하여 이를 통제한(배제한) 상태에서 특정 독립변수의 종속변수에 대한 순수한 영향력을 분석하는 보다 섬세한 기법이다. 셋째, 각 독립변수가 종속변수에 미치는 순수한 영향력의 정도를 서로 비교할 수 있으므로, 독립변수들 간의 상대적 중요도를 파악할 수도 있다.

이렇듯 중회귀분석은 현실적 타당성과 적실성을 갖추고 있으므로, 다른 분석기법들 못지 않게 활용의 빈도와 가치가 높은 편이다. 중회귀분석의 기능은 단순회귀분석과 마찬가지로 '인과관계의 설명'과 '종속변수의 예측'이라는 두 가지로 요약될 수 있다.

나. 기본 가정

중회귀분석은 단순회귀분석과 원리가 같으므로, 요구되는 기본적인 가정들도 동일하다고 볼 수 있다.

첫째, 중회귀분석에서도 독립변수와 종속변수는 모두 연속적 확률변수임을 원칙으로 하지만, 독립변수가 명목척도나 서열척도로 측정된 경우에도 가변수(假變數)를 이용하여 회귀분석이 가능하다.

둘째, 독립변수들과 종속변수의 관계는 직선관계이어야 한다.

셋째, 종속변수의 값들은 상호독립적이어야 한다. 이 가정이 충족되지 않으면 자기상관(自己相關, autocorrelation)이 존재한다고 볼 수 있다.

넷째, 독립변수들의 각 값들의 결합에 대한 종속변수의 값들이 취하는 분산은 모두 동일해야 한다.

다섯째, 독립변수들의 각 값들의 결합에 대한 종속변수의 값들이 이루는 분포는 모두 정규분포이어야 한다.

다. 다공선성의 문제

중회귀분석에서 특히 주의해야 할 사항은 회귀분석에 이용되는 독립변수들이 서로 높은 상관관계를 가져서는 안된다는 것이다. 즉, 상관관계가 높은 독립변수들이 함께 동일한 회귀식에 투입되지 않도록 주의해야 한다. 다공선성(多共線性, multicollinearity)이란 이와 같이 중회귀분석의 독립변수들 간에 높은 상관관계가 나타나는 현상을 가리키는 말이다.

단순상관계수가 높은 것이 발견된다면 다공선성이 존재한다고 보아야 한다. 일반적으로 단순상관계수가 0.8 이상이면 다공선성을 인정하고 있다. 또한 허용오차(공차한계)가 0.1 이하 정도로 아주 작다면 다공선성이 있다고 본다.

이러한 방법에 의해 만일 다공선성이 발견된다면 어떻게 처리해야 하는가? 표본크기가 증가하면 다공선성이 감소하는 경향이 있으므로, 우선 표본크기를 증대시킬 필요가 있다. 표본크기를 늘릴 수 없는 경우에는, 상관관계가 높은 두 변수를 하나로 통합하거나 두 변수 가운데 하나를 제거하는 방법도 이용될 수 있다.

라. 독립변수의 선정방법

독립변수를 선정하는 통계적 방법으로는 다음의 네 가지가 주로 이용된다.

(1) 전방진입법(forward selection)

이 방법은 각 단계마다 일정한 기준을 만족시키는 독립변수들이 있으면 이들을 추가하여 회귀분석하는 방법인데, 이러한 작업은 기준을 만족시키는 독립변수가 나타나지 않을 때까지 반복된다. 반복과정은 보통 유의수준 .05 이하의 변수가 나타나지 않을 때 종료된다.

(2) 후방제거법(backward elimination)

이 방법은 첫 단계에서 모든 독립변수를 투입시켜 한꺼번에 회귀분석한 다음, 두 번째 이후 단계에서는 일정한 기준을 만족시키는 독립변수를 하나씩 제거하면서 회귀분석하고, 기준을 만족시키는 독립변수가 없을 때 종료된다. 주로 이용되는 기준은 유의수준이 .10 이상이다.

(3) 단계적 방법(stepwise)

이 방법은 앞의 두 방법을 적절히 조합한 것으로 실제로 가장 많이 이용된다. 각 단계별 변수의 선정은 전방진입법의 기준에 의하고, 각 단계에서 선정된 변수를 다시 후방제거법의 기준에 의해 제거가능한 변수가 발견되면 그 변수를 제거하면서, 단계별 회귀분석을 진행하게 된다. 그리고 이 기준들이 충족될 수 없을 때 작업은 종료된다.

(4) 입력(enter)

이 방법은 독립변수들을 한꺼번에 모두 투입시켜 분석하는 방법이다. 독립변수 수가 많으면 정확한 분석이 되지 못하므로, 이 방법만 단독으로 사용하기보다는 다른 방법과 비교하기 위해 이용될 수 있다.

2. 두 독립변수의 중회귀분석

가. 분석의 실행

'주민수 · 재정자립도와 예산의 관계'의 '표본도시(상관, 회귀분석).sav'를 이용하여 SPSSWIN 18.0(한글판)으로 중회귀분석하는 과정을 설명한다.

주민수와 재정자립도를 독립변수로 하고 예산을 종속변수로 한 회귀분석은 다음 명령에 의해 실행된다.

분석(A) → 회귀분석(R) → 선형(L)

이 명령에 의해 [그림 15-6] 화면이 열리는데, 여기서 '종속변수(D)'에 '예산', '독립변수(I)'에 '재정자립'과 '주민수'를 지정하고, 통계량(S)...을 눌러 통계량 대화상자가 나타나면, 추정값(E), 모형적합(M), 공선성 진단(L), Dubin-Watson(U)을 선택하면 된다. 그리고 계속을 누른다. [그림 15-6]으로 돌아가서 확인을 누르면 <표 15-4>~<표 15-6>이 산출된다.

그림 15.6 선도표 회귀 모형 대화상자

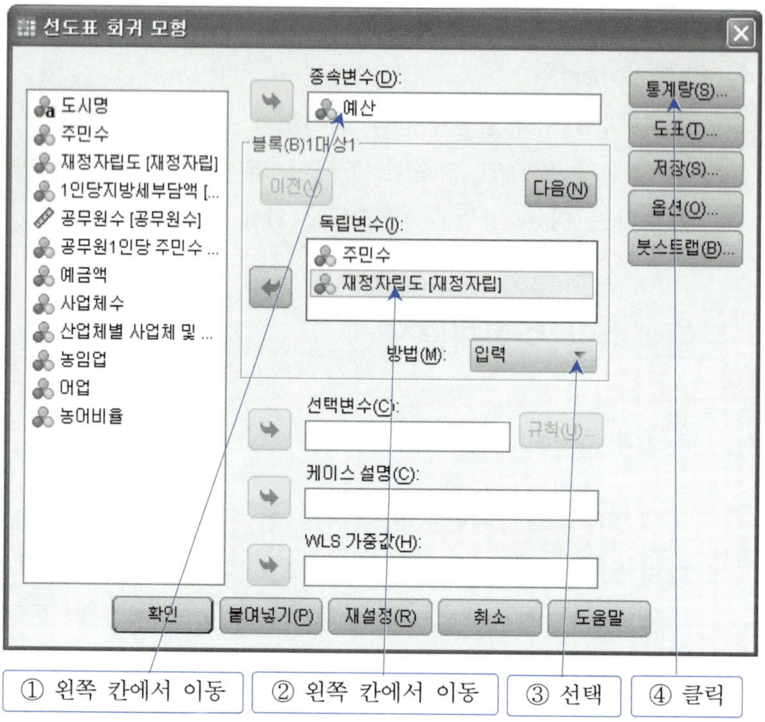

나. 산출결과와 해석

<표 15-4>에 의하면 재정자립도와 주민수가 예산과 갖는 중상관계수는 .999이므로 아주 높은 상관관계를 가지고 있으며, 이 두 독립변수가 종속변수인 예산을 약 99.7% 설명할 수 있음을 알 수 있다.

<표 15-5>에 나타난 회귀식에 대한 분산분석 결과는 F=5214.27, p=.000이므로, 주민수·재정자립도와 예산은 P<.001에서 의미있는 직선관계를 이룬다고 하겠다.

<표 15-6>에 의하면 주민수의 회귀계수는 .147이고 재정자립도의 회귀계수는 -.323이므로, 재정자립도가 일정하면 주민수가 1천명 증가할 때 시예산은 평균 14,670,000원 증가하고, 주민수가 일정하면 재정자립도를 1% 증가시킬 때 시예산은 오히려 평균 33,040,000원 가량 감소한다고 하겠다.

또한 표준회귀계수(베타)는 주민수 1.009, 재정자립도 -.028이므로, 주민수는 1.009 정도의 영향력을 가졌다고 하면 재정자립도는 0.028 정도를 가졌다고 할 수 있고, 이때 주민수의 영향력은 재정자립도에 비해 약 35배 정도라고 할 수 있다.

한편 회귀계수를 검증한 결과 p=.000과 p=.014로 나왔으므로, 주민수와 예산 간에는 실제로 직선관계가 있다고 할 수 있으며, 유의수준 .001 이하에서 주민수는 예산에 의미있는 영향을 미친다고 할 수 있다. 그리고 재정자립도와 예산 간에도 실제로 직선관계가 있으며, 유의수준 .05 이하에서 재정자립도는 예산에 의미있는 영향을 미친다고 하겠다.

허용오차(공차한계)는 .847로 .10보다 크고, VIF는 1.180로 10보다 훨씬 작으므로 다공선성의 문제는 없다고 할 수 있다.

〈표 15-4〉 모형요약

모형	R	R 제곱	수정된 R 제곱	추정값의 표준오차	Durbin-Watson
1	.999[a]	.997	.997	14.352	1.375

a. 예측값: (상수), 재정자립도, 주민수

b. 종속변수: 예산

〈표 15-5〉 분산분석

모형		제곱합	자유도	평균 제곱	F	유의확률
1	회귀 모형	2148171.001	2	1074085.500	5214.270	.000[a]
	잔차	5767.709	28	205.990		
	합계	2153938.710	30			

a. 예측값: (상수), 재정자립도, 주민수

b. 종속변수: 예산

〈표 15-6〉 계수

모형		비표준화 계수		표준화 계수	t	유의확률	공선성 통계량	
		B	표준오차	베타			공차	VIF
1	(상수)	7.415	7.534		.984	.333		
	주민수	.147	.002	1.009	95.008	.000	.847	1.180
	재정자립도	-.323	.123	-.028	-2.634	.014	.847	1.180

a. 종속변수: 예산

3. 셋 이상 독립변수의 중회귀분석

독립변수가 셋 이상인 경우의 회귀분석은 수작업으로 엄두도 낼 수 없는 일이며 컴퓨터에 의존할 수밖에 없다. 여기서는 앞에서 실례로 활용된 바 있는, '리더십과 조직몰입의 관계'에 관한 자료 '리더십과 조직몰입(제15장).sav'를 이용하여 SPSSWIN에 의해 중회귀분석하기로 한다.

이 문제는 Bass의 변혁적 리더십이론을 근거로 조직효과성(여기서는 조직몰입을 이용했음)이라는 종속변수에 대한 변혁적 리더십의 하위 세 변수(카리스마, 개별적 배려, 지적 자극)와 거래적 리더십의 두 변수(성과에 따른보상, 예외에 의한 관리)를 독립변수로 사용하였다.

중회귀분석의 방법 중에 많이 이용되는 것이 '입력(enter)'과 '단계선택(stepwise)'인데, 여기서는 이 두 가지 방법을 각각 실행해 보고 그 결과를 비교하기로 한다.

가. 입력(enter)

[그림 15-6]과 같은 선도표 회귀 모형 대화상자에서 '종속변수(D)'에 조직몰입을, '독립변수(I)'에 카리스마·개별배려·지적 자극·성과보상·예외관리를 각각 지정하고, [통계량(S)...]을 눌러 추정값(E), 모형적합(M), 공선성 진단(L)을 선택한 다음, [계속]을 누르면 [그림 15-6]으로 다시 돌아오게 된다. 거기서 '방법(M)'에서 '입력'을 선택한 후 [확인]을 누른다. 이렇게 하여 산출된 주요 결과는 <표 15-7>과 <표 15-8>이다.

입력방법으로 분석한 결과 성과보상은 조직몰입에 유의수준 $P<.01$에서 통계적으로 의미있는 영향을 미친다고 할 수 있다.

〈표 15-7〉 모형요약

모형	R	R 제곱	수정된 R 제곱	추정값의 표준오차
1	.460[a]	.211	.195	.56829

a. 예측값: (상수), 예외관리, 카리스마, 성과보상, 지적자극, 개별배려

〈표 15-8〉 계수

모형		비표준화 계수		표준화 계수	t	유의확률	공선성 통계량	
		B	표준오차	베타			공차	VIF
1	(상수)	1.570	.305		5.153	.000		
	카리스마	.103	.086	.133	1.202	.230	.267	3.752
	개별배려	.116	.107	.112	1.076	.283	.301	3.325
	지적자극	-.012	.070	-.015	-.169	.866	.426	2.346
	성과보상	.233	.083	.253	2.805	.005	.400	2.501
	예외관리	.096	.072	.079	1.344	.180	.934	1.071

a. 종속변수: 조직몰입

나. 단계선택(stepwise)

단계선택은 단계별로 기준에 적합한 독립변수를 선정하여 회귀분석하는 방법이고, 입력은 독립변수들을 한꺼번에 모두 투입시켜 분석하는 것인데, 어떤 방법을 사용하느냐에 따라 분석결과에도 차이가 생기는 것이 보통이다. 일반적으로 독립변수의 수가 많을수록 단계선택의 방법이 선호된다.

[그림 15-6]의 선도표 회귀 모형 대화상자에서 '방법(M)'의 '단계선택'을 선택하여 실행하면 결과가 산출되는데, 이 중 중요한 것들은 <표 15-9>와 <표 15-10>이다.

<표 15-9>의 두 번째 단계(모형2)에서 R제곱=.201, 수정된 R제곱=.195로 나타났다. 독립변수의 수(k=5)에 비해 표본크기(n=253)가 크므로, R제곱과 수정된 R제곱 간의 차이도 비교적 작은 편이다.

한편, 회귀분석 중 분산분석의 결과 '모형2'에서 F=30.897, p=.000이므로, 종속변수와 독립변수 간에 전체적으로 의미있는 직선관계가 있음을 알 수 있다.

〈표 15-9〉 모형요약

모형	R	R 제곱	수정된 R 제곱	추정값의 표준오차
1	.433[a]	.188	.184	.57205
2	.449[b]	.201	.195	.56830

a. 예측값: (상수), 성과보상

b. 예측값: (상수), 성과보상, 카리스마

〈표 15-10〉 계수

모형		비표준화 계수		표준화 계수	t	유의확률	공선성 통계량	
		B	표준오차	베타			공차	VIF
1	(상수)	2.060	.172		11.961	.000		
	성과보상	.398	.053	.433	7.535	.000	1.000	1.000
2	(상수)	1.982	.175		11.315	.000		
	성과보상	.290	.074	.315	3.910	.000	.501	1.996
	카리스마	.129	.063	.167	2.064	.040	.501	1.996

a. 종속변수: 조직몰입

독립변수별 주요 분석결과는 <표 15-10>과 같다. 이 표에는 지금까지 설명된 통계량 외에, 각 독립변수의 허용오차(공차한계)와 VIF가 추가로 제시되어 있는데, 공차한계는 VIF의 역수이다. 허용오차(tolerance)가 낮을 경우 다공선성의 위험이 있다.

다공선성 판단을 위한 일반적인 기준은 공차한계 0.1 이하, VIF 10 이상이다. 즉, 공차한계가 0.1 이하이거나 VIF가 10 이상이면 다공선성의 문제가 있다. 그러나 이 표에 의하면 공차한계와 VIF는 0.1보다 크고 10보다 작으므로 다공선성의 문제는 없다고 하겠다.

그리고 단계선택 방법에 의해 최종적으로 선정된 2개의 독립변수를 이용한 회귀분석 결과와 5개의 독립변수를 모두 이용한 입력방법에 의한 분석결과의 차이점을 요약하면 첫째, 입력 방법에서는 유의수준 .05 이하에서 통계적으로 의미있는 독립변수는 '성과보상' 하나 뿐이지만 단계선택 방법에서는 유의수준 .05 이하에서 의미있는 독립변수는 이 외에도 '카리스마'가 추가되었다. 둘째, R제곱은 .201와 .211이므로 세 개의 변수를 추가해도 설명력은 .01 정도 증가에 그친다. 셋째, 단계선택 방법에서 의미있는 2개 독립변수들의 회귀계수 값이 입력방법의 회귀계수 값 이상으로 크고 그 표준오차는 작으므로, 각 독립변수의 종속변수에 대한 영향을 더 분명하게 나타냄을 알 수 있다. 넷째, 2개 독립변수의 허용오차는 단계선택에서 더 크게 나타나므로 다공선성의 문제에 관해서도 단계선택이 더 안전하다고 하겠다.

그러나 입력 방법에서는 이론적으로 의미있는 영향을 미칠 것으로 판단된 변수들을 통제한 상태에서 각 독립변수가 종속변수에 미치는 영향을 분석하는 반면, 단계선택 방법에서는 제외된 변수들의 영향력을 통제하지 못하고, 즉 영향을 방치한 채 독립변수가 종속변수에 미치는 영향을 분석하므로 실제보다 과장된 분석이 나올 우려가 있다.

단계선택으로 분석한 결과 성과보상은 조직몰입에 유의수준 $P<.001$에서 통계적으로 의미있는 영향을 미치는 것으로 나타났으며, 카리스마는 조직몰입에 유의수준 $P<.05$에서 통계적으로 의미있는 영향을 미치는 것으로 나타났다.

제3절 가변수(더미변수)를 포함한 회귀분석

1. 활용과 의미

앞에서 "독립변수는 연속적 확률변수임이 원칙이지만, 명목척도나 서열척도로 측정된 경우에도 가변수를 이용하여 회귀분석이 가능하다"고 가변수의 활용에 대해 언급하였다. 다시 말해서, 중요한 독립변수가 명목이나 서열척도로 측정되었다면 이를 가변수로 바꾸어서 회귀분석에 포함시킬 수 있다. 이러한 사례는 설문조사를 기초로 분석한 경우에 흔히 볼 수 있는데, 예를 들면 성별·교육수준·출신지역 등 개인의 배경적 변수들이 주로 가변수로 전환된다.

가변수(假變數, dummy variables)는 어떤 속성이 존재할 경우 그 값을 '1'로 하고, 그러한 속성이 존재하지 않을 경우는 '0'으로 부호화하는 변수를 말하며, 보통 'D'로 표시된다. 가령 '성별'이란 독립변수에서 남성=0, 여성=1(즉, 남성의 경우 D=0, 여성의 경우 D=1)로 하고, 소득을 종속변수(Y)라고 하면, 이때 표본 회귀식은 다음과 같다.

$$\hat{Y} = a + bD$$

2. 가변수의 작성방법과 회귀식

성별과 같이 가변수로 전환될 독립변수의 범주가 두 가지뿐일 경우에는 기존변수를 가변수로 바꾸기만 하면 되지만, 범주수가 셋 이상이면 가변수를 더 추가해야 한다. 정확히 말하면, 가변수의 수는 범주수보다 하나 적으면 된다.

예를 들어, 재직기간이 세 개의 범주(장·중·단)로 묶어져 있고, '단=1','중=2', '장=3'으로 부호화(coding)되었다면, 재직기간을 독립변수로 하고 조직몰입을 종속변수로 하는 회귀분석을 위해 가변수(D_1, D_2)를 만들고, 이를 토대로 회귀식을 정의하면 다음과 같다.

〈표 15-11〉 재직기간의 가변수

범주	부호화	D_1	D_2
단	1	0	0
중	2	1	0
장	3	0	1

$$\hat{Y} = a + b_1 D_1 + b_2 D_2$$

'D_1=0'이고 'D_2=0'인 범주를 '기준범주'라고 하는데, 어느 것을 기준범주로 할 것인가는 연구자가 결정할 일이다. 그리고 위 회귀식의 b_1, b_2는 각 가변수의 회귀계수를 가리키는데, 이들은 특정범주와 기준범주 간에 종속변수 값의 평균차이를 의미한다.

그러므로 이 예에서 b_1은 재직기간이 '중'인 사람과 '단'인 사람들 간의 평균 조직몰입도의 차이를 나타내고, b_2는 '장'인 사람과 '단'인 사람들 간의 평균 조직몰입도의 차이를 의미한다.

3. 기초작업

가변수를 이용한 회귀분석을 위해서는 먼저 가변수(D_1, D_2)를 만들어야 한다. 즉, SPSSWIN에서 <표 15-11>의 내용을 입력해야 한다.

'리더십과 조직몰입(제15장).sav'를 열고, '변환(T)'→'변수계산(C)...'을 선택하여 [그림 15-7]과 같이 변수계산 대화상자가 열리면, '대상변수'에 'd1'을, '숫자표현식'에 '0'을 입력한 다음, [조건(I)...]을 누른다.

그 결과 [그림 15-8]의 변수계산 : 케이스 조건 대화상자에서 '다음 조건을 만족하는 케이스 포함(I)'을 지정하고, "(근무기간=1) or (근무기간=3)"을 입력하고 [계속]을 누른다.

그러면 [그림 15-7]로 돌아가는데, 이때 [조건(I)...] 옆에 "(근무기간=1) or (근무기간=3)"이 나타난다. 여기서 [확인]을 누르면 데이터의 마지막에 'd1'이라는 변수가 만들어지면서, '근무기간=1'과 '근무기간=3'인 케이스들의 'd1'값이 모두 '0'으로 입력된다. 이어 [그림 15-7]에서 '대상변수(T)'에는 'd1'을 그대로 두고, '숫자표현식(E)'에 '1'을 입력한 다음, [조건(I)...]을 눌러 '근무기간=2'라고 입력하여 [계속]을 누르면 [그림 15-7]의 [조건(I)...] 옆에 "근무기간=2"가 나타난다. 그리고 [확인]을 누르면 "기존 변수를 바꾸시겠습니까?"라는 문구가 나타난다. 이때 [확인]을 누르면 된다. 'd2'도 같은 방법으로 입력하면 된다.

그림 15.7 변수계산 대화상자(가변수)

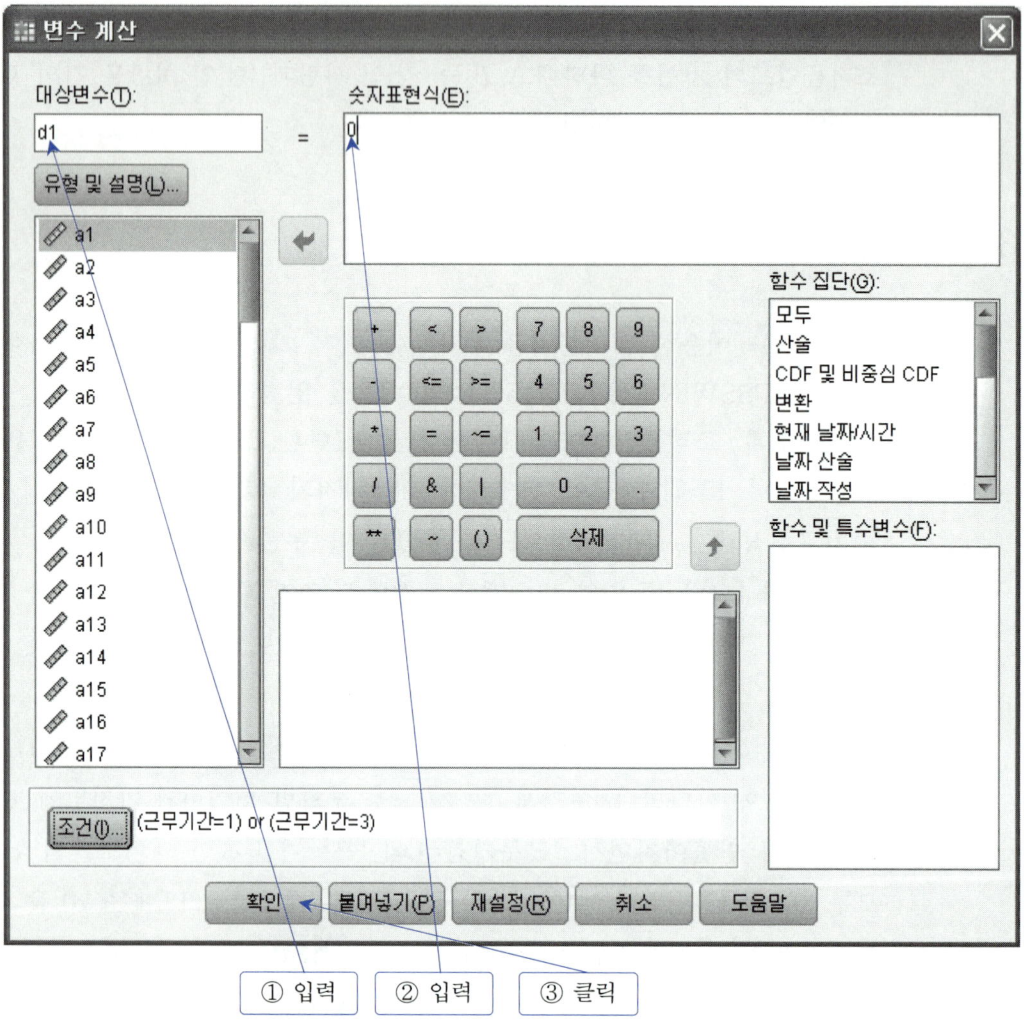

그림 15.8 변수계산: 케이스 조건 대화상자

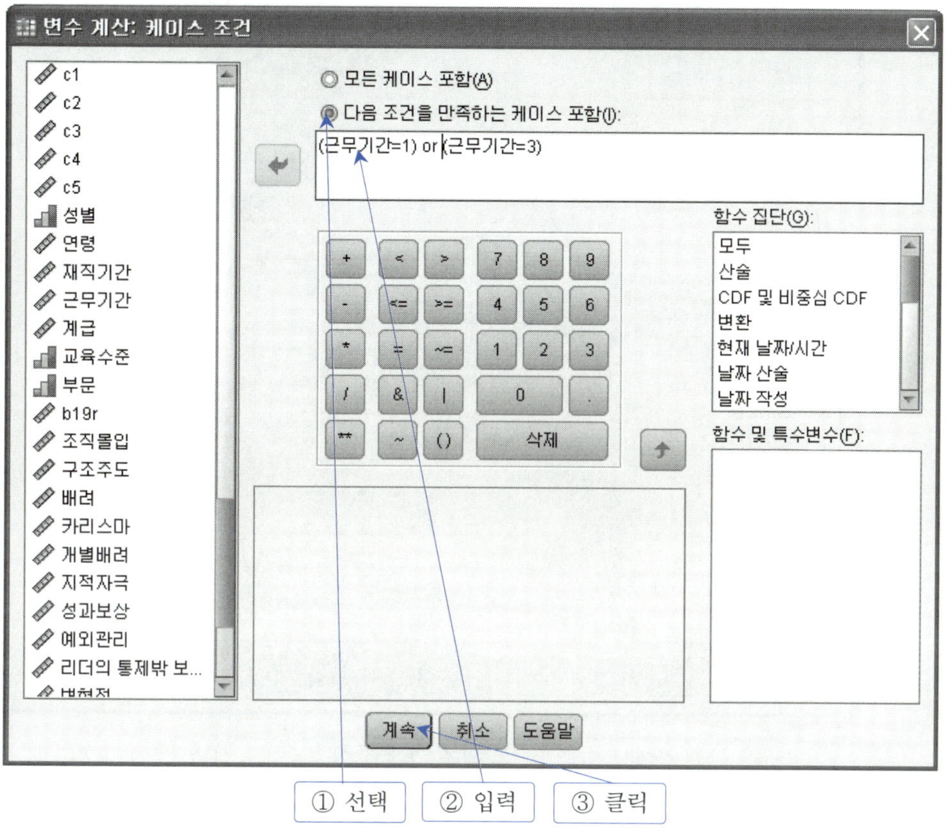

4. 회귀분석의 실행

재직기간과 조직몰입 간에 가변수를 사용한 회귀분석의 실행은 앞에서와 같이, 다음의 회귀분석 명령으로 시작된다.

분석(A) → 회귀분석(R) → 선형(L)...

[그림 15-9]의 대화상자가 열리면 '종속변수(D)'에 '조직몰입'을 입력하고, '독립변수(I)'에 'd1'과 'd2'를 각각 지정하고, 통계량(S)... 을 눌러 추정값(E)만 선택하고, 계속 을 눌러 [그림 15-9]로 돌아가서 확인 을 누르면 <표 15-12>가 산출된다.

그림 15.9 선도표 회귀 모형 대화상자

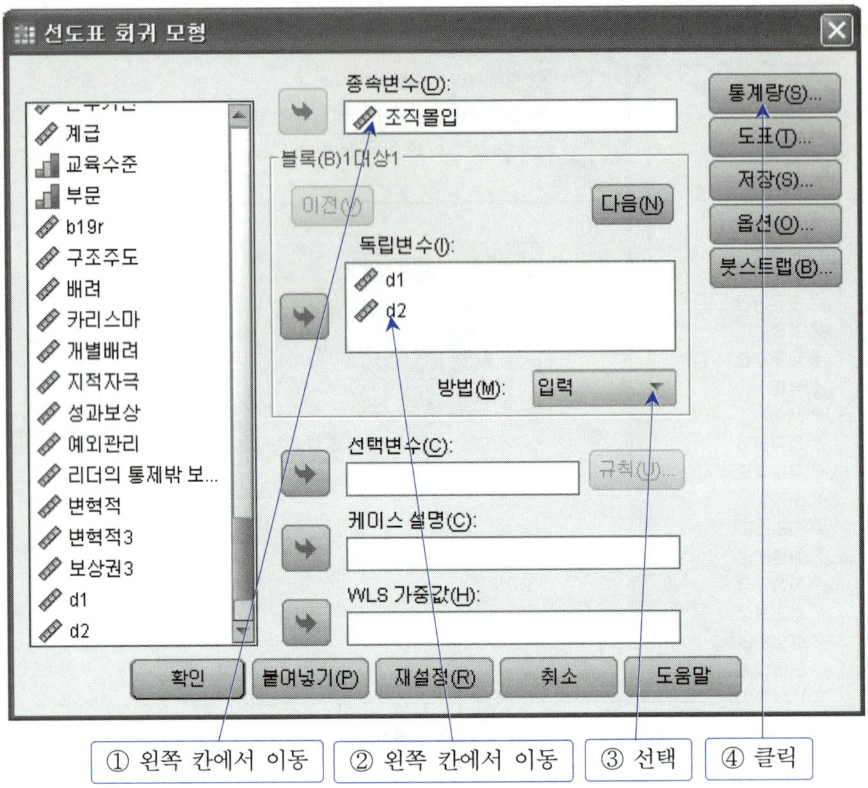

5. 산출결과와 해석

<표 15-12>에 의하면, 유의수준 .001 이하에서 b_1과 b_2는 모두 종속변수에 통계적으로 의미있는 영향을 미치는 것으로 나타났다. b_1=.310, b_2=.484이므로 재직기간이 긴(장) 사람과 짧은(단) 사람들 간에, 그리고 중간(중) 사람과 짧은(단) 사람들 간에 평균 조직몰입도에 의미있는 차이가 있다고 볼 수 있다. 나아가 재직기간이 짧은 경우, 중간 경우, 긴 경우의 평균 조직몰입도는 각각 다음과 같다고 할 수 있다.

〈표 15-12〉 계수(기준범주; 근무기간=단)

모형		비표준화 계수		표준화 계수	t	유의확률
		B	표준오차	베타		
1	(상수)	3.081	.068		45.612	.000
	d1	.310	.093	.233	3.315	.001
	d2	.484	.096	.355	5.045	.000

a. 종속변수: 조직몰입

근무기간이 짧은 사람 ; $\hat{Y} = 3.081$

근무기간이 중간 사람 ; $\hat{Y} = 3.081 + .310 = 3.391$

근무기간이 긴 사람 ; $\hat{Y} = 3.081 + .484 = 3.565$

기준변수를 바꾸면 어떻게 될까? '$D_{11}=0$'이고 '$D_{12}=0$'인 범주를 '기준범주'라고 하였는데, <표 15-12>에서는 기준범주가 '근무기간=1'이었다. 그러나 <표 15-13>과 같이 '근무기간=3'인 범주를 기준범주로 하여 회귀분석해 보자.

〈표 15-13〉 재직기간의 가변수

범주	부호화	D_{11}	D_{12}
단	1	0	1
중	2	1	0
장	3	0	0

분석결과 <표 15-14>에 의하면 유의수준 .05 이하에서 b_2만이 종속변수에 대해 통계적으로 의미있는 영향을 미치는 것으로 나타났다. 따라서 재직기간이 긴(장) 사람과 짧은(단) 사람들 간에는 평균 조직몰입도에 의미있는 차이가 있다고 볼 수 있다.

나아가 b_1과 b_2의 부호도 바뀌었다. (-)이므로 두 범주(단, 중)가 모두 기준범주(장)보다 평균 조직몰입의 정도가 낮음을 알 수 있다.

이처럼 기준범주에 따라 회귀계수가 다른 것은, 가변수의 회귀계수는 해당 범주와 다른 범주들(해당 범주를 제외한 모든 범주) 간의 차이비교가 아니라, 해당 범주와 기준범주 간의 차이비교이기 때문이다. 즉, D_{11}의 회귀계수 b_1은 다른 변수의 영향력을 통제한 편회귀계수이므로, D_{12}를 통제하고 기준범주와의 관계만을 분석하기 때문이다. 마찬가지로 D_{12}의 회귀계수 b_2도 D_{11}을 통제한 채 기준범주와의 관계만을 분석한다.

〈표 15-14〉 계수(기준범주; 근무기간=장)

모형		비표준화 계수		표준화 계수	t	유의확률
		B	표준오차	베타		
1	(상수)	3.565	.068		52.442	.000
	D11	-.174	.094	-.131	-1.857	.064
	D12	-.484	.096	-.356	-5.045	.000

a. 종속변수: 조직몰입

제 4 절 조절회귀분석

1. 활용과 의미

지금까지 개별 독립변수들이 종속변수에 미치는 영향에 대해서 설명하였다. 그러나 실제로는 두 독립변수가 상호작용하여 종속변수에 영향을 미칠 수도 있는데, 여기서는 이러한 문제를 살펴보기로 한다. 즉, 상호작용효과를 검토할 수 있는 회귀분석방법에 대해 알아보기로 한다.

상호작용효과는 조절효과와 같은 의미로 쓰이고 있으므로, 여기서 이용되는 회귀분석을 조절회귀분석이라고도 한다. 그러므로 제10장의 '이원분산분석'에서 다루었던 '두 변수의 상호작용효과 검증'과 제14장의 '두 상관계수의 차이 검증'과는 그 기능과 활용면에서 유사하다고 볼 수 있으며, 다만 검증방법에는 차이가 있다. 이렇게 볼 때, 상호작용항을 포함한 회귀분석은 독립변수와 종속변수의 관계에 다른 제3의 변수가 영향을 미치는지를 검증하기 위한 것이라고 할 수 있다. 다시 말해서, 리더십의 각종 상황이론, 직무특성이론, 스트레스이론 등의 검증을 비롯하여 여러 가지 상황변수의 역할검증에 유익하게 쓰일 수 있는 기법이다.

그렇다면 "변혁적 리더십(X_1)과 근무기간(X_2)이 상호작용하여 조직몰입(Y)에 영향을 미치는가?"라는 문제는 어떤 의미인가? 이를 달리 표현하면, "변혁적 리더십과 조직몰입의 관계는 근무기간의 정도에 따라 어떤 차이가 있는가?"라는 의미도 된다. 여기서 근무기간을 앞에서와 같이 '장・중・단'의 세 범주로 구분하고, 역시 같은 방법으로 가변수 D_1, D_2를 만들었다면, 이때 회귀식은 다음과 같이 표현될 수 있다.

$$\hat{Y} = a + b_1 X_1 + b_2 D_1 + b_3 D_2 + b_4 D_1 X_1 + b_5 D_2 X_1$$

2. 검증방법

회귀분석에서 상호작용효과의 검증방법은 두 가지가 있다. 첫째, 상호작용항의 각 회귀계수를 검증하는 것이다. 즉, 위 식에서 b_4, b_5를 t검증하는 것이다. 그러나 이 방법은 각 상호작용항을 개별적으로 검증하는 것이므로, 전체적인 상호작용효과를 검증하기에는 곤란하다는 단점이 있다(특히, 범주수가 셋 이상인 경우). 둘째, 전체 범주에 대한 일괄적인 효과를 검증하는 것으로 F검증 방법도 있다. 상호작용항을 포함하지 않은 결정계수를 R_1^2, 상호작용항을 포함한 결정계수를 R_2^2라 하고, R_1^2에 사용된 독립변수의 수를 k_1, R_2^2의 독립변수 수를 k_2라 하면, F값은 다음의 식에 의해 구할 수 있다.

$$F = \frac{(R_2^2 - R_1^2)/(k_2 - k_1)}{(1 - R_2^2)/(n - k_2 - 1)}$$

3. 기초작업: 변수계산(상호작용변수: 변혁d1, 변혁d2)

먼저 상호작용의 두 변수(변혁d1, 변혁d2)를 새로이 만들어서 회귀식에 포함시켜야 한다.

먼저 '근무기간'을 앞에서처럼 '단', '중', '장'으로 묶고, '단'을 기준변수로 하여 'd1'은 '중'이 '1'이고, 'd2'는 '장'이 '1'이 되도록 한다. 이를 토대로 '변혁d1'

을 만드는 과정은 [그림 15-10]과 같다.

다시 말해, SPSSWIN에서 '리더십과 조직몰입(제15장).sav'를 불러내어, '메뉴'의 '변환(T)'→'변수계산(C)...'을 선택하고 변수계산 대화상자가 열리면, [그림 15-10]과 같이 '대상변수(T)'에 '변혁d1'을 입력하고 '숫자표현식(E)'에 '변혁적'과 'd1'의 곱(*)을 표시한다. 그 다음, 조건(I)... 를 눌러 변수계산: 케이스 조건 대화상자가 나타나면 '(근무기간=1)'이라고 입력한 후 계속 을 누르고 다시 [그림 15-10]으로 돌아와 확인 을 누르면 원래의 데이터에 '변혁d1'이 추가된다. 같은 방법으로 '변혁d2'도 만들 수 있다.

그림 15.10 변수계산 대화상자(변혁d1)

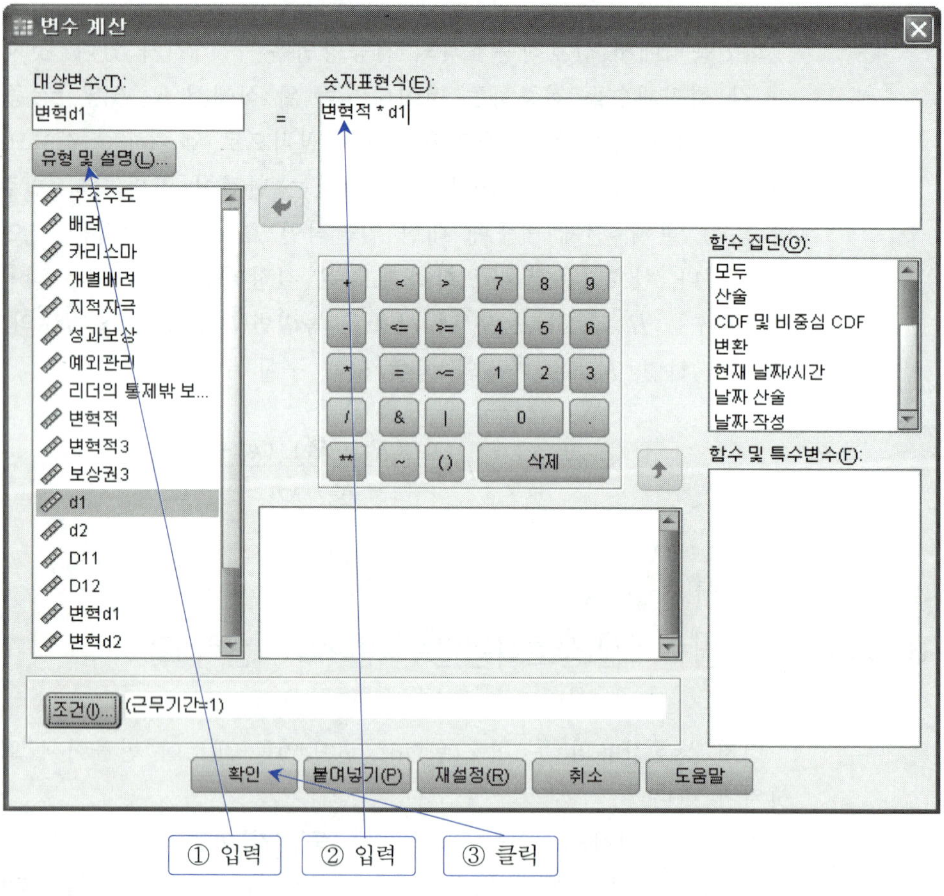

4. 조절회귀분석의 실행

조직몰입에 대한 변혁적 리더십과 재직기간의 상호작용효과를 검증하기 위한 회귀분석의 실행명령은 중회귀분석과 같다. 즉, '메뉴'의 '분석(A)'→'회귀분석(R)'→'선형(L)'을 선택하여 선도표 회귀 모형 대화상자가 열리면, [그림 15-11]처럼 종속변수(D)에 '조직몰입', 독립변수(I)에 변혁적, 변혁d1, 변혁d2, d1, d2를 차례로 지정하여 옮긴 후, 확인 을 누른다. 그러면 <표 15-15>가 산출된다.

그림 15.11 선도표 회귀 모형 대화상자(변혁d1)

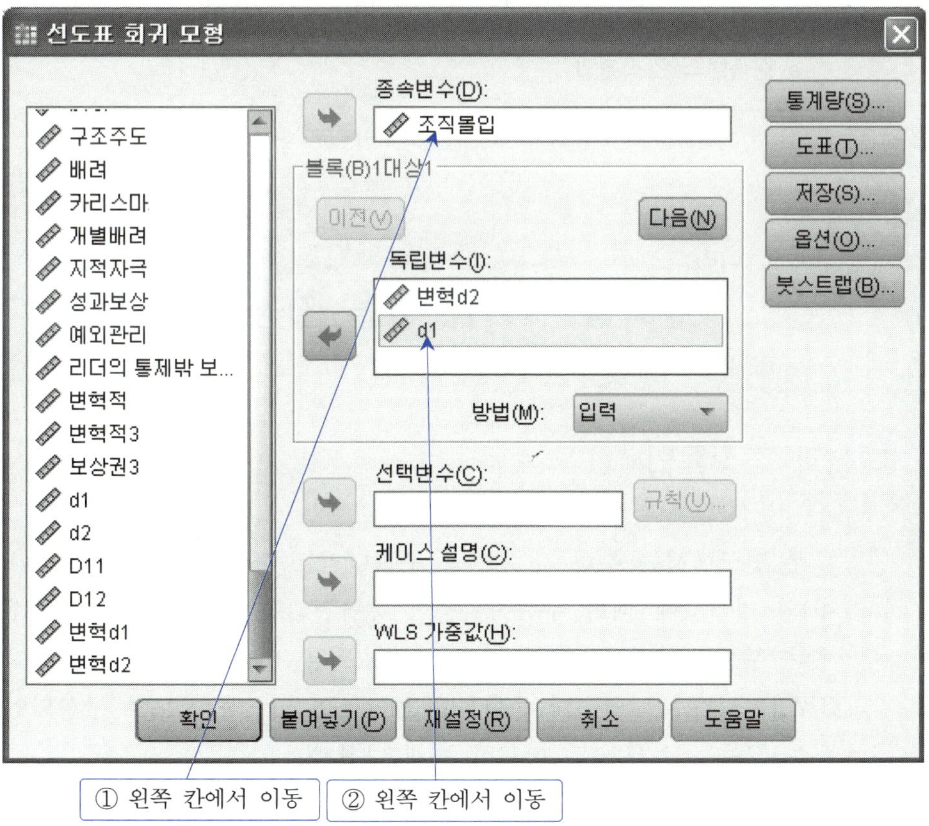

이 결과에 의하면, 두 상호작용항(변혁d1, 변혁d2)이 모두 유의수준 .05 이하에서 의미없는 것으로 나타났다. 따라서 변혁적 리더십이 조직몰입에 미치는 영향은 근무기간의 정도에 따라 다르다고 할 수 없다.

〈표 15-15〉 상호작용항을 포함한 회귀분석 결과

모형		비표준화 계수		표준화 계수	t	유의확률
		B	표준오차	베타		
1	(상수)	1.748	.328		5.321	.000
	변혁적	.409	.099	.432	4.135	.000
	변혁d1	.000	.132	.000	.001	.999
	변혁d2	-.154	.137	-.389	-1.128	.261
	d1	.191	.454	.144	.421	.674
	d2	.966	.460	.709	2.102	.037

a. 종속변수: 조직몰입

제 5 절 회귀분석을 활용한 실례

1. 리더십과 조직몰입

본 연구에서는 부하 각 개인을 분석단위로 하여, 과장(공무원)이나 부장(회사원)의 리더십에 대한 부하직원들의 응답결과를 분석하였다. 조사대상 부하직원은 부산과 경남의 19개 행정조직 공무원 378명과 21개 기업조직의 회사원 377명이었다. 각 변수의 문항들은 Likert-type 5점 척도로 구성되었으며 신뢰도는 모두 α >.60으로 비교적 높게 나왔다.

분석결과는 <표 15-16>과 같다. 이 표는 변혁적 · 거래적 리더십이 조직몰입에 미치는 영향에 대한 공식화 · 비융통성 · 집권화 · 보상권한의 조절효과를 검증한 조절회귀분석 결과이다. 이 표에 의하면 카리스마·개별적 배려·지적 자극과 조직몰입 간에 의미있는 조절변수 역할을 하는 것은 보상권한 뿐이고 ($p<.01$), 공식화, 비융통성, 집권화는 조절작용을 제대로 하지 못했다. 보상권한을 많이 가진 리더라고 부하가 인식할수록 변혁적 리더십이 부하의 조직몰입에 강한 영향을 미친다고 하겠다.

그러나 상황적 보상과 조직몰입의 관계에서는 보상권한 외에 공식화도 유의수준 .05에서 통계적으로 의미있는 조절작용을 했으며, 비융통성과 집권화는 의미는 없으나 약한 영향을 미친다. 따라서 거래적 리더십은 외재적 보상에 초점을 맞추므로 리더의 보상제공권한 정도에 리더십의 효과가 당연히 의존한다고 하겠으며, 조직구조도 부분적으로 조절작용을 하여 기계적 구조는 거래적 리더십에 유리한 측면이 있다고 볼 수 있다(김호정, 2001).

〈표 15-16〉 조직구조와 보상권한결여의 조절회귀분석

	조 직 몰 입	
	베타(β)	t
카리스마 × 공식화	-.12	-.51
카리스마 × 비융통성	-.26	-1.29
카리스마 × 집권화	-.07	-.45
카리스마 × 보상권한결여	-.46	-3.67^{***}
개별적 배려 × 공식화	-.12	-.40
개별적 배려 × 비융통성	-.35	-1.38
개별적 배려 × 집권화	-.15	-.76
개별적 배려 × 보상권한결여	-.52	-2.99^{**}
지적자극 × 공식화	.18	.72
지적자극 × 비융통성	-.03	-.12
지적자극 × 집권화	-.09	-.46
지적자극 × 보상권한결여	-.62	-4.17^{***}
상황적 보상 × 공식화	-.51	-2.07^{*}
상황적 보상 × 비융통성	-.14	-.65
상황적 보상 × 집권화	-.12	-.68
상황적 보상 × 보상권한결여	-.34	-2.38^{*}

* $p<.05$ ** $p<.01$ *** $p<.001$

2. 신뢰와 조직몰입

이 논문은 세 가지 신뢰가 조직몰입에 미치는 영향을 공・사부문 간에 비교한 것이다. 분석대상은 공무원 390명, 회사원 500명으로 총 840명이었다. 분석결과는 <표 15-17>과 같다. 이 표에 의하면 회사원들만 대상으로 했을 때는 세 가지 신뢰가 모두 조직몰입에 의미있는 영향을 미쳤지만, 전체나 공무원만을 대상으로 하면 조직신뢰와 상관신뢰만이 의미있는 영향을 미쳤다. 세 가지 신뢰의 조직몰입에 대한 설명력(R^2)도 38.9%~46.6%로 변수 수를 감안하면 높은 것으로 보인다. 세 가지 신뢰 중에는 표준회귀계수(β)를 기준으로 하면 조직신뢰가 세 번의 회귀분석에서 모두 영향력이 가장 강한 것으로 나타났다.

특히, 세 가지 신뢰가 조직몰입에 미치는 영향력(설명력)은 행정조직보다는 기업조직에서 강하게 나타났다. β를 비교하면 조직신뢰의 영향은 기업조직에서 강하고, 상관신뢰의 영향은 행정조직에서 강하게 나타났다.

조절회귀분석 결과에 의하면 공・사조직간에 상관신뢰나 동료신뢰가 조직몰입에 미치는 영향은 의미있는 차이가 없으나, 조직신뢰와 조직몰입 간에는 의미있는 차이가 발견되며 조직신뢰와 조직몰입의 관계는 행정조직보다 기업조직에서 강하게 나타났다.

한편 개인의 배경적 변수들은 조직내 신뢰에 비해 조직몰입에 미치는 영향이 아주 약한 것으로 밝혀졌다. 설명력의 증가를 보거나 β값을 비교하여도 배경적 변수들의 역할은 경미했다. 즉, 세 가지 경우(전체집단, 공무원, 회사원) 모두 성별, 연령, 직급, 학력 및 부문이 조직몰입에 의미있는 영향을 미치지 못하는 것으로 나타났다. 또한 공무원과 회사원의 경우 배경적 변수들을 통제해도 신뢰가 조직몰입에 미치는 영향에는 거의 변화가 없는 것으로 나타났다(김호정, 1999).

〈표 15-17〉 조직몰입에 대한 회귀분석 결과

변수	전체		공무원		회사원	
	β	β	β	β	β	β
조직신뢰	.449***	.359***	.397***	.381***	.548***	.531***
상관신뢰	.244***	.268***	.269***	.275***	.126**	.140**
동료신뢰	.062	.058	.057	.063	.095*	.086*
성 별		-.048		-.064		-.032
연 령		.089		.068		.084
직 급		.033		.017		.040
학 력		-.043		-.061		-.030
부문(公,私)		-.351				
조직신뢰*부문		.470*				
상관신뢰*부문		-.344				
동료신뢰*부문		.113				
Adj R^2	.436	.480	.389	.413	.466	.477

* $p < .05$ ** $p < .01$ *** $p < .001$ β는 표준회귀계수

제 16 장

군집분석

군집분석(집락분석; cluster analysis)은 다양한 특성을 지닌 자료들을 명확한 분류기준이 없는 상태에서 동질적인 집단으로 분류하는 데 이용되는 기법이다.

군집분석은 분석대상들을 일정한 속성에 따라 몇 개의 군집(집락)으로 분류하여, 같은 군집에 속하는 것과 다른 군집에 속하는 것과의 유사성과 차이점을 알아보기 위한 분석기법이다.

제1절 군집분석의 활용과 절차

1. 개념과 활용

군집분석(cluster analysis)은 다양한 특성을 지닌 자료들을 명확한 분류기준이 없는 상태에서 동질적인 집단으로 분류하는 데 이용되는 기법이다.

따라서 군집분석의 활용은 두 가지로 요약될 수 있다. 첫째, 분석대상(케이스 혹은 자료)들을 일정한 속성에 따라 몇 개의 군집으로 분류하는 것이며 둘째, 군집분석을 통해 밝혀진 같은 군집에 속하는 자료들과 다른 군집에 속하는 자료들과의 유사점과 차이점을 알아 볼 수 있다.

예컨대 주민들에게 설문조사를 통하여 정부정책의 분야별 태도를 조사하여 주민들을 몇 개의 군집으로 구분할 수 있고, 나아가 이렇게 분류된 군집들 간에 정부에 대한 신뢰에 차이가 있는지를 분석할 수 있다. 앞 단계에서는 군집분석이 이용되지만, 뒷 단계에서는 군집분석결과를 바탕으로 군집들 간 차이 검증을 위해 주로 분산분석이 이용된다.

2. 원 리

군집분석에서 자료들을 유사한 군집으로 묶는 기준은 자료들 간의 거리가 된다. 즉, 자료들의 변수값들이 유사한 것끼리 묶어서 군집을 만든다. 요인분석이나 판별분석은 자료들 간의 상관관계를 기초로 유사한 집단으로 분류하는 반면, 군집분석은 자료들 간의 거리를 기초로 집단을 분류하는 점이 다르다. 또한 요인분석은 변수들을 묶는데 반해, 군집분석은 자료들을 묶는 점이 다르다. 그리고 판별분석은 분석 이전에 집단이 이미 구분되어 있지만, 군집분석은 분석 전에 구분될 집단을 알 수 없다.

3. 절 차

가. 변수의 선정

자료들을 비교하여 유사한 것끼리 묶기 위해 변수를 먼저 선정하여 분석에 투입해야 한다. 그러면 투입된 변수값들이 유사한(거리가 가까운) 자료들을 묶게 된다. 어떤 변수를 선정하는가에 따라 군집분석결과가 다를 수 있으므로 변수선정이 아주 중요하다.

나. 변수값의 표준화

변수가 투입되면 자료들 간 변수의 거리를 계산하게 되는데, 이때 주의할 점은 투입된 변수의 단위에 따라 거리가 달라진다는 점이다. 또한 분석에 투입된 변수들은 모두 동일한 비중으로 평가된다. 따라서 변수들 간의 단위가 동일하지 않거나 분포의 차이가 심할 경우 엉뚱한 결과가 나올 수 있다. 이 점을 예방하기 위해 투입된 변수들을 표준화된 변수로 전환시킬 필요가 있다.

SPSSWIN 18.0에서는 계층적 군집분석의 경우 실행명령에서 표준화가 가능하나, K-평균 군집분석의 경우는 군집분석 이전에 미리 표준화시켜야 한다.

다. 유사성의 거리측정

이제는 자료들끼리 표준화된 변수들의 거리(유사성)를 측정하게 된다. SPSSWIN 18.0에서 사용할 수 있는 거리측정방법들은 다음과 같다.

(1) **유클리디안 거리**: 변수값들의 차이를 제곱하여 합산한 거리로, 직선 최단거리를 말하며 비교적 많이 사용되는 방법이다.

(2) **유클리디안 제곱 거리**: 유클리디안 거리를 제곱한 것이다. SPSSWIN 18.0의 기본설정(default)이며, 비교적 많이 사용되는 방법이다.

(3) **코사인 거리**: 변수값을 코사인 벡터로 환산한 거리이다.

(4) Pearson **상관**: Pearson의 상관관계를 거리로 환산한다.

(5) Chebychev: 변수값 차이의 절대치 중 가장 큰 값을 환산한 거리
(6) **블록**: 변수값 차이를 절대치하여 합한 거리
(7) Minkowski: 변수값 차이의 p 제곱합의 1/r 승(乘)으로 환산한 거리

라. 군집화

변수값들에 대한 자료들 간 거리가 구해지면 이를 기초로 자료들을 묶게(군집화) 된다. SPSSWIN 18.0에서 사용하는 군집화 방법들은 다음과 같다. 아래 일곱 가지 방법 중 (5), (6), (7)은 거리측정에서 유클리디안 제곱을 사용하고, 나머지는 유클리디안을 사용한다.

(1) **집단 간 연결**: 군집 간 거리는 각 군집에 속한 자료들의 평균거리로 산정한다.
(2) **집단 내 연결**: 새로운 자료를 포함한 모든 자료들 간의 평균거리가 최소가 되는 군집에 새로운 자료를 포함시킨다.
(3) **가장 가까운 항목**: 군집 간 거리는 각 군집에 속한 자료들 중 가장 가까운 거리로 산정한다.
(4) **가장 먼 항목**: 군집 간 거리는 각 군집에 속한 자료들 중 가장 먼 거리로 산정한다.
(5) **중심점 군집화**: 군집 간 거리는 각 군집에 속한 자료들 중 중심 거리로 산정한다.
(6) **중위수 군집화**: 군집 간 거리는 각 군집내 중위수의 자료들 간 거리로 산정한다.
(7) Ward **방법**: 군집 간 거리에 편차제곱을 이용하여 산정한다.

4. 계층적 군집분석과 비계층적 군집분석

군집을 추출하는 방법에는 계층적 방법과 비계층적 방법이 있는데, 앞에서 설명한 일곱 가지 군집화 방법은 모두 계층적 군집분석이다. 비계층적 군집분석에도 여러 가지가 있지만 보편적으로 'K-평균 군집분석'을 사용하고 있다.

이런 의미에서 SPSSWIN 18.0에서도 K-평균 군집분석만을 제시하고 있다. 여기서 K는 군집의 수를 의미한다.

계층적 군집방법은 각 자료가 하나의 군집으로 시작해서 군집화가 계층적(단계적)으로 진행되면서 군집의 수가 줄어드는 반면, 비계층적 군집화는 미리 정해진 군집의 수에 맞게 각 자료들이 적절한 군집들에 배당된다.

따라서 SPSSWIN 18.0에서는 '계층적 군집분석'을 선택하면 군집화 단계에 관한 정보를 군집화 일정표, 수직고드름, 덴드로그램 등으로 산출해 주지만, 'K-평균 군집분석'을 선택하면 이러한 과정은 생략하고 각 자료가 속한 군집만을 산출한다. 그러므로 'K-평균 군집분석' 대화상자에는 '방법', '통계량', '도표'와 같은 단추가 없다.

그러나 두 방법의 활용면에서는 오히려 K-평균 군집분석이 유리하다고 할 수 있다. 계층적 군집분석에서는 극단치(outlier)가 제거되지 않고 반드시 어느 군집에 속한다는 문제가 있으며, 자료의 수가 많을 경우 군집화 단계에 관한 정보의 산출이 느리고 복잡하며 난해하다는 단점이 있는 반면, K-평균 군집분석은 이러한 단점이 없으면서 특히 군집화 속도가 빨라 자료의 수가 많을 경우 더욱 편리하다. 이런 점 때문에 최근 K-평균 군집분석이 널리 이용되고 있다. 더욱이 연구목적이 군집분석을 기초로 군집들 간 종속변수의 차이검증에 있다면 K-평균 군집분석의 사용을 권하고 싶다.

제 2 절 비계층적 군집분석: K-평균 군집분석

1. K-평균 군집분석의 실행

비계층적 군집분석 가운데 주로 이용되는 방법은 K-평균 군집분석이다.

이런 의미에서 SPSSWIN 18.0에서도 비계층적 군집분석으로 K-평균 군집분석만 소개하고 있다.

사용될 데이터 파일은 첨부된 파일 중 '리더십과 조직몰입(군집분석).sav'이다.

가. 기초작업: 표준화 변수의 생성

군집분석을 위해 우선 변수를 표준점수(Z-score)로 변환하는 작업, 즉 표준화 변수를 생성시켜야 하므로 다음과 같은 절차를 거친다.

분석(A) → 기술통계량(E) → 기술통계(D)...

위 절차를 그림으로 나타낸 것이 [그림 16-1] 기술통계량 SPSS 데이터 편집기 화면이다. 여기서 '기술통계(D)'를 클릭하면 [그림 16-2] 기술통계 대화상자가 나타난다.

그림 16.1 기술통계량 SPSS 데이터 편집기

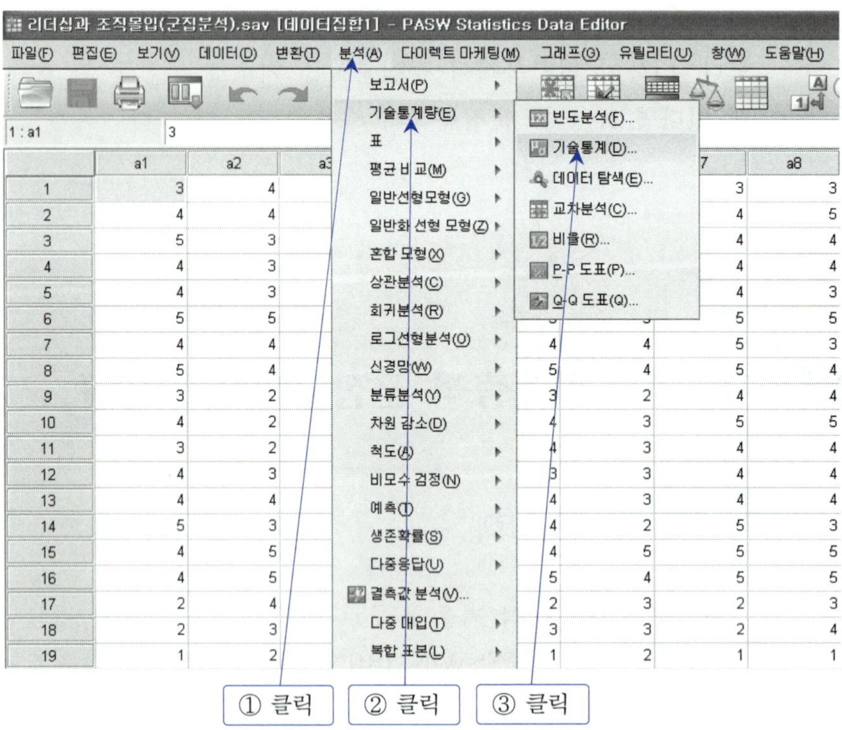

그림 16.2 기술통계 대화상자

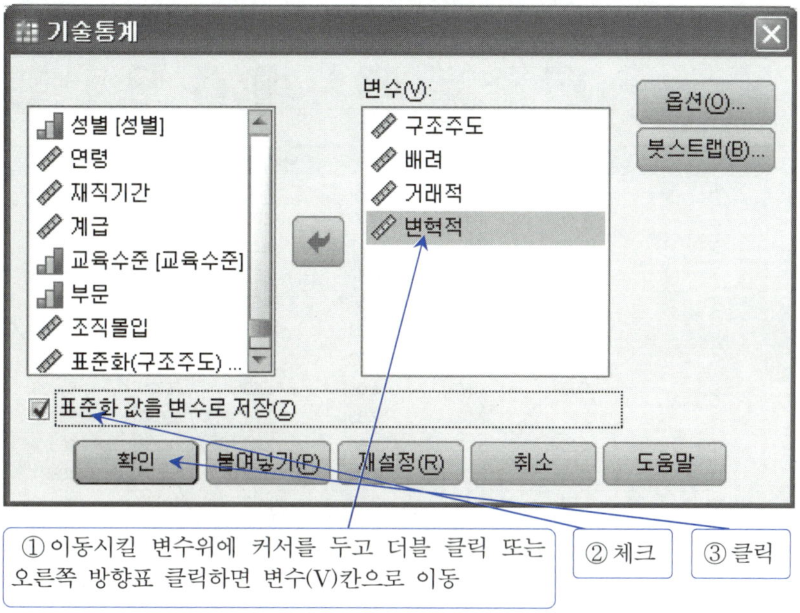

[그림 16-2] 기술통계 대화상자에서 구조주도, 배려, 거래적, 변혁적 리더십 변수를 '변수(V)' 칸으로 이동시킨 후, 표준화값을 변수로 저장(Z)을 체크하고, 확인 을 클릭하면 분석결과가 나타난다.

위와 같은 절차를 실행하면 <표 16-1> 기술통계량 분석결과가 나타나고, [그림 16-3]에서 표준화된 변수가 생성된다. 표준화된 변수는 K-평균 군집분석에 활용된다.

〈표 16-1〉 기술통계량

	N	최소값	최대값	평균	표준편차
구조주도	737	1.00	5.00	3.5193	.63808
배려	736	1.00	5.00	3.3646	.75031
거래적	745	1.00	5.00	3.1638	.64743
변혁적	744	1.00	5.00	3.1349	.67372
유효수 (목록별)	709				

그림 16.3 표준화 변수 및 데이터

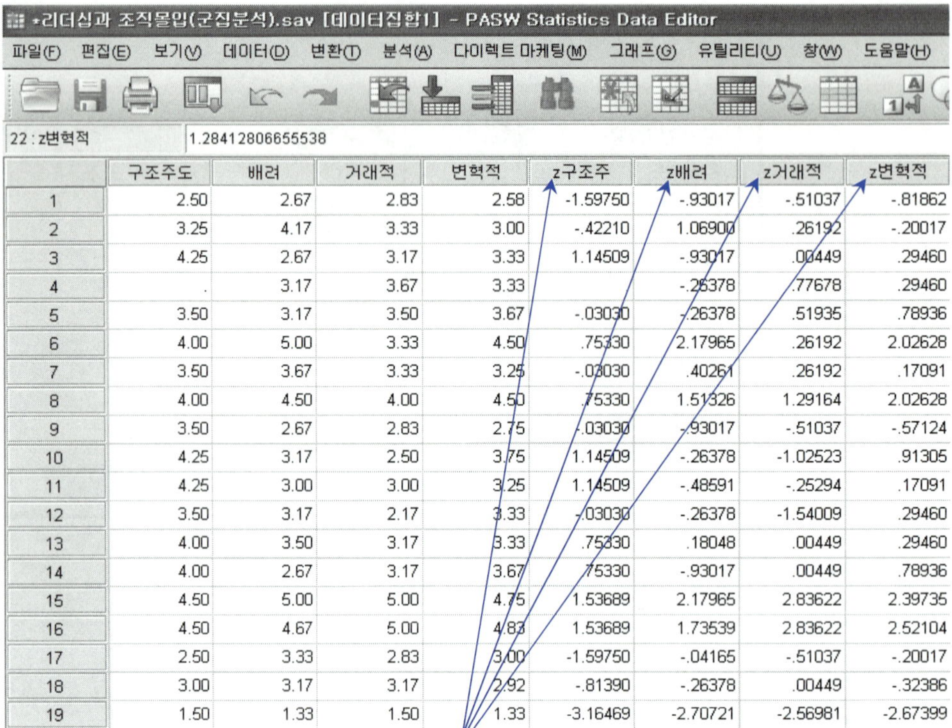
*리더십과 조직몰입(군집분석).sav [데이터집합1] - PASW Statistics Data Editor

파일(F) 편집(E) 보기(V) 데이터(D) 변환(T) 분석(A) 다이렉트 마케팅(M) 그래프(G) 유틸리티(U) 창(W) 도움말(H)

22 : z변혁적 1.28412806655538

	구조주도	배려	거래적	변혁적	z구조주	z배려	z거래적	z변혁적
1	2.50	2.67	2.83	2.58	-1.59750	-.93017	-.51037	-.81862
2	3.25	4.17	3.33	3.00	-.42210	1.06900	.26192	-.20017
3	4.25	2.67	3.17	3.33	1.14509	-.93017	.00449	.29460
4	.	3.17	3.67	3.33		-.26378	.77678	.29460
5	3.50	3.17	3.50	3.67	-.03030	-.26378	.51935	.78936
6	4.00	5.00	3.33	4.50	.75330	2.17965	.26192	2.02628
7	3.50	3.67	3.33	3.25	-.03030	.40261	.26192	.17091
8	4.00	4.50	4.00	4.50	.75330	1.51326	1.29164	2.02628
9	3.50	2.67	2.83	2.75	-.03030	-.93017	-.51037	-.57124
10	4.25	3.17	2.50	3.75	1.14509	-.26378	-1.02523	.91305
11	4.25	3.00	3.00	3.25	1.14509	-.48591	-.25294	.17091
12	3.50	3.17	2.17	3.33	-.03030	-.26378	-1.54009	.29460
13	4.00	3.50	3.17	3.33	.75330	.18048	.00449	.29460
14	4.00	2.67	3.17	3.67	.75330	-.93017	.00449	.78936
15	4.50	5.00	5.00	4.75	1.53689	2.17965	2.83622	2.39735
16	4.50	4.67	5.00	4.83	1.53689	1.73539	2.83622	2.52104
17	2.50	3.33	2.83	3.00	-1.59750	-.04165	-.51037	-.20017
18	3.00	3.17	3.17	2.92	-.81390	-.26378	.00449	-.32386
19	1.50	1.33	1.50	1.33	-3.16469	-2.70721	-2.56981	-2.67399

① 새로 생성된 표준화 변수인 Z구조주, Z배려, Z거래적, Z변혁적 변수

나. K-평균 군집분석의 실행

앞에서 생성된 표준화 변수를 활용하여 K-평균 군집분석을 실행하는 과정은 다음과 같다.

> 분석(A) → 분류분석(Y) → K-평균 군집분석(K)...

[그림 16-4]와 같이 순차적으로 실행하면, [그림 16-5] K-평균 군집분석 대화상자가 나타난다.

[그림 16-5]와 [그림 16-6]은 변수이동을 위한 대화상자이다. 여기서 분석하고자 하는 변수인 표준화된 구조주도, 배려, 거래적, 변혁적 변수(리더십)를 '변수(V)' 칸으로 이동한 후, 케이스 설명이 필요한 경우 설명을 입력한다(대체로 설명을 생략함).

그림 16.4 군집분석 SPSS 데이터 편집기

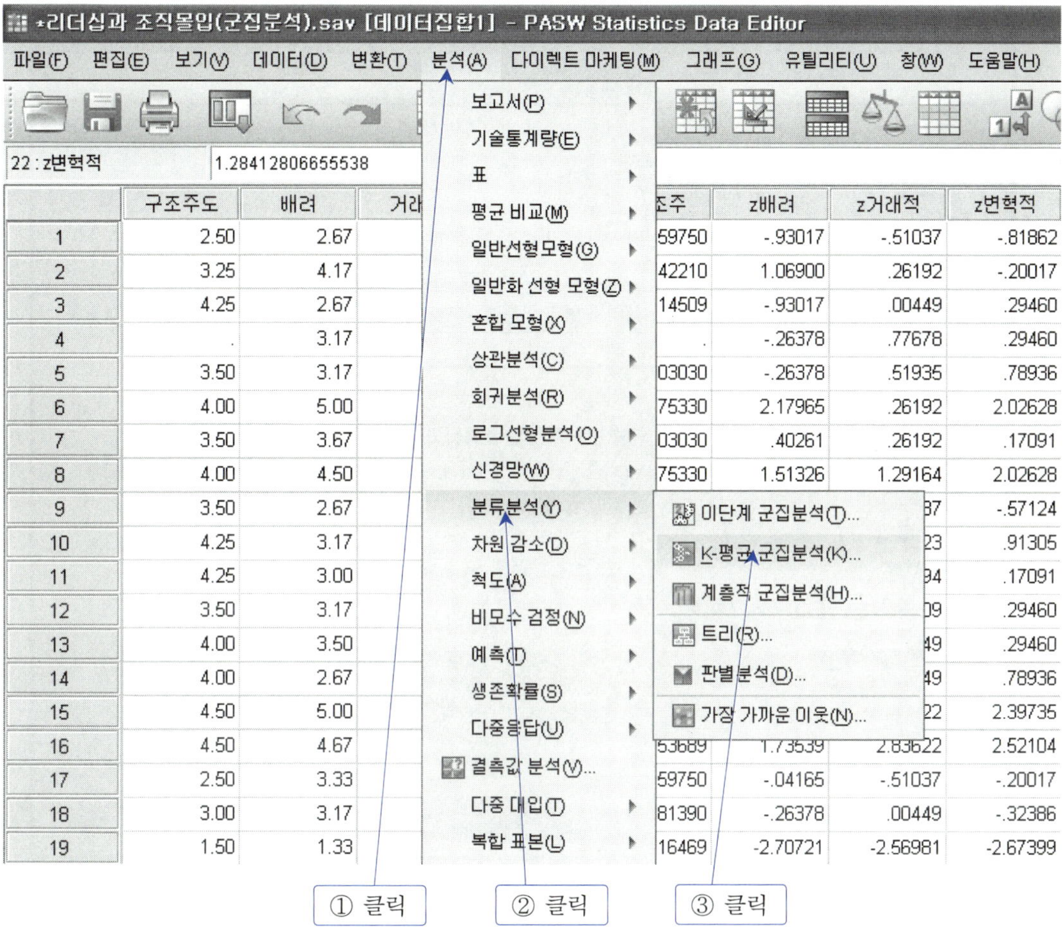

그림 16.5 K-평균 군집분석 초기 대화상자

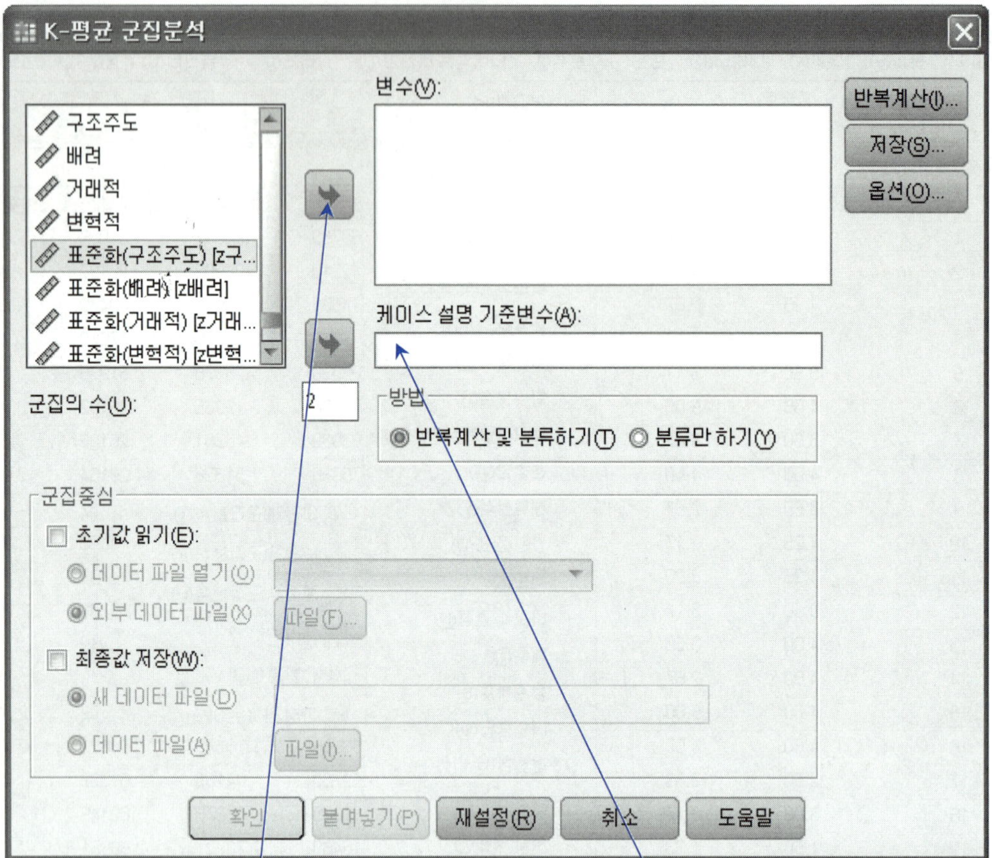

① 변수 지정후 오른쪽 위 방향표 클릭하면 변수(V) 칸으로 이동

② 공란인 경우 자료의 번호만 출력되지만(default), 자료의 내용을 입력하면 숫자가 아닌 문자로 출력된다.

그림 16.6 변수 이동 후 대화상자

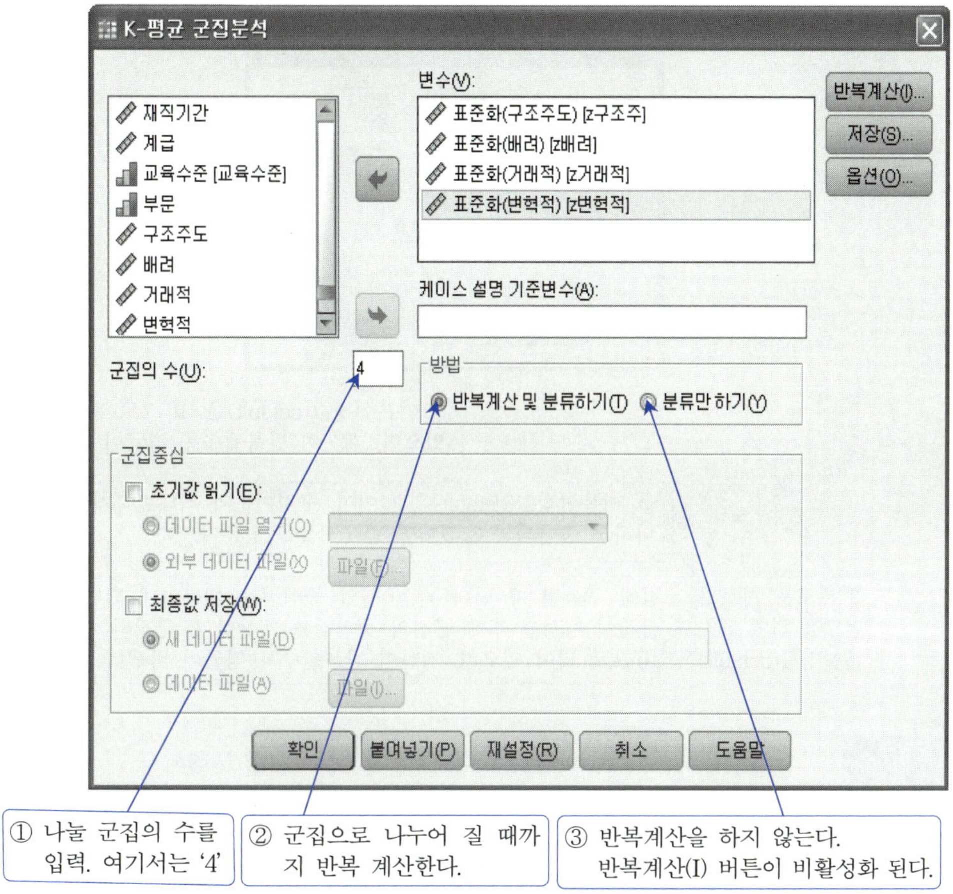

[그림 16-6]에서 [반복계산(I)...]을 클릭하면 [그림 16-7]이 나타난다.

[그림 16-7]은 K-평균 군집분석을 위한 반복계산인데 최대반복계산수(M)에는 기본설정값(10)을 그대로 두고, 수렴기준(C)과 유동계산 평균 사용(U)도 기본설정값을 그대로 둔 채 [계속]을 클릭한다.

다시 [그림 16-6]에서 [저장(S)...]을 클릭하면 [그림 16-8]이 나온다.

[그림 16-8]은 K-평균 군집 새 변수 저장 대화상자인데, 여기서는 소속군집(C)과 군집중심으로부터의 거리(D)를 모두 선택하고 [계속]을 클릭한다.

그림 16.7 K-평균 군집분석: 반복계산 대화상자

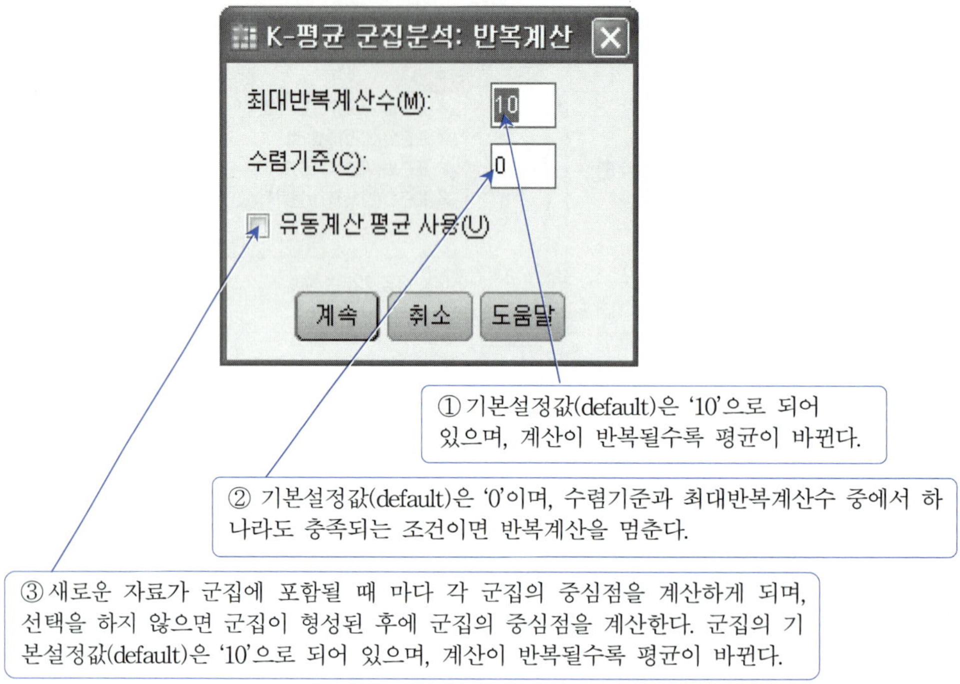

그림 16.8 K-평균 군집분석: 새 변수 저장 대화상자

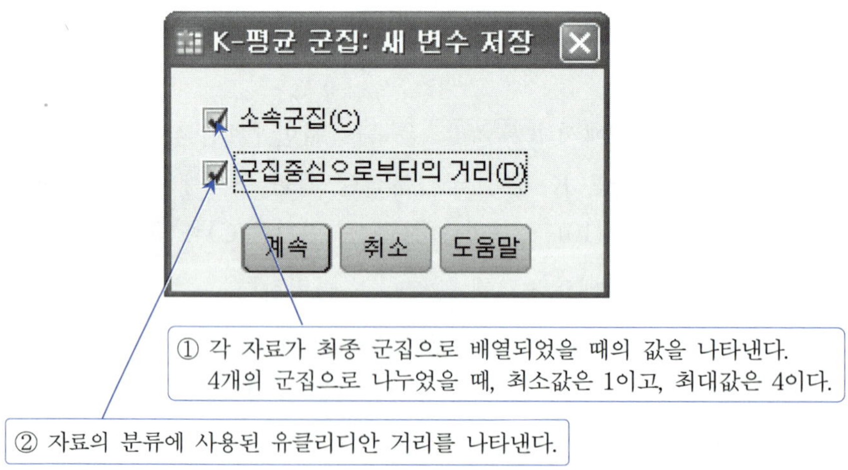

[그림 16-9]는 [그림 16-6]에서 옵션(O)... 을 클릭하여 나타나는 옵션 대화상자로서, 통계량에서 군집중심초기값(I), 분산분석표(A), 각 케이스의 군집정보(C)를 모두 선택하고, 결측값은 기본설정값(default)인 목록별 결측값 제외(L)를 선택한 후, 계속 을 클릭한다.

그림 16.9 K-평균 군집분석: 옵션 대화상자

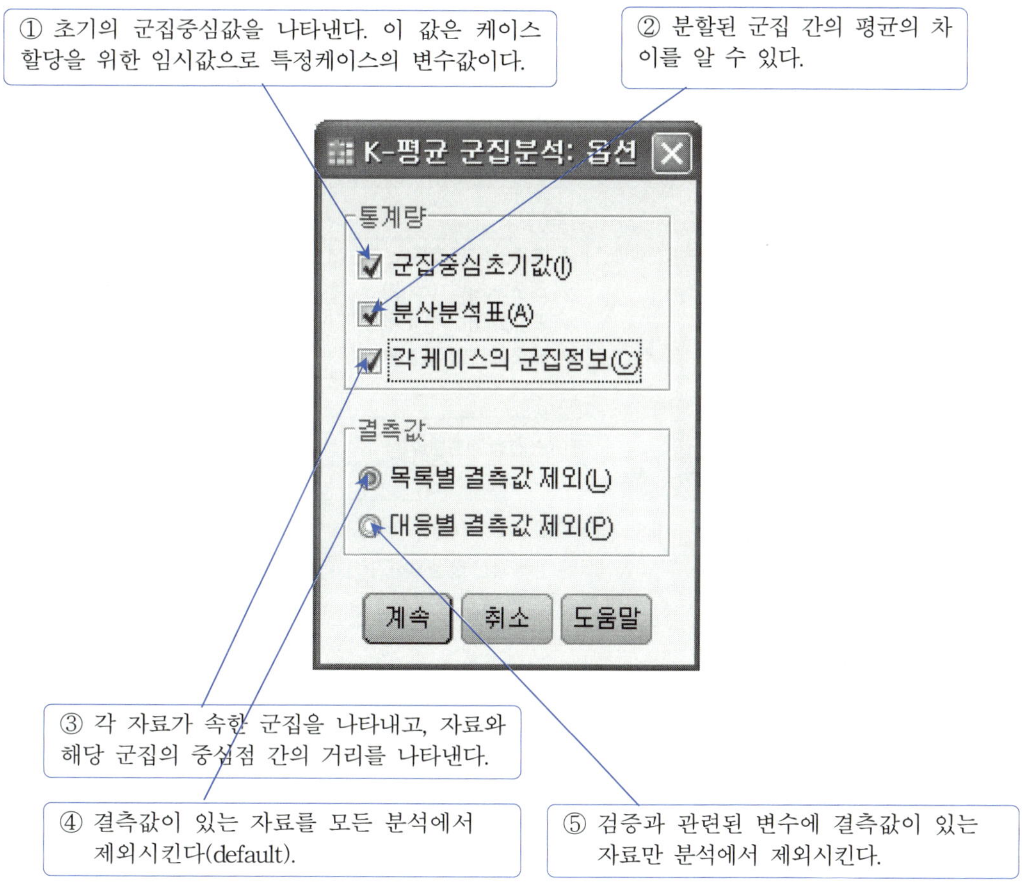

[그림 16-9]에서 계속 을 클릭하면 [그림 16-6]의 대화상자로 되돌아간다. 여기서 확인 을 클릭하면 다음의 <표 16-2>부터 <표 16-8>까지의 분석결과가 나타난다. [그림 16-11]은 K-평균 군집분석 후의 새로운 변수 생성화면인데, 'qcl_1'은 각 케이스별 해당 군집의 번호를 나타내고, 'qcl_2'는 각 케이스별 군집중심으로부터의 거리를 의미한다. 한편 [그림 16-10]의 군집중심 대화상자는 초기값 읽기(E)와 최종값 저장(W)이 있는데 여기서는 필요할 경우에만 체크하여 파일에서 불러오기를 하여 사용한다.

그림 16.10 K-평균 군집분석: 군집중심 대화상자

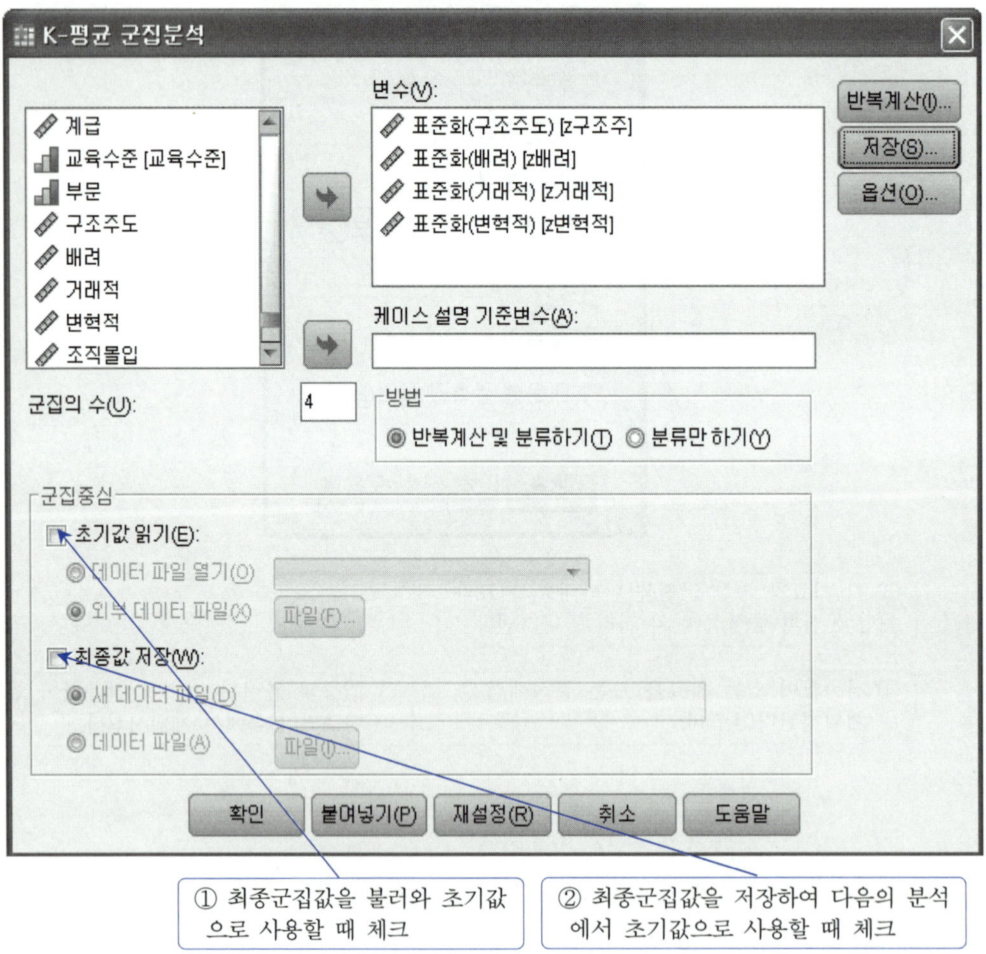

그림 16.11 K-평균 군집분석 새로운 변수 생성 화면

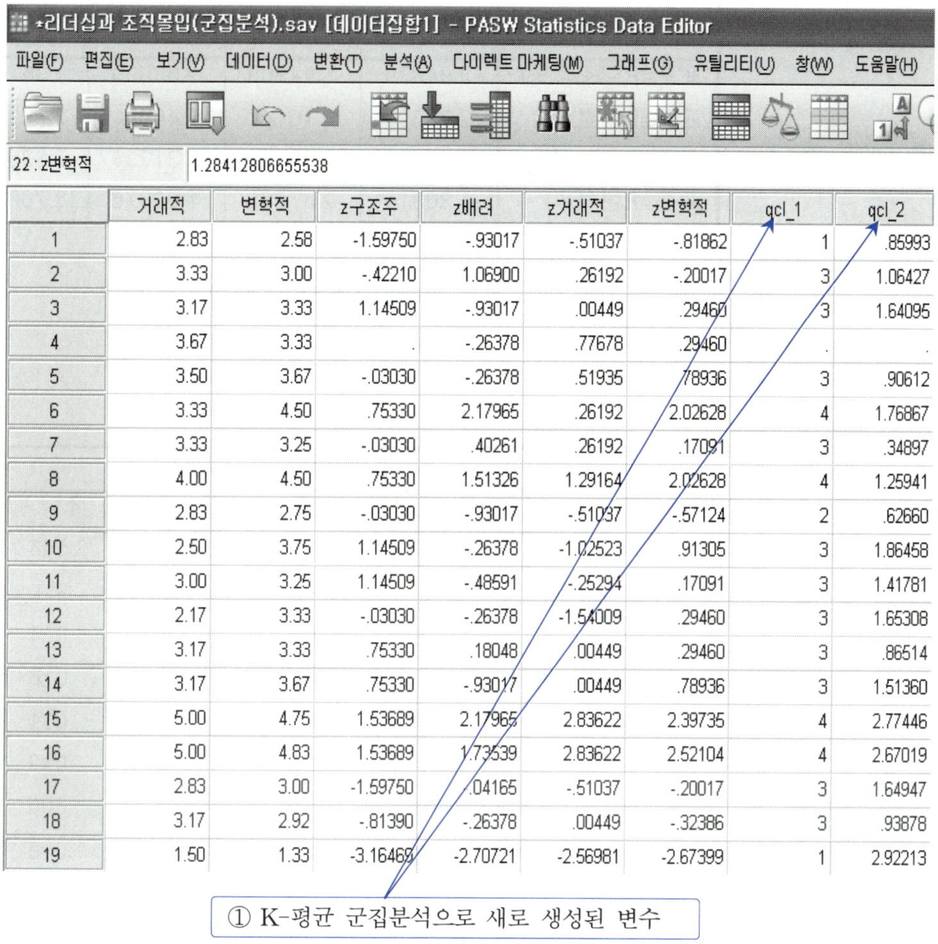

	거래적	변혁적	z구조주	z배려	z거래적	z변혁적	qcl_1	qcl_2
1	2.83	2.58	-1.59750	-.93017	-.51037	-.81862	1	.85993
2	3.33	3.00	-.42210	1.06900	.26192	-.20017	3	1.06427
3	3.17	3.33	1.14509	-.93017	.00449	.29460	3	1.64095
4	3.67	3.33	.	-.26378	.77678	.29460	.	.
5	3.50	3.67	-.03030	-.26378	.51935	.78936	3	.90612
6	3.33	4.50	.75330	2.17965	.26192	2.02628	4	1.76867
7	3.33	3.25	-.03030	.40261	.26192	.17091	3	.34897
8	4.00	4.50	.75330	1.51326	1.29164	2.02628	4	1.25941
9	2.83	2.75	-.03030	-.93017	-.51037	-.57124	2	.62660
10	2.50	3.75	1.14509	-.26378	-1.02523	.91305	3	1.86458
11	3.00	3.25	1.14509	-.48591	-.25294	.17091	3	1.41781
12	2.17	3.33	-.03030	-.26378	-1.54009	.29460	3	1.65308
13	3.17	3.33	.75330	.18048	.00449	.29460	3	.86514
14	3.17	3.67	.75330	-.93017	.00449	.78936	3	1.51360
15	5.00	4.75	1.53689	2.17965	2.83622	2.39735	4	2.77446
16	5.00	4.83	1.53689	1.73539	2.83622	2.52104	4	2.67019
17	2.83	3.00	-1.59750	.04165	-.51037	-.20017	3	1.64947
18	3.17	2.92	-.81390	-.26378	.00449	-.32386	3	.93878
19	1.50	1.33	-3.16469	-2.70721	-2.56981	-2.67399	1	2.92213

2. K-평균 군집분석의 산출결과와 해석

<표 16-2>는 4개의 변수에 대한 초기 4개의 군집 중심값을 나타낸다. 초기 군집 중심값은 케이스 할당을 위한 임시값으로 특정케이스의 변수들 값이다. 이 값을 기준으로 각 케이스나 각 군집들의 중심점과의 거리를 계산하여 가장 가까운 거리에 있는 군집에 케이스를 할당하게 된다.

〈표 16-2〉 초기 군집중심

	군집			
	1	2	3	4
표준화(구조주도)	-3.94829	1.14509	-.03030	.36150
표준화(배려)	-2.26295	-3.15147	.40261	2.17965
표준화(거래적)	-1.02523	-1.79752	-2.31238	2.83622
표준화(변혁적)	-1.80815	-2.67399	1.03675	2.76842

<표 16-3>은 반복계산에 따른 군집중심의 변화량을 나타내는 것으로 여기서는 10회 반복계산했으나 수렴에 실패했다고 나타났다.

〈표 16-3〉 반복계산정보

반복계산	군집중심의 변화량			
	1	2	3	4
1	2.244	2.324	2.459	2.556
2	.377	.335	.096	.310
3	.102	.183	.044	.094
4	.046	.080	.026	.016
5	.000	.038	.015	.021
6	.031	.028	.004	.012
7	.058	.070	.011	.000
8	.044	.064	.015	.000
9	.023	.020	.019	.017
10	.024	.012	.017	.018

a. 최대 수의 반복계산이 수행되어 반복계산이 중지되었습니다. 반복계산이 수렴되지 않았습니다. 모든 중심에 대한 최대 절대 좌표 변경은 .017입니다. 현재 반복계산은 10입니다. 초기 중심 간의 최소 거리는 5.296입니다.

<표 16-4>는 각 케이스가 속하는 군집과 각 케이스와 해당 군집 간의 거리를 나타내고 있는데, 전체 케이스의 일부분에 해당한다(전체 유효케이스는 709개). 구체적으로 '군집 1'에는 케이스 1, 19, 20, '군집 2'에는 9, 23, '군집 3'에는 2, 3, 5, 7, 10, 11, 12, 13, 14, 17, 18, 21, '군집 4'에는 6, 8, 15, 16, 22, 24가 각각 속해 있다. 여기서 케이스 4는 결측값이므로 어느 군집에도 속하지 않았다.

〈표 16-4〉 소속군집

케이스 수	군집	거리
1	1	.860
2	3	1.064
3	3	1.641
4	.	.
5	3	.906
6	4	1.769
7	3	.349
8	4	1.259
9	2	.627
10	3	1.865
11	3	1.418
12	3	1.653
13	3	.865
14	3	1.514
15	4	2.774
16	4	2.670
17	3	1.649
18	3	.939
19	1	2.922
20	1	1.135
21	3	1.751
22	4	.830
23	2	1.119
24	4	2.179

<표 16-5>는 표준화된 구조주도, 배려, 거래적, 변혁적 변수(리더십)에 대한 4개의 최종 군집중심값을 나타낸 것이다. <표 16-2>의 초기 군집중심값을 이용하여 군집분석을 하면서 각 군집에 새 케이스가 추가로 투입되어 평균값이 달라지게 되므로 군집중심값도 변하게 된다. 이러한 과정이 반복되다가 각 케이스가 4개의 군집중 1개에 포함되면 계산이 종료된다.

〈표 16-5〉 최종 군집중심

	군집			
	1	2	3	4
표준화(구조주도)	-1.69663	-.01087	-.09710	.87475
표준화(배려)	-1.09610	-1.08988	.13533	.91018
표준화(거래적)	-1.18341	-.87417	.05513	.91966
표준화(변혁적)	-1.34617	-1.04454	.12265	.99222

<표 16-6>은 최종 군집 간의 거리를 나타내고 있다. 군집 1과 군집 2의 거리는 1.740, 군집 1과 군집 3은 2.787, 군집 1과 군집 4는 4.531, 군집 2와 군집 3은 1.932, 군집 2와 군집 4는 3.486, 군집 3과 군집 4는 1.746을 나타내고 있다.

〈표 16-6〉 최종 군집중심 간 거리

군집	1	2	3	4
1		1.740	2.787	4.531
2	1.740		1.932	3.486
3	2.787	1.932		1.746
4	4.531	3.486	1.746	

<표 16-7>은 4개의 군집에 대한 각 군집별 케이스 수를 정리한 것이다. 즉, 군집 1의 케이스는 83개로 가장 적고, 군집 2는 121개, 군집 3은 305개로 가장 많고, 군집 4는 200개의 케이스를 포함한다. 전체 유효케이스는 709개이며, 결측치는 46개이다.

〈표 16-7〉 각 군집의 케이스 수

군집	1	83.000
	2	121.000
	3	305.000
	4	200.000
유효		709.000
결측		46.000

제3절 K-평균 군집분석을 이용한 분산분석

1. 실 행

다음은 K-평균 군집분석을 활용하기 위하여 분산분석을 실행하는 과정을 나타낸 것이다. 검증할 가설은 "전통적 리더십(구조주도, 배려, 거래적)과 변혁적 리더십을 모두 강하게 발휘하는 리더의 부하들이 조직몰입 정도도 가장 높을 것이다"인데, 군집분석과 분산분석으로써 이를 검증하고자 한다. 다음은 가설 검증을 위한 분산분석 과정이다.

분석(A) → 평균 비교(M) → 일원배치 분산분석(O)...

위와 같은 절차로 실행하는 화면이 [그림 16-12] 분산분석 SPSS 데이터 편집기 화면이다. 그리고 이 화면을 실행시키면 [그림 16-13] 분산분석 초기 대화상자가 나타난다. 여기서는 '종속변수(E)'에 조직몰입을 이동시키고, 요인(F)에는 앞의 K-평균 군집분석에서 생성된 케이스 군집번호[qcl_1]를 이동시킨다.

다음에는 대비(C)..., 사후분석(H)..., 옵션(O)... 을 차례로 선택한다. 그러면 <표 16-8>에서 <표 16-13>까지 모두 6가지 결과가 산출된다.

그림 16.12 분산분석 SPSS 데이터 편집기

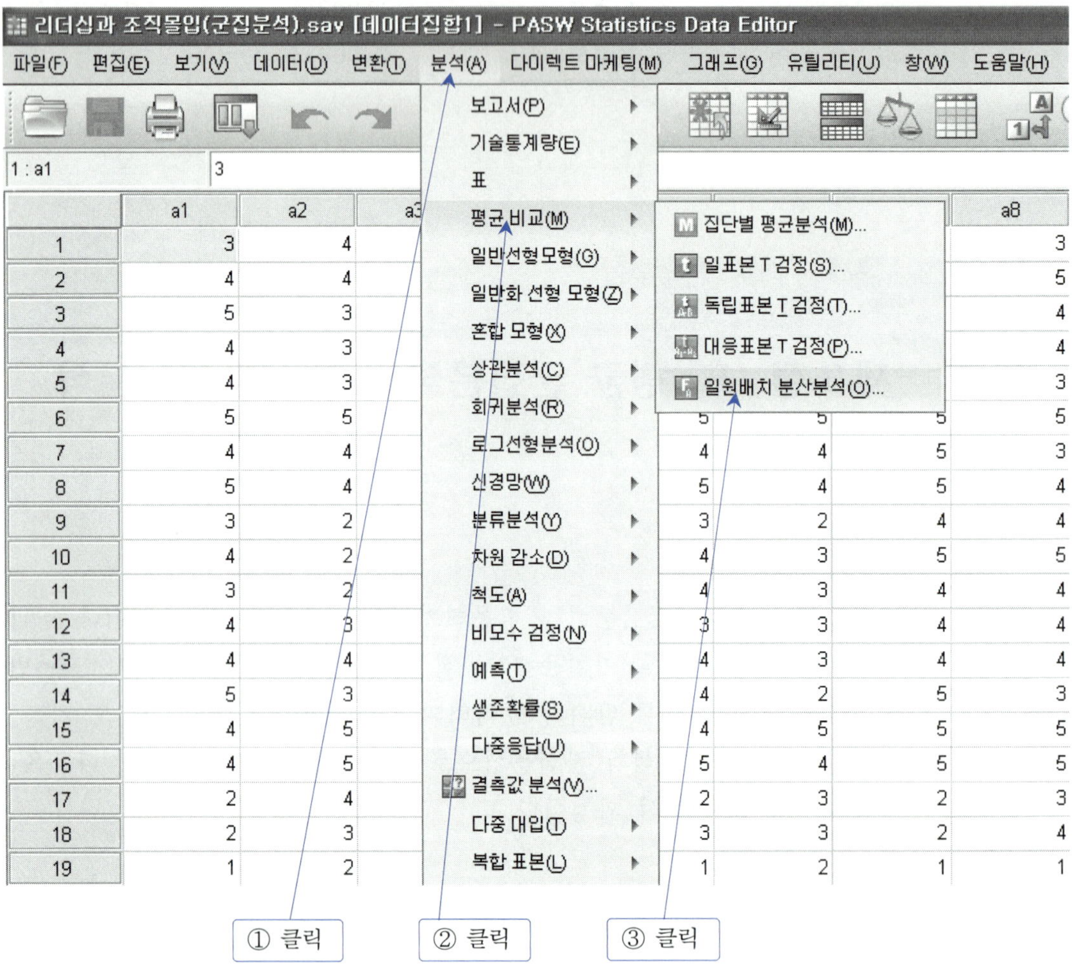

그림 16.13 분산분석 초기 대화상자

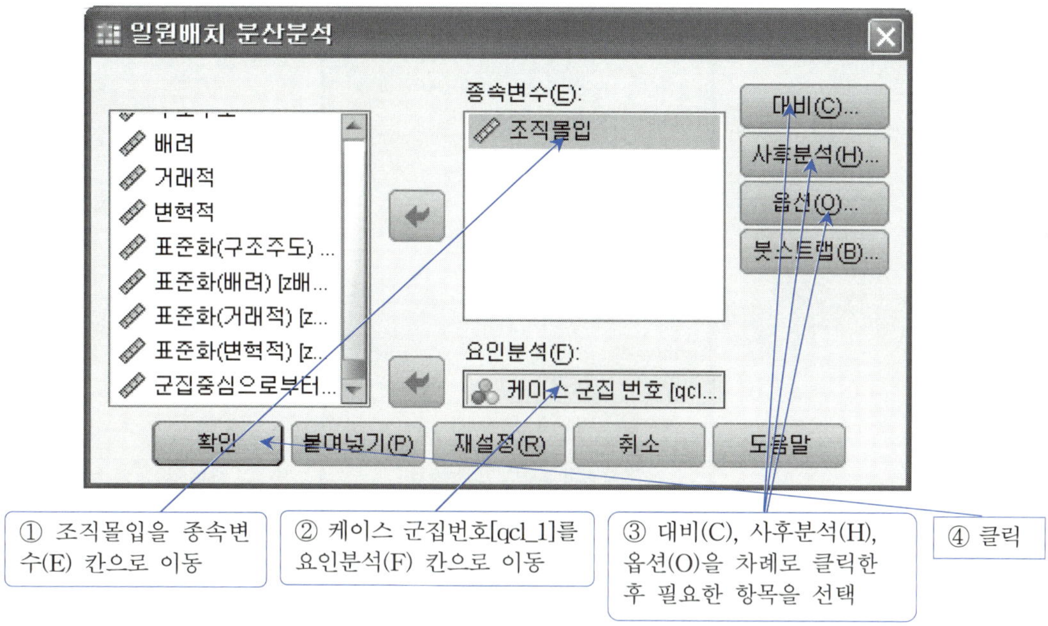

먼저 [그림 16-13]에서 대비(C)... 를 선택하여 나타난 [그림 16-14] 대비 대화상자는 두 집단의 평균차이를 비교하는 것이다. 여기서는 선택을 하지 않고 계속 을 클릭한 후, [그림 16-13]으로 돌아가 사후분석(H)... 을 선택하면 된다.

그림 16.14 분산분석 : 대비 대화상자

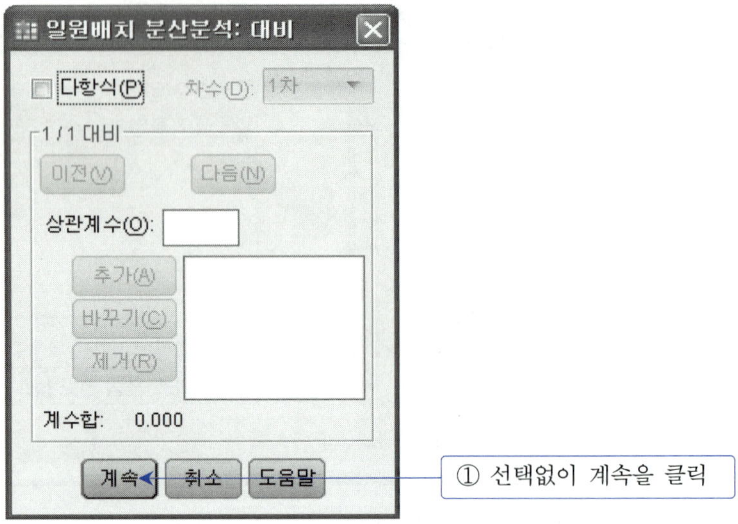

[그림 16-15]는 사후분석을 나타낸 것으로서 여기서는 'Scheffe(C)' 만을 선택한 후 계속 을 클릭한다. 그리고 다시 [그림 16-13]에서 옵션(O)... 을 클릭한다.

그림 16.15 분산분석: 사후분석-다중비교 대화상자

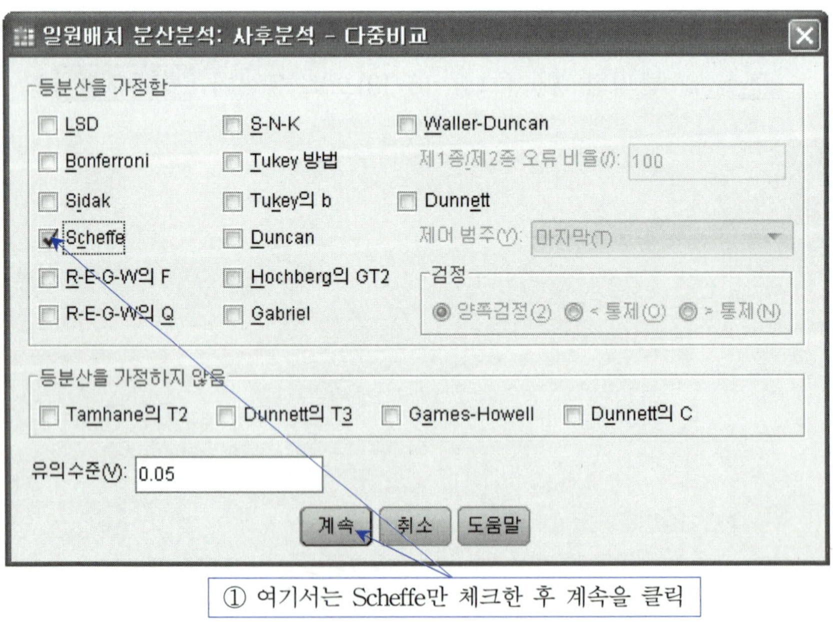

그림 16.16 분산분석: 옵션 대화상자

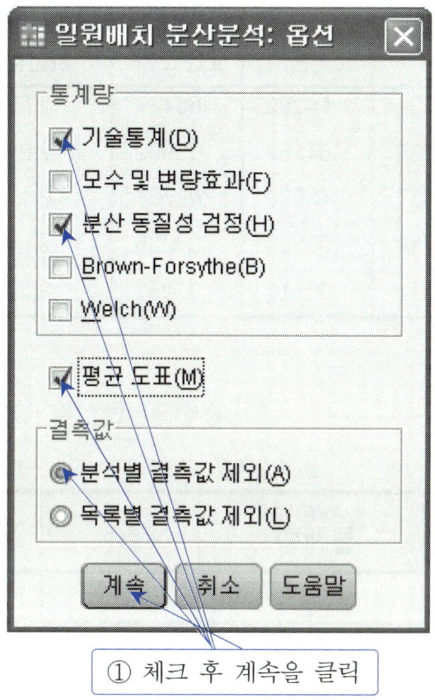

[그림 16-16]은 옵션 대화상자로서 '통계량'에는 기술통계(D), 분산 동질성 검증(H)을 선택하고, 평균도표(M)를 선택한 후, 결측값에는 기본설정값(default)인 분석별 결측값 제외(A)를 선택한 후, 계속을 클릭한다. 그러면 [그림 16-13]이 나타나는데 여기서 확인을 클릭하면 <표 16-8>에서 <표 16-13>이 나타난다. 이러한 분석결과들을 앞의 <표 16-5> 최종 군집중심과 결합하면 <표 16-14>와 같이 요약할 수 있다.

2. 산출결과와 해석

<표 16-9>에서와 같이 조직몰입은 '군집 4'가 가장 강하고(3.6764), '군집 1'이 가장 약한 것(2.7531)으로 나타났다.

〈표 16-8〉 기술통계량

조직몰입

	N	평균	표준편차	표준오차	평균에 대한 95% 신뢰구간		최소값	최대값
					하한값	상한값		
1	81	2.7531	.58295	.06477	2.6242	2.8820	1.25	4.00
2	121	2.9380	.64168	.05833	2.8225	3.0535	1.50	4.75
3	303	3.2327	.48520	.02787	3.1778	3.2875	1.50	4.25
4	197	3.6764	.53836	.03836	3.6008	3.7520	2.00	5.00
합계	702	3.2511	.62312	.02352	3.2049	3.2972	1.25	5.00

〈표 16-9〉 분산의 동질성에 대한 검증

조직몰입

Levene 통계량	df1	df2	유의확률
4.738	3	698	.003

<표 16-9>에 의하면 네 집단(군집) 간 조직몰입의 분산이 유의수준 .01 이하에서 동일하다고 볼 수 없다.

〈표 16-10〉 분산분석

조직몰입

	제곱합	df	평균 제곱	F	유의확률
집단-간	67.686	3	22.562	77.008	.000
집단-내	204.501	698	.293		
합계	272.187	701			

<표 16-10>에서 볼 때, 조직몰입은 네 집단(군집)들 간에 유의수준 .001 이하에서 의미있는 차이가 있다고 할 수 있다.

<표 16-11>에 의하면 '군집 1'과 '군집 2'는 유의수준 .05에서 의미있는 차이가 없으므로, 동일집단으로 분류될 수 있으나, 그 밖의 다른 집단들은 유의수준 .001 이하에서 의미있는 차이가 있으므로 상이한 집단으로 분류된다는 의미이다.

〈표 16-11〉 다중비교

조직몰입
Scheffe

(I) 케이스 군집 번호	(J) 케이스 군집 번호	평균차(I-J)	표준오차	유의확률	95% 신뢰구간 하한값	95% 신뢰구간 상한값
1	2	-.18493	.07771	.130	-.4027	.0328
	3	-.47959*	.06771	.000	-.6693	-.2899
	4	-.92331*	.07144	.000	-1.1235	-.7231
2	1	.18493	.07771	.130	-.0328	.4027
	3	-.29466*	.05821	.000	-.4578	-.1315
	4	-.73838*	.06252	.000	-.9136	-.5632
3	1	.47959*	.06771	.000	.2899	.6693
	2	.29466*	.05821	.000	.1315	.4578
	4	-.44372*	.04954	.000	-.5825	-.3049
4	1	.92331*	.07144	.000	.7231	1.1235
	2	.73838*	.06252	.000	.5632	.9136
	3	.44372*	.04954	.000	.3049	.5825

*. 평균차는 0.05 수준에서 유의합니다.

① 조직몰입이 군집1과 군집2간에 유의수준 P<.05 에서 의미있는 차이를 보이지 않고 있다.

〈표 16-12〉 Scheffe 분석

Scheffe[a,b]

케이스 군집 번호	N	유의수준 = 0.05에 대한 부집단 1	2	3	4
1	81	2.7531			
2	121		2.9380		
3	303			3.2327	
4	197				3.6764
유의확률		1.000	1.000	1.000	1.000

동일 집단군에 있는 집단에 대한 평균이 표시됩니다.

a. 조화평균 표본 크기 137.995을(를) 사용합니다.

b. 집단 크기가 동일하지 않습니다. 집단 크기의 조화평균이 사용됩니다. I 유형 오차 수준은 보장되지 않습니다.

〈표 16-13〉 조직몰입의 평균도표

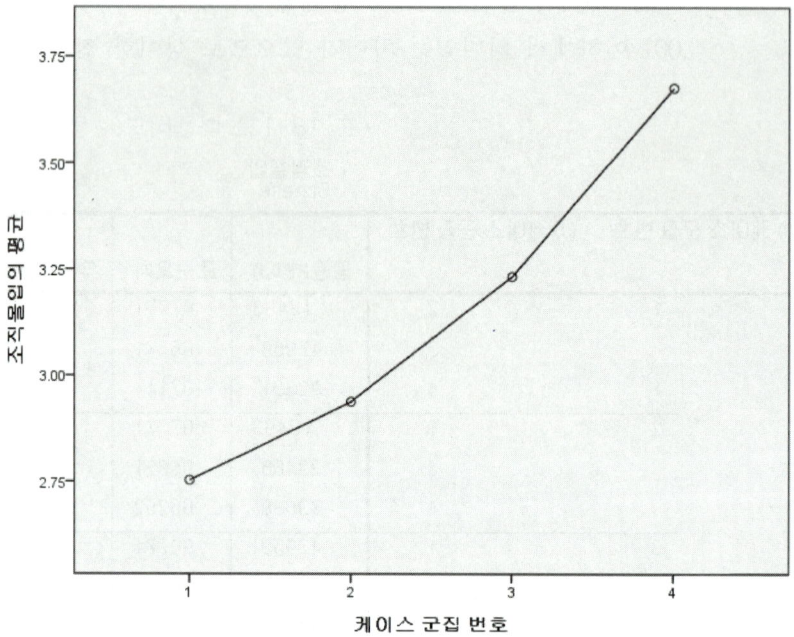

3. K-평균 군집분석과 분산분석을 활용한 가설검증

앞에서 설정한 가설은 "전통적 리더십과 변혁적 리더십을 모두 강하게 발휘하는 리더의 부하들이 조직몰입 정도도 가장 높을 것이다"라는 것인데, 이는 구조주도·배려·거래적·변혁적 리더십이 모두 강한 조합형태가 부하의 조직몰입을 가장 강하게 한다는 내용이다. 이를 검증하기 위해 조합형태를 연구자가 임의로 정하는 것보다 응답자들의 응답결과를 토대로 실제로 존재하는 조합형태를 기초로 하는 것이 타당하고 현실성이 있으므로, 먼저 네 가지 리더십의 측정치를 표준점수(Z-score)로 전환한 다음, K-평균 군집분석과 반복계산 및 분류하기 방법을 이용하여 4가지 군집을 추출하였고, 추출된 군집들 간 4가지 표준화된 리더십과 조직몰입의 차이를 검증하기 위해 분산분석을 하였다. 군집분석(cluster analysis)방법과 분산분석을 이용한 두 가지 분석결과를 하나로 연결시킨 것이 <표 16-14>이다.

이 표에 나타난 전체집단의 네 가지 군집 중에서 조직몰입이 가장 높은 군집은 '군집 4(3.68)'이고, 이 군집의 리더십 조합형태는 네 가지 리더십이 "모두 가장 강한" 형태이다. 따라서 전통적 리더십과 변혁적 리더십이 모두 가장 강한 리더의 부하가 조직몰입이 가장 높을 것이라는 가설은 입증되었다. 그리고 이러한 현실적인 균형모형들(4가지 군집들) 중에서 가장 바람직한 적정모형은 부하의 조직몰입을 가장 강하게 하는 "강한 균형모형", 즉 네 가지 리더십이 모두 가장 강한 경우(군집 4)이다.

〈표 16-14〉 리더십과 조직몰입의 관계에 관한 군집분석과 분산분석결과

구 분	군집 1 (n=81)	군집 2 (n=121)	군집 3 (n=303)	군집 4 (n=197)	F값	Scheffe[a)]
구조주도	-1.70	-.01	-.10	.87	292^{***}	G2=G3
배 려	-1.10	-1.09	.14	.91	335^{***}	G1=G2
거 래 적	-1.18	-.87	.06	.92	277^{***}	
변 혁 적	-1.35	-1.04	.12	.99	523^{***}	
조직몰입	2.75	2.94	3.23	3.68	77^{***}	G1=G2

a) Scheffe검증결과 p>.05인 경우를 "="로 표시하였으며, G는 군집을 가리킨다.
*** p<.001

① 앞의 분산분석의 절차에 의해 실행한 조직몰입의 평균값

제 4 절 계층적 군집분석

1. 계층적 군집분석의 실행

계층적 군집분석에 사용될 데이터 파일은 첨부된 파일 중 '기초통계(군집분석).sav'이다.

계층적 군집분석을 위한 과정은 앞에서 설명한 K-평균 군집분석과 같이 분

석할 변수를 표준화하여야 한다. 따라서 앞의 제1절에서와 같이 변수를 표준점수로 변환한 후 다음의 절차에 따라 군집분석을 한다. [그림 16-17]은 계층적 군집분석 절차에 대한 SPSS 데이터 편집기 화면이다.

분석(A) → 분류분석(Y) → 계층적 군집분석(H)...

그림 16.17 계층적 군집분석 SPSS데이터 편집기

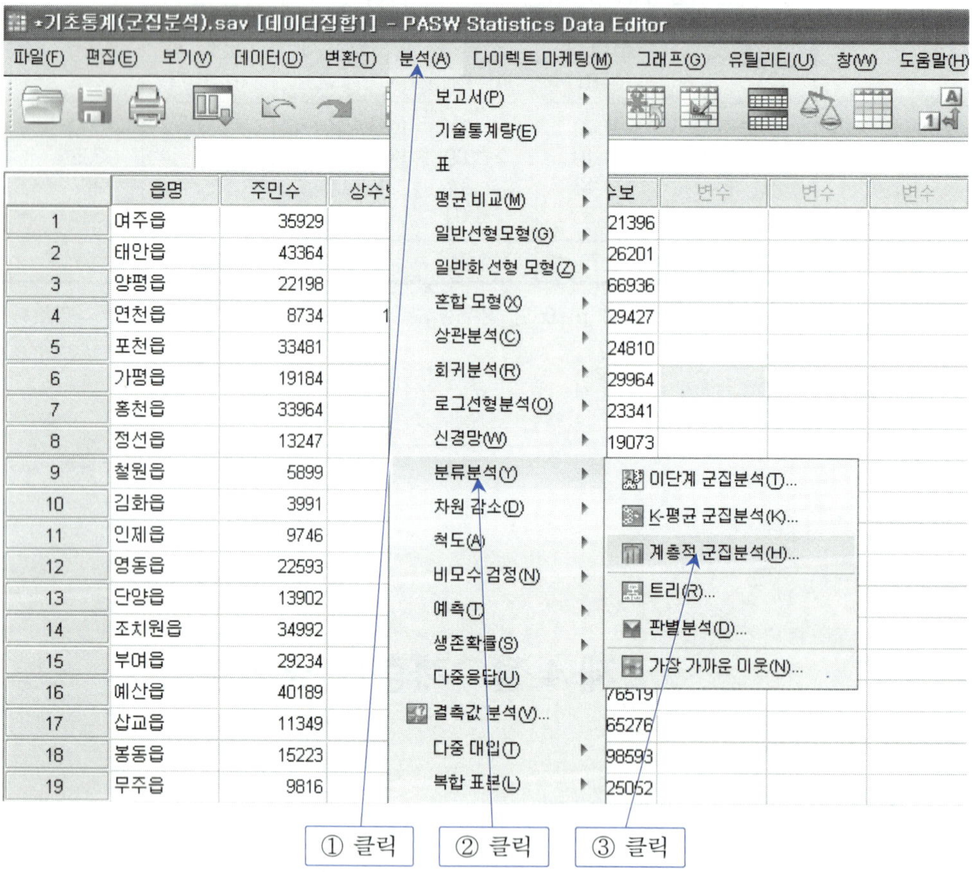

위와 같은 절차를 실행하면 [그림 16-18] 계층적 군집분석 초기 대화상자가 나타난다.

[그림 16-18]의 왼쪽 칸에서 분석하고자 하는 변수(분석대상 변수는 앞의 K-평균 군집분석과 같이 표준화된 변수를 사용해야 한다) 위에 커서를 두고 ➡ 를 클릭하면 '변수(V)'로 분석하고자 하는 변수가 이동한다.

분석하고자 하는 변수가 2개 이상인 경우 제일 위에 있는 변수부터 옮기고자 하는 변수 위에 커서를 두어 음영이 생기면 ➡를 클릭하여 순차적으로 변수를 이동시킬 수 있다.

그림 16.18 계층적 군집분석 초기 대화상자

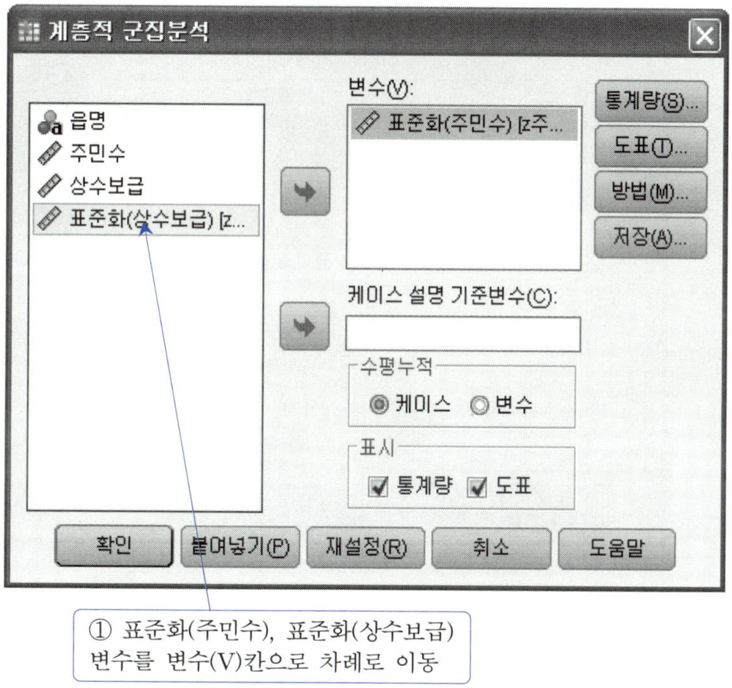

[그림 16-19]는 분석할 변수인 표준화(주민수)와 표준화(상수보급) 변수가 이동된 후의 대화상자이다. 여기서 수평누적란에는 케이스를 선택한다. 케이스를 선택하면 케이스들 간의 거리를 계산하여 케이스들에 대한 군집분석을 실시하게 되고, 변수를 선택하면 변수들 간의 거리를 계산하여 변수들에 대한 군집분석을 실시하게 된다. 여기서는 케이스를 선택하는 것이 바람직하며, 변수를 선택하면 요인분석과 유사한 것이 된다. 그리고 표시 란에는 통계량과

도표를 선택한다. 통계량을 선택하면 통계량(S)... 버튼이 활성화된다. 통계량(S)... 버튼을 클릭하면 [그림 16-20] 계층적 군집분석 : 통계량 대화상자가 나타난다. 해법 범위(R)는 최소 군집 수(M), 최대 군집 수(X)를 입력할 때 선택한다. 선택을 모두 마친 후 계속 을 클릭하면 [그림 16-18] 계층적 군집분석 초기 대화상자로 되돌아 간다.

그림 16.19 분석대상 변수의 이동 후 대화상자

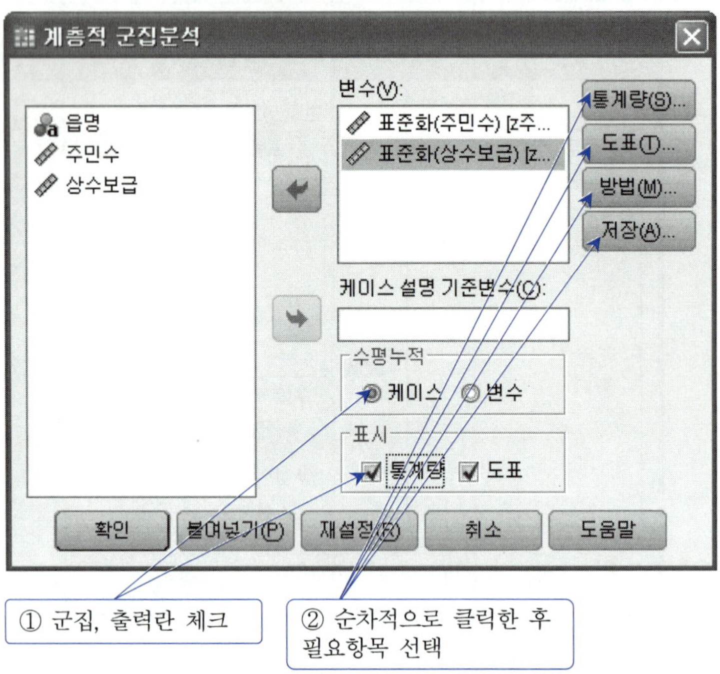

[그림 16-20] 통계량 대화상자에서는 계층적 군집화의 각 단계별로 군집들이 만들어지는 과정을 나타내는 군집화 일정표(A), 케이스들 간의 거리행렬을 나타내는 근접행렬(P)을 체크하고, 소속군집에는 나누고자 하는 군집의 수를 나타내는 단일해법(S)을 선택하면 '군집수(B) : □'가 활성화 된다. 빈칸에 '2'를 입력하면 2개의 군집으로 나누어지게 된다. 지정않음(N)을 선택하면 컴퓨터가 알아서 적절한 군집수를 산출해 준다. 군집수가 명확하지 않으면 지정않음(N)을 선택하는 것이 좋다.

그림 16.20 계층적 군집분석: 통계량 대화상자

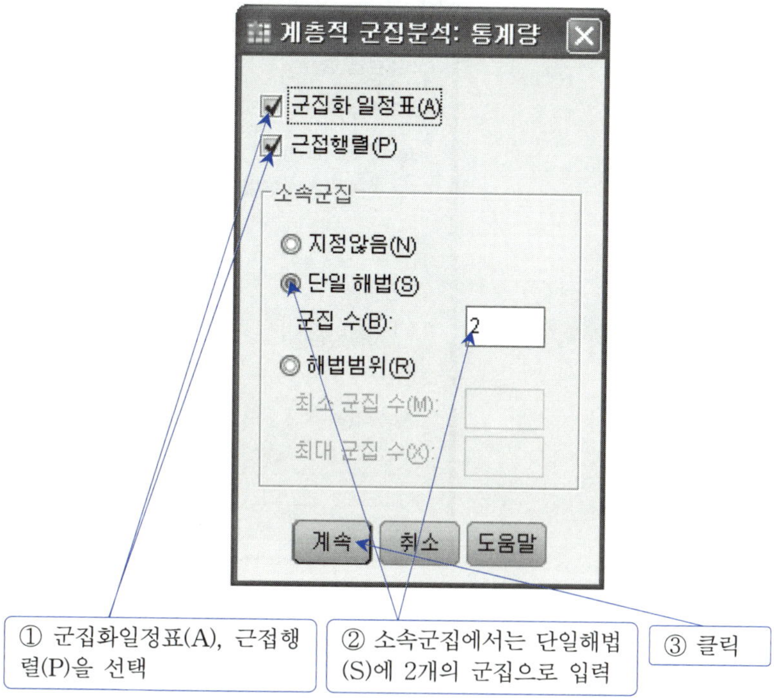

[그림 16-21] 계층적 군집분석: 도표 대화상자는 [그림 16-18]에서 도표(T)... 를 선택했을 때의 대화상자이다. 여기서는 군집분석의 과정을 시각적으로 표현하는 덴드로그램(D)을 선택하고, 고드름에서는 전체군집(A)을 선택한다. 군집 범위 지정(S)을 선택하면, 지정된 범위 내의 고드름 도표가 출력된다(예: 시작 1, 끝 20, 증가 5일 경우, 1, 6, 11, 16에 대해서만 출력된다). 방향은 기본 설정값(default)으로 되어 있는 수직(V)을 선택한다. 수직(V을 선택하면 가로에는 케이스, 세로에는 군집의 수가 출력되며, 수평(H)을 선택하면 가로에는 군집의 수, 세로에는 케이스가 출력된다. [그림 16-21]에서 선택을 모두 마친 후 계속 을 클릭하면 [그림 16-18] 계층적 군집분석 초기 대화상자로 되돌아간다.

그림 16.21 계층적 군집분석: 도표 대화상자

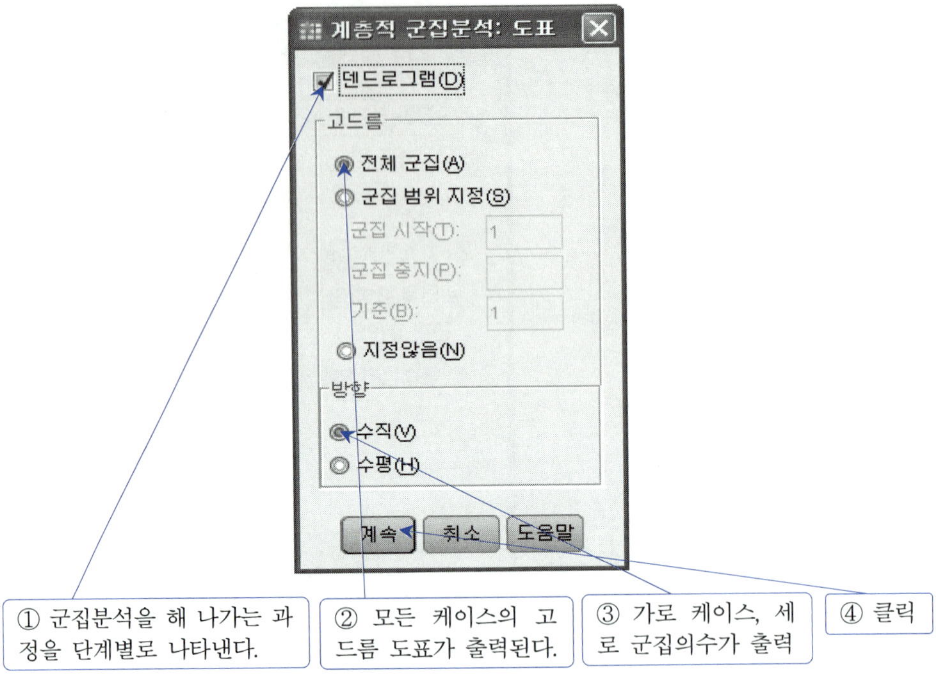

초기 대화상자에서 방법(M)... 을 클릭하면, [그림 16-22] 계층적 군집분석: 방법 대화상자가 나타난다. 여기서 군집방법(M)으로 자주 사용되는 Ward의 방법을 선택하고, 등간(N)은 기본설정값(default)인 제곱유클리디안 거리를 선택한다. 참고로 Ward 방법에서는 제곱유클리디안 거리를 많이 사용하고, 나머지 방법들에서는 유클리디안거리를 주로 사용한다. 빈도(T)는 빈도분석을 말하며, χ^2척도가 기본설정값(default)으로 되어 있다. 이분형(B)은 이분형 자료에 대한 분석방법으로 제곱 유클리디안 거리가 기본설정값(default)으로 되어 있다. 표준화(S)는 표준화된 변수를 사용하였으므로 선택하지 않는다. 만일 앞에서 표준화된 변수를 사용하지 않았으면 표준화(S)를 클릭하고, 변수별(V)과 케이스별(C) 중 하나를 선택해야 하는데, 여기서는 각 변수의 값들을 표준화하는 변수별(V)의 선택이 바람직하다. 변환 측정에서 절대값(L)은 거리의 절대값을 나타내며, 부호바꾸기(H)는 거리의 부호를 바꿀 때 선택한다. 0-1 범위로 척도 조정(E)은 거리의 범위를 0에서 1 사이로 조정하는 것을 말하는데,

여기서는 절대값과 부호바꾸기와 함께 선택하지 않기로 한다.

선택을 끝낸 후, 계속 을 클릭하면 [그림 16-18] 계층적 군집분석 초기 대화상자로 되돌아 간다. 여기서 저장(A)... 을 선택하면 [그림 16-23] 계층적 군집분석: 저장 대화상자가 나타난다.

그림 16.22 계층적 군집분석: 방법 대화상자

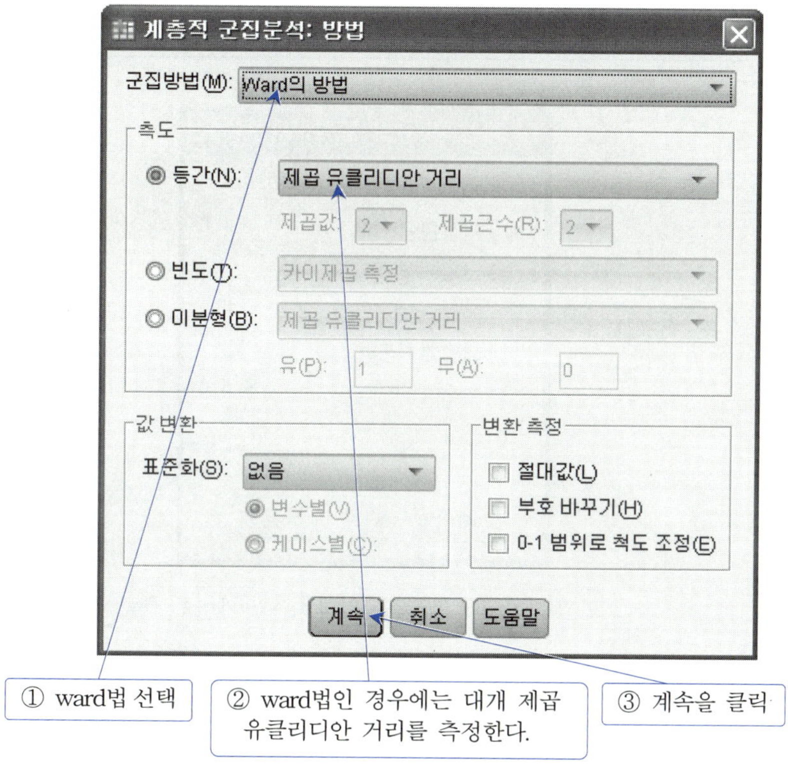

[그림 16-23]에서 단일해법(S)을 선택하고 활성화된 군집 수(B)에 '2'를 입력한 후, 계속 을 클릭하면 [그림 16-18]로 되돌아 가고, 계층적 군집분석 후 나타난 새로운 변수가 [그림 16-24]와 같이 나타난다. 그러나 만일 [그림 16-18]에 서 '군집' 중 케이스(E)를 선택하지 않고 변수(B)를 선택했다면 각 케이스별 군집을 나타내는 새로운 변수가 생성되지 않는다. [그림 16-17]에서 확인 을 클릭하면 <표 16-15>~<표 16-18>의 분석결과가 나타난다.

그림 16.23 계층적 군집분석: 저장 대화상자

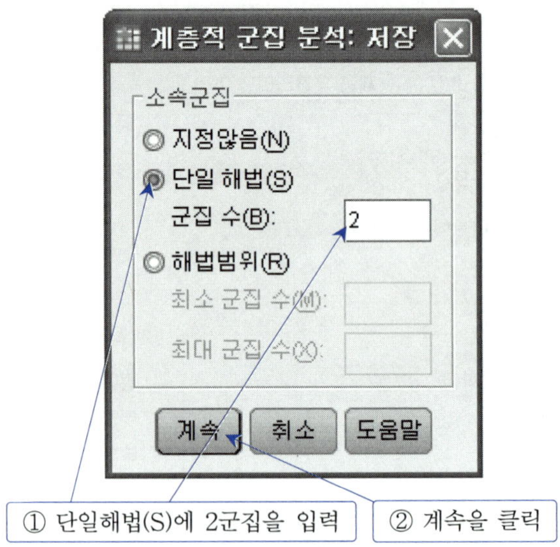

그림 16.24 계층적 군집분석: 새 변수 생성화면

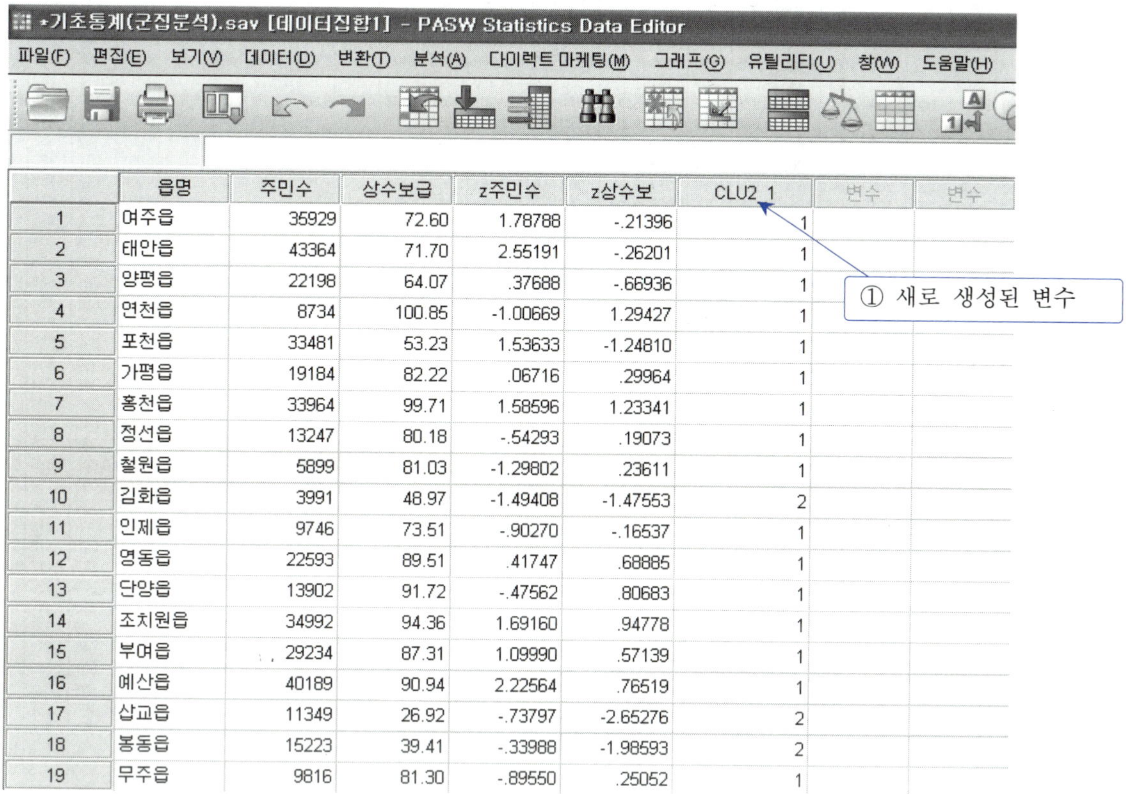

	읍명	주민수	상수보급	z주민수	z상수보	CLU2_1	변수	변수
1	여주읍	35929	72.60	1.78788	-.21396	1		
2	태안읍	43364	71.70	2.55191	-.26201	1		
3	양평읍	22198	64.07	.37688	-.66936	1		
4	연천읍	8734	100.85	-1.00669	1.29427	1		
5	포천읍	33481	53.23	1.53633	-1.24810	1		
6	가평읍	19184	82.22	.06716	.29964	1		
7	홍천읍	33964	99.71	1.58596	1.23341	1		
8	정선읍	13247	80.18	-.54293	.19073	1		
9	철원읍	5899	81.03	-1.29802	.23611	1		
10	김화읍	3991	48.97	-1.49408	-1.47553	2		
11	인제읍	9746	73.51	-.90270	-.16537	1		
12	영동읍	22593	89.51	.41747	.68885	1		
13	단양읍	13902	91.72	-.47562	.80683	1		
14	조치원읍	34992	94.36	1.69160	.94778	1		
15	부여읍	29234	87.31	1.09990	.57139	1		
16	예산읍	40189	90.94	2.22564	.76519	1		
17	삽교읍	11349	26.92	-.73797	-2.65276	2		
18	봉동읍	15223	39.41	-.33988	-1.98593	2		
19	무주읍	9816	81.30	-.89550	.25052	1		

2. 계층적 군집분석의 산출결과와 해석

<표 16-15>는 Ward법에 의한 케이스처리를 요약한 표이다. 전체 41개의 케이스 중에서 결측치는 없는 것으로 나타났다.

〈표 16-15〉 케이스처리요약

케이스					
유효		결측		합계	
N	퍼센트	N	퍼센트	N	퍼센트
41	100.0	0	.0	41	100.0

a. Ward 연결법

〈표 16-16〉 근접성 행렬

케이스	제곱 유클리디안 거리																										
	1	2	3	4	5	6	7	8	9	10	11	12	13	14	15	16	17	18	19	20	21	22	23	24	25	26	27
1	,000	,586	2,198	0,084	1,133	3,225	2,136	5,596	9,725	2,363	7,242	2,693	6,165	1,359	1,090	1,150	2,328	7,667	7,416	6,834	2,838	1,973	7,575	4,721	2,744	6,6[illegible]2	4,782
2	,586	,000	4,897	5,086	2,004	6,489	3,169	9,783	5,070	7,843	1,944	5,460	0,308	2,204	2,803	1,162	6,539	1,334	2,147	1,392	5,761	4,633	2,353	8,633	5,516	0,9[illegible]9	8,380
3	2,198	4,897	,000	5,770	1,679	1,035	5,082	1,586	3,625	4,150	1,891	1,846	2,906	4,344	2,062	5,476	5,177	2,247	2,465	1,525	1,600	,837	8,771	,995	1,915	3,0[illegible]2	,515
4	0,084	5,086	5,770	,000	2,931	2,142	6,726	1,433	1,205	7,909	2,141	2,395	,520	7,401	4,960	0,728	5,651	1,204	1,102	2,807	2,223	3,256	0,313	2,112	2,360	,4[illegible]8	6,061
5	1,133	2,004	1,679	2,931	,000	4,554	6,160	6,394	0,236	9,235	7,121	5,004	8,271	4,846	3,501	4,528	7,145	4,065	8,160	6,329	4,898	3,380	1,035	5,177	5,105	8,7[illegible]4	3,181
6	3,225	6,489	1,035	2,142	4,554	,000	3,179	,384	1,868	5,589	1,157	,274	,552	3,059	1,140	4,876	9,365	5,390	,929	1,239	,145	,157	3,789	,295	,293	,6[illegible]2	1,896
7	2,136	3,169	5,082	6,726	6,160	3,179	,000	5,619	9,312	6,825	8,150	1,662	4,432	,093	,675	,628	20,503	4,073	7,124	8,370	2,039	2,252	7,201	5,407	1,639	4,9[illegible]4	8,502
8	5,596	9,783	1,586	1,433	6,394	,384	5,619	,000	,572	3,681	,256	1,170	,384	5,566	2,844	7,995	8,123	4,779	,128	,393	,889	1,007	1,931	,070	1,193	,3[illegible]3	1,618
9	9,725	5,070	3,625	1,205	0,236	1,868	9,312	,572	,000	2,968	,317	3,148	1,002	9,444	5,862	2,696	8,659	5,855	,162	,596	2,712	3,088	1,904	,913	3,165	,8[illegible]8	2,767
10	2,363	7,843	4,150	7,909	9,235	5,589	6,825	3,681	2,968	,000	2,066	8,339	6,246	6,021	0,919	8,857	1,958	1,593	3,338	1,673	7,535	6,766	3,133	3,384	8,441	5,9[illegible]2	1,771
11	7,242	1,944	1,891	2,141	7,121	1,157	8,150	,256	,317	2,066	,000	2,473	1,128	7,969	4,553	0,652	6,214	3,631	,173	,049	2,046	2,021	9,332	,300	2,511	1,0[illegible]8	1,217
12	2,693	5,460	1,846	2,395	5,004	,274	1,662	1,170	3,148	8,339	2,473	,000	,812	1,690	,480	3,275	2,501	7,728	1,916	2,658	,021	,201	7,644	1,124	,001	1,0[illegible]8	3,428
13	6,165	0,308	2,906	,520	8,271	,552	4,432	,384	1,002	6,246	1,128	,812	,000	4,717	2,538	7,299	2,038	7,818	,486	1,507	,662	1,193	6,587	,685	,803	,0[illegible]3	3,482
14	1,359	2,204	4,344	7,401	4,846	3,059	,093	5,566	9,444	6,021	7,969	1,690	4,717	,000	,492	,319	8,867	2,734	7,179	8,055	2,036	2,017	5,332	5,201	1,683	5,2[illegible]9	7,679
15	1,090	2,803	2,062	4,960	3,501	1,140	,675	2,844	5,862	0,919	4,553	,480	2,538	,492	,000	1,305	3,773	8,613	4,085	4,580	,625	,519	9,338	2,521	,488	2,9[illegible]8	4,391
16	1,150	1,162	5,476	0,728	4,528	4,876	,628	7,995	2,696	8,857	0,652	3,275	7,299	,319	1,305	,000	20,465	4,151	0,006	0,576	3,701	3,394	7,160	7,376	3,278	7,9[illegible]0	9,328
17	2,328	6,539	5,177	5,651	7,145	9,365	20,503	8,123	8,659	1,958	6,214	2,501	2,038	8,867	3,773	20,465	,000	,603	8,454	5,214	1,637	9,813	,476	7,090	2,666	1,9[illegible]9	2,842
18	7,667	1,334	2,247	1,204	4,065	5,390	4,073	4,779	5,855	1,593	3,631	7,728	7,818	2,734	8,613	4,151	,603	,000	5,310	2,840	7,077	5,602	2,146	3,887	7,860	7,8[illegible]1	,899
19	7,416	2,147	2,465	1,102	8,160	,929	7,124	,128	,162	3,338	,173	1,916	,486	7,179	4,085	0,006	8,454	5,310	,000	,392	1,570	1,836	2,041	,340	1,934	,3[illegible]4	2,111
20	6,834	1,392	1,525	2,807	6,329	1,239	8,370	,393	,596	1,673	,049	2,658	1,507	8,055	4,580	0,576	5,214	2,840	,392	,000	2,210	2,016	8,168	,325	2,708	1,4[illegible]3	,796
21	2,838	5,761	1,600	2,223	4,898	,145	2,039	,889	2,712	7,535	2,046	,021	,662	2,036	,625	3,701	1,637	7,077	1,570	2,210	,000	,146	6,586	,840	,026	,8[illegible]2	2,978
22	1,973	4,633	,837	3,256	3,380	,157	2,252	1,007	3,088	6,766	2,021	,201	1,193	2,017	,519	3,394	9,813	5,602	1,836	2,016	,146	,000	4,491	,763	,225	1,4[illegible]2	2,135
23	7,575	2,353	8,771	20,313	1,035	3,789	7,201	1,931	1,904	3,133	9,332	7,644	6,587	5,332	9,338	7,160	,476	2,146	2,041	8,168	6,586	4,491	,000	0,803	7,835	6,3[illegible]7	5,521
24	4,721	8,633	,995	2,112	5,177	,295	5,407	,070	,913	3,384	,300	1,124	,685	5,201	2,521	7,376	7,090	3,887	,340	,325	,840	,763	0,803	,000	1,158	,7[illegible]9	1,078
25	2,744	5,516	1,915	2,360	5,105	,293	1,639	1,193	3,165	8,441	2,511	,001	,803	1,683	,488	3,278	2,666	7,860	1,934	2,708	,026	,225	7,835	1,158	,000	1,0[illegible]9	3,513
26	6,682	0,999	3,092	,418	8,714	,682	4,924	,373	,818	5,992	1,028	1,028	,013	5,229	2,908	7,930	1,939	7,821	,394	1,423	,852	1,412	6,387	,709	1,019	,0[illegible]0	3,522
27	4,782	8,380	,515	6,061	3,181	1,896	8,502	1,618	2,767	1,771	1,217	3,428	3,482	7,679	4,391	9,328	2,842	,899	2,111	,796	2,978	2,135	5,521	1,078	3,513	3,5[illegible]2	,000
28	6,374	0,818	1,453	2,328	6,250	,903	7,471	,196	,512	2,181	,029	2,136	1,097	7,232	3,980	9,722	5,979	3,320	,235	,034	1,737	1,633	9,184	,167	2,177	1,0[illegible]5	,950
29	4,981	8,969	,826	2,788	4,860	,593	6,399	,229	,995	2,540	,224	1,674	1,177	6,058	3,101	8,209	5,729	2,929	,484	,152	1,325	1,084	9,095	,073	1,720	1,1[illegible]1	,630
30	2,553	5,569	,580	2,981	3,494	,073	3,217	,590	2,319	5,331	1,310	,417	1,014	2,937	1,027	4,513	8,354	4,559	1,267	1,276	,277	,087	2,648	,359	,447	1,1[illegible]5	1,456
31	5,786	9,990	,976	3,438	5,097	1,106	7,828	,501	1,052	1,725	,214	2,481	1,761	7,384	4,065	9,615	4,591	2,232	,673	,070	2,053	1,692	7,566	,299	2,538	1,7[illegible]6	,412
32	5,836	9,915	2,604	,649	7,787	,435	4,360	,294	,975	5,947	1,004	,734	,008	4,589	2,391	7,101	1,485	7,348	,432	1,343	,577	1,038	5,971	,548	,730	,0[illegible]9	3,162
33	9,085	4,236	3,541	,793	0,040	1,518	8,204	,431	,052	3,694	,405	2,561	,620	8,410	5,129	1,580	9,602	6,446	,097	,735	2,189	2,651	3,161	,801	2,569	,4[illegible]0	2,988
34	7,232	1,914	2,345	1,160	7,941	,874	7,021	,105	,188	3,293	,155	1,858	,488	7,056	3,980	9,842	8,306	5,171	,002	,359	1,514	1,754	1,892	,297	1,878	,4[illegible]4	2,010
35	3,220	6,524	,803	2,372	4,238	,021	3,571	,332	1,776	4,997	,979	,430	,680	3,377	1,311	5,179	8,492	4,733	,870	1,009	,267	,189	2,729	,196	,456	,7[illegible]9	1,515
36	6,003	0,266	1,048	3,528	5,225	1,217	8,124	,554	1,048	1,591	,215	2,646	1,861	7,670	4,277	9,932	4,441	2,158	,703	,064	2,203	1,831	7,346	,353	2,705	1,8[illegible]7	,409
37	1,961	4,196	2,158	3,453	4,567	,692	,905	2,030	4,533	0,059	3,626	,127	1,553	,892	,140	2,122	3,826	8,696	3,016	3,778	,234	,350	9,318	1,890	,126	1,8[illegible]0	4,213
38	3,111	6,339	,943	2,273	4,365	,002	3,194	,403	1,923	5,509	1,162	,294	,619	3,046	1,121	4,825	9,155	5,219	,968	1,224	,162	,138	3,550	,290	,315	,7[illegible]4	1,799
39	5,577	9,768	1,488	1,577	6,234	,411	5,789	,004	,573	3,453	,209	1,253	,471	5,700	2,920	8,111	7,749	4,498	,136	,320	,958	1,031	1,477	,050	1,279	,4[illegible]7	1,463
40	3,189	5,481	3,829	3,136	6,832	1,386	,677	2,826	5,275	2,519	4,776	,433	1,731	,952	,572	2,372	7,477	1,681	3,749	5,136	,635	1,106	3,525	2,895	,407	2,0[illegible]4	6,253
41	5,720	9,337	3,911	,817	8,926	,930	2,857	1,312	2,451	9,354	2,638	,586	,333	3,315	1,909	5,662	5,625	0,520	1,623	3,138	,600	1,331	0,969	1,671	,556	,4[illegible]8	5,273

이것은 상이성 행렬입니다.

<표 16-16>은 근접성 행렬을 나타낸 표이다. 근접성 행렬은 관측대상(케이스)들 간의 거리를 제곱유클리디안 거리행렬로 나타낸 것이며, 케이스들이 서로 상이할수록 거리의 크기가 크며, 서로 유사할수록 거리의 크기가 작게 나타난다. 거리의 크기가 작을수록 동일한 군집으로 형성될 확률이 높다.

<표 16-17>은 군집화 일정표이다. 여기서 '계수'는 군집 간의 거리를 나타내는 것으로 거리의 크기가 작을수록 가장 우선적으로 군집화 된다.

단계는 군집화되어지는 순서를 나타내는 것으로, 거리의 크기가 가장 작은 군집 1의 12와 군집 2의 25가 가장 먼저 군집화되고, 두 번째 단계에서는 19와 34가 결합되며, 가장 마지막 단계(40번째)에서 1과 10이 결합된다. 또한 첫 단

계의 결합(군집화)인 12와 25는 10번째 단계(다음 단계)에서 21과 다시 결합한다. 이처럼 첫 번째 단계에서는 41개 케이스(자료)들이 40개 군집으로 구성되었으나, 단계가 올라갈수록 군집수가 줄어든다.

〈표 16-17〉 군집화 일정표

단계	결합 군집		계수	처음 나타나는 군집의 단계		다음 단계
	군집 1	군집 2		군집 1	군집 2	
1	12	25	,000	0	0	10
2	19	34	,001	0	0	19
3	6	38	,002	0	0	7
4	31	36	,004	0	0	20
5	8	39	,006	0	0	18
6	13	32	,010	0	0	8
7	6	35	,021	3	0	14
8	13	26	,034	6	0	24
9	11	28	,048	0	0	11
10	12	21	,064	1	0	28
11	11	20	,086	9	0	20
12	9	33	,112	0	0	19
13	24	29	,149	0	0	18
14	6	30	,187	7	0	17
15	7	14	,233	0	0	26
16	15	37	,303	0	0	22
17	6	22	,407	14	0	33
18	8	24	,518	5	13	29
19	9	19	,648	12	2	32
20	11	31	,792	11	4	29
21	17	23	1,030	0	0	34
22	15	40	1,282	16	0	28
23	3	27	1,539	0	0	35
24	13	41	1,825	8	0	27
25	1	2	2,118	0	0	31
26	7	16	2,419	15	0	36
27	4	13	2,839	0	24	37
28	12	15	3,263	10	22	33
29	8	11	3,714	18	20	32
30	10	18	4,511	0	0	34
31	1	5	5,459	25	0	36
32	8	9	6,613	29	19	35
33	6	12	8,019	17	28	37
34	10	17	9,461	30	21	40
35	3	8	11,773	23	32	38
36	1	7	15,432	31	26	39
37	4	6	19,246	27	33	38
38	3	4	28,967	35	37	39
39	1	3	52,087	36	38	40
40	1	10	80,000	39	34	0

이렇게 점차 줄어든 군집수는 마지막 단계에서 두 개의 군집으로 압축되는데, <표 16-18>은 각 케이스가 군집에 소속된 상황을 나타내고 있다. 총 41개의 케이스 중 군집 1에는 37개, 군집 2에는 케이스 10, 17, 18, 23 등 4개의 케이스가 소속되어 있다.

〈표 16-18〉 소속군집

케이스	2 군집
1	1
2	1
3	1
4	1
5	1
6	1
7	1
8	1
9	1
10	2
11	1
12	1
13	1
14	1
15	1
16	1
17	2
18	2
19	1
20	1
21	1
22	1
23	2
24	1
25	1
26	1
27	1
28	1
29	1
30	1
31	1
32	1
33	1
34	1
35	1
36	1
37	1
38	1
39	1
40	1
41	1

<표 16-17>의 군집화 일정표를 그림으로 나타낸 것이 수직고드름도표와 덴드로 그램이다. 그러나 이 두 그림은 케이스 수가 많아질수록 복잡하여 파악이 곤란할 뿐만 아니라 오히려 번거로울 수 있으므로 여기서는 생략하기로 한다.

제5절 군집분석을 활용한 실례

1. 리더십과 조직몰입

본 연구는 중간관리층(공무원은 과장, 회사원은 부장)의 리더십에 대한 부하직원들의 평가결과를 분석자료로 삼았다. 조사대상자는 부산과 경남의 지방자치단체와 특별행정기관 내 공무원 418명과 제조업과 서비스업(금융기관 제외)에 종사하는 회사원 415명이었다.

가설은 "전통적 리더십(구조주도, 배려, 거래적 리더십)과 변혁적 리더십을 모두 강하게 발휘하는 리더의 부하들이 조직몰입 정도도 가장 높을 것이다"라는 것이었다. 이 가설을 검증하기 위해 리더십의 조합형태를 연구자가 임의로 정하는 것보다 응답결과를 토대로 실제로 존재하는 조합형태를 기초로 하는 것이 타당하고 현실성이 있으므로 군집분석(cluster analysis)방법과 분산분석을 이용했다. 즉, 먼저 네 가지 리더십의 측정치를 표준점수(Z-score)로 전환한 다음, K-평균 군집분석법을 이용하여 4가지 군집을 추출하였고, 추출된 군집들간 4가지 표준화된 리더십과 조직몰입의 차이를 검증하기 위해 분산분석을 하였다. 두 가지 분석결과를 하나로 연결시킨 것이 <표 16-19>이다.

〈표 16-19〉 리더십과 조직몰입의 관계에 관한 군집분석과 분산분석결과

〈전 체〉						
	군집1(n=83)	군집2(n=121)	군집3(n=305)	군집4(n=200)	F값	Scheffe[a)]
구조주도	-1.70	-.01	-.10	.87	292***	G2=G3
배 려	-1.10	-1.09	.14	.91	335***	G1=G2
거 래 적	-1.18	-.87	.06	.92	277***	
변 혁 적	-1.35	-1.04	.12	.99	523***	
조직몰입	2.76	2.97	3.27	3.64	72***	
〈행 정 조 직〉						
	군집1(n=57)	군집2(n=117)	군집3(n=82)	군집4(n=100)	F값	Scheffe
구조주도	-1.05	.51	-.93	.84	166***	G1=G3
배 려	-1.24	.06	.48	1.11	179***	
거 래 적	-1.19	-.13	-.17	1.09	149***	G2=G3
변 혁 적	-1.30	.05	-.11	1.20	213***	G2=G3
조직몰입	3.00	3.30	3.28	3.67	18***	G2=G3
〈기 업 조 직〉						
	군집1(n=64)	군집2(n=41)	군집3(n=150)	군집4(n=98)	F값	Scheffe
구조주도	-1.27	-.07	-.00	.83	142***	G2=G3
배 려	-1.03	-1.40	-.24	.74	175***	
거 래 적	-.72	-1.72	.19	.74	197***	
변 혁 적	-1.08	-1.58	.06	.82	316***	
조직몰입	2.72	2.67	3.24	3.57	62***	G1=G2

a) Scheffe검증결과 p >.05인 경우를 "="로 표시하였으며, G는 군집을 가리킨다.
*** p<.001

이 표에 나타난 전체집단의 네 가지 군집 중에서 조직몰입이 가장 높은(3.64) 군집은 200명의 응답자들로 구성된 '군집 4'이고, 이 군집의 리더십 조합형태는 네 가지 리더십이 "모두 가장 강한" 형태이다. 따라서 전통적 리더십과 변혁적 리더십이 모두 가장 강한 리더의 부하가 조직몰입이 가장 높을 것이라는 가설은 입증되었다. 행정조직의 경우 조직몰입이 가장 높은(3.67) 군집이 '군집 4'이고 이 군집의 리더십 조합은 네 가지 "모두 가장 강한" 형태이다. 기업조직의 경우도 마찬가지로 조직몰입이 가장 높은(3.57) '군집 4'가 네 가지

리더십도 “모두 가장 강한” 조합을 이루고 있다.

또한 각 리더십과 조직몰입은 네 가지 군집들 간에 유의수준 .001에서 통계적으로 의미있는 차이가 있으며, 행정조직의 경우 구조주도 리더십은 ‘군집 1’과 ‘군집 3’ 간에는 유의수준 .05에서 의미있는 차이가 없고 다른 군집들 간에는 의미있는 차이가 있다(김호정, 2001).

2. 조직문화와 조직효과성

본 연구는 부산광역시 내 15개 전 구청을 대상으로 했으며, 각 구청의 3개 국(총무국, 사회산업국, 도시국)에서 10명씩의 직원을 추출하여 설문조사하였다. 분석에 이용된 유효자료는 총 437매였다. 조직문화, 직무만족, 조직몰입의 문항들 모두 Likert-type 5점 척도로 구성되었으며, 각 변수의 신뢰도는 α가 모두 .66 이상으로 비교적 높았다.

네 가지 조직문화가 어떻게 결합된 형태(조직문화 profile)에서 구성원들의 조직몰입이나 직무만족이 가장 높은가를 알기 위한 분석결과는 <표 16-20>이다. 분석방법으로는 우선 네 가지 조직문화를 대상으로 K-평균 군집분석을 통해 네 개의 군집(profile)을 추출한 다음, 이들 군집 간에 조직몰입과 직무만족의 차이를 검증하기 위해 분산분석을 이용했다.

이 표에서 문화유형의 수치들은 표준점수로 환산한 값이므로 ‘0’이 평균이고 ‘−’ 값은 평균보다 약하고 ‘+’는 평균보다 강하다고 이해하면 된다. 조직몰입과 직무만족은 실제 조사된 수치이므로 최저값이 ‘1’, 최고값이 ‘5’가 된다. 개인의 응답결과를 토대로 가장 현실성이 높은 결합형태 네 가지를 산출한 결과, 위계문화만 평균을 약간 상회하고 나머지 세 가지 문화유형은 모두 평균보다 약한 ‘위계중심의 약한 문화’(G1), 네 가지 문화유형이 모두 강한 ‘강한 균형문화’(G2), 네 가지 문화유형이 모두 약한 ‘약한 균형문화’(G3), 외부지향성을 강조하는 합리문화와 발전문화는 조금 강하지만 위계문화는 보통이고 집단문화는 약한 모습을 보이는, 즉 외부지향성만이 조금 강한 ‘외부지향 문화’(G4)가 나왔다. 이 중에서 구청공무원들은 자기 조직의 문화형태를 ‘외부지향 문화’(n=150)나 ‘강한 균형문화’(n=144)로 인식하는 경우가 약 2/3 정도로 많은 편이고, 가장 적은 수의 사람들이 '약한 균형문화'(n=42)라고 인식하고 있었다.

네 가지 군집(profile)들 간 조직효과성을 비교하기 위해 분산분석을 한 결과, 군집들 간에 조직몰입과 직무만족은 모두 유의수준 .001 이하에서 의미있는 차이를 보였으며, 군집들 중에서 '강한 균형문화'의 조직몰입(평균=3.77)과 직무만족(평균=3.42)이 모두 가장 높게 나타났다. 그러므로 "조직문화 profile 중 네 가지 문화유형이 모두 강한 경우(강한 균형문화)에 개인의 직무만족과 조직몰입이 가장 높을 것이다"라는 가설이 입증되었다. 또한 네 가지 문화유형들도 모두 네 가지 군집들 간에 의미있는 차이를 보이고 있다(김호정, 2002).

〈표 16-20〉 조직문화 profile과 조직몰입 · 직무만족의 관계

	위계중심 약한문화 (G1)	강한 균형문화 (G2)	약한 균형문화 (G3)	외부지향 문화 (G4)	F값
	n=99	n=144	n=42	n=150	
집단문화	-.46	.99	-.70	-.46	137***
발전문화	-.1.00	.85	-.96	.13	184***
위계문화	.13	.42	-1.90	.08	105***
합리문화	-.93	.73	-1.23	.24	168***
조직몰입	3.12	3.77	2.98	3.23	37***
직무만족	2.93	3.42	2.88	3.04	23***

*** $p<.001$

주: 조직문화의 각 점수는 표준점수임. G는 군집을 가리킴.

제 17 장

판별분석

판별분석(Discriminant Analysis)은 앞 장에서 살펴본 군집분석과 함께 분류분석에 속하는 것으로서, 등간척도나 비율척도로 측정된 독립변수들이 여러 개의 군집으로 분류될 때 어느 군집으로 소속될 것인지를 예측하기 위한 분석기법이다.

제1절 판별분석의 활용과 절차

1. 개념과 활용

판별분석(Discriminant Analysis)은 명목척도로 측정된(집단으로 구분된) 종속변수를 잘 판별(설명)할 수 있는 독립변수들을 발견하여 판별함수(판별방정식)를 도출하고, 이를 토대로 새로운 자료가 속할 종속변수의 집단을 예측해 내는 통계기법이다.

원리는 회귀분석과 유사하나 차이점은 회귀분석에서는 종속변수가 등간이나 비율척도로 측정되지만, 판별분석에서는 종속변수가 집단으로 구분된 명목척도라는 것이다. 또한 군집분석과 판별분석은 모두 분류분석에 속하지만, 군집분석은 분석 이전에는 수집된 자료들이 어느 군집에 속할 지 알 수 없는 반면, 판별분석에서는 분석 이전에 자료의 소속집단을 알 수 있으며 다만 새롭게 수집되는 자료가 어느 집단에 속할 지 예측해 내는 분석기법이다.

판별분석은 다음과 같은 용도에 활용될 수 있다.

첫째, 집단으로 구분된 종속변수를 설명할 수 있는 독립변수들을 발견하고자 할 경우.

둘째, 독립변수들 중에서 어떤 것들이 종속변수를 보다 잘 설명할 수 있는가. 즉, 독립변수들 간의 상대적 중요성을 파악하고자 할 경우.

셋째, 독립변수들로써 종속변수를 맞히는 정확도를 알고자 할 경우.

넷째, 새로운 케이스(사례)는 종속변수의 어느 집단에 속할 것인지 예측하고자 할 경우.

네 번째 용도는 다른 통계기법에 비해 판별분석의 가장 큰 장점이라고 할 수 있다. 예컨대 은행이 대출해 줄 기업인가 아닌가를 판단하고자 할 때나, 신규로 신용카드를 발급할 고객인가 아닌가를 결정할 때, 혹은 기업이 자사제품을 구매할 고객인지의 여부를 판단할 때 이용할 수 있으며, 선거 전 무응답으로 분류된 유권자가 과연 어느 후보자(정당)에게 투표할 것이지를 예측하기 위해서도 이용될 수 있다.

2. 요 건

판별분석을 사용하기 위해서는 다음과 같은 요건들이 충족되어야 한다.

첫째, 독립변수들이 다변량 정규분포를 이루어야 한다.

둘째, 종속변수 집단들의 분산-공분산 행렬이 동일해야 한다.

셋째, 독립변수들은 등간이나 비율척도로, 종속변수는 명목척도로 측정되어야 한다.

넷째, 종속변수의 집단들은 상호배타적이어야 한다.

다섯째, 자료수(표본크기)는 독립변수 수의 20배 이상이 필요하다.

3. 절 차

가. 변수의 선정

종속변수를 판별해 줄 수 있는 독립변수를 선정해야 한다. 종속변수는 측정할 당시에는 명목척도가 아니지만 측정 후 재분류하여 집단화된 것이라면 사용할 수 있다.

나. 판별함수 도출

변수가 투입되어 판별분석이 진행되면 먼저 판별계수가 산출되어 판별함수를 만들 수 있다. 그리고 전반적으로 독립변수들이 종속변수를 어느 정도 판별할 수 있으며 의미있는 판별을 할 수 있는지, 구체적으로 의미있는 독립변수들은 어떤 것들인지 제시하고, 독립변수들 중 상대적 중요성도 판단할 수 있게 한다.

다. 판별적중률 계산

판별함수를 기초로 집단별 평균(집단중심점)이 산출되면, 이를 기초로 자료를 분류하여 판별적중률이 계산되는데 이는 예측정확률을 의미한다.

라. 자료의 예측

새로운 자료(사례)가 종속변수의 어느 집단에 속할 것인지를 예측하는 것이 분석목적이라면, 새로운 자료의 독립변수 측정치들을 집단별 판별함수(Fisher의 선형 판별함수)에 대입하여 그 결과를 비교함으로써 소속될 집단을 예측할 수 있다.

제 2 절 판별분석의 실행

판별분석을 위해 사용될 데이터 파일은 첨부된 파일 중 '한미 간 부패비교(판별분석).sav'이다. 여기서는 독립변수로 부패풍토, 규칙준수, 이기심, 내부고발, 집권화, 상하신뢰를 이용하고 종속변수는 한국과 미국의 공무원 집단으로 나누어 집단변수(G)는 '국가'로 하였다. 판별분석을 하는 과정은 다음 명령에 의해 실행된다.

분석(A) → 분류분석(Y) → 판별분석(D)...

[그림 17-1]은 위 명령을 실행한 과정을 나타낸 데이터 편집기 화면이다.

그림 17.1 판별분석 SPSS 데이터편집기

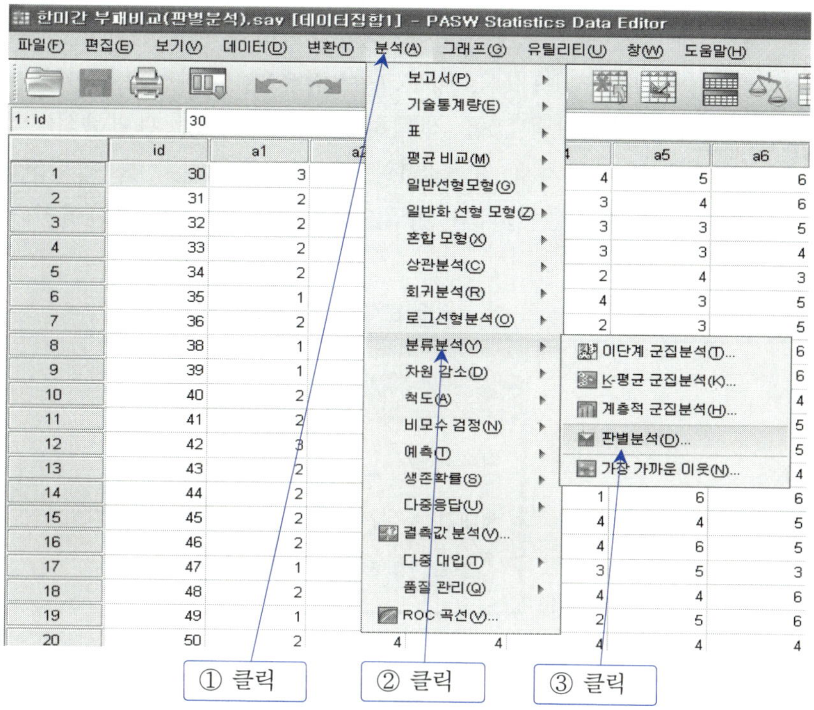

그림 17.2 판별분석 초기 대화상자

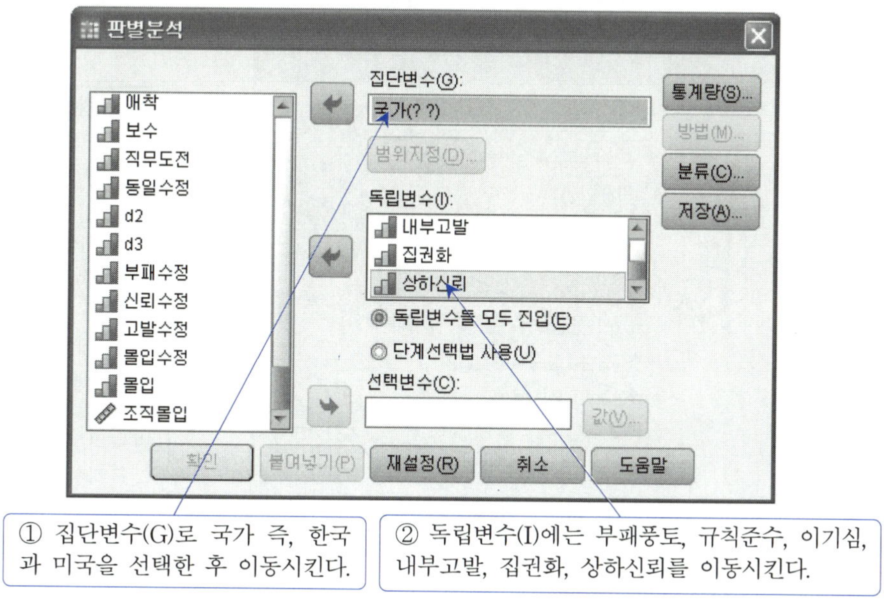

[그림 17-1]과 같이 판별분석(D)를 클릭하면 [그림 17-2] 판별분석 초기 대화상자가 나타난다. 여기서 집단변수(G)에는 한국의 공무원과 미국의 공무원을 구분하기 위한 변수인 '국가'를 클릭하여 이동시키고, 독립변수(I)에는 부패풍토, 규칙준수, 이기심, 내부고발, 집권화, 상하신뢰를 이동시킨다.

그리고 범위지정(D)를 선택하면 [그림 17-3] 판별분석: 범위지정 대화상자가 나타난다. 여기서 최소값(I)은 1, 최대값(A)은 2를 입력한다. 왜냐하면 집단변수(G)의 부문은 한국과 미국으로 구분된 2개의 집단이기 때문이다.

그림 17.3 판별분석: 범위지정 대화상자

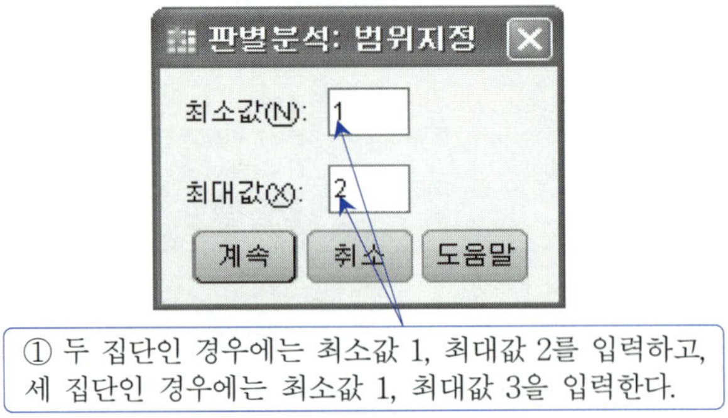

그림 17.4 판별분석: 선택변수 대화상자

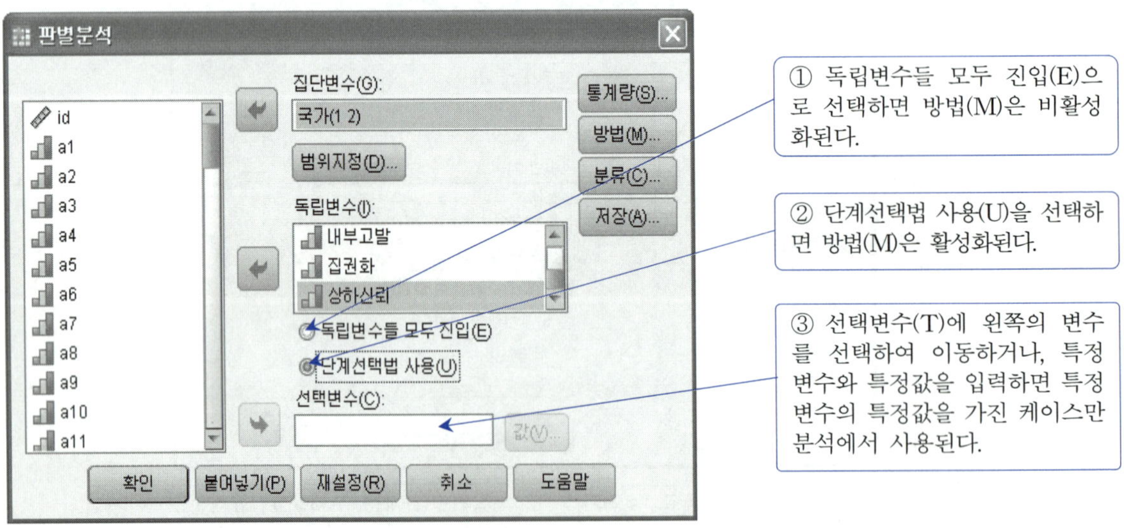

그리고 독립변수들 모두 진입(E) 또는 단계선택법 사용(U) 중 하나를 선택하게 되는데, 여기서는 단계선택법 사용(H)을 선택한다. 참고로 전자는 중회귀분석의 입력(enter)과 유사하고, 후자는 단계적 방법(stepwise)과 유사하다.

단계선택법 사용(U)을 선택하면, 방법(M)... 이 활성화된다.

[그림 17-4]는 선택변수를 선택했을 때 나타나는 대화상자이다. 선택변수(C)란에 특정변수와 특정값을 입력하면 특정변수의 특정값을 가진 케이스만 분석대상으로 분석할 수 있다. 판별분석에서는 판별함수의 도출단계와 판별함수의 예측력 검증(판별적중률) 단계에서 상이한 표본(자료)을 사용하는 경우가 있는데 이러한 경우에 선택변수(C)는 유용하게 쓰일 수 있다.

[그림 17-5]는 [그림 17-2] 초기대화상자에서 통계량(S)... 을 선택했을 때 나타나는 통계량 대화상자이다. 통계량에 대한 설명은 <표 17-1>과 같다.

〈표 17-1〉 판별분석: 통계량 대화상자 설명

용 어		설 명
기술통계	평균(M)	각 독립변수에 대한 평균, 표준편차를 나타낸다.
	일변량분산분석(A)	집단평균의 동질성에 대한 검증인 일원분산분석을 실행한다.
	Box의 M(B)	집단변수들에 대한 공분산행렬의 동일성에 대한 검증을 한다.
함수의 계수	Fisher의 방법(F)	비표준화 분류계수를 이용하여 판별점수 계산 후, 분류함수가 각 집단별로 생성된다.
	표준화하지 않음(U)	표준화하지 않은 판별함수의 계수를 나타낸다.
행렬	집단-내 상관행렬(R)	집단-내 공분산행렬로부터 전체집단별 상관행렬이 구해진다.
	집단-내 공분산행렬(V)	집단별 공분산행렬을 계산한 다음 전체집단의 공분산행렬이 구해진다.
	개별-집단 공분산행렬(E)	개별집단의 공분산행렬이 구해진다.
	전체 공분산(T)	전체 케이스에 대한 공분산행렬이 구해진다.

그림 17.5 판별분석: 통계량 대화상자

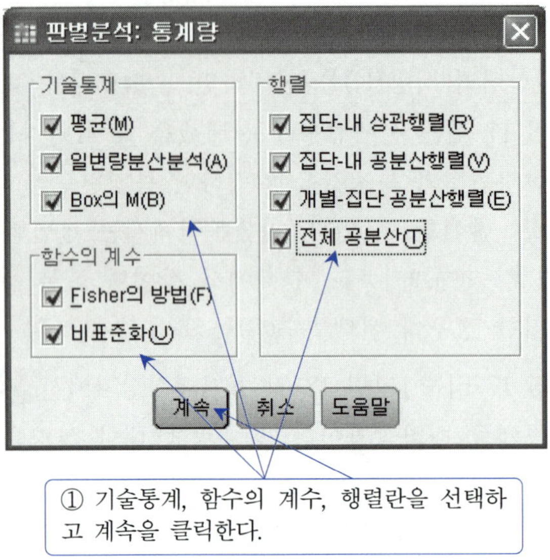

그림 17.6 판별분석: 단계선택법 대화상자

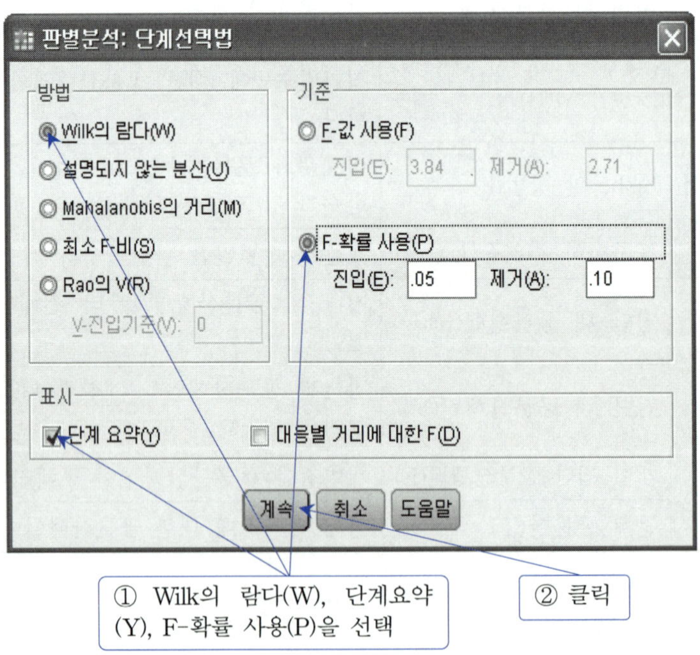

[그림 17-6]은 [그림 17-2] 초기 대화상자에서 단계선택법 사용(U)을 선택한 후, 방법(M)... 을 선택했을 때 나타나는 단계선택법 대화상자인데, 단계선택법은 중요한 변수 순으로 우선적으로 판별식에 포함되는 방식이다.

여기서는 방법 란에 Wilk의 람다(W), 기준 란에는 F-확률사용(P)을 선택하고 진입(E)과 제거(O)에는 초기설정값(default)인 .05와 .10을 그대로 둔다. 표시 란에는 단계 요약(Y)를 선택한 후, 계속 을 클릭하면 [그림 17-2] 초기 대화상자로 돌아간다.

단계선택법에 대한 설명은 <표 17-2>와 같다.

〈표 17-2〉 판별분석: 단계선택법 대화상자 설명

용 어		설 명
방법	Wilk의 람다(W)	Wilk의 람다 통계량에 의하여 중요한 변수 순으로 판별식에 포함된다.
	설명되지 않는 분산(U)	판별되는 집단에 대하여 설명되지 않는 분산의 합을 최소화하는 변수를 나타낸다.
	Mahalanobis의 거리(M)	독립변수의 한 케이스값과 모든 케이스 평균 간의 차이를 나타낸다. 이것을 이용하면 극단치의 케이스를 찾을 수 있다.
	최소 F-비(S)	두 집단 간의 F 비율이 최소인 것을 최대화하는 변수로 나타낸다.
	Rao의 V(R)	Rao V값을 최대화하는 변수를 나타낸다.
기준	F-값 사용(F)	비표준화 분류계수를 이용하여 판별점수 계산 후, 분류함수가 각 집단별로 생성된다.
	F-확률사용(P)	변수의 P값을 기준으로 판별식에 변수의 진입과 제거 여부를 결정한다.
출력	단계요약(Y)	Wilks의 람다, 진입/제거 변수, 공차한계와 통계량, F값, 유의수준 등이 나타난다.
	대응별 거리에 대한 F(D)	집단들의 각 쌍에 대한 F비율의 행렬을 나타내고, F는 Mahalanobis 거리에 대한 유의성 검증이다.

[그림 17-7]은 [그림 17-2] 초기 대화상자에서 분류(C)... 를 선택했을 때 나타나는 판별분석의 분류 대화상자이다. 사전확률 란에는 모든 집단이 동일(A), 표시 란에는 요약표(U), 공분산행렬 사용 란에는 집단-내(W), 도표 란에는 개별-집단(S)을 선택한 후 계속 을 클릭하면 [그림 17-2] 초기 대화상자로 돌아간다.

그림 17.7 판별분석: 분류 대화상자

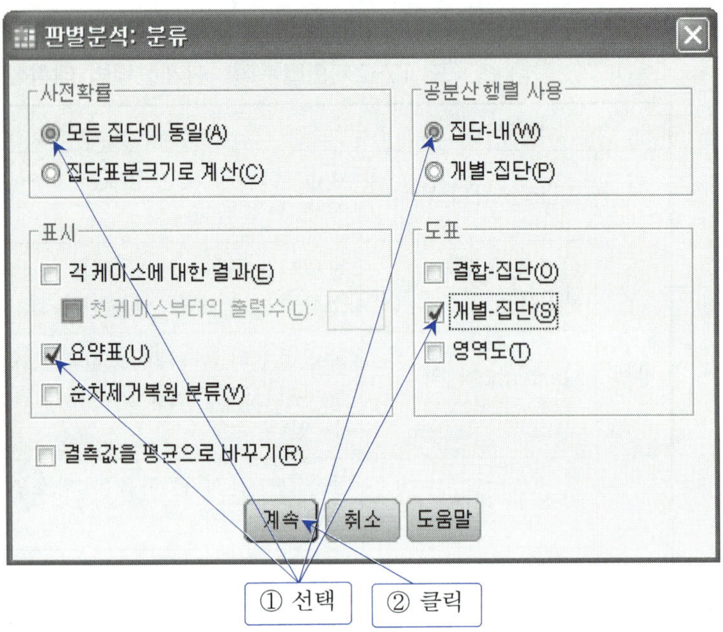

[그림 17-8]은 [그림 17-2] 초기 대화상자에서 저장(A)... 을 클릭했을 때 나타나는 판별분석: 저장 대화상자이다. 여기서는 각 케이스가 소속될 집단인 예측 소속집단(P)과 각 케이스의 판별점수를 나타내는 판별점수(D), 각 케이스의 판별점수에 대한 확률을 나타내는 집단소속 확률(R)을 선택하고 계속 을 클릭하면 [그림 17-2] 초기화면으로 되돌아간다. 거기서 확인 을 클릭하면 주요 산출결과는 <표 17-3>에서 <표 17-20>이 된다.

그림 17.8 판별분석: 저장 대화상자

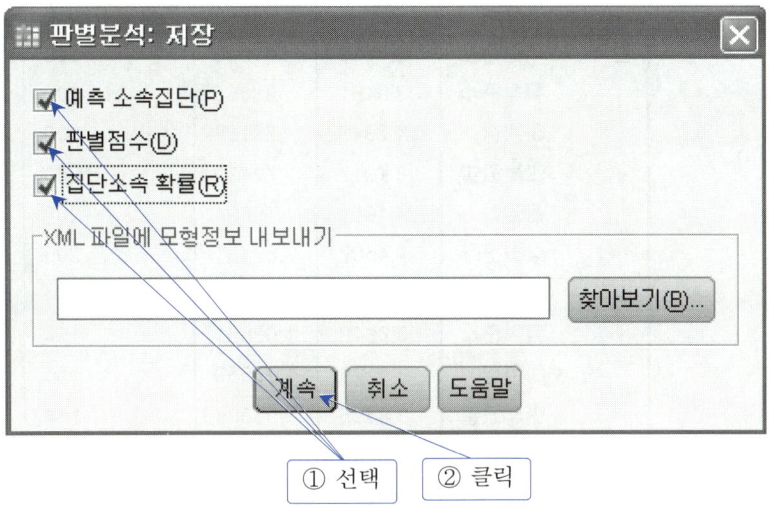

제 3 절 판별분석의 산출결과와 해석

<표 17-3>은 집단통계량을 나타낸 표이다. 한국과 미국의 공무원 집단 및 이들 두 집단을 합한 전체집단의 유효한 데이터 수와 평균, 표준편차 등이 나타나 있다. 부패풍토, 이기심, 집권화는 한국이 강하고, 규칙준수, 내부고발, 상하신뢰는 미국이 강함을 알 수 있다.

〈표 17-3〉 집단 통계량

국가		평균	표준편차	유효수(목록별) 가중되지 않음	유효수(목록별) 가중됨
한국	부패풍토	2.9490	.64599	206	206.000
	규칙준수	3.0461	.93655	206	206.000
	이기심	4.2840	.77187	206	206.000
	내부고발	3.1917	.72432	206	206.000
	집권화	4.4854	.75694	206	206.000
	상하신뢰	4.4587	.83491	206	206.000
미국	부패풍토	2.4751	.91303	154	154.000
	규칙준수	3.6818	1.03661	154	154.000
	이기심	3.5779	1.25653	154	154.000
	내부고발	3.8555	.95605	154	154.000
	집권화	3.0747	1.25737	154	154.000
	상하신뢰	4.9221	1.02442	154	154.000
합계	부패풍토	2.7463	.80542	360	360.000
	규칙준수	3.3181	1.02861	360	360.000
	이기심	3.9819	1.06558	360	360.000
	내부고발	3.4757	.89291	360	360.000
	집권화	3.8819	1.22045	360	360.000
	상하신뢰	4.6569	.94763	360	360.000

<표 17-4>에 의하면 6가지 독립변수들이 모두 한국과 미국 간에 유의수준 .000에서 의미있는 차이를 보이고 있다. 특히 Wilks 람다가 클수록 F값이 작아지는 경향이 있는데, 이는 Wilks 람다는 '집단 내 분산/(집단 내 분산+집단 간 분산)'이기 때문이다. 따라서 6가지 변수들 중 Wilks 람다값이 가장 작은 집권화가 한국과 미국을 구분하는 판별력이 가장 높은 것이다.

<표 17-5>는 공분산행렬을 나타내고 있다.

〈표 17-4〉 집단평균의 동질성에 대한 검증

	Wilks 람다	F	자유도1	자유도2	유의확률
부패풍토	.915	33.252	1	358	.000
규칙준수	.906	37.037	1	358	.000
이기심	.892	43.242	1	358	.000
내부고발	.864	56.183	1	358	.000
집권화	.672	174.727	1	358	.000
상하신뢰	.941	22.318	1	358	.000

〈표 17-5〉 공분산행렬

국가		부패풍토	규칙준수	이기심	내부고발	집권화	상하신뢰
한국	부패풍토	.417	.222	-.023	-.121	-.082	-.294
	규칙준수	.222	.877	-.196	-.216	-.175	-.438
	이기심	-.023	-.196	.596	.053	.349	.085
	내부고발	-.121	-.216	.053	.525	.002	.231
	집권화	-.082	-.175	.349	.002	.573	.081
	상하신뢰	-.294	-.438	.085	.231	.081	.697
미국	부패풍토	.834	-.400	.829	-.507	.695	-.358
	규칙준수	-.400	1.075	-.364	.246	-.144	.264
	이기심	.829	-.364	1.579	-.617	1.226	-.329
	내부고발	-.507	.246	-.617	.914	-.575	.276
	집권화	.695	-.144	1.226	-.575	1.581	-.432
	상하신뢰	-.358	.264	-.329	.276	-.432	1.049
합계	부패풍토	.649	-.117	.423	-.362	.413	-.375
	규칙준수	-.117	1.058	-.377	.085	-.382	-.065
	이기심	.423	-.377	1.135	-.348	.967	-.172
	내부고발	-.362	.085	-.348	.797	-.474	.325
	집권화	.413	-.382	.967	-.474	1.490	-.298
	상하신뢰	-.375	-.065	-.172	.325	-.298	.898

a. 전체 공분산행렬은 359의 자유도를 가집니다.

<표 17-6>은 Box의 M 검증결과를 나타내고 있다. 검증결과 공분산행렬은 유의확률이 .000으로 나타났으므로 동일성의 가정에 위배된다고 해석할 수 있다. 그러나 현실적으로 공분산 행렬의 동일성 가정에 극단적으로 위배되지 않거나 표본크기가 클 경우에는 판별분석을 진행해도 무리가 없다는 주장도 있다.

〈표 17-6〉 검증결과

Box의 M		122.155
F	근사법	12.064
	자유도1	10
	자유도2	511610.620
	유의확률	.000

모집단 공분산행렬이 동일하다는 영가설을 검정합니다.

<표 17-7>은 단계선택 통계량에서 진입된/제거된 변수를 나타낸 표이다. 1단계로 진입된 변수는 집권화, 2단계로 진입된 변수는 이기심, 4단계로 진입된 변수는 내부고발로 나타났다. 1단계에서 집권화가 진입했을 때의 통계량(Wilks의 람다값)은 .672, 유의확률은 .000이었으며, 4단계로 내부고발이 진입하였을 때 통계량은 .599, 유의확률은 .000으로 나타났다. 따라서 새로운 독립변수가 추가될수록 Wilks의 람다값은 작아져서 판별력은 높아짐을 알 수 있다.

〈표 17-7〉 진입된/제거된 변수

단계		Wilks 람다							
						정확한 F			
	진입된	통계량	자유도1	자유도2	자유도3	통계량	자유도1	자유도2	유의확률
1	집권화	.672	1	1	358.000	174.727	1	358.000	.000
2	이기심	.651	2	1	358.000	95.759	2	357.000	.000
3	규칙준수	.622	3	1	358.000	71.989	3	356.000	.000
4	내부고발	.599	4	1	358.000	59.448	4	355.000	.000

각 단계에서 전체 Wilks의 람다를 최소화하는 변수가 입력됩니다.

a. 최대 단계 수는 12입니다.

b. 입력할 F의 최대 유의확률은 .05입니다.

c. 제거할 F의 최소 유의확률은 .10입니다.

d. F 수준, 공차한계 또는 VIN 부족으로 계산을 더 수행할 수 없습니다.

<표 17-8>은 분석할 변수를 나타낸 표이다. 1단계에는 집권화, 2단계에는 이기심, 4단계에서는 내부고발이 판별식에 추가되었다.

4단계에서 제거됨으로써 Wilks 람다 값이 가장 커지는 변수가 집권화이므로, 4가지 독립변수 중 집권화의 판별력이 가장 높다고 하겠다.

〈표 17-8〉 분석할 변수

단계		공차한계	제거할 F의 유의확률	Wilks 람다
1	집권화	1.000	.000	
2	집권화	.486	.000	.892
	이기심	.486	.001	.672
3	집권화	.485	.000	.850
	이기심	.462	.000	.653
	규칙준수	.925	.000	.651
4	집권화	.476	.000	.774
	이기심	.455	.000	.633
	규칙준수	.915	.000	.630
	내부고발	.895	.000	.622

<표 17-9>는 각 단계별로 진입되지 않은 변수를 나타낸다. 0단계의 6가지 변수 중 판별력이 가장 높은(Wilks 람다값이 가장 작은) 것이 집권화이므로 1단계에서 집권화가 진입되었다.

또한 1단계에서 판별력이 가장 높은 변수가 이기심이므로 다음 단계에서 이기심이 진입되었다. 4단계에서는 부패풍토와 상하신뢰가 남았으나 이 두 변수는 모두 F값의 유의확률이 기준치보다 커서 다음 단계에 진입하지 못하였다.

〈표 17-9〉 분석할 변수없음

단계		공차한계	최소 공차한계	입력할 F의 유의확률	Wilks 람다
0	부패풍토	1.000	1.000	.000	.915
	규칙준수	1.000	1.000	.000	.906
	이기심	1.000	1.000	.000	.892
	내부고발	1.000	1.000	.000	.864
	집권화	1.000	1.000	.000	.672
	상하신뢰	1.000	1.000	.000	.941
1	부패풍토	.895	.895	.197	.669
	규칙준수	.973	.973	.001	.653
	이기심	.486	.486	.001	.651
	내부고발	.914	.914	.002	.654
	상하신뢰	.978	.978	.024	.662
2	부패풍토	.807	.438	.015	.640
	규칙준수	.925	.462	.000	.622
	내부고발	.904	.476	.001	.630
	상하신뢰	.977	.480	.029	.642
3	부패풍토	.803	.414	.008	.610
	내부고발	.895	.455	.000	.599
	상하신뢰	.944	.462	.004	.608
4	부패풍토	.692	.414	.177	.596
	상하신뢰	.865	.455	.062	.593

<표 17-10>은 정준판별함수를 요약한 것으로 1개의 판별함수만이 나타나 있다. 판별분석에서는 종속변수인 집단의 수보다 '1'적은 수와 독립변수의 수 중에서 작은 수 만큼의 판별함수가 생성되므로, 여기서는 '2-1'과 '6'중 '1'이 판별함수의 개수가 된다. 고유값(eigenvalue)은 집단 간 분산을 집단 내 분산으로 나눈 비율로 이 값이 클수록 판별함수의 설명력이 증가한다. 정준상관(canonical correlation)은 .633으로 나타났는데, 이 값은 판별함수의 판별능력을 나타내는 값으로 1에 가까울수록 판별함수의 판별능력이 높다는 것을 의미한다. 참고로 정준상관계수의 제곱은 판별점수의 총분산 중에서 판별함수에 의해 설명된 분

산의 비율을 가리키므로, $(.633)^2 = .401$은 한국과 미국의 판별점수(종속변수) 분산의 40.1%를 판별함수(독립변수들)에 의해 설명될 수 있다.

〈표 17-10〉 고유값

함수	고유값	분산의 %	누적 %	정준 상관
1	.670[a]	100.0	100.0	.633

a. 첫 번째 1 정준 판별함수가 분석에 사용되었습니다.

<표 17-11>은 Wilks의 람다값과 카이제곱 검증결과를 나타낸 표이다.

여기서는 Wilks의 람다값이 .599이고, 카이제곱 검증의 유의확률이 .000이므로, 판별함수는 통계적으로 유의하다고 해석할 수 있다. 즉, 한국과 미국 간에 6가지 독립변수들이 전반적으로 의미있는 차이를 보인다고 할 수 있다.

〈표 17-11〉 Wilks의 람다

함수의 검정	Wilks의 람다	카이제곱	자유도	유의확률
1	.599	182.530	4	.000

<표 17-12>는 표준화 정준판별함수의 계수를 나타낸 것이다. 이 계수는 중회귀분석의 베타(β)와 같이 절대값의 크기는 변수들 간의 상대적 중요도를 나타내는 것이므로, 집권화가 규칙준수나 이기심, 내부고발보다 더 중요하고 설명력이 가장 높다는 것을 의미한다. 이를 판별식으로 나타내면 다음과 같다.

$$D = .369\text{규칙준수} + .547\text{이기심} + .325\text{내부고발} - 1.090\text{집권화}$$

〈표 17-12〉 표준화 정준 판별함수 계수

	함수
	1
규칙준수	.369
이기심	.547
내부고발	.325
집권화	-1.090

<표 17-13>은 구조행렬을 나타낸 것이다. 구조행렬은 표준화 정준 판별함수와 각 독립변수들 간의 상관관계를 의미한다. 이 상관계수는 요인분석의 요인적재값과 유사한 의미이며, 절대치가 0.3 이상이면 의미있는 것으로 인정될 수 있다. 이들의 상관계수가 높을수록 판별점수도 높아진다. 판별함수와 집권화의 상관계수가 -.854로 가장 높으므로 집권화는 이 판별함수에서 가장 영향력이 큰 변수라고 해석할 수 있다. 한편 부패풍토와 상하신뢰는 절대치가 0.3보다 작으므로 의미없는 것으로 볼 수 있다. 회귀분석의 다공선성의 문제가 독립변수들 간에 발생할 경우에는 표준화된 판별함수 계수보다 구조행렬이 유리할 수 있다.

〈표 17-13〉 구조행렬

	함수
	1
집권화	-.854
내부고발	.484
이기심	-.425
규칙준수	.393
부패풍토[a]	-.278
상하신뢰[a]	.159

판별변수와 표준화 정준 판별함수 간의 집단-내 통합 상관행렬. 변수는 함수내 상관행렬의 절대값 크기순으로 정렬되어 있습니다.

a. 이 변수는 분석에 사용되지 않습니다.

<표 17-14>는 표준화되지 않은 정준판별함수를 나타낸 것이다. 이를 식으로 나타내면 다음과 같다.

$$D = -.546 + .376\text{규칙준수} + .543\text{이기심} + .391\text{내부고발} - 1.088\text{집권화}$$

이 판별함수에 원자료(독립변수들의 측정치)를 대입하여 판별점수를 구한다. 이렇게 구한 각 판별점수의 케이스를 한국과 미국으로 구분하여 평균을 구하면, 미국인 154명의 판별점수 평균값은 .944이고, 한국인 206명의 판별점수 평균값은 -.706이 된다. 이와 같은 각 집단의 판별점수 평균값을 함수의 집단중심점이라고 한다(<표 17-15>). 판별함수의 계수는 표준화되지 않았으므로 독립변수의 상대적인 중요성을 판단하는데는 이용할 수 없다.

〈표 17-14〉 정준 판별함수 계수

	함수
	1
규칙준수	.376
이기심	.543
내부고발	.391
집권화	-1.088
(상수)	-.546

표준화하지 않은 계수

집단분류기준은 한국과 미국 공무원의 중심점의 평균이므로, (.944-.706)/2= .119이다. 따라서 각 사례의 판별점수가 .119보다 작은 값은 한국 공무원, 큰 값은 미국 공무원에 분류된다.

두 집단의 표본수가 다른 경우에는 다음 식과 같이 계산된다.

$$\text{집단분류기준} = \frac{n_2 C_1 + n_1 C_2}{n_1 + n_2}$$

n_1: 집단 1의 표본수, n_2: 집단 2의 표본수
C_1: 집단 1의 중심점, C_2: 집단 2의 중심점

〈표 17-15〉 함수의 집단중심점

국가	함수
	1
한국	-.706
미국	.944

표준화하지 않은 정준 판별함수가 집단 평균에 대해 계산되었습니다.

<표 17-16>은 집단별 분류함수 계수를 나타낸 표이다. 이 계수로써 한국과 미국 공무원의 판별점수를 결정하는 Fisher의 선형판별함수는 다음과 같은 판별식으로 나타낼 수 있다.

한국 공무원 =-39.510+5.253규칙준수+4.618이기심+7.688내부고발+3.859집권화
미국 공무원 =-40.607+5.874규칙준수+5.514이기심+8.332내부고발+2.065집권화

따라서 한 명의 새로운 공무원에 대한 <표 17-16>의 4가지 독립변수 측정값들은 알 수 있으나, 그 공무원이 한국과 미국 중 어느 나라 소속인지를 모를 경우, 독립변수 값들을 한국과 미국의 위 Fisher 선형판별함수에 각 대입하여 그 중 함수(Y)값이 큰 집단(국가)의 소속으로 판별할 수 있다.

이처럼 분류함수 계수는 새로운 케이스(자료)의 독립변수 값들을 알 경우 이 자료가 어느 집단에 속하는지를 판단하는 근거로 삼을 수 있다.

〈표 17-16〉 분류 함수 계수

	국가	
	한국	미국
규칙준수	5.253	5.874
이기심	4.618	5.514
내부고발	7.688	8.332
집권화	3.859	2.065
(상수)	-39.510	-40.607

Fisher의 선형 판별함수

<표 17-17>과 <표 17-18>은 정준판별함수를 나타낸 것이다. 앞의 <표 17-15> 함수의 집단중심점에서 살펴본 바와 같이 .119보다 작은 값은 한국 공무원, .119보다 큰 값은 미국 공무원으로 나타났다. <표 17-17>의 정준판별함수 도표에서는 .119보다 큰 값도 한국 공무원에 포함된 것들이 있고, <표 17-18>에서도 .119보다 작은 값들이 포함되어 있는데(<표 17-19> 분류결과 참조), 이러한 케이스들은 잘못 판별된 것이다.

〈표 17-17〉 정준 판별함수 1: 한국

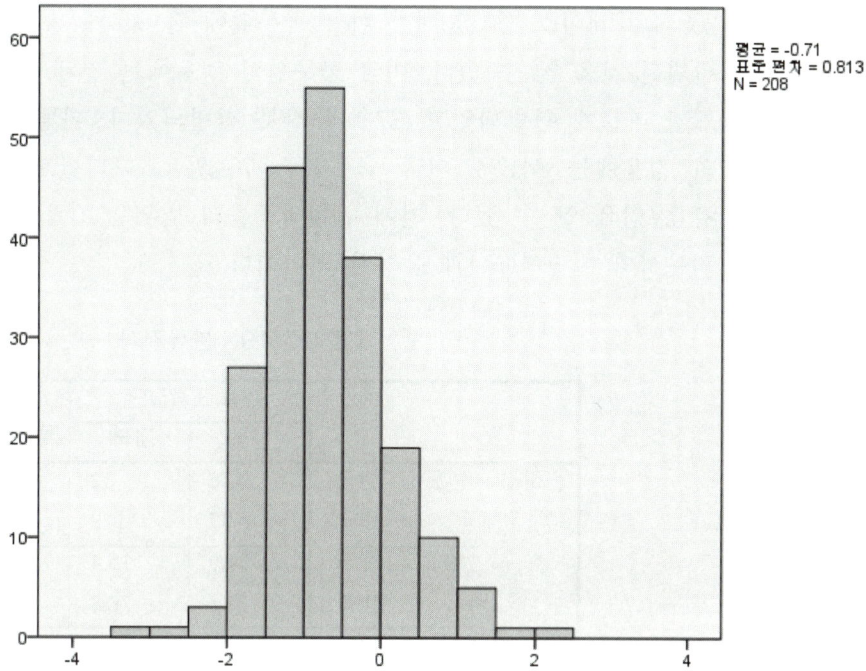

〈표 17-18〉 정준 판별 함수 1: 미국

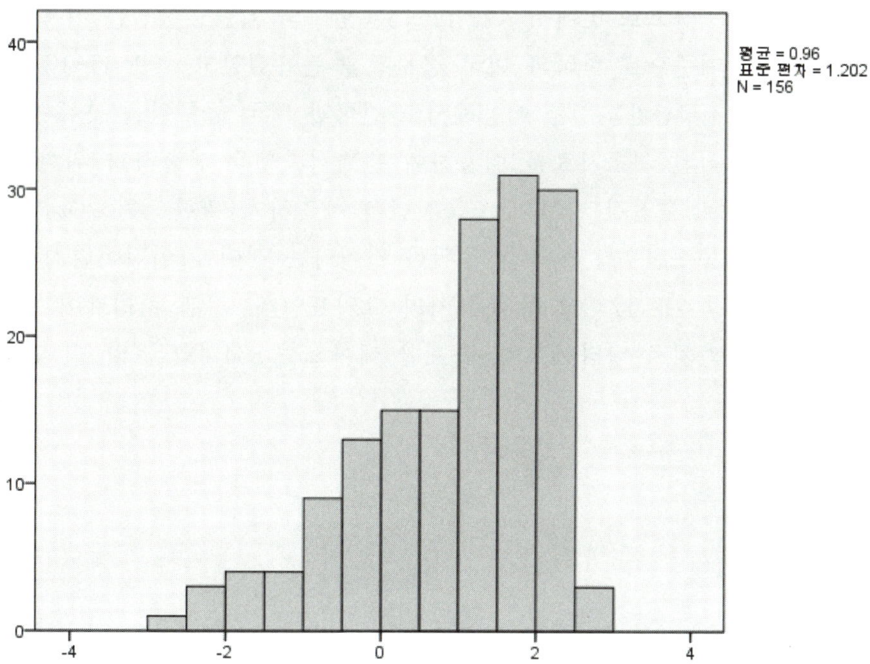

<표 17-19>는 판별에 대한 분류결과를 나타낸 것으로 한국 공무원에 속한 208개의 케이스 중 176개가 한국 공무원에 올바르게 판별된 반면 32개가 잘못 판별된 것을 알 수 있다. 미국 공무원의 경우에는 전체 156개의 케이스 중 119개가 바르게 판별되었고, 37개가 잘못 판별되었다. 판별적중률은 한국 공무원의 경우에는 84.6%, 미국 공무원은 76.3%로 나타났으며, 전체판별적중률은 81.0%임을 알 수 있다. 전체 판별적중률의 범위는 '0에서 1 사이의 값으로 회귀분석의 설명력(R^2)과 유사한 의미이다.

〈표 17-19〉 분류결과

		국가	예측 소속집단		전체
			한국	미국	
원래값	빈도	한국	176	32	208
		미국	37	119	156
	%	한국	84.6	15.4	100.0
		미국	23.7	76.3	100.0

a. 원래의 집단 케이스 중 81.0%이(가) 올바로 분류되었습니다.

참고로 앞에서 <표 17-15> 함수의 집단중심점을 이용하여 집단들의 평균을 기준으로 한국과 미국 공무원을 분류했었고, <표 17-16> 분류함수계수(Fisher 선형판별함수)를 이용해서도 한국과 미국 공무원을 분류했다. 그러나 전자는 수집된 기초자료를 이용하여 판별적중률을 산출하기 위한 것이고, 후자는 앞으로 수집될 자료의 소속집단을 예측하기 위한, 즉 알고 있는 독립변수 값으로 종속변수를 예측하기 위한 것이라는 점이 차이점이다.

<표 17-20>은 분류처리 요약표인데, 전체 처리케이스 415개 중 51개가 결측치로 나타났으며, 유효한 케이스는 364개임을 알 수 있다.

〈표 17-20〉 분류 처리 요약

처리		415
제외	집단 코드가 누락되었거나 범위를 벗어남	0
	누락된 판별변수가 적어도 하나 이상 있음	51
출력시 사용됨		364

제 4 절 판별분석을 활용한 실례

1. 문화예술 공연관람객의 라이프스타일

본 연구는 한국 문화예술공연 관람객과 비관람객 간 라이프스타일의 차이를 비교하려는 것이다. 즉, 라이프스타일을 요인분석을 통해 10개 요인으로 추출한 다음, 비관람객과 관람객을 구분하는 의미있는 요인들을 규명하기 위해, 이들 요인들을 독립변수로, 그리고 집단의 구분을 종속변수로 하는 판별분석을 실시하였다. 관람객 중에는 4회 이상인 자를 '중사용자', 4회 미만인 자를 '경사용자'로 구분하였으며, 분석결과는 <표 17-21>과 같다.

먼저 각 집단의 공분산이 동일하다는 가정을 Box's M 검증을 통해 검증한 결과 p=.132로서 각 집단 간 공분산이 동일하다는 것을 확인할 수 있었고, 10개 라이프스타일 요인 중에서 각 집단을 의미있게 구분하는 데 기여한 것으로 나타난 것은 5개 요인(요인 2, 요인 4, 요인 5, 요인 6, 요인 8)이었다. 판별함수의 판별정확성은 61.5%로 Cmax 기준에 의한 49.32% 및 Cpropotional 기준에 의한 38.74%에 비해 높은 수준이었으며, 집단별 판별점수의 평균은 비관람객 집단이 -.414, 경사용자 집단이 -.106, 중사용자 집단이 .676이었다(강기두 · 이지희, 2001).

〈표 17-21〉 요인들을 이용한 집단 간 판별분석 결과

요 인	표준화된 판별계수	정준상관계수
요인 1(사교형)	-.008	.441**
요인 2(적극적 여가활동형)	.668**	
요인 3(건실 노력형)	.053	
요인 4(과시성향)	-.401**	
요인 5(진취적 미래대비형)	.119**	
요인 6(자기 본위형)	-.545**	
요인 7(합리적 정보탐색형)	.053	
요인 8(진보적 사고형)	.417**	
요인 9(안정추구형)	.186	
요인 10(자기중심형)	.194	

구 분	실제 집단구성	예측된 집단의 구성		
		비관람객 집단	경사용자 집단	중사용자 집단
비관람객 집단	108	69(63.9%)	18(16.7%)	21(19.4%)
경사용자 집단	38	10(26.3%)	23(60.5%)	5(13.2%)
중사용자 집단	72	18(25.0%)	12(16.7%)	42(58.3%)

* p < .05 ** p < .01 판별 정확도: 61.5%

집단 중심값(group centroid)	
비관람객 집단: -.414 경사용자 집단: -.106 중사용자 집단: .676	Box'M = 65.74 sig. = .132

2. 조직특성과 조직문화

<표 17-22>는 334개 대학조직을 대상으로 조직특성들을 독립변수로 하고 4가지 조직문화유형(클란, 애드호크라시, 계층, 시장)을 종속변수로 한 판별분석 결과 나타난 3개의 의미있는 판별함수를 요약한 것이다. 함수 3개는 종속변수의 집단수보다 하나 적은 수이다.

첫 번째 판별함수는 클란과 애드호크라시를 계층 및 시장문화와 구분한다. 전자는 명확한 목표, 쇄신, 높은 사기, 경계확장, 집단의사결정, 높은 자질의 리더, 학생의 개인적 발전, 개방체제의 특성을 지니고, 후자는 여유자원의 부족, 즉 엄격함과 능률로 특징지워진다.

두 번째 판별함수는 클란과 계층문화를 애드호크라시와 시장문화와 구별짓는다. 클란과 계층문화는 임무일치와 합의적 의사결정의 특성을 갖고, 애드호크라시와 시장문화는 발전적 전략과 수익주도를 강조한다. 즉, 전자는 현상유지를 특성으로 하고, 후자는 성장과 쇄신을 강조한다.

세 번째 판별함수는 클란과 시장문화를 애드호크라시 및 계층문화와 구분짓는데, 이 함수는 의미있는 독립변수 3개만을 포함하는 약한 함수이다(Cameron & Freeman, 1991).

〈표 17-22〉 4가지 조직문화 유형에 대한 판별요인

함 수	고유값	정준상관계수	Wilk's 람다	카이제곱	자유도	유의확률
1	8.999	.949	.013	157.760	45	.0000
2	2.994	.866	.133	73.717	28	.0000
3	.887	.686	.530	23.174	13	.0396

변 수	I		II		III	
	판별계수	판별점수와 상관관계	판별계수	판별점수와 상관관계	판별계수	판별점수와 상관관계
명확한 목표	.754	.524***	-.558	-.012	-.148	-.171
임무의 일치	.057	.449***	.930	.337**	.274	-.142
쇄신성 증대	-.413	.438***	-.840	-.447	-.686	.080
사기 진작	.101	.349**	.289	-.037	.735	.204
여유의 부재	-.386	-.437***	.205	.156	.316	.135
리더의 높은 신용	-.911	.210	-.592	-.193	-1.028	-.291*
경계의 확장	.524	.586***	.027	-.169	.305	.111
발전적 전략	.377	.370**	-.304	-.619***	.942	.590***
관리자 자질 개선	.716	.552***	.187	-.074	-.306	.061
수익 주도 강조	.364	.414***	-.455	-.459***	-.155	-.054
방임적(의사결정)	1.533	.150	.178	.012	-.343	-.171
합의적(의사결정)	.374	.385***	.548	.302**	-.136	.008
합리적(의사결정)	1.474	.365**	.406	.064	.192	.063
학생의 개인적 발전	.222	.391***	.388	.456***	.086	-.258*
체제 개방	.667	.490***	.022	-.031	.010	.031

집 단	중심점1	중심점2	중심점3	판별적중률
클란 문화	1.617	.949	-.435	
애드호크라시 문화	2.179	-2.565	1.004	100
계층 문화	-4.513	.499	.534	
시장 문화	-5.873	-6.636	-4.569	

제 18 장

로지스틱 회귀분석

로지스틱 회귀분석(logistic regression)은 선형회귀분석의 변형이다. 종속변수가 선형회귀분석에서는 연속적 확률분포(등간, 비율척도)이지만 로지스틱 회귀분석에서는 이항분포(명목척도)를 이룬다는 점이 다르다.

제1절 로지스틱 회귀분석의 활용

1. 개념과 활용

로지스틱 회귀분석(logistic regression analysis) 혹은 로짓분석(logit analysis)은 선형회귀분석과 같이 독립변수들과 종속변수 간의 인과관계를 분석하는 통계기법이며, 다만 종속변수가 남/녀, 실업/취업, 흡연/비흡연 등과 같이 두 개의 범주만을 갖는 점이 다르다.

따라서 투표행태에서 여당과 야당을 선택한 사람의 특성비교나, 투표한 사람과 하지 않은 사람의 특성을 비교하는 데 이용될 수 있고, 신용불량자와 그렇지 않은 사람의 특성 비교나 부도난 기업과 그렇지 않은 기업 간 특성 비교, 정부정책에 대한 불응자와 순응자 간의 특성을 비교하는 데에 활용될 수 있다.

2. 선형회귀분석 및 판별분석과 비교

가. 선형회귀분석과 비교

로지스틱 회귀분석은 선형회귀분석과 다음과 같은 점에서 차이가 있다.

첫째, 선형회귀분석에서는 종속변수가 등간이나 비율척도로 측정된 연속적 확률분포이지만, 로지스틱 회귀분석에서는 종속변수가 명목척도로 된 이항분포를 이룬다.

둘째, 선형회귀분석에서는 독립변수와 종속변수의 관계가 선형이지만, 로지스틱 회귀분석에서는 이들의 관계가 비선형, 즉 S곡선 형태를 이루게 된다.

셋째, 선형회귀분석은 잔차의 제곱합을 최소화하는 최소자승법(least-squares methods)을 이용하여 모수를 추정하지만, 로지스틱 회귀분석은 사건발생 가능성을 크게 하는 최대우도법(maximum-likelihood methods)을 이용한다.

나. 판별분석과 비교

로지스틱 회귀분석은 판별분석과 마찬가지로 종속변수가 명목척도로 되어 있고, 종속변수를 잘 설명(혹은 판별)할 수 있는 독립변수를 찾아내려는 목적을 지닌 점은 같지만, 다음과 같은 차이점도 있다.

첫째, 판별분석에서는 독립변수들이 다변량 정규분포를 이루고 종속변수 집단들의 분산-공분산 행렬이 동일해야 한다는 가정을 했으나, 로지스틱 회귀분석에서는 이러한 가정들이 엄격히 적용되지 않으므로 판별분석보다 광범하게 적용될 수 있다.

둘째, 판별분석에서는 종속변수의 어느 집단에 속하는지를 가부(可否)로 예측하는 데 반해, 로지스틱 회귀분석에서는 확률로써 종속변수의 집단을 판단한다.

제 2 절 로지스틱 회귀분석의 실행

로지스틱 회귀분석을 위한 데이터 파일은 첨부된 파일 중 '한미 간 부패비교(로지스틱 회귀분석).sav' 파일인데, 이 파일을 이용하여 로지스틱 회귀분석과정을 설명한다.

1. 이분형 로지스틱의 선택

로지스틱 회귀분석을 위해서 다음과 같은 절차를 거친다.

분석(A) → 회귀분석(R) → 이분형 로지스틱(G)...

위 절차를 그림으로 나타낸 것이 [그림 18-1] 로지스틱 회귀분석 SPSS 데이터 편집기 화면이다. 여기서 이분형 로지스틱(G)를 클릭하면 [그림 18-2] 로지스틱 회귀분석 초기 대화상자가 나타난다.

그림 18.1 로지스틱 회귀분석 SPSS 데이터 편집기

그림 18.2 로지스틱 회귀분석 초기 대화상자

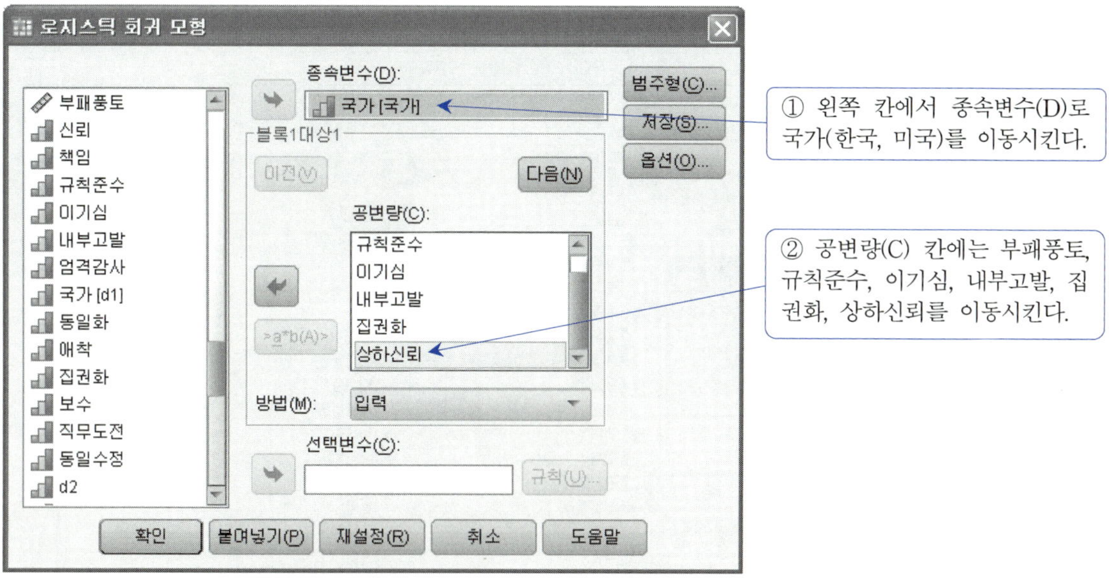

2. 분석대상 변수의 이동

[그림 18-2]와 같이 왼쪽 변수 칸에서 국가(한국, 미국)를 종속변수(D) 칸으로 이동시킨다. 공변량(C)에는 왼쪽 변수 칸에서 부패풍토, 규칙준수, 이기심, 내부고발, 집권화, 상하신뢰 변수들을 이동시킨다. 또한 방법(M)은 모든 독립변수들을 동시에 진입시키는 '입력'을 사용한다.

3. 선택변수

[그림 18-3]은 선택변수 대화상자이다. 왼쪽 변수 칸에서 선택할 변수를 클릭(여기서는 성별)하여 옮기면 선택변수(C) 칸이 활성화된다. 여기에서 분석하고자 하는 변수에 규칙을 정해주면 그 규칙에 맞는 부분만 분석하게 된다. 여기서는 성별을 선택하여 남성에 대해서만 분석하고자 한다.

그림 18.3 로지스틱 회귀분석: 선택변수 대화상자(I)

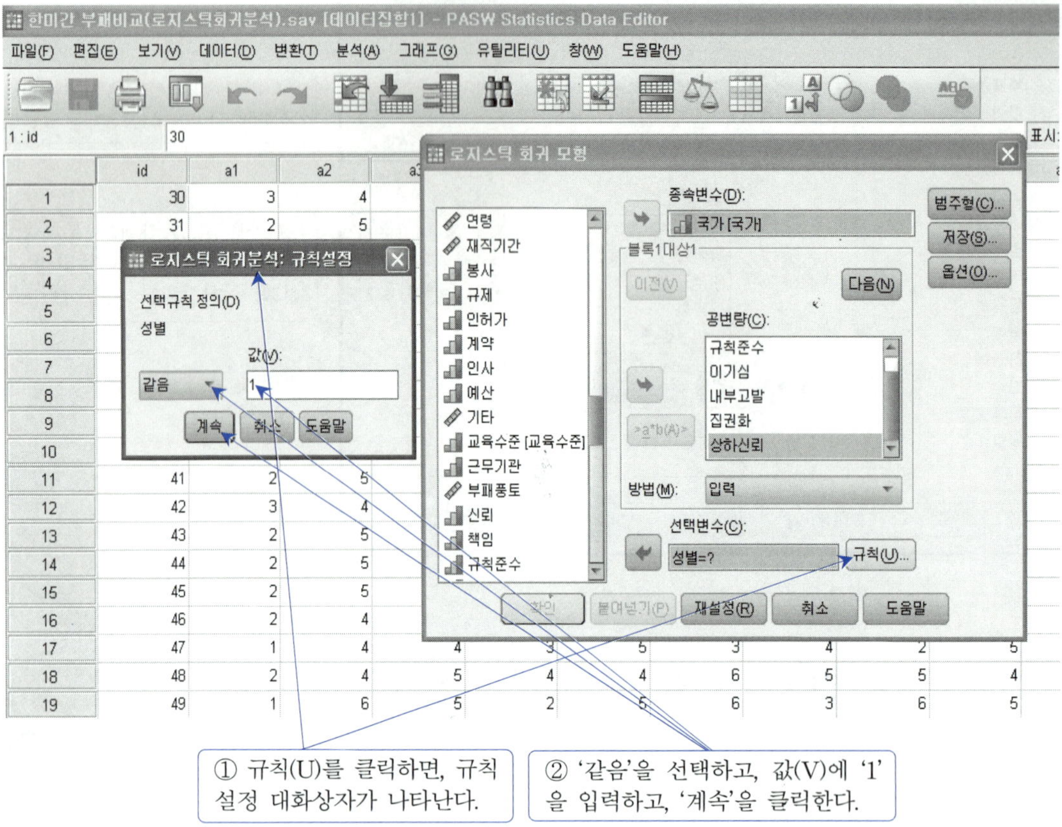

그래서 우선 왼쪽 칸에서 성별을 선택변수(C) 칸에 이동시키고, [규칙(U)...]을 클릭하면, 로지스틱 회귀분석: 규칙설정 대화상자가 나타난다. 왼쪽 칸에서 변수를 가져오므로, 선택변수(C)는 공변량(C)에 입력된 변수와 같은 것이 될 수 없다.

규칙설정에서 '같음'을 선택하고 값(V)에는 '1'을 입력하여 '남성'을 선택하면 [그림 18-4]와 같이 '성별=1', 즉 남성만 선택을 하게 되는 것이다. 여기서 '2'를 선택하면 '여성'을 선택하는 것이 되며, '같지 않음'이나 '보다 작은', '이하', '보다 큰'은 이 경우에 해당되지 않고 범위가 있는 변수를 분석할 때 사용한다. 즉, 값(V)에 '1'을 입력하고, '보다 작은'을 선택하면 값(V) '1'을 포함하지 않는 작은 값을 나타내고, '이하'는 '1'을 포함한 작은 값, '보다 큰'은 '1'을 포함하지 않는 큰 값, '같지 않음'은 '1'을 제외한 모든 값을 나타낸다.

그림 18.4 로지스틱 회귀분석: 선택변수 대화상자(Ⅱ)

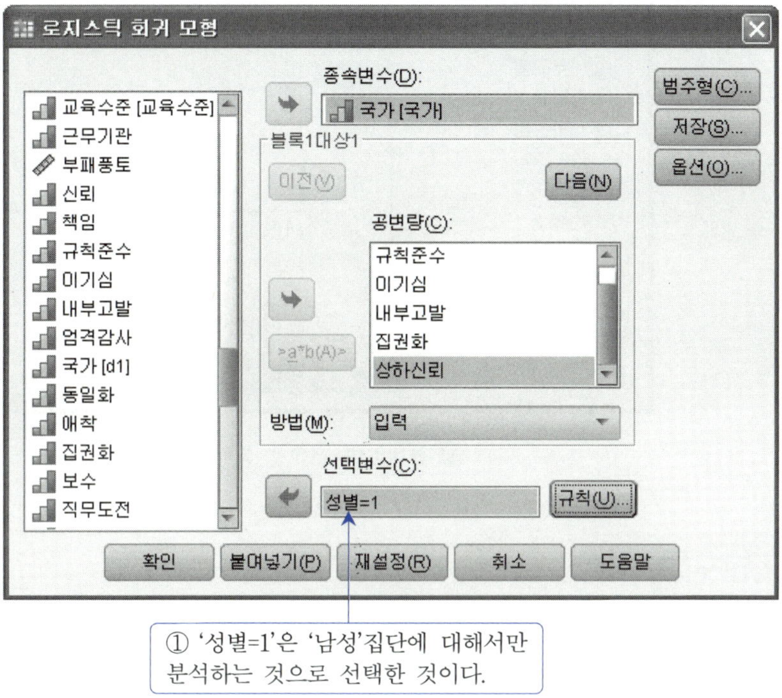

4. 범주형

[그림 18-5]는 [그림 18-2]의 초기 대화상자에서 범주형(C)... 을 클릭했을 때 나타나는 범주형 변수 정의 대화상자이다. 공변량(C)의 변수들 중 한 개 이상을 이동시켜 범주형으로 분석할 수 있으나 여기서는 범주형 변수가 없으므로 선택하지 않고 계속 을 클릭한다.

그림 18.5 로지스틱 회귀분석: 범주형 변수 정의 대화상자

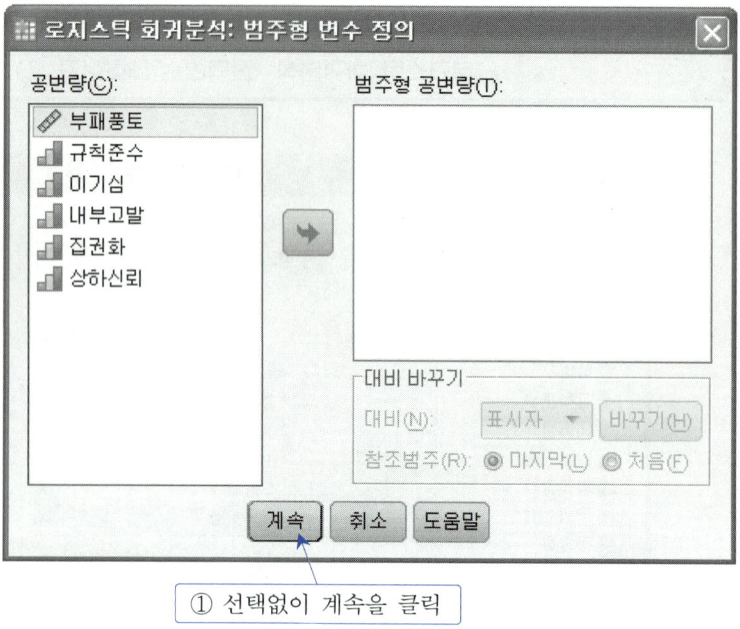

5. 새 변수로 저장

[그림 18-6]은 [그림 18-2]의 초기 대화상자에서 저장(S)... 을 클릭했을 때 나타나는 대화상자이다. 여기서는 예측값, 영향력, 잔차를 새로운 변수로 저장할 수 있는데, 모든 항목을 선택한 후 계속 을 클릭한다. 그러면 선택된 모든 항목들에 대한 새로운 변수가 생성되어 [그림 18-8]과 같이 나타난다. 새롭게 생성된 변수에 대한 설명은 <표 18-1>과 같다.

그림 18.6 로지스틱 회귀분석: 새 변수로 저장 대화상자

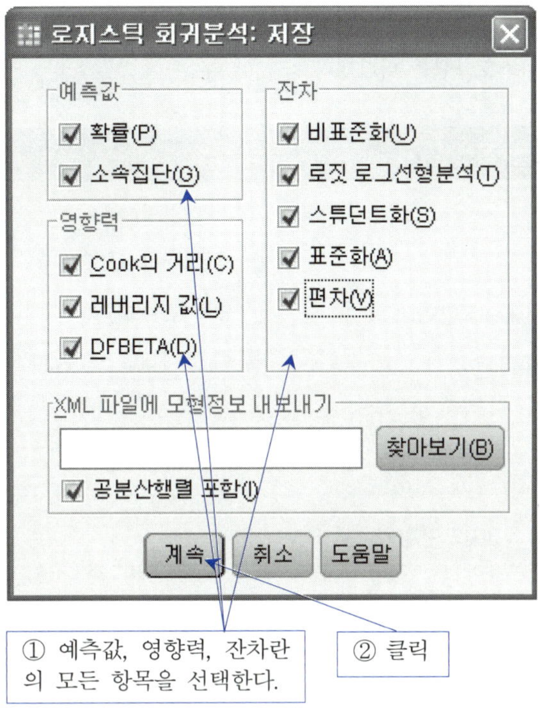

6. 옵 션

[그림 18-7]은 [그림 18-2]의 초기 대화상자에서 옵션(O)... 을 클릭했을 때 나타나는 옵션 대화상자이다. 통계량 및 도표 란에서는 분류도표(C), exp(B)에 대한 신뢰구간(X)을 선택하고, 95%를 입력하며, 표시 란에서는 각 단계마다(E)를 선택하고, 단계선택에 대한 확률은 초기설정값(default)인 진입(E) .05, 제거(A) .10, 분류 분리점(U) .5, 최대반복계산수(M) 20을 그대로 둔다. 그리고 모형에 상수항 포함(I)을 선택한 후 계속 을 클릭한다.

그림 18.7 로지스틱 회귀분석: 옵션 대화상자

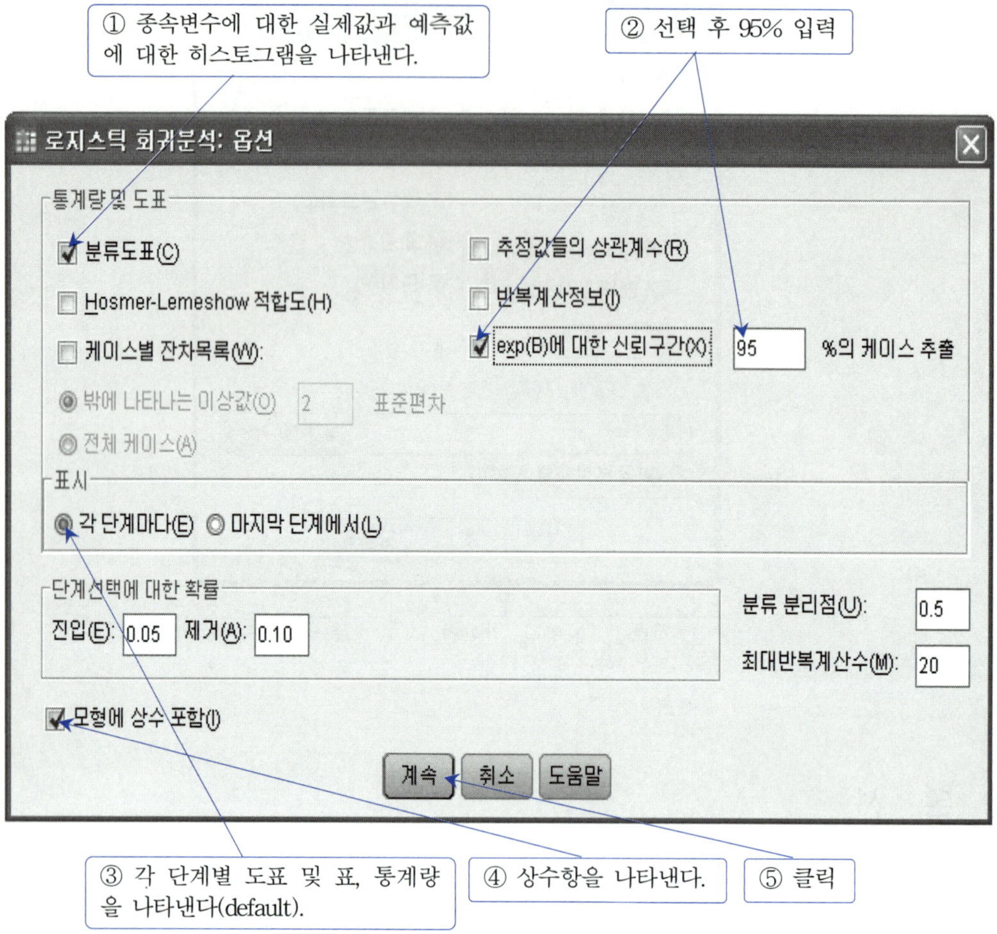

그림 18.8 새로운 변수 생성화면

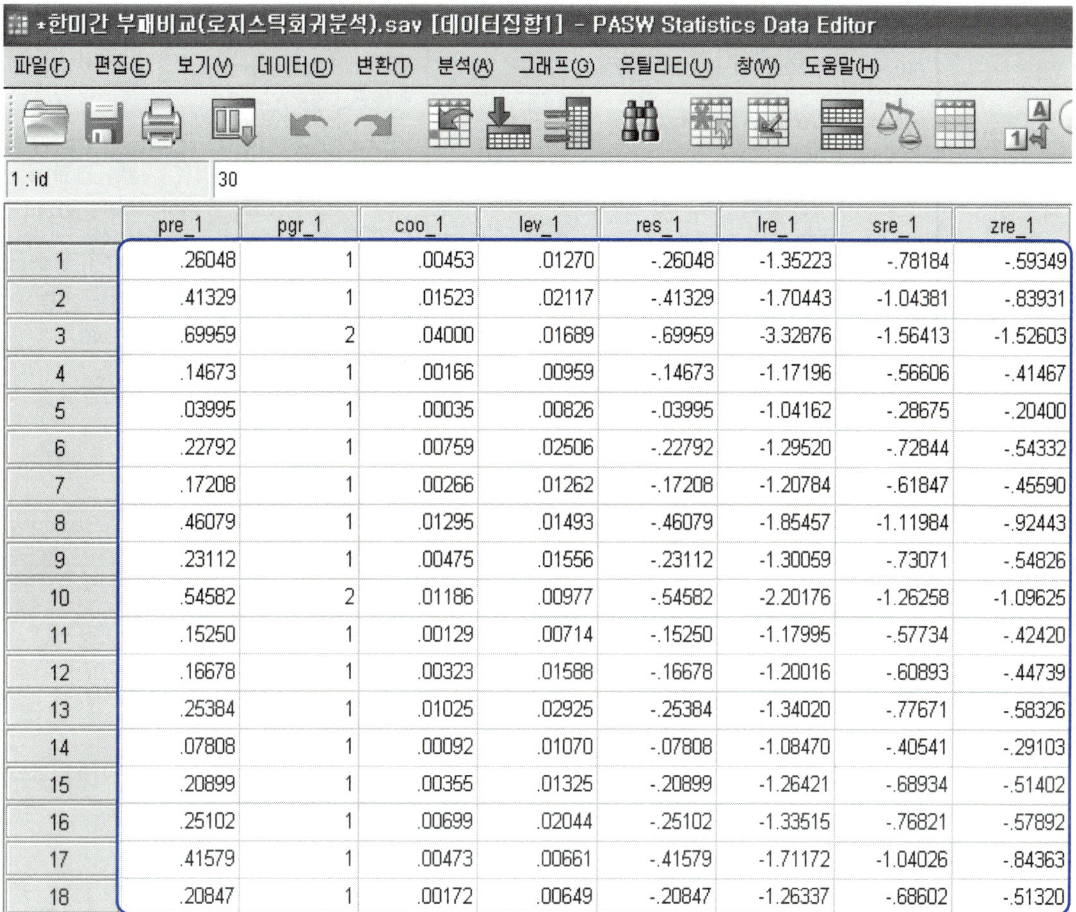

	pre_1	pgr_1	coo_1	lev_1	res_1	lre_1	sre_1	zre_1
1	.26048	1	.00453	.01270	-.26048	-1.35223	-.78184	-.59349
2	.41329	1	.01523	.02117	-.41329	-1.70443	-1.04381	-.83931
3	.69959	2	.04000	.01689	-.69959	-3.32876	-1.56413	-1.52603
4	.14673	1	.00166	.00959	-.14673	-1.17196	-.56606	-.41467
5	.03995	1	.00035	.00826	-.03995	-1.04162	-.28675	-.20400
6	.22792	1	.00759	.02506	-.22792	-1.29520	-.72844	-.54332
7	.17208	1	.00266	.01262	-.17208	-1.20784	-.61847	-.45590
8	.46079	1	.01295	.01493	-.46079	-1.85457	-1.11984	-.92443
9	.23112	1	.00475	.01556	-.23112	-1.30059	-.73071	-.54826
10	.54582	2	.01186	.00977	-.54582	-2.20176	-1.26258	-1.09625
11	.15250	1	.00129	.00714	-.15250	-1.17995	-.57734	-.42420
12	.16678	1	.00323	.01588	-.16678	-1.20016	-.60893	-.44739
13	.25384	1	.01025	.02925	-.25384	-1.34020	-.77671	-.58326
14	.07808	1	.00092	.01070	-.07808	-1.08470	-.40541	-.29103
15	.20899	1	.00355	.01325	-.20899	-1.26421	-.68934	-.51402
16	.25102	1	.00699	.02044	-.25102	-1.33515	-.76821	-.57892
17	.41579	1	.00473	.00661	-.41579	-1.71172	-1.04026	-.84363
18	.20847	1	.00172	.00649	-.20847	-1.26337	-.68602	-.51320

① 새로 생성된 변수

〈표 18-1〉 새로 생성된 변수명과 내용

새로 생성된 변수	내 용	새 변수로 저장의 결과	
pre_1	Predicted probability	예측값	확률(P)
pgr_1	Predicted group		소속집단(G)
coo_1	Analog of Cook's influence statistics	영향력	Cook의 거리(C), 분석결과에 크게 영향 미치는 케이스 파악 가능
lev_1	Leverage value		레버리지의 값(L), 분석결과에 크게 영향 미치는 케이스 파악 가능
res_1	Difference between observed and predicted probabilities	잔차	표준화하지 않음(U)
lre_1	Logit residual		로짓(T)
sre_1	Standard residual		스튜던트화(Z)
zre_1	Normalized residual		표준화(N)
dev_1	Deviance value		편차(V)
dfb0_1	DFBETA for constant	영향력	DFBETA(D)
dfb1_1	DFBETA for 부패풍토		
dfb2_1	DFBETA for 규칙준수		
dfb3_1	DFBETA for 이기심		
dfb4_1	DFBETA for 내부고발		
dfb5_1	DFBETA for 집권화		
dfb6_1	DFBETA for 상하신뢰		

제 3 절 로지스틱 회귀분석의 산출결과 및 해석

<표 18-2> 이하 분석결과는 선택변수(B)를 지정하지 않고 분석한 결과이다. 분석에 투입된 케이스는 전체 415개 중 유효케이스는 360개, 86.7%이며, 결측치는 55개, 13.3%로 나타났다.

〈표 18-2〉 케이스 처리 요약

가중되지 않은 케이스[a]		N	퍼센트
선택 케이스	분석에 포함	360	86.7
	결측 케이스	55	13.3
	합계	415	100.0
비선택 케이스		0	.0
합계		415	100.0

a. 가중값을 사용하는 경우에는 전체 케이스 수의 분류표를 참조하십시오.

<표 18-3>은 이분형 로지스틱 회귀분석을 위하여 종속변수의 값을 변환한 것이다. 원래 한국(한국 공무원)은 '1'로 입력되었으나, '0'으로 변환되어 나타났으며, '2'로 입력된 미국(미국 공무원)의 값은 '1'로 변환되어 나타나 있다.

〈표 18-3〉 종속변수 코딩

원래 값	내부 값
한국	0
미국	1

<표 18-4>는 로지스틱 회귀분석의 분류표를 나타낸 것이다. 여기서는 0단계로서 전체의 케이스가 한국에 분류되어 있다. 이는 한국이 미국보다 집단이 더 크기 때문에 큰 집단에 분류되기 때문이다. 분류의 정확도는 전체 케이스(360)에서 정확하게 분류된 집단의 케이스에 대한 비율이므로 항상 50%는 넘게 된다. 여기서는 한국의 206개 케이스는 정확하게 분류되었으나, 미국의 154

개는 잘못 분류된 것으로 간주하므로, 전체 케이스 중 정확하게 분류된 집단 케이스는 206/360=0.572이다. 따라서 57.2%가 정확하게 분류되었다.

〈표 18-4〉 분류표

감시됨			예측		
			국가		
			한국	미국	분류정확 %
0 단계	국가	한국	206	0	100.0
		미국	154	0	.0
	전체 퍼센트				57.2

a. 모형에 상수항이 있습니다.

b. 절단값은 .500입니다.

<표 18-5>는 방정식에 포함된 변수이고, <표 18-6>은 방정식에 포함되지 않은 변수를 나타낸 표이다. <표 18-5>는 독립변수를 포함하지 않고 상수항만을 나타낸 것이며, <표 18-6>에는 로지스틱 회귀분석에 포함되지 않은 6가지의 독립변수들에 대한 점수와 자유도, 유의확률을 나타내고 있는데, 유의확률은 동일하지만 집권화의 점수가 가장 높은 것을 알 수 있다.

〈표 18-5〉 방정식에 포함된 변수

		B	S.E,	Wals	자유도	유의확률	Exp(B)
0 단계	상수항	-.291	.107	7.458	1	.006	.748

〈표 18-6〉 방정식에 포함되지 않은 변수

			점수	자유도	유의확률
0 단계	변수	부패풍토	30.596	1	.000
		규칙준수	33.752	1	.000
		이기심	38.797	1	.000
		내부고발	48.834	1	.000
		집권화	118.075	1	.000
		상하신뢰	21.126	1	.000
	전체 통계량		146.801	6	.000

<표 18-7>은 상수항만으로 구성된 모형과 독립변수들이 포함된 모형 간에 의미있는 차이가 있는지를 알아보기 위한 것이다. 그러므로 여기서 '모형'은 상수항과 독립변수들을 모두 포함한 모형의 -2Log 우도(-2Log likelihood; -2LL)와 상수항만을 포함한 모형의 2LL의 차이를 가리킨다.

-2LL은 모형의 적합도를 나타내는 것으로 그 값이 작을수록 높은 적합도를 의미한다.

그리고 '모형'에 대한 카이제곱 검증결과는 "독립변수들의 계수는 0과 같다." 혹은 "독립변수들은 종속변수에 영향을 미칠 수 없다"라는 귀무가설을 검증한 것이므로, 여기서 사용한 6가지 독립변수들은 유의수준 .000에서 종속변수(집단구분)에 전반적으로 의미있는 영향을 미친다고 할 수 있다.

이때 자유도는 독립변수의 수를 나타낸다. 한편 '블록'은 모형구축과정에서 -2LL값의 변화를 나타내는데, '블록'의 카이제곱 검증은 "마지막 단계에 진입된 독립변수의 계수는 '0'과 같다"는 귀무가설을 검증하는 것인데, 이 예에서는 '입력' 방법을 이용하여 독립변수들이 동시에 진입되었으므로, 즉 첫 단계에 모두 진입되었으므로 '모형'과 '블록'과 '1단계'의 검증결과가 모두 동일하다.

〈표 18-7〉 모형 계수 전체 테스트

		카이제곱	자유도	유의확률
1 단계	단계	171.229	6	.000
	블록	171.229	6	.000
	모형	171.229	6	.000

<표 18-8>에서는 -2LL이 320.300으로 나왔는데, 이는 상수항과 독립변수들을 모두 포함한 모형의 값이므로, 즉 '상수항의 -2LL'-'전체-2LL'='독립변수의 -2LL'이므로, 상수항만으로 구성된 -2LL은 320.300+171.229=491.529가 된다.

따라서 상수항만으로 된 모형보다는 독립변수들이 추가된 모형의 적합도가 더 높아졌다.

〈표 18-8〉 모형 요약

단계	-2 Log 우도	Cox와 Snell의 R-제곱	Nagelkerke R-제곱
1	320.300[a]	.379	.508

a. 모수 추정값이 .001보다 작게 변경되어 계산반복수 5에서 추정을 종료하였습니다.

<표 18-9>는 분류표로서 관측값과 예측값에 대한 분석결과를 나타낸 것이다. 한국 공무원은 전체 206개의 케이스 중에서 186개의 케이스가 올바르게 예측되었고, 미국 공무원은 154개의 케이스 중 114개의 케이스만이 올바르게 예측된 것으로 나타났으므로 이는 각각 90.3%, 74.0%가 된다. 전체로는 83.3%가 올바르게 분류된 것을 알 수 있다.

이는 동일한 데이터(한미 간 부패비교.sav)를 이용하여 제17장에서 판별분석을 한 결과 81.0%가 올바르게 분류된 것에 비하면 로지스틱 회귀분석결과가 판별분석결과보다 예측력이 높게 나타났다고 해석할 수 있다.

〈표 18-9〉 분류표

감시됨			예측		
			국가		분류정확 %
			한국	미국	
1 단계	국가	한국	186	20	90.3
		미국	40	114	74.0
	전체 퍼센트				83.3

a. 절단값은 .500입니다.

<표 18-10>은 입력방식으로 분석했으므로 전체 독립변수들이 한꺼번에 진입되어 있음을 보여준다. 이 표에 나타난 계수를 이용하여 국가(한국과 미국)에 대한 로지스틱 회귀식은 다음과 같이 표현된다.

Logit 부문=-2.355-.109부패풍토+.628규칙준수+.797이기심+.499내부고발
-1.460집권화+.206상하신뢰

여기서 절편과 기울기를 알 수 있는데, 절편과 기울기에 대한 가설검증은

Wald 통계량을 이용한다. 예컨대 집권화에 대한 계수(B)와 표준오차(S.E)로부터 절편 Wald 통계량은 (-1.460/.197)2=54.925이다. 각 독립변수별 검증결과 규칙준수와 이기심, 집권화는 모두 유의수준 p<.001에서, 그리고 내부고발은 유의수준 p<.05에서 국가에 의미있는 영향을 미친다고 할 수 있다.

한편 B의 부호가 '+'이면 변수값이 클수록 내부값이 1인 집단(미국)에 속할 가능성이 크고, 부호가 '−'이면 변수값이 클수록 내부값 0인 집단(한국)에 속할 가능성이 크므로, 규칙준수, 이기심, 내부고발은 증가할수록 미국에 속할 가능성이 크고 집권화는 반대로 한국에 속할 가능성이 크다.

또한 Exp(B)는 변수값의 1 증가에 따른 "내부값 0집단(한국)에 속할 확률"에 대한 "내부값 1집단(미국)에 속할 확률"의 비율을 가리킨다. 따라서 Exp(B)가 1보다 크면 변수 값이 증가할수록 내부값 1집단(미국)에 속할 가능성이 높다.

〈표 18-10〉 방정식에 포함된 변수

		B	S.E,	Wals	자유도	유의확률	Exp(B)	EXP(B)에 대한 95% 신뢰구간	
								하한	상한
1 단계[a]	부패풍토	-.109	.250	.190	1	.663	.897	.550	1.463
	규칙준수	.628	.157	16.069	1	.000	1.873	1.378	2.546
	이기심	.797	.226	12.414	1	.000	2.219	1.424	3.457
	내부고발	.499	.197	6.415	1	.011	1.647	1.120	2.424
	집권화	-1.460	.197	55.126	1	.000	.232	.158	.341
	상하신뢰	.206	.183	1.266	1	.260	1.229	.858	1.759
	상수항	-2.355	1.796	1.719	1	.190	.095		

a. 변수가 1: 단계에 진입했습니다 부패풍토, 규칙준수, 이기심, 내부고발, 집권화, 상하신뢰. 부패풍토, 규칙준수, 이기심, 내부고발, 집권화, 상하신뢰.

<표 18-11>은 관측집단과 기대확률에 대한 히스토그램을 나타낸 것이다. 이는 전체 케이스에 대한 분류를 나타낸 것으로 앞에서 설명했던 것을 히스토그램으로 표현한 것이다.

〈표 18-11〉 관측집단과 기대확률 히스토그램

```
              Step number: 1

              Observed Groups and Predicted Probabilities
      16 +                                                                                                    .
         I
         I
F        I
R     12 +                                                                                                    .
E        I      1
Q        I      1222                                                                                     2
U        I    2 1121 1        2                                                                          2
E      8 +    2 112121  1  2 1      2                                                               2    2    .
N        I    1 111121  1  2 1      11                                                     2        2   22
C        I    1 1111111112 1 1      11 2                                                   2        2   22
Y        I   21 1111111111 11112  211 2                                                    2  22    2222 222
       4 +   21 1111111111 1111211211 1   122       2  2                           2 2 2   22 2222   22222222  .
         I   11 1111111111 111111111211 2122    2 11  11 1     2                   2 2 2   22 2222 22 22222222
         I 1 11111111111111111111111111112111 22 2 11  111122 122    222 2  2 1 2 22  221  2212 222222222222
         I2121111111111111111111111111111111 1121 1112111111 111 2 2121 121212121212 21122212222221222222
Predicted ---------+---------+---------+---------+---------+---------+---------+---------+---------+----------
  Prob:   0        .1        .2        .3        .4        ‥5        .6        .7        .8        .9         1
  Group:  111111111111111111111111111111111111111111111111112222222222222222222222222222222222222222222222222222

          Predicted Probability is of Membership for 미국
          The Cut Value is .50
          Symbols: 1 - 한국
                   2 - 미국
          Each Symbol Represents 1 Case.
```

여기서 1은 한국 공무원, 2는 미국 공무원을 나타내고 있으며, 왼쪽에는 한국 공무원, 오른쪽은 미국 공무원으로 분류되어 있음을 알 수 있다. 하지만 히스토그램에서 나타난 바와 같이 한국 공무원(1) 쪽에 분류되어야 할 것이 미국 공무원(2) 쪽으로, 그리고 그 반대로도 분류된 것을 볼 수 있다. <표 18-9>의 분류표에서 나타난 바와 같이 한국 공무원과 미국 공무원의 분류는 전체적으로 83.3%만이 올바르게 분류되어 있으며, 나머지 16.7%는 잘못 분류되어 있다.

제4절 로지스틱 회귀분석을 활용한 실례

1. 리더십과 조직몰입

본 연구는 국민연금 가입대상의 불응여부(적극적 불응 대 순응)라는 종속변수에 대하여 독립변수를 정책요인(소망성, 명확성, 실효성), 정책대상자 집단(인구사회경제적 요인, 심리적 요인, 준거집단요인, 능력요인), 정책담당기관 요인(신뢰성, 정통성)으로 구분하여 로지스틱 회귀분석을 실시함으로써 종속변수에 대한 독립변수들의 인과관계를 확인하고자 하였다.

<표 18-12>는 24개의 독립변수로써 단계적 방법을 이용하여 로지스틱 회귀분석을 실시한 결과 통계적으로 의미있게 나타난 독립변수 6개를 제시하고 있다. 이 표에 의하면, 정책의 소망성, 심리요인, 성별(남자), 직종(근로자)은 국민연금 가입(순응)에 양(+)의 영향을 미치고, 연령(30세 미만)과 거주지역(중소도시)은 음(-)의 영향을 미치는 것으로 나타났다.

구체적으로, 정책의 소망성은 국민연금제도가 필요하고 시기가 적절하며 소득신고기준이 적절하고 소득재배분효과가 있다고 생각할수록 국민연금 가입에 순응한다는 것이다. 심리요인은 이 제도에 대해 귀찮게 생각하고 거부하거나 무관심할 경우 가입에 순응한다는 것이다. 또한 남자는 여자보다 가입에 순응하며, 30세 미만 연령층에 비해 30세 이상 연령층이 가입에 더 순응한다. 사업장의 근로자가 기타 농어민이나 자영업자에 비해 순응하는 편이고, 중소도시보다 대도시나 군지역에 거주하는 사람들이 가입에 더 순응한다는 것이다(이시원 · 하상근, 2002).

〈표 18-12〉 불응여부에 대한 단계별 로지스틱 회귀분석 결과

독립변수	계수(B)	표준오차(SE)	Wald 통계량	W 유의도
소망성	.1819	.0822	4.8390	.0278**
심리요인	.2181	.0974	5.0139	.0251**
성별(남자)	.8814	.3564	6.1147	.0134**
연령(30세 미만)	-1.6005	.6986	5.2493	.0220**
직종(근로자)	1.2151	.5810	4.3741	.0365**
거주지역(중소도시)	-1.1713	.4808	5.9339	.0149**

** p <.05

2. 과외 선택의 영향요인

이 분석은 서울의 남녀 중학생을 대상으로 가족의 사회경제적 배경과 가족주의를 포함한 가족환경이 자녀의 과외여부에 어떤 영향을 주는지 파악한 것이다.

분석결과는 <표 18-13>과 같다. 이 표는 주요 독립변수들이 과외 선택에 미치는 영향을 보여 준다. 과목에 상관없이 소득(국어: b=.15, Exp[b]=1.16; 수학: b=.25, Exp[b]=1.28; 영어: b=.21, Exp[b]=1.23), 형제자매수(국어: b=-.37, Exp[b]=.69; 수학: b=-.37, Exp[b]=.69; 영어: b=-.36, Exp[b]=.70)는 과외선택을 결정짓는 중요한 요소로 나타난다. 즉, 소득이 높을수록, 형제자매수가 적을수록 과외를 선택할 확률이 높아진다.

〈표 18-13〉 과외 선택에 대한 로짓분석

	국어 과외	수학 과외	영어 과외
아버지 교육	.07(.04)	.06(.04)*	.09(.04)*
어머니 교육	.05(.04)	.03(.04)	-.01(.04)
아버지 직업[2)]			
전문관리직	-.18(.23)	-.17(.22)	-.11(.22)
사무직	-.06(.20)	.06(.18)	.10(.18)
어머니 취업[2)]	-.19(.15)	-.21(.13)	-.14(.14)
소득	.15(.07)*	.25(.07)***	.21(.07)**
아버지 가르침	-.09(.07)	-.01(.07)	-.06(,07)
어머니 가르침	.12(.06)*	.05(.06)	.10(.06)+
응답자의 성[2)]	.21(.14)	.22(.13)	.29(.13)*
형제자매 수	-.37(.11)***	-.37(.10)***	-.36(.09)***
상수	-2.41(.52)***	-1.64(.47)***	-1.53(.47)***
Nagelkerke R^2	.07	.09	.08
-2LL	1227.45	1340.73	1342.62
χ^2	55.05***	67.18***	65.09***

주: 1) 괄호 안의 숫자는 표준오차
2) 아버지 직업은 판매생산직, 어머니 취업은 안함(가정주부), 응답자의 성은 여자가 기준임.
3) + p<.10, * p <.05, ** p<.01, *** p<.001

이 밖에 과목별 독립변수의 효과를 살펴보면, 국어에서는 어머니 가르침(b=-.09)이 많을수록, 수학에서는 아버지 교육(b=.06)이 높을수록, 영어에서는 아버지 교육(b=.09)이 높을수록, 어머니 가르침(b=.10)이 많을수록, 성별(b=.29)로 남자일 경우 과외를 선택할 확률이 높아진다(이정환, 2002).

제 19 장

다중응답분석

지금까지 설명한 분석방법과는 달리 설문조사를 할 때 한 문항에 2가지 이상의 응답을 우선순위 없이 요구할 경우가 있다. 이때 사용하는 방법이 다중응답분석(Multi-Response Analysis)이다.

다중응답분석은 2가지 또는 3가지 등으로 특정하여 선택하는 방법과 해당되는 모든 것을 선택하는 방법이 있다. 이러한 방법은 입력하는 방식이 서로 다르기 때문에 연구자가 설문지를 작성할 때 어느 것을 선택할 것인지를 먼저 결정하여야 한다.

제1절 다중응답분석의 개념과 활용

1. 개 념

다중응답분석(Multiple-Response Analysis)은 설문조사를 할 때, 한 문항에 두 가지 이상의 응답을 우선순위 없이 요구한 경우에 그 결과를 분석하는 통계기법이다. 통상 설문조사에서는 한 문항에 대해 가장 적절한 한 응답만을 요구하는 것과 대조적이다.

2. 활 용

다중응답을 요구하는 문항은 연구논문보다 실태분석을 통한 문제점을 발견하고 개선방안을 모색하는 실무적 차원의 설문조사에서 많이 이용되고 있다. 구체적인 문항의 예를 제시하면 다음과 같다.

이와 같은 다중응답의 결과를 분석하는 방법에는 이분형과 범주형이 있는데, 어떤 방법을 이용하든 결과는 동일하다. 그리고 다중응답분석에서 활용하는 통계기법은 주로 빈도분석과 교차분석이다.

1. 현재 정부로부터 받고 싶은 도움은 무엇입니까? (2개 선택)

1) 생계비 지원	2) 직업훈련, 기술교육
3) 일자리 알선	4) 생업자금 융자
5) 자녀 교육비 지원	6) 의료비 지원
7) 영구임대주택 입주	8) 전세자금, 주택개량자금 등 융자
9) 기타	10) 받고 싶은 것 없음

1. 학교운영위원회의 설치로 인하여 학교의 책임경영이 증대된 영역은 어디라고 생각하십니까? 세 가지만 골라 주십시오.
   1) 교육과정의 편성·운영 심의　　2) 학교 예·결산 심의
   3) 방과 후·방중 교육 및 수련활동　　4) 초빙교원 심의
   5) 교과용 도서 및 교육자료 선정 심의　　6) 학부모 경비부담에 관한 사항
   7) 학교운영에 대한 제안 및 건의사항

1. 귀 댁의 한달 수입은 어디에서 들어옵니까? 해당되는 것을 모두 표시해 주십시오.
   1) 가구주의 소득　　2) 가구주 외 가구원의 소득
   3) 재산소득(이자, 배당금, 임대료 등)　　4) 연금
   5) 퇴직금　　6) 종교 또는 복지단체로부터 도움
   7) 따로 사는 가족, 친척의 도움　　8) 기타

3. 설문조사 결과표

여기서는 다음과 같은 설문지를 가지고 다중응답분석을 하도록 한다. 입력방법은 이분형과 범주형이 있는데, 동일한 설문지를 가지고 각각 다른 입력방법으로 설명하고 분석결과를 비교해 본다.

[문 1] 다음 중 귀하가 좋아하는 운동을 모두 고르시오.
　① 골프 ② 수영 ③ 등산 ④ 구기운동(축구, 배구, 농구 등) ⑤ 달리기
[문 2] 귀하의 성별은?
　① 남성 ② 여성
[문 3] 귀하의 연령은? (만 세)

위에서 [문 1]은 다중응답을 요구하는 질문이다. 여기서는 이분형과 범주형으로 입력하는 방법을 설명한다.

위의 설문에 대하여 다음 <표 19-1> 설문조사 결과표와 같이 10명의 응답이 나왔다고 가정하고 입력하는 방법에 따른 분석방법을 설명한다.

〈표 19-1〉 설문조사 결과표

응답자	골프	수영	등산	구기운동	달리기	성별	연령
1		○	○	○	○	남성	28
2	○	○	○			여성	36
3	○		○			남성	52
4			○		○	남성	45
5		○				여성	58
6			○	○		남성	30
7		○	○			여성	25
8		○			○	여성	21
9			○	○	○	남성	43
10		○			○	여성	41

제 2 절 다중응답분석-이분형 데이터의 입력과 분석

1. 이분형 데이터의 입력

다중응답분석을 위해서는 우선 데이터를 입력하여야 한다.

[그림 19-1]은 다중응답분석 중 이분형으로 분석하기 위한 데이터 입력의 예를 나타낸 것이다.

<표 19-1>의 설문조사 결과표와 같이 선택한 곳은 '1', 선택하지 않은 곳은 '0'으로 입력한다. 여기서 성별과 연령은 다중응답분석의 대상이 아니므로, 성

별의 경우에는 남성은 '1', 여성은 '2'로 바꾸어 입력하고, 연령의 경우에는 그대로 입력한다.

변수명은 SPSS 데이터 편집기 화면의 하단에 있는 변수보기를 클릭한 후, 설문지에 나타난 대로 골프, 수영, 등산, 구기운동, 달리기 등으로 변수명을 입력하면 된다.

그림 19.1 다중응답분석(이분형) 데이터의 입력

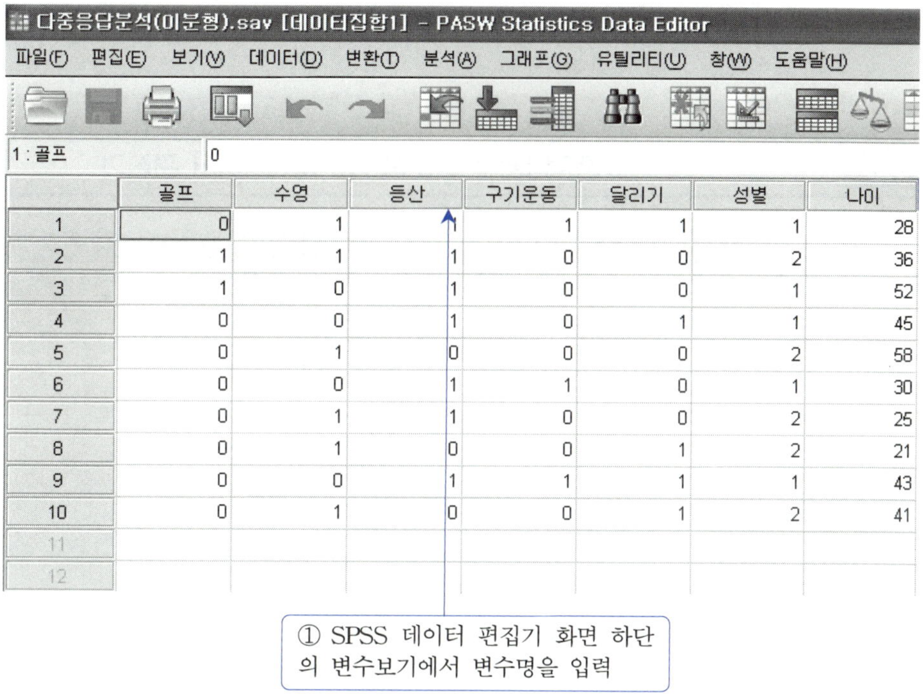

	골프	수영	등산	구기운동	달리기	성별	나이
1	0	1	1	1	1	1	28
2	1	1	1	0	0	2	36
3	1	0	1	0	0	1	52
4	0	0	1	0	1	1	45
5	0	1	0	0	0	2	58
6	0	0	1	1	0	1	30
7	0	1	1	0	0	2	25
8	0	1	0	0	1	2	21
9	0	0	1	1	1	1	43
10	0	1	0	0	1	2	41
11							
12							

2. 이분형 데이터의 분석 절차

다중응답분석의 이분형 데이터를 입력한 후, 분석하는 절차는 다음과 같다.

분석(A) → 다중응답(U) → 변수군 정의(E)...

[그림 19-2]와 같은 실행과정을 거치면 [그림 19-3] 다중응답 변수군 정의

대화상자가 나타난다.

그러면 [그림 19-3]과 같이 '골프', '수영', '등산', '구기운동', '달리기' 등을 왼쪽 '변수군 정의' 칸에서 오른쪽 '변수군에 포함된 변수(V)' 칸으로 이동시킨다.

그리고 변수들의 코딩형식에는 '이분형(D)'을 선택하고, 빈도화 값에는 '1'을 입력한다. '빈도화 값'은 선택한 항목, 예컨대 '골프'와 '수영'을 선택했을 때 '골프'와 '수영'은 '1'을 입력하고 나머지는 '0'을 입력했는데, 여기서 '1'이 '빈도화 값'이다.

이름(N)에는 '운동' 설명(L)에는 '좋아하는 운동'이라고 입력한다. 그리고 [추가(A)]를 클릭하면, 다중응답 변수군(S)에 '$운동' 변수가 나타난다. 그리고 [닫기]를 클릭하면 [그림 19-2]로 되돌아 가는데, 이때 빈도분석(F)과 교차분석(C)이 활성화된다.

그림 19.2 다중응답분석(이분형) SPSS 데이터 편집기

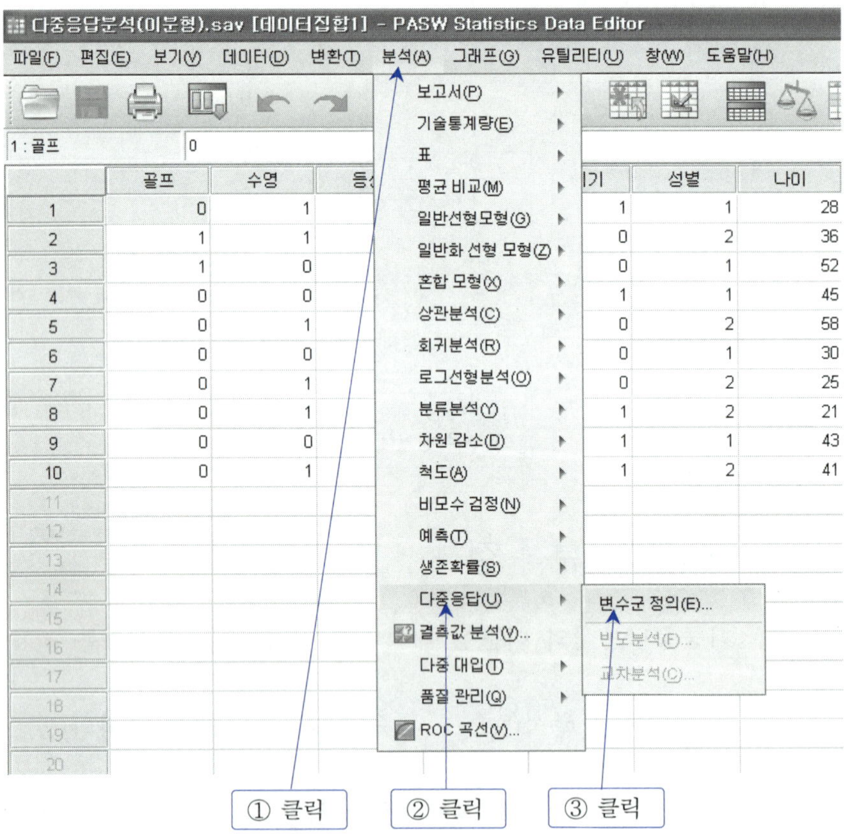

그림 19.3 다중응답분석(이분형) 변수군 정의 대화상자

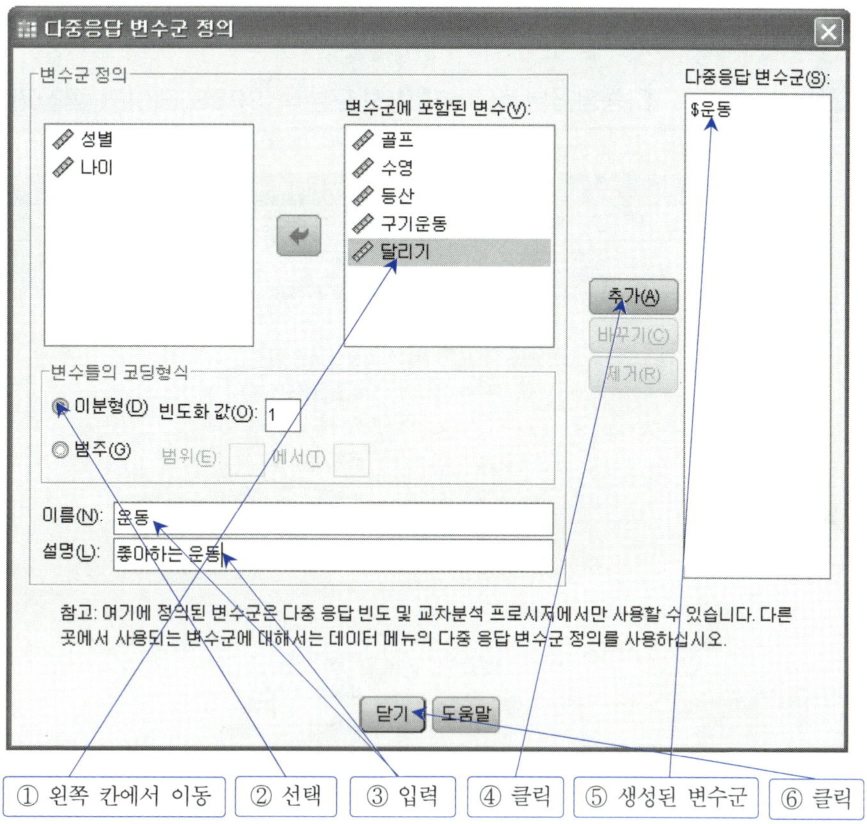

3. 다중응답분석(이분형) 빈도분석

다음은 다중응답분석(이분형) 빈도분석의 절차를 나타낸 것으로 이를 그림으로 표시하면 [그림 19-4]와 같다.

분석(A) → 다중응답(U) → 빈도분석(F)...

이렇게 실행하면 [그림 19-5]의 대화상자가 나타난다. 여기서 왼쪽 칸의 다중응답변수군(M)에서 '좋아하는 운동[$운동]'을 오른쪽 칸의 '표작성 응답군

(T)'으로 이동시킨 후, 결측값에는 '이분형 결측데이터의 목록별 제외(D)'를 선택하고 확인 을 클릭하면 <표 19-2>의 빈도분석 결과가 나타난다.

그림 19.4 다중응답분석(이분형) 빈도분석 SPSS 데이터 편집기

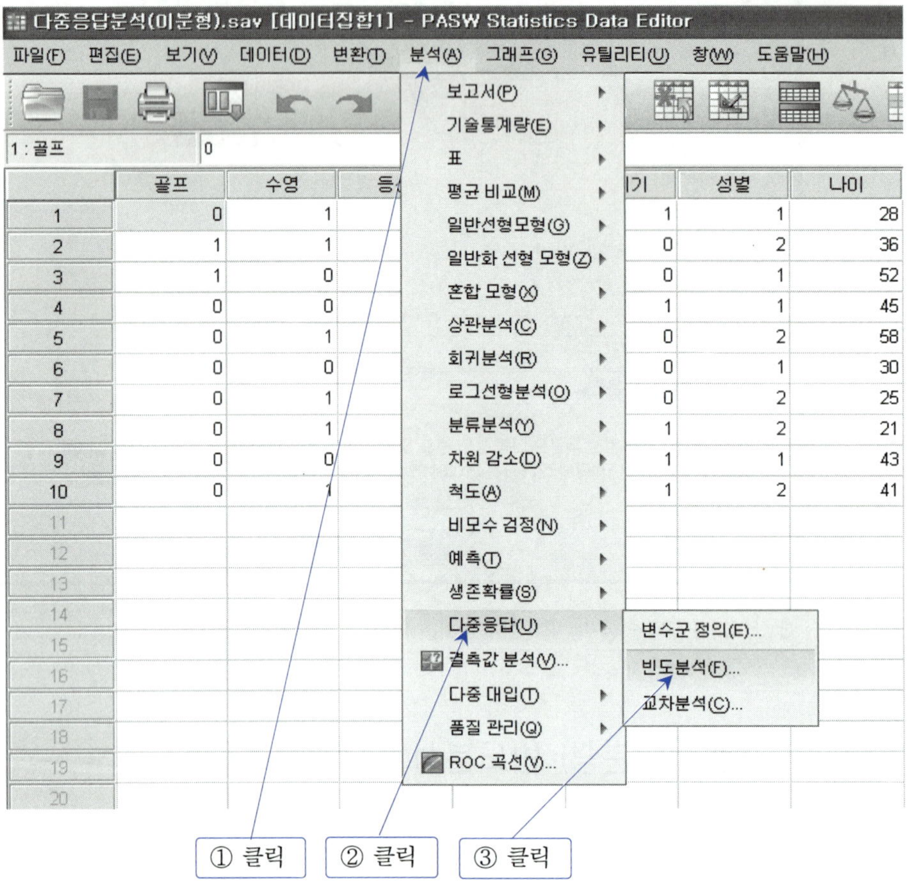

그림 19.5 다중응답(이분형) 빈도분석 대화상자

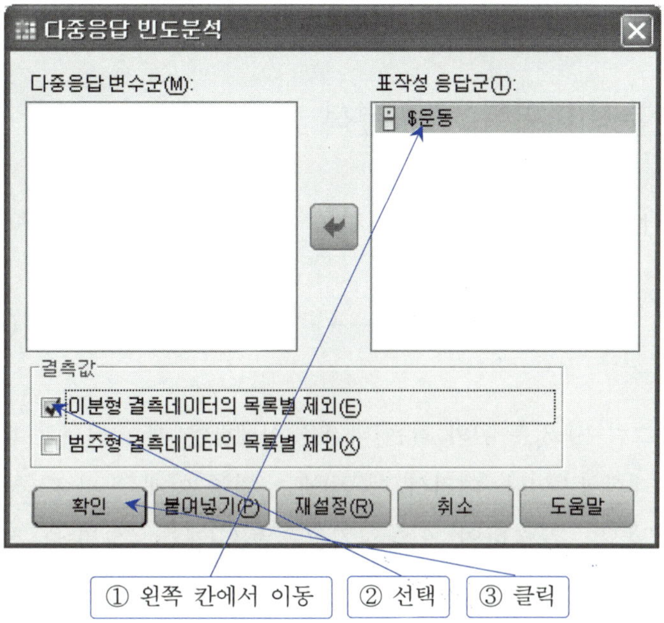

〈표 19-2〉 다중응답분석(이분형) 빈도분석 결과

		응답		케이스 퍼센트
		N	퍼센트	
좋아하는 운동[a]	골프	2	8.7%	20.0%
	수영	6	26.1%	60.0%
	등산	7	30.4%	70.0%
	구기운동	3	13.0%	30.0%
	달리기	5	21.7%	50.0%
합계		23	100.0%	230.0%

a. 값 1에서 표로 작성된 이분형 집단입니다.

<표 19-2>는 응답자 10명의 '좋아하는 운동'을 우선순위 없이 모두 선택하게 했을 때 나타난 다중응답의 분석결과이다.

여기서 골프는 2번 응답되어 8.7%, 수영은 6번 응답되어 26.1%, 등산은 7번

응답되어 30.4%, 구기운동은 3번 응답되어 13.0%, 달리기는 5번 응답되어 21.7%가 되었다.

4. 다중응답분석(이분형) 교차분석

다중응답분석(이분형) 교차분석을 실행하는 과정은 다음과 같다.

분석(A) → 다중응답(U) → 교차분석(C)…

[그림 19-6]은 위와 같은 과정을 실행했을 때 나타나는 다중응답(이분형) 교차분석 대화상자이다. 여기서 행(W)에는 왼쪽 아래 칸의 다중응답 변수군(M)에 있는 '$운동'을 클릭하여 이동시키고, 열(C)에는 '성별'을 클릭하여 이동시킨 후 [범위지정(G)...]을 클릭하면 [그림 19-7] 변수범위 지정 대화상자가 나타난다. 여기서 최소값(N)에는 '1', 최대값(X)에는 '2'를 입력하고 [계속]을 클릭하면 [그림 19-6]으로 되돌아간다. 여기서 다시 [옵션(O)...]을 클릭하면 [그림 19-8] 옵션 대화상자가 나타난다. 여기서 셀 퍼센트에는 '행(W)', '열(C)', '전체(T)'를 선택하고, 퍼센트 계산 기준은 '응답(R)'을 선택하고, 결측값에는 '이분형 계측데이터의 목록별 제외(E)'를 선택한 후 [계속]을 클릭하면 <표 19-3> 다중응답분석(이분형) 교차분석 결과가 나타난다.

그림 19.6 다중응답(이분형) 교차분석 대화상자

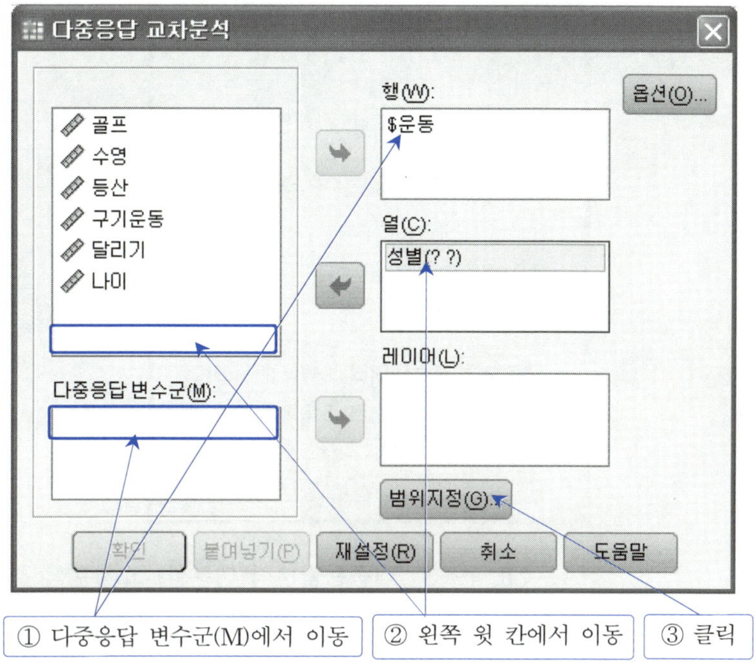

그림 19.7 다중응답(이분형) 교차분석: 변수 범위 지정 대화상자

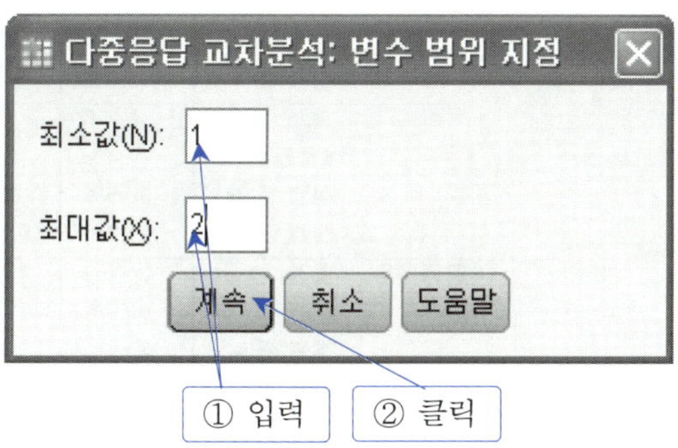

그림 19.8 다중응답(이분형) 교차분석: 옵션 대화상자

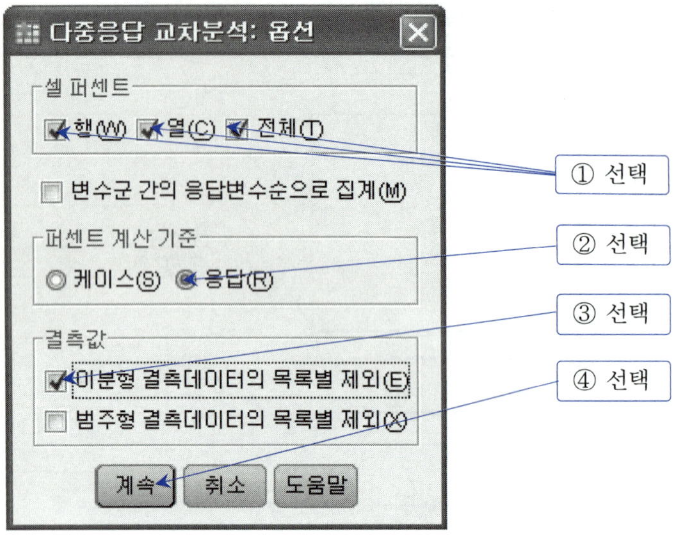

〈표 19-3〉 다중응답분석(이분형) 교차분석 결과

			성별		합계
			남성	여성	
좋아하는 운동[a]	골프	총계	1	1	2
		$운동 중 %	50.0%	50.0%	
		성별 중 %	7.7%	10.0%	
		전체 중 %	4.3%	4.3%	8.7%
	수영	총계	1	5	6
		$운동 중 %	16.7%	83.3%	
		성별 중 %	7.7%	50.0%	
		전체 중 %	4.3%	21.7%	26.1%
	등산	총계	5	2	7
		$운동 중 %	71.4%	28.6%	
		성별 중 %	38.5%	20.0%	
		전체 중 %	21.7%	8.7%	30.4%
	구기운동	총계	3	0	3
		$운동 중 %	100.0%	.0%	
		성별 중 %	23.1%	.0%	
		전체 중 %	13.0%	.0%	13.0%
	달리기	총계	3	2	5
		$운동 중 %	60.0%	40.0%	
		성별 중 %	23.1%	20.0%	
		전체 중 %	13.0%	8.7%	21.7%
합계		총계	13	10	23
		전체 중 %	56.5%	43.5%	100.0%

퍼센트 및 합계는 응답을 기준으로 합니다.

a. 값 1에서 표로 작성된 이분형 집단입니다.

<표 19-3>에 의하면, 남성의 경우 등산이 가장 좋아하는 운동인 것으로 나타났으며(남여 전체의 21.7%, 남성 중에서는 38.5%), 여성의 경우에는 수영(남여 전체의 21.7%, 여성 중에서는 50%)을 가장 좋아하는 운동으로 나타났다.

제 3 절 다중응답분석-범주형 데이터의 입력과 분석

1. 범주형 데이터의 입력

[그림 19-9]는 다중응답분석 중 범주형으로 분석하기 위한 데이터 입력의 예를 나타낸 것이다.

<표 19-1>의 설문조사 결과표에서 개인이 응답한 좋아하는 운동은 최대 4개이므로 각 응답자가 선택한 항목의 번호를 '운동 1'부터 '운동 4'까지 순서대로 기재한다. 1번 응답자의 선택은 '2-수영', '3-등산', '4-구기운동', '5-달리기'이므로 [그림 19-9]와 같이 각 번호를 '운동'에서 '운동 4'까지만 설정하면 된다. 하지만 모두 선택하였을 경우에는 '운동 5'까지 설정하여야 한다. 순차적으로 응답한 후 빈칸에는 결측값을 입력한다. 여기서는 결측값을 '999'로 하였다.

성별과 연령은 이분형의 입력과 마찬가지로 다중응답분석의 대상이 아니므로, 성별의 경우에는 남성은 '1', 여성은 '2'로 바꾸어 입력하고, 연령의 경우에는 그대로 입력한다.

그림 19.9 다중응답분석(범주형) 데이터의 입력

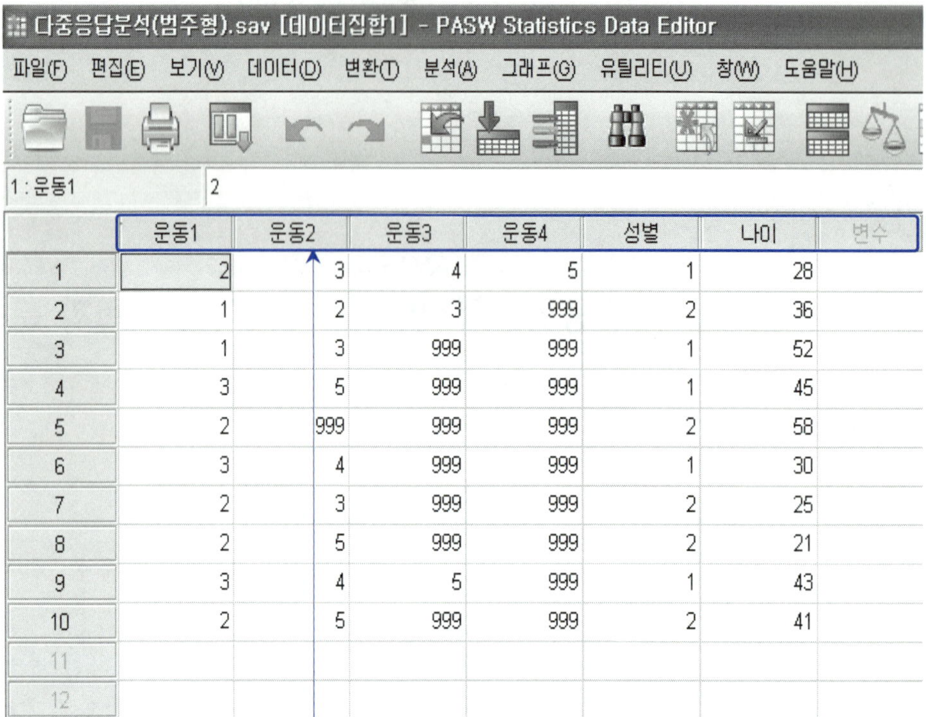

	운동1	운동2	운동3	운동4	성별	나이	변수
1	2	3	4	5	1	28	
2	1	2	3	999	2	36	
3	1	3	999	999	1	52	
4	3	5	999	999	1	45	
5	2	999	999	999	2	58	
6	3	4	999	999	1	30	
7	2	3	999	999	2	25	
8	2	5	999	999	2	21	
9	3	4	5	999	1	43	
10	2	5	999	999	2	41	
11							
12							

① SPSS 데이터 편집기 화면 하단의 변수보기에서 변수명을 입력

2. 범주형 데이터의 분석 절차

다중응답분석의 범주형 데이터를 입력한 후, 분석하는 절차는 다음과 같다.

분석(A) → 다중응답(U) → 변수군 정의(E)...

위 순서대로 실행한 것이 [그림 19-10]이다.

[그림 19-10]와 같이 실행하면 [그림 19-11]의 대화상자가 나타난다.

여기서 '좋아하는 운동'의 변수군에 포함된 변수인 '운동 1', '운동 2', '운동

3', '운동 4'를 왼쪽 '변수군 정의' 칸에서 오른쪽의 '변수군에 포함된 변수(V)' 칸으로 이동시킨다. 그리고 변수들의 코딩형식에는 '범주형(G)'를 선택하고, 범위에는 '1'에서 '5'를 입력한다. 이름(N)에는 '운동', 설명(L)에는 '좋아하는 운동'이라고 입력한다. 이어서 추가(A) 를 클릭하면, 다중응답 변수군(S)에 '$운동' 변수가 나타난다. 그리고 닫기 를 클릭하면 [그림 19-10]으로 되돌아간다.

그림 19.10 다중응답분석(범주형) SPSS 데이터 편집기

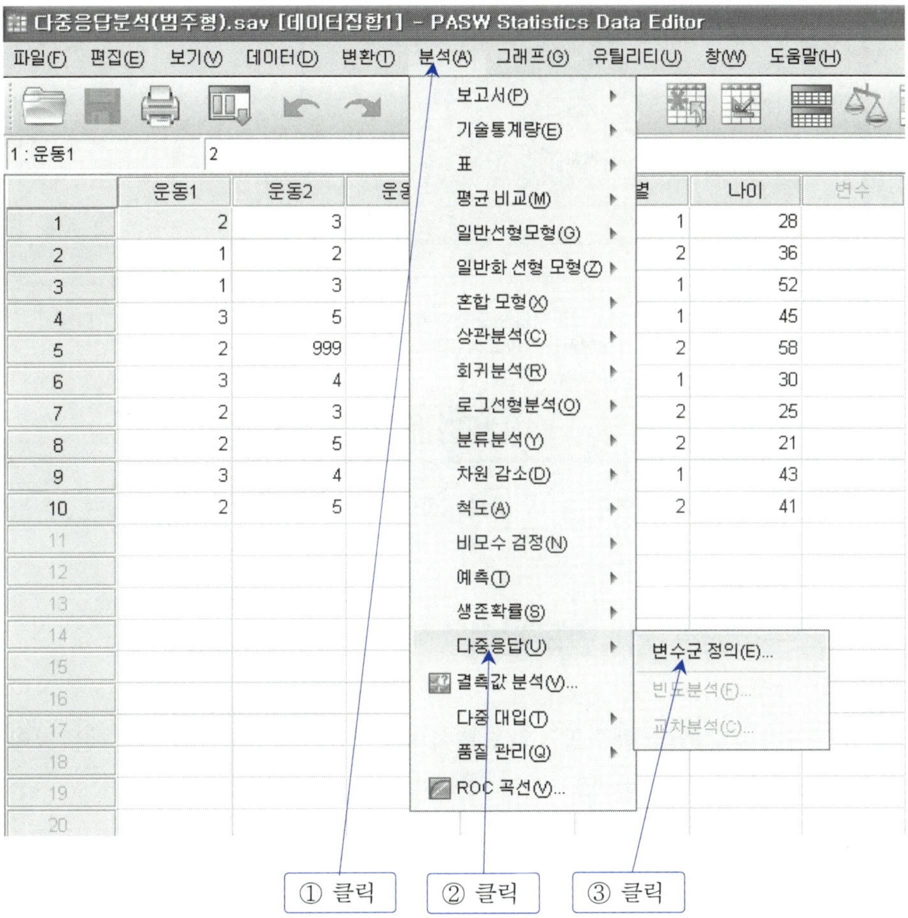

그림 19.11 다중응답(범주형) 변수군 정의 대화상자

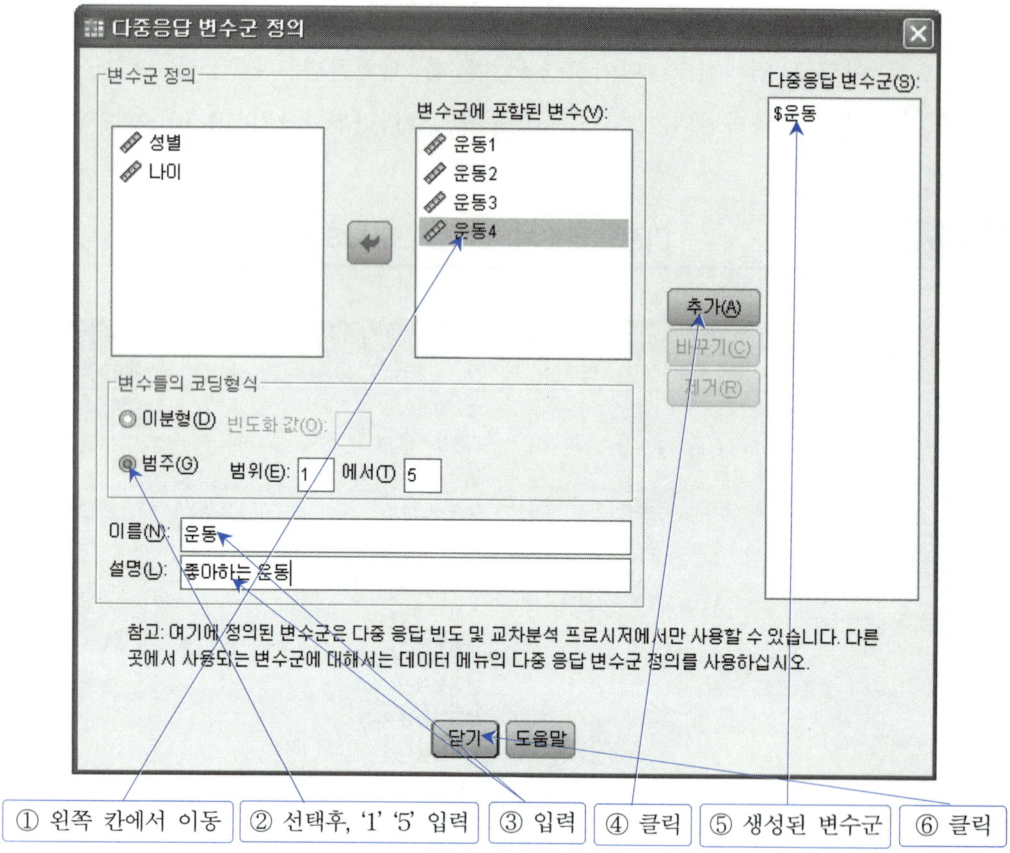

3. 다중응답분석(범주형) 빈도분석

다중응답분석(범주형) 빈도분석의 절차는 다음과 같으며, 이 절차를 그림으로 나타내면 [그림 19-12]와 같다.

분석(A) → 다중응답분석(L) → 빈도분석(F)...

위와 같이 실행하면 [그림 19-13]의 대화상자가 나타난다. 여기서 왼쪽 칸의 '다중응답 변수군(M)'에서 '좋아하는 운동[$운동]'을 오른쪽 칸의 '표작성 응답군(T)'으로 이동시킨 후, 결측값은 선택하지 않고 확인 을 클릭하면 <표 19-4>의 빈도분석 결과가 나타난다.

그림 19.12 다중응답분석(범주형) 빈도분석 SPSS 데이터 편집기

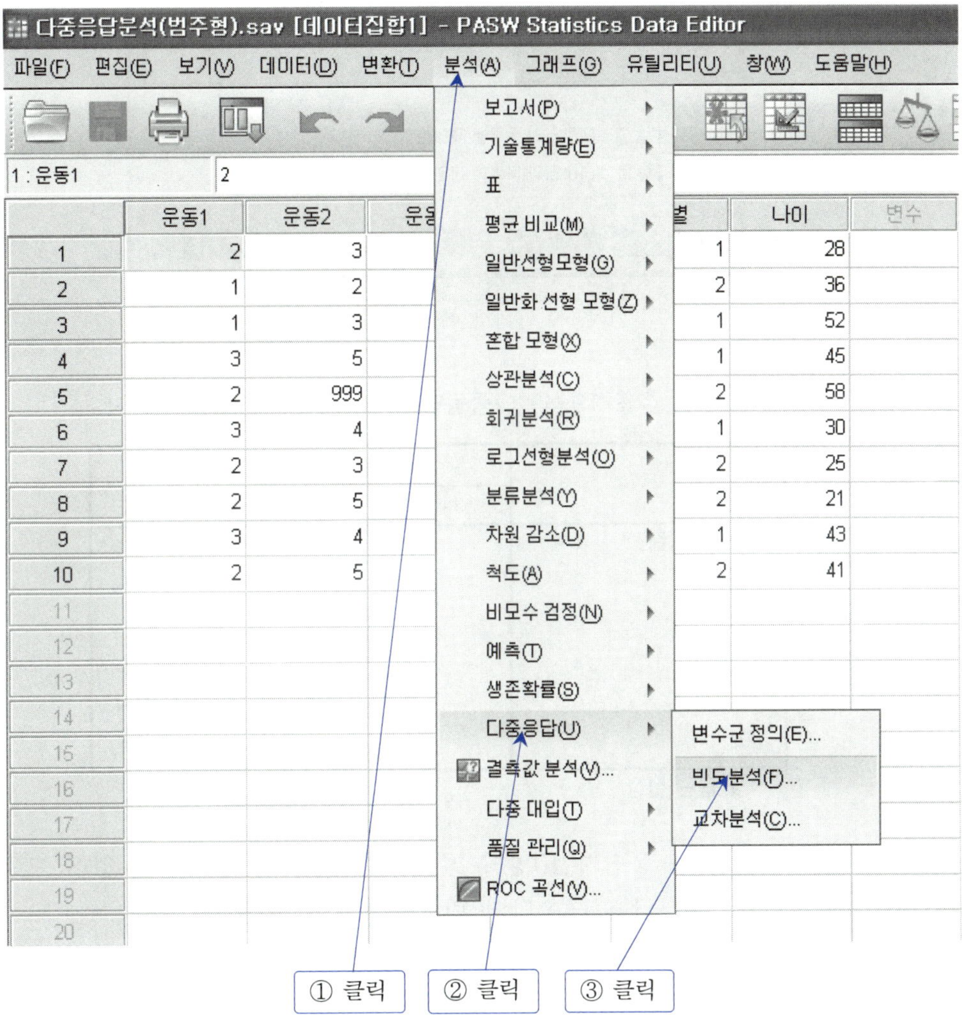

그림 19.13 다중응답(범주형) 빈도분석 대화상자

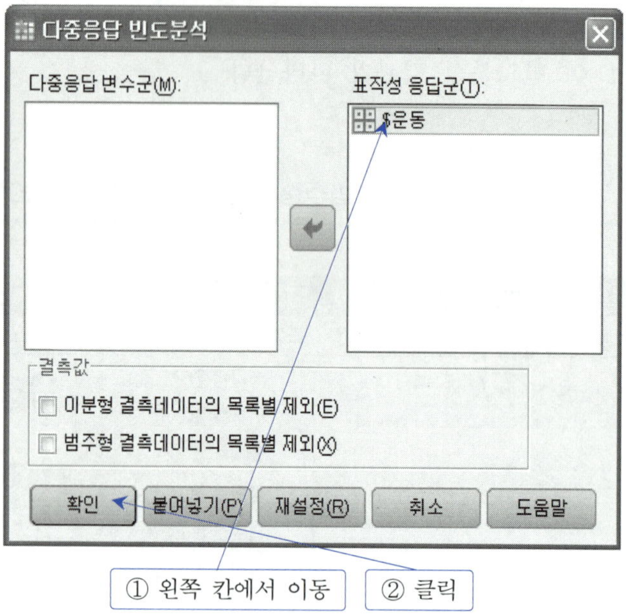

〈표 19-4〉 다중응답분석(범주형) 빈도분석 결과

		응답		케이스 퍼센트
		N	퍼센트	
좋아하는 운동[a]	1	2	8.7%	20.0%
	2	6	26.1%	60.0%
	3	7	30.4%	70.0%
	4	3	13.0%	30.0%
	5	5	21.7%	50.0%
합계		23	100.0%	230.0%

a. 집단 설정

<표 19-4>는 응답자 10명의 '좋아하는 운동'을 우선순위 없이 모두 선택하게 했을 때 나타난 다중응답의 빈도분석 결과이다.

여기서도 앞의 이분형과 동일하게 골프는 2번 응답되어 8.7%, 수영은 6번 응답되어 26.1%, 등산은 7번 응답되어 30.4%, 구기운동은 3번 응답되어 13.0%, 달리기는 5번 응답되어 21.7%로 나타났다.

4. 다중응답분석(범주형) 교차분석

다중응답분석(범주형) 교차분석을 실행하는 과정을 다음과 같다.

분석(A) → 다중응답(U) → 교차분석(C)...

[그림 19-14]는 위와 같은 과정을 실행했을 때 나타나는 다중응답(범주형) 교차분석 대화상자이다. 여기서 행(W)에는 왼쪽 아래 칸의 다중응답 변수군(M)에 있는 '$운동'을 클릭하여 이동시키고, 열(N)에는 '성별'을 클릭하여 이동시킨 후 [범위지정(G)...]을 클릭하면 [그림 19-15] 변수범위 지정 대화상자가 나타난다. 여기서 최소값(N)에는 '1', 최대값(X)에는 '2'를 입력하고 [계속]을 클릭하면 [그림 19-14]로 되돌아간다. 다시 [옵션(O)...]을 클릭하면 [그림 19-16] 옵션 대화상자가 나타난다. 여기서 셀퍼센트에는 '행(W)', '열(C)', '전체(T)'를 선택하고, 퍼센트 계산기준은 '응답(R)'을 선택하고, 결측값은 선택하지 않은 채 [계속]을 클릭하면 <표 19-5> 다중응답분석(범주형) 교차분석 결과가 나타난다.

그림 19.14 다중응답(범주형) 교차분석 대화상자

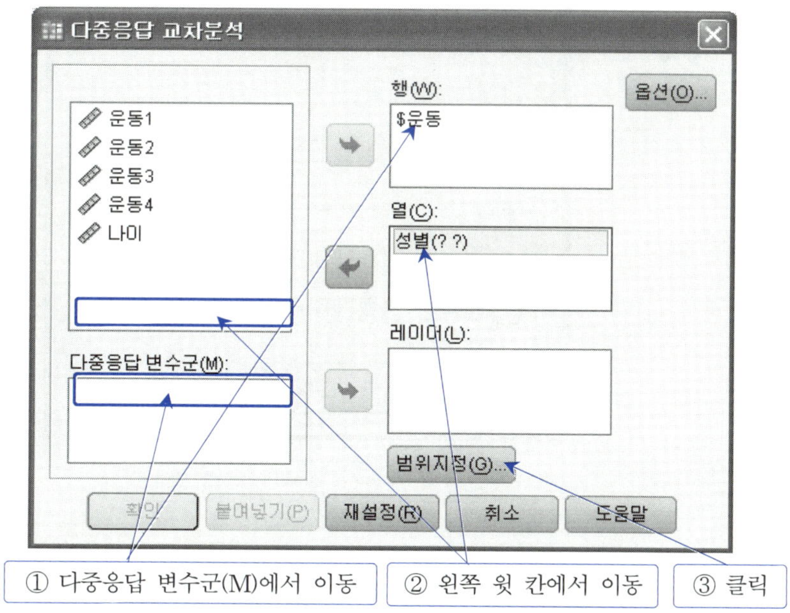

그림 19.15 다중응답(범주형) 교차분석: 변수 범위 지정 대화상자

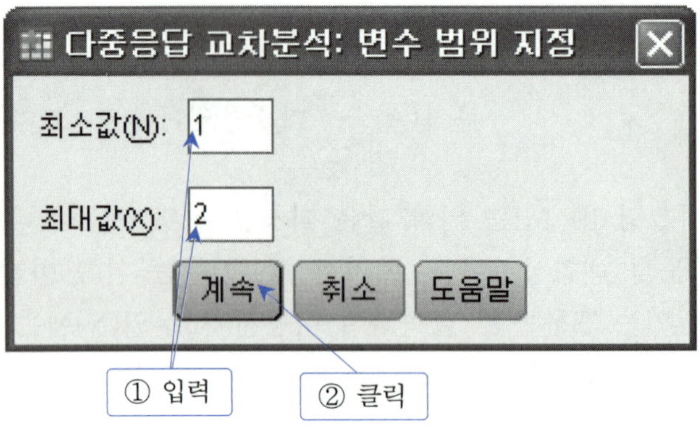

그림 19.16 다중응답(범주형) 교차분석: 옵션 대화상자

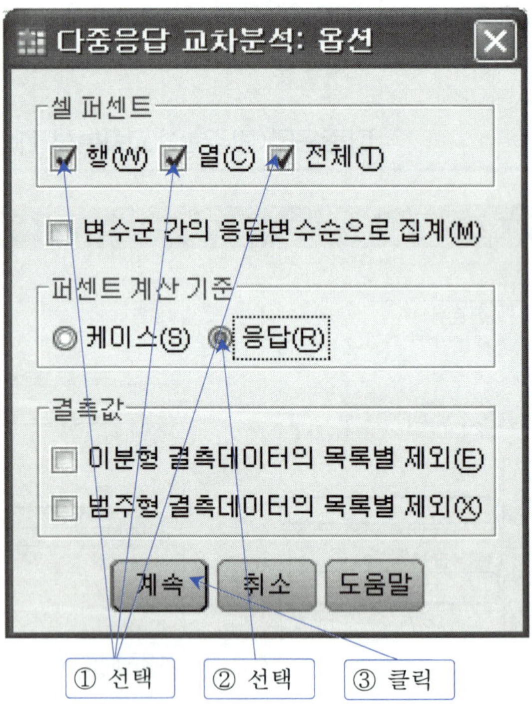

<표 19-5>에서 남성의 경우 등산이 가장 좋아하는 운동인 것으로 나타났으며(남여 전체의 21.7%, 남성 중에서는 38.5%), 여성의 경우에는 수영(남여 전체의 21.7%, 여성 중에서는 50%)을 가장 좋아하는 운동으로 나타났으므로, 다중응답분석(이분형) 교차분석 결과인 <표 19-3>과 동일하다고 하겠다.

〈표 19-5〉 다중응답분석(범주형) 교차분석 결과

			성별		합계
			남성	여성	
좋아하는 운동[a]	1	총계	1	1	2
		$운동 중 %	50.0%	50.0%	
		성별 중 %	7.7%	10.0%	
		전체 중 %	4.3%	4.3%	8.7%
	2	총계	1	5	6
		$운동 중 %	16.7%	83.3%	
		성별 중 %	7.7%	50.0%	
		전체 중 %	4.3%	21.7%	26.1%
	3	총계	5	2	7
		$운동 중 %	71.4%	28.6%	
		성별 중 %	38.5%	20.0%	
		전체 중 %	21.7%	8.7%	30.4%
	4	총계	3	0	3
		$운동 중 %	100.0%	.0%	
		성별 중 %	23.1%	.0%	
		전체 중 %	13.0%	.0%	13.0%
	5	총계	3	2	5
		$운동 중 %	60.0%	40.0%	
		성별 중 %	23.1%	20.0%	
		전체 중 %	13.0%	8.7%	21.7%
합계		총계	13	10	23
		전체 중 %	56.5%	43.5%	100.0%

퍼센트 및 합계는 응답을 기준으로 합니다.

a. 집단 설정

참 고 문 헌

1. 저　서

강병서 · 김계수. (1998). 「SPSSWIN Easy」, 서울 : 법문사.
김광웅(1996). 「관료와 발전」, 서울 : 평민사.
김경동 · 이온죽. (1986). 「사회조사연구방법」, 서울 : 박영사.
김은정 · 박양규. (2000). 「SPSS 통계분석 8」, 서울 : 21세기사.
김호정. (2003). 「사회과학통계분석」[제3판], 서울 : 삼영사.
남궁근. (2003). 「행정조사방법론」[제3판], 서울 : 법문사.
노형진. (2003). 「한글 SPSS 10.0에 의한 알기 쉬운 다변량분석」, 대구 : 형설출판사.
박무익(1989). 「갤럽의 여론조사」(역), 한국갤럽조사연구소.
우수명(2001). 「마우스로 잡는 SPSS 10.0」, 서울 : 인간과복지
이학식 · 김　영. (2002). 「SPSS 10.0 매뉴얼」, 서울 : 법문사.
정충영 · 최이규. (2002). 「SPSSWIN을 이용한 통계분석」[제4판], 서울 : 무역경영사.
채서일 · 김범종. (1988). 「SPSS/PC+를 이용한 통계분석」, 서울 : 법문사.
최종성. (2000). 「현대통계분석」, 서울 : 복두출판사.
한국갤럽. (1998). 「제15대 대통령선거 투표행태」.

2. 논　문

강기두 · 이지희. (2001). 문화예술 공연관람객의 라이프스타일에 관한 탐색적 연구. 「경영학연구」, 30(4): 1143-1167.
김기태. (1994). 「행정조직내 갈등관리의 통합적 모형」, 영남대학교 박사학위논문.
김병섭. (1996). 행정조직의 레드테이프: 민간조직과의 비교. 「한국행정학보」, 30(3): 17.
김호정. (2002). 행정조직문화가 조직몰입과 직무만족에 미치는 영향. 「한국행정학보」, 36(4): 87-105.
김호정. (2001). 변혁적 리더십과 전통적 리더십의 관계 및 바람직한 리더십 모형. 「한국정책학회보」, 10(3): 87-107.
김호정. (1999). 신뢰와 조직몰입. 「한국행정학보」, 33(2): 19-35.
김호정. (2001). 변혁적 · 거래적 리더십이 조직몰입에 미치는 영향. 「한국행정학보」, 35(2): 197-216.

김호정. (1997). 한국행정풍토와 공무원의 직무소외감, 탈진감, 이직의향의 관계,「지방과 행정연구」, 9(1): 21-39.

박운희. (1999).「공무원과 기업체직원의 부패비교」, 부산대학교 행정대학원 석사학위논문.

이명하. (1998).「병원의 조직문화유형과 조직유효성의 관계」, 박사학위논문, 충남대학교대학원.

이시원 · 하상근. (2002). 정책대상집단의 불응에 관한 경험적 연구.「한국행정학보」, 36(4): 187-204.

이정환. (2002). 가족환경, 과외, 성적.「한국사회학」, 36(6): 195-213.

이창원. (1999). 지방자치단체장들의 리더십 행태와 그 효과성에 관한 실증적 연구.「한국행정학보」, 33(3): 273-286.

이창원 · 전주상. (2003). 갈등당사자의 상대적 지위와 개인간 갈등의 관리방식.「한국행정학보」, 37(2): 1-19.

전상길 · 김인수. (1997). 리더십과 조직문화의 관련성에 관한 연구: 기술의 조절효과를 중심으로.「인사 · 조직연구」, 5(1): 1-49.

허 전 · 김호정. (2000). IMF관리체제 이후 조직풍토의 변화.「한국정책학회보」, 9(1): 29-50.

Cameron, Kim S. & Freeman, Sarah J. (1991). Cultural Congruence, Strength, and Type: Relationships to Effectiveness. *Research in Organizational Change and Development*. 5: 23-58.

Hartog, Deanne N. Den, House, Robert J., Hanges, Paul J., & Ruiz-Quintanilla, S. Antnio. (1999). Culture Specific and Cross-Culturally Generalizable Implicit Leadership Theories. *Leadership Quarterly*. 10(2): 219-256.

3. 통계자료집

행정자치부(2001).「한국도시연감」.

통계청(2001).「한국통계연감」.

통계청(2002).「2011 도시가계연보」.

4. 각종 신문과 인터넷

문화일보. 2008년 1월 2일자.

대한민국 국회 홈페이지(www.assembly.go.kr)

부 록

〔부록 1〕

※ 귀하의 **과장님**의 행동과 특성에 관해 가장 가깝게 표현한 곳에 ○표해 주십시오.

	우리 과장님은,	정말 그렇다	그런 편이다	반반 이다	그렇지 않은 편이다	전혀 그렇지 않다
1	직원들이 해야 할 일을 분명히 알려준다.	5	4	3	2	1
2	친근하고 접근하기 쉽다.	5	4	3	2	1
3	업무처리시 일관된 절차를 거칠 것을 강조한다.	5	4	3	2	1
4	직원들을 즐겁게 해 주려고 노력한다.	5	4	3	2	1
5	직원들이 무슨 일을, 어떻게 해야 하는지 결정해 준다.	5	4	3	2	1
6	직원들의 건의사항을 잘 받아들여 실행한다.	5	4	3	2	1
7	치밀한 계획을 수립하여 일을 추진한다.	5	4	3	2	1
8	모든 직원들을 평등하게 대우한다.	5	4	3	2	1
9	업무성과를 평가하는 명확한 기준을 갖고 있다.	5	4	3	2	1
10	직원들의 개인적인 복지에 많은 관심을 가진다.	5	4	3	2	1
11	직원들에게 표준화된 규칙과 규정을 따르도록 강요한다.	5	4	3	2	1
12	중요한 업무처리시 직원들과 상의하여 결정한다.	5	4	3	2	1
13	내가 할 수 있다고 생각한 이상으로 행동하게 한다.	5	4	3	2	1
14	합의된 기준을 충족시킬 만큼 내가 일을 잘 했을 때 만족해 한다.	5	4	3	2	1
15	나는 과장님을 전적으로 신뢰한다.	5	4	3	2	1
16	나는 과장님을 성공과 성취의 상징으로 생각한다.	5	4	3	2	1
17	처음에 내가 기대했던 것보다 더 열심히 일하도록 동기부여시킨다	5	4	3	2	1
18	해묵은 문제들을 새로운 방식으로 생각하게 한다.	5	4	3	2	1
19	모든 사람들로부터 존경받는 사람이다.	5	4	3	2	1
20	소외되는 것처럼 보이는 직원에게 개인적 관심을 보인다.	5	4	3	2	1
21	나의 아이디어와 의견을 표현하도록 장려한다.	5	4	3	2	1
22	나는 일을 잘함으로써 과장님의 신임을 얻는다.	5	4	3	2	1
23	불명확하고 혼란스러운 것에 대해 새로운 안목으로 사물을 보는 방법을 알려준다.	5	4	3	2	1
24	나는 과장님이 난관을 극복할 수 있는 능력과 판단력을 가졌다고 믿는다.	5	4	3	2	1
25	과장님이 없어도, 해야할 목표를 달성할 수 있다고 확신시켜 준다.	5	4	3	2	1

우리 과장님은,

		정말 그렇다	그런 편이다	반반 이다	그렇지 않은 편이다	전혀 그렇지 않다
26	내가 정말 중요하게 생각해야 될 것이 무엇인가를 알게 해 주는 특별한 재능을 갖고 있다.	5	4	3	2	1
27	전에 전혀 의문을 갖지 않았던 나의 생각을 재고하게 한다.	5	4	3	2	1
28	잘한 일에 대해 인정을 하는 사람이다.	5	4	3	2	1
29	내가 미래에 대해 보다 낙관적이 되도록 한다.	5	4	3	2	1
30	성공하고자 하는 나의 동기를 높여준다.	5	4	3	2	1
31	우리에게 감화를 준다.	5	4	3	2	1
32	같이 일할 때, 달성할 수 있는 것에 대한 비전을 제시한다.	5	4	3	2	1
33	부하직원들에게 개인적인 배려를 한다.	5	4	3	2	1
34	내가 본받아야 할 모델이다.	5	4	3	2	1
35	내가 원하는 것을 알고 있으며, 그것을 얻도록 도와준다.	5	4	3	2	1
36	나에게 전반적인 목적을 인식시켜 준다.	5	4	3	2	1
37	사명감을 가지고 있고, 나 또한 사명감을 갖도록 일깨워 준다.	5	4	3	2	1
38	내가 노력한 만큼 대가를 얻을 수 있다고 확신시켜 준다.	5	4	3	2	1
39	내가 항상 같은 방식으로 업무처리 하는 것을 흡족해 한다.	5	4	3	2	1
40	일을 잘하면, 공식적 인정을 해주거나 승진가능하다고 이야기한다.	5	4	3	2	1
41	일을 위해 꼭 필요한 것 외에는 나에게 더 이상 기대하지 않는다.	5	4	3	2	1
42	내가 원하는 것을 얻을 수 있는 방법을 알려준다.	5	4	3	2	1
43	일들이 무리없이 진척되는 한, 변화를 시도하지 않는다.	5	4	3	2	1
44	조직의 보상을 받으려면 내가 무엇을 해야하는지 이야기해 준다.	5	4	3	2	1
45	나의 업무처리가 기존의 방법대로 이루어지면 만족해 한다.	5	4	3	2	1
46	내가 과장님을 지원하면, 과장님도 상응하는 대가를 제공해 준다.	5	4	3	2	1
47	내가 앞장서도 괜찮지만, 과장님은 이런 행동을 좋아하지 않는다.	5	4	3	2	1
48	내가 우리부서를 위해 노력한 만큼 보상을 받을 수 있게 해 준다.	5	4	3	2	1
49	나의 봉급인상에 영향을 미치지 못한다.	5	4	3	2	1
50	내가 조직의 중요한 보상을 받는 것은 과장님에게 달려있다.	5	4	3	2	1
51	나는 과장님과 관련있다는 사실에 대해 자부심을 느낀다.	5	4	3	2	1
52	내가 승진하기 위해서는 과장님의 영향력이 중요하다.	5	4	3	2	1

※ 귀하의 **조직특성** 및 **조직구조**와 가장 가까운 곳에 ○표해 주십시오.

		정말 그렇다	그런 편이다	반반 이다	그렇지 않은 편이다	전혀 그렇지 않다
53	우리 조직은 나의 능력을 발휘하게 해준다.	5	4	3	2	1
54	나는 우리 조직이 제공하는 여러 보상에 대체로 감격할 때가 많다	5	4	3	2	1
55	우리 조직에서는 규칙과 절차의 위반이 허용되지 않는다.	5	4	3	2	1
56	나의 직무상 책임은 문서로 명확히 규정되어 있다.	5	4	3	2	1
57	하위직에는 권한은 없고 책임만 있다.	5	4	3	2	1
58	우리 조직을 위해서 어떤 형태의 직무라도 기꺼이 감수하겠다.	5	4	3	2	1
59	우리 조직은 직원들이 원하는 보상을 받을 수 있는 기회를 준다.	5	4	3	2	1
60	우리 조직에서는 문서로된 지침이나 계획이 있을 경우, 모든 사 람들이 그것을 엄격히 따라야 한다.	5	4	3	2	1
61	문서화된 계획추진의 방향과 일정, 계획내용은 직무수행과정에서 유용한 지침이 된다.	5	4	3	2	1
62	사소한 일도 상관의 뜻에 따라야 한다.	5	4	3	2	1
63	우리 조직의 성공을 위해 보통 요구되는 수준 이상으로 노력할 용의가 있다.	5	4	3	2	1
64	우리 조직이 제공하는 보상들은 나에게 매우 가치있는 것이다.	5	4	3	2	1
65	우리 조직에서는 지침과 규칙을 융통성있게 적용한다.	5	4	3	2	1
66	직무상 권한과 책임은 규정이나 사무(업무)분장표에 상세히 명시되어 있다.	5	4	3	2	1
67	하위직은 독자적 생각과 행동에 따라 일하기 어렵다.	5	4	3	2	1
68	내가 우리 조직의 일원이 된 것은 더할 나위 없이 기쁘다.	5	4	3	2	1
69	문서화된 규칙과 지침은 열심히 일하도록 지시하기 위한 것이다.	5	4	3	2	1
70	상관이 결정을 내리기 전에는 어떠한 결정도 할 수 없다.	5	4	3	2	1
71	나는 다른 직장으로 전직을 심각히 고려하고 있다.	5	4	3	2	1

※ 귀하의 **과장님**과 **부서**에 대해 가장 적절한 곳에 ○표해 주십시오.

		매우 만족	조금 만족	보통	조금 불만	매우 불만
72	전반적으로, 과장님에 대해 어느 정도 만족하십니까?	5	4	3	2	1
73	전반적으로, 부서(과)의 업무수행에 영향을 미치는 과장님의 리더십 방법에 어느 정도 만족하십니까?	5	4	3	2	1

		매우 높다	조금 높다	보통	조금 낮다	아주 낮다
74	다른 부서(과)와 비교할 때 귀하부서의 전반적 업무성과는 어느 정도라고 보십니까?	5	4	3	2	1
75	부하직원들이 업무관련 욕구를 충족시키는 데 있어서 과장님의 리더십 효과성은 어느 정도라고 보십니까?	5	4	3	2	1
76	조직의 필요한 업무를 처리함에 있어서 과장님의 리더십 효과성은 어느 정도라고 보십니까?	5	4	3	2	1

지금까지 의견을 정리하는 데 필요합니다. 아래 물음에도 응답해 주시면 고맙겠습니다.

77. 성별 남 ( ) 여 ( )

78. 연령 만 ( )세

79. 재직기간 ( )년

80. 현재의 과장님과 같은 과에서 함께 근무하신 기간 ( )개월

81. 직급(계급) ( )급

82. 최종학력 ① 중 졸 ( ) ② 고 졸 ( ) ③ 대 졸 ( ) ④ 대학원졸 ( )

83. 근무처 ① 부산시청 ( ) ② 부산의 구・군청 ( ) ③ 부산의 기타기관 ( )
④ 울산시청 ( ) ⑤ 울산의 구・군청 ( ) ⑥ 울산의 기타기관 ( )

84. 과장님의 임용과정

① 5급 고등고시 ( ) ② 7급 고시 ( ) ③ 9급 고시 ( )

--------- **대단히 감사합니다** ---------

[기업체 설문지] *문항 내용은 같으며, 과장님 대신에 부장님(부재시 차장님)으로 되어 있음.

1. 성별 남 ( ) 여 ( )
2. 연령 만 ( )세
3. 재직기간 ( )년
4. 현재의 부장님(부재시 차장님)과 같은 과에서 함께 근무하신 기간 ( )개월
5. 직급(직위)

   ① 사 원 ( ) ② 주 임 ( ) ③ 대 리 ( ) ④ 과 장 ( )

6. 최종학력

   ① 중 졸 ( ) ② 고 졸 ( ) ③ 대 졸 ( ) ④ 대학원졸 ( )

7. 근무처

   ① 대기업 ( ) ② 중소기업 ( ) ③ 금융기관 ( )

〔부록 2〕

변수별 문항번호

변수			문항수	출처	α	문항번호
리더십 유형	구조주도		4(10)	LBDQXII[1]	.70	Ⅰ-1. 3. 5. 11
	배려		6(10)	〃	.86	Ⅰ-2. 4. 6. 8. 10. 12
	변혁적	카리스마	7(17)	MLQ[2]	.94	Ⅰ-16, 19, 24, 31, 32, 34, 51
		개별적 배려	2(7)	〃		Ⅰ-26, 35
		지적 자극	3(3)	〃		Ⅰ-18, 23, 27
	성과따른보상		6(7)	〃	.86	Ⅰ-38, 40, 42, 44, 46, 48
조직 효과성	조직몰입		5	김호정[3]	.71	Ⅱ-1, 6, 11, 16, 19(R)
	부서효율성		3(4)	MLQ		Ⅲ-3, 4, 5
상황변수 (리더십 대체물)	공식화		2(3)	Podsakoff 외[4]	.63	Ⅱ-4, 14
	비융통성		3(4)	〃	.69	Ⅱ-3, 8, 9
	공식화(Ⅱ)		5		.74	Ⅱ-3, 4, 8, 9, 14
	보상에 무관심		3(3)	〃	.75	Ⅱ-2(R), 7(R), 12(R)
	통제밖 보상		2(3)	〃	.70	Ⅰ-50(R), 52(R)
	집권화		4	김호정[5],김병섭[6]	.72	Ⅱ-5, 10, 15, 18

*( ) 안은 원래 척도의 문항수

*(R)은 역산(逆算)하는 문항임.

1) Stogdill의 척도임.

2) Bass의 척도임.

3) 김호정(1999), "신뢰와 조직몰입"

4) 출처; Kerr & Jemier(1978)의 척도를 수정한 Podsakoff, Mackenzie, & Fetter(1993).

5) 김호정(1994). "한국관료행태의 결정요인"

6) 김병섭(1996), "행정조직의 레드테이프"

〔부록 3〕

※ 귀하나 귀하의 조직에 관해 있는 그대로를 가장 잘 묘사한 응답에 '✓'해 주십시오.

	전적 동의 6	많은 동의 5	조금 동의 4	조금 반대 3	많은 반대 2	전적 반대 1
1. 우리 부서의 간부들은 고도의 윤리적 규범을 지킨다.	( )	( )	( )	( )	( )	( )
2. 우리 부서에서 간부가 아닌 일반직원들은 매우 정직하다.	( )	( )	( )	( )	( )	( )
3. 우리 조직은 내부고발자에 대해 후원하는 편이다.	( )	( )	( )	( )	( )	( )
4. 외부감사는 철저하다.	( )	( )	( )	( )	( )	( )
5. 내 상관은 윤리적 행동면에서 좋은 모범을 보인다.	( )	( )	( )	( )	( )	( )
6. 우리조직은 내부고발자에게 보복하지 않는다.	( )	( )	( )	( )	( )	( )
7. 감사는 외부 전문가들에 의해 이루어진다.	( )	( )	( )	( )	( )	( )
8. 우리 부서원들이 임무수행의 보답으로 조그만 선물을 받는 것은 드문 일이 아니다.	( )	( )	( )	( )	( )	( )
9. 내부고발자에 의해 지적된 문제점은 해결되고 있다.	( )	( )	( )	( )	( )	( )
10. 감사기관은 예산지출은 물론 성과도 감사한다.	( )	( )	( )	( )	( )	( )
11. 내부감사는 직원들의 과오에 대해 관대한 편이다.	( )	( )	( )	( )	( )	( )
12. 우리는 조직외부에 내부의 불법적·부도덕한 행위를 고발 할 수 있는 통로를 가지고 있다.	( )	( )	( )	( )	( )	( )
13. 부서내 일부 사람들은 개인의 사적인 이익을 위해 지위를 이용하기도 한다.	( )	( )	( )	( )	( )	( )
14. 우리 부서원들은 간혹 우리부서와 관련있는 분야의 외부인에게 유익한 정보를 흘리기도 한다.	( )	( )	( )	( )	( )	( )
15. 우리 부서원들은 많은 재량권을 갖고 있다.	( )	( )	( )	( )	( )	( )
16. 우리 회사는 철저하고 신중하게 만들어진 윤리규약을 갖고 있다.	( )	( )	( )	( )	( )	( )
17. 우리 부서의 간부들은 윤리규약에 관한 법규를 어긴 사람들을 징계하기 꺼린다.	( )	( )	( )	( )	( )	( )

※ 귀하의 개인적 자료('✓' 또는 기재)

1. 성별 : 남 ( ), 여 ( )
2. 연령 : 만 ( )세
3. 현 조직에서 근무한 기간 : ( )년
4. 현재 귀하가 담당하고 있는 직무의 구성비율 :
   봉사 ( )% 생산 ( )% 기획 ( )% 계약 ( )%
   인사 ( )% 예산 ( )% 기타 ( )%
5. 교육수준 : 고졸 ( ), 대졸 ( ), 대학원 수료 ( )
6. 근무기관; 시청 ( ) 구청 ( ) 동사무소 ( ) 사업소 ( )

〔부록 4〕

변수별 문항번호(부패)

변 수	문 항 번 호
부패풍토	1, 2, 5, 8, 13, 14
조직의 제도;	
내부고발자 보호	3, 6, 9, 12
엄격한 감사	4, 7, 10, 11
재량권	15
윤리규약	16
관대한 처벌	17

〔부록 5〕 표준정규분포표

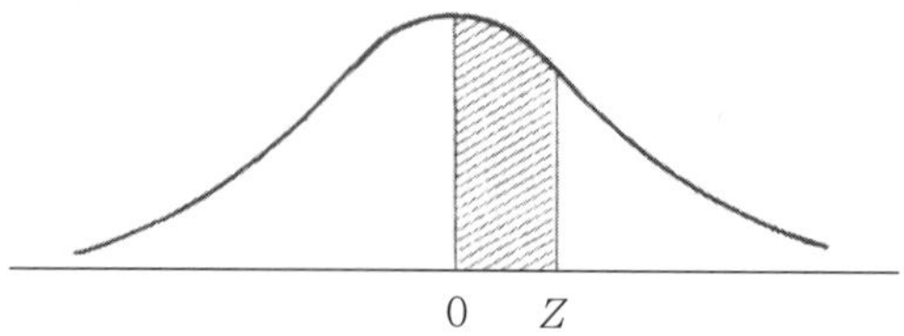

Z	.00	.01	.02	.03	.04	.05	.06	.07	.08	.09
0.0	.0000	.0040	.0080	.0120	.0160	.0199	.0239	.0279	.0319	.0359
0.1	.0398	.0438	.0478	.0517	.0557	.0596	.0636	.0675	.0714	.0753
0.2	.0793	.0832	.0871	.0910	.0948	.0987	.1026	.1064	.1103	.1141
0.3	.1179	.1217	.1255	.1293	.1331	.1368	.1406	.1443	.1480	.1517
0.4	.1554	.1591	.1628	.1664	.1700	.1736	.1772	.1808	.1844	.1879
0.5	.1915	.1950	.1985	.2019	.2054	.2088	.2123	.2157	.2190	.2224
0.6	.2257	.2291	.2324	.2357	.2389	.2422	.2454	.2486	.2518	.2549
0.7	.2580	.2612	.2642	.2673	.2704	.2734	.2764	.2794	.2823	.2852
0.8	.2881	.2910	.2939	.2967	.2995	.3023	.3051	.3078	.3106	.3133
0.9	.3159	.3186	.3212	.3238	.3264	.3289	.3315	.3340	.3365	.3389
1.0	.3413	.3438	.3461	.3485	.3508	.3531	.3554	.3577	.3599	.3621
1.1	.3643	.3665	.3686	.3708	.3729	.3749	.3770	.3790	.3810	.3830
1.2	.3849	.3869	.3888	.3907	.3925	.3944	.3962	.3980	.3997	.4015
1.3	.4032	.4049	.4066	.4082	.4099	.4115	.4131	.4147	.4162	.4177
1.4	.4192	.4207	.4222	.4236	.4251	.4265	.4279	.4292	.4306	.4319
1.5	.4332	.4345	.4357	.4370	.4382	.4394	.4406	.4418	.4429	.4441
1.6	.4452	.4463	.4474	.4484	.4495	.4505	.4515	.4525	.4535	.4545
1.7	.4554	.4564	.4573	.4582	.4591	.4599	.4608	.4616	.4625	.4633
1.8	.4641	.4649	.4656	.4664	.4671	.4678	.4686	.4693	.4699	.4706
1.9	.4713	.4719	.4726	.4732	.4738	.4744	.4750	.4756	.4761	.4764
2.0	.4772	.4778	.4783	.4788	.4793	.4798	.4803	.4808	.4812	.4817
2.1	.4821	.4826	.4830	.4834	.4838	.4842	.4846	.4850	.4854	.4857
2.2	.4861	.4864	.4868	.4871	.4875	.4878	.4881	.4884	.4887	.4890
2.3	.4893	.4896	.4898	.4901	.4904	.4906	.4909	.4911	.4913	.4916
2.4	.4918	.4920	.4922	.4925	.4927	.4929	.4931	.4932	.4934	.4936
2.5	.4938	.4940	.4941	.4943	.4945	.4946	.4948	.4949	.4951	.4952
2.6	.4953	.4955	.4956	.4957	.4959	.4960	.4961	.4962	.4963	.4964
2.7	.4965	.4966	.4967	.4968	.4969	.4970	.4971	.4972	.4973	.4974
2.8	.4974	.4975	.4976	.4977	.4977	.4978	.4979	.4979	.4980	.4981
2.9	.4981	.4982	.4982	.4983	.4984	.4984	.4985	.4985	.4986	.4986
3.0	.4986	.4987	.4987	.4988	.4988	.4989	.4989	.4989	.4990	.4990
3.1	.4990	.4991	.4991	.4991	.4992	.4992	.4992	.4992	.4993	.4993
3.2	.4993	.4993	.4994	.4994	.4994	.4994	.4994	.4995	.4995	.4995
3.3	.4995	.4995	.4995	.4996	.4996	.4996	.4996	.4996	.4996	.4997
3.4	.4997	.4997	.4997	.4997	.4997	.4997	.4997	.4997	.4998	.4998
3.5	.4998	.4998	.4998	.4998	.4998	.4998	.4998	.4998	.4998	.4998
3.6	.4998	.4998	.4999	.4999	.4999	.4999	.4999	.4999	.4999	.4999
3.7	.4999	.4999	.4999	.4999	.4999	.4999	.4999	.4999	.4999	.4999
3.8	.4999	.4999	.4999	.4999	.4999	.4999	.4999	.5000	.5000	.5000
3.9	.5000	.5000	.5000	.5000	.5000	.5000	.5000	.5000	.5000	.5000

〔부록 6〕 t 분포표

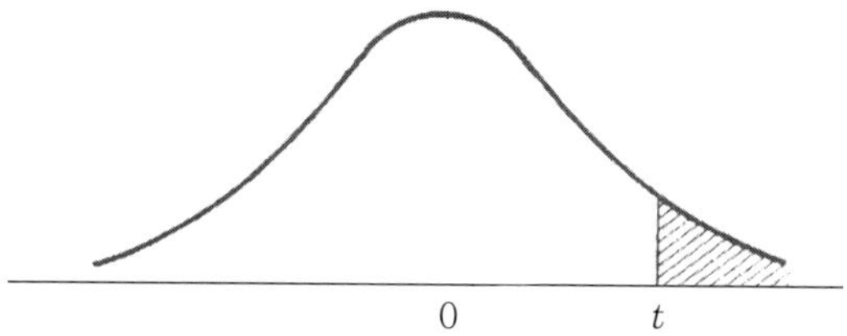

	유 의 수 준							
df	.1	.05	.025	.01	.005	.0025	.001	.0005
1	3.078	6.314	12.706	31.821	63.657	127.32	318.31	636.62
2	1.886	2.920	4.303	6.965	9.925	14.089	22.327	31.598
3	1.638	2.353	3.182	4.541	5.841	7.453	10.214	12.924
4	1.533	2.132	2.776	3.747	4.604	5.598	7.173	8.610
5	1.476	2.015	2.571	3.365	4.032	4.773	5.893	6.869
6	1.440	1.943	2.447	3.143	3.707	4.317	5.208	5.959
7	1.415	1.895	2.365	2.998	3.499	4.029	4.785	5.408
8	1.397	1.860	2.306	2.896	3.355	3.833	4.501	5.041
9	1.383	1.833	2.262	2.821	3.250	3.690	4.297	4.781
10	1.371	1.812	2.228	2.764	3.169	3.581	4.144	4.587
11	1.363	1.796	2.201	2.718	3.106	3.497	4.025	4.437
12	1.356	1.782	2.179	2.681	3.055	3.428	3.930	4.318
13	1.350	1.771	2.160	2.650	3.012	3.372	3.852	4.221
14	1.345	1.761	2.145	2.624	2.977	3.326	3.787	4.140
15	1.341	1.753	2.131	2.602	2.947	3.286	3.733	4.073
16	1.337	1.746	2.120	2.583	2.921	3.252	3.686	4.015
17	1.333	1.740	2.110	2.567	2.898	3.222	3.646	3.956
18	1.330	1.734	2.101	2.552	2.878	3.197	3.610	3.922
19	1.328	1.729	2.093	2.539	2.861	3.174	3.579	3.883
20	1.325	1.725	2.086	2.528	2.845	3.153	3.552	3.850
21	1.323	1.721	2.080	2.518	2.831	3.135	3.527	3.819
22	1.321	1.717	2.074	2.508	2.819	3.119	3.505	3.792
23	1.319	1.714	2.069	2.500	2.807	3.104	3.485	3.767
24	1.318	1.711	2.064	2.492	2.797	3.091	3.467	3.745
25	1.316	1.708	2.060	2.485	2.787	3.078	3.450	3.725
26	1.315	1.706	2.056	2.479	2.779	3.067	3.435	3.707
27	1.314	1.703	2.052	2.473	2.771	3.057	3.421	3.690
28	1.313	1.701	2.048	2.467	2.763	3.047	3.396	3.659
29	1.311	1.699	2.045	2.462	2.756	3.038	3.396	3.659
30	1.310	1.697	2.042	2.457	2.750	3.030	3.385	3.646
40	1.303	1.684	2.021	2.423	2.704	2.971	3.307	3.551
60	1.296	1.671	2.000	2.390	2.660	2.915	3.232	3.460
120	1.289	1.658	1.980	2.358	2.617	2.860	3.160	3.373
∞	1.282	1.645	1.960	2.326	2.576	2.807	3.090	3.291

〔부록 7〕 *F*분포표

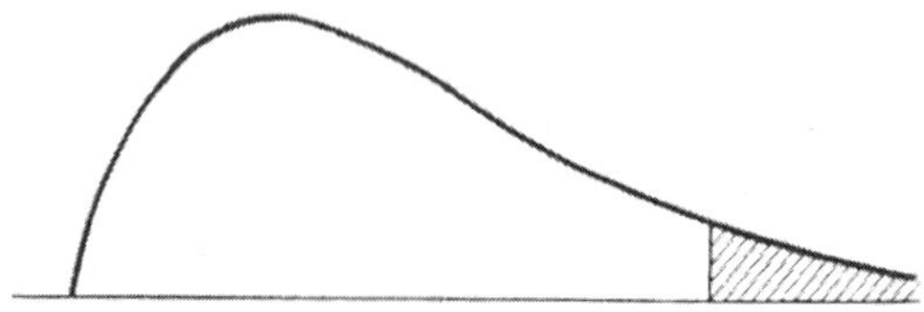

F

α=.05

df_2 \ df_1	1	2	3	4	5	6	8	12	24	∞
1	161.4	199.5	215.7	224.6	230.2	234.0	238.9	243.9	249.0	254.3
2	18.51	19.00	19.16	19.25	19.30	19.33	19.37	19.41	19.45	19.50
3	10.13	9.55	9.28	9.12	9.01	8.94	8.84	8.74	8.64	8.53
4	7.71	6.94	6.59	6.39	6.26	6.16	6.04	5.91	5.77	5.63
5	6.61	5.79	5.41	5.19	5.05	4.95	4.82	4.68	4.53	4.36
6	5.99	5.14	4.76	4.53	4.39	4.28	4.15	4.00	3.84	3.67
7	5.59	4.74	4.35	4.12	3.97	3.87	3.73	3.57	3.41	3.23
8	5.32	4.46	4.07	3.84	3.69	3.58	3.44	3.28	3.12	2.93
9	5.12	4.26	3.86	3.63	3.48	3.37	3.23	3.07	2.90	2.71
10	4.96	4.10	3.71	3.48	3.33	3.22	3.07	2.91	2.74	2.54
11	4.84	3.98	3.59	3.36	3.20	3.09	2.95	2.79	2. 6	2.40
12	4.75	3.88	3.49	3.26	3.11	3.00	2.85	2.69	2.50	2.30
13	4.67	3.80	3.41	3.18	3.02	2.92	2.77	2.60	2.42	2.21
14	4.60	3.74	3.34	3.11	2.96	2.85	2.70	2.53	2.35	2.13
15	4.54	3.68	3.29	3.06	2.90	2.79	2.64	2.48	2.29	2.07
16	4.49	3.63	3.24	3.01	2.85	2.74	2.59	2.42	2.24	1.01
17	4.45	3.59	3.20	2.96	2.81	2.70	2.55	2.38	2.19	1.96
18	4.41	3.55	3.16	2.93	2.77	2.66	2.51	2.34	2.15	1.92
19	4.38	3.52	3.13	2.90	2.74	2.63	2.48	2.31	2.11	1.88
20	4.35	3.49	3.10	2.87	2.71	2.60	2.45	2.28	2.08	1.84
21	4.32	3.47	3.07	2.84	2.68	2.57	2.42	2.25	2.05	1.81
22	4.30	3.44	3.05	2.82	2.66	2.55	2.40	2.23	2.03	1.78
23	4.28	3.42	3.03	2.80	2.64	2.53	2.38	2.20	2.00	1.76
24	4.26	3.40	3.01	2.78	2.62	2.51	2.36	2.18	1.98	1.73
25	4.24	3.38	2.99	2.76	2.60	2.49	2.34	2.16	1.96	1.71
26	4.22	3.37	2.98	2.74	2.59	2.47	2.32	2.15	1.95	1.69
27	4.21	3.35	2.96	2.73	2.57	2.46	2.30	2.13	1.93	1.67
28	4.20	3.34	2.95	2.71	2.56	2.44	2.29	2.12	1.91	1.65
29	4.18	3.33	2.93	2.70	2.54	2.43	2.28	2.10	1.90	1.64
30	4.17	3.32	2.92	2.69	2.53	2.42	2.27	2.09	1.89	1.62
40	4.08	3.23	2.84	2.61	2.45	2.34	2.18	2.00	1.79	1.51
60	4.00	3.15	2.76	2.52	2.37	2.25	2.10	1.92	1.70	1.39
120	3.92	3.07	2.68	2.45	2.29	2.17	2. 0	1. 8	1. 6	1.25
∞	3.84	2.99	2.60	2.37	2.21	2.09	1.94	1.75	1.52	1.00

df_1=분자의 자유도, df_2=분모의 자유도

F분포표

α=.01

df_2 \ df_1	1	2	3	4	5	6	8	12	24	∞
1	4052	4999	5403	5625	5764	5859	5981	6106	6234	6366
2	98.49	99.01	99.17	99.25	99.30	99.33	99.36	99.42	99.46	99.50
3	34.12	30.81	29.46	28.71	28.24	27.91	27.49	27.05	26.60	26.12
4	21.20	18.00	16.69	15.98	15.52	15.21	14.80	14.37	13.93	13.46
5	16.26	13.27	12.06	11.39	10.97	10.67	10.27	9.86	9.47	9.02
6	13.74	10.92	9.78	9.15	8.75	8.47	8.10	7.72	7.31	6.88
7	12.25	9.55	8.45	7.85	7.46	7.19	6.84	6.47	6.07	5.65
8	11.26	8.65	7.59	7.01	6.63	6.37	6.03	5.67	5.28	4.86
9	10.56	8.02	6.99	6.42	6.06	5.80	5.47	5.11	4.73	4.31
10	10.04	7.56	6.55	5.99	5.64	5.39	5.06	4.71	4.33	3.91
11	9.65	7.20	6.22	5.67	5.32	5.07	4.74	4.40	4.02	3.60
12	9.33	6.93	5.95	5.41	5.06	4.82	4.50	4.16	3.78	3.36
13	9.07	6.70	5.74	5.20	4.86	4.62	4.30	3.96	3.59	3.16
14	8.86	6.51	5.56	5.03	4.69	4.46	4.14	3.80	3.43	3.00
15	8.68	6.36	5.42	4.89	4.56	4.32	4.00	3.67	3.29	2.87
16	8.53	6.23	5.29	4.77	4.44	4.20	3.89	3.55	3.18	2.75
17	8.40	6.11	5.18	4.67	4.34	4.10	3.79	3.45	3.08	2.65
18	8.28	6.01	5.09	4.58	4.25	4.01	3.71	3.37	3.00	2.57
19	8.18	5.93	5.01	4.50	4.17	3.94	3.63	3.30	2.92	2.49
20	8.10	5.85	4.94	4.43	4.10	3.87	3.56	3.23	2.86	2.42
21	8.02	5.78	4.87	4.37	4.04	3.81	3.51	3.17	2.80	2.36
22	7.94	5.72	4.82	4.31	3.99	3.76	3.45	3.12	2.75	2.31
23	7.88	5.66	4.76	4.26	3.94	3.71	3.41	3.07	2.70	2.26
24	7.82	5.61	4.72	4.22	3.90	3.67	3.36	3.03	2.66	2.21
25	7.77	5.57	4.68	4.18	3.86	3.63	3.32	2.99	2.62	2.17
26	7.72	5.53	4.64	4.14	3.82	3.59	3.29	2.96	2.58	2.13
27	7.68	5.49	4.60	4.11	3.78	3.56	3.26	2.93	2.55	2.10
28	7.64	5.45	4.57	4.07	3.75	3.53	3.23	2.90	2.52	2.06
29	7.60	5.42	4.54	4.04	3.73	3.50	3.20	2.87	2.49	2.03
30	7.56	5.39	4.51	4.02	3.70	3.47	3.17	2.84	2.47	2.01
40	7.31	5.18	4.31	3.83	3.51	3.29	2.99	2.66	2.29	1.80
60	7.08	4.98	4.13	3.65	3.34	3.12	2.82	2.50	2.12	1.60
120	6.85	4.79	3.96	3.48	3.17	2.96	2.66	2.34	1.95	1.38
∞	6.64	4.60	3.78	3.32	3.02	2.80	2.51	2.18	1.79	1.00

df_1=분자의 자유도,　df_2=분모의 자유도

〔부록 8〕 χ^2 분포표

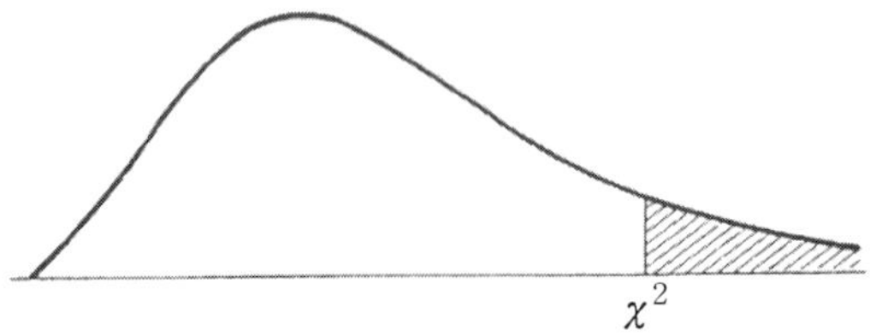

	유의수준						
df	.250	.100	.050	.025	.010	.005	.001
1	1.32	2.71	3.84	5.02	6.63	7.88	10.8
2	2.77	4.61	5.99	7.38	9.21	10.6	13.8
3	4.11	6.25	7.81	9.35	11.3	12.8	16.3
4	5.39	7.78	9.49	11.1	13.3	14.9	18.5
5	6.63	9.24	11.1	12.8	15.1	16.7	20.5
6	7.84	10.6	12.6	14.4	16.8	18.5	22.5
7	9.04	12.0	14.1	16.0	18.5	20.3	24.3
8	10.2	13.4	15.5	17.5	20.1	22.0	26.1
9	11.4	14.7	16.9	19.0	21.7	23.6	27.9
10	12.5	16.0	18.3	20.5	23.2	25.2	29.6
11	13.7	17.3	19.7	21.9	24.7	26.8	31.3
12	14.8	18.5	21.0	23.3	26.2	28.3	32.9
13	16.0	19.8	22.4	24.7	27.7	29.8	34.5
14	17.1	21.1	23.7	26.1	29.1	31.3	36.1
15	18.2	22.3	25.0	27.5	30.6	32.8	37.7
16	19.4	23.5	26.3	28.8	32.0	34.3	39.3
17	20.5	24.8	27.6	30.2	33.4	35.7	40.8
18	21.6	26.0	28.9	31.5	34.8	37.2	42.3
19	22.7	27.2	30.1	32.9	36.2	38.6	32.8
20	23.8	28.4	31.4	34.2	37.6	40.0	45.3
21	24.9	29.6	32.7	35.5	38.9	41.4	46.8
22	26.0	30.8	33.9	36.8	40.3	42.8	48.3
23	27.1	32.0	35.2	38.1	41.6	44.2	49.7
24	28.2	33.2	36.4	39.4	32.0	45.6	51.2
25	29.3	34.4	37.7	40.6	44.3	46.9	52.6
26	30.4	35.6	38.9	41.9	45.6	48.3	54.1
27	31.5	36.7	40.1	43.2	47.0	49.6	55.5
28	32.6	37.9	41.3	44.5	48.3	51.0	56.9
29	33.7	39.1	42.6	45.7	49.6	52.3	58.3
30	34.8	40.3	43.8	47.0	50.9	53.7	59.7
40	45.6	51.8	55.8	59.3	63.7	66.8	73.4
50	56.3	63.2	67.5	71.4	76.2	79.5	86.7
60	67.0	74.4	79.1	83.3	88.4	92.0	99.6
70	77.6	85.5	90.5	95.0	100	104	112
80	88.1	96.6	102	107	112	116	125
90	98.6	108	113	118	124	128	137
100	109	118	124	130	136	140	149

〔부록 9〕 r에 대한 Fisher의 z′계수

r	z'	r	z'	r	z'	r	z'	r	z'
.000	.000	.200	.203	.400	.424	.600	.693	.800	1.099
.005	.005	.205	.208	.405	.430	.605	.701	.805	1.113
.010	.010	.210	.213	.410	.436	.610	.709	.810	1.127
.015	.015	.215	.218	.415	.442	.615	.717	.815	1.142
.020	.020	.220	.224	.420	.448	.620	.725	.820	1.157
.025	.025	.225	.229	.425	.454	.625	.733	.825	1.172
.030	.030	.230	.234	.430	.460	.630	.741	.830	1.188
.035	.035	.235	.239	.435	.466	.635	.750	.835	1.204
.040	.040	.240	.245	.440	.472	.640	.758	.840	1.221
.045	.045	.245	.250	.445	.478	.645	.767	.845	1.238
.050	.050	.250	.255	.450	.485	.650	.775	.850	1.256
.055	.055	.255	.261	.455	.491	.655	.784	.855	1.274
.060	.060	.260	.266	.460	.497	.660	.793	.860	1.293
.065	.065	.265	.271	.465	.504	.665	.802	.865	1.313
.070	.070	.270	.277	.470	.510	.670	.811	.870	1.333
.075	.075	.275	.282	.475	.517	.675	.820	.875	1.354
.080	.080	.280	.288	.480	.523	.680	.829	.880	1.376
.085	.085	.285	.293	.485	.530	.685	.838	.885	1.398
.090	.090	.290	.299	.490	.536	.690	.848	.890	1.422
.095	.095	.295	.304	.495	.543	.695	.858	.895	1.447
.100	.100	.300	.310	.500	.549	.700	.867	.900	1.472
.105	.105	.305	.315	.505	.556	.705	.877	.905	1.499
.110	.110	.310	.321	.510	.563	.710	.887	.910	1.528
.115	.116	.315	.326	.515	.570	.715	.897	.915	1.557
.120	.121	.3200	.332	.520	.576	.720	.908	.920	1.589
.125	.126	.325	.337	.525	.583	.725	.918	.925	1.623
.130	.131	.330	.343	.530	.590	.730	.929	.930	1.658
.135	.136	.335	.348	.535	.597	.735	.940	.935	1.697
.140	.141	.340	.354	.540	.604	.740	.950	.940	1.738
.145	.146	.345	.360	.545	.611	.745	.962	.945	1.783
.150	.151	.350	.365	.550	.618	.750	.973	.950	1.832
.155	.156	.355	.371	.555	.626	.755	.984	.955	1.886
.160	.161	.360	.377	.560	.633	.760	.996	.960	1.946
.165	.167	.365	.383	.565	.640	.765	1.008	.965	2.014
.170	.172	.370	.388	.570	.648	.770	1.020	.970	2.092
.175	.177	.375	.394	.575	.655	.775	1.033	.975	2.185
.180	.182	.380	.400	.580	.662	.780	1.045	.980	2.298
.185	.187	.385	.406	.585	.670	.785	1.085	.985	2.443
.190	.192	.390	.412	.590	.678	.790	1.071	.990	2.647
.195	.198	.395	.418	.595	.685	.795	1.085	.995	2.994

찾 아 보 기

ㅅ

ㅇ

ㅈ

ㅊ

ㅋ

ㅌ

저자약력

김 호 정(金 虎 楨)

부산대학교 대학원 행정학과 수료(행정학 박사)
미국 뉴욕주립대학교(올바니) 객원교수
현재, 부산대학교 행정학과 교수
한국행정학회, 한국정책학회 편집위원 역임
행정고시, 지방고시, 사회조사분석사 출제위원 역임
E-mail: junghyun@pusan.ac.kr

〈저서 및 주요논문〉

사회과학통계분석(제3판, 2003, 삼영사)
행정통계학(제2판, 1999, 삼영사)
한글 SPSSWIN 10.0 통계분석 및 해설(2004, 삼영사)
한글 SPSSWIN 14.0 통계분석 및 해설(2008, 삼영사)
윤리풍토 인식과 조직몰입, 직무만족의 관계(한국행정연구, 2007)
남성공무원과 여성공무원의 윤리적 판단비교(행정논총, 2007)
개인적 요인과 조직적 요인이 공직자의 윤리적 판단에 미치는 영향(한국행정학보, 2005)
행정조직과 기업조직의 조직문화 비교(한국행정학보, 2004)
조직문화, 리더십, 조직효과성의 관계(한국행정학보, 2003)
행정조직문화가 조직몰입과 직무만족에 미치는 영향(한국행정학보, 2002)
변혁적·거래적 리더십이 조직몰입에 미치는 영향(한국행정학보, 2001)

허 전(許 畑)

부산대학교 대학원 행정학과 수료(행정학 박사)
현재, 동서대·동의대·부산대 시간강사
홈페이지 http://home.pusan.ac.kr/~jeonhuh
E-mail: jeonhuh@pusan.ac.kr

〈저서 및 주요논문〉

한글 SPSSWIN 10.0 통계분석 및 해설(2004, 삼영사)
한글 SPSSWIN 14.0 통계분석 및 해설(2008, 삼영사)
중앙행정부처의 남성과장과 여성과장의 리더십 비교(e-Book, 2007, 디지털교보문고)
공·사조직 중간관리자의 리더십이 부하직원의 가외적 노력과 리더에 대한 만족에 미치는 영향(e-Book, 2007, 디지털교보문고)
중앙행정부처의 남성과장과 여성과장의 리더십 비교(한국사회와 행정연구, 2006)
공·사조직 중간관리자의 리더십이 부하직원의 가외적 노력과 리더에 대한 만족에 미치는 영향(한국행정논집, 2002)
IMF 관리체제 이후 조직풍토의 변화(한국정책학회보, 2000)

한글 SPSSWIN 18.0
통계분석 및 해설〔제3판〕

2004년 2월 25일 1판 1쇄 발행
2006년 3월 25일 1판 2쇄 발행
2008년 2월 15일 2판 1쇄 발행
2010년 2월 20일 2판 2쇄 발행
2010년 8월 20일 3판 1쇄 인쇄
2010년 8월 30일 3판 1쇄 발행

저 자 김 호 정 · 허 전
발행인 고 덕 환
조 판 해 인 문 화 사

110-102
발행처 서울특별시 종로구 평동 19번지의 1
도서출판 **三 英 社**
등록 제300-1972-1호
전화 737-1052, 734-8979 FAX 739-2386

정가 30,000원
ISBN 978-89-445-0205-7-93350